DICCIONARIO DE MUJERES EN LA HISTORIA

DICCIONARIO DE MUJERES EN LA HISTORIA

Cristina Segura Graíño

ESPASA

Director Editorial
Juan González Álvaro

Directora de Diccionarios
Marisol Palés Castro

Director de Producción
Antonio Merodio Cogolludo

Editora
Celia Villar Rodríguez

Diseño de cubierta
Álvaro Reyero

Proyecto
Departamento de Empresas e Instituciones

Depósito legal: M. 22.504-1998
ISBN: 84-239-8631-4

Impreso en España / Printed in Spain
Impresión: Mateu Cromo Artes Gráficas, S. A.

Editorial Espasa Calpe, S. A.
Carretera de Irún, km 12,200. 28049 Madrid

INTRODUCCIÓN

Son muchas las mujeres que aparecen en este diccionario. Unas son famosas y conocidas por todo el mundo. Otras no son tan famosas y sólo son conocidas por las personas cultas. Otras, en fin, no son famosas y sólo las conocen las/los especialistas en la materia en que ellas han destacado. Las mujeres que integran el primer grupo deben su fama a algún elemento de carácter excepcional. Son heroínas o pertenecen a las clases poderosas de la sociedad. Las heroínas han conseguido la fama por méritos propios, por un hecho destacado realizado por ellas en circunstancias excepcionales. Este hecho suele tener muy poco de femenino; más bien se encuentra entre los considerados como eminentemente masculinos. Precisamente por la irrupción, al realizar este hecho, en un espacio no considerado como femenino, es por lo que estas mujeres han conseguido la fama. Sus hechos como mujeres para la historia son irrelevantes, en muchos casos se desconocen, pero su acción heroica las hace diferenciarse de las otras mujeres y les da la fama. Mujeres como Juana de Arco o Agustina de Aragón pertenecen a este grupo. Fuera de sus hechos excepcionales y tan poco femeninos como la guerra, poco se sabe de ellas.

Otras mujeres han conseguido la fama por la pertenencia a las clases más altas de la sociedad y gracias a esta situación han podido intervenir en la política, la sociedad, el arte o la cultura. Son mujeres que integran los grupos privilegiados y gracias a su *status* social han conseguido escapar a la privacidad a la que las mujeres están destinadas. La clase social a la que pertenecen les ha posibilitado poder actuar con una independencia impropia de lo que se atribuye al género femenino. Aquí tenemos a las mujeres relacionadas con la realeza o con las familias poderosas.

Posiblemente en este primer grupo también debemos integrar a las santas: mujeres excepcionales y heroicas por sus comportamientos que las hacen conseguir el reconocimiento de la sociedad. Son bien conocidas por todos, aparecen en los diccionarios y enciclopedias generales o en los manuales; para ellas no hacía falta hacer un diccionario. Al ser conocidas y famosas, era fácil recabar informaciones sobre su actividad. Aparecen en estas páginas, pero ellas no son el principal objetivo que me ha guiado en la confección de esta obra.

Un segundo grupo son aquellas mujeres que gracias a su dedicación a una profesión han conseguido destacar. Son buenas profesionales. Pueden ser músicas, actrices, escritoras, médicas o alpinistas. Estas mujeres sólo son célebres dentro de su campo de trabajo, pero son conocidas por personas cultas. Algunas han destacado tanto por sus obras, que han conseguido la fama —como es el caso de Marie Curie, por ejemplo, o de Marguerite Yourcenar—. Todas estas mujeres han sido muy buenas trabajadoras y han tenido una gran dedicación a su obra, que, en la mayoría de los casos, han compaginado con la cuidadosa atención a sus deberes familiares. Algunas de ellas, como Curie, han demostrado tanta dedicación a su familia que ni siquiera son recordadas por su nombre, sino por el de su marido. Un marido famoso y de la misma profesión que, en este caso y otros muchos, empequeñece la obra de ellas. Habitualmente el trabajo se hace entre ambos y la sociedad atribuye al hombre la competencia y relega a un segundo plano, como mera ayudante, a la mujer. Esta lamentable situación es más corriente de lo que sería justo. En algunos casos la historia se ha encargado de asignar la competencia a quien le corresponde. Curie siguió trabajando con éxito después de enviudar y recibió un premio Nobel. Todavía hay un caso más dramático, el de María Lejárraga, que escribía las obras a su marido, famoso escritor que logró la fama a costa de la inteligencia y constancia de ella. Estas mujeres se han hecho sitio en la historia, la cultura o la sociedad muy duramente, y todavía no tienen el reconocimiento merecido. No obstante, no eran desconocidas. Me han interesado, me ha parecido de justicia colocarlas en igualdad con otras que no deben su fama a sus méritos, como antes señalaba. Sólo por ellas ya merecía la pena hacer este diccionario.

Pero aún hay otro tercer grupo que integran las mujeres que sólo conocen las/los especialistas en la materia a la que ellas se han dedicado. Incluso algunas de ellas ni siquiera son conocidas o consideradas por sus propios colegas. ¿Cuál es el motivo de este olvido? Simplemente porque son mujeres. La obra femenina siempre ha sido difícilmente reconocida y mal valorada. Recordar a estas mujeres y valorar su trabajo han sido algunos de los motivos por los que considero que este diccionario es importante. Aquí aparecen datos, algunas veces muy escasos pues no se conocen más; son mujeres muy poco célebres, pero que han llevado a cabo una obra valiosa. Varios son los motivos que han desvalorizado su obra. Bien porque un pariente masculino importante la ha asumido o se le ha atribuido, como en el caso de Oliva Sabuco de Nantes. Bien porque al ser una obra importante se ha pensado que no podía ser una mujer su autora, como sucedió con Trótula, nombre que se consideraba pertenecía a un hombre. La reivindicación de estas mujeres me parece que justifica plenamente este diccionario. Aquí aparecen muchas de estas mujeres casi desconocidas, pero a las que se debe una importante contribución en el desarrollo, y lo hacen en igualdad de condiciones con las famosas, aunque estas últimas no sean muy célebres.

El criterio que me ha guiado para la realización de esta obra es destacar a cualquier mujer que haya contribuido al desarrollo, como antes señalaba. Según esto, todas las mujeres debían aparecer en estas páginas, pues todas, llevando a cabo sus tareas domésticas y reproductoras, contribuyen de forma decisiva al desarrollo; pero esta tarea, que hubiera sido la correcta, era imposible. Por ello he tenido que seleccionar algunas, las que aquí aparecen, que, además de cumplir con las obligaciones que les asignaba la sociedad patriarcal, han llevado a cabo importantes obras, no siempre valoradas con justicia. Por tanto, aquí aparecen mujeres que han aportado algo a la sociedad, que han contribuido a que fuera mejor, que han hecho avanzar a la Humanidad y de esta forma demostrar que esta no sólo ha progresado por el esfuerzo masculino. Aquí, en estas páginas, hay un claro ejemplo de parte de lo que las mujeres han hecho. Posiblemente la punta del iceberg, puesto que han hecho mucho más aunque no haya sido valorado como corresponde.

Pero también aparecen algunas «malas mujeres». Me ha preocupado este grupo. Todas ellas son célebres por su maldad, como Popea. Pero ¿son verdaderamente «malas»? O a la historia le ha convenido calificarlas de esta manera para justificar otras actuaciones. Hombres que han llevado a cabo actuaciones similares no han recibido calificación de carácter moral. Cosa que la historia no ha escatimado con las mujeres, dándoles calificativos como cortesana, aventurera, etc., que en masculino no tienen sentido peyorativo.

Me parece interesante la iniciativa de reunir en una obra sólo a mujeres calificadas como célebres; mejor sería calificarlas de importantes, aunque bien es cierto que su importancia les ha dado la celebridad. Puede aducirse que reunir sólo mujeres es aislarlas, llevarlas al gueto. No me parece así. La obra de las mujeres a lo largo de los siglos es tan significativa y sólida, como puede comprobarse en estas páginas, que el hacer sólo referencia a hechos femeninos, destacarlos y presentarlos todos unidos, manifiesta claramente tanto la trascendencia de las actuaciones de estas mujeres como que no han estado ni están aisladas. Son el centro del acontecer histórico, social, cultural, artístico, aunque la historia las haya silenciado.

Por otra parte, presentarlas aquí a todas reunidas ofrece unas perspectivas nuevas. El libro puede utilizarse como obra de consulta, y leer únicamente aquellas referencias que se necesiten, o como una obra que se debe leer entera. Se trata de una historia de las mujeres llevada a cabo teniendo como criterio el orden alfabético. Al leerla se encuentran entre ellas muchos lazos familiares o amistosos, una fuerte solidaridad, en muchos casos, entre algunas. Puede percibirse una similitud de problemas y de respuestas a los mismos entre mujeres de épocas diferentes y una pervivencia de constantes en las formas de enfrentarse con la sociedad y de relacionarse dentro de ella. Problemas que las mujeres actuales todavía no han resuelto se encuentran en las biografías de mujeres de épocas remotas.

Por todo ello, aunque sin duda las mujeres anónimas, las no célebres, son las que mejor reflejan la situación de las mujeres a lo largo de los tiempos, en las que han destacado por algún motivo y su nombre se ha perpetuado también coinciden y pueden percibirse los elementos que han caracterizado al grupo femenino a lo largo de los tiempos.

CRISTINA SEGURA GRAÍÑO

A

ABAITUA, Eulalia (Elena Juliana Allende Salazar, llamada). Fotógrafa española (Bilbao, 1853-íd., 1943). Se la conoce por el nombre de su madre, muerta al nacer ella. Aprendió la técnica de la fotografía en Liverpool, donde se instaló junto con su familia al iniciarse la segunda guerra carlista. Al finalizar esta, regresó a Bilbao. Su marido, importante empresario naviero, mandó construir una casa cerca de Begoña en cuyo sótano ella instaló su laboratorio. A partir de 1873 se dedicó a fotografiar todo lo que veía, especialmente temas rurales y, sobre todo, mujeres: campesinas, lecheras, sardineras, etc. La guerra civil interrumpió su actividad.

ABRANTÈS, duquesa de (Laure Saint-Martin Permont). Escritora francesa (Montpellier, 1784-París, 1838). Casada con el general A. Junot, es recordada, sobre todo, por haber sido una de las principales y más exitosas cronistas del París revolucionario: *Memorias históricas sobre la Revolución, el Directorio, el Consulado, el Imperio y la Restauración* (1831-1835) y *Memorias sobre la Restauración, la revolución de 1830 y los primeros años del reinado de Luis Felipe* (1836). Publicó, además, *Historia de los salones de París bajo Luis XVI* (1837). Mantuvo una gran amistad con la emperatriz Josefina. Pasó de tener una gran riqueza a la miseria; esto motivó que tuviera que ponerse a escribir para obtener recursos económicos.

ABRIL, Victoria (Victoria Mérida, llamada). Actriz española (Madrid, 1959). Tras varias incursiones en la televisión, hizo su debut cinematográfico con Vicente Aranda en el papel protagonista del filme *Cambio de sexo* (1976). Con este mismo director colaboró también en *La muchacha de las bragas de oro* (1979), *Asesinato en el Comité Central* (1981), *Tiempo de silencio* (1985), *El Lute: camina o revienta* (1987), *Amantes* (1991) y *Libertarias* (1995). Otros filmes: *Mater amatísima* (Salgot, 1980), *La colmena* (Camus, 1982), *Las bicicletas son para el verano* (Chávarri, 1983), *Barrios altos* (Berlanga, 1987), *Átame* (1989), *Tacones lejanos* (1991), *Kika* (1993), estos tres últimos bajo la dirección de Pedro Almodóvar; *Jimmy Hollywood* (Levinson, 1994), *Felpudo maldito* (Balasko, 1995), *Nadie hablará de nosotras cuando hayamos muerto* (Díaz Yanes, 1995), por la que de nuevo obtuvo la Concha de Plata del Festival de San Sebastián y el premio Goya 1996 a la mejor actriz. Ha participado, además, en varios filmes extranjeros y en la serie de televisión *Los jinetes del alba* (1990), dirigida por V. Aranda.

ACCORAMBONI, Vittoria. V. **BRACCIANO, duquesa de.**

ACEVEDO, Ángela de. Dramaturga española (Lisboa, ¿?-m. 1644.) Hija de un noble de la corte de Isabel de Borbón, primera esposa de Felipe IV, tuvo una esmerada educación y su producción incluye teatro y prosa. Entre sus obras destacan: *El muerto disimulado, La Margarita del Tajo, Dicha y desdicha del juego* y *Devoción de la Virgen,* todas ellas representadas en el siglo XVII. Tras enviudar ingresó en un convento de religiosas benedictinas.

ACOSTA DE SAMPER, Soledad. Escritora y periodista colombiana (Bogotá, 1833-íd., 1903). Considerada una de las figuras principales en la literatura de su país, Acosta de Samper sobresalió, además, por sus actividades periodísticas y feministas. Fundó varias revistas, entre ellas *La Mujer* (1878-1881), que llegó a influir notablemente en la vida social de su país y en la educación de la mujer colombiana. Reunía en su casa a un grupo de intelectuales en torno a la tertulia El Mosaico. Escritora prolífica, fue autora de comedias, biografías y más de 45 novelas, entre las que destacan: *Los piratas en Cartagena* (1885) y *La holandesa en América* (1888). Fue miembro de la Academia de la Historia de Caracas.

ACUÑA, Dora. Poeta paraguaya (Asunción, 1900-¿Asunción?, 1953). Influida por la uruguaya Delmira Agustini, se dedicó principalmente al cultivo de la poesía erótica. Su voz lírica y personal proclama un amor natural, libre de prejuicios, que se manifiesta en obras como *Flor de caña* (1940) y *Luz en el abismo* (1954). Es considerada precursora, junto con Julio Correa, de la poesía paraguaya de los años treinta y cuarenta.

ADA. Sátrapa de Caria (s. IV a. C.). Casada con su hermano Hyderico, sucedió, junto con él, a Artemisa II. A la muerte de su marido (344 a. C.) quiso retener el poder, pero fue derrocada por su hermano Pexadoro, que estaba apoyado por los otros sátrapas de Asia. Ada pidió a Alejandro Magno que intercediera en su favor para que le fuese devuelto el gobierno y, como recompensa, la sátrapa adoptó al rey de Macedonia.

ADDAMS, Jane. Socióloga y reformadora social estadounidense (Cedarville, Illinois, 1860-Chicago, 1935.) En 1889 fundó la Hull House, primera organización de viviendas de bajo costo de EE. UU., que ella dirigió durante 46 años. Defensora del voto femenino y del pacifismo, presidió desde 1915 la Asociación Femenina Internacional para la Paz y la Libertad. En 1931 obtuvo el premio Nobel de la Paz.

ADELA de Champaña. Reina de Francia (m. París, 1206). Hija del conde Teobaldo IV de Champaña, se casó con el rey Luis VII de Francia. A la muerte de su marido (1180) quiso tener un papel político durante la minoridad de su hijo Felipe II Augusto, pero se enfrentó a la hostilidad del conde de Flandes, padrino del nuevo rey. Así se produjo una lucha entre las familias de la reina madre y del conde. Este logró adelantarse y consiguió que el rey se casara con su sobrina Isabel de Hainaut, pero la reina Adela obtuvo la anulación de este matrimonio. Finalmente logró hacerse con la regencia, apartando al de Flandes y pacificando el país.

ADELAIDA, santa. Reina de Italia y emperatriz de Alemania (castillo de Orb, h. 931-monasterio de Seltz, Alsacia, 999). Hija de Rodolfo II de Borgoña, se casó en el 947 con Lotario de Italia. Tras la muerte de este (950), fue despojada de su dignidad y encerrada en un castillo por Berenguer II. Llamó en su ayuda a Otón el Grande, con quien contrajo nupcias en el 951. Del 991 al 995 fue regente durante la minoridad de su nieto Otón III, muerta su nuera Teófano. Su vida fue recopilada por san Odilón, abad de Cluny.

ADELAIDA de Francia. Princesa francesa (Versalles, 1732-Trieste, 1800). Hija mayor de Luis XV, representó un importante papel político en los reinados de su padre y de su sobrino Luis XVI. Estaba dotada de una gran inteligencia. Estudió ciencias, música, inglés, italiano, etc. Fue enemiga de Voltaire. Logró que los planes financieros de Mochault fracasaran, por lo que consiguió que este fuera desterrado de la corte. En los comienzos de la Revolución, huyó de Francia junto con su hermana Victoria, y viajó por diversos lugares.

ADNAN, Etel. Poeta e ilustradora libanesa (Beirut, 1925). Realizó estudios en las universidades de Berkeley y Harvard. Profesora del Dominican College en California (1959-1972), Adnan ha publicado en francés e inglés, aunque es más conocida por sus poemas en lengua árabe. Entre sus libros destacan: *Cinco sentidos para una muerte* (1971) y *Jebu y el expreso Beirut. Infierno* (1973), ambos en contra de la guerra de Vietnam; *Apocalipsis árabe* (1980), ilustrado por la propia autora, y *Pablo Neruda es un platanero* (1982).

AELDERS, Etta-Palm d'. Activista holandesa de la Revolución francesa (Groninga, 1743-¿?) cuyo verdadero nombre era Etta Lubina Johanna Aelders. A los 19 años se casó con Ferdinand Palm, quien la abandonaría poco después. En 1768, tras algunos viajes, se estableció en París, y en 1791 fundó la Sociedad de Amigas de la Verdad, primer club integrado exclusivamente por mujeres que, decepcionadas por los primeros pasos de la Revolución francesa, se erigieron en portavoces de sus propias reivindicaciones de igualdad entre los sexos. En 1793 regresó a Holanda y dos años más tarde, convertido ese país en la República Bátava, fue detenida y acusada de orangista.

AGAR. Mujer cananea (s. XX a. C.). Una de las mujeres de Abraham, del que había sido esclava y del cual tuvo a Ismael, padre del pueblo árabe o ismaelita. Agar e Ismael fueron arrojados de su casa por Abraham en virtud de un mandato divino y de los celos de Sara después del nacimiento de Isaac.

AGNESI PINOTTINI, Maria Gaetana. Matemática italiana (Milán, 1718-íd., 1799). Considerada una niña prodigio, Agnesi dominó desde niña varias lenguas romances, además del hebreo y el alemán, y estudió filosofía y matemáticas. En 1748 publicó *Istituzioni analitiche,* considerado el mejor tratado de cálculo diferencial hasta entonces aparecido, traducido al francés y al inglés. En 1750 fue designada por el papa Benedicto XIV catedrática de matemáticas en la Universidad de Bolonia, cargo en el que sustituyó a su padre. Ingresó en el Instituto de Bolonia. Fue la primera profesora universitaria de esta materia. A partir de 1752, impulsada por una ferviente caridad, se retiró a las afueras de Milán y acogió a muchos enfermos. Llegó a implorar caridad pública para ayudar a los necesitados que recogía en la calle. Desempeñó el cargo de directora del asilo fundado por el príncipe Tolomeo de Trivulzio.

AGOULT, condesa de. V. **FLAVIGNY, Marie de.**

ÁGREDA, sor María de Jesús de. Religiosa y escritora española (Ágreda, 1602-íd., 1665). Tomó el hábito de religiosa franciscana en el convento de Burgos a los 16 años y fue elegida abadesa, con dispensa de edad, del monasterio de la Inmaculada Concepción de la villa de Ágreda, fundado por sus padres. Adquirió fama de santa por sus supuestas revelaciones de orden sobrenatural y, aunque la Inquisición la procesó, quedó libre de las acusaciones. Escribió numerosas obras de tipo ascético y místico, entre ellas: *La mística ciudad de Dios* (1670) y las famosas *Cartas,* o correspondencia privada con Felipe IV (1643-1665), donde da consejos de tipo moral y político al monarca, convirtiéndose en su mejor consejera cuestionaba el gobierno del conde-duque de Olivares, al que culpaba de toda una serie de conflictos que se habían originado bajo su mandato. Mantuvo una fuerte polémica con Eusebio Amort, quien escribió una obra contra los escritos de sor María.

AGRIPINA la Mayor. Dama romana de la gens Claudia (s. I), esposa de Germánico y madre de Calígula y de Agripina la Menor. Se distinguió en Roma por sus virtudes y como defensora de los derechos de sus hijos al mandato imperial romano. Tiberio, que la temía, la desterró el año 29 a la isla de Pandataria, donde se dejó morir de hambre en el año 33.

AGRIPINA la Menor. Emperatriz romana (Agrippinensis, Colonia, 16-Roma, 59). Hija de Agripina la Mayor y de Germánico, y madre de Nerón. Al enviudar por segunda vez, se casó con el emperador Claudio, su tío, y logró que este adoptase a Nerón y le casase con su hija Octavia, dejando a Británico, hijo de Claudio y Mesalina, fuera de la opción al Imperio. Más tarde envenenó a Claudio, y facilitó a su hijo el acceso al trono. El principio del reinado de Nerón estuvo dominado por el buen quehacer de Agripina, junto a Burro y Séneca. Nerón la hizo asesinar ahogándola.

AGUIRRE, Esperanza. Política española (Madrid, 1952). Realizó los estudios de derecho en la Universidad Complutense de Madrid y, en 1976, consiguió por oposición una plaza en el Cuerpo de Técnicos de Información y Turismo del Estado. En 1987 ingresó en Alianza Popular, partido del que surgió después el PP. Cuando en mayo de 1996 José María Aznar, líder del Partido Popular, formó su primer Gobierno, tras las elecciones de marzo, pasó a ocupar la cartera de Educación y Cultura.

AGUIRRE, Isidora. Escritora dramática chilena (Santiago de Chile, 1919). Figura importante del teatro chileno contemporáneo. Su producción abarca obras de factura variada, desde comedias musicales hasta piezas en las que aparece el tema social: *Carolina* (1955), *La pérgola de las flores* (1960), *Diálogos de fin de siglo* (1989), etc. También ha escrito las novelas: *Doy por vivido lo soñado* (1987) y *Carta de Roque Dalton* (1990).

AGUSTINA de Aragón. V. **ZARAGOZA Y DOMÉNECH, Agustina.**

AGUSTINI, Delmira. Poeta uruguaya (Montevideo, 1866-íd., 1914). Formó parte de la generación de 1900, a la que también pertenecieron Julio Herrera y Reissig, Leopoldo Lugones y Rubén Darío, y de la generación del Río de la Plata (1910-1920), dominada mayoritariamente por hombres. Sus influencias fundamentales provinieron de los simbolistas franceses y de F. Nietzsche. Los poemas de Agustini, marcadamente eróticos, están enriquecidos por imágenes biológicas y confesionales: *Otra estirpe, Visión* y *El arroyo.* En 1913 se casó con Enrique Reyes, negociante de ganado caballar, quien, tras su divorcio un año más tarde, la mató violentamente y luego se suicidó.

AIDO, Ama Ata. Escritora ghanesa (n. 1942). Aunque con una larga experiencia literaria, Aido es fiel ejemplo de las dificultades con las que se encuentran las mujeres escritoras africanas para ser reconocidas como tales. Activista política, llegó a presidir el Ministerio de Educación de su país a principios de los ochenta, trasladándose posteriormente a Zimbabwe, en donde preside el Grupo de Mujeres Escritoras. Entre sus publicaciones destacan la obra teatral *El dilema de un fantasma* (1965), su colección de poemas *Someone Talking to Sometime* (1985) y su novela *Cambios* (1991), en la que incorpora elementos de narrativa oral.

A'IŠA BINT AHMAD IBN MUHAMMAD IBN QADIM. Escritora andalusí (Córdoba, s. IX). Perteneciente a una noble familia cordobesa, tuvo gran influencia política en la corte. Era hermana de Muhammad ibn Ahmad ibn Muhammad ibn Qadim ibn Ziyad, poeta sobresaliente, dedicándose también ella a la lírica. Trabajó además en la copia de libros, reuniendo una gran biblioteca.

A'IŠA BINT MUHAMMAD IBN AL-AHMAR. Reina de Granada (s. XV). Llamada A'isha la Horra o la Honesta, fue esposa de Abul Hasán y madre de Boabdil *el Chico,* a quien ayudó en todas sus luchas para obtener el trono de Granada. Fue el alma de la resistencia de la ciudad contra los Reyes Católicos y acompañó después a su hijo en el destierro a Fez, donde murió al poco tiempo. Las frases con que recriminó a Boabdil su llanto al abandonar la ciudad han pasado a la historia.

AJMÁTOVA, Anna (Anna Andréïevna Gorenko, llamada). Poeta rusa (Odessa, 1889-Moscú, 1966). Influida por Derzhavin y Annenski, fundó junto a su primer marido, N. Gumíliov, la escuela acmeísta. Con un discurso preciso y una cuidada estructuración, Ajmátova logró traducir a lenguaje poético los aspectos más cotidianos del amor y su visión —dramática y valiente— de la realidad sociopolítica rusa. Considerada como la mejor poeta en lengua rusa del s. XX, su obra suele dividirse en dos períodos: uno introspectivo e intimista al que pertenecen *La tarde* (1912), *Rosario* (1914) y *Llantén* (1921), y otro cívico-social, influido por sus profundas desavenencias con el régimen soviético. Sus obras *Viento de guerra* (1942-1944) y *Poema sin héroe* (1963) son representativas de este segundo período. Llamada por muchos «la voz de Rusia», su obra fue censurada en la URSS entre 1921 y 1953.

AKAZOME EMON. Poeta japonesa (s. XI). Se le atribuye la primera parte del *Eigwa monogatari* o *Historia de esplendores,* narración novelada en 40 volúmenes y considerada una de las obras maestras del período Fujiwara.

AKERMAN, Chantal. Realizadora de cine belga (Bruselas, 1950). Cursó estudios en el Institut Supérieur des Arts du Spectacle et Techniques de Diffusion de Bruselas y en la Universidad Internacional de París. Akerman es considerada una de las realizadoras más representativas del cine independiente francés contemporáneo. Sus filmes, con un estilo posestructuralista y minimalista (contenido narrativo mínimo, silencios, lenguaje de la contemplación), se han centrado en una temática fundamentalmente femenina que Akerman examina desde una perspectiva novedosa: *Hôtel Monterey* (1972), *Yo, tú, él, ellas* (1974), *Las citas de Ana* (1978), *En gira con Pina Bausch* (1983), *Siete mujeres-siete pecados* (1987), *Noche y día* (1991) y *Romance en Nueva York* (1995).

ALASKA (Olvido Gara, llamada). Cantante y empresaria española de origen mexicano (Ciudad de México, 1965). Una de las protagonistas de la *movida* madrileña y del *pop* español, y figura clave de los grupos musicales Kaka de Luxe, Alaska y los Pegamoides, Dinarama y Fangoria. De imagen carismática, ha trabajado en televisión, en revistas de moda, en la prensa dominical y en la película *Pepi, Luci, Bom y otras chicas del montón*, dirigida por Pedro Almodóvar. Su tema musical *Bailando* obtuvo un gran éxito nacional e internacional.

ALBA, XIII duquesa de (María del Pilar Teresa Cayetana de Silva y Álvarez de Toledo). Dama española del s. XVIII. Estuvo casada con don José Álvarez de Toledo, marqués de Villafranca, de quien quedó viuda sin sucesión en 1796. Fue popularísima en el Madrid de su tiempo, como personaje más sobresaliente del casticismo aristocrático, y Goya la inmortalizó en varios cuadros. Circuló la leyenda de que había sido envenenada, y en 1945 fue exhumado su cadáver comprobándose en el mismo alguna mutilación, pero el examen desmintió la versión popular del envenenamiento.

ALBERDI ALONSO, Cristina. Abogada española (Los Rosales, Sevilla, 1946). Es la primera mujer que llegó a ser miembro del Consejo del Poder Judicial. Alberdi se ha dedicado fundamentalmente a la defensa de los derechos de la mujer y a la modificación de las leyes que la discriminan. Entre sus publicaciones destacan: *Aborto: sí o no* (1975), *Análisis de la realidad jurídica en torno a la mujer* (1982) y *El discurso jurídico como superestructura ideológica* (1982). Desde 1993 a 1996 ocupó el cargo de ministra de Asuntos Sociales.

ALBERT I PARADÍS, Caterina. V. **CATALÀ, Víctor.**

ALBORNOZ, Aurora de. Poeta y crítica literaria española (Luarca, Asturias, 1926-Madrid, 1990). En 1936 se exilió con su familia en Puerto Rico, donde estudió humanidades en la Universidad de Puerto Rico, siendo discípula allí de Pedro Salinas y Juan Ramón Jiménez y donde posteriormente trabajó como catedrática de lengua y literatura. Tras su regreso a España en 1970, obtuvo su doctorado en Filosofía y Letras en Salamanca y enseñó en la Universidad Autónoma de Madrid. Fue colaboradora de importantes revistas literarias hispanoamericanas. Entre sus publicaciones destacan los poemas recogidos en *Brazo de niebla* (1955), *Poemas para alcanzar un segundo* (1961) y *Palabras reunidas* (1983). Estudiosa de la generación del 27, dedicó notables ensayos a la obra de A. Machado, J. R. Jiménez y L. Felipe.

ALCOFORADO, sor Mariana. Monja franciscana y escritora epistolar portuguesa (Beja, Alentejo, 1640-íd., 1723). Fue la autora de unas apasionadas cartas de amor dirigidas a un conde francés, quien las publicó en su idioma con el título de *Lettres portugaises* (París, 1669), y que se han convertido en una de las obras maestras de la literatura amorosa universal. Obtuvieron un éxito importante y se hicieron más de 50 ediciones en varios idiomas. La fama de estas cartas llegó a crear una literatura erótico-monacal.

ALCORTA, Gloria. Escritora argentina, de origen francés (Bayona, 1915-Buenos Aires, 1994). Su primer libro de poemas, *La prison de l'enfant* (1935), fue publicado en francés con un prefacio de Jorge Luis Borges. Aunque sus obras de teatro *Visages* (1952) y *Le Seigneur de Saint Gor* (1955) resultaran premiadas en París, fue, sin embargo, la colección de relatos *El hotel de la luna* (1958), en la que retrató la decadencia de la oligarquía bonaerense de la *belle époque*, la que logró consagrarla como una de las figuras argentinas de mayor renombre literario. Fue colaboradora en Buenos Aires del diario *La Nación* y de las revistas *Sur* y *Ficción*, y en París, de *Le Figaro Littéraire*.

ALCOTT, Louisa May. Escritora estadounidense (Germantown, 1832-Boston, 1888). Miembro del círculo de trascendentalistas de Concord. Alcott publicó su primer libro cuando aún trabajaba como empleada doméstica. Durante la guerra civil se alistó como enfermera con el Norte. Su enorme popularidad se debe especialmente a sus libros infantiles *Mujercitas* (1868) y *Hombrecitos* (1871), hoy convertidos en clásicos del género.

ALDECOA, Josefina R. Escritora española (León, 1926). Obtuvo su doctorado en la Facultad de Filosofía y Letras de la Universidad de Madrid, y a partir de los años cuarenta perteneció a diversos círculos literarios, entre ellos, los asociados a las revistas *Espadaña* y *Revista Española*. Entre sus novelas destacan: *La enredadera* (1984), centrada en el deseo de dos mujeres por autoafirmarse; *Porque éramos jóvenes* (1986); *El vergel* (1988), e *Historia de una maestra* (1990), obra dedicada a su madre y centrada en la experiencia de las Misiones Pedagógicas durante la Segunda República. Ha publicado después *Mujeres de negro*, continuación cronológica y temática de la anterior. En 1995 publicó los cuentos completos del que fuera su marido y cuyo apellido usa, Ignacio Aldecoa.

ALEANDRO, Norma. Actriz y escritora argentina (Buenos Aires, 1941). Famosa en toda Hispanoamérica y reconocida internacionalmente en sus múltiples facetas, como actriz de cine y teatro, autora dramática y presentadora de televisión. Entre sus películas destacan: *La tregua* (1974), *Tobi* (1978), *La historia oficial* (Puenzo, 1984), *Gaby, una historia real* (Mandoki, 1987) y *Cien veces «no debo»* (1990).

ALEJANDRA Feodorovna. Última emperatriz de Rusia (Darmstadt, 1872-Yekaterinburg, 1918). Era hija del gran duque Luis IV de Hesse. Casada con Nicolás II, su influencia en la corte moscovita fue inmensa, sobre todo por su especial aprecio a Rasputín. Sometida a cautiverio con el resto de la familia imperial, fue asesinada junto con ella el 16 de julio de 1918 por los revolucionarios rusos, quienes obedecieron una orden expresa de Lenin.

ALLENDE, Isabel. Escritora chilena de origen peruano (Lima, 1942). A los 17 años inicia en Chile su carrera como periodista. Sobrina del presidente Salvador Allende, tras el golpe de Estado de 1973 se ve obligada a exiliarse en Venezuela. Su primera novela, *La casa de los espíritus* (1982), logró consagrarla como una de las principales figuras dentro del panorama literario mundial. En su obra narrativa, aunque inscrita dentro del «realismo mágico» hispanoamericano, emerge una clara intencionalidad femenina. Ha publicado las novelas *De amor y de sombra* (1984) y *El plan infinito* (1991), y el libro de relatos *Los cuentos de Eva Luna* (1987). En 1994 publicó *Paula*, una historia de sentimientos y recuerdos, además de un relato social y político, y en 1997 *Afrodita*, una original mezcla de narración, recuerdos de infancia y recetas de cocina.

ALLENDE SALAZAR, Elena Juliana. V. **ABAITUA, Eulalia.**

ALMEIDA, Cristina. Política española (Badajoz, 1945). Estudió derecho en la Universidad de Madrid y está considerada como una de las figuras más carismáticas del ámbito político español. Destacada abogada laboralista y feminista, ha defendido ante los tribunales de justicia los derechos de la mujer, de los trabajadores y de los presos políticos. Desde 1979 desempeñó el cargo de concejala en el Ayuntamiento de Madrid por el Partido Comunista, al que pertenecía desde 1963, hasta que en 1981 fue expulsada, junto con otros compañeros, por la dirección carrillista. Almeida, entonces, participó en la fundación de la coalición electoral Izquierda Unida en 1986, convirtiéndose en diputada hasta 1993, en que renunció. En 1997, junto con otros miembros de IU, formó el partido Nueva Izquierda. Ha colaborado en numerosas revistas tratando problemas jurídicos, de la mujer, de los barrios y de las asociaciones de vecinos. Entre sus publicaciones figura el ensayo *La mujer y el mundo del trabajo* (1982).

ALONSO, Alicia. Bailarina cubana (La Habana, 1923). En 1948 fundó en Cuba, en colaboración con su marido y su cuñado, el Ballet de Alicia Alonso, y fue primera figura en el American Ballet Theatre (1950-1953). Tras la subida al poder de Fidel Castro, reorganizó el Ballet Nacional de Cuba, del que fue directora hasta 1992, y en 1962 fundó la Escuela Nacional de Ballet de Cuba. Alonso ha conquistado los principales escenarios del mundo a lo largo de su extensa carrera, logrando ser considerada como una de las figuras principales de la danza clásica contemporánea. En diciembre de 1992 fue presentada en la Universidad Complutense de Madrid la cátedra de ballet que lleva su nombre.

ALONSO PIMENTEL, María Josefa (condesa-duquesa de Benavente). Dama española (Madrid, 1752-íd., 1834). En 1774 se casó con Pedro Téllez-Girón, IX duque de Osuna. María Josefa fue, junto a su gran amiga Teresa Pilar Cayetana de Silva, XIII duquesa de Alba, la modelo de Francisco de Goya, un símbolo de la época. Aficionada a la literatura, tenía en su famosa Alameda de Canillejas («El Capricho»), en las afueras de Madrid, un teatrillo particular para el que componían piezas Iriarte, Moratín y don Ramón de la Cruz, entre otros. A ambas aristócratas les agradaba también la fiesta de los toros, partidaria la duquesa de Alba de *Costillares*, y la condesa, de Pedro Romero. De la relación de Goya con María Josefa quedó, entre otras obras, el célebre grupo familiar *Los* *duques de Osuna y sus hijos* (1789), que se exhibe en el Museo del Prado.

AL-SAMMAN, Ghada. Escritora y periodista siria (n. 1942). Considerada actualmente como una de las principales escritoras en lengua árabe, Al-Samman cultiva un estilo personalista y confesional que intenta escapar del pesimismo imperante en el discurso literario árabe actual. Entre sus publicaciones destacan la novela *Pesadillas en Beirut* (1976), basada en el Beirut de comienzos de la guerra civil, y las colecciones de poesía *¡Te declaro mi amor!* (1976) y *Yo testifico contra el viento* (1987).

ÁLVAREZ, Lilí (Elia María González-Álvarez y López-Chicheri, llamada). Deportista española (Madrid, 1905-íd., 1995). Fue campeona de tenis a los 13 años en Suiza, y en 1929, campeona de España y vencedora en dobles en el torneo de Roland Garros. Disputó tres torneos de Wimbledon (1926, 1927 y 1928), quedando finalista en cada uno de ellos, y durante los mismos años ocupó el segundo puesto en la clasificación mundial. En 1924 ganó el circuito de Cataluña en automóvil y en 1941 fue campeona de esquí. Es, además, la autora de varios libros, entre ellos, *Feminismo y espiritualidad* y *El mito del amateurismo*.

ÁLVAREZ SIERRA, Consuelo. Novelista española (Barcelona, 1926). En sus novelas suele presentar una sociedad corrompida en la que los personajes aparecen como seres ambiciosos. *Tierras de castigo* y *La piedad desnuda* son algunos de sus títulos más representativos.

ALVEAR, Carmen Fernández Segade de. Educadora española (Pontevedra, 1932). Estudió ciencias de la información, ciencias políticas, medios audiovisuales y asistencia técnica y sanitaria. De 1978 a 1982 fue secretaria general de la Confederación Católica de Padres de Alumnos (CONCAPA), de tendencia conservadora, y desde 1983 ocupó la presidencia de dicho organismo hasta 1995. Es miembro de diversas organizaciones relacionadas con la educación y ha publicado numerosos artículos en periódicos y revistas en torno a la familia, la educación y la religión católica.

AMAR Y BORBÓN, Josefa. Escritora española (Zaragoza, 1753-¿?, h. 1805). Gran erudita y políglota, destacan entre sus numerosas obras las dedicadas a defender la igualdad intelectual de la mujer y a valorar su papel dentro de la sociedad: *Discurso en defensa del talento de las mujeres y de su aptitud para el gobierno y otros cargos en que se emplean los hombres* (1786) y *Discurso sobre la educación física y moral de las mujeres* (1790). Fue miembro de las Sociedades Económicas de Zaragoza (1782) y Madrid (1787), y traductora del *Ensayo histórico apologético de la literatura española*, del abate Lampillas.

AMARILIS. Poeta anónima peruana (s. XVII). Autora de la *Epístola a Belardo* (1621), poema dirigido a Lope de Vega y que este incluyó al final de su obra *Filomena* (1621). Se cree que Amarilis fue el seudónimo utilizado por la escritora María de Alvarado, y que sus poemas fueron atribuidos a numerosos autores de la época, entre ellos, al propio Lope.

Carmen Amaya

AMAYA, Carmen. Bailaora y coreógrafa española (Barcelona, 1913-Bagur, Gerona, 1963). Gitana de procedencia, se formó artísticamente al lado de su padre, el guitarrista José Amaya *el Chino*. Bailó desde la edad de cuatro años en el distrito V de Barcelona. En 1929 formó con su tía *la Faraona* y su prima María Amaya el Trío Amaya, que formaba parte de un cuadro flamenco que entre 1933 y 1934 actuó en diversos tablaos. En 1935, con el Trío Amaya, actuó en París e inició, en 1936, una gran gira por América, donde alcanzó grandes éxitos en Argentina, Brasil, Cuba y EE. UU. Regresó a España en 1947. También realizó algunas películas, entre las que destacan: *La hija de Juan Simón* (1934) y *Los Tarantos* (1962). En su estancia americana y en España creó su propia compañía, de la cual formaron parte parientes suyos y aprendieron grandes figuras del baile español.

AMORÓS, Celia. Filósofa y teórica feminista española (Valencia, 1944). Es catedrática de Filosofía en la Universidad Complutense de Madrid y dirigió, hasta 1993, el Instituto de Investigaciones Feministas de dicha institución. Considerada una de las protagonistas del feminismo contemporáneo español, ha sido directora, coordinadora y ponente en diversos seminarios, así como asesora de numerosas revistas, convirtiéndose en una de las representantes más sobresalientes del *feminismo de la igualdad*. A su alrededor se aglutina un grupo de mujeres igualmente interesadas en las teorías y prácticas feministas, entre ellas, Amelia Valcárcel, Alicia H. Puleo, Ana de Miguel, Raquel Osborne, Cristina Molina Petit, Rosa M. Rodríguez Magda, Rosa Cobo, Ángeles Jiménez Perona y María Luisa Pérez Cavana. Entre sus publicaciones destacan: *Hacia una crítica de la razón patriarcal* (1985), *Sören Kierkegaard o la subjetividad del caballero* (1987), *Rasgos patriarcales del discurso filosófico: notas acerca del sexismo en filosofía* (1992) y *Tiempo de feminismo* (1997).

ANA, santa. Esposa de san Joaquín y madre de la Virgen María. Las noticias de su vida son recogidas en el llamado Protoevangelio de Santiago, narración de la vida de la Virgen y la niñez de Jesucristo.

ANA Bolena. Reina de Inglaterra (Rochford Hall, 1507-Londres, 1536). Dama de honor de la esposa de Enrique VIII Catalina de Aragón, llegó a inspirar tal pasión en el monarca que este se divorció de Catalina para casarse con ella, de quien ya esperaba una hija, la futura Isabel I Tudor. Un año después fue suplantada por una de sus damas de honor, que la acusó de traición y de adulterio. Fue condenada a muerte y decapitada en la Torre de Londres. Los amores entre Ana Bolena y Enrique VIII, y el consiguiente divorcio de Catalina de Aragón, fueron la causa directa del cisma de Inglaterra.

ANA Comneno. Política y escritora bizantina (1083-1148). Era la hija mayor de Alejo I Comneno y de Irene Dukas. Con gran influencia en la corte, organizó una conspiración (1118) contra su hermano Juan, con la intención de darle el trono imperial a su esposo. Mujer de grandes cualidades, fue educada con gran esmero, con conocimientos de varias lenguas, filosofía, teología, etc. Escribió la *Alexiada*, crónica en 15 libros del reinado de su padre, Alejo I, y de la primera cruzada, de la que fue testigo de primera mano.

ANA de Austria. Reina de España (Cigales, 1549-Badajoz, 1580). Fue la cuarta esposa de Felipe II, con quien se casó en 1570. Era hija del emperador de Alemania Maximiliano II y de María de Austria, y la primera archiduquesa que ocupó el trono de España. De los cinco hijos que tuvo, sólo Felipe III llegó a edad adulta.

ANA de Austria. Reina de Francia (Valladolid, 1601-París, 1666). Hija de Felipe III, rey de España, y de Margarita de Austria, se casó con Luis XIII de Francia en 1615; pero mientras vivió Richelieu residió la mayor parte del tiempo en su voluntario retiro de Val-de-Grâce, por sentirse objeto de desdenes y sospechas infundadas que la humillaban. El nacimiento de su hijo, luego Luis XIV (1638), devolvió por un momento el acuerdo entre los esposos. Muerto el rey, desempeñó las funciones de regente de 1643 a 1651, y durante su gobierno confió la dirección de los negocios públicos al cardenal Mazarino, a quien dejó actuar con entera libertad.

ANA de Clèves o Kleve o Cléveris. Princesa alemana (Cléveris, 1515-Chelsea, 1557), hija del duque Juan III de Cléveris. En 1539 se casó con el rey Enrique VIII, que se divorció de ella a los pocos meses. Dotada con una generosa pensión, mantuvo su residencia en Inglaterra.

ANA de Francia. Regente de Francia (¿?, 1460-Chantelle, 1522). Hija mayor de Luis XI y de Carlota de Saboya, se casó con Pedro Beaujeu, duque de Borbón. Durante la minoría de su hermano Carlos VIII fue regente del reino y gobernó con firmeza e inteligencia.

ANA Estuardo. Reina de Inglaterra (Londres, 1665-íd., 1714). Hija de Jacobo II y de Anne Hyde, subió al trono a la muerte de

Guillermo III. El mismo día de su proclamación, Inglaterra, Alemania y Holanda declararon la guerra a Francia, comenzando la guerra de Sucesión de España, que terminó con la firma del tratado de Utrecht (1715). Los hechos más notables del reinado de Ana Estuardo fueron la toma de Gibraltar y la unión definitiva de Escocia y de Inglaterra.

ANA Ivanovna. Emperatriz de Rusia (Moscú, 1693-San Petersburgo, 1740). Hija de Iván V y hermana mayor de Pedro el Grande, reinó de 1730 a 1740 en detrimento de sus otras dos hermanas. En su reinado se sostuvieron las guerras de la Sucesión de Polonia y la de los Turcos. Se casó con Federico Guillermo, duque de Curlandia, y se dejó influir en asuntos de gobierno por su favorito, Ernesto Juan Birón.

ANA Jagellón. Reina de Polonia (Varsovia, 1522-íd., 1596). A la muerte de su padre, Segismundo I (1576), fue proclamada reina a condición de que dividiera el trono con Esteban I Bathori de Transilvania. Tras la muerte de su marido, consiguió la proclamación como rey de su sobrino Segismundo II Augusto (1587).

ANA BELÉN (María del Pilar Cuesta, llamada). Actriz y cantante española (Madrid, 1950). Cursó estudios de arte dramático y debutó en el Teatro Español bajo la dirección de Miguel Narros. Desde 1970 viene desarrollando una intensa carrera teatral, cinematográfica, televisiva y musical. Ana Belén, considerada una de las principales figuras del cine español contemporáneo, ha trabajado en numerosos filmes, entre ellos: *Tormento* (Olea, 1974), *La petición* (Miró, 1976), *La colmena* (Camus, 1982), *Sé infiel y no mires con quién* (Trueba, 1985), *La casa de Bernarda Alba* (Camus, 1987), *Divinas palabras* (García Sánchez, 1987), *Rosa, rosae* (Colomo, 1993), *La pasión turca* (Aranda, 1994) y *Libertarias* (Aranda, 1995). En 1990 debutó como directora con la película *Cómo ser mujer y no morir en el intento,* basada en el exitoso libro de Carmen Rico Godoy. En 1995 la Academia de las Artes y las Ciencias Cinematográficas de España le otorgó la medalla de oro en premio a su labor, y fue protagonista del musical *La bella Helena,* una pieza con texto de Vicente Molina Foix sobre la obra de Offenbach, dirigida por José Carlos Plaza.

Ana Belén

ANA GERTRUDIS de Kiev. Reina de Francia (m. h. 1075). Hija del duque ruso de Kiev, Jaroslav. Se casó en 1051 con el rey de Francia Enrique I y fue madre de Felipe I, convirtiéndose en la primera princesa rusa casada con un rey occidental.

ANACAONA o **ANACAHONA.** Cacica de La Española (ss. XV-XVI). Esposa de Caonabo, uno de los caciques de la isla de Santo Domingo a la llegada de los españoles en 1492. A la muerte de su esposo y de su hermano Behechío, quedó como cacica de Maguana y Jaraguá hasta que, en 1502, Ovando la hizo ahorcar, creyéndola conspiradora. Por el contrario, fray Bartolomé de Las Casas, que estaba en la isla, a la muerte de Anacaona, elogió las virtudes y la bondad de la reina ahorcada. Era poeta y dirigió ante Bartolomé Colón un areito de trescientas vírgenes. Su nombre en taíno significa «flor de oro».

ANDERSON, Anna. Dama que pretendió ser la gran duquesa Anastasia, la hija menor del zar Nicolás II de Rusia, y haber sobrevivido a la matanza de la familia imperial (Yekaterinburg, 1918-Charlottesville, 1984). Durante muchos años defendió sus pretensiones, incluso ante los tribunales, que no pudieron reconocer su personalidad, por ser contradictorias las manifestaciones de los testigos. Sobre este caso enigmático se han escrito varias obras y realizado dos películas, de las que han sido protagonistas Ingrid Bergman y Lily Palmer.

ANDERSON, Laurie. Artista estadounidense (Chicago, 1947). Escultora minimalista, artista de *performance,* cantante y directora de cine, Anderson está considerada como una de las más representativas exponentes del *multimedia* artístico estadounidense. En sus espectáculos musicales ha experimentado con la distorsión de su propia voz, además de emplear complicados equipos técnicos y de construir sofisticados instrumentos. En 1980 entró en la corriente *pop* con la extravagante canción *O Superman.*

ANDREAS-SALOMÉ, Lou. Escritora alemana (San Petersburgo, 1861-Gotinga, 1937). Una vez terminados sus estudios de filosofía y religión en la Universidad de Zurich, Andreas-Salomé viajó por varios países europeos, en donde trabó una in-tensa amistad con importantes intelectuales de la época, entre ellos, F. Wedekind, F. Nietzsche, P. Ree, R. M. Rilke y S. Freud. Su obra explora aspectos de la psicosexualidad femenina y defiende la libre expresión de la feminidad fuera del matrimonio. Entre sus obras destacan: *Ruth* (1896), *Friedrich Nietzsche y sus obras* (1894), *El erotismo* (1910) y *Psicosexualidad* (1917). Fue autora, además, de numerosas cartas en las que reflejó los problemas de fin de siglo y la situación de la mujer intelectual en aquella sociedad.

ANDREWS, Julie (Julia Elizabeth Wells, llamada). Actriz y cantante británica (Walton-on-Thames, 1935). Después de algunos papeles en teatro y variedades, su gran debut lo realiza con el papel protagonista de *Mary Poppins* (Stevenson, 1964), que le valió el Oscar de Hollywood. Otros filmes suyos son: *Sonrisas y lágrimas* (Wise, 1965), *Hawai* (Roy Hill, 1966), *Millie, una chica moderna* (Roy Hill, 1967), *La estrella* (Wise, 1968), *Darling Lili* (Edwards, 1970), *La semilla del tamarindo* (Edwards, 1974), *S.O.B.* (Edwards, 1981), *Víctor o Victoria* (Edwards, 1982), etc. Gran parte de ellas se deben a la colaboración con su marido, el realizador cinematográfico Blake Edwards. Entre sus trabajos más recientes se cuentan: *Así es la vida* (Edwards, 1985), *Ansias de vivir* (Konchalovski, 1986) y *Tchin-Tchin* (Saks, 1990).

Julie Andrews

ANDREWS SISTERS. Conjunto vocal estadounidense compuesto por tres hermanas de origen greco-noruego: Verne (1915-1967), Maxene (1918) y Patty (1920). Las Andrews Sisters actuaron en espectáculos de vodevil, de cabaret y en la radio. En 1937 la grabación de *Bei Mir Bist Du Schoen* las conduce a la cima del *hit-parade* nacional, alcanzando relieve internacional durante el período de la Segunda Guerra Mundial. El ritmo de sus canciones estuvo enormemente influido por el espíritu del *jazz.* De 1940 a 1948 hicieron numerosas apariciones en el cine, principalmente con Abbot y Costello.

ÁNGEL, Albalucía. Novelista colombiana (Pereira, 1939). En sus novelas predominan los escenarios europeos y una gran preocupación por los temas feministas: *Los girasoles en invierno* (1970), *Misiá Señora* (1984), *Las andariegas* (1984), etc.

ÁNGELA de Foligno, beata. V. **FOLIGNO, beata Ángela de.**

ÁNGELES, Victoria de los. V. **VICTORIA DE LOS ÁNGELES.**

ANGULEMA, duquesa de (Marie Thérèse Charlotte de Bourbon). Princesa francesa (Versalles, 1778-Gorizia, 1851). Era hija de Luis XVI y de María Antonieta. Después de la muerte de sus padres en la guillotina, canjeada por la Convención, se casó con su primo Louis Antoine de Bourbon, duque de Angulema. Fue una de las mujeres más famosas de su época, recibiendo el apelativo de madame Royal. Dejó algunos escritos en los que relata hechos de su ajetreada vida.

ANNA O. Primera paciente de la historia del psicoanálisis y feminista austriaca (Viena, 1859-íd., 1936) cuyo nombre real era Bertha Pappenheim. A raíz de la muerte de su padre empezó a sufrir crisis histéricas espectaculares y a partir de 1880, tras las sesiones de conversación sistemática con J. Breuer sobre sus alucinaciones y fantasmas, comenzó a sentir que estas ejercían en ella una función terapéutica. La iniciativa de Anna O de aplicar sistemáticamente el procedimiento de «cura por la palabra» se convirtió posteriormente en una estrategia clínica, cuya aplicación fue generalizada por Freud y Breuer. Considerada además una de las figuras clave del feminismo europeo, en 1904 fundó y presidió la Federación de Derechos de las Mujeres Judías.

ANTÍGONA. Princesa griega, hija del rey Edipo y su esposa Yocasta, sirvió de lazarillo a su padre ciego. Por desobediencia a su tío Creonte, rey de Tebas, que había prohibido dar sepultura al cuerpo de su hermano Polinices, fue condenada a ser enterrada viva. Al conocer la sentencia, se quitó la vida. Este personaje, quizá legendario, ha inspirado diversas tragedias desde la Antigüedad (Sófocles, Alfieri, Espriu, Anouilh, etc.).

ANTONIA la Menor. Dama romana de la gens Julia (s. I). Hija de Marco Antonio y Octavia. Se casó con Nerón Druso, cabeza de la gens Claudia, hermano del futuro emperador Tiberio, y fue madre del emperador Claudio, de Germánico y de Livila. Se cree que murió envenenada por Calígula, su nieto, en el año 38, o que se suicidó al enterarse de los proyectos de traición de su hija Livila y el pretoriano Sejano. Es tomada como ejemplo de las damas aristocráticas romanas.

APARICIO, Rafaela (Rafaela Díaz Valiente, llamada). Actriz española (Marbella, 1906-Madrid, 1996). Diplomada en magisterio, debutó en el teatro en 1931 y desarrolló una brillante carrera teatral durante toda su vida. Habiendo interpretado papeles secundarios en el cine de las décadas de los cincuenta y los sesenta, su primer gran papel fue en *El extraño viaje* (Fernán-Gómez, 1964), a la que siguió una serie de grandes interpretaciones: *Ana y los lobos* (Saura, 1972), *Mamá cumple cien años* (Saura, 1975), *El sur* (Erice, 1983), *El año de las luces* (Trueba, 1986) y *El mar y el tiempo* (1989), entre otras. Fue galardonada con distintos premios a lo largo de su carrera, destacando los Goya de 1988, en reconocimiento a su carrera profesional, y el de 1990, como mejor actriz.

AQUINO, Corazón. Política filipina más conocida como *Cory* Aquino (Tarlac, Luzón, 1933). Tras el asesinato de su marido, B. Aquino, se convirtió en el símbolo de la oposición del régimen de F. Marcos. En 1986 se presentó como candidata a la presidencia por la agrupación UNIDO, pero, tras resultar vencedora, la victoria le fue adjudicada a Marcos fraudulentamente. No obstante, la sublevación de un sector del ejército y las continuas protestas populares obligaron a Marcos a exiliarse en EE. UU., y Aquino fue nombrada presidenta del país, cargo que ocupó hasta 1992. Durante su mandato se produjeron seis sublevaciones armadas que fueron sofocadas por el ejército, el apoyo popular y la comunidad internacional.

Corazón Aquino

ARCONVILLE, Geneviève Charlotte Thiroux d'. Escritora y científica francesa (París, 1720-íd., 1805). Casada a los 14 años con un parlamentario, fue madre de tres hijos, uno de ellos ejecutado durante la Revolución. Espíritu ecléctico y excéntrico, se interesó por todos los campos del saber y publicó una voluminosa obra. Estudió botánica, anatomía y se adhirió a las tesis de Voltaire, Jussieu, Turgot, Lavoisier, etc. Sus más importantes obras son: *Sobre la amistad* (1761), *Las pasiones* (1764) y *Vida de María de Médicis* (1774). Se dice que realizó trescientos experimentos para redactar su *Tratado sobre la putrefacción* (1766).

ARDEN, Elisabeth. Esteticista y empresaria estadounidense de origen canadiense (Woodbridge, 1878-Nueva York, 1966), cuyo nombre real era Florence Nightingale Graham. Realizó estudios de enfermería, trasladándose a Nueva York y, con la ayuda de un químico, fabricó su primera crema de belleza *Amoretta*. Su primer salón, creado en 1920, obtuvo un gran éxito, animándole a abrir institutos de belleza bajo su seudónimo por todo el mundo, que, a su vez, difundían sus tratamientos patentados. En 1930 inauguró un instituto de lujo dedicado a la relajación de mujeres cansadas y ricas en Maine-Chance (Arizona), cuyo éxito la llevó a exportar esta fórmula a todas las capitales europeas. Su gran fortuna la convirtió en una de las mujeres más ricas de EE. UU.

ARENAL, Concepción. Socióloga y ensayista española (El Ferrol, 1820-Vigo, 1893). Debido a que las mujeres no podían acceder a la enseñanza universitaria, asistió como oyente a clases de derecho disfrazada de hombre. Su obra tiene como fundamento la reforma social, centrándose particularmente en el sistema penitenciario, los derechos de la mujer y la condición de los obreros. Durante la guerra carlista colaboró con la Cruz Roja al frente de un hospital en Miranda de Ebro. Fundó una asociación para la construcción de casas para obreros. Fue miembro de la Asociación Howard de Londres para la reforma de las prisiones. Sus tratados sobre temas penitenciarios le valieron reconocimiento y autoridad dentro y fuera del ámbito español. Entre los cargos públicos que desempeñó están el de visitadora general de prisiones de mujeres (1863), el de inspectora de casas de corrección de mujeres (1868) y el de secretaria general de la Cruz Roja de Madrid (1871). Arenal, considerada una de las «madres» del feminismo español, y referencia obligada dentro de las corrientes teóricas feministas, publicó, entre otros, *El visitador del pobre*, *La beneficencia, la filantropía y la caridad* (1860), *La mujer del porvenir* (1884) y *La condición social de la mujer en España*.

ARENDT, Hannah. Filósofa, socióloga y politicóloga estadounidense de origen alemán (Hannover, 1906-Nueva York, 1975). Huyó del nazismo en 1934 y, en 1941, se estableció en EE. UU., donde fue profesora en diversas universidades. Su obra, enmarcada en el ámbito de la filosofía política, es una reflexión sobre la democracia y el totalitarismo. El pensamiento político de Arendt se fundamenta en una antropología fenomenológica de la acción que rechaza todo determinismo histórico y en la idea de un «espacio público» abierto a la participación general. Entre sus obras destacan *Los orígenes del totalitarismo* (1951), *La condición humana* (1958), *Acerca de la violencia* (1969) y *Crisis de la república* (1975).

ARGENTINA, La (Antonia Mercé y Luque, llamada). Bailarina y coreógrafa española de origen argentino (Buenos Aires, 1890-Bayona, Francia, 1936). Se trasladó a España con sus padres, que fueron maestros de danza en el Teatro Real de Madrid, y actuó en el ballet de este teatro. Desde 1905 realizó varias giras por Europa, y en 1929 creó la primera compañía de ballet español en París, presentándose junto con Vicente Escudero en la Ópera Cómica. Su genial interpretación de *El amor brujo*, de M. de Falla, la consagró como una de las mejores bailarinas mundiales.

ARGENTINA, Imperio (Magdalena Nile del Río, llamada). Actriz, cantante y bailaora argentina (Buenos Aires, 1906). A los seis años comenzó como actriz infantil en su ciudad natal, con el seudónimo de Petit Imperio. En 1920 se traslada a España y debuta en Madrid, siendo durante muchos años la estrella máxima del cine español. Entre sus filmes sobresalen *La hermana San Sulpicio* (Rey, 1927, versión muda, y Rey, 1934), *Nobleza baturra* (Rey, 1935), *Goyescas* (Perojo, 1942) y *Bambú* (S. de Heredia, 1945). A partir de 1946 volvió a trabajar en Argentina: *Lo que fue de la Dolores* (Perojo, 1947) y *Café cantante* (Momplet, 1951). Sus últimas interpretaciones han sido *Tata mía* (Borau, 1986) y *El polizón de Ulises* (Aguirre, 1987). En 1989 le fue concedido un premio Goya honorífico en reconocimiento a toda su carrera cinematográfica.

ARGENTINITA, La (Encarnación López Julvez, llamada). Bailarina española de origen argentino (Buenos Aires, 1905-Nueva York,

1945). La Argentinita fue la mejor bailarina española de su época. Interpretó en sus danzas la música de Falla, Turina, Albéniz, Granados, Ravel, Rimski-Korsakov, etc. Con su hermana Pilar López y otros destacados bailarines organizó el Ballet Español, espectáculo de alto valor artístico que presentó en los mejores teatros del mundo.

ARGÜELLES, Arantxa. Bailarina española (Zaragoza, 1970). Estudiante de danza en la Escuela Superior de Madrid, ingresó en el Ballet Lírico Nacional en 1984, convirtiéndose pronto en primera figura indiscutible. Hasta ahora, ha trabajado a las órdenes de María de Ávila, Maya Plisetskaya, etc., y ha desarrollado un importante trabajo fuera de España. En 1991 ingresó como primera figura en el Ballet de la Ópera de Berlín, y es considerada como una de las grandes figuras actuales de la danza.

ARNAUD, Marie-Hélène. Modelo francesa (Lille, 1934-París, 1986). A los 17 años fue modelo de Guy Laroche, y en 1958 Coco Chanel le propuso presentar su colección. Arnaud fue quien lanzó el famoso vestido sastre en *tweed* diseñado por Chanel y la que presentó al mundo entero el célebre perfume Chanel N.° 5.

ARNIM, Bettina von. Escritora romántica alemana cuyo nombre de soltera era Elizabeth Brentano (Frankfurt, 1785-Berlín, 1859). Tras la muerte de su marido, el poeta Achim von Arnim (1831), Bettina se traslada a Berlín, donde se convierte en una fervorosa activista política y en una de las primeras alemanas en luchar a favor de los derechos de la mujer. Su obra literaria se centra particularmente en la ficcionalización de cartas personales, como bien demuestra *Günderode* (1840), basada en su correspondencia con la escritora Karoline von Günderode.

ARNOLD, Eve. Fotógrafa estadounidense (Nueva York, 1913-íd., 1996). La fotografía de Arnold, de gran fortaleza y sensibilidad, ha conseguido establecer un agudo contraste entre el exquisito *glamour* hollywoodiense y las miserables condiciones de vida de las comunidades marginales de EE. UU. En los años cincuenta no sólo adquirió renombre internacional por sus fotografías de famosas personalidades, entre ellas, J. Crawford, M. Dietrich, M. Monroe y A. Warhol, a quien retrató sentado en un inodoro levantando pesas, sino por pertenecer a la prestigiosa agencia Magnum. Posteriormente se estableció en el Reino Unido, donde se dedicó al fotoensayismo: *Detrás del velo* (1973) y *La mujer sin retoque* (1975), obra en la que estuvo trabajando durante 25 años.

ARRÓNIZ Y BOSCH, Teresa. Poeta y novelista española (Cartagena, 1827-Madrid, 1890). Utilizó el seudónimo de Gabriel de los Arcos. La mayor parte de sus novelas las publicó en forma de folletín en los periódicos y revistas de la época: *La condesa de Alba-Rosa* (1873), *El abanico de oro* (1878), *Mari-Pérez* (1879), etc.

ARSÍNOE I. Reina de Egipto (s. III a. C.). Hija de Lisímaco de Tracia, se casó con Tolomeo II Filadelfo. Debido a las malas relaciones con su madrastra Arsínoe II, participó en un complot, por lo que fue desterrada. Fue madre de Tolomeo III.

ARSÍNOE II Filadelfo. Princesa egipcia (n. 316 a. C.). Hija de Tolomeo Sóter, fue, sucesivamente, esposa de Lisímaco, rey de Tracia, de Tolomeo Keraunos y de Tolomeo II Filadelfo, su propio hermano. Se la divinizó con el nombre de *Afrodita Zefiritis.*

ARSÍNOE III. Reina de Egipto (m. 204 a. C.). Esposa de su hermano Tolomeo IV Filopátor, con el que asistió a la batalla de Rafia y contribuyó a la derrota de Antíoco *el Grande* de Siria. Fue asesinada por su marido, sustituyéndola por su concubina, Agatoclea.

ARSÍNOE IV. Reina de Egipto (m. 44 a. C.). Hermana de la famosa reina Cleopatra VII. Marco Antonio, a instigación de esta, que sentía celos de ella, la hizo asesinar.

ARTEMISA I. Reina de Halicarnaso (s. V a. C.). Después de la muerte de su marido se distinguió en el combate de Salamina, en el 480 a. C. Enamorada de Dárdano de Abido y no siendo correspondida por él, mandó sacarle los ojos y ella se suicidó. Le sucedió su hijo Pisindélides.

ARTEMISA II. Reina de Halicarnaso (s. IV a. C.). Es célebre por el monumento que hizo construir a la memoria de Mausolo, su marido (y hermano), que fue una de las siete maravillas del mundo antiguo.

ASLAN, Anna Vasilichia. Cardióloga y geriatra rumana (Braila, 1897-Bucarest, 1988). Estudió en la facultad de Medicina de Bucarest. Durante la Primera Guerra Mundial cuidó enfermos del frente como ayudante del cirujano Thomas Ionescu. Fue la primera mujer cardióloga rumana y la primera profesora de Clínica Médica del país. Más tarde se dedicaría a la geriatría con Constantin Parhon. Juntos investigaron el efecto de diversos medicamentos en geriatría, entre ellos el *Gerovital H3* y la procaína. En el año 1952 creó el Instituto de Geriatría de Bucarest, del que fue directora hasta su muerte. En el año 1970 comenzó a emplear el *Aslavital,* un medicamento tanto profiláctico como curativo. También fue miembro de la Academia Rumana, de la Academia de Ciencias de Nueva York y de sociedades gerontológicas de varios países (EE. UU., Chile, Perú, República Democrática Alemana, etc.).

Anna Vasilichia Aslan

ASQUERINO, María (María Serrano Muro, llamada). Actriz española (Madrid, 1925). Hija de actores, debutó a los 13 años en la obra *Campo de Armiño*, con la compañía de sus padres. Actriz con gran personalidad, fue una de las estrellas del cine español en los años cuarenta, cincuenta y sesenta, con películas como *Reina Santa* (Gil, 1946), *Don Quijote de la Mancha* (Gil, 1947), *Pequeñeces* (Orduña, 1950), *Agustina de Aragón* (Orduña, 1950), *Surcos* (Nieves Conde, 1950), *La otra vida del capitán Contreras* (Gil, 1954), *Tarde de toros* (Vajda, 1955) y *Goya* (Quevedo, 1970), que compaginó con una intensa labor teatral. En los años setenta tuvo un cierto declive, recuperado en los ochenta dirigida por Fernán-Gómez: *Mambrú se fue a la guerra* (1985), *El mar y el tiempo* (1989) y *Fuera de juego* (1991); asimismo trabajó en la obra teatral *Hipólito,* de Eurípides, en versión de Emilio Hernández, puesta en escena en 1995.

ASTORGA, Nora. Diplomática nicaragüense (Managua, 1949-íd., 1988). Estudió derecho en la Universidad Católica de Washington y en la Universidad Centroamericana de Managua. En 1977 funda, junto con otros miembros del Frente Sandinista, la Asociación de Mujeres ante la Problemática Nacional. En 1979 fue una de las principales colaboradoras de la guerrilla sandinista que derribó al dictador Anastasio Somoza. En 1984 fue nombrada embajadora de su país en EE. UU. y en 1986 ocupó este mismo cargo en la ONU.

ATALÍA. Reina de Judá (s. IX a. C.). Hija de Acab y de Jezabel, que se casó con Jorán, rey de Judá, y gobernó del 841 al 835 a. C. Hizo degollar a todos los príncipes descendientes de David. Su vida ha sido utilizada en argumentos de óperas y oratorios, destacando el titulado con su nombre, *Atalía,* de G. F. Haendel.

ATENCIA, María Victoria. Poeta española actual (Málaga, 1931). Fundó la revista *Cuadernos de Poesía* junto con su esposo, el poeta Rafael León. Su poesía se encuadra en los movimientos más actuales: *Marta y María* (1976), *Compás binario* (1984), *La pared contigua* (1989), etc.

ATWOOD, Margaret. Escritora canadiense en lengua inglesa (Ottawa, 1939). Considerada la mejor escritora canadiense del s. XX, Atwood ha logrado, además, ganar un gran renombre dentro del panorama literario internacional. Su copiosa obra, merecedora de varios premios literarios, ha intentado retratar la deshumanización de la vida urbana canadiense, reivindicando especialmente la causa feminista: *Los diarios de Susanna Melodie* (1970) y *Power Politics* (1971), colecciones de poesía; *El cuento de la criada* (1985) y *Ojo de gato* (1988), novelas; *El huevo de Barbazul* (1983) y *Wildnerness Tips* (1991), relatos; y *The Oxford Book of Canadian Short Stories in English* (1986), crítica literaria.

AUBIGNÉ, Françoise d'. V. MAINTENON, madame de o marquesa de.

Aung San Suu Kyi

AUNG SAN SUU KYI. Política birmana (Rangún, 1945). Estudió filosofía, ciencias políticas y economía en Gran Bretaña, y en 1989 fue cofundadora y secretaria general de la Liga Nacional para la Democracia, movimiento opositor de la dictadura, y ese mismo año fue arrestada por su participación en manifestaciones contra el régimen militar. En las elecciones de 1990 su partido obtuvo el 80% de los escaños parlamentarios, posteriormente invalidados por la dictadura en el poder. En 1991 se le concedió el premio Nobel de la Paz por su lucha a favor de los derechos humanos en su país. En 1995 fue puesta en libertad por el gobierno birmano.

AUSTEN, Jane. Novelista británica (Steventon, 1775-Winchester, 1817). Nacida en el seno de una familia anglicana de clase media, recibió una formación amplia. Su vida transcurrió en un ambiente sencillo, sin que haya que destacar grandes acontecimientos. Lo más importante de su producción son las novelas, en las que sobresalen los rasgos psicológicos y la ironía con que trata a la novela romántica, así como la crítica que hace de la vanidad y el egoísmo. Destacan entre ellas: *Criterio y sensibilidad* (1811), caracterizada por su realismo; *Orgullo y prejuicio* (1813), a la que debe su popularidad y considerada su obra maestra; *El parque de Mansfield* (1814); *Emma* (1815), quizá su obra más madura; *La abadía de Northanger* (publicada póstumamente en 1818), sátira de la novela gótica, y *Persuasión* (1818). En 1932 se publicó su correspondencia privada bajo el título de *Cartas*.

AVIA, Amalia. Pintora española (Madrid, 1930). Estudió en la Academia de San Fernando de Madrid. En 1954, en París, entra en contacto con un grupo de pintores españoles (María Moreno, Isabel Quintanilla, Antonio López y Francisco y Julio López Hernández), con quienes creará el núcleo conocido como «realistas madrileños». Ligada al realismo social de lo cotidiano, ha plasmado en su obra la realidad urbana, la sordidez de ese mundo urbano de fisonomía sucia, oscura y donde el correr del tiempo ha dejado su rastro y su huella. La utilización de colores en ocre y gris acentúan la atmósfera de una realidad urbana desolada y triste, que envuelve su obra pictórica. Avia, que ha realizado numerosas exposiciones individuales y colectivas, en 1978 recibió el premio Goya de la Villa de Madrid. Entre su obra destaca *Puerta del Monigote* (1979). En 1997 se presentó en Madrid una importante retrospectiva de su obra.

ÁVILA, María de. Bailarina y profesora de danza española (n. en Barcelona). Estudió danza clásica y española con la profesora Pauleta Pamiés y posteriormente estudió ballet con A. Goudinov y danza española con A. Bautista y A. Alcaraz. Inició su carrera profesional en el cuerpo de baile del Liceo, ascendiendo a *prima ballerina* en 1939. En este mismo año baila *El amor brujo* con V. Escudero en una temporada que dirige el maestro C. Mendoza Lasalle. Trabajó en múltiples recitales de danza formando pareja principalmente con J. Magriña y encabezó como bailarina estrella la Compañía Española de Ballet y los Ballets de Barcelona. Fue nombrada profesora de danza del Instituto del Teatro de la Diputación de Barcelona y en 1954 decidió abrir un estudio de danza clásica en Zaragoza para dedicarse plenamente a la enseñanza. Numerosos alumnos y alumnas de esta escuela figuran hoy como solistas y principales en importantes compañías de ballet internacionales. Es miembro de número de la Real Academia de Nobles y Bellas Artes de San Luis y ha sido la primera bailarina en formar parte de una academia. En 1982 fundó y dirigió el Ballet Clásico de Zaragoza y en 1983 se convirtió en directora del Ballet Nacional de España (clásico y español). Durante su mandato elevó el nivel artístico y técnico de ambas compañías, incorporando un importante repertorio, tanto de carácter español como de estilo clásico y neoclásico. Permaneció como directora del Ballet Nacional de España hasta 1987, fundando luego una nueva compañía de danza en Madrid y dedicándose plenamente a la enseñanza. En 1989 creó el Joven Ballet de María de Ávila y ese mismo año el Ministerio de Cultura le concedió la medalla de oro de las Bellas Artes.

ÁVILA, Teresa de. V. **TERESA de Jesús** o **de Ávila.**

B

Lauren Bacall

BACALL, Lauren (Betty Joan Weinstein Perske, llamada). Actriz estadounidense (Nueva York, 1924). Debutó en el cine con *Las modelos* (Vidor, 1943), pasando a protagonizar una serie de filmes, entre los que destacan: *Tener o no tener* (Hawks, 1944), *El sueño eterno* (Hawks, 1946), *Cómo casarse con un millonario* (Negulesco, 1953) y *Asesinato en el Oriente Exprés* (Lumet, 1974). Fue pareja en la pantalla y en la vida real de Humphrey Bogart, y en los últimos tiempos ha compaginado su actividad cinematográfica con la teatral. En su reciente filmografía destacan: *Misery* (Reiner, 1990) y *Prêt-à-Porter* (Altman, 1994).

BACELO, Nancy. Poeta uruguaya (Batlle y Ordóñez, Lavalleja, 1931). Es una de las figuras clave de la vida intelectual y cultural montevideana contemporánea. Su estilo poético se caracteriza por la sobriedad discursiva: *Tránsito de fuego* (1954), *Razón de la existencia* (1964), *Los músicos continúan el juego* (1983), *Los símbolos precisos* (1986), etc.

BACH, Anna Magdalena. Música alemana (Zeitz, 1701-Leipzig, 1760). Hija de Wülcken, trompetista virtuoso, A. M. Bach fue una música dotada de una extraordinaria voz de soprano. Se casó con Johann Sebastian Bach (1721), con quien tuvo 13 hijos, entre ellos Johann Christoph (1732) y Johann Christian (1735). Fue una gran colaboradora de su marido, participando en su trabajo y copiando su música. Entre 1722 y 1725 hizo una compilación en dos volúmenes de obras de su marido y otros autores contemporáneos.

BADEN-POWELL, lady Olave St. Clair. Directora mundial de las *girl-scouts* (Chesterfield, 1889-¿?, 1945). A partir de 1916 trabajó activamente en el movimiento de las *girl-scouts* y, en 1917, fue nombrada jefa de ellas en Gran Bretaña. En 1930 se convirtió en directora mundial de este movimiento.

BADÍA, Concepción. Soprano española (Barcelona, 1898-íd., 1975). Fue discípula de Granados y debutó en 1913 con *Parsifal* en el Liceo. En su repertorio destacó la interpretación de *lieder* y de la música de su maestro. En 1947 dejó la escena para dedicarse a la enseñanza en Barcelona.

BAEZ, Joan. Cantautora folclórica y guitarrista estadounidense (Nueva York, 1941). Baez adquirió fama en el Newport Folk Festival de 1959 con baladas que incluían elementos del folclore negro estadounidense y que estaban comprometidas con las causas de la no violencia y la paz mundial. Su participación en demostraciones a favor de los derechos civiles junto a Martin Luther King y en contra de la guerra de Vietnam le supuso dos años de presidio durante el mandato de Nixon. A lo largo de su carrera ha realizado numerosas giras (Polonia, España, Etiopía, Argentina, antigua Yugoslavia, etc.) denunciando los abusos contra los derechos humanos. Entre sus mayores éxitos están canciones como *Kumbayá, La balada de Sacco y Vanzetti* y *Adiós, Angelina.* Ha publicado varias colecciones de poemas y una autobiografía *(El amanecer).*

BAKER, Joséphine. Artista estadounidense de *music-hall* (St. Louis, Missouri, 1906-París, 1975). Obtuvo su primer gran éxito en París, en 1925, en el Théâtre des Champs Élysées, cuando apareció en *La revue nègre,* con la conocida canción *Yes We Have No Bananas,* que cantaba y bailaba casi desnuda. Posteriormente trabajó en el Folies-Bergère y en el Casino de París, recibiendo, por su belleza, el apelativo de «la Venus Negra». Tras actuar en varias películas, en 1939 se enroló en la aviación y, una vez finalizada la Segunda Guerra Mundial, continuó cantando en sus revistas musicales. Adoptó a numerosos niños y niñas de diversas razas como acción contra el racismo.

BALCELLS, Carmen. Agente literaria española (Lérida, 1930). Estudió perito mercantil y desde 1956 trabaja como agente literaria, representando a numerosos autores en lengua española y portuguesa. Entre los escritores cuyos derechos internacionales son manejados por su agencia barcelonesa se encuentran Pablo Neruda, Isabel Allende, Gabriel García Márquez, Camilo José Cela, Juan y Luis Goytisolo, Mario Vargas Llosa y Rafael Alberti. Balcells está considerada una de las agentes literarias más prestigiosas del mundo.

BALCH, Emily Greene. Socióloga, economista y pacifista estadounidense (Jamaica Plains, Massachusetts, 1867-Cambridge, Massachusetts, 1961). Fue catedrática del Wellesley College (1897-1918) y delegada en el Congreso Femenino Internacional de La Haya (1915), y en los congresos de Escandinavia y Rusia. Participó en la creación de la Liga femenina internacional por la paz y la libertad, de la cual fue secretaria y presidenta. Fue directora del periódico *The Nation* de Nueva York y en 1946 obtuvo, junto con John R. Mott, el premio Nobel de la Paz. Entre sus numerosas publicaciones destacan *Women at The Hague* (1915) y *Approaches to the Great Settlement* (1918).

BALL, Lucille. Actriz y *show woman* estadounidense (Nueva York, 1911-Los Ángeles, 1989). Tras realizar sus estudios y primeras actuaciones, en 1933 comenzó su carrera en Hollywood, convirtiéndose en «la reina de la comedia» durante la década de los cuarenta, con películas como *Damas del teatro* (La Cava, 1937), *Demasiadas mujeres* (1940), *La gran avenida* (1942), etc. A partir de los cuarenta enfocó su carrera hacia la radio, protagonizando el serial *Mi marido favorito* (1947-1951). Casada con el actor Desi Arnaz, se convirtió en la estrella indiscutible de la televisión con su serie *I Love Lucy* (1951-1957). Su éxito continuó con otras series como *Lucy-Desi Comedy Hour* (1962-1968) y *Here's Lucy* (1968-1974).

BALLESTEROS, Mercedes. Escritora española (Madrid, 1913-íd., 1995). Cultivó casi todos los géneros literarios: novela, ensayo, teatro, artículos de opinión, etc. Popularizó el seudónimo de Baronesa Alberta, con el que firmó su producción humorística. En colaboración con su marido, el escritor Claudio de la Torre, escribió la comedia *Quiero ver al doctor*

(1941). A su novela *Taller* (1960), que recibió el premio Álvarez Quintero de la Real Academia Española, siguieron *La cometa y el eco* (1967) y *Pasaron por aquí* (1987), entre otras.

BANCROFT, Anne (Anne Marie Italiano, llamada). Actriz de cine estadounidense, de ascendencia italiana (Nueva York, 1931). Comenzó trabajando en el teatro y en la televisión. En el cine intervino durante los años cincuenta en diversos filmes, como *Niebla en el alma* (W. Baker, 1952), *Esta noche cantamos* (Leisen, 1953) y *Demetrius y los gladiadores* (Daves, 1954), pero la película que la consagró definitivamente como actriz de primera categoría fue *El milagro de Ana Sullivan* (Penn, 1962), ya interpretada por ella en el teatro, y que le valió el primer premio de interpretación femenina en el Festival Internacional del Cine de San Sebastián (1962) y el Oscar a la mejor actriz de la Academia de Hollywood (1963). En 1964 compartió con Bárbara Parrie el premio a la mejor actriz en el Festival de Cannes, por su intervención en *El que come calabaza.* Posteriormente ha trabajado como secundaria de lujo, con papeles de gran carácter, en *Siete mujeres* (Ford, 1966), *El graduado* (Nichols, 1967), *Jesús de Nazaret* (Zeffirelli, 1976), *El hombre elefante* (Lynch, 1980) y *Agnes de Dios* (Jewison, 1985).

BANDARANAIKE, Sirimavo. Política cingalesa (Ratnapura, 1916). Tras la muerte de su marido, Solomon Bandaranaike, asumió la presidencia del Partido de la Libertad de Sri Lanka. En 1960 se convierte en la primera mujer en ocupar el cargo de primera ministra en un país como el suyo, donde las mujeres están relegadas a papeles muy secundarios. En 1972 convirtió a Ceilán en la República de Sri Lanka, y en 1974, ante las protestas campesinas por la falta de alimento, decretó el estado de sitio e ilegalizó a numerosos grupos de izquierda. En las elecciones de 1977 sufrió una fuerte derrota y tuvo que abandonar el gobierno, y en 1980 fue expulsada del Parlamento y privada de sus derechos civiles. En 1994, tras el triunfo electoral de su hija Chandrika Kumaratunga al frente de la izquierdista Alianza del Pueblo, fue nombrada, por tercera vez en su carrera política, primera ministra.

Sirimavo Bandaranaike

BARBANÇON, Marie de. Heroína hugonote francesa (s. XVI). Viuda de Jean de Barret, uno de las cabezas de la Reforma en Francia, defendió, armada de una pica, el castillo de Bannegon de los ataques católicos, durante las Guerras de Religión. Acompañada de una docena de hombres, aguantó el sitio del castillo durante más de 15 días, pero tuvo que capitular por falta de víveres. En 1569 Carlos IX le devolvió el castillo sin exigirle rescate.

BÁRBARA, santa. Virgen y mártir de Nicomedia (m. en 235 o en 306, según algunos autores). Su padre era pagano, y al enterarse de que la doncella había abrazado el cristianismo, la llevó ante el juez, quien la condenó a ser decapitada. Es patrona del Arma de Artillería y de los trabajadores de minas y explosivos. Parece haber sido introductor de aquel patronato en España Juan de Terramonda, oriundo de Lille, que vino a la Península como asentador de Felipe I el Hermoso.

BÁRBARA, Agatha. Política maltesa (Zabbar, 1923). Afiliada al partido laborista desde 1946, ha sido ministra de Educación (1955-1958 y 1971-1974) y de Trabajo, Cultura y Bienestar (1974-1981). Fue elegida presidenta de la República en 1982, convirtiéndose en la primera mujer maltesa en llegar a ocupar este cargo, en el que se mantuvo hasta 1988.

BÁRBARA DE BRAGANZA, María. Reina de España (Lisboa, 1711-Madrid, 1758). Era hija de Juan V de Portugal y de María Ana, y se casó con Fernando VI, siendo aún príncipe, en 1729. Fue una reina apartada, en general, de la vida política y mecenas de artistas y músicos. El amor a la música que había en ella, afición compartida por su marido, hicieron de la corte madrileña una de las más brillantes de Europa. En 1757 fundó el convento de las Salesas Reales, en Madrid, donde reposan sus restos.

BÁRBARA RADZIWILL. Reina de Polonia (¿?, 1520-Cracovia, 1551). Era princesa de Lituania, hija de Jerzy Radziwill, atamán del Gran Ducado de Lituania. Al morir su primer esposo, el vaivoda Gasztold, se casó con el gran duque lituano Segismundo II Augusto (1547), que fue elegido rey de Polonia en 1548. La madre del príncipe se opuso a tal enlace, provocando una rebelión en el ducado, pero Segismundo Augusto resistió enérgicamente. Bárbara murió a los tres años de ser coronada reina, envenenada por la reina Bona y sus partidarios. Su muerte inspiró gran cantidad de obras de la literatura polaca. La más importante es la de Felinsky (1816), que está considerada como la mejor tragedia polaca.

BÁRCENA, Catalina. Actriz española de origen cubano (Cienfuegos, 1896-Madrid, 1977). Actuó desde muy joven en el teatro español, en la compañía de María Guerrero y en la de Ernesto Vilches, convirtiéndose más tarde en la primera actriz de la compañía que dirigía Gregorio Martínez Sierra, cuyas obras estrenó, así como otras piezas de Benavente, Arniches, hermanos Quintero, Galdós, Marquina, etc. De 1931 a 1935 trabajó en Hollywood, donde rodó varios filmes grabados en español como *Canción de cuna* (Leisen, 1933), *Mamá* (Perojo, 1931) y *Primavera en otoño.* En 1939 se afincó en Argentina, donde permaneció hasta finales de la década de los cuarenta. Intervino también en las películas *Los hombres las prefieren viudas* (Martínez Sierra y Perojo), *Yo, tú y ella* (Reinhard), *La ciudad de cartón* (1933) y *Julieta compra un hijo* (1935), ambas de Louis King.

BARDOT, Brigitte. Actriz francesa (París, 1934). Después de protagonizar el filme *Y Dios creó la mujer* (1956), dirigido por su esposo Roger Vadim, se convirtió en uno de los arquetipos eróticos más populares del cine mundial, combinando paradójicamente la sensualidad con la ingenuidad. Realizó un sinnúmero de películas con prestigiosos directores, entre ellos, Clouzot, Malle, Godard y Dmytryk, y posteriormente se retiró del mundo del espectáculo, dedicándose a luchar por la defensa de los derechos de los animales. Mantiene posturas políticas de extrema derecha.

BARI, Nina Karlovna. Matemática soviética (1901-1961). Su obra se ha centrado sobre todo en el estudio de las series trigonométricas y en la teoría de funciones que le ha llevado a enunciar las conocidas como *Bases de Bari.*

BARNES, Djuna. Escritora y periodista estadounidense (Nueva York, 1892-íd., 1982) considerada como una de las figuras más representativas de la *generación perdida.* Comenzó su carrera profesional como periodista, pero a los pocos años la abandona para dedicarse de lleno a la literatura. En 1919 se traslada a París y se convierte en una de las figuras centrales de la comunidad literaria parisina de los años veinte. Su nombre se halla estrechamente ligado al de Nathalie Barney, Gertrude Stein, Thelma Wood, T. S. Eliot, James Joyce, Mina Loy y Janet Flanner. Tanto la vida como la obra de Barnes están marcadas por una continua transgresión de las convenciones políticas, sexuales y artísticas. Entre sus publicaciones destacan *Almanaque de mujeres* (1928), *El bosque de la noche* (1936) y *Humo* (1982).

BARNEY, Nathalie. Escritora estadounidense (Dayton, Ohio, 1876-París, 1972). Mujer de ideas emancipadoras y abierta defensora de la bisexualidad y el lesbianismo, Barney se trasladó a París, donde estableció uno de los salones literarios de mayor renombre, frecuentado por figuras como Gertrude Stein, Djuna Barnes, Renée Vivien, Romaine Brooks, Radclyffe Hall, Una Troubridge y Janet Flanner. El salón de Barney propició la creación de una comunidad de mujeres dedicadas al cultivo del arte. Entre sus publicaciones destacan: *Pensamientos de una amazona* (1920) y *Recuerdos indiscretos* (1960).

BARRENO, María Isabel. Escritora portuguesa (Lisboa, 1939). Su nombre completo es María Isabel Barreno de Faria Martines. Es una de las famosas «tres Marías» (Costa y Horta) que publicaron *Novas cartas portuguesas* (1974), en las que denunciaban la situación política de su país bajo la dictadura. Fueron juzgadas, pero la Revolución de los Claveles de abril del mismo año les evitó ser encarceladas. Es autora, además, de *Os outros legitimos superiores* y *De noite as árvores sao negras* (1971).

BARRETO DE MENDAÑA, Isabel. Navegante española (s. XVI). Casada en Perú con el adelantado Álvaro de Mendaña, acom-

María Barrientos

pañó a este en su segundo viaje a América (1595), en el que descubrió la isla de Santa Cruz, y al morir su esposo asumió el gobierno de las tierras conquistadas. Fue la única mujer que tuvo en sus manos un adelantamiento en toda la historia de la conquista de América.

BARRIENTOS, María. Soprano española (Barcelona, 1884-San Juan de Luz, 1946). Estudió en la Escuela Municipal de Música de Barcelona y comenzó su carrera en el Teatro Lírico de dicha ciudad, con la ópera *La sonámbula* (1898). Desde entonces ganó el favor del público europeo y americano con óperas como *Los puritanos, Lakmé, La Traviata* y, sobre todo, *Lucía de Lammermoor* y *El barbero de Sevilla,* en cuya escena de la lección de música obtuvo repetidos aplausos, cantando el aria de *La flauta mágica,* de Mozart, que intercalaba en dicha escena, llegando al fa sobreagudo con gran naturalidad. En 1907 contrajo matrimonio y abandonó la escena, para volver a reaparecer en 1916 en el Metropolitan Opera House de Nueva York. Finalmente fue profesora de la Radio Municipal de Buenos Aires.

BARRY, madame o **condesa du** (Jeanne Bécu). Cortesana francesa (Vaucouleurs, 1743-París, 1793). Hija natural de Ana Bécu, más conocida por el título de su esposo, fue la favorita de Luis XV de Francia y llegó a figurar como reina. Fue árbitro de la moda, hasta que aquel, próximo a morir, la alejó de sí. Al advenimiento de Luis XVI, estuvo durante algún tiempo confinada en la abadía de Pont-aux-Dames. Al estallar la Revolución, se refugió en Inglaterra, pero regresó, y, acusada de conspiración, fue condenada a muerte por un tribunal revolucionario y guillotinada a los pocos días.

BARTON, Clara. Humanitarista estadounidense (Oxford, Massachusetts, 1821-Glen Echo, Maryland, 1912) cuyo nombre completo es Clarissa Harlowe Barton. Participó como enfermera en la guerra de Secesión y posteriormente fundó el cementerio nacional de Andersonville. En 1870 estableció contacto en Francia con Henri Dunant, fundador de la Cruz Roja Internacional, y de regreso a EE. UU., Barton fundó, en 1882, la Cruz Roja americana. Reunió sus experiencias en *Historia de mi infancia* (1907).

BARTON, Elizabeth. Visionaria británica de Canterbury (Aldington, 1506-Tyburn, 1534). Conocida por «la santa de Kent», y a la que muchas personas creían inspirada por Dios, fue decapitada por orden de Enrique VIII, al que había profetizado la muerte para un mes después de su casamiento con Ana Bolena, predicción que no se cumplió.

BASSI, Laura. Científica italiana (Bolonia, 1711-íd., 1778). A los 20 años leyó su tesis en filosofía, lo que le dio gran fama y le permitió ocupar la cátedra de filosofía en la universidad de su ciudad natal (1733), continuando estudios en álgebra, geometría y física experimental, materia esta última que enseñó a partir de 1745. En 1766, gracias a un decreto del Senado, fue titular de la cátedra de dicha asignatura. Su fama como profesora se extendió entre los sabios y hombres de ciencia europeos que alabaron su gran capacidad científica.

BASTIDA, Asunción. Diseñadora de alta costura española (Barcelona, 1902-íd., 1984). Fue la más joven de los maestros de alta costura de los años veinte. Fundó su casa de costura en Barcelona (1926) y la mantuvo hasta 1970. En 1934 abrió sucursal en Madrid, ampliando su actividad al *prêt-à-porter,* los complementos y la ropa deportiva, siguiendo el modelo francés.

BÁTHORY, Erzsébet. Asesina húngara (¿?, 1560-castillo de Csejthe, 1614). Perteneciente a una noble familia húngara y viuda de Nádasdy Feréncz, estaba convencida que de para conservar su belleza debía tomar baños en sangre humana. Esta la conseguía de jóvenes campesinas de sus dominios, que ella misma degollaba después de haberlas torturado. Descubiertos sus delitos, fue juzgada y ni ella misma se atrevió a defenderse. Se la emparedó viva en su castillo en 1614, y se llegó a calcular el número de sus víctimas en unas seiscientas mujeres, por lo que recibió el apelativo popular de «la condesa sangrienta».

BAÜMER, Gertrud. Feminista y política alemana (Westfalia, 1873-¿?, 1954). Tras obtener el doctorado en Filosofía en la Universidad de Berlín, colaboró en varias asociaciones feministas y posteriormente fundó el Partido Democrático alemán, en representación del cual fue elegida para la Asamblea Nacional en 1919, y de 1920 a 1933 asumió el cargo de ministra del Interior para el *Reichstag,* puesto del que fue relegada a la llegada del nacionalsocialismo.

BAUSCH, Pina. Bailarina y coreógrafa alemana (Solingen, 1940). Formó parte de la compañía de Kurt Joos y llegó a ser primera bailarina del Folkwang Ballet. En 1969 emigra a EE. UU. En 1973 funda en Alemania su propia compañía, la Wuppertal Tanztheatar, formada por actores-bailarines de diversas nacionalidades. Las coreografías de Bausch trascienden las fronteras de la danza tradicional al entrelazar otras disciplinas como teatro, mimo, vídeo, canto, etc. Entre estas destacan: *Orfeo y Eurídice*

Pina Bausch

(1975), *Los siete pecados capitales* (1976), *Barbazul* (1977), *Walzer* (1982), *Viktor* (1986) y *Tanzabend II* (1991), creada para el Festival de Otoño de Madrid.

BAUTISTA, Aurora. Actriz española (Villanueva de los Infantes, 1925). Procedente del Teatro Español de Madrid, sobresalió en la tragedia y se reveló como artista de cine en *Locura de amor* (Orduña, 1948), a la que siguieron *Pequeñeces* (Orduña, 1950), *Agustina de Aragón* (Orduña, 1950), *Sonatas* (Bardem, 1953), *Teresa de Jesús* (Orduña, 1961), *La tía Tula* (Picazo, 1963) y *Pepa Doncel* (Lucia, 1969). En teatro han sido elogiadas sus actuaciones en *La gata sobre el tejado de cinc,* de Williams; *Réquiem por una mujer,* de Faulkner; *Yerma,* de García Lorca, y *Antígona,* de Anouilh. Entre sus últimas interpretaciones cinematográficas figuran las de *Extramuros* (Picazo, 1985), *El polizón de Ulises* (Aguirre), *Divinas palabras* (G. Sánchez, 1987) y *Amanece que no es poco* (Cuerda, 1988), así como la serie de televisión *El olivar de Atocha.*

BAXTER, Anne. Actriz estadounidense (Michigan City, Indiana, 1923-Nueva York, 1985). Comenzó como actriz de teatro en Broadway, y en 1940 entró a trabajar en Hollywood, llegando a participar en importantes películas, entre ellas: *El cuarto mandamiento* (Welles, 1942), *Semilla de odio* (Stahl, 1944), *El filo de la navaja* (Goulding, 1946; Oscar a la mejor actriz secundaria), *Eva al desnudo* (Mankiewicz, 1950), *Los diez mandamientos* (De Mille, 1956), *La gata negra* (Dmytryk, 1961) y *Las siete magníficas* (Pink, 1966).

BEACH, Sylvia. Librera y editora estadounidense (Baltimore, 1887-París, 1962). Fundadora en 1919 de la famosa librería parisina Shakespeare & Co., que se convirtió en punto de encuentro obligado para los representantes de la «generación perdida»: John Dos Passos, E. Hemingway, G. Stein, A. Toklas, J. Joyce, F. Scott Fitzgerald, E. Pound, etc. La librería de Beach, junto con la de su amiga Adrienne Monnier, son consideradas como los dos salones parisinos más importantes del período de entreguerras. A Beach se la recuerda también por haber publicado, en 1922, la primera edición de

Ulises, de J. Joyce. Su libro de memorias *Shakespeare & Co.* (1959) retrata el ambiente literario del París de los años veinte.

BEATRIZ de Castilla. Reina de Portugal (m. 1303). Infanta castellana, hija natural de Alfonso X. Su padre la casó, en 1253, para solucionar el conflicto por la posesión del Algarve, con Alfonso III de Portugal, viviendo aún su primera esposa, Matilde de Boulogne, por lo que fueron amenazados de excomunión, evitada por la muerte de la legítima esposa, que permitió legalizar su situación. Al fallecer su esposo, Beatriz regresó a Castilla.

BEATRIZ de Castilla. Reina de Portugal (Toro, 1293-Lisboa, 1353). Infanta castellana, hija del rey Sancho IV *el Bravo* y de María de Molina. En 1309 se casó con el rey de Portugal Alfonso IV, con quien la habían desposado a la edad de cuatro años.

BEATRIZ de Holanda. Reina de los Países Bajos (Soestdjik, 1938). Hija de la reina Juliana, en 1966 se casó con el diplomático alemán Claus von Amsberg. Subió al trono en 1980, tras la abdicación de su madre.

BEATRIZ de Portinari. V. **PORTINARI, Beatrice.**

BEATRIZ de Portugal. Reina de Castilla (s. XIV). Infanta portuguesa casada el 17 de mayo de 1383, en Badajoz, con el rey viudo de Castilla Juan I, a quien transmitió sus derechos a la corona de Portugal. En defensa de estos derechos Juan I inició una guerra que le llevó a ser derrotado por los portugueses en Aljubarrota (1385). A la muerte del rey, Beatriz heredó sus tierras en Medina del Campo, Olmedo, Villa Real y Arévalo. En 1409 se casó en segundas nupcias con el duque de Austria.

BEATRIZ de Silva, beata. Dama castellana (s. XV). Fundadora de la Orden de las concepcionistas dentro de la familia franciscana y del primer convento para las mismas, en la ciudad de Toledo. Fue muy grande su fama en la corte de los Reyes Católicos, sobre la que influyó espiritualmente. Pío XI la beatificó en 1926.

BEATRIZ de Suabia. Reina de Castilla (m. Toro, 1235). Hija del emperador de Alemania Federico Barbarroja, se casó con Fernando III *el Santo*. Por su línea se transmitieron los derechos al solio imperial que Alfonso X *el Sabio* reclamó en su famoso *Fecho del Imperio*.

BEAUHARNAIS, Josefina de. V. **JOSEFINA Bonaparte.**

BEAUMONT, Marie-Claude. Corredora automovilística francesa (Grenoble, 1941). En 1964 fue copiloto de C. Trautmann y en 1965 se convirtió en piloto ganando la copa femenina del Criterium des Cévennes. Fue campeona de Francia (1969, 1970 y 1971), primera en la copa femenina en la vuelta automovilística a Francia (1971 y 1972) y participó con éxito en una serie de carreras: Copa de los Alpes, Rally de Montecarlo y la vuelta a Córcega. En 1971 se convirtió en la primera y única mujer que desde 1951 participaba en las Veinticuatro Horas de Le Mans, y en 1975 obtuvo el primer puesto en la categoría de dos litros en los Mil Kilómetros de Monza. En 1971 publicó *Femme et pilote*.

BEAUMONT D'ANGEVILLE, Enriqueta de. Alpinista francesa (Semur, 1794-Lausanne, 1871). Fue la primera mujer alpinista que consiguió escalar el Montblanc (1838) después de prepararse y organizar cuidadosamente la expedición, pues no puede tenerse en cuenta el episodio de María Paradis. Su dedicación al alpinismo fue constante y fundó un museo de mineralogía alpina en Lausanne.

BEAUSOLEIL, baronesa de (Martine de Bertereau). Mineralogista francesa (¿?, 1578-Vincennes, ¿?). Casada con el barón de Beausoleil, fue la primera en atraer la atención sobre las riquezas mineras de Francia, demostrando que su explotación suponía un gran interés económico y científico. Escribió, entre otras obras, *La véritable déclaration de la decouverte des mines* (1632) y *La restitution du Pluton* (1640). Junto a su marido, convictos de brujería sin juicio, y rodeada de enemigos que despreciaban su trabajo, fue encerrada en Vincennes, donde murió.

BEAUVOIR, Simone de. Escritora francesa (París, 1908-íd., 1986). Perteneciente a una familia de la alta burguesía parisiense, estudió filosofía en la Sorbona, donde posteriormente ejerció como profesora. Compañera sentimental de J. P. Sartre desde 1935, juntos desarrollaron los postulados fundamentales del existencialismo, sistema filosófico que, por otra parte, sirvió de base a la mayor parte de la obra de Beauvoir. Su primera novela, *La invitada* (1943), ofrece un enfoque novedoso en cuanto al tratamiento psicológico de los personajes. *La sangre de los otros* (1944) y *Todos los hombres son mortales* (1947) ilustran la temática existencialista al defender la inutilidad de toda empresa humana. Tanto el ensayo *El segundo sexo* (1949), su libro más difundido y centrado en la condición y reivindicación femeninas, como *Los mandarines* (1954; premio Goncourt), crónica basada en los intelectuales de izquierda de la inmediata posguerra, fueron prohibidos por la Iglesia católica. Estrechamente vinculada al movimiento feminista francés de los años setenta, a Beauvoir se la considera una de las figuras emblemáticas del feminismo contemporáneo. La totalidad de su producción se caracteriza por una voluntad ética y política. Entre sus publicaciones destacan la trilogía autobiográfica *Memorias de una joven formal* (1958), *La plenitud de la vida* (1960) y *La fuerza de las cosas* (1963), y las narraciones *Una muerte muy dulce* (1964), basada en la muerte de su madre, y *La mujer rota* (1967). El balance de una vida dedicada a la militancia existencial, política y feminista se evidencia en *La vejez* (1970) y *Final de cuentas* (1972). En 1981 publica *La ceremonia del adiós*, en la que ofrece una controvertida versión de sus relaciones con Sartre.

Simone de Beauvoir

BECERRIL BUSTAMANTE, Soledad. Política española (Madrid, 1944). Estudió filosofía y letras en la Universidad de Madrid y, de 1969 a 1971, fue profesora en el Centro de Estudios Universitarios (CEU), así como en la Facultad de Ciencias Económicas y Empresariales de la Universidad de Sevilla (1970). En 1975 ingresó en el Partido Demócrata Andaluz. Diputada de UCD por Sevilla (1977 y 1979), ocupó el cargo de ministra de Cultura (1981-1982). Después de la refundación del Partido Popular, ha sido diputada electa por Sevilla (1989 y 1993) y concejala-primera teniente de alcalde, también en Sevilla (1987 y 1991), y desde las elecciones de 1995, alcaldesa. Tuvo una destacada participación en la organización de la Exposición Universal de Sevilla '92.

BÉCU, Jeanne. V. **BARRY, madame** o **condesa du.**

BEECHER STOWE, Harriet. V. **STOWE, Harriet Beecher.**

BEHN, Aphra o **Afra.** Dramaturga, novelista y feminista británica (Wye, Kent, 1640-Londres, 1689). Durante la guerra civil marchó a Surinam (Guayana Holandesa), y a su regreso Carlos II la obligó a actuar como espía en Amberes, durante la guerra con Holanda. Sin haber percibido recompensa alguna por su misión, Behn quedó en la miseria y fue encarcelada por deudas. Posteriormente comenzó a escribir, y en 1670 se representó su primera comedia, *Matrimonio forzado*. Considerada la primera escritora británica profesional, escribió 17 obras de teatro, 13 novelas y varias colecciones de poemas y traducciones. Entre sus novelas destaca *Oroonoko* (1688), obra de tema antiesclavista inspirada en sus experiencias en Surinam. Defendió, a su vez, la autonomía de la mujer y el derecho de esta a una educación en igualdad de condiciones con el hombre.

BÉJART, Armande. Actriz francesa (París, 1642-íd., 1700). Hermana de la también actriz Madeleine Béjart y esposa de Molière, fue la más fiel intérprete de las obras de su marido y sobre ella están inspirados los principales personajes femeninos del teatro molieriniano. Se le acusó de ser hija de Molière y de su hermana, rumor jamás desmentido. A la muerte de su marido, se hizo con la dirección de la compañía y contrajo de nuevo matrimonio con Guérin d'Estriché, actor distinguido que gozaba de cierta fama como trágico.

BÉJART, Madeleine. Actriz francesa (París, 1618-íd., 1672). Trabajó primero en una compañía familiar junto a su hermana Armande Béjart. Tuvo un papel fundamental en el nacimiento del teatro ilustrado, solicitando y consiguiendo los fondos y la protección necesarios para la creación de la compañía de Molière (1643). Fue una de las actrices favoritas del autor y le aconsejó que fijara su residencia en el teatro de Petit-Bourbon.

BELLA CHELITO, La (Consuelo Portella, llamada). Cantante española de origen cubano (Placeta, 1880-Madrid, 1960). Debutó en el teatro Onofri de Barcelona, con el sobrenombre de *Ideal Chelito*, adoptando el de *Bella Chelito* al pasar a Madrid. Allí fue durante siete años la estrella indiscutible del Chantecler y de los principales salones de variedades. A ella se debe la introducción de la rumba en España, ritmo de origen cubano.

BELLA OTERO, La (Carolina Otero Iglesias, llamada). Bailarina española (Puente-Valga, Pontevedra, 1868-Niza, 1965). Fue hija natural de una gitana y un hombre de negocios griego. Tras fugarse con un joven, fijó su residencia en Barcelona, donde contrajo matrimonio con un cantante español. Ensayó todos los géneros musicales y de variedades. Fue una cantante mediocre, pero donde logró algunos éxitos y fama fue en representaciones de pantomimas y espectáculos musicales. Durante la Primera Guerra Mundial actuó en numerosos festivales benéficos. Fue una de las más grandes *vedettes* de principios del siglo XX, llegando su fama a todos los rincones del mundo. Gozó de la protección de los hombres más ricos de su época y de la amistad íntima de Eduardo VII de Inglaterra, del zar Nicolás II y de Alfonso XIII de España, entre otros. En sus años de retiro, hasta 1944, se dedicó a cuidar un asilo de ancianos indigentes en Niza. Los últimos años de su vida, debido a su adicción al juego, vivió en la ruina. Fue además la autora de *Memorias de la Bella Otero*.

BELLI, Gioconda. Poeta y novelista nicaragüense (Managua, 1948). Comenzó su carrera como poeta en 1970, obteniendo, en 1972, el premio Mariano Fiallos Gil y, en 1978, el premio Casa de las Américas por su libro *Línea de fuego*. En sus poemas se mezcla lo real y lo irreal mediante un cúmulo de imágenes vigorosas que le permiten expresar sus ideas y sentimientos sobre la condición femenina. Ha publicado, además, *Amor insurrecto* (1985), *De la costilla de Eva* (1987), y las novelas *La mujer habitada* (1988) y *Sofía de los presagios* (1991). En 1990 fue elegida diputada por el Frente Sandinista.

BEMBERG, María Luisa. Directora de cine argentina (Buenos Aires, 1922-íd., 1995). Entre 1972 y 1978 realizó varios cortometrajes y en 1979 se trasladó a Nueva York, donde estudió teatro bajo la dirección de Lee Strasberg. De regreso a su país, fundó y dirigió el teatro Globo. Entre su filmografía destacan *Momentos* (1981), *Señora de nadie* (1982), *Camila* (1985), candidata al Oscar; *Miss Mary* (1986), *Yo, la peor de todas* (1990) y *De eso no se habla* (1993).

BENEYTO, María. Poeta española (Valencia, 1925). Sus poemas están estrechamente relacionados con la poesía social de la posguerra, entre la que destaca *Poemas de la ciudad* (1956). También ha escrito algunas narraciones como *El río viene crecido* (1960) y *La dona forte* (1967). Ha ganado numerosos premios literarios: premio Valencia (1953), Ciudad de Barcelona (1956) y Ausias March (1976).

BERENGUELA Berenguer. Reina de Castilla y León (Barcelona, 1108-Palencia, 1149). Princesa catalana, hija de Ramón Berenguer III el Grande, conde de Barcelona, se casó con el rey de León Alfonso VII, a quien acompañó en la mayor parte de sus campañas. Durante las ausencias de su esposo se hizo cargo de la administración del reino, y en 1139 fue la responsable de la defensa de Toledo frente al sitio del ejército almohade.

BERENGUELA de Castilla. Reina de Castilla (Burgos, 1181-Toledo, 1246). Hija de Alfonso VIII y de Leonor de Inglaterra, reyes de Castilla, se casó con Alfonso IX de León en 1197 y fue madre de Fernando III *el Santo*. Anulado su matrimonio por razón de parentesco, pero legitimado su hijo, a la muerte de su padre, supo apartar con habilidad los problemas para conseguirle la corona de León. En 1214 actuó de regente y tutora de su hermano Enrique I. Al morir este en 1217, fue proclamada reina de Castilla en las Cortes de Valladolid, pero en el mismo acto renunció en favor de su hijo Fernando. Después, buscando la corona leonesa para su hijo Fernando III, se valió de sus habilidades diplomáticas en tratos con la segunda esposa de Alfonso IX, Teresa de Portugal, y sus hijas, quienes renunciaron a sus derechos en favor del rey de Castilla. Mujer de cualidades extraordinarias, Berenguela logró conseguir dos coronas para su hijo, y para su reino, paz, engrandecimiento, independencia y libertades. Fue una fiel colaboradora de su hijo en la administración del reino y, sobre todo, en las campañas de la conquista de Andalucía.

BERENGUELA de Navarra. Reina de Inglaterra (1165-1230). Infanta navarra, hija del rey Sancho IV *el Fuerte* (1165-1230). Se casó con el rey de Inglaterra Ricardo Corazón de León, pero parece que su matrimonio nunca se consumó por la homosexualidad de su marido.

BERENICE. Princesa judía (s. I d. C.). Hija de Herodes Agripa I, se casó con su tío Herodes II de Calcis. De gran belleza, fue célebre por su supuesta maldad y relajadas costumbres. Al estallar la revolución en Judea, huyó de Jerusalén con su hermano el rey Herodes Agripa II buscando refugio en Roma, donde reanudó su amistad con Tito, al que había conocido en las campañas de este en Judea.

María Luisa Bemberg

BERENICE III. Reina de Egipto (s. III a. C.). Hija de Magas, rey de Cirenaica, se casó con Tolomeo Evergetes, rey de Egipto y hermano de Berenice II. Durante una expedición de su marido a Siria, Berenice ofreció a Venus su espléndida cabellera para que concediese la victoria a aquel, y al desaparecer la cabellera del templo, el astrónomo Conon de Samos afirmó que la había visto en el firmamento, convertida en un grupo de estrellas que desde entonces es conocido con el nombre de *Cabellera de Berenice*. La reina fue asesinada por su propio hijo Tolomeo Filopátor.

BERGANZA, Teresa. Mezzosoprano española (Madrid, 1935). Dio su primer recital en Madrid (1953), obtuvo el premio Lucrecia Arana al año siguiente y, después de actuar en varias capitales extranjeras, se presentó en el Covent Garden de Londres. En 1957 actuó como primera figura en la gira por Italia de la Ópera de Viena; posteriormente, y también como primera estrella, en la gira por Oriente Medio de la Scala de Milán. En 1964 obtuvo la medalla de oro de la Sociedad Internacional Harriet Cohen, de Londres, y en 1966 la Academia Charles Cross, de Francia, le concedió el gran premio Internacional del Disco. Ha realizado numerosas grabaciones, entre ellas el notable *Recital Teresa Berganza*, con canciones de Montsalvatge, Toldrá y Turina. Entre su repertorio operístico destacan sus interpretaciones de Haendel, Mozart (la Cerlina de *Don Juan)*, Bizet (la maravillosa Carmen), Rossini, Falla y, en zarzuela, Sorozábal, Serrano y Giménez. En 1984 publicó *Flor de soledad y silencio*, meditaciones sobre diversos aspectos tanto musicales como cotidianos. Es considerada en los ambientes operísticos como una de las más grandes cantantes del siglo XX, después de María Callas. En el año 1991 fue galardonada con el premio Príncipe de Asturias de las Artes. En 1995 ingresó en la Academia de Bellas Artes de San Fernando, siendo la primera mujer que lo hace. Posee numerosas condecoraciones; entre ellas, es Dama de la Orden de Isabel la Católica.

BERGHAUS, Ruth. Coreógrafa alemana (Dresde, 1927-Zeuthen, 1996). Además de coreógrafa fue directora de ópera. Estuvo vinculada al Berliner Ensemble, incluso llegó a tener cargos de dirección. Al acabar la guerra mundial tuvo bastantes problemas, pues estuvo en el ejército alemán. Sus teorías sobre la danza son contrarias a la estética del realismo socialista y, en cambio, defiende el simbolismo y el expresionismo alemán. Tiene una gran preocupación por el vestuario y los decorados. Estuvo casada con Paul Dessau, con el que compartió la dirección artística en algunos casos.

BERGMAN, Ingrid. Actriz de cine y teatro sueca (Estocolmo, 1915-Londres, 1982). Estudió en la Escuela de Declamación de la capital sueca y debutó en el cine en 1934, dándose a conocer dos años más tarde en *Intermezzo* (Ratoff, 1940). A partir de ese momento se convirtió en una de las actrices más

Ingrid Bergman

Sarah Bernhardt

cotizadas de Hollywood: *Casablanca* (Curtiz, 1942), *Luz que agoniza* (Cukor, 1944), por la que obtuvo el Oscar a la mejor actriz, y con A. Hitchcock, *Recuerda* (1945), *Encadenados* (1946) y *Atormentada* (1949). En Italia se unió sentimentalmente a R. Rossellini, quien la dirigió en *Stromboli* (1950), *Europa 51* (1951) y *Te querré siempre* (1953). Posteriormente rodó *Elena y los hombres* (Renoir, 1956), *Anastasia* (Litvak, 1956), por la que obtuvo un segundo Oscar; *No me digas adiós* (Litvak, 1961) y *Sonata de otoño* (I. Bergman, 1978). Su último Oscar lo logró por su papel secundario en *Asesinato en el Oriente Exprés* (Lumet, 1974).

BERNADETTE, santa. Religiosa francesa cuyo nombre completo era Bernadette Soubirous (Lourdes, 1844-Nevers, 1879). Según la tradición católica, en 1858, siendo pastora, se le apareció la Virgen 18 veces en la gruta Massabielle, cerca de Lourdes. A partir de ese momento Lourdes se convirtió en lugar de devoción mariana y de peregrinaje ininterrumpido. En 1866 Bernadette ingresó en el convento de las hermanas de la caridad de Nevers, y en 1933 fue canonizada. Su nombre oficial de santa es María-Bernarda.

BERNHARDT, Sarah (Henriette Rosine Bernard, llamada). Actriz francesa (París, 1844-íd., 1923). Trabajó en la Comédie Française y en el Odeón, y en 1880 emprendió una serie de giras por el extranjero. A partir de 1893 dirigió el teatro Renaissance y en 1898 alquiló el teatro de las Naciones, al que dio su nombre. En 1915 se le amputó una pierna, pero aun así siguió representando. Escribió obras teatrales como *L'aveu* y *Adrienne Lecouvreur* (1907) y un libro de memorias en el que además de recuerdos autobiográficos hace juicios sobre los artistas de su época. En 1912 trabajó en la película *La reine Élisabeth*. A Bernhardt se la recuerda como una de las mejores actrices de todos los tiempos. Era de origen judío, aunque educada en la religión católica. Estaba dotada de un fuerte espíritu de independencia. Durante la guerra franco-alemana abandonó temporalmente el teatro y se dedicó al cuidado de los heridos y enfermos. Realizó diversas giras triunfales por América, donde contrajo matrimonio. En España consiguió importantes éxitos en Barcelona y en el teatro de la Princesa de Madrid, donde actuó junto con María Guerrero.

BERRY, duquesa de (Marie Françoise Élisabeth de Orleans). Cortesana francesa (Saint-Claud, 1695-Meudon, 1719). Hija mayor de Felipe de Orleans, regente de Francia, se casó a los 15 años con Carlos de Berry. Fueron famosas las orgías que celebraba en compañía de su padre, sospechándose que mantenían relaciones incestuosas.

BERRY, duquesa de (María Carolina de Borbón-Dos Sicilias). Política francesa (Caserta, 1798-Estiria, Austria, 1870). Primogénita de Francisco, duque de Calabria y rey de las Dos Sicilias, se casó con Carlos Fernando de Borbón, duque de Berry. Viuda en 1820, en 1830 se exilió con su suegro Carlos X y se convirtió en la «amazona del legitimismo». Volvió a Francia en 1832 e intentó una sublevación contra Luis Felipe en Provenza. Tras su fracaso, pasó a La Vendée, con el mismo resultado. Fue detenida y encarcelada en la fortaleza de Blaye, donde tuvo una hija fruto de su matrimonio secreto con el conde Lucchesi-Palli, hecho que la desacreditó definitivamente.

BERTA. Reina de Aragón y Navarra (m. después de 1104). Se casó con Pedro I de Aragón y Pamplona, aportando al reino varias plazas de Huesca en su dote. Sobre ellas siguió teniendo dominio a la muerte de su esposo (1104).

BERTA del Gran Pie. Reina de los francos (m. Choisy-au-Bac, 783). Fue esposa de Pipino *el Breve* y madre de Carlomagno y Carlomán. Tuvo gran influencia sobre su marido. Se dice que tenía un pie más grande que otro. La leyenda ha desfigurado la personalidad de esta princesa haciéndola protagonista de muchas aventuras. Inspiró el poema *Berthe au grand pied* (1275), que tuvo gran influencia en la literatura hispana en el siglo XIII.

BERTIN, Rose. Modista francesa (Abbeville, 1744-Épinay, 1813). Mujer con grandes ambiciones, de aprendiz pasó a abrir una *boutique*, el Grand Mogol, que obtuvo gran éxito y empleaba a más de 30 obreras. Se introdujo en la corte y llegó a ser la modista favorita de María Antonieta, adquiriendo una importante posición en la alta sociedad parisina. Fiel a la reina, la acompañó al Temple y emigró, tras su muerte, a Londres, de donde regresó con el Directorio para reabrir el Grand Mogol en 1806, retirándose en 1812. Se la considera precursora de la alta costura actual.

BERTRADE de Montfort. Reina de Francia (¿?, h. 1070-abadía de Fontevrault, h. 1117). Hija de Simón I de Montfort, se casó con el conde de Anjou (1088). Enamorado de ella, Felipe I de Francia logró la anulación de su matrimonio con Berta de Holanda para casarse con Bertrade. Esto produjo un conflicto que no terminó ni con la muerte de la reina Berta. Llena de ambición política, se enfrentó a su hijastro, el futuro Luis VI, con quien se reconcilió solamente por la mediación del propio rey Felipe. A la muerte de su marido (1108), Bertrade de Montfort siguió realizando intrigas contra Luis VI, intentando suplantarle por uno de los hijos que ella tenía del rey Felipe I.

BESANT, Annie. Reformadora y teósofa británica (Londres, 1847-Adyar, Madrás, 1933). Su nombre de soltera era Wood, recibió una profunda educación religiosa; se casó con un pastor anglicano del que se separó tras seis años por una crisis religiosa que la volvió atea militante. Realizó numerosos viajes a la India, donde fundó el colegio Central Hindú de Benarés. En el año 1915 fue nombrada presidenta del Congreso Nacional Indio; entonces militaba junto a Gandhi por la independencia de la India. En 1917 estuvo tres meses en la cárcel, pero el movimiento de independencia era imparable. Acabó alejándose de Gandhi, al que consideraba demasiado extremista. Escribió numerosas obras, entre las que destaca una *Autobiografía*.

BETSABÉ. Reina de Israel (s. XII a. C.). Hija de Eliam o Amiel y esposa de Urías, con la que David se casó después de haber enviado a aquel a una misión en la que pereció. Con David tuvo a Salomón.

BHUTTO, Benazir. Política paquistaní (Karachi, 1953). Tras el derrocamiento en 1977 de su padre, Zulfikar 'Ali Bhutto, permaneció detenida hasta que en 1984 la obligaron a abandonar el país. Desde el exilio dirigió el Partido Popular de Pakistán hasta su regreso en 1986. En 1988 fue elegida primera ministra, y en 1990, acusada de corrupción, fue destituida. En las elecciones de 1993 fue reelegida para este mismo cargo; en 1996 fue nuevamente destituida. Su matrimonio fue acordado por su familia con un hombre al que ella no conocía.

BIHERON, Marie-Catherine. Anatomista francesa (París, 1730-íd., 1815). Apasionada desde pequeña por las reproducciones anatómicas, se dedicó a estudiarlas intensivamente, acudiendo a numerosas disecciones. Posteriormente se dedicó a la fabricación de estas reproducciones en cera, por lo que fue perseguida por sus colegas, tanto en París como en Londres, excepto por Jussieu, Voloison y Hunter. Llegó a construir un cuerpo completo de mujer que mostraba todos sus órganos con notable fidelidad. Abrió su propio gabinete anatómico en París y, ya anciana, vendió su obra.

BINNUNA, Khanatta. Escritora y feminista marroquí (n. 1940). Considerada una de las principales líderes del movimiento feminista magrebí, su novela *Fuego y oportunidad* (1971) defiende el derecho no sólo a la educación de las mujeres marroquíes, sino a ser consideradas como parte fundamental del mundo laboral árabe. Entre sus publicaciones destacan: *Rabia y mañana* (1981) y *Silencio articulado* (1981).

BIRD-BISHOP, Isabella. Viajera británica (Boroughbridge, 1831-Edimburgo, 1904). A partir de los 22 años viajó tres veces alrededor del mundo y fue la primera mujer en formar parte de la Royal Geographic Society. Entre sus obras, que narran las impresiones de sus viajes, destacan *Vida de una dama en las Montañas Rocosas* (1879), *Corea y sus vecinos* (1898) y *Retratos chinos* (1900). Estando en Corea estalló la guerra de 1894. En Oriente fundó numerosas obras benéficas, asilos y varios hospitales.

BLANC, Felicidad. Escritora española (Madrid, 1914-San Sebastián, 1990). Se dedicó en sus escritos a reflexionar sobre su vida pasada y, junto con sus hijos habidos de su matrimonio con el poeta Leopoldo Panero, protagonizó *El desencanto* (1976), una película dirigida por Jaime Chávarri, en la que mostró de una manera descarnada acontecimientos íntimos de su vida familiar.

BLANCA I de Navarra. Reina de Sicilia, Aragón y Navarra (1385-1441). Infanta navarra, hija de Carlos III *el Noble*, en 1402 se casó con don Martín, rey de Sicilia, y al enviudar gobernó la isla de 1409 a 1415. Contrajo segundas nupcias en 1419 con el futuro Juan II de Aragón y a la muerte de su padre recibió el reino pirenaico en herencia. Transmitió sus derechos a su hijo Carlos de Viana y tomó parte en los enfrentamientos entre agramonteses y beaumonteses.

BLANCA II de Navarra. Reina de Navarra (Olite, 1424-Lescar, Bajos Pirineos, 1464). Era hija del infante Juan de Aragón (futuro Juan II) y de Blanca de Navarra (futura Blanca I). En virtud del tratado de Toledo (1436) se casó con el futuro Enrique IV de Castilla (1440), pero fue repudiada en 1453. Se alió con su hermano Carlos de Viana contra su padre, Juan II, en la guerra civil navarra (1450-1455) y fue desheredada en favor de su hermana Leonor, casada con Gastón de Foix. A la muerte de su hermano Carlos (1461), la corona navarra pasó a sus manos, pero su padre, Juan II, se la llevó a Aragón por la fuerza; ella cedió sus derechos a Enrique IV de Castilla, y Juan II nombró de nuevo heredera a Leonor. Fue encerrada en el castillo de Artés y luego en Lescar, donde murió.

BLANCA de Artois. Reina de Navarra (m. 1302). Contrajo matrimonio con Enrique I en 1270. A la muerte de su marido (1274) hizo frente a la presión castellana, concertando el matrimonio de su hija Juana I de Navarra con Felipe el Hermoso de Francia.

Blanca de Castilla

BLANCA de Borbón. Reina de Castilla (¿?, h. 1335-Medina-Sidonia, 1361). En 1351 se casó con Pedro I de Castilla, que la abandonó al tercer día de la boda, para unirse con María de Padilla. Fue encerrada sucesivamente en Arévalo, Toledo, Sigüenza, en la Torre Blanca de Jerez de la Frontera y en el castillo de Medina-Sidonia, donde falleció. En su apoyo se unieron nobles y ciudadanos castellanos, que insistían al rey para que la dejara libre, pero Pedro I desoyó una y otra vez sus peticiones. Parece ser que fue asesinada por orden de su marido.

BLANCA de Castilla. Reina de Francia (Palencia, 1188-Maubuisson, 1252). Infanta de Castilla, hija de Alfonso VIII y de Leonor de Inglaterra, en 1200 se casó con el delfín de Francia, después Luis VIII, y fue madre de san Luis. Al quedar viuda ejerció la regencia en nombre de su hijo, demostró gran tacto y energía y sometió una importante sublevación en contra del nuevo rey. Cuando Luis IX llegó al trono, encontró un reino pacificado, y en 1249, fecha en que san Luis marchó a la cruzada, volvió a ejercer la regencia del reino. Es recordada como una de las grandes reinas francesas de la historia.

BLANCA de Nápoles. Reina de Aragón (¿?, 1295-Barcelona, 1310). Hija de Carlos II de Nápoles y Margarita de Hungría, se casó con Jaime II de Aragón (1295), como cumplimiento del tratado de Anagni. Blanca tuvo cancillería propia y fue aclamada por los catalanes como «fontana de gràcia e de dotes boneses». Fue enterrada en el monasterio de Santes Creus y fue madre de Alfonso *el Benigno*.

BLANCHARD, María Gutiérrez. Pintora española (Santander, 1881-París, 1932). Estudió en Madrid, y de 1908 a 1913 estableció su residencia en París, regresando a España para ocupar un puesto de profesora de dibujo en Salamanca. En 1917 regresa nuevamente a París, y a partir de ese momento su pintura se verá muy marcada por las influencias cubistas. Durante su estancia en París conoció a Juan Gris, que influyó en ella para que militara en el cubismo más puro. Se especializó en temas relacionados con la familia, la infancia y la naturaleza muerta. En 1920 logró un notable éxito en el Salón de Otoño y en 1922 abrió un taller en París, en donde residió hasta su muerte. Entre sus obras destacan *Maternidad* y *Niño con pelota*.

BLANCHARD, Sophie Armant de. Aeronauta francesa (La Rochelle, 1778-París, 1819). Acompañó a su marido J. P. Blanchard en sus experiencias en globo aerostático. Con él construyó diversos ingenios, ensayó el paracaídas y fueron los primeros en atravesar en globo el canal de la Mancha, entre Dover y Calais (1785). Murió a consecuencia de la explosión de un globo.

BLANKERS-KOEN, Fanny. Atleta holandesa (Baarn, 1918-Amsterdam, 1995). Campeona de Europa de 1946 a 1950. En 1948, en los Juegos Olímpicos de Londres triunfó en 100 m, 200 m, 80 m vallas y en el relevo 4 × 100 m. Batió numerosos récords mundiales en velocidad, vallas, salto de longitud y en el pentatlón.

BLAVATSKI o BLAVATSKY, Helena Petrovna. Teósofa rusa (Yekaterinoslav, 1831-Londres, 1891). Viajó durante 20 años por Canadá, Texas, México y la India. En este último país conoció el budismo esotérico y se dedicó a la fundación y difusión de sociedades y publicaciones de teosofía en América y Europa. En 1875 fue cofundadora de la Sociedad Teosófica y editora de la revista *The Theosophist* en EE. UU. Tuvo gran influencia en numerosas personalidades, entre ellas Gandhi, P. Mondrian, Kandinsky y J. Joyce. Fue autora de *Isis sin velo* (1877), *Doctrina secreta* (1888) y *La voz del silencio* (1885-1889).

BLIXEN, Karen. V. DINESEN, Isak.

BLOMBERG, Barbara. Cortesana alemana (Nuremberg, h. 1527-Bárcena de Cicero, Cantabria, 1598). De familia burguesa, fue amante de Carlos V y madre de Juan de Austria. A los pocos años del nacimiento de su hijo, fue separada de este y no volvió a verlo hasta que Felipe II le envió de gobernador a Flandes (1576). Entonces, a causa de la supuesta vida frívola que llevaba, se estimó necesario que saliese de allí y se la embarcó para España. Llegó a Laredo en 1577 y, al morir su hijo al año siguiente, fijó su residencia en Cantabria.

BLOOMER, Amalia Jenks. Diseñadora de modas, publicista y sufragista estadounidense (Council Bluffs, 1818-Homer, Iowa, 1894). Su nombre ha pasado a la historia por haber sido la creadora de los *bloomers*, un tipo de pantalón abombachado muy práctico y cómodo, símbolo del movimiento de liberación de la mujer estadounidense de finales del siglo XIX. Bloomer se dio a conocer, además, por la publicación de numerosos artículos en revistas y periódicos en contra de la esclavitud y en favor de los derechos políticos y sociales de la mujer.

BLYTON, Enid. Escritora británica (Londres, 1897-íd., 1968). Institutriz y profesora, se dedicó a la producción de novela infantil y juvenil, siendo una de las autoras más leídas en este género. De su amplísima producción destacan los libros del *Club de los Famosos Cinco, Los Siete Secretos, Noddy* y los relatos de cursos de instituciones femeninas *(Torres de Mallory,* etc.). Tiene más de 400 títulos publicados, que han sido traducidos a más de 20 idiomas.

BÖHL DE FABER, Cecilia. V. **CABALLERO, Fernán.**

BOK, Sissela. Filósofa y moralista estadounidense de origen sueco (Estocolmo, 1934). Considerada una de las filósofas contemporáneas más importantes, ha centrado sus estudios en la repercusión de los llamados «secretos sociales»: los oficiales, los empresariales, los de las sociedades «secretas» y los de la infancia. Ha sido además una célebre defensora de los derechos de los pacientes al negar la validez del secretismo médico.

BOMBAL, María Luisa. Escritora chilena (Viña del Mar, 1910-Santiago de Chile, 1980). Tras estudiar literatura en la Sorbona, e influida por los movimientos vanguardistas franceses, Bombal regresa a Chile y en 1933, invitada por P. Neruda, se traslada a Buenos Aires, donde publica los dos libros que le hicieron ganar renombre internacional: *La última niebla* (1935) y *La amortajada* (1938). Su narrativa, centrada en los conflictos de la mujer, crea un ambiente de ensueño, fantasía e irrealidad que la aleja del naturalismo criollista imperante en su época. En 1977 recibió el premio de la Academia Chilena de la Lengua.

BONA Sforza. Reina de Polonia (Milán, 1493-Bari, 1557). Hija del duque de Milán, se casó en 1517 con Segismundo I, rey de Polonia. Durante su reinado construyó escuelas, hospitales, pero también introdujo la corrupción italiana. Murió envenenada por su favorita Pappacoda, a la que dejó en herencia todas sus riquezas.

BONAPARTE, Josefina. V. **JOSEFINA Bonaparte.**

BONAPARTE, Paulina. Duquesa de Guastalla y princesa de Borghese (Ajaccio, Córcega, 1780-Florencia, 1825). Hermana de Napoleón I, se hizo célebre por su hermosura y su vida disipada. Después de la abdicación de Napoleón, Paulina fue abandonada por su esposo, el príncipe de Borghese. De su extraordinaria belleza queda prueba en la estatua de *Venus victoriosa,* esculpida por Canova.

BONET, María del Mar. Cantautora española en lengua catalana (Palma de Mallorca, 1947). En 1967 entró a formar parte del grupo Els Setze Jutges y es una de las principales representantes de lo que se dio en llamar la «nova cançó» catalana. Sus canciones están inspiradas generalmente en el folclore mallorquín, tomando como base textos de poetas, canciones populares campesinas y la realidad cotidiana. Tiene una amplísima discografía. En 1984 la Generalitat le hizo entrega de la Creu de Sant Jordi. Por su actuación en el Théâtre de la Ville de París, el gobierno francés le concedió el premio Charles Cross.

BORA o BOHRA, Katharina von. Monja alemana (Lippendorf, 1499-Torgau, 1552). Influida por las ideas de la Reforma, huyó del convento y buscó refugio al lado de Martin Lutero, que se casó con ella en 1525 y del cual tuvo seis hijos.

BORBÓN, María Luisa Fernanda de. Infanta de España (Madrid, 1832-Sevilla, 1897). Hija de Fernando VII y hermana de Isabel II. Al mismo tiempo que la boda de su hermana, la reina, se concertó la suya con Antonio Felipe de Orleans, duque de Montpensier, quinto hijo del rey de Francia Luis Felipe, quien aspiró a que reinase su esposa, destronando a Isabel, y luego a ser él mismo rey de España, en 1869. Su hija María de las Mercedes, al contraer matrimonio con su primo Alfonso XII, llegó a ser reina de España.

BORBÓN DE GODOY, María Teresa de. V. **CHINCHÓN, condesa de.**

BORBÓN Y BORBÓN, María Isabel Francisca de Asís (Infanta Isabel, *la Chata).* Infanta de España (Madrid, 1851-París, 1931). Hija primogénita de Isabel II, fue dos veces princesa de Asturias: la primera, hasta el nacimiento de su hermano Alfonso XII, y la segunda, desde la ascensión de este al trono, cuando la Restauración, hasta el nacimiento de su sobrina María de las Mercedes (1881). En 1868 se casó con el conde de Girgenti, príncipe de la rama borbónica de Nápoles, y enviudó en 1871. Fue tan popular que el pueblo madrileño la conocía con el apodo de *la Chata.* Dispensó gran protección a los artistas y fue un personaje insustituible en la sociedad de fin de siglo XIX.

BORBÓN DOS SICILIAS, María Carolina de. V. **BERRY, duquesa de.**

BORGHESE, princesa de. V. **BONAPARTE, Paulina.**

BORGIA, Lucrecia. Dama italiana de ascendencia española (Roma, 1480-Ferrara, 1519). Hija de Rodrigo de Borja (el papa Alejandro VI) y de Vanozza Cattanei y hermana de César Borgia, fue famosa por su belleza y su supuesta vida licenciosa. Se casó sucesivamente con Giovanni Sforza, señor de Pésaro (1492); Alfonso de Aragón, hijo natural de Alfonso II de Nápoles (1498), y Alfonso d'Este, duque de Ferrara (1502). Su vida ha dado lugar a gran número de leyendas y una vasta producción literaria que muchas veces, por la mala fama de su hermano, no han sido fieles a la vida real de esta mujer que no llegó a los extremos de maldad con los que se la pinta.

Lucrecia Borgia

BOSÉ, Lucía. Actriz de cine italiana (Milán, 1931). Debutó en el cine italiano, siendo una de sus intérpretes más apreciadas, con películas como *Non c'è pace tra gli ulivi* (De Santis, 1950), *Crónica de un amor* (Antonioni, 1950), *París, siempre París* (Emmer, 1950), *E l'amor che mi rovina* (Soldati, 1951), *La signora senza camelie* (Antonioni, 1953), *Muerte de un ciclista* (Bardem, 1955), etc. Durante su matrimonio con Luis Miguel Dominguín realizó una única intervención cinematográfica en *Le testament d'Orphée* (Cocteau, 1959). Disuelta la unión, volvió al cine en *Nocturno 29* (Portabella, 1968), *Ceremonia sangrienta* (Grau, 1972) y *Nathalie Granger* (Duras, 1972), entre otras. Ha escrito *Poemas de Somosaguas* (1972).

BOTHELO, Fernanda. Escritora portuguesa (Oporto, 1926). Comenzó su carrera profesional colaborando en varias revistas de escritura experimental que, opuestas al neorrealismo imperante, circularon durante los años cincuenta. La más conocida de ellas, *Távola Redonda,* publicó su colección de poemas *As coordenadas líricas* (1951), y la revista *Graal* publicó su novela corta *O engima de sete alíneas* (1956). Su novela *A gata e a fábula* obtuvo en 1960 el prestigioso premio Camilo Castelo Branco. Su obra es una de las más representativas del movimiento existencialista portugués. Ha publicado, además, *Terra sem música* (1969) y *Festa em casa de Flores* (1991).

BOULANGER, Nadia. Compositora y directora de orquesta francesa (París, 1887-íd., 1979). Dio a conocer la obra de su hermana, Lily Boulanger, quien murió prematuramente. En 1908 obtuvo el segundo puesto del Gran Premio de Roma por *La Sirène* y colaboró posteriormente en la escritura musical de *La ville morte* (D'Annunzio, 1908), tras lo cual abandonó la composición y se dedicó a la dirección de orquesta. En 1938 dirigió el *Dumbarton Oaks Concerto,* de Stravinsky. Fue profesora de la École Normale de Musique de París (1920-1939) y, a partir de 1946, del Conservatorio de París (1946-1957). Ha influido en la formación de numerosas generaciones de jóvenes músicos.

BOURBON, Marie Thérèse Charlotte de. V. **ANGULEMA, duquesa de.**

BOURGEOIS, Louise. Escultora estadounidense de origen francés (París, 1911). Sus esculturas, de formas personales e intuitivas, han pasado a ser emblemáticas para muchas artistas feministas posteriores. Realizó formas bulbosas y contornos de penes, haciendo réplicas en diversos materiales, desde la escayola al látex. Al igual que E. Hesse y N. de Saint-Phalle, las piezas de Bourgeois encierran un fuerte contenido que no tiene cabida en la estética formalista. Entre sus obras destaca *Femme-Maison* (1946-1947), que es una serie dedicada al mundo femenino donde muestra su concepción de la mujer como eje de los espacios domésticos. Posteriormente se ha dedicado ha investigar sobre la dualidad de los sexos y su complementariedad. Sus últimos trabajos, *Celdas* y *Habitaciones rojas* (1994), muestran la opresión de la sociedad sobre las personas que desde estos espacios cerrados contemplan la vida. Tuvo una gran retrospectiva en el MOMA de Nueva York en 1982, donde recibió el reconocimiento mundial. Representó a EE. UU. en la Bienal de Venecia de 1993.

BOUVIER DE LA MOTTE, Jeanne-Marie. V. GUYON DU CHESNOY, madame.

BOWLES, Jane. Escritora estadounidense, cuyo apellido de soltera es Auer (Nueva York, 1917-Málaga, 1973). Víctima de una caída sufrida en su adolescencia y aquejada de tuberculosis, J. Bowles contrae matrimonio en 1938 con el escritor y músico Paul Bowles, con quien después de numerosos viajes se establece en Tánger. Sus continuos problemas mentales y con la bebida la obligaron a pasar gran parte de su vida en sanatorios psiquiátricos. Sus relaciones lesbianas contribuyeron a desequilibrar su vida. La obra de J. Bowles, marcada por el exotismo y el desencanto, explora los límites que separan la razón de la locura, la luz de la oscuridad: *Dos damas serias* (1943), novela; *In the Summer Time* (1954), pieza teatral, y *Other Stories* (1969), colección de relatos.

BRACCIANO, duquesa de (Vittoria Accoramboni). Política italiana (Gubbio, 1557-Padua, 1585). Estaba casada con Francesco Peretti, sobrino del futuro papa Sixto V, y se convirtió en la amante de Paulo Orsini, duque de Arcenno. En un primer momento, Orsini hizo asesinar al marido molesto (1581) y luego a su propia esposa, Isabel de Médicis (1583 ó 1584). Al advenimiento de Sixto V, Orsini y Vittoria, ya casados, marcharon a Venecia. Al poco tiempo murió el duque y ella quedó como heredera de toda su fortuna y títulos. Luigi Orsini inició, entre tanto, un proceso contra Vittoria para recuperar la herencia familiar. Cuando ya la había obtenido, la hizo apuñalar.

BRAGA, Sonia. Actriz brasileña (Paraná, 1951). Su primer papel como protagonista fue en la telenovela *Gabriela,* basada en una novela de Jorge Amado llevada más adelante a la pantalla grande. Otra novela de ese mismo autor inspiró el guión de *Doña Flor y sus dos maridos* (Barreto, 1976), filme que convierte a Braga en la actriz de mayor prestigio del cine brasileño. Con *El beso de la mujer araña* (Babenco, 1985) alcanzó renombre internacional.

BRAUN, Eva. Amante de Adolfo Hitler (Munich, 1912-Berlín, 1945). De familia burguesa, recibió una esmerada educación en letras y artes. A los 17 años fue asistente del fotógrafo H. Hoffmann, en cuyo estudio conoció a A. Hitler en 1932, convirtiéndose en una de sus amantes. Tras varios intentos de suicidio y adicta a los barbitúricos, Braun acompañó a Hitler en 1945 durante su encierro en los sótanos de la Cancillería del Reich, donde la pareja contrajo matrimonio, suicidándose posteriormente.

BRAVO, Soledad. Cantautora venezolana de origen español (Logroño, 1943). En 1968 apareció su primera grabación de carácter folclórico; posteriormente evolucionó hacia composiciones de contenido social. En sus numerosas giras por Latinoamérica y Europa ha trabajado temas que van desde el folclore sefardí hasta la «nueva trova» hispanoamericana. Entre sus grabaciones destacan: *Flor de cacao* (1978), en colaboración con el poeta R. Alberti, *Caribe* (1982) y *Boleros* (1991), en la que recopila y reinterpreta las mejores composiciones de este género.

BRAVO-VILLASANTE, Carmen. Escritora española (Madrid, 1918-íd., 1994). Doctora en Filosofía y Letras por la Universidad de Madrid, fue especialista en teatro clásico español y autora, sobre todo, de literatura infantil, aunque cultivó también con notable éxito el ensayo, el género biográfico y la traducción de obras románticas alemanas. Entre sus publicaciones cabe destacar: *Vida de Bettina Brentano* (1957), *Historia de la literatura infantil española* (1959), *La Avellaneda: una vida romántica* (1967), *25 mujeres a través de sus cartas* (1975) y *La hermosura del mundo y otros cuentos españoles* (1981). En 1976 publicó su tesis doctoral bajo el título de *La mujer vestida de hombre en el teatro español del Siglo de Oro* y, en 1980, recibió el premio Nacional de Literatura Infantil.

BRENTANO, Elizabeth. V. ARNIM, Bettina von.

BRÉVILLE, Louise Marguerite de. Heroína y militar francesa (h. 1648-1673). Atraída por la vida de aventuras, se alistó en el ejército disfrazada de hombre, pero fue expulsada por matar a otro soldado en duelo. Posteriormente se enroló en la flota del almirante Estrées que guerreaba contra los berberiscos. Por su valor, el almirante le confió el mando de la fragata *Madeleine.* Durante la guerra con Holanda fue mortalmente herida en el curso de un abordaje con la escuadra del almirante Ruyter.

BRIZARD, Marie. Industrial francesa (Burdeos, 1714-íd., 1801). Cuenta la tradición familiar que ella salvó a un nativo de las islas durante una epidemia en Burdeos (1755); este, agradecido, le reveló la receta de una bebida milagrosa, que era un licor anisado. En 1762 ella abrió una tienda comercializando este producto bajo el nombre de «anisette Marie Brizard». Dos años más tarde se asoció con Jean-Baptiste Roger, dando el salto definitivo hacia la producción y comercialización a gran escala. A la muerte de Roger (1795), Marie siguió dirigiendo la firma.

BRONTË, Anne. Escritora británica (Thornton, 1820-Scarborough, 1849), hermana menor de Emily y Charlotte. En 1847 publicó la novela *Agnes Grey,* basada en sus experiencias como institutriz y publicada bajo el seudónimo de Acton Bell. Empleó este mismo seudónimo para el volumen colectivo que recogió poemas de las tres hermanas *Poemas de Ellis, Currer y Acton Bell* (1846). En general, la obra de Anne, aunque repleta de vívidas descripciones, no se considera a la altura de las de Charlotte y Emily.

BRONTË, Charlotte. Escritora británica (Thornton, 1816-Haworth, 1855), hermana mayor de Emily y Anne. En 1843 fundó, junto con sus hermanas, una escuela en la que durante un año fue profesora de inglés. En 1846 las tres hermanas publican sus poemas bajo los seudónimos de Ellis, Currer y Acton Bell, pero fue su novela *Jane Eyre* (1847) la que logró consagrar a Charlotte como escritora de renombre. Los recuerdos de los años que pasó en Bruselas sirvieron de inspiración para sus novelas *Shirley* (1849), *Villete* (1853) y *El profesor,* publicada póstumamente en 1857. La obra de Ch. Brontë se centra particularmente en la descripción del mundo psicológico y social que rodeaba a las mujeres del s. XIX.

Charlotte Brontë

BRONTË, Emily. Escritora británica (Thornton, 1818-Haworth, 1848), hermana de Charlotte y Anne. De aguda sensibilidad poética, a ella pertenecen la mayoría de los poemas recogidos en el volumen colectivo *Poemas* (1846), preparado por las Brontë y publicado bajo los seudónimos de Ellis, Currer y Acton Bell. Su obra más importante, la novela *Cumbres borrascosas* (1847), quedó eclipsada momentáneamente por el éxito de *Jane Eyre,* de su hermana Charlotte, pero no tardó en convertirse en una de las obras maestras de la literatura británica.

BROOKE-ROSE, Christine. Crítica literaria y escritora británica de origen suizo (Ginebra, 1923). Comenzó colaborando en revistas y periódicos, trasladándose luego a Francia, donde fue profesora de literatura estadounidense en la Universidad de París. Sus trabajos de crítica literaria se han centrado en el análisis narratológico de la literatura de ciencia-ficción, el «nouveau roman», la metaficción y la narrativa posmoderna: *Una gramática de la metáfora* (1958) y *Cuentos, teorías y cosas* (1991). Su producción narrativa se asocia con el «nouveau roman» de A. Robbe-Grillet y N. Sarraute: *Amalgamemnon* (1984), *Verbívoro* (1990) y *Texterminación* (1992).

BROWN, Trisha. Bailarina y coreógrafa estadounidense (Washington, 1936). Considerada una de las principales representantes de la danza moderna estadounidense y directora del Trisha Brown and Dancers, en 1962 fue cofundadora de la legendaria Judson Dance Theatre, en donde desarrolló su propia visión de la danza moderna. En 1968 comenzó a crear sus «equipment pieces», en las que proveía a sus bailarines de un dispositivo especial para que pudieran subir y bajar por la fachada de un edificio. Brown ha trabajado con Merce Cunningham y Robert Dunn, y entre sus piezas destacan: *Walking Down Side of Building* (1969) y *Walking on the Wall* (1971).

BROWNING, Elizabeth Barrett-. Poeta británica (Coxhoe Hall, Durham, 1806-Florencia, 1861). Desde muy niña dio muestras de una extraordinaria inteligencia y sensibilidad de escritora. Buena conocedora del mundo de la antigüedad clásica, sobre todo de la lengua y el mundo griegos, que tuvo una gran influencia en su obra. Considerada la poeta más exitosa de la época victoriana, la obra de Browning incluye baladas, odas políticas, sonetos, dramas poéticos y el poema épico *La batalla de Marathon,* escrito cuando tenía 14 años. La traducción de *Prometeo encadenado* de Esquilo (1833) y su libro de poemas *The Seraphim and other Poems* (1838) lograron consagrarla como poeta de gran talento. En 1846 se casó secretamente con el escritor Robert Browning, con quien huyó a Italia. Entre sus obras destacan, además, *Poems* (1850), *Casa Guidi Windows* (1851) y la novela en versos blancos *Aurora Leigh* (1857).

BRUNEQUILDA, BRUNEGILDA o BRUNHILDA. Reina de los francos de Austrasia (¿?, Hispania, 543-Renève, cerca de Dijon, 613). Esposa del rey Sigiberto I de Metz e hija de Atanagildo, rey visigodo de Toledo. Inteligente y enérgica, pero cruel, sostuvo una lucha implacable con Fredegunda, reina de Neustria; traicionada, cayó en poder de Clotario II, hijo de su enemiga, quien la hizo morir atada a la cola de un caballo salvaje. Mantuvo una importante correspondencia con el Papa y se la considera una de las personas más cultas de su tiempo.

BRUNET, Marta. Escritora chilena (Chillán, 1901-Montevideo, 1967). Viajó por Europa al tiempo que mantuvo contactos literarios con la revista *Sur* y con el grupo de escritores argentinos de la época. En sus obras aparecen, sobre todo, ambientes y personajes femeninos. En su primera época se centró en el elemento criollo, que evidencian: *Montaña adentro* (1923) y *Bienvenido* (1929), evolucionando posteriormente hacia temas más universales y una marcada preocupación por el mundo interior de los personajes: *Humo hacia el Sur* (1946), sobre el enfrentamiento entre la tradición y el progreso, *Amasijo* (1962) y las colecciones de cuentos *Raíz de sueño* (1949) y *Soledad de la sangre y otros cuentos* (1967).

BUCK, Pearl Sydenstricker. Novelista estadounidense (Hillsboro, Virginia, 1892-Danby, Vermont, 1973). Hija de un misionero protestante, Buck pasó la mayor parte de su vida en China. La finalidad fundamental de sus novelas, influidas por las sagas chinas, era entretener y educar a sus lectores: *La buena tierra* (1931; premio Pulitzer) examina las virtudes de la vida campesina china; *La madre* (1934) reafirma lo eterno y universal mediante una visión maternal de la vida, y *La semilla del dragón* (1942) y *La promesa* (1943) apoyan la lucha china frente al imperialismo japonés. En 1938 recibió el premio Nobel de Literatura, y posteriormente publicó varias novelas bajo el seudónimo de John Sedges.

Pearl Sydenstricker Buck

BUITRAGO, Fanny. Escritora colombiana (Barranquilla, 1940). Sus obras muestran una clara preferencia por los temas del amor y la muerte, por lo mágico y la fragmentación de la racionalidad humana: *Cola de zorro* (1970), *La otra gente* (1973), *Los amores de Afrodita* (1983) y *¡Líbranos de todo mal!* (1989). Es autora, además, de numerosos relatos infantiles y juveniles.

BULLRICH, Silvina. Escritora argentina (Buenos Aires, 1915-Ginebra, 1990). Ganadora de varios premios literarios, la obra de Bullrich se divide en dos etapas: una intimista y centrada en la mujer *(Bodas de cristal,* 1951; *Teléfono ocupado,* 1955) y otra social y política en la que retrata la decadencia de la alta burguesía bonaerense *(Los burgueses,* 1964; *Los salvadores de la patria,* 1965; *Los monstruos sagrados,* 1971, y *Los despiadados,* 1978).

BURGOS, Julia de. Poeta puertorriqueña (Carolina, 1914-Nueva York, 1953). Estudió magisterio en la Escuela Normal de la Universidad de Puerto Rico. En sus obras autobiográficas aparecen sus amores desafortunados, especialmente sus dolorosas relaciones con el escritor dominicano Juan Isidro Jimenes Grullón. En 1937 se dio a conocer con *Poemas exactos a mí misma,* difundidos en colección mecanografiada. Publicó después *Poemas en veinte surcos* (1938) y *Canción de la verdad sencilla* (1939), premiado por el Instituto de Literatura Puertorriqueña, y, en 1945, recibió el premio de periodismo por el artículo *Ser o no ser es la divisa* otorgado por el mismo organismo. En una parte de su obra denunció las condiciones sociales y económicas de los puertorriqueños que emigraban a Nueva York. Su obra *El mar y tú* se publicó póstumamente en 1954. Burgos, considerada la poeta intimista más importante de Puerto Rico, fue encontrada inconsciente en una calle de Nueva York, donde murió posteriormente a causa de cirrosis.

BURGOS SEGUÍ, Carmen de. Escritora española que publicó la mayor parte de su obra bajo el seudónimo de Colombine (Almería, 1878-Madrid, 1932). Sufragista activa, Burgos fue autora de numerosos artículos en los que defendió los derechos de la mujer, llevando a cabo campañas a favor del divorcio, del voto de la mujer y de su igualdad social. Fue redactora de algunos periódicos de Madrid y corresponsal de guerra en Marruecos. Fundó la revista *Crítica* y colaboró en *Prometeo* y en *La Esfera,* entre otras publicaciones. Como novelista, se acogió primero al naturalismo en *La hora del amor* (1916) y *Las inseparables* (1917), evolucionando hacia el pintoresquismo romántico en *Los anticuarios* (1921) y *El retorno* (1922), para culminar en el esquematismo moralizante en *La malcasada* (1925) y *Quiero vivir mi vida* (1931).

BUSTELO, Carlota. Política y feminista española (Madrid, 1939). Es licenciada en Ciencias Políticas por la Universidad Complutense de Madrid. En 1983 se funda el Instituto de la Mujer y Bustelo asume el cargo de directora general, que desempeñó hasta 1989 en que fue sustituida por Carmen Martínez Ten. Posteriormente ha sido subsecretaria del Ministerio de Asuntos Sociales y miembro del Comité de la ONU en contra de la discriminación de la mujer. Entre sus ensayos destacan: *Reflexiones sobre mujer y feminismo* (1977) y *Una alternativa feminista* (1979).

BUTLER, Josephine Elizabeth. Abolicionista y feminista británica (Northumberland, 1828-íd., 1906). Fue una de las primeras mujeres en luchar a favor del derecho al sufragio femenino. Combatió la regulación nacional de la prostitución y fundó la National Anti-Contagious Diseases Act Association, organismo que luchó por derogar la ley que atentaba contra los derechos humanos de personas con enfermedades contagiosas. En 1875 fundó la Federación Internacional Abolicionista y en 1896 publicó *Memorias personales de una gran cruzada.*

BYRON LOVELACE, Ada. Matemática británica (1815-1852). Hija de Lord Byron, fue cuidadosamente educada por su madre, que había estudiado álgebra, geometría y astronomía. Muy joven ya tenía una gran formación científica y siempre manifestó una gran vocación por las matemáticas. Sus estudios sobre las máquinas analíticas fueron muy avanzados para su tiempo y son los precursores de los actuales ordenadores. Su matrimonio con el conde de Lovelace le facilitó bienes de fortuna que empleó en la construcción de la máquina analítica, tarea muy difícil por los escasos medios técnicos de la época y fueron causa de ruina y enfermedad que le motivó la dependencia de las drogas durante un tiempo. Sus conocidos pensaban que las matemáticas no eran tarea femenina y tuvo que firmar sus trabajos con sus iniciales para esconder su nombre.

C

CABALLÉ, Montserrat. Soprano española (Barcelona, 1933). Ha alcanzado resonantes triunfos en Europa y América y está considerada una de las más grandes figuras de la canción lírica. Su repertorio es amplísimo, pues ha cantado más de 150 óperas distintas desde que debutara en 1956. Sus obras preferidas son tres: la difícil *Norma,* de Bellini; *La Traviata,* de Verdi, y *Salomé,* de Strauss. En 1991 le fue concedido el premio Príncipe de Asturias de las Artes.

CABALLERO, Fernán. Seudónimo de la escritora española de origen suizo Cecilia Böhl de Faber (Morges, 1796-Sevilla, 1877). Hija del hispanista alemán Juan N. Böhl de Faber, a Fernán Caballero se la suele considerar el vínculo entre el costumbrismo, la novela romántica y el realismo del s. XIX español. En el seno de su familia recibió una educación clásica. Su padre le inculcó una educación tradicional y obediencia a los principios monárquicos. Después de una larga estancia en el extranjero volvió a España con un dominio deficiente del español, lo que le llevó a ver las costumbres nacionales desde una perspectiva distinta. Su obra, escrita mayoritariamente en alemán y francés, se centra en la descripción de las costumbres y tipos populares andaluces y en la defensa de la vida campesina. Entre sus publicaciones destacan: *La gaviota* (1849), su obra cumbre; *Clemencia* (1852), de contenido autobiográfico; *Lágrimas* (1853), *La familia Alvareda* (1856), *Cuentos y poemas andaluces* (1859) y *La corruptora* (1868). Su obra narrativa, de innegable importancia histórica, fue duramente criticada por sus contemporáneos, quienes recriminaron su explícita intencionalidad moralizante y conservadora. Después de tres matrimonios y un amor apasionado, habitó durante sus últimos años por concesión real en el alcázar de Sevilla.

CABARRÚS GELABERT, Teresa. V. **TALLIEN, madame.**

CABRINI, Francisca Javier. V. **FRANCISCA Javier Cabrini, santa.**

CALDERÓN, Mencía. Aventurera y conquistadora española (s. XVI). Esposa del adelantado Juan de Sanabria, a la muerte de este, ella y su hijastro, Diego de Sanabria, continuaron los preparativos de una expedición al río de la Plata. Mientras Diego de Sanabria desviaba la ruta de su nave y llegaba a Santo Domingo, en La Española, Mencía Calderón logró alcanzar las costas del Brasil. En su flota venía el fundador de Asunción del Paraguay, Juan de Salazar, y un numeroso grupo de mujeres solteras y viudas, que pretendían establecerse en Paraguay. La nave fue asaltada por los corsarios y sobrevivió a numerosos peligros. Mencía consiguió finalmente llegar con su expedición hasta Asunción del Paraguay.

CALDERONA, La (María Calderón, llamada). Actriz y cortesana española (s. XVII). Famosa por sus interpretaciones en los corrales madrileños y por su extraordinaria belleza, fue amante del rey Felipe IV y madre de don Juan José de Austria. Terminó sus días siendo abadesa de un convento de la Alcarria, en el que había ingresado por voluntad del rey.

CALLAS, María (María Kalogeropoulos, llamada). Cantante estadounidense, de origen griego (Nueva York, 1923-París, 1977). Usó un tiempo el nombre de María Meneghini, a causa de su matrimonio. Estudió en el Real Conservatorio de Atenas, donde fue discípula de la soprano española Elvira de Hidalgo, haciendo su presentación en esta ciudad a los 15 años, con la ópera *Cavalleria rusticana.* Sus excepcionales facultades llamaron la atención de Tullio Serafin, quien la sometió a un duro aprendizaje. Desechó el viejo y rutinario repertorio lírico italiano y ensayó óperas que yacían en el olvido, como *La Vestal, Medea,* etc., con las que obtuvo gran éxito. Hasta 1951 no cantó en la Scala de Milán. Su presentación en el Covent Garden de Londres y en el Metropolitan de Nueva York (1954) le abrió las puertas de la fama mundial, que fue acrecentando aun a costa de algunas excentricidades, como la interrupción de la ópera *Norma* en Roma, en función de gala, ante el presidente de la República, «porque los aplausos no habían sido muy calurosos». Otros éxitos suyos son: *I Puritani, La Traviata, La sonámbula, Macbeth, La Gioconda,* etc. Su voz tenía una extensión extraordinaria, pues abarcaba más de tres octavas completas y llegaba hasta el fa sostenido, más allá del do sobreagudo, lo que le permitió adaptarse tanto a los papeles de soprano dramática como a los de soprano lírica, o de coloratura. Después de unos años de actuar solamente en salas de conciertos y estudios de grabación, volvió a la escena del Covent Garden, de Londres (1964). Fue considerada la primera figura femenina del arte lírico mundial.

María Callas

CALPURNIA. Dama romana (s. I a. C.). Cuarta mujer de Julio César, hija de Lucio Calpurnio Pisón, trató a toda costa de evitar que su esposo acudiera al Senado en los idus de marzo, día en que fue asesinado.

CAMERON, Julia Margaret. Fotógrafa británica, de origen indio (Calcuta, 1815-Kalutara, Sri Lanka, 1879). Considerada una de las pioneras de la fotografía, fue partidaria de la iluminación natural y no admitió retoques en la fotografía. Sus composiciones, tanto las históricas como las alegóricas, poseen el encanto de las obras prerrafaelistas. Perteneció a los círculos literarios y artísticos de la época victoriana y retrató, entre otros, a J. Herschel y A. Tennyson.

CAMPBELL, Naomi. *Top model* británica (Londres, 1970). De una humilde familia de raza negra, llegó al mundo de la moda a través de la danza, iniciando su carrera cuando contaba tan sólo 15 años. Se ha convertido en la gran dama negra en las pasarelas mundiales y es modelo habitual de todas las grandes firmas, especialmente Azzedine Alaïa e Yves Saint-Laurent. Es la primera modelo negra que ha aparecido en las portadas de las famosas revistas *Vogue-France* (1989) y *Time,* y la primera también en haber realizado una campaña publicitaria de cosméticos.

CAMPION, Jane. Directora de cine neozelandesa (Waikanae, 1954). Se trasladó a Australia cuando aún era una niña y comenzó su carrera haciendo cortometrajes con los cuales ganó prestigio como directora: su corto *Peel* (1982) alcanzó el máximo galardón en el Festival de Cannes. En 1990 su filme *Un ángel en mi mesa,* basado en la vida de la escritora Janet Frame, ganó sendos premios en los festivales de Venecia y de Valladolid, y en 1993 obtuvo la Palma de Oro del Festival de Cannes con su filme *El piano.* Posteriormente dirigió *Retrato de una dama* (1995).

CAMPO ALANGE, María. Escritora española (Sevilla, 1902-Madrid, 1986), cuyo nombre de soltera era María Laffite y Pérez del Pulgar. Estudió pintura e historia en París. Es autora de una importante obra ensayística centrada fundamentalmente en el tema de las mujeres: *María Blanchard* (1944), *La mujer como mito y como ser humano* (1961) y *Concepción Arenal (1829-1893). Ensayo biográfico documental* (1973). Merecen una mención especial sus dos libros de memorias *Mi niñez y su mundo* (1956) y *Mi atardecer entre dos mundos* (1984).

CAMPOAMOR, Clara. Política y feminista española (Madrid, 1888-Lausanne, 1972). La estrechez económica que padeció en su infancia y juventud hicieron que tuviera que desempeñar numerosos trabajos hasta conseguir, en 1924, la licenciatura en Derecho en la Universidad de Madrid. En 1925 fue nombrada miembro del Colegio de Abogados, fecha en la que inició sus actividades políticas dentro de los grupos republicanos. En 1931 fundó Unión Republicana Femenina. Azaña la relegó en las primeras elecciones, lo cual la hizo acercarse al partido radical, con el que obtuvo un escaño en el primer Parlamento republicano junto a Margarita Nelken y Victoria Kent. Tras la crisis del lerrouxismo intentó un acercamiento al Frente Popular en nombre del feminismo republicano, sin éxito. Considerada una de las «madres» del feminismo español, defendió la igualdad de derechos de la mujer y el sufragio femenino. Tras el golpe militar de 1936 se exilió a Buenos Aires y posteriormente se instaló en Suiza, donde permaneció hasta su muerte. El régimen franquista nunca le permitió regresar a España. Sólo pudieron hacerlo sus restos después de muerta. Entre sus obras destacan: *El derecho de la mujer en España* (1936), *La situación jurídica de la mujer española* (1938) y *El voto femenino y yo, mi pecado mortal.*

CAMPOS, Julieta. Escritora cubana (La Habana, 1932). Se estableció en México a mediados de la década del cincuenta. Cuenta con una copiosa producción ensayística centrada fundamentalmente en temas literarios: *La imagen en el espejo* (1965) y *Función de la novela* (1973). Igualmente ha publicado algunas novelas: *Muerte por agua* (1965), *Celina o los gatos* (1968) y *El miedo a perder a Eurídice* (1979), entre otras obras.

Zenobia Camprubí

CAMPRUBÍ, Zenobia. Traductora y escritora española (Barcelona, 1887-San Juan, Puerto Rico, 1956). Tuvo un papel altamente significativo en el desarrollo literario de su esposo, el poeta Juan Ramón Jiménez. Tradujo del inglés a Tagore y Synge, y fue la única correctora de los originales del poeta. Fue, además, la autora de un insigne *Diario,* en el que rememora los años que el matrimonio pasó en Cuba, y que fue publicado póstumamente en 1991.

CAMPS, Victoria. Filósofa y política española (Barcelona, 1941). Estudió filosofía en la Universidad de Barcelona y es catedrática de Ética en la Universidad Autónoma de Barcelona. Ha escrito *Pragmática del lenguaje y filosofía analítica* (1976), *La imaginación ética* (1983), *Ética, retórica y política* (1988) y *Virtudes públicas* (1990; premio Espasa Mañana de Ensayo), sobre el peculiar aporte que la condición femenina podría introducir en la acartonada vida política. En 1993 fue elegida senadora socialista (PSOE-PSC) por Barcelona. Se retiró de la vida política en 1996.

CANDACE. Reina de Etiopía (s. I a. C.). Es famosa por el ataque que organizó contra las tropas romanas entre el 25 y el 22 a. C. Los romanos tomaron Napata, la capital de Etiopía, y Augusto evacuó parte del territorio conquistado, unió Nubia al Alto Egipto y construyó una fortaleza militar en esta zona. Candace también es el título de todas las reinas de Etiopía.

CAPBELL, Dorothy. Jugadora de golf escocesa (Aberdeen, 1883-Edimburgo, 1946). Capbell, la más célebre campeona de golf de principios del s. XX, posee el palmarés más brillante de todas las jugadoras de golf de su generación. Campeona en categoría *amateur* en EE. UU., Inglaterra y Canadá, fue la única que obtuvo estos tres títulos; ganó el British Woman's Open Tournament (1909), el campeonato de EE. UU., en 1909, 1910 y 1924, este último a los 41 años, y el campeonato de Canadá (1910, 1911 y 1912).

CAPETILLO, Luisa. Anarquista, sufragista, sindicalista y feminista puertorriqueña (Arecibo, 1879-íd., 1922). Con la publicación de su libro *Mi opinión sobre los derechos, responsabilidades y deberes de la mujer* (1911) se convirtió en la primera teórica feminista puertorriqueña. Defendió, además, el derecho al sufragio y a la organización de las mujeres en sindicatos. Se la recuerda como la primera mujer que en Puerto Rico se atrevió a vestir pantalones en público, siendo arrestada y procesada en La Habana por el mismo motivo.

CAPMANY, María Aurelia. Escritora española en lengua catalana (Barcelona, 1918-íd., 1991). Tras licenciarse en Filosofía y Letras, ejerció como profesora de filosofía y fue directora del Colegio Municipal de Badalona. Comenzó su carrera como escritora en 1947 con *Necessitem morir,* y al año siguiente recibió el premio Joanot Martorell por su novela *El cel no és transparent.* La narrativa de Capmany, de marcado carácter combativo y a menudo feminista, se convirtió en una de las más representativas de su generación literaria. Entre sus títulos posteriores destacan: *El gust de la polvs* (1963), *Un lloc entre els morts* (1967; premio Sant Jordi), su obra más conocida; *Feliçment, jo sóc una dona* (1969), *La color més blau* (1982) y *El cap de sant Jordi* (1987). Autora además de numerosos ensayos, artículos periodísticos y piezas teatrales, ha desempeñado una intensa labor como crítica y directora de teatro.

CARDINALE, Claudia. Actriz de cine italiana (Túnez, 1939). Su intervención en *Fellini 8 1/2* (1963) la consagró como actriz de fama internacional. Entre sus películas destacan, además, *Rufufú* (Monicelli, 1958), *El magistrado* (Zampa, 1959), *Un maldito embrollo* (Germi, 1959), *Rocco y sus hermanos* (Visconti, 1960), *La chica con la maleta* (Zurlini, 1960), *La viaccia* (Bolognini, 1961), *El Gatopardo* (Visconti, 1963), *La Pantera Rosa* (Edwards, 1964), *Las petroleras* (Jaque, 1971),

María Aurelia Capmany

La piel (Cavani, 1981), *El rufián* (Giovanni, 1983), etc.

CAREAGA, Pilar. Política española (Madrid, 1908-íd., 1993). Oriunda de Bilbao, ingresó en la Escuela de Ingenieros Industriales de Madrid, siendo la primera mujer en obtener el título (1929) en España. Durante el régimen franquista ocupó, entre otros, los cargos de procuradora en Cortes, presidenta de la Comisión de Trabajo de Protección del Medio Ambiente, vicepresidenta de la Comisión Interparlamentaria de las Cortes Españolas, vocal de la Comisión del Plan de Desarrollo Económico y Social y alcaldesa de Bilbao. Fue presidenta fundadora de la Junta de Damas de la Asociación de la Lucha contra el Cáncer.

CARLO, Ivonne de. Actriz estadounidense, de origen canadiense (Vancouver, 1924-Hollywood, 1994). Intervino, entre otras, en las siguientes películas: *Scherezade* (Reisch, 1946), *El abrazo de la muerte* (Siodmak, 1948), *El halcón del desierto* (De Cordova, 1950), *Los diez mandamientos* (De Mille, 1956), *La esclava libre* (Walsh, 1957) y *La ley de los sin ley* (Claxton, 1963). Pasó más tarde a la televisión, donde triunfó con su magnífico trabajo en la famosa serie *La familia Monster*.

CARLOTA. Gran duquesa de Luxemburgo (Castillo de Berg, 1896-¿?). Sucedió a su hermana María Adelaida en el ducado. Estuvo casada con el príncipe Félix de Borbón Parma. En 1964 abdicó en su hijo Juan, actual duque.

CARLOTA AMALIA de México. Emperatriz de México (Laeken, 1840-castillo de Bouchot, cerca de Bruselas, 1927), hija del rey de Bélgica, Leopoldo I. Casada con Maximiliano de Austria, luego emperador de México con el nombre de Maximiliano I. Vino a Europa enviada por su marido para obtener ayuda contra la revolución. Después de entrevistarse con el Papa y con Napoleón III, no consiguió ninguna promesa de ayuda. Visto el resultado negativo de sus gestiones le aparecieron los primeros síntomas de locura. Algunos historiadores creen que estos surgieron tras el fusilamiento de su marido a manos de los revolucionarios mexicanos. Entonces regresó a Europa con el juicio trastornado, y se recluyó en un castillo.

CAROLINA de Brunswick-Wolfenbüttel. Reina de Inglaterra (Brunswick, 1768-Londres, 1821). Hija de Guillermo de Brunswick, se casó con el príncipe de Gales (1795), que pronto se separó de ella y la expulsó de la corte. Cuando su marido accedió al trono como Jorge IV, se negó a reconocerla como reina, pero ella desembarcó en Londres, donde fue aclamada triunfalmente, muriendo al poco tiempo.

CAROLINA GUILLERMINA de Brandeburgo-Ansbach. Reina de Inglaterra (Ansbach, 1683-Londres, 1737). Se casó en 1705 con Jorge Augusto, príncipe de Gales, al que apoyó en sus disputas contra su padre, Jorge I. Cuando accedió al trono, ayudó a Walpole a hacerse con el poder y contribuyó a la renovación de la Iglesia anglicana, con el nombramiento de obispos liberales y cultos.

CAROLINA MATILDE. Reina de Dinamarca (Londres, 1751-Celle, Hannover, 1775). Hermana de Jorge III de Inglaterra, se casó con su primo Cristián VII, rey de Dinamarca, que al poco tiempo perdió la razón, a causa de su vida desordenada. Tuvo un hijo, el futuro Federico VI.

CARRILLO, Mary. Actriz de cine y teatro española (Toledo, 1919). Comenzó su carrera profesional en la compañía de Hortensia Gelabert y posteriormente formó parte del elenco de las compañías de Pepita Díaz, María Guerrero y José Tamayo. Al estallar la guerra civil se radicó en México y de regreso en España debutó en el cine español como protagonista de *Marianela* (premio en el Festival de Venecia), película que la convirtió en una de las actrices más importantes de su generación. En 1948 formó su propia compañía de teatro y en 1958 volvió al cine con la película *El pisito*, de M. Ferreri (premio del C.E.C.). Carrillo, considerada una actriz sensible y brillante, a lo largo de toda su carrera ha simultaneado el teatro con el cine. Entre su última filmografía destacan: *Gary Cooper, que estás en los cielos* (Miró, 1981), *La colmena* (Camus, 1982; premio del C.E.C.), *Entre tinieblas* (Almodóvar, 1983), *Los santos inocentes* (Camus, 1984) y *Una mujer bajo la lluvia* (Vera, 1992).

CARRINGTON, Dora. Pintora británica (1893-1932). Renunció al nombre de Dora y al apellido de su marido, Ralph Partridge, y quiso llamarse sólo Carrington. Formó parte del grupo de intelectuales de Bloomsbury. Su actividad como pintora fue intensa, pero no se ha empezado a valorar hasta después de su muerte. Mantuvo una estrecha relación con el escritor Lytton Strachey, del que estaba enamorada a pesar de ser él homosexual. Unos días después de su muerte ella tomó la decisión de suicidarse al no poder soportar vivir sin él. Su vida fue llevada a la pantalla grande por C. Hampton en 1995.

CARRINGTON, Leonora. Pintora mexicana, de origen británico (Lancashire, 1917-Ciudad de México, 1996). Realizó estudios en Londres, Italia, Alemania y Francia, donde tuvo como profesor a Max Ernst. En 1945 Carrington, centrada en temas de imaginería fantástica como la alquimia y la magia, construyó meticulosas y tensas superficies mediante capas de pinceladas menudas y cuidadosamente moduladas. Sus principales trabajos, de gran precisión y con un intenso primor ilustrativo, estuvieron más cercanos a la investigación científica que a la explosividad surrealista. Entre su obra destaca *Autorretrato* (1938), en el que refuerza el uso del espejo para afirmar la dualidad vital de ella como artista, de ser a un mismo tiempo observada y observadora.

CARSON, Rachel Louise. Bióloga y escritora estadounidense (Springdale, Pensilvania, 1907-Silver Spring, Maryland, 1964). Cursó estudios en la Universidad Johns Hopkins, donde fue también profesora, y, en 1936, trabajó como bióloga marina en el Fish and Wildlife Service. Intentó concienciar a la clase científica sobre la inminente destrucción del equilibrio ecológico y los peligros que esto suponía para la supervivencia humana. En 1951 su libro *El mar que nos rodea* se convirtió en un auténtico *best-seller*, consolidando su popularidad con *Primavera silenciosa* (1962). En 1963 fue elegida miembro de la Academia Nacional de Artes y Letras.

CARTAGENA, Teresa de. Una de las más antiguas escritoras en lengua castellana (Burgos, 1420/25-1470). Procedía de una familia de judíos conversos y fue alumna de la Universidad de Salamanca, que abandonó voluntariamente al no encontrar en ella respuesta a sus problemas intelectuales. Fue monja franciscana, conociéndose poco de su vida. Entre sus lecturas preferidas se encuentra Gómez Manrique y la *Visión deleitable*, de Alfonso de la Torre; también tuvo una fuerte influencia de la cultura ascética a través del filósofo judío Ibn Gabirol. Es autora de la obra *Arboleda de los enfermos* (h. 1450), en la que reflexiona sobre su vida, su enfermedad, la sordera, que la aislaba del mundo, y sobre la sociedad. Las críticas que concitó esta obra y las reticencias que suscitó por ser una mujer su autora hicieron que Teresa escribiera *Admiración de las obras de Dios*, en la que justifica su autoría.

CARTER, Angela. Escritora británica (Eastbourne, 1940-Londres, 1992). Sus dos primeras novelas, *Baile de sombras* (1966) y *La juguetería mágica* (1967), introducen los temas que caracterizarán la mayor parte de su obra: sexualidad, erotismo y pornografía. Durante los años ochenta los libros de Carter se convirtieron en el eje de los debates ingleses sobre posmodernismo y feminismo pluralista. Entre sus publicaciones destacan los ensayos *La pasión de la nueva Eva* (1977), polémica interpretación de la androginia y los comportamientos sociosexuales; *La mujer sadiana* (1979), centrado en las conductas sadomasoquistas y en los códigos sexuales culturalmente aceptados, y *Nada sagrado* (1984); sus novelas *Héroes y villanos* (1969), *Amar* (1971) y *Niños listos* (1991), y el guión de la película *En compañía de lobos* (1984).

CARTLAND, Barbara. Escritora británica (Worcestershire, 1904). Comenzó su carrera profesional como cronista social del periódico *Daily Express*. Considerada una de las mayores exponentes de la novela rosa, Cartland ha conseguido vender más de 390 millones de ejemplares de sus libros, ocupando el tercer puesto, tras Marx y Agatha Christie, en traducciones mundiales. En su voluminosa obra destacan las novelas *Corazones en juego*, *La esclava inocente* y *Amor en las nubes*, y su polémico ensayo *Barbara Cartland's Book of Beauty and Health* (1971), en el que otorga a las mujeres un rol inferior dentro de la sociedad. Funda y preside el Club de la Salud y la Felicidad y la Asociación Nacional de la Salud Inglesa. Es abuela de Diana de Gales.

CARVAJAL, María Isabel. V. LYRA, Carmen.

CASANDRA. Princesa legendaria de Troya. Era hija de Príamo y Hécuba, amada por Apolo, que le concedió el don de la profecía; al no consentir al dios, fue condenada a no ser nunca creída. Durante la guerra de Troya no cesó de anunciar su caída, pero nadie la creyó. Una vez terminada la guerra, se refugió en el templo de Atenea, pero fue apresada por Ajax y hecha esclava de Agamenón, de quien tuvo mellizos. A su llegada a Micenas, fue asesinada por Clitemnestra.

CASARES, María. Actriz francesa de origen español (La Coruña, 1922-La Vergne, 1996). Hija del político Santiago Casares Quiroga, se exilió en Francia tras la guerra civil. Primer premio de Interpretación en el Festival internacional de Locarno (1948), hizo en Francia toda su carrera artística, perteneció a la Comédie Française y está considerada una de las mejores trágicas de dicho país. Entabló amistad con Genet, Sartre, Anouilh y otros autores. Mantuvo una estrecha relación con Albert Camus. Ha participado en varios filmes, entre ellos, *Los niños del paraíso* (Carné, 1944), *El prisionero de Parma* (Jaque, 1947), *Orfeo* (Cocteau, 1950), *Sombra y luz* (Calef, 1951), etc. En 1976 regresó a España para interpretar *El adefesio*, de Rafael Alberti, volviendo después a Francia. En 1980 publicó sus memorias: *Residencia privilegiada*.

CASAS, Borita. Escritora española (Madrid, 1911) cuyo nombre real es Liboria Casas Reguero. Locutora de profesión, comenzó a trabajar en Radio Nacional de España en Burgos, pasando más tarde a Radio Madrid. En esta emisora le fue encargada la realización de un programa infantil, para el que se le ocurrió crear el personaje de *Antoñita la fantástica* (1948), que alcanzó gran popularidad. Al contraer matrimonio, residió en México durante varios años, y a su regreso siguió colaborando en distintos programas femeninos e infantiles de Radio Nacional de España. Las aventuras de su personaje fueron publicadas en 12 volúmenes con títulos como *Antoñita la fantástica tiene mucho que contarnos, Antoñita la fantástica sigue creciendo, Antoñita la fantástica cumple diez años, Antoñita la fantástica en el País de la Fantasía, Antoñita la fantástica y la tía Carol, Antoñita la fantástica se pone de largo*, etc.

CASILDA, santa. Virgen cristiana mozárabe (m. Briviesca, h. 1050). Era hija de Aldemón, rey taifa de Toledo. Casilda visitaba y socorría a los cautivos cristianos, y se dice que, sorprendida por su padre cuando llevaba la comida a los pobres cristianos, esta se convirtió en flores. Quiso hacerse cristiana, a lo que se opuso su padre; pero, estando muy enferma, y por su amistad con Fernando I de Castilla, le consintió tomar los baños en el lago San Vicente (Briviesca), donde sanó y se hizo cristiana; levantó allí una ermita y el aposento en que murió.

CASTELLI, Anna. Arquitecta italiana (Milán, 1920). Colaboró con F. Albini e I. Gardella, y ha trabajado como redactora de la revista *Casabella* y como corresponsal de *Architectural Digest*. Famosa por sus diseños de mobiliario en materiales plásticos de colores vivos, algunas de sus piezas han pasado a formar parte de la colección permanente del Museo de Arte Moderno de Nueva York.

CASTIGLIONE, La (Virginia Oldoini, condesa Verasis de Castiglione, llamada). Dama italiana (Florencia, 1837-París, 1899). Descendiente de una antigua familia toscana, en 1854 contrajo matrimonio con Francisco Verasis, conde de Castiglione, partidario de la causa de Víctor Manuel II, y adquirió rápidamente gran notoriedad en la sociedad turinesa, gracias a su belleza y al lujo extraordinario en el que vivía. Por consejo de Cavour, en 1856 se estableció en París, y se convirtió en una de las figuras que despertó más interés en la corte de Napoleón III, sobre el que ejerció una gran influencia. Su sentido político le permitió contribuir a la realización de la alianza francosarda. Sin embargo, en 1859 se enemistó con el emperador por su crítica sobre la convención de Villafranca y se retiró a Milán. Regresó a París en 1862 y abrió de nuevo su salón, en el que continuó recibiendo al mundo político; entre sus habituales se encontraba Thiers, así como el duque de Aumale, con el que abrazó la causa orleanista. Fracasadas sus intrigas políticas, dedicó su tiempo a coleccionar un número no despreciable de amantes: el rey Víctor Manuel II, el duque de Chartres, el banquero Laffite y muchos otros.

CASTILLO DE GONZÁLEZ, Aurelia. Poeta cubana (Puerto Príncipe, 1842-Camagüey, 1920). Fundadora de la Academia de Artes y Letras. Escribió libros de poemas y cuentos. Tradujo *La hija de Yorio*, de D'Annunzio.

CASTILLO Y GUEVARA, madre María Francisca Josefa del. Escritora religiosa colombiana (Santa Fe de Bogotá, 1671-Tunja, 1742). Profesó en el convento de las clarisas de Tunja, donde hizo sus votos perpetuos en 1694, y fue abadesa y provincial de la orden en 1716, 1729 y 1738. Conocida como la «gran mística de las letras hispanoamericanas», su obra, publicada póstumamente, ha sido equiparada a la de santa Teresa de Jesús y sor Juana Inés de la Cruz. Entre sus títulos destacan: *Sentimientos espirituales* (vol. I, 1843, y vol. II, 1940) y *Tres jornadas del cielo*.

CASTRO, Estrellita. Tonadillera, bailarina y actriz española (Sevilla, 1912-Madrid, 1983). Empezó su carrera artística como cupletista y obtuvo gran éxito con canciones de corte popular que le abrieron las puertas del cine, protagonizando una serie de películas de tema folclórico y patriótico principalmente durante la posguerra española: *Rosario la cortijera* (1935), *Suspiros de España* (1939), *Mariquilla Terremoto* (1940), *Torbellino* (1941) y *La maja del capote* (1944). Toda su actividad cinematográfica fue simultaneada con un intenso trabajo en la escena.

CASTRO, Guiomar. Dama portuguesa (s. XV). Llegó a Castilla en 1455 como dama de compañía de Juana de Portugal, segunda esposa de Enrique IV, y pronto se convirtió en la favorita del rey. En torno a ella se reunió un grupo nobiliario encabezado por el arzobispo de Toledo, Fonseca, contrario a las acciones de los sucesivos validos. Enrique IV la separó de la corte, pero siguió en relación con ella. En 1465 se casó con el conde de Treviño.

CASTRO, Inés de. V. INÉS de Castro.

CASTRO, Juana de. Cortesana castellana (m. Dueñas, 1374). Esposa ilegítima de Pedro I de Castilla, este se casó con ella a pesar de vivir aún Blanca de Borbón y María de Padilla. Abandonada a los pocos días de su matrimonio, se retiró a Dueñas, donde vivió, desde entonces, usando el título de reina.

Rosalía de Castro

CASTRO, Rosalía de. Escritora española en lenguas gallega y castellana (Santiago de Compostela, 1837-Padrón, 1885). En su partida de bautismo consta como hija de «padres incógnitos». Considerada una de las principales figuras literarias del s. XIX español, su obra, marcadamente romántica, se caracteriza por la expresión sencilla, por un fuerte carácter simbólico y por el tratamiento de varios temas fundamentales: la denuncia social, la nostalgia por la tierra gallega, el descontento vital y los amores desgraciados. Entre sus libros en castellano destacan los poemas recogidos en *La flor* (1857) y *En las orillas del Sar* (1884), ambos de tono confesional e intimista, y las novelas *La hija del mar* (1859), en la que exalta la condición femenina, y *Flavio* (1867). En lengua gallega publicó los libros de versos *Cantares galegos* (1863), considerado su obra cumbre y pionero del renacimiento de las letras gallegas, y *Follas novas* (1880). Enferma de cáncer y recluida en su casa, ordena a su hija que queme su obra inédita y sus cartas. Antes de morir pidió a su hija que la llevara hasta la orilla «para ver el mar».

CASTROVIEJO, Concha. Escritora española (Santiago de Compostela, 1912-Madrid, 1995). No pudo estudiar hasta la muerte de su padre, catedrático de la Universidad de Santiago, que consideraba que las mujeres no debían tener estudios. Se exilió en México los años posteriores a la guerra civil española. Ejerció de periodista y crítica literaria, primero en *La Noche de Santiago* y posteriormente en *Informaciones* y *La Hoja del Lunes*. A lo largo de sus obras se reflejan sus vivencias de la guerra y del exilio. Las novelas más representativas de esta etapa son *Los que se fueron* (1957) y *Víspera del odio* (1959). También escribió novelas para niños. Ha sido premio Doncel para narraciones infantiles y Elisenda de Moncada de novela.

CATALÀ, Víctor. Seudónimo de la escritora española en lengua catalana Caterina Albert i Paradís (La Escala, Gerona, 1869-íd., 1966). De formación autodidacta, su obra literaria, enmarcada dentro de la narrativa naturalista, se distingue por el tono pesimista y crudo con el que describe la vida campesina catalana, así como por el retrato psicológico de sus personajes. Entre sus obras destacan: *Quatre monòlegs* (1898), *Drames rurals* (1902), y, sobre todo, su novela *Solitud* (1905), considerada su obra más importante y en la que narra con dureza las experiencias de una mujer que intenta sobreponerse al aislamiento de la vida en la montaña.

CATALINA I de Courtenay. Emperatriz heredera de Constantinopla (París, 1274-Constantinopla, 1307). Hija de Felipe I de Courtenay, titular entonces del imperio latino, y de Beatriz de Anjou, se casó con su primo el conde de Valois, futuro Carlos I de Francia, al cual cedió los señoríos de Courtenay y de Blancon y sus derechos sobre el imperio latino de Constantinopla.

CATALINA I de Navarra. Reina de Navarra (Olite, 1468-Pamplona, 1517). De la familia de Foix, se casó con Juan de Albret en 1486. Coronada en Pamplona en 1494, fue excomulgada por el papa Julio II, quien cedió el reino a Fernando el Católico (1513), pasando la Navarra cispirenaica a formar parte de los dominios de España, asociada al trono de Castilla.

CATALINA I de Rusia. Emperatriz de Rusia (Jacobstadt, 1684-San Petersburgo, 1727). Campesina de origen polaco, fue la segunda esposa de Pedro el Grande, quien la coronó en 1724 y la hizo cercana colaboradora. A la muerte de su marido se la proclamó heredera, como indicaba el testamento de Pedro, pero tuvo que luchar contra la oposición de la clerecía, los boyardos y el pueblo sublevado en favor de Pedro Alexevich. Prosiguió la obra de su marido apoyada por la nueva nobleza y, especialmente, por Menchikov.

CATALINA II de Courtenay y Valois. Emperatriz de Constantinopla (París, 1301-Nápoles, 1346). Hija del conde de Valois y de Catalina I de Courtenay, en 1313 se casó con el príncipe de Tarento, que después fue emperador de Constantinopla con el título de Felipe II.

CATALINA II de Rusia, la Grande. Emperatriz de Rusia, (Stettin, 1729-San Petersburgo, 1796). Esposa del zar Pedro III, una revolución destronó al emperador, que abdicó en 1762, y proclamó emperatriz a Catalina. Esta continuó la política de Pedro *el Grande* y protegió las letras y las artes; fue una soberana ilustrada, recibiendo los elogios de Panín, Grimm y Diderot, autocrática en la práctica. Nunca se dejó dominar por sus amantes y se convirtió en la personificación del espíritu nacional ruso. En el exterior intervino en la sucesión polaca, con la imposición de Ladislao Poniatowski (1764), y en los dos repartos de este reino (1793 y 1795); anuló la autonomía de Ucrania (1764), luchó contra lituanos (1772) y turcos (1774 y 1787), y estuvo en todos los foros internacionales. Reformó administrativamente todo el Estado ruso, publicando el primer compendio legislativo. Sostuvo correspondencia con Voltaire y otros intelectuales de la época, alcanzando una gran perfección en el género epistolar. Escribió varias obras teatrales, de

Catalina II de Rusia, la Grande

finalidad satírica y didáctica, entre ellas: *El embustero* (1785) y *El charlatán de Siberia* (1786). Fue además la fundadora del famoso periódico *Cualquier Tontería,* en el que polemizó con los adversarios del absolutismo.

CATALINA de Aragón. Reina de Inglaterra (Alcalá de Henares, 1485-Kimbolton, 1536). Hija menor de los Reyes Católicos, en 1501 se casó con Arturo, príncipe de Gales (1501), y al quedar viuda, a los pocos meses, continuó en Inglaterra; contrajo nuevas nupcias, previa licencia del papa Julio II, con su cuñado Enrique VIII. Al no darle heredero varón, este quiso divorciarse de ella. El papa Clemente VII declaró la validez del matrimonio. Este hecho contribuyó a que en 1534 se produjera el cisma de Inglaterra. Fue madre de la reina María I Tudor, y vivió sus últimos años confinada, muriendo, al parecer, envenenada por orden del rey. Su vida está relacionada con la implantación de la Reforma religiosa y ha sido objeto de las más contrapuestas y violentas apreciaciones.

CATALINA de Austria. Reina de Portugal (Torquemada, 1507-Lisboa, 1578). Infanta de España, hermana de Carlos I, era hija de Felipe el Hermoso y Juana la Loca. Se casó con Juan III de Portugal en 1525, y, al morir este, quedó como regente del reino en nombre de su nieto don Sebastián.

Catalina de Austria

CATALINA de Borbón. Princesa de Navarra (París, 1558-Nancy, 1604). Hermana de Enrique IV, era protestante y se convirtió al catolicismo después de la noche de San Bartolomé; pero en 1576 volvió a sus antiguas creencias y se casó con el duque de Bar.

CATALINA de Braganza. Reina de Inglaterra y regente de Portugal (Vila Viçosa, 1638-Lisboa, 1705). Infanta de Portugal, hija de Juan IV y de Luisa de Guzmán, se casó en 1662 con el rey de Inglaterra Carlos II, pero la convivencia de este con su esposa fue muy difícil, pues el rey tenía muchas concubinas y 15 hijos bastardos. Fue además presionado por el Parlamento para que se divorciase de Catalina, por ser católica y no darle hijos, pero el rey Carlos se opuso a ello y defendió a su esposa de todo ultraje. A la muerte de su marido llevó una vida muy retirada durante el reinado de Jacobo II y parte del de Guillermo de Orange, pero regresó a Portugal en 1692 y llevó la regencia del reino durante la enfermedad de su hermano Pedro II.

CATALINA de Lancaster. Reina de Castilla (Bayona, 1374-Valladolid, 1418). Hija del duque de Lancaster y de una hija de Pedro I de Castilla. Ostentaba la legitimidad dinástica frente a la familia Trastámara, que había arrebatado el reino a Pedro. Su boda con el futuro Enrique III de Trastámara se pactó para acabar con este enfrentamiento. Por ello, ambos recibieron el título de príncipes de Asturias, utilizado entonces por primera vez, para significar la importancia de esta boda. A partir de entonces todos los herederos han llevado este título. A la muerte de su esposo (1406) fue designada corregente, como tutora de su hijo Juan II, junto con su cuñado Fernando de Antequera, con el que mantuvo unas tirantes relaciones.

CATALINA de Médicis. Reina de Francia (Florencia, 1519-Blois, 1589). Hija de Lorenzo II de Médicis, duque de Urbino, se casó en 1533 con Enrique, hijo segundo de Francisco I de Francia, el cual subió al trono en 1547 con el nombre de Enrique II. A la muerte de su esposo fue regente del reino, realizando una política de contención con España. Parece ser que incitó a su hijo Carlos IX a la matanza de la noche de San Bartolomé. Fue madre de Isabel de Valois, mujer de Felipe II.

CATALINA de Siena, santa. Religiosa, escritora y política italiana (Siena, 1347-Roma, 1380). Entró en la Orden Terciaria de Santo Domingo y se distinguió por su talento y religiosidad, llegando a un gran misticismo, con sus desposorios y estigmas. Desde su infancia demostró una gran bondad. A los seis años experimentó su primer arrebato místico. Ejerció una gran influencia en la iglesia de su tiempo. A partir de 1374 intervino ante el papa Gregorio XI en Aviñón para que fuese restituida la sede romana. Representó en Francia a los papas Gregorio XI y Urbano VI, cuando, en 1376, se produjo el gran Cisma de Occidente, interviniendo ante muchas ciudades italianas para lograr su obediencia al Papa romano. Fundó en su Siena natal una escuela de mística; tuvo como discípulo a Raimundo de Capua, que sería su biógrafo. Entre sus obras destacan: *De la doctrina divina, Vía Crucis, Poesías religiosas, Oraciones* y su *Correspondencia*. Fue canonizada por Pío II y posteriormente Pío IX la declaró segunda patrona de Roma. En 1970 Pablo VI la proclamó doctora de la Iglesia.

CATALINA de Valois o de Francia. Reina consorte de Inglaterra (París, 1401-Bermondsey, 1438). Hija de Carlos VI de Francia y de Isabel de Baviera, se casó con Enrique V de Inglaterra y fue madre de Enrique VI. Viuda, se casó con sir Owen Tudor, y uno de sus nietos, Enrique Tudor, fue rey de Inglaterra.

CATALINA Howard. Reina de Inglaterra (Exeter, 1522-Londres, 1542). Hija del duque de Norfolk. El rey de Inglaterra Enrique VIII se enamoró de ella y repudió a su mujer Ana de Cleves con la que acababa de casarse (1540). Entonces se produjo en secreto el matrimonio de Catalina, que fue la quinta mujer del rey. Al año se hizo público el matrimonio, que duró poco tiempo, pues Catalina continuó con sus antiguas amistades, lo que provocó los celos de Enrique VIII, que ordenó su prisión en la Torre de Londres, donde murió decapitada.

CATALINA MICAELA. Infanta española, hija de Felipe II e Isabel de Valois y hermana de Isabel Clara Eugenia (Madrid, 1567-Turín, 1597). Llamada Catalina por su abuela, Catalina de Médicis, quedó huérfana al año de edad, permaneciendo ambas hermanas al cuidado de su tía Juana de Austria en las Descalzas Reales de Madrid, lugar donde las retrató Sánchez Coello (1575; Prado). Preferida de su padre, era mujer de gran belleza. En 1585 se casó en Zaragoza con Carlos Manuel, duque de Saboya, sobre el que ejercería una notable influencia. Entre sus diez hijos hay que destacar a Víctor Amadeo I, futuro duque. Catalina murió de sobreparto.

Catalina Micaela, atribuido a Pantoja de la Cruz

CATALINA PARR. Reina de Inglaterra (Kendal, 1512-Sudeley, 1548). Casó en 1543 con el rey de Inglaterra Enrique VIII. Para ella era la tercera boda y para él la sexta y última. Intervino en política intentando acabar con las persecuciones religiosas; tenía inclinaciones luteranas que podían haberle causado problemas, pero la muerte del rey le libró de ellos. Escribió el libro *Lamentación de una pecadora*.

CATHER, Willa. Novelista estadounidense (Winchester, Virginia, 1876-Nueva York, 1947). Comenzó su carrera profesional como periodista, pero tras el éxito de su primera novela, *El puente de Alejandro* (1912), se dedicó de lleno a la literatura. En *Los colonos* (1913) y *My Antonia* (1918) describe las angustias y penalidades que padecieron miles de emigrantes al intentar establecerse en tierras estadounidenses y la valiosa participación que tuvieron las mujeres durante este período, tema que retoma en su colección de relatos *Uno de los nuestros* (1922; premio Pulitzer) y en la novela *La muerte llega al arzobispo* (1927). En su obra destacan, además, los ensayos recogidos en *No antes de los cuarenta años* (1936), y sus novelas *Sombras en la roca* (1931), basada en su tardía conversión al catolicismo, y *Safira y la joven esclava* (1940), en la que describe las relaciones entre las mujeres anglo y afroamericanas.

CAVANI, Liliana. Directora de cine italiana (Capri, 1937). Estudió filología clásica y lingüística en la Universidad de Bolonia y se diplomó en dirección en el Centro Sperimentale di Cinematografia de Roma en 1961. De 1962 a 1965 realizó para la RAI una serie de programas de carácter histórico documental que tuvieron mucha acogida entre el público y la crítica. Con la película *Portero de noche* (1977) logró alcanzar renombre internacional. Entre su filmografía destacan, además, *Mas allá del bien y del mal* (1977), *La piel* (1981), *Berlín interior* (1985), *Francesco* (1989) y *¿Dónde estás? Yo estoy aquí* (1993).

CECILIA, santa. Dama romana (m. Roma, 232). Casada contra su voluntad con un joven pagano, de nombre Valerio, consiguió que este respetara su virginidad y logró convertirlo al cristianismo. Su marido recibió pronto el martirio y ella murió tras tres días de agonía debido a los hachazos del verdugo, que la intentó decapitar. Es patrona de los músicos y de los ciegos.

CENCI, Beatrice. Criminal italiana (Roma, 1577-íd., 1599). De una ilustre familia, su padre, Francesco Cenci, violó a su hija ante los ojos de su segunda esposa, Lucrezia Petroni. Como venganza, Beatrice, con la ayuda de sus hermanos Giacomo y Bernardo y la complicidad de su madrastra, asesinó a su padre. Condenados, Beatrice apeló ante Clemente VII, pero fueron todos ejecutados. Su historia ha dado lugar a varias recreaciones literarias (Shelley, Stendhal, etc.). Se conserva además un retrato de «la bella parricida», como fue llamada Cenci, atribuido a Guido Reni.

CERDÁ Y BOSCH, Clotilde. Arpista española (Barcelona, 1862-Santa Cruz de Tenerife, 1925). Conocida bajo el seudónimo de Esmeralda Cervantes. Estudió en Roma, París, etc. Victor Hugo la bautizó con el nombre de Esmeralda. Actuó en las principales capitales europeas con notable éxito. Recibió la protección de la condesa de Montijo y tuvo grandes éxitos entre la alta sociedad madrileña. Fundó en Barcelona, en colaboración con otros amigos, una Academia de Artes y Oficios para la enseñanza de la mujer. En México creó una escuela de arpa. Escribió algunas obras y dejó inédita una *Historia del arpa*.

CETURA. Personaje bíblico (s. XX a. C.). Fue una de las mujeres de Abraham, de quien tuvo a Madián, epónimo de los madianitas. Aparece mencionada en *Génesis* 25, 1.

CHACEL, Rosa. Escritora española (Valladolid, 1898-Madrid, 1994). Estudió en la Academia de Bellas Artes de San Fernando (Madrid) y fue discípula de Ortega y Gasset, vinculándose posteriormente a la *Revista de Occidente*. La objetividad de *Estación de ida y vuelta* (1930), su primera novela, anticipó los postulados del *nouveau roman*. Su obra novelística, de gran calidad estética e influida por Proust y Joyce, se caracteriza por el multiperspectivismo psicológico: *Memorias de Leticia Valle* (1945), *La sinrazón* (1960; premio de la Crítica), considerada su obra más importante; *Barrio de Maravillas* (1976) y *Acrópolis* (1984), las dos últimas basadas en material autobiográfico. Es autora, además, de numerosos ensayos y de varios libros de poemas (*A la orilla de un pozo*, 1985). Tras la guerra civil se trasladó a Brasil, donde residió hasta 1985, y en 1987 recibió el premio Nacional de las Letras Españolas. En 1992 recibió el premio Ciudad de Barcelona por su obra poética.

CHAMBERLAINE, Lyndy. Víctima australiana (n. 1948). En 1980 Chamberlaine vio cómo un perro salvaje se llevaba a su hijo de nueve meses en la boca y desaparecía en el campo. La muerte de su hijo consternó en un principio a la opinión pública. En 1982, acusada de haber degollado a su hijo, fue condenada a cadena perpetua. Tras siete largos años de litigio, logró ser exonerada de los cargos, convirtiéndose en una de las más populares víctimas de la injusticia social y judicial. Su polémico caso sirvió de inspiración al filme *Un grito en la oscuridad* (1988), en el que la actriz Meryl Streep dio vida al personaje de Chamberlaine.

CHAMORRO, Violeta Barrios de. Política nicaragüense (Rivas, 1929). Colaboró con el sandinismo en su primera etapa, convirtiéndose luego en una de sus principales opositoras. Chamorro fue candidata presidencial por la Unión Nacional Opositora, conglomerado de grupos políticos de muy diversa tendencia, y resultó vencedora en las elecciones presidenciales de 1990.

CHAMPOURCÍN, Ernestina de. Poeta española (Vitoria, 1905-Ciudad de México,

1995). Pertenecía a una familia liberal acomodada, por lo que recibió una buena educación. Sabía varios idiomas, gracias a lo cual después pudo hacer trabajos de traducción. Participó en la creación del Liceo femenino, junto con otras intelectuales. Su poesía está vinculada a la generación del 27. En 1936 se casó con el poeta Juan José Domenchina y en 1939 se exiliaron en México, donde trabajó en el Fondo de Cultura Económica. Volvió a España en 1972. A su primera etapa poética pertenecen *En silencio...* (1926) y *Cántico inútil* (1936). Tras un largo silencio publicó, en 1952, *Presencia a oscuras, Cartas cerradas* (1968), *La pared transparente* (1984), y el ensayo *La ardilla y la rosa* (1981). Gerardo Diego la incluyó en la segunda edición de la *Poesía española contemporánea*. En 1986 recibió el premio Euskadi de literatura en castellano.

CHANEL, Coco (Gabrielle Bonheur, llamada). Modista francesa (Saumur, 1883-París, 1971). Su carrera como modista se inició con la creación de sombreros en 1914, pero lo que le hizo ganar prestigio internacional fue el lanzamiento en Deauville de una atrevida combinación compuesta por un jersey de hombre, una falda plisada y un pañuelo atado a la cintura. Chanel creó una línea *chic* de extrema sencillez y comodidad entre la que destacan el traje negro, los vestidos de género de punto, la falda plisada corta, las joyas de fantasía, la chaqueta holgada y los zapatos de dos colores, que fue adoptada a mediados de los años veinte en todo el mundo. El perfume *Chanel N.° 5* lleva la huella de esta gran creadora de la moda.

CHANTAL, santa. V. **JUANA FRANCISCA Frémyot de Chantal, santa.**

CHAPLIN, Geraldine. Actriz de cine estadounidense (Hollywood, 1944). Hija de Charles Chaplin, entre los filmes en los que ha intervenido figuran: *Candilejas* (Chaplin, 1952), *Doctor Zhivago* (Lean, 1965), *Peppermint frappé* y *Stress es tres, tres* (Saura, 1967), *La madriguera* (Saura, 1969), *Ana y los lobos* (Saura, 1972), *Cría cuervos* (Saura, 1976), *Elisa, vida mía* (Saura, 1977), *Recuerda mi nombre* (Rudolph, 1978), *Mamá cumple cien años* (Saura, 1979), *L'amour par terre* (Rivette, 1984), *Los modernos* (Rudolph, 1987) y *Chaplin* (Attenborough, 1992), una biografía cinematográfica de su padre. Fue durante muchos años la musa del director español Carlos Saura, con el que tuvo un hijo. Tras su ruptura se ha trasladado a EE. UU., donde realiza papeles de actriz secundaria como en *La edad de la inocencia* (Ivory, 1994) y *A casa por vacaciones* (Foster, 1995).

CHARISSE, Cyd (Tula Ellice Finklea, llamada). Bailarina y actriz cinematográfica estadounidense (Texas, 1923). Estudió danza y en 1939 debutó en los Ballets Rusos, con quienes interpretó, entre otros, *Las bodas de Aurora* y *El hijo pródigo* (versión de D. Lichin). En 1943, contratada por Hollywood, se convirtió en una de las estrellas del cine musical. Charisse, habitual pareja artística de Gene Kelly y Fred Astaire, en 1952 se consagró internacionalmente con la película *Cantando bajo la lluvia,* de S. Donen y G. Kelly. Entre su filmografía destacan, además, *Brigadoon* (Minnelli, 1954), *Siempre hace buen tiempo* (Donen y Kelly, 1955), *La bella de Moscú* (Mamoulian, 1957) y *Dos semanas en otra ciudad* (Minnelli, 1962).

Mary Eugenia Charles

CHARLES, Mary Eugenia. Política de La Dominica (Pointe Michel, 1919). Líder del Partido Democrático de la Libertad, desde 1980 a 1993 ocupó el cargo de primera ministra, convirtiéndose en la primera mujer que ha logrado obtener un cargo de esta magnitud en la zona del Caribe.

CHARLES-ROUX, Edmonde. Periodista y escritora francesa (Neuilly-sur-Seine, 1920). Participó en la creación de la revista *Elle* (1947-1949) antes de convertirse en redactora jefa de la edición francesa de *Vogue* (1950-1966). En 1966 ganó el premio Goncourt por su primera novela, *Oublier Palerme,* influida por la obra de Lampedusa. Ha escrito *Elle Adrienne* (1961), *L'irrégulière* (1974), *Un désir d'Orient* y *La jeunesse d'Isabelle Eberhardt* (1989). Es miembro de la Academia Goncourt desde 1983.

CHASE, Lucia. Bailarina, coreógrafa y directora de baile estadounidense (Waterbury, 1907-Nueva York, 1986). Debutó como bailarina en 1938 en *Giselle* y *La bella durmiente* para los ballets de Mordkin y, posteriormente, trabajó con artistas de la talla de Fokine, Tudor, Vilzak, Nijinsky, Balanchine y De Mille. En 1940 cofundó con O. Smith el Ballet Theatre, que pasó a llamarse en 1957 American Ballet Theatre, una de las mejores compañías de ballet clásico y contemporáneo del mundo. Entre sus interpretaciones destacan *Elegy, Pillar of Fire,* de Tudor, y *Petrouchka,* de Fokine. En 1960 se retiró como bailarina para dedicarse exclusivamente a la dirección del ABT, para el que contrató a Natalia Makarova, Boris Gudonov y Mijail Baryshnikov, quien posteriormente ocuparía su lugar. En 1968 obtuvo el Capezio Award y, en 1975, la medalla Haendel.

CHAUVET, Marie. Escritora haitiana (Puerto Príncipe, 1916-íd., 1973). Considerada una de las principales representantes de la narrativa haitiana contemporánea y exponente de la escuela indigenista, Chauvet explora en sus novelas la fragmentación interna y externa que padece la mujer haitiana, provocada por el violento clima sociopolítico de esta isla caribeña: *Hija de Haití* (1954), *Amor* (1968) y *Los rapaces* (1968), publicada bajo su nombre de soltera, Marie Vieux.

CHEDID, Andrée. Escritora egipcia en lengua francesa (El Cairo, 1942). De familia libanesa, Chedid realizó estudios en El Cairo, y desde 1946 reside en París. Su obra se ha centrado fundamentalmente en la recreación del pasado y el presente egipcio y libanés, explorando temas como la guerra, la violencia doméstica y la muerte. Es autora de una voluminosa obra poética, entre la que destacan *Fraternidad de la palabra* y *Ceremonial de la violencia,* así como de varias piezas teatrales y de la novela *La maison sans Racines* (1985). En 1975 le fue concedido el Gran Premio de la Academia Belga y, en 1978, el premio Goncourt por su libro de relatos *El cuerpo y el tiempo.*

CHIBURDANIDZE, Maia. Ajedrecista soviética (Georgia, 1961). Marcó un récord en la historia del ajedrez al conseguir con sólo 13 años de edad la categoría de *maestra* internacional. En 1973 ganó el campeonato de la URSS y en 1978 se proclamó campeona del mundo, título que mantuvo hasta 1990.

CHICAGO, Judy. Pintora, escultora y ceramista estadounidense (Chicago, 1939) cuyo nombre real es Judy Cohen. Estudió en la Universidad de Columbia (Los Ángeles). Su obra evolucionó desde abstracciones geométricas hacia obras relacionadas con el cuerpo femenino, en las que predominan formas centrales y abiertas. Su foco central, al igual que el de Miriam Schapiro, es afirmar la «otredad» de la mujer. En 1979 se hizo famosa con *Dinner Party* (1974), pieza en la que estuvo trabajando más de cinco años, junto con numerosos artesanos y artistas. Su segunda obra fue *Alumbramiento,* pieza de tejidos que simboliza el parto y que fue ejecutada por un grupo de bordadoras, según sus propios diseños. Chicago organizó el primer curso feminista de arte en el California State College de Fresno y posteriormente, junto con Schapiro, fundó el Instituto Californiano de las Artes, reservado a mujeres artistas, y en 1972 el museo Woman House, con la finalidad de reunir obras de mujeres.

CHINCHÓN, condesa de (Francisca de Rivera Enríquez). Dama española (s. XVII). Segunda esposa de Luis Jerónimo Fernández de Cabrera y Bobadilla, cuarto conde de Chinchón y virrey de Perú (1629), quien, atacada por una fiebre persistente, se decidió a usar un remedio conocido hasta entonces únicamente por los indios, la corteza del árbol de la quina, que la curó, y desde entonces se convirtió en su más activa propagandista. Cuando los condes de Chinchón regresaron a España, encargaron el reparto de la quina a los jesuitas, quienes la mandaron a Roma y poco después se extendió su uso por Europa. Linneo dio luego el nombre de *chinchona,* en honor suyo, al género a que pertenecen los árboles de la quina.

CHINCHÓN, condesa de (María Teresa de Borbón). Dama española (1799-1828). Era hija de Luis Antonio de Borbón, primero arzobispo de Toledo y luego secularizado como conde de Chinchón, de quien heredó el título. Por orden de Carlos IV y de la reina María Luisa de Parma se casó con Manuel Godoy, pero este, después de haber logrado su propósito, que era emparentar con la familia real, la relegó en favor de Pepita Tudó. Esto la salvó de los odios populares que cayeron sobre su marido. La condesa no siguió a su marido al exilio, convirtiéndose en una importante protectora de escritores y artistas, entre ellos Goya, quien la inmortalizó en un famoso retrato.

CHRISTIE, Agatha. Novelista británica (Torquay, Devon, 1891-Wallingford, Oxfordshire, 1976). Considerada una de las más famosas cultivadoras de la novela policiaca, su copiosa obra se ambienta generalmente en el período que antecede a la Primera Guerra Mundial y está poblada de personajes emblemáticos como el detective Hercules Poirot y la astuta Miss Marple. Entre su producción destacan *Asesinato en el Oriente Exprés* (1934) y *Muerte en el Nilo,* llevadas posteriormente al cine, y su obra teatral *La ratonera* (1952), que se mantuvo en la cartelera londinense por más de 20 años. Publicó varias novelas psicológicas escondida tras el seudónimo de Mary Westmacott. En 1961 fue nombrada miembro de la Real Sociedad de Literatura y hecha doctora *honoris causa* en Letras por la Universidad de Exeter. En 1971 recibió el título de Dama del Imperio Británico.

CHRISTINE DE PISAN. Escritora francesa de origen italiano (Venecia, 1364-Seine-et-Oise, h. 1431). Considerada la primera mujer profesionalmente intelectual, al enviudar tuvo que decidirse a cobrar por sus obras para poder mantener a sus hijos. Sus escritos se centran en temas políticos que abordaban la ética social del Estado: paz civil, instrucción, bienestar, religión e igualdad jurídica. Fue discípula de Eustaquio Deschamps, y su obra poética, escrita entre 1390 y 1400, está constituida por baladas, epístolas y debates. Sus obras en prosa, escritas entre 1400 y 1410, son fundamentalmente opúsculos políticos. En *La ciudad de las mujeres* (1405), su obra más conocida, defendió los derechos de las mujeres, oponiéndose enérgicamente a las tendencias misóginas de la época, y, basándose en sus reflexiones sobre la naturaleza y la experiencia femeninas, propuso en este libro una utopía, un mundo de mujeres. De esta manera intervino en la conocida como «querella de las mujeres». Escribió también una obra histórica, *El libro de los hechos y costumbres de Carlos V,* y varios tratados didácticos al estilo de los antiguos.

Agatha Christie

CHÚNGARA, Domitila. Líder obrera y feminista boliviana (La Paz, 1937). Chúngara, india de los Andes bolivianos, esposa de un minero y madre de siete hijos, ha puesto en evidencia la situación de explotación que sufre la clase obrera en las minas de su país. Sus testimonios orales han sido recopilados en *Si me permiten hablar... Domitila, una mujer de las minas de Bolivia* (1977) y *¡Aquí también Domitila!* (1985). En 1975 fue la única mujer de la clase trabajadora que participó en la Tribuna del Año Internacional de la Mujer, organizada en México por las Naciones Unidas.

CILLER, Tansu. Política turca (Estambul, 1946). Licenciada en Ciencias Económicas por la Universidad del Bósforo, se convirtió en la persona más joven en Turquía en acceder a una cátedra. Abandonó la docencia en 1989 para afiliarse al Partido de la Justa Vía (PJV). Durante los años ochenta formó parte del equipo de asesores del presidente Demirel, quien en 1991 la nombró ministra de Economía. En 1993 fue elegida primera ministra de Turquía, país de aplastante mayoría musulmana, cargo que desempeñó hasta 1995.

CINTRÓN, Conchita. Rejoneadora peruana de origen chileno (Antofagasta, 1922). En 1936 debutó en esta especialidad, y dos años más tarde se convirtió en torera. Conocida como «la Diosa de Oro», actuó en América Latina, Portugal y Francia y, de 1945 a 1950, en España, retirándose al año siguiente. Fue protagonista de la película *Maravilla del toreo,* y en 1962 publicó su autobiografía *Recuerdos.*

CIXOUS, Hélène. Teórica feminista francesa (Orán, 1938). Doctora y profesora de literatura británica en la Universidad de París, en 1974 fundó el Centre des Recherches et Études Féminines, que desde entonces dirige. Conocida por su teoría sobre «escritura femenina», Cixous está considerada, junto con Julia Kristeva y Luce Irigaray, una de las figuras que más ha influido en la teoría y crítica feminista contemporánea y una de las principales representantes del «feminismo de la diferencia». De 1975 a 1977 elaboró una serie de escritos centrados en las relaciones entre mujer, feminidad y producción literaria, entre ellos, *La Jeune Née* (1975), *Le sexe ou la tête?* (1976) y *Entre l'ecriture* (1986). Es autora, además, de varias obras teatrales *(L'Indiade,* 1984; *La Ville parjure,* 1994) y narrativas *(Souffles,* 1975; *Le Livre de Promethea,* 1983; *L'Ange au secret,* 1991).

CLARA de Asís, santa. Religiosa italiana (Asís, 1193-íd., 1253). Fundó la orden de las damas pobres o clarisas, rama femenina de los franciscanos. Perteneciente a una familia noble, huyó de su casa a los 18 años para ponerse bajo la dirección espiritual de san Francisco de Asís. Este redactó para ella una *Forma de vida,* base de la regla compuesta por santa Clara para su primer convento, San Damián, entre 1247 y 1252. Fue canonizada por Alejandro IV en 1255.

CLARAMUNT, Teresa. Política española (Sabadell, 1862-Barcelona, 1931). Considerada la primera mujer revolucionaria del siglo XIX español, a Claramunt se la recuerda por haber sido una de las militantes de mayor relieve del Movimiento Libertario Español y fundadora de un grupo anarquista de trabajadoras de la rama textil. A partir de 1886 destacó como oradora y organizadora sindical, siendo detenida y encarcelada en varias ocasiones, y posteriormente condenada al destierro. En 1901 fundó la revista *El Productor,* y en 1911 contrajo en la cárcel una parálisis que le impidió continuar su lucha obrera. En 1924 se le permitió regresar a Barcelona y en 1929 habló por última vez en un mitin.

CLARK, Ligia. Pintora y escultora brasileña (Belo Horizonte, 1920). Estudió pintura en Brasil, y en París fue alumna de Dabrinsky y de Léger. En 1959 funda el grupo «neoconcreto» en Río de Janeiro, y entre 1959 y 1964 se dedica a la escultura con la serie *Animales.* Posteriormente trabaja el concepto del espectador en relación con su entorno en *Objetos para manipular* y *Diálogo de manos.* En 1971 se adscribe al arte conceptual, realizando obras en la calle y de interacción con el espectador. Ha participado en la Bienal de Brasil (1961 y 1963) y en la de Venecia (1960, 1962 y 1968), y sus obras están expuestas en los principales museos de Brasil y Estados Unidos.

CLARY, Eugénie Bernardine Désirée. V. **DÉSIRÉE.**

CLAUDEL, Camille. Escultora francesa (Fere en Tardenois, Aïsne, 1864-Mondevergues, 1943). En 1883 entró en el estudio de A. Rodin como modelo y se convirtió en su amante y colaboradora, y posteriormente en artista por derecho propio. Entre los retratos que Rodin le hizo destacan *Aurora* (1885), *El pensamiento* (1886), *Adiós* (1892) y *Francia* (1904). En 1893 dejó el taller de Rodin para dedicarse de lleno a su obra, y fue a partir de entonces cuando realizó sus mejores esculturas *(La Valse, Clotho, La Vague, Les Causeuses)* que causaron sensación en la exposición del Salón (1895), sobre todo *L'âge mur,* que representa su ruptura con Rodin. Desde *Persés et Gorgone* (1899) se limitó a comenzar obras que luego destruía y volvía a empezar. Empezó a sufrir manías persecutorias que le llevaron a dirigir cartas groseras al inspector de Bellas Artes y al propio Rodin. En 1913 su hermano la ingresó en un manicomio, donde permaneció internada por espacio de 30 años, muriendo en total soledad. Tras una retrospectiva de su obra, celebrada en 1951, esta comenzó a revalorizarse. Su vida dio origen a la película *La pasión de Camille Claudel* (B. Nuytten, 1988), protagonizada por Isabelle Adjani.

CLAUDIA de Francia. Reina de Francia (Romorantin, 1499-Blois, 1524). Hija de Luis XII, prometida primero del archiduque Carlos (después Carlos V), se casó luego con su primo hermano el duque de Angulema, que meses más tarde ocupó el trono de Francia con el nombre de Francisco I.

CLEOPATRA. Reina de Épiro (m. 309 a. C.). Hija de Filipo II de Macedonia y Olimpia, se casó con Alejandro del Épiro. Enviudó pronto y se retiró a Sardes. Después de la muerte de su hermano Alejandro Magno, todos sus capitanes la pretendían para conseguir la corona. Cuando se había decidido por Pérdicas, Antígono la mandó asesinar.

CLEOPATRA I. Reina de Egipto (m. en 173 a. C.). Hija de Antíoco II Megas, se casó con Tolomeo V Epífanes en el 193 a. C., aportando la Celesiria como dote; enviudó en el 181 y después gobernó como tutora de su hijo Tolomeo Filométor, practicando una política no beligerante ante Roma y los seléucidas.

CLEOPATRA II. Reina de Egipto (m. h. 115 a. C.). Hija de Cleopatra I y de Tolomeo V, se casó con su hermano Tolomeo VI Filométor en el 173; en el 145 enviudó y se casó con su otro hermano Tolomeo VII Evergetes II, pero, repudiada por este, se retiró a la corte seléucida de Demetrio Nicátor. El pueblo se rebeló contra el faraón y a favor de la vuelta de la reina, por lo que, en el 124, se reconcilió con su marido y regresó a Alejandría.

CLEOPATRA III Evergetes. Reina de Egipto (m. 101 a. C.). Hermana de Cleopatra Tea, se casó con su tío Tolomeo VII Evergetes II. Después de la muerte de su marido provocó una rebelión en Alejandría contra su hijo mayor Tolomeo Látiro, entregando el trono a su hijo menor Tolomeo X Alejandro. Fue asesinada por este último.

CLEOPATRA IV. Reina de Egipto (m. Antioquía, 116 a. C.). Hija de Cleopatra III, se casó con su hermano Tolomeo IX Látiro, pero fue repudiada. Luego se casó con Antíoco IX Ciciceno, que luchaba contra su hermano Antíoco VIII por el trono de Siria. Su hermana Cleopatra Trifena, esposa de Antíoco VIII, la mandó matar en el templo de Apolo de Antioquía.

CLEOPATRA V Selene. Reina de Egipto y de Siria (m. h. 69 a. C.). Hija de Cleopatra III, se casó, sucesivamente y por orden materna, con su hermano Tolomeo IX Látiro, con Antíoco VIII Grifos, con Antíoco IX Ciciceno y con Antíoco X Eusebio. Fue durante largo tiempo la representante legítima de los lágidas egipcios. Tigranes, rey de Armenia, al apoderarse de Siria, la mandó matar.

CLEOPATRA VII. Reina de Egipto, la más famosa de su nombre (Alejandría, 69-íd., 30 a. C.). Hija mayor de Tolomeo XIII, le sucedió en el trono a los 17 años, en unión de su hermano Tolomeo XIV, de nueve, con el que contrajo matrimonio según costumbre del país. Por haber pretendido acaparar el poder, los nobles excitaron al pueblo contra ella, por lo que tuvo que abandonar el reino y refugiarse en Siria, donde reunió un ejército. Intervino César para poner paz entre ellos; pero después de hacerla su amante y madre de Cesarión, hubo de recurrir a las armas. Muerto Tolomeo XIV, la hizo reconocer reina absoluta de Egipto, pues si bien la casó con su otro hermano Tolomeo XV, de seis años, le alejó del poder y, al llegar a la mayoría de edad, 14 años, su esposa lo mandó encerrar. Muerto César, inspiró una loca pasión a Marco Antonio, del que tuvo tres hijos: Alejandro, Tolomeo y Cleopatra. Marco Antonio la hizo coronar en Alejandría como reina de reyes, confiriéndole, para que los compartiera con Cesarión, los tronos de Egipto y Chipre y dando a sus otros hijos las mejores provincias. Cuando, vencido por Octavio en la batalla de Accio, Marco se atravesó con su espada, Cleopatra se hizo picar por un áspid que le facilitaron en una cesta de flores.

CLEOPATRA Tea. Reina seléucida (m. h. 121 a. C.). Hija de Cleopatra II de Egipto, se casó con el usurpador del trono sirio, Alejandro Balas, y luego con Demetrio II Necátor. Este, durante su cautiverio en Partia, se casó con la princesa Rodoguna. Cleopatra se vengó casándose con Antíoco VII, su cuñado, asesinando a su hijo Seleuco y asociando al trono a su otro hijo Antíoco VIII Grifos. Posteriormente intentó envenenar a su hijo Antíoco Grifos, pero este la obligó a suicidarse.

CLÈVES o CLÉVERIS, Marie de. Cortesana francesa (París, 1553-íd., 1574), princesa de Condé. Era hija de Francisco I, duque de Nevers, y tuvo tal éxito por su belleza en la corte de Carlos IX que el duque de Anjou, futuro Enrique III, la hizo su amante. En 1572 se casó con su primo Enrique I de Condé, muriendo posteriormente de sobreparto al dar a luz a su primer hijo.

CLICQUOT, Barbe Nicole. Empresaria francesa más conocida como la «Viuda de Clicquot» (Reims, 1775-íd., 1866). El matrimonio Clicquot poseía una gran extensión de viñedos que destinaban a la producción de vino blanco espumoso de Reims, y que comercializaban tanto en Francia como en el extranjero. En 1805, tras la muerte de su marido, B. Clicquot tomó la dirección de los negocios familiares y fundó una sociedad para la explotación y distribución del vino de la región de Champaña, que adquiriría posteriormente reputación internacional bajo la célebre denominación de *Viuda de Clicquot*.

CLINTON, Hillary Rodham. Abogada y política estadounidense (Chicago, 1947). Estudió derecho en la Universidad de Yale y por sus brillantes cualidades políticas y profesionales ha sido considerada una de las mejores abogadas del país. Formó su propio grupo de abogados conocido con el nombre de FOH, Friends of Hillary (Amigos de Hillary). Figura clave en la campaña electoral demócrata (1992), tras el triunfo presidencial de su marido, Bill Clinton, H. Rodham ha roto con el arquetipo tradicional asignado a las primeras damas de EE. UU., convirtiéndose en una líder de gran fuerza y vitalidad en la que se ven representados diversos sectores de la sociedad estadounidense actual, en especial, las mujeres. En 1993 fue nombrada directora de la reforma sanitaria de EE. UU., y en 1997 publicó el ensayo *Es labor de todos*.

CLOTILDE, santa. Reina de los francos (¿?, 475-Tours, 545). Princesa burgundia católica, se casó con el rey Clodoveo I, consiguiendo que este se bautizara católico en el año 500. Esto supuso una aceleración de la conversión de los francos al catolicismo. A la muerte de su marido se retiró a un monasterio de Tours.

COBEÑA, Carmen. Actriz española (Madrid, 1869-íd., 1963). Desde muy joven actuó en la compañía de Ricardo Calvo. Sus mayores éxitos los obtuvo en el teatro de la Princesa de Madrid. Realizó campañas teatrales en América con gran éxito.

COLBERT, Claudette (Claudette Lily Chauchoin, llamada). Actriz estadounidense de origen francés (París, 1905-Barbados, 1996). En 1910 emigró a Estados Unidos y, en 1923, debutó en el teatro interpretando a Sibyl Blake en *Wild Westcotts*, pero no fue hasta 1928, con su actuación en *Dynamo* (O'Neill, 1928), cuando alcanzó el éxito. En 1929 debutó en el cine, convirtiéndose en una popular intérprete de comedias, y en 1934 fue galardonada con el Oscar por su interpretación en la película de F. Capra *Sucedió una noche*. En los años cincuenta trabajó en el cine y el teatro europeos y a su regreso a EE. UU. actuó principalmente en teatro y televisión. Entre su filmografía destacan: *El teniente seductor* (Lubitsch, 1931), *El signo de la cruz* (De Mille, 1932), *Cleopatra* (De Mille, 1934), *Tempestad en la cumbre* (Sirk, 1951), *Zaza* (Cukor, 1959) y *Parrish* (Daves, 1961).

COLETTE, Sidonie Gabrielle. Escritora francesa (Yonne, 1873-París, 1954). Sus primeras novelas, la serie *Claudina* (1900-1903), aparecieron publicadas bajo el nombre de Willy, seudónimo de su primer marido, el

Claudette Colbert

escritor Henri Gauthiers-Villars. Tras su divorcio, Colette se vio obligada a trabajar como bailarina en varios *music-halls*, y durante la Primera Guerra Mundial fue colaboradora del diario *Le Matin*, sin haber abandonado nunca su profesión literaria. De 1900 a 1949 escribió más de 70 libros, y hoy es recordada como una de las pocas mujeres que logró ocupar un lugar de honor dentro del canon literario francés, dominado mayoritariamente por hombres. En 1945 se convirtió en la primera mujer en ser elegida miembro de la Academia Goncourt. Su obra explora dos universos contradictorios: uno tranquilo, luminoso, natural, basado en sus recuerdos de infancia y en la exaltación del amor maternal (*La casa de Claudina*, 1922; *Al rayar el día*, 1928, y *Sido*, 1929), y otro doloroso, oscuro y marginal, dominado por los celos, la sensualidad y el amor pasional (*La vagabunda*, 1911; *Chérie*, 1920, y *La gata*, 1933).

COLIGNY, Louise de. Dama francesa (Chatillon-sur-Loing, 1555-Fontainebleau, 1620). Hija del almirante Coligny, casada con Charles de Téligny, que fue asesinado la noche de San Bartolomé, adoptó la religión luterana. Se refugió en Suiza, y en 1576 se casó con Guillermo el Taciturno, que, a su vez, fue asesinado en 1584. Contribuyó a la firma de la Tregua de los Doce Años entre España y Francia. Murió fiel a su religión, que la tiene por una de sus grandes figuras.

COLLOT, Marie-Anne. Escultora francesa (París, 1748-Nancy, 1821). Fue discípula de Falconet, con uno de cuyos hijos se casó. Marchó con su suegro a Rusia (1766), donde modeló la máscara de Pedro *el Grande* para la estatua ecuestre de Falconet. Allí desarrolló una gran actividad artística, realizando bustos de Catalina II, el príncipe Gallitzin, el príncipe Orlov, Falconet, Diderot, Voltaire y otros muchos.

COLOMBINE. V. **BURGOS SEGUÍ, Carmen de.**

COLONNA DE PESCARA, Vittoria. Poeta italiana (Marino, 1490-Roma, 1547). Hija de Fabrizio Colonna, contrajo matrimonio con el español marqués de Pescara. Al morir este en la batalla de Pavía (1525), recorrió las cortes italianas, donde fue admirada por su pluma, su talento y su hermosura. Desde niña demostró un gran talento, aprendió latín y estudió el italiano literario. Estaba considerada como una de las jóvenes más hermosas de Italia. Dedicó poemas a la muerte de su marido. Mantuvo una estrecha amistad con Miguel Ángel Buonarroti. Sus últimos años los pasó entregada a la meditación religiosa. Su poesía amorosa, neoplatónica, se publicó en un tomo titulado *Rime della diva Vittoria Colonna de Pescara*, y fue muy elogiada por su estilo petrarquista y delicado.

COMANECI, Nadia. Gimnasta rumana (Gheorghe Gheorghiu-Dej, 1961). Campeona de Europa en 1975, 1977 y 1979. En los juegos olímpicos de Montreal (1976) consiguió el título olímpico en el concurso general y medalla de oro en los aparatos de barra de equilibrio y paralelas asimétricas. En los Juegos Olímpicos de Moscú (1980) ganó la medalla de oro en ejercicios libres y barra fija, y con su equipo logró la medalla de plata en el completo. Ha sido una de las figuras más influyentes de la gimnasia contemporánea. Dejó el deporte en 1980, y en 1989 desertó de su país y pidió asilo político en Estados Unidos.

COMPTON-BURNETT, Ivy. Novelista británica (Pinner, Middlesex, 1892-Londres, 1969). Hija de una familia acomodada y licenciada en Letras Clásicas, su obra narrativa, centrada en una trama ambigua y compleja y en un manejo eficaz del recurso del diálogo, retrató las siniestras tiranías y feroces luchas de poder protagonizadas por la burguesía eduardiana: *Hermanos y hermanas* (1929), *Esposos y esposas* (1931), *Madre e hijo* (1955) y *Los grandes y su ruina* (1961).

CONDE, Carmen. Escritora española (Cartagena, 1907-Madrid, 1996). *Brocal* (1929), su primer libro de poemas en prosa, fue elogiado por algunos de los exponentes de la generación del 27. Su obra poética se ha caracterizado por un continuo matiz surrealista: *Júbilos* (1934), *Ansia de la gracia* (1945), *A este lado de la eternidad* (1970) y *Hermosos días en China* (1985). Ha publicado, además, varias novelas (*Las oscuras raíces*, 1953; *Soy la madre*, 1980) y ensayos. En 1967 recibió el premio Nacional de Poesía, y en 1978 se convirtió en la primera mujer en ser admitida en la Real Academia Española.

CONSTANZA I de Sicilia. Reina de Sicilia y emperatriz de Alemania (Palermo, 1154-íd., 1198). Hija póstuma de Roger III de Sicilia, pretendió el trono a la muerte de su sobrino Guillermo II (1189). El emperador Enrique IV le ayudó a tomar el mando de la isla (1194) deponiendo a Tancredo, sobrino natural de la emperatriz. Constanza gobernó la isla en solitario, transmitiendo sus derechos a su hijo Federico I Roger, el futuro emperador Federico II.

CONSTANZA II de Sicilia. Reina de Aragón y Sicilia (Palermo, 1247-Roma, 1304). Hija de Manfredo, rey de Sicilia, y de Beatriz de Saboya, se casó con Pedro III de Aragón, a lo que se opuso el papa Urbano IV. Su marido se coronó rey de Sicilia apelando a los derechos de su esposa, tras las Vísperas Sicilianas (1282). Carlos de Anjou sitió Mesina con un poderoso ejército, pero Pedro III supo ganarse al pueblo de Palermo, que combatió a los franceses. Al morir el rey, hizo coronar a su hijo Jaime, en Palermo, como rey de Sicilia, a pesar del Pontífice, y pactó con Anjou, consiguiendo la paz.

CONSTANZA de Aragón. Reina de Mallorca (¿?, 1322-Barcelona, 1346). Hija de Alfonso *el Benigno* de Aragón, fue casada con su primo Jaime III de Mallorca (1335). Pedro *el Ceremonioso*, su hermano, desposeyó al matrimonio de su reino, pasando a Cataluña como simples particulares.

CONSTANZA de Aragón. Reina de Sicilia (1340-1363). Era hija de Pedro *el Ceremonioso*, que la proclamó su heredera en contra de la voluntad general, pero la mantuvo hasta el nacimiento de Juan I (1340). Se casó con Federico III de Sicilia (1361).

CONSTANZA de Borgoña. Reina de León y Castilla (¿?-Toledo, 1092). Segunda esposa de Alfonso VI, era hija de Roberto de Borgoña y Ermengarda de Semur y viuda de sus primeras nupcias con Hugo II, conde de Chalons-sur-Saone. Influyó en la política de su esposo y concedió grandes prerrogativas a los frailes de Cluny, hasta el punto de nombrar a su abad metropolitano de Toledo. Estimuló a su esposo para que diese impulso a la lucha contra los musulmanes.

CONSTANZA de Portugal. Reina de Castilla (Lisboa, 1250-Sahagún, 1313). Hija de don Dionís de Portugal, se casó, en 1302, con Fernando IV de Castilla, con quien tuvo a la infanta Leonor de Castilla y a Alfonso XI. María de Molina le impidió ser tutora única de su hijo Alfonso durante la minoría de este, teniendo que compartirla con la misma reina María y los infantes Juan y Pedro. Su muerte rompió esta cuádruple tutoría.

CORDAY D'ARMONT, Mary-Anne Charlotte de. Heroína francesa (Saint-Saturnin-des-Ligneries, 1768-París, 1793). Corday, de convicciones monárquicas y admiradora de los enciclopedistas, en julio de 1793 asesinó a Marat por considerarlo el más sanguinario de los revolucionarios radicales. Se declaró culpable ante los jueces y fue guillotinada ese mismo mes. Su figura adquirió una enorme popularidad durante la época de la Revolución francesa. Dejó dos escritos, *Lettre a Barbaroux* y *Adresse aux Français amis des loix et de la paix*, en los que trata de demostrar la justicia de su atentado contra Marat. Se declaraba deísta y su formación estaba basada en el estudio de la Antigüedad. Famosos escritores como Lamartine o Richelet relataron su heroísmo y patriotismo. Pintores y escultores nos han dejado numerosas obras sobre la muerte de Marat.

CORI, Gerty Theresa Radnitz. Bioquímica estadounidense, de origen checo (Praga, 1896-Saint Louis, Missouri, 1957). Profesora de la Washington University School of Medicine (St. Louis), a partir de 1926 publicó en el *Journal of Biological Chemistry* trabajos sobre los hidratos de carbono, el metabolismo y las funciones de las enzimas en el tejido animal. En 1947 obtuvo el premio Nobel de Medicina (compartido con C. F. Cori y B. A. Houssay) por sus investigaciones sobre la síntesis y el catabolismo del glucógeno en los músculos de los conejos, que demostraron fundamentalmente que la primera fase de su descomposición desemboca en el ácido pirúvico. Cori fue la primera mujer en obtener un premio Nobel de Medicina y la primera en obtener un premio Nobel en Estados Unidos.

CORNARO-PISCOPIA, Helena. Científica italiana (Padua, 1646-Roma, 1704). Conocedora a la perfección de cinco lenguas, poseía fundamentos de matemáticas, astronomía, música, filosofía y Teología. Obtuvo el doctorado en Filosofía por la Universidad de Padua en 1678, pero el de teología le fue negado por oposición eclesiástica. Sus obras, publicadas en 1688, comprenden discursos académicos en italiano, elogios de hombres ilustres en latín y cartas latinas.

CORNELIA. Dama romana (m. 68 a. C.). Era hija de Cinna y se casó con César en el

Carolina Coronado

83 a. C. Sila conminó a César, temiendo las influencias que sobre este pudiera ejercer la familia de Cornelia, a que se divorciara, pero este se negó, salvándose gracias a la ayuda de las vestales y de la aristocracia romana. Cornelia murió poco después de tener una hija con César, a la que llamó Julia.

CORONADO, Carolina. Escritora española (Almendralejo, Badajoz, 1823-La Mitra, Lisboa, 1911). Se trasladó a Madrid en 1844, y a los pocos años, tras casarse con un rico diplomático estadounidense, convirtió su casa en un importante centro de la vida literaria. Gozó del favor real e intercedió ante Isabel II en defensa de los liberales perseguidos. Famosa desde su niñez, José de Espronceda le dedicó un poema laudatorio. En su poesía, de marcado carácter romántico, predomina el tema amoroso y el tono melancólico y confesional, como bien demuestra su poema más importante, «El amor de los amores», recogido en *Poesías* (1843). Fue autora de varias novelas (*Paquita,* 1850; *La Sigea,* 1854) que recuerdan el estilo narrativo de K. Mansfield, y obras teatrales (*El cuadro de la esperanza,* 1846).

CORREIA, Natália. Escritora portuguesa (São Miguel, Azores, 1923). Vinculada al movimiento surrealista portugués, Correia comenzó su carrera profesional con su libro de poemas *Rio de Nuvens* (1947). Los versos recogidos en *Sonetos românticos* (1990) recuperan la tradición portuguesa de la «saudade». Autora también de varias obras teatrales y novelas.

CORRIGAN, Mairead. Pacifista irlandesa (Belfast, 1944). Fundó en Irlanda del Norte un movimiento pacifista de mujeres, en colaboración con Betty Williams, la Community of Peace People, con el fin de promover la paz entre católicos y protestantes. Su acción les valió a ambas el premio Nobel de la Paz en 1976.

COSTA, María Velho da. Novelista portuguesa (Lisboa, 1938). Es una de las famosas «tres Marías» (Barreno y Horta) que colaboraron en las *Novas cartas portuguesas* en contra de la dictadura portuguesa. Junto con ellas tuvo una destacada actuación en la fundación del movimiento de liberación de las mujeres en Portugal. Ha estudiado en la Universidad de Lisboa filología alemana y ha sido lectora de portugués en la Universidad de Londres. Ha escrito numerosas novelas, entre las que destacan: *Maina Mendes* (1969) y *Casas pardas;* en todas ellas hay una preocupación por las figuras femeninas.

CRAWFORD, Cindy. *Top model* estadounidense (Illinois, 1965). Debutó en Chicago a los 17 años, y en 1989 firmó un contrato exclusivo con la firma Revlon, compartiendo estrellato con Claudia Schiffer, y convirtiéndose en la cara de la mujer americana de los noventa. Trabaja como modelo con las mejores firmas, es fotografiada por los más grandes (Bruce Weber, Francesco Scavullo, etc.) y tiene su propio programa de televisión. En 1991 se casó con el actor Richard Gere, del que pronto se divorció.

CRAWFORD, Joan (Lucille Fay Le Sueur, llamada). Actriz de cine y empresaria estadounidense (San Antonio, Texas, 1904-Nueva York, 1977). Camarera y luego bailarina, el triunfo en un concurso de danza le proporcionó un contrato con la MGM, que la lanzó, en 1925, con *El Jazz-Band del Follies.* Actuó en varias ocasiones como oponente de Clark Gable y fue, en su época, la primera actriz de Hollywood junto a Greta Garbo. Principales películas: *Vírgenes modernas* (Beaumont, 1928), *Gran Hotel* (Goulding, 1932), *Mujeres* (Cukor, 1939), *Un rostro de mujer* (Cukor, 1941), *Alma en suplicio* (Curtiz, 1945), por el que obtuvo el único Oscar de su carrera; *Johnny Guitar* (Ray, 1954), *Mujeres frente al amor* (Negulesco, 1959), *¿Qué fue de Baby Jane?* (Aldrich, 1962), etc. En 1970 se retiró del cine para dedicarse a presidir la multinacional Pepsi-Cola, cargo que heredó de su cuarto y último marido, y en 1972 publicó su libro de memorias *Mi forma de vida.*

CRENNE, Hélisenne de (Marguerite de Briet, llamada). Novelista y traductora francesa (m. 1552). Tras casarse siendo aún una niña, pasó la mayor parte de su vida en la corte de Francisco I, donde llegó a convertirse en una de las más renombradas intelectuales de la época. Su traducción en prosa de la *Eneida* fue la primera realizada en lengua francesa. Fue autora de varias novelas, entre las que destaca *Las dolorosas angustias que ocasionan los amores* (1538), considerada la primera novela psicoautobiográfica francesa, por lo que se la considera influida por la *Fiammeta,* de Boccaccio, y que está dedicada exclusivamente a las «lisantes» (mujeres lectoras), y en ella manifiesta su tristeza por su infeliz vida.

CRESSON, Edith. Política francesa (Billancourt, 1934). Dirigente socialista durante el mandato de F. Mitterrand, fue miembro del Parlamento europeo (1979-1981); de 1981-1983 ocupó la cartera ministerial de Agricultura, de 1983-1984 la de Comercio Exterior y Turismo, de 1984-1986 la de Reestructuración Industrial y Comercio Exterior y de 1988-1990 la de Asuntos Europeos. En 1991 fue nombrada primera ministra, siendo la primera mujer en Francia en ocupar ese cargo, del que dimitió en 1992.

Joan Crawford

CREST DE SAINT-AUNIN, Stéphanie-Félicité du. V. GENLIS, condesa de.

CRISTINA de Suecia. Reina de Suecia (Estocolmo, 1626-Roma, 1689). Hija de Gustavo Adolfo, sucedió a su padre en el trono de Suecia a la edad de seis años, bajo la tutela del canciller del reino. Su corte se convirtió en una de las más cultas de Europa, con la llegada de músicos, artistas y filósofos, entre ellos Descartes. Abdicó en 1654 en favor de su primo Carlos Gustavo, y se convirtió al catolicismo, pasando a residir en Roma. Siguió ejerciendo en esta ciudad un importante mecenazgo hasta su muerte.

CROMPTON, Richmal. Escritora británica (Londres, 1890-Furborough, 1969). Se dio a conocer por una serie de relatos publicados durante el período de entreguerras, y en los que su protagonista, el niño Guillermo Brown, satirizaba las costumbres de las clases medias británicas.

CRUZ, Celia. Cantante cubana (La Habana, 1919). Comenzó muy joven su carrera profesional, y en 1950 se convirtió en solista de una de las mejores orquestas cubanas de baile, La Sonora Matancera, con la que llegó a actuar en los clubes nocturnos y cabarets más prestigiosos de América y Europa. En 1959, tras la revolución cubana, se exilió en México, y en 1961 se estableció en Nueva York. Considerada una de las mayores exponentes del género conocido como *salsa,* ha trabajado con las orquestas más prestigiosas de este género y ha colaborado con artistas de la talla de David Byrne. Entre sus éxitos destacan: *Bemba colorá* y *Químbara.*

CRUZ, sor Juana Inés de la (Juana de Asbaje y Ramírez, en religión). Religiosa mexicana (San Miguel de Nepanthla, 1651-México, 1695). Tras servir como dama de honor en la corte de la marquesa de Mancera, entró en un convento de carmelitas en 1667, que abandonaría para profesar en la orden jerónima (1669). Su fama de erudición y sapiencia se expandió por toda la corte virreinal de Nueva España. En su celda realizó experimentos científicos, compuso obras musicales, reunió una voluminosa biblioteca y escribió una serie de opúsculos, unos filosóficos, como *Carta Athenagórica,* rebatiendo un sermón del jesuita padre Vieyra; otros morales, *Equilibrio moral;* musicales, *Tratado y método musical,*

Sor Juana Inés de la Cruz

o teatrales y literarios, como las comedias y autos *Los empeños de una casa, El mártir del Sacramento* y *El divino Narciso,* además de una importante producción poética. En su famosa carta *Respuesta a sor Filotea de la Cruz* (1691) contesta al obispo de Puebla, quien, bajo el seudónimo de sor Filotea, había publicado la *Carta Athenagórica* de sor Juana, incitándola a abandonar los estudios. Aunque su producción literaria se sitúa en la cumbre del barroco hispanoamericano y español, su concepción de la poesía y su actitud reflexiva y analítica preludian el espíritu de la Ilustración. La exaltación de los valores femeninos y la defensa de los esclavos y los indios fueron temas recurrentes en su obra. Murió durante una epidemia de peste, intentando salvar la vida de sus compañeras enfermas.

CUNITZ, Marie. Astrónoma y matemática polaca (Schweidnitz, Silesia, 1610-Pitscher, Polonia, 1664). Estudió desde joven lenguas antiguas y modernas, historia de la medicina, matemáticas y astronomía. En 1630 se casó con Elías de Lewen, su profesor de medicina y astronomía. Para establecer sus cálculos, los dos usaban las tablas danesas de Longomontanus, pero, como eran poco fiables, las contrastaban con las de Kepler, hasta llegar a perfeccionar las primeras. La guerra de los Treinta Años la obliga a huir a Polonia, y en 1650 publica sus primeras tablas con el título de *Urania propitia,* dedicadas al emperador Fernando III.

CURIE, Irène. V. **JOLIOT-CURIE, Irène.**

CURIE, Marie. Química y física francesa, de origen polaco (Varsovia, 1867-Sancellemoz, cerca de Sallanches, Alta Saboya, 1934) cuyo nombre verdadero era Marya Slodowska. En 1891 ingresó en la Sorbona de París, y en 1895 se doctoró en Ciencias y se casó con el físico Pierre Curie. Fundó y dirigió el Instituto del Radium en París, y en 1903 consiguió el premio Nobel de Física, compartido con su marido y con el francés H. Becquerel, por el descubrimiento y el trabajo pionero en el campo de la radiactividad espontánea y los fenómenos de radiación, siendo la primera mujer galardonada con ese premio. En 1906, tras la muerte de su marido, ocupó su cátedra de Física, convirtiéndose en la primera mujer en ser admitida como profesora en la Sorbona. Al concedérsele, en 1911, el premio Nobel de Química por el descubrimiento de los elementos radio y polonio y por sus investigaciones sobre la naturaleza y enlaces químicos de estos elementos, se convirtió en la primera persona a la que se le otorgaba esa distinción por segunda vez. En 1995 sus restos mortales fueron trasladados al Panteón de París.

D

DACIER, Anne. Filóloga y escritora francesa (Saumur, 1647-París, 1720). Hija del filósofo Tanneguy Lefebvre, se casó con un librero, Jean Lesnier. A la muerte de su padre (1672) se separa de su marido y marcha a París con André Dacier. Para el duque de Montausier realiza traducciones de Floro, Calímaco, Eutropio y Anacreonte, incluidas en la colección *Ad Usum Delphini*. En 1685 se convierte con su marido al catolicismo, y en 1688 realiza una edición de las *Comedias* de Terencio y, más tarde, los *Pensamientos* de Marco Aurelio. Posteriormente se dedica a la traducción de la *Ilíada*. En su ensayo *Las causas de la corrupción del gusto* (1714) critica directamente a Houdar de La Motthe. La última obra de Dacier, una edición de la *Odisea*, es de 1716.

DALILA. Personaje bíblico (s. XII a. C.). Cortesana filistea de Gaza, de ella habla la Biblia en el *Libro de los Jueces:* habitaba en el valle de Sorec, y de ella se valieron los filisteos para averiguar en qué consistía la fuerza del juez israelita Sansón. Este, enamorado de Dalila, le reveló que el secreto de su fuerza estaba en sus cabellos. Ella le traicionó, cortándoselos mientras dormía, y entonces Sansón fue presa de sus enemigos, que lo cegaron. Pero, según la tradición, cuando le crecieron otra vez los cabellos, recuperó su fuerza, y sacudiendo las columnas del palacio lo hizo derrumbarse, pereciendo allí el propio Sansón y muchos filisteos.

DÁSHKOVA, Ekaterina Romanovna. Escritora rusa (San Petersburgo, 1743-Moscú, 1810). Tras participar en la conspiración contra Pedro II que consiguió elevar a zarina a su amiga Catalina II, Dáshkova comenzó a publicar artículos de temática social bajo el seudónimo de «una mujer rusa». En 1783 fue nombrada directora de la Academia Rusa de Ciencias, y posteriormente fundó la Academia Rusa de la Lengua y fue la responsable de la publicación del primer gran diccionario en lengua rusa, además de impulsora de la reforma educativa. A la muerte de Catalina II fue desterrada, y no pudo regresar a Rusia hasta que subió al trono Alejandro I.

DAVIS, Angela. Política estadounidense (Alabama, 1944). En 1969 fue profesora de filosofía en la Universidad de California, de donde fue expulsada al conocerse su afiliación al Partido Comunista de EE. UU. Vinculada a grupos negros de resistencia armada, se vio involucrada en el juicio seguido contra el joven revolucionario negro G. Jackson y los hermanos Soledad. Fue detenida en 1970 y juzgada en 1972 por los cargos de secuestro, asesinato y conspiración. El «proceso Davis» obtuvo gran repercusión en el ámbito nacional e internacional, y desató un enérgico movimiento de protesta a favor de su causa, lo que impidió su condena. En 1973 fue absuelta de todos los cargos y, en 1974, pasó a formar parte del Comité Central del Partido Comunista. En 1976, tras publicar su autobiografía, regresó a la enseñanza.

DAVIS, Bette (Ruth Elizabeth Davis, llamada). Actriz teatral y cinematográfica estadounidense (Lowell, 1908-Neuilly-sur-Seine, Francia, 1989). Empezó a trabajar para el cine en 1931, en el que llegó a ser una gran figura internacional, especializada en papeles que implicaban sufrimiento y sacrificio. Entre las películas que protagonizó destacan: *Peligrosa* (Green), por la que obtuvo el Oscar en 1935; *El bosque petrificado* (L. Mayo, 1936); *Jezabel* (Wyler), por la que lo obtuvo en 1938; *La carta* (Wyler, 1940), *La loba* (Wyler, 1941), *Eva al desnudo* (Mankiewicz, 1950), por la que fue premiada en Cannes en 1951; *Llama un desconocido* (Negulesco, 1952), *La estrella* (Heisler, 1953), *El favorito de la reina* (Hoster, 1955), *¿Qué fue de Baby Jane?* (Aldrich, 1962), *Canción de cuna para un cadáver* (Aldrich, 1965), *El mundo extraño de madame Sin* (Greene, 1972), *Muerte en el Nilo* (Guillermin, 1978), etc. Protagonizó asimismo las series de televisión *The Dark Secret of Harvest Home* (1978) y *Strangers*, a la que le fue concedido el premio Emmy (1979).

Bette Davis

DAY, Doris (Doris von Kappelhoff, llamada). Cantante y actriz estadounidense (Cincinnati, Ohio, 1924). Fue considerada el prototipo cinematográfico de la mujer media americana, siendo su pareja artística habitual el actor Rock Hudson. Entre su amplia producción cinematográfica destacan: *Romanza en alta mar* (Curtiz, 1948), *A la luz de la luna* (Del Ruth, 1952), *El hombre que sabía demasiado* (Hitchcock, 1956), *El diabólico señor Benton* (Stone, 1956), *Enséñame a querer* (Seaton, 1958), *Confidencias a medianoche* (Gordon, 1959), *La indómita y el millonario* (Quine, 1959), *Un grito en la niebla* (Miller, 1960), *Suave como visón* (Mann, 1962), *No me mandes flores* (Jewison, 1964), *Una sirena sospechosa* (Tashlin, 1966) y *El novio de mamá* (Morris, 1968). Ha protagonizado también algunas series de televisión, como *El show de Doris Day* (1970-1973).

DE LAURETIS, Teresa. Teórica posestructuralista y cinematográfica italiana (Milán, 1938). Radicada en EE. UU., De Lauretis es editora, desde 1986, de la prestigiosa revista *Feminist Studies/Critical Studies*. Sus libros *Alicia no: feminismo, semiótica y cine* (1984) y *Tecnologías del género* (1987) se centran en la representación cinematográfica de la mujer y en la defensa de la definición sexual como categoría teórica.

DE MILLE, Agnes. Bailarina y coreógrafa estadounidense (Nueva York, 1909-íd., 1993). De 1930 a 1933 formó parte del Dance Repertory Theatre junto a Martha Graham y Doris Humphrey. Las coreografías de De Mille rompieron con el ballet clásico tradicional centrándose en un estilo más popular. Trabajó como asesora de las famosas comedias musicales *Oklahoma* (1943) y *Los caballeros las prefieren rubias* (1949), y en 1973 fundó la compañía Heritage Dance Theatre, dedicada a recuperar la tradición folclórica estadounidense. Entre sus piezas destacan: *Rodeo* (1942), *The Four Mary* (1965) y *Summer* (1975).

DEAN, Laura. Coreógrafa estadounidense (Seattle, 1945). Dean, junto con Lucinda Childs y Trisha Brown, es una de las figuras más representativas de la danza minimalista estadounidense. Sus coreografías son rituales construidos a partir de gestos repetidos y formas sencillas, distinguiéndose por sus volteretas controladas, que sugieren movimientos místicos en busca de paz interna. Entre sus coreografías destacan: *Stamping* (1971), *Dance* (1978), *Music* (1980) y *Space* (1988).

DELAUNAY, Marie. V. **DORVAL, Marie.**

DELAUNAY, Sonia. Pintora y diseñadora francesa, de origen ruso (cerca de Odessa, 1885-París, 1979). Vinculada al arte abstracto geométrico de principios de siglo y considerada la reina del *art déco*. Delaunay basó su obra en las investigaciones del color, las leyes de los contrastes y los discos espirales denominados «simultáneos». Artista polifacética, desarrolló una gran actividad como diseñadora en el campo de la moda, la decoración, el espectáculo teatral y el baile, siendo reconocida y aclamada internacionalmente. Trabajó estrechamente con su marido, R. Delaunay. Entre sus numerosas obras figuran *Manta* (1911), *Contrastes simultáneos* (1912) y *Cleopatra* (1918), diseño de vestuario creado para una representación de ballet.

DELEDDA, Grazia. Escritora italiana (Nuoro, 1871-Roma, 1936). Considerada una de las más célebres escritoras italianas de principios de siglo, ha sido la única mujer italiana en llegar a obtener el premio Nobel de Literatura (1926). Su prolífica obra, aunque alejada de las corrientes literarias predominantes, se suele enmarcar entre el «verismo» y el «decadentismo»; su narrativa profundizó en los conflictos entre pasión y razón y se caracterizó por la evocación mística y por un firme compromiso ético: *Narraciones sardas* (1893), *Cenizas* (1904), novela en la que se basó el guión de un filme protagonizado por E. Duse, *Elías Portolu* (1906), *La madre* (1920) y *Annalena Bilsini* (1927).

DENEUVE, Catherine (Catherine Dorléac, llamada). Actriz de cine francesa (París, 1943). Fue descubierta para el cine por el director R. Vadim con la película *El vicio y la virtud. Los paraguas de Cherburgo* (Demy, 1963), su primer éxito, convirtió a Deneuve en una de las principales actrices europeas. Otros filmes son: *Repulsión* (Polanski, 1964), *El canto del mundo* (Camus, 1965), *Bella de día* (Buñuel, 1967), *Tristana* (Buñuel, 1969), *Destino fatal* (Aldrich, 1975), *El dinero de los demás* (Chalonge, 1978), *El último metro* (Truffaut, 1980), *El ansia* (Scott, 1983), *Indochina* (Wargnier, 1992), *Ma saison préférée* (Téchiné, 1993), *La partida de ajedrez* (Hanchar, 1994), *El convento* (Oliveira, 1995) y *Les voleurs* (Téchiné, 1996).

DEREN, Maya. Directora y teórica de cine experimental estadounidense de origen ucraniano (Kiev, 1908-Nueva York, 1961). En 1943 llamó la atención con la película surrealista *Meshes of the Afternoon*, codirigida junto a su esposo A. Hammid. Deren, considerada una de las figuras más relevantes de la vanguardia cinematográfica de EE. UU. y la madre del cine *underground*, fue la principal representante de la corriente «de la angustia y de la experiencia». Entre sus películas destacan: *At Land* (1944) y *Meditation on Violence* (1948), inspiradas en temas extraídos de experiencias psicoanalíticas, y *Ritual in Transfigured Time* (1946), en la que explora el rito y la danza.

DEROIN, Jeanne-Françoise. Política y feminista francesa (París, 1805-Londres, 1894). Partidaria del sansimonismo, posteriormente se unió a la escuela de Fourier y en 1847 fue miembro de la Unión Comunista de Marx y Engels, participando activamente en la revolución de 1848. Fue, además, una enérgica feminista, defendió el sufragio femenino y fundó los periódicos *La Politique des Femmes*, *L'Opinion des Femmes* y, junto a Pauline Roland, el Club de Emancipación de las Mujeres. Tanto ella como Roland fueron acusadas de atentar contra el orden público y condenadas a seis meses de prisión. Deroin se estableció en Inglaterra, donde continuó sus actividades a favor de la causa femenina.

DESAI, Anita. Escritora india (Mussoorie, Uttar Pradesh, 1937). De madre alemana y padre bengalí, Desai cursó estudios en la Universidad de Delhi y actualmente está considerada una de las escritoras más significativas dentro del panorama de la literatura india contemporánea. En 1977 obtuvo el premio Nacional de las Letras Indias por su novela *Fuego en la montaña* y en 1980 fue propuesta para el Booker Award por *Clara luz del día*. Miembro de la Academia de Letras Indias, en 1988 recibió el título de Padma Shri. Su obra se centra en los conflictos padecidos por las mujeres indias frente al sistema de castas: *Bye, bye, Blackbird* (1971) y *Baumgartner's Bombay* (1988).

DÉSIRÉE. Reina de Suecia, cuyo nombre completo es Eugénie Bernardine Désirée (Marsella, 1777-Estocolmo, 1860). Era hija de un rico comerciante marsellés, François Clary. Su hermana mayor, Julia, se casó con José Bonaparte (1794) y ella lo hizo, en 1798, con el general Bernadotte. Durante las campañas de su marido permaneció en París, abriendo un concurrido salón literario. En 1808 su marido fue nombrado príncipe real de Suecia, pasando Désirée una temporada en Estocolmo (1810-1811). Bernadotte subió al trono en 1818 y ella se incorporó a la corte en 1823, desempeñando un modesto papel.

DEVLIN, Bernadette. Política irlandesa (Tyrone, 1947). Dirigente de la minoría católica de Irlanda del Norte, Devlin fue diputada en los Comunes desde 1969 hasta 1974, en que perdió su acta de diputada en las elecciones. Durante esos años participó en violentos disturbios a favor del clandestino Ejército Republicano Irlandés (IRA), por lo cual fue detenida en varias ocasiones. Fundadora del Partido Republicano Irlandés, en 1981 fue víctima de un atentado. Es autora del manifiesto autobiográfico *El precio de mi alma* (1969).

DHUODA. Dama francesa (s. IX). Perteneciente a una familia noble, quizá la imperial de los carolingios, se casó con Bernardo de Septimania, decapitado por Carlos el Calvo en 844. De él tuvo dos hijos y para el primero de ellos, Guillermo, del que la separaron en seguida, escribió, entre el 841 y el 843, su *Manual para mi hijo*, primer tratado pedagógico de la Edad Media, como intento de mantener un vínculo con él.

DIANA de Francia. Noble francesa (Piamonte, 1538-París, 1619). Hija natural de Enrique II de Francia. Después de quedar dos veces viuda, se dedicó a la actividad política, interviniendo en la reconciliación entre su hermano Enrique III y el rey de Navarra, futuro Enrique IV. Intervino activamente en la educación del futuro Luis XIII.

DIANA de Gales (lady Diana Spencer). Princesa de Gales (Londres, 1961-París, 1997). Hija de John Spencer, vizconde Althorp, sus padres se separaron cuando ella contaba seis años. Realizó los estudios propios de una dama de clase alta y, en 1979, conoció al príncipe Carlos de Inglaterra, con quien se casaría en 1981, existiendo una considerable diferencia de edad entre los cónyuges. Pronto se convertiría en una estrella de la prensa «del corazón» y el miembro más afamado de la familia real británica. Con su marido tuvo dos hijos, el mayor de ellos Guillermo, segundo en la línea de sucesión al trono, pero su matrimonio no fue fácil, llegando a la separación conyugal en 1992. Se distinguió por su naturalidad de trato y por su interés activo en los problemas de la sociedad actual, entre ellos la lucha contra el sida. Falleció en un accidente de coche.

DIANA de Poitiers. Noble francesa (Saint-Vallier, 1499-Anet, 1566). Hija de Jean de Poitiers, señor de Saint-Vallier, y viuda de Luis de Brézé, en 1533 empezó su amistad íntima con el delfín, después Enrique II, casado ya con Catalina de Médicis. A la llegada de Francisco II se retira al castillo de Chaumont. Ejerció gran influencia sobre Enrique II, hasta el punto de que fue considerada como la verdadera soberana. Protegió las artes.

DÍAZ, Jimena. Dama castellana (m. San Pedro de Cardeña, 1104). Hija del conde de Oviedo y prima del rey de Castilla Alfonso VI, que la casó con Rodrigo Díaz de Vivar, el Cid Campeador, en 1074. A la muerte de este, Jime-

Jimena Díaz

na se trasladó a Valencia hasta que, desasistida por el rey, se retiró (1102) con el cadáver del Cid a San Pedro de Cardeña, donde murió dos años después. En la tradición popular y literaria se la denomina simplemente doña Jimena.

DÍAZ, Marujita (María Díaz Ruiz, llamada). Cantante y actriz española (Sevilla, 1932). Realiza su carrera tanto en el cine como en la canción y el teatro de variedades. Entre sus películas destacan *La revoltosa* (Díaz Morales, 1950), *El sueño de Andalucía* (Vernay, 1950), *Puebla de las Mujeres* (1953), *El pescador de coplas* (1954) y *Pelusa* (1960). Es una de las figuras más representativas del cine folclórico nacional de los años cincuenta.

DÍAZ LOZANO, Argentina. Escritora hondureña (Santa Rosa de Copán, 1912-Tegucigalpa, 1996). Cultivó la novela, el cuento y el periodismo. El año 1942 ganó el premio Latinoamericano de Novela con su obra *Peregrinaje*. Fue colaboradora asidua de *Diario de Centroamérica* de Guatemala y *La Tribuna* de Tegucigalpa.

DÍAZ MAS, Paloma. Escritora española (Madrid, 1954). Profesora de Literatura Española en la Universidad del País Vasco. A lo largo de su corta vida literaria ya ha obtenido algunos premios. Con su novela *Tras las huellas de Artorius* le fue concedido el premio Cáceres; con su obra dramática *La informante*, el premio Ciudad de Toledo, y por último, en 1992, con *El sueño de Venecia*, ganó el premio Herralde de Novela.

DÍAZ VALCÁRCEL, Amelia. V. **VALCÁRCEL, Amelia Díaz.**

DICKINSON, Emily. Poeta estadounidense (Amherst, Massachusetts, 1830-íd., 1886). Creció en un ambiente puritano y pasó casi toda su vida confinada voluntariamente en su habitación, seleccionando muy cuidadosamente sus relaciones, sobre todo con mujeres con un alto nivel intelectual como ella. Allí redactó unos 1.750 poemas que reflejaron los principales conflictos morales e intelectuales de su tiempo. Separada del mundo, se dedicó a contemplar la naturaleza circundante y a leer a sus autores favoritos: los místicos, Shakespeare, Keats, Barrett-Browning, las hermanas Brontë, etc. Su obra se publicó póstumamente en 1890, y a partir de los años veinte la crítica comenzó a revalorizarla, tras haberla ignorado durante más de 60 años, hasta el punto de que hoy se considera a Dickinson uno de los pilares fundamentales de la lírica estadounidense. En sus poemas, de expresión cristalina e intensa, y poblada de imágenes y símbolos recurrentes, Dickinson transgredió voluntariamente la métrica, los ritmos y la sintaxis convencionales al tratar los grandes temas de la escuela metafísica británica. La crítica literaria feminista ha contribuido notablemente a la divulgación de la obra de esta importante poeta.

Emily Dickinson

DIDO o **ELISA.** Princesa fenicia (Tiro, s. VIII a. C.). Según la leyenda, hija de Muto, rey de Tiro, que para sustraerse a la tiranía de su hermano Pigmalión se trasladó a África, donde fundó Cartago. En la *Eneida* de Virgilio aparece como amante de Eneas. Al marchar este de Cartago, Dido se suicida arrojándose a las llamas de una pira.

DIETRICH, Marlene (Maria Magdalene von Losch Felsing, llamada). Actriz estadounidense de origen alemán (Berlín, 1901-París, 1992). Su revelación mundial llegó de manos del director Josef von Sternberg, siendo su primera gran película *El ángel azul* (1930). Desde 1930 trabajó en Hollywood y protagonizó numerosas películas, como *Marruecos* (1930), *Fatalidad* (1931), *La venus rubia* (1932), *El expreso de Shanghai* (1932), *Capricho imperial* (1934), *Capricho español* (1935), todas de Von Sternberg; *Deseo* (Borzage, 1936), *La llama de Nueva Orleans* (Clair, 1941), *Sed de mal* (Welles, 1958) y *¿Vencedores o vencidos?* (Kramer, 1961). A Dietrich se la considera una de las actrices más emblemáticas de la historia del cine.

DINESEN, Isa. Seudónimo de la escritora danesa Karen Blixen (Rungstedlund, 1885-Copenhague, 1962). Estudió literatura en Oxford y pintura en Roma y París, y tras su matrimonio con el barón Blixen-Finecke se traslada a Kenia, donde, hasta 1931, se dedica al cultivo de la tierra. De regreso en Dinamarca, publica en inglés *Seven Gothic Tales* (1934), con la que alcanza fama mundial, y que junto con *Memorias de África* (1937) y *Winter's Tales* (1942) la convierten en una de las figuras clave de las letras danesas contemporáneas. Su obra, enmarcada dentro de la corriente existencialista, se caracterizó por un lenguaje simbólico con el que intentó reflejar las complejas relaciones entre lo natural y lo cultural. Escribió también bajo el seudónimo de Pierre Andrézel.

DING LING o **TING LING.** Seudónimo de la novelista china Jiang Bingzhi (Hunan, 1904-Pekín, 1986). Influida por las ideas liberales del movimiento «cuatro de mayo» (1919) y vinculada al partido comunista, D. Ling es considerada una de las figuras clave de las letras chinas contemporáneas. Su obra, enmarcada dentro del realismo social y centrada en el examen de los comportamientos de la mujer china, estuvo censurada hasta finales de los años setenta por transgredir las pautas estéticas del comunismo maoísta. Entre sus libros destacan: *El diario de Miss Sophie* (1928) y *El sol brilla en el río Sanggan* (1948).

DOAN THI DIEM. Escritora vietnamita (Hiên Pham, 1705-Nghê An, 1748). Célebre por su adaptación de *Lamentación de la mujer de un guerrero*, antigua elegía china atribuida al poeta Dang Trân. La obra de D. T. Diem fue tan popular en su época que sus versos fueron convertidos en proverbios y canciones populares.

DOHRN, Bernardine. Activista política estadounidense (n. 1942). Estudiante de derecho en la Universidad de Chicago, a finales de los años sesenta se convirtió en una célebre activista radical y en una de las extremistas más perseguidas por el Gobierno de EE. UU. En sus comienzos fue seguidora de la nueva izquierda estadounidense y de la ideología de la no-violencia promulgada por el líder negro M. Luther King. Tras el asesinato de este y de Malcolm X, Dohrn fundó el movimiento «Weathermen», que defendía la acción violenta y las actividades de los «Black Panthers», y que apoyaba además la revolución social, cultural y sexual. En 1970 tres miembros de este movimiento murieron accidentalmente al estallar una bomba que estaban fabricando, y unos años más tarde Dohrn decidió entregarse a la justicia.

DOLGORÚKOVA, Natalia Borisovna. Princesa rusa (San Petersburgo, 1714-Kiev, 1771). En 1729 se casó con I. Dolgoruky, amigo íntimo del zar Pedro II. A la muerte de este, el matrimonio es deportado a Siberia; tras la ejecución de su marido (1739), Dolgorúkova regresa a Moscú, y posteriormente decide entrar en un convento de Kiev, donde se dedica a redactar sus memorias, texto que, en 1767, se convierte en la primera autobiografía publicada en Rusia por una mujer. Las conmovedoras experiencias que se recogen en esta obra hicieron de Dolgorúkova una de las figuras más populares de la época.

DOMÈNECH I ESCOTÉ, María. Escritora española en lengua catalana (Alcover, 1877-Barcelona, 1952). Enérgica defensora del derecho a la educación de las mujeres y fundadora de una unión de trabajadoras catalanas, entre sus publicaciones destacan: *Contrallum* (1917) y la colección de relatos *Confidències* (1946).

DOMICIA LONGINA. Emperatriz romana (s. I). Esposa del emperador Domiciano, tuvo como amante al comediógrafo Paris y el emperador la repudió y exilió. Posteriormente la volvió a llamar y Domicia encabezó la conjura que acabó con la vida de su marido (96). Murió en tiempos de Trajano.

DOMÍNGUEZ, Oralia. Cantante mexicana (San Luis de Potosí, 1927). Estudió en el Conservatorio de México, y debutó como cantante en 1950. En 1953 actuó en la Scala de Milán, y posteriormente se convirtió en una de las principales voces de los grandes escenarios del mundo. Desde 1960 está ligada a la Ópera de Düsseldorf.

DOOLITTLE, Hilda. Escritora estadounidense también conocida como H. D. (Bethlehem, Pensilvania, 1886-Zurich, 1961). En 1911 se trasladó a Inglaterra, donde participó en la creación del movimiento imaginista. Su obra poética se caracterizó por la búsqueda de una expresión precisa y pura: *Jardín marino* (1916) e *Hymen* (1921). También fue la autora de la novela *Palimpsesto* (1926).

DOROTEA, santa. Virgen y mártir cristiana de la Capadocia (m. 310). Sufrió la tortura y la muerte en Cesarea (Capadocia) en el 310. Su culto fue muy famoso en la Edad Media y es patrona de los jardineros.

DOROTEA, santa. Dama prusiana (Montau an der Weichsel, 1347-Marienwerder, 1398). Viuda a los 44 años, se retiró a Marienwerder y se encerró en una celda, cuya puerta tapió, y en la que murió. Es patrona de Prusia.

DOS SANTOS, Lucía. Religiosa y visionaria portuguesa (Santarem, 1907). Única superviviente de los tres niños a los que, el 13 de mayo de 1917, se les apareció en Fátima una dama vestida de blanco, que les anunció que volvería el día 13 de cada mes durante un semestre y, al final, revelaría su identidad. Las autoridades religiosas fueron reacias y los niños tratados de locos. El 13 de septiembre, la dama pidió que se rezara el rosario para la vuelta de la paz, y al mes siguiente se reveló como la Virgen del Rosario, cuando más de sesenta mil personas pudieron admirar la «danza del sol». El culto a la Virgen de Fátima fue autorizado en 1930, muertos dos de los niños, y quedando Lucía como guardiana de las revelaciones de Fátima. Más tarde profesó en un convento de carmelitas, tomando el nombre de sor María de los Dolores.

DRAKULIC, Slavenka. Periodista y feminista croata (n. 1949). En *Los pecados capitales del feminismo* (1984) recogió varios de sus artículos sobre la coeducación, la explotación de la mujer en los medios de comunicación y la prostitución. Acuñó el término «testicología» para explicar la dominación masculina como un fenómeno basado en el sexismo, la tradición y el totalitarismo. Otras publicaciones: *Mramorna Koza* (1989) y *Holograma del miedo* (1992).

DREWITZ, Ingeborg. Escritora alemana (Berlín, 1923-íd., 1986). Con su obra teatral *Todas las entradas están vigiladas* (1951) se convirtió en la primera persona de origen alemán que se atrevió a escribir sobre los campos de concentración nazi. El resto de su obra se centró en la descripción de los desórdenes culturales y morales de la Alemania nazi: *Luz de octubre* (1969) y *Hielo sobre el Elba* (1982).

DRUSILA. Princesa romana (Tréveris, 15-Roma, 40). Era hija de Germánico y Agripina y bisnieta de Augusto. Su hermano, el emperador Calígula, la tuvo como amante. Esperando un hijo de él, Calígula la mató abriéndole el vientre con una espada. Después de muerta hizo que se le tributaran honores de diosa.

DU MAURIER, Daphne. V. **MAURIER, Daphne du.**

DUARTE DE PERÓN, Eva. V. **PERÓN, María Eva Duarte de.**

DULAC, Germaine. Directora de cine francesa (Asnières, 1882-París, 1942). Fue una de las primeras mujeres realizadoras de largometrajes. A partir de 1915 se dedicó al cine y después de la Primera Guerra Mundial participó en las corrientes vanguardistas. Sus filmes más interesantes son: *La fête espagnole* (1919) y *La souriante Madame Beudet* (1922). En 1926 experimentó con el cine surrealista en *La coquille et le clergyman,* basado en un guión de A. Artaud. Publicó numerosos escritos teóricos sobre el cine en las revistas especializadas de la época.

DULCE I. Condesa de Provenza (m. 1100). Casada con Godofredo I, fue madre de Beltrán II y se distinguió por sus donaciones religiosas y fundaciones de monasterios.

DUMÉE, Jeanne. Astrónoma francesa (s. XVII). Se sabe poco de su vida, salvo que nació en París y que se casó a los 17 años con un oficial destinado en Alemania. Apasionada de la astronomía, escribió *Entretenimiento sobre la opinión de Copérnico tocante a la movilidad de la Tierra,* en el que defendió las tesis de Galileo y Copérnico. La obra no fue nunca publicada, pero el *Journal des Savants* dio noticia del manuscrito en 1680.

DUMONT, Carlota. V. **MATTO DE TURNER, Clorinda.**

DUNCAN, Isadora. Bailarina estadounidense (San Francisco, 1878-Niza, 1927). Ocupa uno de los primeros puestos en la historia de la danza y está considerada una de las renovadoras de la ideología y de la técnica de la danza clásica y una de las precursoras de la danza moderna. Su estilo libre, fruto de su inspiración, evocaba las danzas de la antigua Grecia con sus gestos estatuarios, rítmicos, y sus túnicas, y durante sus actuaciones bailaba descalza y utilizaba música no compuesta especialmente para la danza. Viajó por numerosos países, donde fundó varias escuelas. En EE. UU., donde en un principio obtuvo mucho éxito, cayó en desgracia posteriormente a causa de su propaganda política y feminista. Murió estrangulada al enredarse su largo chal en una de las ruedas del coche que conducía.

Isadora Duncan

DUPIN, Aurore. V. **SAND, George.**

DUPLESSIS, Marie (Alphonsine Plessis, llamada). Dama francesa (Nonant, Orne, 1823-París, 1847). Hija de una prostituta, hizo una carrera rápida en el mundo de la galantería. Llegó a ser amante del duque de Guiche y posteriormente tuvo relaciones con ricos protectores de los que recibía regalos suntuosos. Asistía a la ópera, invariablemente vestida de blanco, cubierta de perlas y joyas y llevando en su brazo un ramo de camelias. Alejandro Dumas, hijo, la conoció en 1844 y quedó perdidamente enamorado de ella, pero decidió romper por ser demasiado pobre para poder mantenerla, aunque, según una versión menos lisonjera para el escritor, él la habría abandonado por culpa de su tuberculosis, enfermedad de la que murió poco después. La posteridad no la habría recordado si Dumas no la hubiera inmortalizado en su novela *La dama de las camelias* (1848), que fue adaptada a la escena cuatro años después. El éxito de esta pieza fue asombroso: en ella Margarita Gautier, seudónimo de Marie Duplessis, se sacrifica y renuncia al lujo por su amante, Armand Duval, antes de morir de tisis.

DURAND, Marguerite. Periodista y feminista francesa (París, 1864-íd., 1936). Comenzó como actriz en la Comédie Française (1881-1888) y posteriormente dejó la escena y se dedicó a la política. Fue redactora de *La Presse,* y en 1896 fue enviada por *Le Figaro* a un congreso feminista internacional, consagrándose de ahí en adelante a luchar por los derechos de la mujer. En 1897 fundó *La Fronde,* redactado y dirigido por mujeres, *L'Action* (1905) y luego *Les Nouvelles* (1909). Durand publicó numerosos artículos a favor de la igualdad de los sexos, defendió el papel de la mujer en la sociedad y organizó numerosos congresos sobre los derechos de la mujer.

DURAS, Marguerite. Escritora, guionista y directora francesa de cine, de origen vietnamita (Gia Dihn, 1914-París, 1996). Perteneció a los círculos existencialistas, colaboró con la resistencia y estuvo afiliada al partido comunista. En 1950 se consolida como escritora con *Un dique contra el Pacífico,* pero son *La square* (1955) y *Moderato cantabile* (1958) las novelas que la convierten en una de las principales exponentes del *nouveau roman.* Su producción se ha centrado en el tema de la soledad, la incomunicación, la muerte, el amor y la ausencia. De su extensa vinculación con el cine (18 filmes) destacan el guión para *Hiroshima mon amour* (1959), dirigido por A. Resnais, y la realización de *India song* (1975) y *Les enfants* (1984). Sus últimas novelas se han basado en material autobiográfico: *El amante* (1984; premio Goncourt), llevada al cine por J. J. Annaud, *El dolor* (1985), *Ojos azules, pelo negro* (1986), *La vida material* (1987) y *El amante de la China del Norte* (1991), nueva versión de *El amante.*

E

EARHART, Amelia. Aviadora estadounidense (Atchinson, Kansas, 1898-océano Pacífico, 1937). Fue la primera mujer que cruzó el Atlántico y el Pacífico. Voló sin escalas y sin acompañante de Los Ángeles a Newark y de Ciudad de México a Nueva York. En 1937, con F. Noonan como copiloto, inició la vuelta al mundo y, después de haber recorrido 33.000 km en 30 días, desapareció en el Pacífico durante una tormenta.

EBERHARDT, Isabelle. Escritora francesa de origen suizo (Meyrin, 1877-Aïn Sefra, Argelia, 1904). Convertida al islamismo, dedicó gran parte de su vida a recorrer el norte de África vestida de hombre árabe y haciéndose llamar Si Mahmoud Essadi. Sus innumerables experiencias sirvieron de inspiración a sus obras, que retrataron con precisión la vida en las comunidades norteafricanas: *Novelas argelinas* (1905), *Notas de viaje: Marruecos, Argelia y Túnez* (1908).

EBNER, Christina. Religiosa visionaria y escritora alemana (Nuremberg, 1277-Engelthal, 1356). Profesó en el convento de las dominicas de Engelthal a los 12 años y comenzó a tener éxtasis y visiones a partir de 1314. Su confesor, Conrado de Füssen, le aconsejó que los pusiera por escrito: el texto fue editado en 1872 en Nuremberg bajo el título de *Leben und Geschichte der Christina Ebner*. Fue, además, una mujer muy instruida y gozó de gran popularidad entre las personalidades políticas de la época.

ÉBOLI, princesa de (Ana Mendoza de la Cerda). Noble española (Cifuentes, 1540-Pastrana, 1592). Hija de Diego Hurtado de Mendoza, virrey de Perú, se casó (1552), siendo aún niña, con Rui Gómez de Silva, príncipe de Éboli y ministro de Felipe II. Algunos afirman que era amante del rey, pero lo que está fuera de toda duda es que, viuda desde 1573, sostuvo relaciones amorosas con Antonio Pérez, secretario del soberano. Descubiertos estos amores y sus relaciones con los rebeldes holandeses por Juan de Escobedo, secretario de don Juan de Austria, y temeroso Pérez de que revelase el secreto, le acusó ante Felipe II de graves manejos políticos, por lo que llegó a obtener autorización para proceder contra él. Muerto a estocadas Escobedo (1578), la opinión pública acusó a Antonio Pérez de su muerte, pero el rey no dispuso su detención ni la de doña Ana hasta 1579. La princesa fue confinada en la fortaleza de Santorcaz y se le privó de la tutela de sus hijos; luego se le permitió trasladarse a su villa de Pastrana (1581). Como producto de su ingenio se citan varios escritos.

Princesa de Éboli (Ana Mendoza de la Cerda)

EDDY, Mary Baker. Reformadora religiosa estadounidense (New Hampshire, 1821-Chestnut Hill, Massachusetts, 1910). Fundadora de la *Christian Science* y dirigente de dicho movimiento, que en poco tiempo logró sesenta mil adeptos que rendían culto a su fundadora. En 1866 se curó de manera «milagrosa» de sus enfermedades, lo que atribuyó al auxilio del espíritu, y en 1875 escribió *Ciencia y salud* para propagar su doctrina. En 1879 organizó la Church of Christ en Boston y fundó los periódicos *The Christian Science Journal* (1883) y *The Christian Science Monitor* (1908). Proclamaba la igualdad de derechos de las mujeres, fundándose en el derecho divino.

EDIB, Halide. Escritora y líder nacionalista turca (Estambul, 1883-íd., 1964). Considerada la primera mujer turca de confesión musulmana en graduarse en el American College de Estambul y la primera en ser profesora de una universidad turca, Edib fue, además, una activa luchadora nacionalista. En 1926, acusada de conspirar contra el gobierno republicano, fue obligada a exiliarse, radicándose en París y Londres. Regresó a Turquía (1939) y en 1951 fue elegida miembro del Parlamento. Su obra literaria y periodística se centró en la descripción de la cultura turca, y especialmente en los múltiples conflictos padecidos por el colectivo de mujeres musulmanas. *Sinnekli Bakkal* (1938), su novela más conocida, obtuvo el premio Nacional de Novela.

EDUVIGIS de Anjou. V. **HEDWIGE.**

EGILONA. Reina de los visigodos españoles (Toledo, 659-íd., 718). Esposa de don Rodrigo, último rey godo de Toledo. Tras la muerte de este, Egilona fue apresada por Abd al-Aziz, hijo de Muza y primer emir en la Península, quien se casó con ella en un intento de atraerse a la nobleza visigoda. La reina influyó en favor de los cristianos e incluso se cree que logró la conversión de su marido, lo que entre los musulmanes produjo una gran indignación. Varios jefes del ejército se quejaron ante el califa de Damasco, Solimán, quien envió a Sevilla a cinco oficiales que en el 715 mataron a Abd al-Aziz.

EHRLICH, Anne. Bióloga estadounidense (Boston, 1932). Profesora de política medioambiental en la Universidad de Stanford y codirectora de Amigos de la Tierra, el trabajo de Ehrlich se ha centrado en el estudio del entorno sociobiológico y, especialmente, de la problemática derivada de la explosión demográfica y de las consecuencias que acarrearía una guerra nuclear.

ELENA, santa. Emperatriz romana (Drapanum, 247-Roma, 327). Madre del emperador Constantino el Grande, concubina del tetrarca Constancio Cloro, del que luego fue esposa legítima y repudiada. Ya reinando Constantino, el cual la tuvo a su lado con todos los honores, se convirtió al cristianismo y se trasladó a Jerusalén, donde hizo demoler en el monte Calvario el templo erigido a Venus y cavar profundamente en sus cimientos hasta hallar la cruz en que fue clavado Jesucristo; mandó construir allí un templo y otro en el monte de los Olivos. Influyó en la política religiosa de su hijo en favor del cristianismo.

ELENA Lecapeno. Emperatriz bizantina (Constantinopla, 911-íd., 961). Era hija del emperador Romano I y esposa de Constantino VII, sobre quien tuvo una gran influencia. Fue recluida en un monasterio al acceder al trono su hijo Romano II (959).

ELENA Pavlovna. Princesa alemana afincada en Rusia (Darmstadt, 1807-San Petersburgo, 1873). Casada con el gran duque Miguel, tío del zar Alejandro II, indujo al monarca a la mayoría de las reformas que llevó a cabo. Organizó un salón que reunió a los mejores intelectuales antiabsolutistas de la época, destacando por su protección a los hermanos Rubinstein.

ELION, Gertrude Belle. Bioquímica estadounidense (Nueva York, 1918). Estudió química en el Hunter College (1937) y farmacia en la Universidad de Nueva York (1941). En 1988 fue galardonada con el premio Nobel de Medicina, que compartió con G. H. Hitchings y sir J. Black, por sus investigaciones sobre los tratamientos médicos, que tuvieron como consecuencia el desarrollo de una serie de nuevos e importantes medicamentos.

ELIOT, George. Seudónimo de la novelista británica Mary Ann Evans (Arbury Farm, Astley, 1819-Londres, 1880). De formación evangélica, muy pronto la abandona influida por el pensamiento racionalista. Estudió latín, griego y alemán. Se aficionó a la literatura y a la filosofía. Tradujo a Spinoza, Feuerbach y Strauss. Trabajó como editora del *Westminster Review* (1851-1854). Mantuvo una estrecha amistad con Stuart Mill y Spencer. En 1854 conoció al periodista G. Lewes, con quien convivió hasta su muerte (1878), relación que resultó escandalosa para los preceptos de la moral victoriana. Considerada una de las más grandes novelistas británicas, su obra retrató con agudeza las complejidades de la sociedad británica y abogó por una moral basada en la autenticidad. Entre su obra destacan: *Adam Bede* (1859), *Silas Marner* (1861), *Rómola* (1863), ambientada en la Florencia del «Quattrocento», y *Middlemarch* (1872), considerada su obra cumbre. La vida y obra de esta escri-tora han sido estudiadas a fondo por la crítica literaria feminista.

ELISA. V. **DIDO.**

ELISENDA de Moncada. Reina de Aragón (s. XIV). Cuarta esposa de Jaime II de Aragón, con el que contrajo matrimonio en 1322. Sus restos se encuentran en el monasterio de Pedralbes, Barcelona, fundado por ella, y al que se retiró cuando enviudó, a los cinco años de casada.

ELOÍSA. Dama francesa (París, 1101-Paracleto, 1164). Célebre por sus amores con Abelardo, recibió su primera educación en el monasterio de Argenteuil. Posteriormente se ocupó de completar su formación Fulberto, su tío, que le dio por maestro de filosofía a Abelardo, quien se enamoró de ella y fue correspondido, huyendo ambos a Bretaña, donde tuvieron un hijo de nombre Pedro Astrolabio. Tras ser castrado Abelardo por orden del canónigo Fulberto, Eloísa fundó el monasterio de Paracleto, donde murió siendo abadesa. Ambos amantes descansan juntos en el cementerio del Père Lachaise (París). Sus *Cartas a Abelardo* se han convertido en uno de los textos literarios más leídos de todos los tiempos.

George Eliot

EMMA. Reina de Inglaterra (York, 986-Winchester, 1052). Hija de Ricardo de Normandía, se casó sucesivamente con los reyes Ethelred II (1002) de Inglaterra y Canuto (1017) de Dinamarca, ejerciendo gran influencia sobre este último. Transmitió los derechos sobre Inglaterra a Guillermo el Conquistador.

EMMERICH, Anna Katharina. Mística alemana (Flamske, Westfalia, 1774-Dülmen, 1824). Fue célebre por sus estigmatizaciones. Desde muy niña tuvo la visión del Ángel de la Guarda y del Niño Jesús que la invitaba a llevar su cruz. Quiso abrazar la vida religiosa, pero, por su pobreza, no lo consiguió. Después de grandes dificultades ingresó en un convento de agustinas. En 1798 le aparecieron por primera vez los estigmas tras una visión de la Pasión de Cristo, que años más tarde comenzaron a hacerse visibles periódicamente por Navidad y Año Nuevo. Sufrió acosos por parte de la autoridad civil que no consiguieron probarle ninguna irregularidad. Hubo de abandonar el convento cuando Jerónimo Bonapar te lo secularizó. El famoso escritor Clemente Brentano escribió, según sus descripciones, las visiones que ella tuvo de la Pasión de Jesucristo.

ENRIQUETA ANA de Inglaterra. Duquesa de Orleans (Exeter, 1644-Saint-Cloud, 1670). Fue hija de Carlos I de Inglaterra y de Escocia y de Enriqueta María de Francia. Se casó con el duque de Orleans, hermano de Luis XIV de Francia, y fue madre de María Luisa, primera esposa de Carlos II de España.

ENRIQUETA MARÍA de Francia. Reina de Inglaterra (París, 1609-Bois-Colombes, 1669). Fue esposa de Carlos I Estuardo e hija de Enrique IV de Francia y de María de Médicis. Se distinguió por el auxilio que prestó a su esposo en su lucha contra los parlamentarios, pero vencido al fin y ajusticiado Carlos I, ella hubo de refugiarse en Francia, donde pasó el resto de su vida.

ENRÍQUEZ, Juana. V. **JUANA Enríquez.**

ENRÍQUEZ DE ARANA, Beatriz. Dama española, amante de Cristóbal Colón (Santa María de Transierra, Córdoba, 1467-íd., 1521). Conoció al almirante, en 1487, en casa de los parientes cordobeses que la educaron, convirtiéndose en su amante. De esta unión nació Hernando Colón (1488). Cuando Colón marchó a América dejó a su cuidado la custodia de sus dos hijos. Ella se dedicó con esmero a su educación, siendo felicitada por ello por Isabel la Católica. Colón nunca se casó con ella, pero le encomendó a su hijo legítimo, Diego, en su testamento. Beatriz vivió siempre en Córdoba retirada de todas las intrigas cortesanas y no reclamó las rentas que por testamento de Colón le correspondían.

ENRÍQUEZ DE GUZMÁN, Feliciana. Poeta y dramaturga española (Sevilla, 1580-Madrid, h. 1640). Contribuyeron a su fama las aventuras que Lope, al parecer infundadamente, le atribuyó en *El laurel de Apolo*. Destacó como prosista y satírica. Es autora de la tragicomedia *Los jardines y campos sabeos* (1624 ó 1627), cuyo prólogo es la antítesis de la posición de Lope, y de *Entre actos*. De sus poesías líricas, «El sueño de Gelita» se considera una de las mejores de nuestro Parnaso. Fue acérrima defensora de la poética clásica. Proclamó el deseo de desterrar las comedias indignas y se vanaglorió de haber recibido la corona de laurel en el arte y preceptos de los cómicos antiguos.

ÉPINOY, princesa de (Philippine Christine de Lalaing). Heroína belga (n. probablemente en el castillo de Bailleul, 1545-Amberes, 1582). Casada con Pierre de Melun, gobernador de Tournai, por ausencia de su marido hubo de asumir el mando de la plaza frente a las tropas españolas sitiadoras, mostrando una admirable valentía en el cumplimiento de su deber. Herida al frente de sus tropas, la plaza tuvo al fin que rendirse, pero los españoles le concedieron una honorable capitulación.

ERAUSO, Catalina de. Heroína y militar española, conocida por «la Monja Alférez» (San Sebastián, 1592-Cuitlaxta, México, ¿1650?). Fue monja dominica, y disfrazada de hombre escapó del convento en 1603; navegó por los mares hispanos, pero acabó sentando plaza de grumete para ir a Punta Araya y Panamá (América), y allí se alistó como soldado y luchó valientemente en numerosos combates. En el ejército llevó el nombre de Alonso Díaz y Ramírez de Guzmán. Herida de gravedad,

Catalina de Erauso

confesó su verdadero sexo. Regresó a España en 1624, fue recibida por Felipe IV y pasó a Roma, donde obtuvo audiencia con el papa Urbano VIII; el rey la nombró alférez y con este grado volvió nuevamente a América, donde murió al llevar una carga y desaparecer del bote que la llevaba para desembarcar en Veracruz, donde iba con una misión. Se dijo que se había ahogado o que se había suicidado por el cúmulo de aventuras que llevaba. En el Archivo de Indias se conserva un *Memorial de los méritos y ejercicios del Alférez Erauso.* En 1625 se escribió un libro apócrifo llamado *Historia de la Monja Alférez,* publicado en 1829.

ERMENGARDA. Emperatriz de los francos (Tours, 751-Angers, 818). Se casó en el 798 con Ludovico Pío, hijo de Carlomagno, entonces rey de Aquitania, convertido en emperador en el 814. Para asegurar la corona a sus hijos, Ermengarda hizo entrar en el claustro a los tres hijos naturales de Carlomagno y obtuvo la condena de Bernardo, rey de Italia y sobrino del emperador, acusándolo de un supuesto complot contra su tío, y lo hizo ejecutar con gran crueldad (818).

ERMESINDA. Reina de Asturias (Oviedo, 739-íd., 757). Fue hija de don Pelayo y esposa de Alfonso, futuro Alfonso I, hijo del duque de Cantabria, a quien transmitió los derechos del trono, según la costumbre astur-cántabra. Con este matrimonio se logró la unión de Asturias y Cantabria, base de la monarquía asturiana.

ERMESSENDA. Condesa de Barcelona (¿?, 972-castillo de Besora, 1058). Hija de Roger I de Carcasona, se casó en 1001 con el conde Ramón Borrell III de Barcelona. En el testamento de su marido le fue legado el condominio de sus territorios junto con su hijo Berenguer Ramón I, figurando hasta 1020 como tutora y regente. A la muerte de su hijo, volvió a ejercer la regencia, esta vez sobre sus nietos; entre 1035 y 1040 dirigió personalmente los destinos de los condados de Barcelona y Gerona. A partir de 1041 comienzan las malas relaciones con su nieto Ramón Berenguer I, a quien, al final, vendió sus derechos sobre los condados catalanes, retirándose de la vida pública.

ESCOLÁSTICA, santa. Religiosa italiana (Nursia, h. 508-Piumarola, Montecassino, 547). Era hermana de san Benito de Nursia y desde niña se consagró al servicio divino. Cuando san Benito fundó Montecassino, abrió cerca un monasterio de monjas con la misma regla, llamado Piumarola, del que Escolástica fue abadesa.

ESPERT, Nuria. Actriz y directora de teatro española (Hospitalet de Llobregat, 1935). Comenzó su carrera profesional en 1959, trabajando en numerosas obras teatrales dentro y fuera del ámbito español. Dotada de un fuerte temperamento dramático y poseedora de una especial calidad vocal, Espert ocupa un lugar preeminente dentro del panorama teatral español contemporáneo y su importancia ha trascendido a toda Europa. En 1969 se le otorgó a su compañía el premio especial del XVI Festival Internacional de Arte Dramático de Belgrado, y de 1979 a 1980 fue codirectora del Centro Dramático Nacional. Entre sus

Concha Espina

representaciones destacan las realizadas bajo la dirección de Víctor García: *Yerma, Las criadas* y *Divinas palabras.* En 1986 fue aclamada internacionalmente por su montaje en Londres de *La casa de Bernarda Alba,* interpretada por Glenda Jackson y Joan Plowright. Ha dirigido, además, varias óperas, entre ellas: *Madame Butterfly* (1987), *Rigoletto* y *Electra* (1988), *La Traviata* (1989) y *Carmen* (1991).

ESPINA, Concha. Escritora española (Santander, 1869-Madrid, 1955). Se trasladó muy joven a Chile, donde colaboró con diversos periódicos, especialmente con *El Correo Español,* de Buenos Aires. De regreso a España, se inició como escritora con la novela *La niña de Luzmela* (1909), a la que siguieron *La esfinge maragata* (1914), centrada en las desgracias de una mujer que se vio obligada a tolerar una tormentosa vida conyugal, y, posteriormente, *El metal de los muertos* (1920), considerada su mejor obra y en la que describió con agudeza los ambientes mineros santanderinos. Su larga producción novelística alcanzó una gran popularidad en su época. En 1927 recibió el premio Nacional de Literatura, siendo propuesta ese mismo año para el premio Nobel.

ESTATIRA. Princesa persa (m. 323 a. C.). Era hija de Darío III. Después de la batalla de Isos, cayó en manos de Alejandro Magno, que se casó con ella, en Susa, el año 324. Fue estrangulada por orden de Roxana y de Pérdicas después de la muerte de Alejandro.

ESTE, Beatrice de. Duquesa de Milán y mecenas italiana (Florencia, 1475-Milán, 1497). Hija de Hércules I de Este y de Leonor de Aragón, se casó con Ludovico Sforza el Moro. Convirtió Milán en una de las cortes más brillantes de Italia, con Leonardo, Bramante y Rafael trabajando en ella. Bajo sus auspicios se construyeron obras maestras del «Quattrocento», como Santa María de las Gracias en Milán o el palacio de Ludovico el Moro en Ferrara. Fue, además, una prudente consejera de su marido, que quedó destrozado a su muerte.

ESTE, Isabel de. Marquesa de Mantua y mecenas italiana (Florencia, 1474-Mantua, 1539). Hermana de Beatrice de Este, se casó con Francisco II Gonzaga, marqués de Mantua. Fue una ardorosa humanista, creando una brillante corte, de la que es buen reflejo *El cortesano,* de Baltasar de Castiglione. Protegió, entre otros, a Rafael, a Mantegna y a Julio Romano, arquitecto de Mantua, y reunió una importantísima colección de obras de arte y manuscritos. Fue retratada por Leonardo y Tiziano, pinturas que se conservan en el Louvre.

ESTENSORO, Virginia. Escritora boliviana (La Paz, 1902-São Paulo, Brasil, 1970). Sus novelas tratan temas audaces y duros. En contraste, su obra poética es tierna y dulce. Sus obras más importantes son: *El occiso* (1937), *Memorias de Villa Rosa* (1976), libros de relatos y *Ego inútil* (1971), colección de poemas.

ESTER o ESTHER. Reina de Persia (s. V a. C.). Judía de la tribu de Benjamín, se casó con Asuero, rey de Persia. Según el relato bíblico del *Libro de Esther,* el ministro de este, Amán, logró una orden para ahorcar al judío Mardoqueo, tío de aquella, y matar a los demás israelitas, a los que odiaba. Pero Ester desbarató los planes de Amán, informando de ello al monarca, quien revocó la orden, haciendo ahorcar al favorito y concediéndole este puesto a Mardoqueo.

ESTRATÓNICE. Reina seléucida (m. 254 a. C.). Hija de Demetrio Poliercete, se casó con Seleuco Nicátor en el 301. Por razón de su extraordinaria belleza inspiró una violenta pasión en su hijastro Antíoco I Soter. Su marido Seleuco consintió en divorciarse y permitió que Estratónice se casara con Antíoco.

ETHERIA, ETERIA o EGERIA. Abadesa y escritora hispana (s. VII). Realizó un viaje a los Santos Lugares y recogió sus impresiones en *Itinerarium ad Loca Sancta,* en forma animada y minuciosa. En un principio se atribuyó este códice a Silvia de Aquitania, comprobándose, por el testimonio de san Valerio, del que fue coetánea, que pertenecía a Etheria, Egeria, Arteria o Geria, que de todas esas maneras se la ha llamado, nacida en las playas de extremo occidente de la Península, seguramente en Galicia.

EUDOXIA. Emperatriz de Oriente (m. Constantinopla, 404). Se casó con Arcadio (395) y gozó de gran influencia sobre él. Fue ambiciosa, intrigante y de carácter muy enérgico, ganándose la oposición de san Juan Crisóstomo; este la acusó desde el púlpito por su frivolidad, pero Eudoxia le hizo exiliarse (399-404).

EUDOXIA, Aelia. Emperatriz de Oriente (Atenas, 402-Jerusalén, 460). Hija del filósofo ateniense Leoncias, su primer nombre fue Atenaida o Atenais. Convertida al cristianismo en el 421, con el nombre de Aelia Eudoxia, y este mismo año se casó con Teodosio II, emperador de Oriente. Favoreció la cultura y se rodeó de gramáticos y filósofos. Acusada de infidelidad, se trasladó a Jerusalén, donde se dedicó a la meditación religiosa y a escribir una *Vida de San Cipriano* y *Vida de Cristo.*

EUDOXIA, Licinia. Emperatriz romana (¿?, 422-Constantinopla, ¿?). Hija de Valentiniano II, emperador de Occidente, y de su esposa Eudoxia. Fue mujer de gran influencia política, se casó con su primo Valentiniano III (437), gobernando con él. En 455, tras el asesinato de su esposo, fue obligada a casarse con Máximo, su asesino. Una tradición dice que fue hecha prisionera por los vándalos de Genserico, quien la liberó tras siete años de cautiverio.

EUDOXIA Feodorovna. Emperatriz de Rusia (Moscú, 1669-San Petersburgo, 1731). Fue la primera mujer del zar Pedro *el Grande* y madre del zarevich Alejo. Perteneciente a la secta rigorista de *raskolniks,* se opuso a las reformas de su marido, por lo que fue encerrada y profesó en un convento con el nombre de Elena (1698). Volvió a la vida pública intentando casarse con su amante Gliebov. Preparó un pequeño complot, pero Pedro *el Grande* la volvió a encerrar (1718-1727), decapitó a su hermano Abraham, empaló a su amante y ajustició al zarevich Alejo Petróvich.

EUGENIA MARÍA de Montijo de Guzmán, condesa de Teba. Emperatriz de Francia (Granada, 1826-Madrid, 1920). Hija del conde de Montijo y dotada de extraordinaria belleza, se casó, en 1853, con Napoleón III. Ejerció tres veces la regencia por ausencias de su marido: en 1859, en 1865 y en 1870. Proclamada la República en Francia, se trasladó a Inglaterra, en donde se reunió con su marido, que murió en 1873. Su único hijo, Luis, tomó parte, en 1879, en una expedición británica contra los zulúes y murió en una emboscada. Todos estos acontecimientos entristecieron el final de su larga vida que transcurrió en España.

EULALIA de Borbón. Infanta española (Madrid, 1864-Irún, 1958). Hija de Isabel II, a los cuatro años marchó al exilio con toda su familia. Regresó a España cuando fue proclamado rey su hermano Alfonso XII. Se la pretendió casar con el heredero al trono de Portugal; ella rechazó la boda, pues no quería ser reina. Casó por razón de estado con el duque de Orleans, del que se divorció, en 1911, sin el consentimiento de la monarquía española. Desde entonces fijó su residencia en París junto a su madre que vivía en el exilio. Hasta entonces había actuado frecuentemente en misiones diplomáticas por su dominio de cinco idiomas y su afán por viajar y conocer nuevas tierras y personas. Representó a España en la Exposición Universal de Chicago. Antes llevó a cabo una polémica visita a Cuba, en la que la revolución estaba ya en marcha. A su vuelta aconsejó la independencia de la isla. Publicó algunos libros en francés y una autobiografía que tuvo cierto éxito. Fue traducida al castellano con el título *Memorias de doña Eulalia de Borbón, ex infanta de España.* Sus publicaciones le causaron problemas con la corte española, pues en ellas siempre defendía la necesidad de la educación femenina como elemento de emancipación y cuestionaba los valores conservadores. Tuvo que abandonar Francia a causa de la guerra de 1914 y se instaló en el País Vasco para estar más próxima a las tierras francesas.

EULALIA de Mérida, santa. Virgen hispana (Mérida, 292-íd., 304). Según la tradición, escupió a la cara de unos oficiales romanos que le ordenaron que renegara de su fe cristiana, por lo que fue quemada en el horno que se conserva en la iglesia de su nombre en Mérida, Extremadura. Se refiere a Eulalia el poeta Prudencio en su *Peristephanon,* himno III. También san Gregorio de Tours describió el martirio, *In gloria martyrum,* cuya fama llegó hasta las iglesias de África, donde san Agustín lo exalta en un sermón. Hay que citar asimismo la *Secuencia de santa Eulalia,* transcripción a la lengua vulgar de una secuencia latina. Este poema fue compuesto h. 880 en la abadía de Saint-Amand y constituye el ejemplo más antiguo que se conoce de la poesía francesa.

EVA. Nombre de la primera mujer, madre del género humano, según el relato bíblico del *Génesis,* 2, 4. En el Libro existen dos relatos sobre su creación: el primero, de la costilla de Adán, a quien se le da como compañera *(Génesis,* 2, 23), y el segundo, como creada del barro, junto a Adán. Eva, según la tradición, fue seducida por una serpiente e indujo a Adán al pecado, por lo que fue condenada a parir a sus hijos con dolor, a ser dominada por el marido y a la expulsión del Paraíso. En la teología cristiana es contrapuesta a María, que viene a resolver el pecado por ella iniciado. La oposición entre las figuras de Eva y María ha sido retomada por numerosas teorías sociológicas y filosóficas a lo largo de la historia y, especialmente en la actualidad, por los estudios feministas.

EVANS, Mary Ann. V. **ELIOT, George.**

EVERSON, Cory. Fisioculturista estadounidense (Wisconsin, 1964). De familia alemana, realizó estudios de decoración de interiores en la universidad de su ciudad natal. Pronto se dedicó al fisioculturismo, que se convertiría en su verdadera profesión, habiendo ganado la mayoría de los galardones internacionales, entre ellos el premio Miss Olimpia, sucesivamente de 1985 a 1990. Posteriormente se ha dedicado al cine, a la televisión y al diseño de ropa deportiva.

EVERT-LLOYD, Chris. Tenista estadounidense (Fort Lauderdale, 1954). Evert ganó todos los grandes torneos internacionales de su época: Wimbledon (1974, 1976 y 1981), Roland Garros (1974, 1975, 1979, 1980, 1983, 1985 y 1986), Forest Hills (1975, 1976, 1977), Open de EE. UU. (1977, 1978, 1980, 1982) y Open de Australia (1982 y 1984). Con el equipo estadounidense ganó la Copa Federación en 1986 y 1989, año este último en el que se retiró de la competición.

EVITA. V. **PERÓN, María Eva Duarte de.**

F

FABIOLA de Mora y Aragón. Reina de Bélgica, de origen español (Madrid, 1928). Hija del marqués de Casa Riera y conde de Mora, en 1960 contrajo matrimonio con el rey Balduino I de Bélgica. Fabiola se ha ganado el cariño de los belgas gracias a su actitud prudente en los asuntos de Estado y a sus actividades encaminadas a proveer de bienestar a los más desprotegidos de su reino. Desde 1993, en que enviudó sin descendencia, su dedicación a las prácticas religiosas es mayor.

FABRI DE HILDEN, Marie Colinet. Médica suiza de origen genovés (ss. XVI-XVII). En 1578 se casó con Fabricio de Hilden, cirujano célebre en Alemania. Después de su boda fijaron residencia en Berna, donde ella reemplazó pronto a su marido en la atención de partos y después en el conjunto de la práctica médica. Sus operaciones se hicieron famosas al ser citadas por su marido en sus tratados, y algunas de ellas fueron logros espectaculares para la época.

FACCIO, Adele. Política italiana (Udine, 1920). Profesora de filología románica que militó en el movimiento antifranquista español (1948-1952). En Italia, a partir de los años sesenta, ha colaborado con el movimiento feminista. En 1973 fundó CISA (Centro informativo para la esterilización y el aborto) e inició la lucha en favor de la despenalización del aborto. Ha sido presidenta del Movimiento de Liberación de la Mujer y, desde 1976, es miembro del Partido Radical, por el que fue elegida diputada.

FALCÓN, Lidia. Política y feminista española (Madrid, 1935). Estudió derecho, periodismo y filosofía, y está considerada una de las más importantes feministas españolas. Fue militante del PSUC, y en 1976 creó el Colectivo Feminista de Barcelona, la revista *Vindicación Feminista* y la editorial Ediciones de Feminismo. En 1977 fundó la Organización Feminista Revolucionaria, que promovió la constitución del Partido Feminista, el primero en España, y desde 1979 dirige la revista *Poder y Libertad*. Es autora, ade-más, de la novela *Camino sin retorno* (1992), de la pieza teatral *Emma* (1992), de numerosos ensayos sobre temas relacionados con el feminismo: *La razón feminista* (1982-1983), *Violencia contra la mujer* (1991) y *Mujer y poder político* (1992). Ha colaborado en varios periódicos, entre ellos, *Diario 16*.

FALLACI, Oriana. Periodista y escritora italiana (Florencia, 1930). Ha sido corresponsal de *Época* y *L'Europeo* y sus artículos han sido publicados en *Il Corriere de la Sera*, *The New York Times* y en la revista *Life*. Se dio a conocer por sus entrevistas a personas famosas y especialmente por su trabajo como corresponsal de guerra en Vietnam, Oriente Medio y México, donde fue herida en la plaza de las Tres Culturas, etc. Ha escrito, además, varias novelas: *Nada y así sea* (1969), *Entrevistas con la historia* (1974) e *Inshallah* (1990), sobre el conflicto libanés; *Carta a un niño que nunca nació* (1975) y *Un hombre* (1980), en las que examina la naturaleza de las relaciones intersexuales. Esta última está inspirada en la trágica vida del poeta y guerrillero griego Alexandros Panagoulis. Es doctora *honoris causa* por el Columbia College de Chicago.

FARAH DIBA. Emperatriz de Irán (Teherán, 1938). En 1959 contrajo matrimonio con el sah de Persia, Muhammad Reza Pahlevi y recibió el título de reina. En 1960 dio a luz al príncipe heredero Reza Ciro, y en 1961 le fue concedido el título de emperatriz, siendo coronada, junto con su esposo, en 1967. En 1979 la pareja abandonó el país al convertirse Irán en una república islámica y fijó su residencia en EE. UU.

FARROW, Mia (Maria de Lourdes Villiers Farrow, llamada). Actriz estadounidense (Los Ángeles, 1945). Hija de Maureen O'Sullivan y de John Farrow, debutó en la televisión con la popular serie *Peyton Place*. Rodó su primer filme en 1964 y se hizo famosa en *La semilla del diablo* (Polanski, 1968). Ha estado casada dos veces, con Frank Sinatra (1966) y con André Prévin (1970), y mantuvo una larga relación con Woody Allen, del que se separó tormentosamente en 1992. Con Allen ha realizado sus mejores creaciones, destacando sus papeles en *Zelig* (1983), *Broadway Danny Rose* (1984), *La rosa púrpura de El Cairo* (1985), *Hannah y sus hermanas* (1986), *Alice* (1990) y *Maridos y mujeres* (1992).

FÁTIMA. Mujer árabe, transmisora de la sucesión consanguínea de Mahoma (La Meca, 606-Medina, 632). Hija menor de Mahoma y de Jadiya, madre de Hasán, Hosseín y Mohsen (muerto este muy niño), fue progenitora de todos los descendientes del Profeta. Tuvo por marido a Alí, primo hermano suyo, cuarto de los califas ortodoxos. Sus descendientes, que defienden que son los únicos sucesores legítimos de Mahoma, tomaron el nombre de fatimíes o chiítas.

FÁTIMA de Madrid. Astrónoma musulmana (s. X). Escribió numerosos trabajos de astronomía. Sus publicaciones se conocen con el nombre de *Correcciones de Fátima*. Colaboró con su padre, el conocido astrónomo Mostema-ben-Ahmed el Magerit. Su obra *Tratado del astrolabio* se conserva en la biblioteca del monasterio de El Escorial.

FAUSTA Flavia Maximiana. Emperatriz romana (Roma, 289-íd., 327). Hija del emperador Maximiano Hércules y segunda esposa del emperador Constantino I, con quien tuvo varios hijos. Intervino en las intrigas por el poder, lo que la llevó a ser acusada de adulterio y ahogada en el baño por orden de su marido.

FAUSTINA la Mayor (Annia Galeria). Emperatriz romana (104-141). Hija de Annio Vero y esposa del emperador Antonino Pío. A su muerte, el emperador la elevó a categoría de diosa y el Senado le consagró un templo cuyos restos aún son visibles en la iglesia de San Lorenzo, en Miranda.

FAUSTINA la Menor (Annia Galeria). Emperatriz romana (Roma, 125-Halala, Capadocia, 175). Hija de Antonino Pío y de Faustina la Mayor, y esposa de Marco Aurelio. Recibió el apelativo de *Mater castrorum* por haber acompañado a su marido en numerosas campañas. Murió en Oriente, dejando numerosos hijos. Su marido fundó en su honor la ciudad de Faustinópolis. Tras su muerte, fue elevada a categoría de diosa y el Senado ordenó que se le erigiese una estatua en el templo de Venus. No obstante, como a su madre, la historiografía coetánea la acusa de malas cualidades. Se conservan de ella numerosos bustos y medallas.

FEDRA. Princesa cretense, hija de Minos y Pasífae. La leyenda cuenta que se casó con Teseo y se enamoró de su hijastro Hipólito, quien se negó a corresponderle. Ella le acusó, por despecho, de haberla violado e Hipólito murió despedazado. Fedra, llena de remordimientos, se ahorcó. Su figura ha servido de inspiración a numerosas obras artísticas y literarias a lo largo de la historia.

FELICIA de Roucy. Reina de Aragón (Barbastro, 1005-Barcelona, 1094). Era hija de Hilduino de Roucy y se casó en 1074 con Sancho I Ramírez de Aragón. Colaboró con su marido en tareas de gobierno y fue madre de los reyes Pedro I, Alfonso I y Ramiro II de Aragón.

FÉLIX, María. Actriz de cine mexicana (Sonora, 1915). Considerada uno de los mitos del cine mexicano, debutó, en 1942, con el melodrama *El peñón de las ánimas,* de Miguel Zacarías, y desde entonces protagonizó un gran número de películas, entre las que destacan: *Doña Bárbara* (Fuentes, 1943) y *Enamorada* (Fernández, 1946). Estrella del cine hispanoamericano, trabajó con los mejores directores, como Luis Buñuel, Luis Alcoriza o Jean Renoir. Ha recibido varios premios Ariel y un Victoire a la actriz más popular. Estuvo casada varias veces. Fueron famosos sus matrimonios con el compositor Agustín Lara, que le dedicó la canción *María Bonita,* y con el actor Jorge Negrete.

FERNÁN CABALLERO. V. **CABALLERO, Fernán.**

FERNÁNDEZ, María del Rosario. V. **TIRANA, La.**

FERNÁNDEZ CUBAS, Cristina. Escritora española (Arenys de Mar, 1945). Ha publicado numerosos relatos: *Mi hermana Elba* (1980), *El cíngulo del horror* (1990) y *Con Ágatha en Estambul* (1994), donde expresa una serie de reflexio-nes sobre la femineidad. Sus novelas son: *El año de gracia* (1985), que ha obtenido un gran éxito y ha sido traducida al francés, holandés, alemán, etc., y *El columpio* (1995). Se la considera como uno de los valores más destacados de la última generación de escritores españoles.

FERNÁNDEZ OCHOA, Blanca. Esquiadora española (Madrid, 1963). En 1985 obtuvo la Copa del Mundo en eslalon (EE. UU.), convirtiéndose en la primera esquiadora española en obtener esta victoria. Ha conseguido otros triunfos importantes en los Juegos Olímpicos de Sarajevo (1984) y de Calgary (1988) y en otras competiciones internacionales. En 1992 consiguió la medalla de bronce en el eslalon especial de los Juegos Olímpicos de Albertville, y en ese mismo año, al terminar la temporada, anunció su retirada definitiva de la competición.

FERREIRA DE LA CERDA, Bernarda. Escritora portuguesa (Oporto, 1595-Lisboa, 1644). De gran cultura, fue preceptora de los hijos de Felipe IV de España (III de Portugal) y a ella se deben, entre otras obras, *Soledades de Buçaco, Poesías y diálogos* y *España libertada* (1618).

FIGUERA AYMERICH, Ángela. Poeta española (Bilbao, 1902-Madrid, 1984). Su obra se inicia con una clara influencia de la poesía de Antonio Machado para desembocar en un compromiso social y existencialista. Sus obras más representativas son: *El grito inútil* (1952) y *Belleza cruel* (1958).

FINI, Leonor. Pintora italiana (Buenos Aires, 1918). En los años treinta se vinculó a los surrealistas, creando pinturas cargadas de erotismo y pobladas de figuras femeninas ambiguas. Destacó como ilustradora de libros de importantes escritores (J. Genet, Baudelaire, Sade, Poe), y realizó decorados, vestuarios y máscaras para los teatros de la Comédie Française, la Ópera de París y la Scala de Milán, y para los filmes *Romeo y Julieta* (1954) y *Satyricon* (1969), dirigido, este último, por F. Fellini. De sus innumerables exposiciones destacan las de París (1936 y 1959), Nueva York (1938 y 1964) y Londres (1960). Sus pinturas figuran en los grandes museos del mundo. En 1986 el museo de Luxemburgo organizó una retrospectiva de su obra.

FINNBOGADÓTTIR, Vidgis. Política islandesa (Reykiavik, 1930). Opositora a la presencia estadounidense en Islandia y a la base de la OTAN en Keflavik. Desde su puesto de directora del Teatro Nacional de Reykiavik difundió a autores extranjeros reconocidos, como Lope de Vega o García Lorca. Después de separarse de su marido adoptó una niña; siguiendo su ejemplo, otras mujeres solteras o separadas pudieron hacer otro tanto. De 1980 a 1996 asumió la presidencia de la nación, convirtiéndose en la primera mujer que ha logrado ocupar dicho cargo en la república islandesa.

FIRESTONE, Shulamith. Feminista canadiense (Ontario, 1945). Firestone, una de las teóricas más representativas del feminismo radical neoyorquino, fue cofundadora, en 1967, del movimiento Radical Woman, centrado en la importancia de la identidad sociosexual más que en la identidad socioeconómica. Su libro *La dialéctica del sexo* (1971) propone la actitud que las mujeres deben asumir para poder eliminar las clases sexuales. Apoyada en las ideas marxistas de F. Engels y S. de Beauvoir, Firestone argumenta que sólo habrá una revolución real cuando la mujer se libere de la responsabilidad de criar a los hijos y rompa con la «tiranía de la familia biológica» mediante la reproducción artificial.

FITZGERALD, Ella. Cantante de jazz estadounidense (Newport News, Virginia, 1918-Beverly Hills, California, 1996). Fitzgerald, considerada una de las mejores cantantes de jazz de todos los tiempos, comenzó su carrera en 1934 participando en un concurso para aficionados en el Apolo Harlem de Nueva York, donde la escuchó C. Webb, quien la contrató para su orquesta, y con quien posteriormente se casaría. A la muerte de Webb (1939), llevó las riendas de la orquesta hasta 1942, cuando comenzó a destacar como solista, adquiriendo más adelante renombre internacional. Cantó con las orquestas de Duke Ellington, Count Basie, Louis Armstrong, Oscar Peterson y Norman Granz. La «dama del jazz» grabó discos que batieron todos los récords de venta, con unos 30 millones de ellos vendidos en los años cincuenta. Cabe mencionar *A Tisket a Tasket* (1938), *Lady be Good* (1946), *Stompin' at the Savoy* (1956), *Into Each Life Some Rain Must Fall* (1963) e *Imagine my Frustration* (1965).

FLACK, Audrey. Pintora estadounidense (Nueva York, 1931). Estudió arte en Nueva York, donde ha ejercido como profesora en varias universidades. A principios de los años setenta se encuadró dentro de la abstracción y posteriormente evolucionó hacia la pintura realista o lo que ella denominó *super-realism.* Su obra, influida por los grandes pintores del Renacimiento y por artistas contemporáneos como Kline y Pollock, se caracteriza por la luz, las yuxtaposiciones, las vibraciones del color, la distribución del espacio y los lienzos de gran tamaño. Flack está considerada una figura esencial del arte estadounidense contemporáneo, y sus obras aparecen expuestas en el Museo de Arte Contemporáneo y en el Museo Metropolitano de Nueva York.

FLAVIGNY, Marie de (condesa de Agoult). Escritora francesa de origen alemán que utilizó el seudónimo de Daniel Stern (Frankfurt, 1805-París, 1876). Renombrada figura de la alta sociedad alemana y francesa, Flavigny sostuvo relaciones íntimas durante diez años con F. Liszt. Su casa se convirtió en un importante lugar de encuentro de los intelectuales de la época. Entre sus obras destacan las novelas *Nélida* (1846), de contenido autobiográfico, y *Valentia* (1883), en la que concibe el matrimonio como un vehículo para legalizar la violación; sus ensayos *Esquisses morales* (1849), considerada su mejor obra, e *Histoire de la révolution de 1848* (1851), sobre el clima político y social de la Francia del siglo XIX, y sus estudios sobre María Estuardo y Juana de Arco.

FLORENTINA, santa. Virgen hispanorromana del reino visigodo (ss. VI-VII). Perteneciente a una ilustre familia de abolengo romano, procedente de Cartagena, y hermana de los santos doctores Fulgencio, Isidoro y Leandro. Fue superiora de un convento de obediencia hispánica fundado en Écija, y para ella escribió san Isidoro de Sevilla su obra *De ecclesiasticis officiis.* Murió a edad muy avanzada.

FLORES, Josefa o **Pepa.** Cantante y actriz de cine española (Málaga, 1947). Bajo el nombre artístico de *Marisol,* se reveló como una magnífica actriz infantil en la película *Un rayo de luz,* por la que fue proclamada en Venecia la mejor actriz infantil (1960), convirtiéndose posteriormente en una auténtica estrella de la pantalla grande: *Ha llegado un ángel* (Lucia, 1961), *Tómbola* (Lucia, 1962), *Marisol rumbo a Río* (Palacios, 1963), *La nueva Cenicienta* (Sherman, 1965), *Cabriola* (Ferrer, 1965), *Carola de día, Carola de noche* (Armiñán, 1968) y *La chica del Molino Rojo* (Martín, 1973). En 1973 intervino por primera vez en una obra de teatro, *Quédate a desayunar,* y con *Los días del pasado* obtuvo el premio a la mejor interpretación en el Festival de Karlovy-Vary (1978). Tras esta faceta infantil y juvenil, y bajo el nombre de Pepa Flores, se ha dedicado fundamentalmente a la canción *pop* de raíces andaluzas. En 1983 intervino como cantaora en la película *Carmen,* de Carlos Saura.

FLORES, Lola (Dolores Flores Ruiz, llamada). Cantante, bailaora y actriz española (Jerez de la Frontera, 1923-Madrid, 1995). Ha sido una de las más destacadas personalidades del género folclórico. En 1967 se le concedió el premio Sindical a la mejor estrella por su película *Una señora estupenda* (Martín, 1967) y el lazo de Isabel la Católica. Entre sus películas destacan, además, *La niña de la venta* (Torrado, 1951), *Estrella de Sierra Morena* (Torrado, 1952), *La hermana Alegría* (Lucia, 1954), *Morena Clara* (Lucia, 1954), *Limosna de amores* (Morayta, 1955), *La Faraona* (1956), apelativo con el que se la suele nombrar; *María de la O* (1958), *El balcón de la luna* (Saslavsky, 1962), *Casa Flora* (Fernández, 1973) y *Los invitados* (Barrera, 1987). Además de su actividad cinematográfica y como cantante y bailaora, en la última etapa de su vida hay que destacar su participación en la serie televisiva *Juncal* (1988), de Jaime de Armiñán, y su actividad como presentadora de televisión en el programa *Sabor a Lolas* (1992-1993). Estuvo casada con el guitarrista Antonio González *el Pescaílla;* sus hijos han seguido la tradición familiar dedicándose también a la canción.

FLORES DE OLIVA, Isabel. V. **ROSA de Lima, santa.**

FLORESTA, Augusta Nísia. Escritora brasileña (Rio Grande do Norte, 1810-Río de Janeiro, 1885). Colaboró en varios periódicos, y en 1938 fundó la escuela Augusto en Río de Janeiro. Fue una de las precursoras del movimiento feminista brasileño y una de las primeras abolicionistas. Entre sus obras, de marcada orientación didáctica, destacan: *A lágrima de un caéte* (1849) y *Dedicação a uma amiga* (1850). Utilizó los seudónimos de Una Brasileña, Telesilla y N. F. B. A.

FLORINDA la Cava. Noble hispanovisigoda de incierta historicidad (s. VIII). Dama de la reina Egilona, esposa de don Rodrigo, último rey visigodo de Toledo, e hija del conde don Julián. Según una leyenda de orígenes muy dudosos, prendado de su belleza, el rey abusó de ella, lo cual motivó la traición de don Julián que posibilitó la invasión musulmana.

FOLIGNO, beata Ángela de. Teóloga y escritora mística italiana (Foligno, Umbría, 1248-íd., 1309). Contrajo matrimonio muy joven, abandonando, con consentimiento de su esposo, a su familia para ingresar en la orden de las clarisas en 1291. Fundó en su ciudad natal una compañía de la Orden Tercera de San Francisco. Fue muy célebre por sus visiones místicas, que relató en su *Liber de vera fidelium experientia.* Sus obras y pensamientos se difunden a partir del siglo XVI, siendo comparada con santa Teresa de Ávila. Fue beatificada por Inocencio XII.

FONDA, Jane. Actriz estadounidense (Nueva York, 1937). Hija del también actor Henry Fonda, ha sido una de las actrices estadounidenses contemporáneas mejor cotizadas, especialmente en las décadas de los setenta y ochenta. Entre sus películas destacan: *La gata negra* (Dmytryk, 1961), *Confidencias de mujer* (Cukor, 1962), *Barbarella* (Vadim, 1968), *Danzad, danzad, malditos* (Pollack, 1969), *Klute* (Pakula, 1971), por la que obtuvo el Oscar a la mejor actriz, *Todo va bien* (Godard, 1972), *Julia* (Zinnemann, 1977), *El regreso* (Ashby, 1977), con la que obtuvo de nuevo el Oscar, *En el estanque dorado* (Rydell, 1981), en la que actuó junto a su padre, y *Agnes de Dios* (Jewison, 1985). Ha aprovechado su fama como actriz para trabajar activamente en la defensa de diversos colectivos de oprimidos, como los indios, o de marginados, como los sordomudos o los ex combatientes del Vietnam, siendo persona cercana al Partido Demócrata. En los últimos años se han hecho muy famosos sus trabajos sobre ejercicios aeróbicos, libros y vídeos. En 1980 fue elegida como la mujer más influyente de EE. UU.

Jane Fonda

FONSECA, Beatriz Rodríguez de. Dama castellana (Salamanca, 1351-íd., 1429). Era hija del primero de los Fonseca, Pedro Rodríguez, y heredó de él honores y prebendas. Se casó con Alfonso de Ulloa, dando origen al linaje nobiliario que conservó el apellido Fonseca.

FONSECA, marquesa de (Eleonora de Pimentel). Escritora y patriota italiana (Roma, 1752-Nápoles, 1799). Era hija de un exiliado portugués y adquirió gran fama literaria con sus sonetos y composiciones dramáticas. Fue condenada por los borbones napolitanos, tras haber desempeñado un importante papel en la creación de la República Partenopea, en 1799.

FONTAINE, Joan (Joan de Havilland, llamada). Actriz de cine estadounidense de ascendencia británica (Tokio, 1917). Hermana de Olivia de Havilland, ganó el Oscar por su interpretación en *Sospecha* (1941), de Hitchcock, consagrándose definitivamente con este mismo director en *Rebeca* (1942). Después rodaría otras muchas, entre las que destacan *La ninfa constante* (Goulding, 1943), *Carta de una desconocida* (Ophüls, 1948), *Ivanhoe* (Thorpe, 1952), *Tres historias de amor* (Fregonese, 1953), *Más allá de la duda* (Lang, 1956), *Una cierta sonrisa* (Negulesco, 1958), *Viaje al fondo del mar* (Allen, 1961) y *Suave es la noche* (King, 1961).

FONTEYN, Margot (Margaret Hookham, llamada). Bailarina británica (Reigate, Surrey, 1919-Los Ángeles, 1991). Comenzó su carrera profesional en 1934 en la compañía de Sad-ler's Wells, a la que perteneció siempre, y ese mismo año sustituyó a Alicia Markova, de cuyos papeles se encargó. Interpretó el repertorio clásico habitual, destacando como protagonista de *Giselle, El lago de los cisnes* y *La bella durmiente.* Al mismo tiempo, fue la intérprete de una serie de bailes que para ella coreografió Frederick Ashton, entre ellos, *Nocturno* (1936), *Variaciones sinfónicas* (1946), *Dafnis y Cloe* (1951), con decorados de Bakst, y *Tiresias* (1951). Trabajó esporádicamente en el Ballet de Roland Petit, quien le dedicó *Les demoiselles de la nuit.* Con Rudolph Nureyev formó una de las más famosas parejas de la danza clásica y, a partir de 1954, fue nombrada presidenta de la Academia Real de Danza. A Fonteyn se la considera una de las figuras clave de la danza clásica contemporánea; su estilo se correspondió con la perfección técnica y elegancia que caracterizan la escuela británica. En 1976 publicó su autobiografía bajo el título de *Margot Fonteyn.* Al final de su vida artística se retiró a su residencia de Panamá y se dedicó a cuidar de su marido paralítico. En 1988 el Covent Garden celebró un homenaje para recaudar fondos para la bailarina. Ella decía: «Si vives demasiado, te quedas sin amigos y sin dinero.» Un proceso canceroso acabó con su vida.

FÓRMICA, Mercedes. Escritora española (Cádiz, 1918). Ha dirigido las revistas *Medina* y *Feria.* Bajo el seudónimo de Elena Puerto ha publicado gran número de novelas de tema sentimental. También le interesan los temas históricos y sobre todo destacar la situación de opresión de las mujeres. Entre sus obras sobresalen *A instancia de parte* (1955), *Collar de ámbar* (1989).

FORNARINA, La (Margarita Luti, llamada). Joven romana (Roma, ¿?-íd., 1545). Fue amante de Rafael y el artista la inmortalizó con sus pinceles, como en la estancia de la Signatura del Vaticano (1509-1511) y en la *Donna velata.* De su vida se tienen escasas noticias. Se sabe que era hija de un panadero, de donde procede el apodo con que es conocida. Aparece retratada en otros muchos cuadros del genial pintor y también fue modelo de otros artistas.

FORNER, Raquel. Pintora, dibujante y grabadora argentina (Buenos Aires, 1902-íd., 1995). Estudió en la Academia de Bellas Artes de Buenos Aires y en París con O. Friez, exponiendo en el Salón de las Tullerías en 1930. Participó en numerosas exposiciones colectivas e internacionales en Nueva York y San Francisco (1939), Washington (1956), la Bienal de Venecia y México (1958). Considerada una de las mejores pintoras argentinas, en 1955 recibió el premio de Honor del Salón de Bellas Artes de Buenos Aires y en 1962 el Gran Premio de la Bienal de Córdoba (Argentina).

FORQUÉ, Verónica. Actriz española (Madrid, 1955). Hija del director J. M. Forqué y de la escritora Carmen Méndez Vigo, comenzó su carrera junto a su padre con películas como *Una pareja distinta* (1974), *Madrid, Costa Fleming* (1975) o *El segundo poder* (1976) y la serie *Ramón y Cajal* para TVE. Pero es en los años ochenta cuando se impone su calidad interpretativa y su estilo gracioso, con películas de gran éxito como: *¿Qué he hecho yo para merecer esto?* (Almodóvar, 1984), *El año de las luces* (Trueba, 1986), *La vida alegre* (Colomo, 1986), *Moros y cristia-*

nos (Berlanga, 1987), *Bajarse al moro* (Colomo, 1989), *¿Por qué le llaman amor cuando quiren decir sexo?* (Gómez Pereira, 1992), *Kika* (Almodóvar, 1993) o *El tiempo de la felicidad* (Iborra, 1997). Fue galardonada con dos premios Goya de interpretación en 1986 y 1987. También ha realizado varias interpretaciones teatrales *(Bajarse al moro; Ay, Carmela; Casa de dos puertas mala es de guardar)*.

FORTABAT, Amalia Lacroze Reyes de. Mujer de negocios argentina (Buenos Aires, 1922). Tras la muerte de su esposo (1976), Fortabat se pone a la cabeza de una empresa que produce más de 200 toneladas de cemento al año, convirtiéndose en una de las mujeres más ricas de Hispanoamérica. Gran parte de su fortuna la ha destinado a obras benéficas como la construcción de hospitales infantiles. Dirige la Liga de Amas de Casa, y en la actualidad es una de las mujeres más populares de Argentina.

FORTIÁ, Sibila de. V. **SIBILA** o **SIBILLA de Fortiá.**

FORTÚN, Elena. Seudónimo de la escritora española Encarnación Aragoneses (Madrid, 1886-íd., 1952). Escribió numerosos cuentos infantiles de gran éxito, y fue colaboradora de la revista *Blanco y Negro* y de otras publicaciones españolas y americanas. Alcanzó celebridad por ser la creadora de «Celia», uno de los personajes más conocidos de la literatura infantil española.

FOSSEY, Diane. Zoóloga estadounidense (Nueva York, 1932-Ruanda, 1985). Maestra de niños con problemas, su vida cambió, en 1960, con la lectura de la obra de George Schaller, primer científico en estudiar los gorilas del Zaire. Seis años más tarde abandonó su trabajo y fue tras el rastro de los últimos gorilas de montaña, descubriendo una comunidad de 220 especímenes en los campos volcánicos que separan Ruanda de Zaire y Uganda. En 1977 funda el Karisoke Research Center, gracias al cual estudia el comportamiento de los gorilas, llegando a conclusiones parecidas a las de Jane Goodall con los chimpancés. Escribió un libro titulado *Trece años con los gorilas* (1984). Su vida ha dado origen al filme *Gorilas en la niebla* (1988). Murió asesinada probablemente por cazadores furtivos.

FOSTER, Jodie (Alicia Christian Foster, llamada). Actriz y directora estadounidense (Los Ángeles, 1962). Después de aparecer como actriz infantil en varias películas —*Napoleón y Samant* (MhacEveety, 1972), *Las aventuras de Tom Sawyer* (Taylor, 1973) o *Alicia ya no vive aquí* (Scorsese, 1974)—, protagonizó *Taxi Driver* (Scorsese, 1976), demostrando un excepcional talento como actriz. En 1988 fue premiada con el Oscar a la mejor interpretación femenina por *Acusados*, de Kaplan, repitiendo galardón en 1991 por *El silencio de los corderos*, de J. Demme. Debutó como directora en 1991 con el filme *El pequeño Tate*, al que se sumó posteriormente la comedia *A casa por vacaciones* (1995). Se define como feminista y en su trabajo como directora manifiesta una total independencia con respecto a las productoras. Llegó a decir que «para que te produzcan un filme parece ser condición indispensable tener pene». Sobre su vida privada tiene una gran reserva.

FOURMENT, Helene. Dama flamenca (Anvers, 1614-Bruselas, 1673). Segunda esposa de P. P. Rubens, se casó con él cuando contaba 16 años y el pintor 53, siendo viudo y padre de diez hijos. Su unión duró diez años, hasta la muerte de Rubens (1640). Helene fue el origen del más espléndido período de Rubens, fuente interminable de inspiración. Se la puede reconocer en muchos trabajos de este período rubensiano, especialmente en los retratos de personajes mitológicos y en los de la Virgen María. A la muerte del pintor volvió a casarse con el barón de Bergeyck.

FOURQUET, Jeanne. V. **LAISNÉ, Jeanne.**

FRACCI, Carla. Bailarina italiana (Milán, 1936). Está considerada una de las bailarinas más populares de Italia y una de las figuras más relevantes del ballet clásico contemporáneo. Se formó en la escuela de danza de la Scala de Milán, y de 1958 a 1963 fue primera bailarina de dicha compañía. Fracci, poseedora de una presencia escénica formidable, ha sabido imponer a sus creaciones una gracia exquisita. Ha destacado particularmente en *Giselle, La sílfide, La bella durmiente del bosque* y *Romeo y Julieta*.

FRAME, Janet. Escritora neozelandesa (Oamaru, 1924). Considerada la mejor novelista neozelandesa contemporánea, Frame comenzó a escribir motivada por el psiquiatra que la trataba en la clínica en la que estuvo internada varios años. En 1956 obtuvo una beca que le permitió vivir en España e Inglaterra durante siete años. Su obra se ha centrado en personajes marginados y en la búsqueda angustiosa de una identidad personal y nacional: *The Lagoon* (1951), colección de relatos; *Al margen del alfabeto* (1962), *A State of Siege* (1966) y *The Carpathians* (1988), novelas, y los tres volúmenes autobiográficos: *A la isla* (1983), *Un ángel en mi mesa* (1984) y *El enviado de Mirror City* (1985), que sirvieron de base al filme del mismo nombre dirigido por Jane Campion.

FRANCISCA Javier Cabrini, santa. Misionera estadounidense, de ascendencia italiana y origen campesino (Lodi, 1850-Chicago, 1917). Decidió la fundación de las Hermanas Misioneras del Sagrado Corazón para ayudar a los numerosos emigrantes italianos que tenían que abandonar su tierra y buscar mejor situación económica en otros lugares lejanos. La orden fue aprobada en 1888 y se extendió rápidamente por EE. UU., Francia, Inglaterra, España, etc. Viajó incansablemente para lograr la extensión de su obra. Fue canonizada por Pío XII en 1946, y es la primera santa estadounidense y la patrona de los emigrantes.

FRANCO, María del Carmen Polo de. Esposa del dictador Francisco Franco que ocupó el cargo de primera dama durante 40 años. (Oviedo, 1902-Madrid, 1988). De su matrimonio con Franco nació una única hija, Carmen. Según reconoció Bulart, capellán de Franco, llegó a ostentar un inmenso poder político, social y cultural durante los años de la dictadura.

FRANK, Anne. Joven judeo-alemana, víctima de la persecución nazi (Frankfurt, 1930-campo de concentración de Bergen-Belsen, 1945). Se ha hecho famosa en el mundo entero después de muerta por su *Diario*, en el que narró las vicisitudes ocurridas a ella y a su familia en la buhardilla de una casa de la ciudad de Amsterdam, donde estuvieron escondidos durante dos años (1942-1944). Alguien lo recogió y lo entregó, más tarde, a su padre,

Anne Frank

Otto Frank, único superviviente. Se publicó por vez primera en 1947 con el título de *Het Achternius,* y después ha sido llevado al cine y al teatro.

FRANKEL, Herta. Ventrílocua austriaca (Viena, ¿?-Barcelona, 1996). Llegó a España en 1942 con la compañía de variedades Los Vieneses, que venía huyendo de la guerra. Tuvieron gran éxito, quedándose la mayoría de ellos en España. Ella se afincó en Barcelona y su fama se debe a su asidua participación en TVE acompañada de sus marionetas, sobre todo de la perrita *Marilyn.*

FRANKLIN, Aretha. Cantante estadounidense (Tennessee, 1942). Comenzó cantando *gospel* en la iglesia baptista, que posteriormente trasladaría al mundo del espectáculo musical junto con el *blues,* el jazz y el pop. Su registro e intensidad vocálica la han convertido en una de las más famosas cantantes estadounidenses contemporáneas. Franklin, bautizada como *Lady Soul,* es considerada un símbolo de la comunidad afroamericana de ese país. Ha trabajado con grandes músicos, como Ray Charles, Eric Clapton y George Benson. Entre sus discos destacan: *I Never Loved a Man* (1967), *Live at Fillmore West* (1971), *Amazing Grace* (1972) y *Through the Storm* (1989).

FRASER, Dawn. Nadadora australiana (Sydney, 1937). En 1956, 1960 y 1964 fue campeona olímpica en 100 m estilo libre. Fue la primera mujer que consiguió rebajar a menos de un minuto en esta especialidad en 1962.

FREDEGUNDA. Reina franca de Neustria (Montdidier, h. 545-París, 597). Favorita y más tarde esposa de Chilperico I, rey de Neustria. Hizo asesinar a la primera esposa de su marido y a dos de sus hijos, a Sigeberto, hermano de Chilperico y rey de Neustria, y, por último, a su mismo marido. Toda su vida fue un continuo enfrentamiento con su oponente, la reina Brunequilda.

FRÉMYOT DE CHANTAL, Juana Francisca. V. **JUANA FRANCISCA Frémyot de Chantal, santa.**

FREUD, Anna. Psicoanalista británica de origen austriaco (Viena, 1895-Londres, 1982). Al igual que su padre, Sigmund Freud, se dedicó al psicoanálisis, siendo una de las pioneras del psicoanálisis infantil. Se dedicó especialmente a estudiar los problemas educacionales y de 1925 a 1938 fue presidenta del Instituto de Formación Psicoanalítico de Viena. Durante la Segunda Guerra Mundial, junto con otras familias judías, emigró a Londres. Allí, entre 1940 y 1945, organizó la Residential War Nursery for Homeless Children, para niños huérfanos. En 1952 fundó y dirigió la clínica Hampstead, centro de cuidados, formación e investigación en psicoterapia infantil, que se convirtió en uno de los centros más importantes del mundo. Entre sus publicaciones destacan: *Introducción al psicoanálisis para educadores* (1931), *El yo y los mecanismos de defensa* (1937) y *Normalidad y patología en la niñez* (1968).

FREUND, Gisèle. Fotógrafa francesa de origen alemán (Berlín, 1912-París, 1995). En 1936 se doctoró en fotografía y posteriormente trabajó como fotógrafa de prensa de la revista *Life* y de la agencia Magnum (1936-1947). Su fotografía, especialmente retratos de artistas y escritores famosos (Valéry, Claudel, Joyce, Hemingway, Monnier), intenta reflejar el mundo psicológico del personaje fotografiado y el entorno social. Entre sus publicaciones destacan: *El mundo y mi cámara* (1970), *Fotografía y sociedad* (1974), *Tres días con Joyce* (1982) e *Itinerarios* (1985), sobre el París de la época nazi.

FRIEDAN, Betty. Feminista estadounidense (Peoria, Illinois, 1921). Estudió psicología y sociología, y posteriormente se dedicó a la defensa de los derechos de las mujeres, denunciando los tabúes que impiden que se liberen de las tutelas y los mitos que las retienen prisioneras de cierto modelo de sociedad. En 1963 publicó *La mística de la feminidad,* que fue la primera investigación en EE. UU. sobre la construcción social y cultural de la feminidad, y que tuvo un gran impacto, tanto en el ámbito nacional como internacional. En 1966 cofundó la famosa National Organization for Woman (NOW), de la que fue su primera presidenta y cuyo objetivo principal era obtener la legalización del aborto y la igualdad salarial entre hombres y mujeres. En 1970 fue la principal organizadora de la manifestación convocada por el Frente de Liberación de la Mujer en EE. UU. Entre sus publicaciones posteriores figuran: *Changed My Life* (1976) y *The Second Stage* (1982), donde sus posturas ideológicas se contraponen a las de su primer libro.

FRIES, condesa de (Marie-Thérèse Hohenlohe-Waldenburg-Schillingfürst). Mecenas austriaca (Viena, h. 1780-Vöslau, 1819). Se casó en 1800 con el conde de Fries, mecenas tremendamente rico, y protegió a los pintores más famosos de su tiempo en los salones del palacio Pallavicine, en Viena. Por ello es una de las damas más retratadas de principio del siglo XIX (Abel, Liotard, Genevois, Gérard, etc.), apareciendo su rostro en numerosas miniaturas y diseños.

FRINÉ. Cortesana griega (n. Tespia, s. IV a. C.). Famosa por su belleza, fue amante de Praxíteles, al que sirvió de modelo para sus estatuas de Venus. Acusada de impiedad, fue desnudada por su defensor, el orador Hipérides, ante los jueces, y, admirados estos de su belleza, la absolvieron por unanimidad. Este hecho fue debido a que los griegos creían en la correlación entre la belleza corporal y la espiritual, y, por tanto, Friné no podía ser culpable del delito que se le imputaba.

FRINK, Elizabeth. Escultora británica (Thurlow, 1931-Dorset, 1993). Estudió en las escuelas de arte de Guildford y Chelsea. Considerada como una de las principales exponentes de la escultura figurativa, su obra, mayoritariamente en bronce, ha tenido como motivo más destacado la fuerza del movimiento reflejado en personas y animales corriendo. Su única escultura de mujer es una virgen que se encuentra frente a la catedral de Salisbury. Entre sus obras destacan: *Mendigo ciego y perro* (1956) y *Caballo y jinete* (1969). En 1969 le fue concedida la Orden del Imperio Británico, con el título de Dama.

FRY, Elizabeth. Dama británica (Norwich, 1780-Ramsgate, 1845). Llamada «el Ángel de las Prisiones», en su adolescencia educó a los niños pobres de su vecindad, más adelante se dedicó al cuidado de los enfermos y, finalmente, se hizo cargo de la educación de las madres y los niños de la prisión de Newgate (Londres). Con su altruismo consiguió que se reformaran las duras condiciones de vida de las penitenciarías. Para extender su obra realizó viajes a América, Suiza, Francia y Alemania. Sus hijas publicaron sus memorias en dos volúmenes.

FUERTES, Gloria. Poeta y cuentista española (Madrid, 1918). Su poesía se distingue por el tono personal y subjetivo, marcadamente oral, que refleja, en sentimientos hondos y colectivos, la constatación de la vida y la muerte, del amor y del dolor, conceptos y realidades que resultan universales, no exentos, a veces, de humorismo. Obras: *Isla ignorada* (1958), *Aconsejo beber hilo* (1954), *Todo asusta* (1958), *Cómo atar los bigotes del tigre* (1969), *Antología poética 1950-1969* (1970), *Sola en la sala* (1973), etc. Entre sus obras posteriores destacan: *Obras incompletas* (1975), *Historia de Gloria (Amor y desamor)* (1980), *Así soy yo* (1981) y *El pirata mofeta y la jirafa coqueta* (1986). Sus cuentos, canciones y poesías para niños, dotados de una intuición y encanto sin igual, han alimentado la imaginación infantil durante décadas.

FUGGER, Bárbara. Empresaria alemana (1407-1499). Casada con un modesto comerciante de paños, Bárbara se convirtió en su fiel colaboradora. Ambiciosa y muy enérgica, fue el origen de la expansión de la casa Fugger, que llegaría a ser uno de los bancos y de las manufacturas más importantes del país. Viuda en 1469, fue también consejera de sus hijos, que continuaron su obra. El emperador Federico III los ennobleció en 1473. Bárbara utilizó una parte de su fortuna en obras de beneficencia.

FULLER, Sarah Margaret. Editora, escritora y feminista estadounidense (Cambridgeport, Massachusetts, 1810-en el mar, cerca de Long Island, Nueva York, 1850). Considerada la figura clave del trascendentalismo estadounidense, Fuller, mediante sus críticas literarias, culturales y feministas, intentó cambiar el rostro puritano de su país durante las décadas de los treinta y cuarenta. Fue editora de *The Dial* (1840-1842), órgano de los trascendentalistas, y se mantuvo en el centro de la vida intelectual durante los años que precedieron a la guerra civil. Publicó *La mujer en el siglo XIX* (1845), libro esencial para conocer el desarrollo del feminismo en Estados Unidos, y, póstumamente, *Vida sin y vida con* (1859). Murió en un naufragio.

G

Gaibrois y Riaño, Mercedes. Historiadora española, de origen colombiano (París, 1891-Madrid, 1960). Su familia pertenecía a la mejor sociedad colombiana. Su padre fue embajador de su país, a lo que se debe su nacimiento en París. Tuvo una esmerada educación, interviniendo en ella Soledad Acosta de Samper. En 1908 su madre, viuda ya, la trajo a Europa para completar su educación. Nada más llegar conoció en Sevilla al historiador Antonio Ballesteros con el que contrajo matrimonio y al que comenzó a ayudar en sus trabajos. Esto motivó su dedicación con fructíferos resultados por la historia medieval. Su interés por la reina María de Molina centró toda su investigación. En 1932 se convirtió en la primera mujer en ocupar un sillón en la Real Academia de Historia. Fue correspondiente de la Academia de Buenas Letras de Barcelona y de la Sociedad de Americanistas de París. Entre sus obras destacan: *Historia del reinado de Sancho IV de Castilla*, premio Duque de Alba; *Tarifa y la política de Sancho IV de Castilla*, y *Roma después de la muerte de Bonifacio*, en colaboración con H. Finke. Fue bibliotecaria perpetua de la Academia de la Historia y perteneció al Comité Español de la Sociedad Internacional de Ciencias Históricas. Fue madre de la escritora Mercedes Ballesteros.

Gala, Elena Dimitrievna Diakonova. Musa del surrealismo (Kazan, Rusia, 1894-Port Lligat, España, 1982). Unida al círculo de artistas surrealistas parisinos (Magrit, Breton, Aragon, Tzara), estuvo casada con Paul Éluard. Ambos visitaron en 1929 al pintor español Dalí, en Cadaqués, con quien mantuvo una estrecha relación sentimental, a partir de aquel momento. Se casaron después de la muerte de Éluard (1952). Gala fue, sin duda, una de las personas que mayor influencia ejerció sobre la vida y obra de Dalí, además de ser su modelo en numerosas pinturas.

Gala Placidia. Emperatriz romana (Roma, 394-íd., 450). Hija de Teodosio el Grande, prisionera de Alarico (410), fue conducida a las Galias y allí se casó con Ataúlfo en el 414, estableciéndose en Barcelona. Viuda al año siguiente, pasó a Roma, donde contrajo matrimonio (417) con Constancio, quien la asoció al poder. Gobernó después, hasta su muerte, en compañía de su hijo Valentiniano. Gala Placidia merece lugar honroso en la historia por su talento y su valor.

Galgani, Gemma. V. Gemma Galgani, santa.

Galgóczi, Erszébet. Política, periodista y novelista húngara (Györ, 1930-íd., 1989). Formada en el régimen comunista, comenzó su actividad profesional como periodista y guionista de filmes de propaganda política. Fue miembro del Parlamento y autora de varias novelas en las que intentó describir los conflictos de la vida cotidiana húngara: *A Közös Bün* (1976) y *Vidravas* (1984).

Galindo, Beatriz. Escritora y erudita española (Salamanca, 1475-Madrid, 1535). Conocida por el sobrenombre de *la Latina* debido a su erudición y su afición a los estudios latinos. Fue camarera y consejera de Isabel la Católica y durante mucho tiempo su profesora particular de latín. Se le atribuyen unos *Comentarios a Aristóteles* y *Poesías latinas*, además de su faceta erudita. Después de enviudar se recluyó en Madrid, a cuya oligarquía pertenecía su marido, donde ejerció una importante influencia. Fundó el hospital de la Santa Cruz de Madrid y dos conventos femeninos, el de la Concepción Jerónima y el de la Concepción Francisca, próximo al hospital. Pasó los últimos años de su vida en sus fundaciones y su nombre se ha perpetuado en el barrio donde estaban, que a partir de entonces se conoce como *La Latina*. Su fama fue muy grande entre sus contemporáneos, y ha llegado a nosotros como ejemplo de mujer del Renacimiento.

Beatriz Galindo

Galino, María de los Ángeles. Pedagoga española (Madrid, 1926). En 1953 se convirtió en la primera mujer española en obtener una cátedra universitaria. Ha sido, además, la autora de *La mujer en esta encrucijada* (1961), *La mujer en el mundo de hoy* (1963) y *Antología pedagógica hispanoamericana* (1968).

Gálvez, María Rosa. Escritora española (Málaga, 1768-Madrid, 1806). Tuvo la protección de Godoy. Su obra dramática giró en torno a la comedia: *Los figurones literarios, El califa de Bagdad,* etc. Su producción poética fue amplia y se publicó en tres volúmenes.

Gambaro, Griselda. Escritora argentina (Buenos Aires, 1928). Sus primeras piezas teatrales, de ambientes agobiantes y estáticos, mostraron una fuerte influencia absurdista al estilo de Beckett e Ionesco *(Los siameses,* 1967; *Las paredes,* 1969). La obra narrativa de Gambaro cuenta con importantes títulos, como *El destino* (1965), adaptada posteriormente por ella misma para teatro, *Nada que ver con otra historia* (1972), *Dios no nos quiere contentos* (1980) y *Lo impenetrable* (1984). Entre su teatro posterior destacan: *Viejo matrimonio* (1975), *De sol naciente* (1984) y *Penas sin importancia* (1990).

Gámez, Celia. Empresaria, actriz y artista hispanoargentina de revista (Buenos Aires, 1905-Madrid, 1992). Como directora y empresaria de su compañía, cultivó la revista de gran espectáculo hasta 1966. Entre sus creaciones figuran: *La hechicera en palacio, El águila de fuego, La estrella trae cola* y *Mami, llévame al colegio,* versión moderna de *Las Leandras* (1964). En cine participó en varios filmes, entre otros, *Las Leandras* (Martín, 1969). Habiéndose despedido de la revista en 1966, reapareció en Valencia en 1972. Numerosas artistas de revista comenzaron en sus espectáculos.

Gandhi, Indira. Política india (Allahabab, 1917-Nueva Delhi, 1984). Considerada una de las mujeres más relevantes del siglo XX y la primera mujer en dirigir un gobierno en la India. Gandhi luchó toda su vida por conseguir la modernización social y económica de la India y de dotarla de una política independiente de los bloques. Se educó en la India, Suiza y Oxford, y colaboró activamente durante el gobierno de su padre, J. Nehru. En 1959 fue elegida presidenta del Congreso, a partir de 1964 encabezó el Ministerio de Información y en 1966 fue elegida primera ministra, y reelegida en 1967. En 1977 perdió el poder, reconquistándolo en 1980. En 1983 fue elegida presidenta del Movimiento de Países No Alineados. Su intransigencia ante el fundamentalismo sij la llevó a ordenar el ataque contra el Templo de Oro y llevó a esta secta a la guerra santa contra el Estado central. Por esta causa fue asesinada en 1984 por miembros extremistas sijs de su guardia personal. Su muerte consternó al mundo entero.

GAOS, Lola (Dolores Gaos y González-Pola, llamada). Actriz española (Valencia, 1924-Madrid, 1993), hermana de Vicente y de José Gaos. Actriz de carácter, actuó en numerosos filmes generalmente en papeles secundarios. Entre sus mejores logros hay que citar *Molokai* (Lucia, 1959), *Viridiana* (Buñuel, 1961), *La busca* (Fons, 1966), *Tristana* (Buñuel, 1969), *Mi querida señorita* (Armiñán, 1971), *Furtivos* (Borau, 1975), etc. Murió, casi en la miseria, de un cáncer intestinal.

GARBO, Greta (Greta Lovissa Gustafsson, llamada). Actriz de cine estadounidense de origen sueco (Estocolmo, 1905-Nueva York, 1990). Después de triunfar en su país con la película *Gösta Berlings Saga* (Stiller, 1923), se trasladó a EE. UU. (1925), donde filmó, entre otras, las siguientes películas: *El demonio y la carne* (Brown, 1927), *La reina Cristina de Suecia* (Mamoulian, 1933), *Ana Karenina* (Brown, 1935), *Margarita Gautier* (Cukor, 1937), *María Walewska* (Brown, 1937), *Ninotchka* (Lubitsch, 1939) y *La mujer de las dos caras* (Cukor, 1941), su última creación, tras la cual se retiró de la vida pública. En este último año obtuvo la nacionalidad estadounidense. Se la considera una de las más importantes actrices que ha tenido el cine y uno de los más grandes mitos de Hollywood, donde era apodada *la Divina*.

GARCÉS, Isabel. Actriz española (Madrid, 1901-íd., 1981). Empezó a trabajar a los siete años en el teatro Príncipe Alfonso de Madrid en una obra para niños de Jacinto Benavente y posteriormente desarrolló una prolongada carrera dramática en los escenarios (*La duquesa de Chiruca, Carlota, Melocotón en almíbar, Cosas de papá y mamá,* etc.). En el cine se inició, en 1959, con *Una gran señora,* de Luis César Amadori, y participó en numerosas películas, destacando por sus dotes cómicas: *Mi último tango* (Amadori, 1960), *Prohibido enamorarse* (Nieves Conde, 1961), *Mi noche de bodas, Ha llegado un ángel* (Lucia, 1961), *La casta Susana* (Amadori, 1962), *Las cuatro bodas de Marisol* (Lucia, 1967), *Las Leandras* (Martín, 1969), *Pierna creciente, falda menguante* (Aguirre, 1970), *Polvo eres* (Escrivá, 1974), *Cómo matar a papá sin hacerle daño* y *Una abuelita de antes de la guerra.*

Greta Garbo

GARCÍA, Sara. Actriz mexicana (Orizaba, 1897-Ciudad de México, 1980). Considerada pionera de la industria cinematográfica mexicana, inició su carrera en 1918, y en 1971 había filmado 321 películas. Trabajó con actores de la talla de Mario Moreno *Cantinflas,* Pedro Infante y Jorge Negrete. Se la conoce como «la novia, la madre y la abuela» del cine mexicano.

GARCÍA ASCOT, Rosa. Música española (Madrid, 1906). Perteneció al Grupo de los Ocho de Madrid. Fue alumna de Falla y de Granados. Mantuvo una buena amistad con García Lorca. Su obra como compositora es amplia: *Suite para piano, Concierto para piano y orquesta,* etc. Dirigió también una galería de exposiciones. En el año 1938 se exilió en México. En 1985 recibió el premio de Música de la Comunidad de Madrid.

GARCÍA MORALES, Adelaida. Escritora española (Badajoz, 1946). Estudió la carrera de Filosofía y Letras y se ha dedicado a la enseñanza en varios institutos. Con su novela *Archipiélago* (1981) quedó finalista del premio Sésamo de novela. En 1985 obtuvo el premio Herralde de narrativa con *El silencio de las sirenas.* Su mayor éxito lo consiguió con *El sur,* que fue llevada al cine. Durante unos años ha permanecido alejada de la vida literaria en un pueblo de las Alpujarras. En sus novelas se evoca un mundo interno y mágico alejado de la realidad. Sus historias se centran en las mujeres y sus problemas. Su última novela, *Nasmiya* (1996), es la historia de una pareja convertida al islam, que después de varios años de amor profundo se ve turbada al decidir el marido tomar una segunda esposa.

GARCÍA RODERO, Cristina. Fotógrafa española (Ciudad Real, 1949). Estudia pintura en la Academia de Bellas Artes de San Fernando y fotografía en la Escuela de Artes Aplicadas y Oficios Artísticos de Madrid. En su obra recoge imágenes de las manifestaciones de la cultura popular española. En 1985 recibe el premio Planeta de fotografía, en 1989 el premio al mejor libro de fotografía en el XX Encuentro Internacional de la Fotografía en Arles y, en 1990, el premio Dr. Erich-Salomon Deutschen-Gesellschaft für Photographie y el Kodak Fotobuchpreis en Stuttgart. Entre sus publicaciones destacan: *La España oculta* (1989) y *Europa: el Sur* (1991).

Ava Gardner

GARDNER, Ava. Actriz de cine estadounidense (Smithfield, Carolina del Sur, 1922-Londres, 1990). De 1942 a 1946 trabajó en papeles secundarios en una docena de películas. Se casó con Mickey Rooney, Artie Shaw y Frank Sinatra, y protagonizó películas tan famosas como *Venus era mujer* (Seiter, 1948), *El gran pecador* (Siodmak, 1949), *Mundos opuestos* (LeRoy, 1950), *Pandora y el holandés errante* (Lewin, 1951), *Las nieves del Kilimanjaro* (King, 1952), *Mogambo* (Ford, 1953), *La condesa descalza* (Mankiewicz, 1954), *Cruce de destinos* (Cukor, 1956), *55 días en Pekín* (Ray, 1963), *La noche de la iguana* (Huston, 1964), por la que obtuvo el premio a la mejor actriz en el Festival de San Sebastián. En su vida cinematográfica casi siempre representó papeles de mujeres exóticas, lejos del modelo anglosajón. Era considerada como «el animal más bello del mundo». Fue una de las actrices con más carisma de la historia de Hollywood, verdadera encarnación del mito de la belleza salvaje. Residió durante largos años en Madrid, donde rodó varias películas. Terminó sus días, tras años de abuso del alcohol, en un estado deplorable.

GARIBALDI, Anita. Dama brasileña (Brasil, 1817 ó 1821-Rávena, 1849). Apellidada de soltera Ribeiro da Silva, conoció a Garibaldi en Brasil, cuando este batallaba con los rebeldes contra el gobierno imperial. Viuda, se casó con él y le ayudó en el campo de batalla, siendo sus hazañas casi legendarias. Viajó con su marido a Uruguay y luego a Italia (1848), fijando su residencia en Niza. En 1849 acompañó a Garibaldi a su retiro y, embarazada, murió en una granja cercana a Rávena.

GARLAND, Judy (Frances Gumm, llamada). Actriz de cine estadounidense (Grand Rapids, 1922-Londres, 1969). Formó pareja juvenil en muchas películas con el actor Mickey Rooney. Se casó con el director Vincente Minnelli, del que tuvo a su hija Liza. Entre sus películas destacan: *Melodías de Broadway* (Ruth, 1938), *El mago de Oz* (Fleming, 1939),

Mi chica y yo (Berkeley, 1942), *Cita en San Luis* (Minnelli, 1944), *Ha nacido una estrella* (Cukor, 1954), *¿Vencedores o vencidos?* (Kramer, 1961), etc. Se suicidó a la edad de 47 años.

GARRO, Elena. Escritora mexicana (Puebla, 1920). Su carrera literaria se inicia con la novela *Los recuerdos del porvenir* (1963) y la colección de relatos *La semana de colores* (1964), libros en los que se adhiere a la corriente narrativa enmarcada dentro del realismo mágico hispanoamericano. Posteriormente su obra adquiere un tono reivindicativo y feminista, centrándose fundamentalmente en el tema del poder: *Andamos huyendo, Lola* (1980) y *La casa junto al río* (1983). Es autora, además, de varias obras teatrales, entre las que destacan: *La mudanza* (1959), *La señora en su balcón* (1960) y *Felipe Ángeles* (1969).

GEMMA Galgani, santa. Mística y estigmatizada italiana, también conocida por el sobrenombre de Virgen de Lucca (Borgo Nuovo, Capannori, Lucca, 1878-Lucca, 1903). En 1899 recibió en su cuerpo los estigmas de la pasión de Cristo. Fue beatificada por Pío XI en 1933 y canonizada por Pío XII en 1940. Es una de las santas que reciben mayor veneración en el siglo XX.

GENET, Jeanne. V. **CAMPAN, madame.**

GENLIS, condesa de (Stéphanie-Félicité du Crest de Saint-Aunin). Escritora y pedagoga francesa (Champceri, 1746-París, 1830). Desde la edad de 12 años se trasladó a París, donde asombró a sus amistades por su gran ingenio. Fue nombrada dama de la duquesa de Chartres, que le confió la educación de sus dos hijos. Adquirió gran renombre por su método original de pedagogía. Fue nombrada por Napoleón inspectora de enseñanza primaria. Además de varias obras pedagógicas, escritas en su juventud, publicó: *Los caballeros del cisne, Los emigrados, Mademoiselle de Clermont* y *Cuentos morales*. Merecen especial mención sus *Memorias* publicadas en diez volúmenes.

GENOVEVA, santa. Virgen cristiana galorromana (Nanterre, 422-París, 500). Era aún muy niña cuando san Germán de Auxerre la encontró cerca de París, la bendijo y le puso al cuello una medalla de cobre con una cruz, recomendándole que no llevase nunca otros adornos. Se dice que con sus oraciones salvó a París de la invasión con que lo amenazó Atila en el 451. Es la patrona de la capital francesa.

GENTILESCHI, Artemisa. Pintora italiana (Roma, 1597-Nápoles, 1651). Hija de Orazio Lomi-Gentileschi, de quien fue discípula. Muy influenciada por el tenebrismo y en su última época por el academicismo. Pintó en Florencia, Roma y Nápoles; también residió una temporada en Londres. Se distinguió en la pintura histórica y ejecutó gran número de retratos de nobles de su época. Entre sus obras destacan: *Nacimiento de San Juan, Judit con la cabeza de Holofernes* y *David con la cabeza de Goliat*.

GÉRIN D'ESTRICHÉ, Armande Béjart de. V. **BÉJART, Armande.**

GERMAIN, Sophie. Matemática francesa (París, 1776-íd., 1831). Hija de un director del Banco de Francia, su interés por la lectura la llevó a descubrir las matemáticas, a cuyo estudio se dedicó tras vencer la resistencia de su familia. Presentó un trabajo al curso sobre Análisis de la Escuela Politécnica en 1795, manteniendo correspondencia con el profesor Lagrange bajo el seudónimo de Antoine Le Blanc. A partir de 1804 inicia correspondencia científica con Gauss, firmando con el mismo seudónimo para ocultar su realidad femenina por la oposición que había a que las mujeres estudiaran matemáticas. Sus trabajos fueron básicos para el posterior enunciado por otros de algunos importantes teoremas, que ni siquiera la citaron. En 1816 publicó *Mémoire sur les vibrations des lames élastiques*, trabajo ganador de un premio del Instituto de Francia que ella nunca recogió. Sus *Considérations sur l'état des lettres et des sciences aux différentes époques de leur culture* (1833) hacen de ella una de las mentes científicas más destacadas de su tiempo. Fue la primera mujer en ser autorizada a asistir a las sesiones de la Academia de Ciencias de Francia. Fue propuesta por Gauss como doctora *honoris causa* de la Universidad de Gotinga en 1830, sin que se atendiera la propuesta.

GERMANA de Foix. Reina de Aragón (Zaragoza, 1488-Liria, 1538). Segunda esposa de Fernando II el Católico, con quien se casó en 1506, tras la muerte de Isabel de Castilla. Del matrimonio nació un hijo, Miguel, que, de haber sobrevivido, hubiera heredado los estados de la corona de Aragón, patrimonio paterno, impidiendo la unidad que se logró en la persona de Carlos I. A la muerte de Fernando contrajo segundas nupcias con Juan de Brandeburgo, virrey de Valencia, y, a la muerte de este, terceras, con Fernando de Aragón, duque de Calabria. Fue la fundadora del monasterio de San Miguel de los Reyes de la ciudad del Turia. Entre sus contemporáneos era tenida por frívola, vanidosa y glotona.

Germana de Foix

GILBERT, Sandra. Crítica literaria y poeta estadounidense (Chicago, 1936). Sus mejores trabajos de teoría literaria feminista han sido los realizados en colaboración con S. Gubar, centrados en la «escritura femenina»: *The Madwoman in the Attic* (1979), en el que analiza la literatura femenina del siglo XIX, *Shakespeare's Sisters* (1979) y la trilogía *No Man's Land* (1988-1993). La obra poética de Gilbert evidencia su desarrollo político y feminista: *Emily's Bread* (1984) y *Blood Pressure* (1988).

GILMAN, Charlotte Perkins. Escritora y teórica feminista estadounidense (Hartford, Connecticut, 1860-San Francisco, 1935). Sobrina de H. Beecher Stowe, dedicó su vida a la defensa de los derechos de la mujer. Rechazó el matrimonio por ser, según Gilman, una vía que legitimaba la esclavitud física y emocional padecida por las mujeres. Sus tesis feministas fueron el punto de partida de la mayor parte de sus publicaciones: *Women and Economics* (1898), considerado uno de los primeros libros en que se acusó a la sociedad estadounidense por su marcado «androcentrismo», *The Home* (1904) y *The Man-Made World* (1910), sobre las causas de la dependencia económica de la mujer. Fue además la editora de la revista *The Forerunner*, órgano principal del movimiento en favor de los derechos de la mujer.

GILOT, Françoise. Pintora francesa (Neuilly-sur-Seine, 1921). Expuso por primera vez en el salón de Surindépendants en 1944 y, después, en el salón de Mai y en las Tullerías. Gilot consagró su vida a la pintura y participó en numerosas exposiciones en EE. UU. y en Francia. Estuvo unida sentimentalmente a Picasso durante diez años, con quien tuvo dos hijos, Claude y Paloma Picasso. También mantuvo relaciones con Matisse; después contrajo matrimonio con el Dr. Salk, inventor de la vacuna contra la polio. Es, además, autora de *Vivre avec Picasso* (1965), *Le Regard et son masque* (1975) y *Matisse et Picasso, une amitié* (1991).

GINZBURG, Natalia. Escritora italiana (Palermo, 1916-Roma, 1991). En su obra, de estilo claro y sutil, trató todos los temas de nuestro tiempo, desde los más existenciales hasta los más cotidianos. Escribió novelas (*Valentino*, 1957; *Querido Miguel*, 1973; *La ciudad y la casa*, 1984), memorias (*Léxico familiar*, 1963), ensayos y obras teatrales. Así mismo colaboró en los diarios *Il Corriere della Sera* y *La Stampa*.

GIRARDOT, Annie. Actriz francesa (París, 1933). Comenzó en el teatro de la Comédie Française, consagrándose, en 1955, con el papel de Margot en *La máquina de escribir*. Posteriormente se incorporó al cine interviniendo en un sinnúmero de películas como *L'homme aux clefs d'or* (1957; premio Suzanne-Bianchetti), y en 1960, con *Rocco y sus hermanos*, de L. Visconti, se reveló como una magnífica actriz dramática. En 1965, con *Chambres à Manhattan*, de Carné, ganó el premio de interpretación femenina del Festival de

Venecia, y en 1976, con *Docteur Françoise Gailland,* obtuvo el César a la mejor actriz. Ha trabajado con los directores de cine más importantes.

GIROUD, Françoise. Periodista, escritora y política francesa, de origen suizo (Ginebra, 1916). Comenzó escribiendo guiones cinematográficos *(Fanny,* 1932; *La grande illusion,* 1936, y *Antoine et Antoinette,* 1947). Posteriormente fue directora de la revista *Elle* y cofundadora del semanario *L'Express,* que dirigió de 1953 a 1974. En 1974 entró a formar parte del gobierno de J. Chirac como secretaria de Estado de la Mujer y, en 1976, fue nombrada secretaria de Estado para la Cultura durante el gobierno de R. Barre. En 1976 fue vicepresidenta del partido radical, y en 1979 se retiró de la vida política activa. F. Giroud es, desde 1983, editorialista del *Nouvel Observateur* y, desde 1990, crítica literaria del *Journal du Dimanche.* Cuenta, además, con una extensa obra publicada, entre la que destacan títulos como *Alma Mahler* (1988) y *Jenny Marx o la mujer del diablo* (1992).

GISBERGA. Primera reina de Aragón (s. XI). Esposa de Ramiro I, gobernó el reino a la muerte de este (1063) y luego en compañía de su hijo Sancho Ramírez. Cambió su nombre por el de Ermesinda.

GISH, Lillian (Lillian Diana de Guiche, llamada). Actriz estadounidense (Springfield, Ohio, 1896-Nueva York, 1993). Inició su carrera en el cine a los 16 años, siendo la primera gran dramática de la pantalla y protagonista de las mejores obras de Griffith: *El nacimiento de una nación* (1915), *Intolerancia* (1916) o *Las dos huerfanitas* (1922), entre otras. Su última gran interpretación fue en *El viento* (Sjöström, 1927), abandonando el cine con la llegada del sonido. Fijó entonces su residencia en Nueva York y se dedicó por entero al teatro en Broadway. Se caracterizó por su ingenuidad y fragilidad en la interpretación de heroínas patéticas. En cine sonoro sólo realizó apariciones esporádicas como secundaria de lujo.

Lillian Gish

GLANTZ, Margo. Escritora mexicana (México, D. F., 1930). Tiene una amplia producción literaria que abarca la novela y la reflexión sobre literatura en la que conjuga la imaginación con el análisis crítico. Ha realizado traducciones de Georges Bataille y otros autores. Sus títulos más importantes son: *Las genealogías* (1982), de carácter autobiográfico, *Tennessee Williams y el teatro norteamericano* (1964) y una antología que lleva el título *Onda y escritura en México: jóvenes de 20 a 30 años* (1971).

GLASPELL, Susan. Promotora teatral y escritora estadounidense (Davenport, Iowa, 1882-Provincetown, Massachusetts, 1948). Fue fundadora, junto con su marido, G. Cook, y con el dramaturgo E. O'Neill, de las dos salas que propiciaron el desarrollo del teatro neoyorquino de vanguardia: la Provincetown Players y la Playwright's Theater. Su producción literaria, de gran excelencia estilística, se centró en el retrato de personajes femeninos descontentos con la normativa social: *Fidelity* (1915) y *Judd Rankin's Daughter* (1945), novelas; *Bernice* (1919) y *The Verge* (1921), piezas teatrales. En 1930 recibió el premio Pulitzer de teatro por *Alison's House,* basada en la vida de E. Dickinson.

GODDARD, Paulette (Pauline Marion Levee Goddard, llamada). Actriz de cine estadounidense (Nueva York, 1911-Porto Ronco, 1990). Debutó como bailarina, y en 1931 fue contratada para actuar en dos películas de C. Chaplin (con quien se casó): *Tiempos modernos* (1936) y *El gran dictador* (1939). Está considerada una de las actrices más populares de los años cuarenta. Trabajó en numerosas películas, entre ellas: *Policía Montada del Canadá* (De Mille, 1940), *La bribona* (Leisen, 1945) y *Memorias de una doncella* (Renoir, 1946).

GODIVA, lady. Heroína inglesa (s. XI). Esposa de Leofric, conde de Mercia y lord de Coventry, y heroína de una famosa leyenda. Según esta, en 1040 los súbditos del conde se quejaban del gran peso de los impuestos y Godiva intercedió por ellos. Su esposo le dijo que concedería a sus vasallos lo que le pedían si ella atravesaba desnuda a caballo la ciudad de Coventry. Godiva, después de mandar que en el día determinado nadie osara salir ni mirar a la calle antes del mediodía, realizó el paseo exigido. Godiva es la protagonista de uno de los poemas de Tennyson y de un drama de Linares Rivas.

GODWIN, Mary Wollstonecraft. Feminista inglesa (Londres, 1759-íd., 1797). Wollstonecraft, considerada una de las pioneras del feminismo, fue una de las primeras en formular las aspiraciones, en aquella época todavía embrionaria, de los movimientos feministas. Realizó su primer recorrido sobre los derechos de la mujer en el libro *Thoughts on the Education of Daughters,* al que siguieron *The Female Reader* (1789) y *Reivindicación de los derechos del hombre* (1790), dirigido al historiador E. Burke por sus posiciones antirrevolucionarias. En 1792 publicó uno de los textos más famosos dentro de la tradición feminista, *Reivindicación de los derechos de la mujer,* que dedicó a Talleyrand y en el cual se opuso a las doctrinas de Rousseau y a la actitud de los revolucionarios franceses y de los burgueses de todo el mundo por negar a las mujeres su derecho a obtener una educación igualitaria. Denunció, además, la reducción de la mujer al ámbito doméstico y promovió una revolución en las costumbres femeninas. Murió al dar a luz a su hija, Mary Shelley, que se convertiría más tarde en una de las más célebres exponentes de la novela gótica inglesa.

GOEPPERT-MAYER, Maria. Física estadounidense, de origen alemán (Katowice, 1906-San Diego, 1972). Catedrática de la Universidad de California, en 1963 Goeppert-Mayer obtuvo el premio Nobel de Física, junto con H. D. Jensen, por sus investigaciones sobre la estructura de niveles del núcleo atómico y de los llamados «números mágicos». Fue la segunda mujer científica, tras Marie Curie, en recibir un premio Nobel de Física.

GOLDMAN, Emma. Política rusa (Kovno, Lituania, 1869-Toronto, 1940). Tras su traslado a Estados Unidos luchó allí a favor del control de la natalidad y del sufragio femenino y participó en numerosos actos antimilitaristas y anarquistas. Fue considerada por Edgar Hoover «la mujer más peligrosa de América», expulsándola del país en 1915.

GÓMEZ DE AVELLANEDA, Gertrudis. Escritora cubana (Puerto Príncipe, actualmente Camagüey, 1814-Madrid, 1873). A los 22 años se trasladó a España, donde comenzó a publicar poesías bajo el seudónimo de La Peregrina, y en 1841 se dio a conocer con *Sab,* considerada la primera novela antiesclavista. De formación neoclásica, fue, no obstante, valorada en su época como una de las figuras clave del romanticismo hispano. El tratamiento que dio a sus personajes femeninos la con-

Gertrudis Gómez de Avellaneda

virtieron, además, en una de las precursoras del feminismo moderno. Como poeta supo combinar su experiencia amorosa con el anhelo religioso y el escepticismo social; como novelista conjugó el exotismo de las costumbres caribeñas y la cosmovisión peninsular, y como dramaturga fundió con eficacia los postulados de la tragedia clásica con el drama romántico. Entre su vasta obra cabe destacar su novela *Guatimocín* (1847), de temática indianista, y sus piezas teatrales *Saúl* (1849) y *Baltasar* (1858), considerada, esta última, una de las obras maestras del teatro romántico. Entre sus coetáneos contó con la admiración de Lista y Fernán Caballero, y con el rechazo de Menéndez Pelayo, quien impidió su incorporación a la Academia.

GÓMEZ MOLLEDA, María Dolores. Historiadora española (Salamanca, 1923). Colaboradora de la revista de historia *Hispania* y del Consejo Superior de Investigaciones Científicas. Ha sido profesora de historia contemporánea de España en la Universidad Complutense de Madrid y en la de Salamanca, y es autora de *El marqués de la Ensenada a través de su correspondencia íntima, Autocrítica del liberalismo, Unamuno socialista* y *La masonería en la crisis española del siglo XX*, entre otras. En 1967 recibió el premio nacional Menéndez Pelayo por *Los reformadores de la España contemporánea.*

GONCHAROVA, Natalia. Pintora rusa (Moscú, 1883-París, 1962). Estudió escultura y pintura en la Academia de Bellas Artes de Moscú, alcanzando celebridad por sus decorados para los ballets de Diághilev como *El gallo de oro* (1914), *Las bodas* (1923), *El pájaro de fuego* (1926) y *Una noche en el monte Pelado* (1926). Considerada una de las precursoras de la pintura moderna en Rusia, participó en varios movimientos de vanguardia y lanzó, junto con su esposo Mijail Larionov, el movimiento «rayonista», una de las primeras manifestaciones del arte abstracto, dedicado fundamentalmente al desarrollo del arte nacional ruso. Entre su obra pictórica destacan: *Jardín rayonista: parque* (c. 1912-1913), donde funde el fauvismo, el cubismo y el decorativo-primitivista indigenista ruso en los rayos de luz refractados que esparcen el color a través de la superficie del lienzo, y *Mujeres españolas* (1916-1920). Su obra aparece expuesta en los principales museos de Moscú, París, Nueva York y Londres.

GONZAGA, Barbara. Mecenas italiana (Mantua, 1456-Tubinga, 1503). Era hija de Luis III de Mantua y se casó con Evrard I, duque de Württemberg. En 1477 fundó la Universidad de Tubinga, convirtiéndose en la protectora de Reuchlin. Fue la principal introductora de los ideales literarios y filosóficos del humanismo italiano en la Alemania del siglo XVI.

GONZAGA, Giulia. Mecenas italiana (Gazzuolo, 1513-Nápoles, 1566). Era condesa de Fondi y se casó con Vespasiano Colonna. Muy hermosa, refinada y culta, convirtió la corte de su pequeño estado en un importantísimo centro de cultura y arte. Su fama llegó hasta Jayr al-Din Barbarroja, quien concibió el plan de raptarla y regalarla a Solimán. La condesa logró escapar y se refugió en el monasterio de San Francisco de Nápoles. La Inquisición la consideró sospechosa por sus llamamientos para una reforma de la Iglesia.

GOODALL, Jane. Zoóloga británica (Londres, 1934). Goodall, dedicada al estudio de los animales en su medio natural, en 1960 comenzó su trabajo de campo con chimpancés y lleva más de 30 años en la selva africana. Es autora de *En la sombra del hombre* (1971) y *Mi vida con los chimpancés* (1988), que se convirtió en un *best seller,* y donde relata sus experiencias en Gombe. Ha protestado enérgicamente contra el cautiverio de los animales.

GORDIMER, Nadine. Escritora sudafricana (Springs, Transvaal, 1923). Considerada una de las personalidades más destacadas del mundo literario contemporáneo, la obra de Gordimer se ha centrado fundamentalmente en la descripción y crítica del entorno socio-político sudafricano y, en particular, en el de la segregación racial propiciada por el *apartheid.* Esta es la razón de que varios de sus libros hayan sido prohibidos en su país. Es autora de las novelas: *Los días de la mentira* (1953), *Ocasión de amar* (1963), *La hija de Burger* (1979), considerada su obra maestra, *Un capricho de la naturaleza* (1987), *Historia de mi hijo* (1990) y *Nadie que me acompañe* (1995), escrita con la intención de reflejar y ordenar la realidad circundante surafricana; y de los libros de relatos: *El abrazo de un soldado* (1982) y *Jump* (1991). Fue fundadora del Congreso de Escritores Sudafricanos y miembro del Congreso Nacional Africano. En 1974 compartió el premio Booker, y en 1991 le fue otorgado el premio Nobel de Literatura.

GOSWINTHA o GOSVINDA. Reina visigoda (s. VI). Mujer de Atanagildo, de la que tuvo a la reina Brunequilda, se casó en segundas nupcias con Leovigildo. Era partidaria furibunda del arrianismo y cuando Recaredo I, su hijastro, abjuró de la religión arriana tramó una conspiración contra él, que fue descubierta, por lo que Goswintha se suicidó o murió en un arrebato de ira. Se cree que tomó parte activa en el asesinato de su otro hijastro, san Hermenegildo.

Nadine Gordimer

GOUGES, Olimpia de. Ilustrada francesa (Montauban, 1748-París, 1793) cuyo nombre verdadero era Marie Gouze. Es considerada una de las precursoras del feminismo, escribió numerosas obras teatrales, además de novelas y opúsculos político-sociales, y dirigió el periódico *L'Impatient.* Fundó la *Société populaire de femmes* y en 1791 redactó, en respuesta a la *Declaración de los Derechos del hombre y del ciudadano* (1789), la *Declaración de los Derechos de la mujer y de la ciudadana,* en la que reivindicaba la igualdad de derechos de las mujeres. Adversaria de Robespierre, publicó la carta *Pronostic de Monsieur Robespierre pour un animal amphibie,* por la que fue acusada de intrigas sediciosas y guillotinada.

GRACIA de Mónaco (Grace Patrice Kelly, llamada). Princesa de Mónaco y actriz de cine de origen estadounidense (Filadelfia, 1929-Mónaco, 1982). Trabajó en el cine con el nombre de Grace Kelly, interviniendo en las películas: *Catorce horas* (Hathaway, 1951), *Solo ante el peligro* (Zinnemann, 1952), *Mogambo* (Ford, 1953), *Crimen perfecto* (Hitchcock, 1954), *La ventana indiscreta* (Hitchcock, 1954), *La angustia de vivir* (Seaton, 1954), por la que fue galardonada con el Oscar; *Fuego verde* (Marton, 1954), *Los puentes de Toko-Ri* (Robson, 1955), *Atrapa a un ladrón* (Hitchcock, 1955), *El cisne* (Vidor, 1955) y *Alta sociedad* (Vidor, 1955). Dotada de gran facilidad interpretativa y una belleza serena y elegante, Kelly se convirtió en una de las actrices favoritas del realizador británico Alfred Hitchcock. En 1956 abandonó el cine al contraer matrimonio con el príncipe Rainiero III de Mónaco, convirtiéndose en consorte del pequeño principado y en madre de tres hijos, Carolina, Alberto y Estefanía. Falleció en accidente de tráfico. Se inició un proceso de beatificación ante la Santa Sede que se ha suspendido por la aparición de un polémico libro sobre su vida que muestra facetas desconocidas y negativas para su prestigio.

GRAF, Steffi. Tenista alemana (Bruhl, 1969). Sus triunfos en el torneo de Roland Garros de 1987, 1988, 1993, 1995 y 1996 constituyeron el inicio de una extraordinaria carrera. Ganó la medalla de oro en los Juegos Olímpicos de Seúl (1988) y los torneos de Wimbledon de 1988, 1989, 1991, 1992, 1993 y 1995. También venció en el Open de EE. UU. (1989, 1993 y 1995) y en el de Australia (1989, 1990 y 1994). En 1993 ocupó el primer puesto en la clasificación del tenis femenino mundial. A partir de 1995 la jugadora tuvo graves problemas con el fisco alemán, a raíz de los cuales su padre y *manager* fue encarcelado bajo la acusación de evasión de impuestos.

GRAHAM, Martha. Bailarina y coreógrafa estadounidense (Pittsburgh, Pensilvania,

Martha Graham

1894-Nueva York, 1991). Está considerada como uno de los grandes mitos de la danza moderna contemporánea después de Isadora Duncan y la más importante innovadora en esta disciplina. Logró crear un estilo de baile propio basado en una concepción orgánica del espacio y en la utilización innovadora del suelo y de la técnica de la contracción. Tras una larga trayectoria artística fundó, en 1930, su propia compañía de danza con la que presentó numerosas e importantes coreografías, como *Lamentation* (1930). En 1938 formó la Martha Graham School of Contemporary Dance, donde se formaron bailarines de renombre internacional, como E. Hawkins y M. Cunningham. Autora de 172 piezas, la mayor parte de su obra se basó en la exploración de los grandes mitos de la tragedia clásica: *Clytemnestra* (1958) y *Fedra* (1962). En 1969 abandonó el escenario y cuatro años más tarde reemprendió sus coreografías, entre las que destaca *Lucifer* (1975), que realizó para Margot Fonteyn y Rudolph Nureyev.

GRANDA, Chabuca (María Isabel Granda, llamada). Compositora y cantante peruana (Apurimac, 1920-Miami, 1983). A partir de 1952 compuso una serie de canciones folclóricas *(La flor de la canela, Fina estampa* y *José Antonio)* que se convirtieron en auténticos éxitos internacionales. Granda, que actuó en toda América Latina y en Europa, conjugó en sus composiciones el folclore popular con otras formas líricas. Murió tras una intervención quirúrgica.

GRANDES, Almudena. Escritora española (Madrid, 1960). Realizó sus estudios en la Universidad de Madrid y se licenció en Geografía e Historia. Educada en el seno de una familia burguesa, su primer éxito lo obtuvo en 1989 con el premio de novela erótica La Sonrisa Vertical a su novela *Las edades de Lulú*. Es una de las novelas de mayor venta de los últimos años, tanto en España como en el extranjero. Con un lenguaje duro y preciso describe el aprendizaje sentimental de una muchacha en el Madrid del año 1978; ha sido llevada al cine con notable éxito por Bigas Luna. Sus siguientes novelas han obtenido grandes éxitos de edición: *Te llamaré Viernes* (1991) y *Malena es un nombre de tango* (1994), llevada posteriormente a la pantalla por Gerardo Herrero. En *Modelos de mujer* (1996) reúne siete relatos de siete mujeres que vencen a la muerte.

GRASSI Y TECHI, Ángela. Escritora española de origen italiano (Cremona, 1826-Madrid, 1883). Colaboró con la escritora Carolina Coronado en *El Pensamiento* y dirigió *El Correo de la Moda*. Escribió poemas y obras dramáticas, pero destacó especialmente en la novela. Sus narraciones, de ambientación costumbrista, están a mitad de camino entre lo moralizante y lo sentimental: *El lujo* (1865), *Los que no siembran no cogen* (1868), *El favorito de Carlos III* (1884-1887), etc.

GRAVIER DE VERGENNES, Claire Elisabeth. V. **RÉMUSAT, condesa de.**

GRECO, Juliette. Cantante y actriz francesa (Montpellier, 1927). Estudió arte dramático y debutó en el Théâtre Française con *Le soulier de satin*, de Claudel, y posteriormente se convirtió en cantante. Greco, musa del existencialismo, triunfó con canciones escritas para ella por personalidades famosas como Prévert, Quéneau, Sartre y Mac Orlan, especialmente con *Las hojas muertas*. En 1952 ganó el Gran Premio del Disco con la canción *Romance*, y en los años sesenta fue una de las grandes figuras de *music-hall* parisino. Actuó en Nueva York y en las principales ciudades europeas. Desde 1949 intervino en numerosas películas, entre ellas: *Orfeo* (Cocteau, 1950), *Elena y los hombres* (J. Renoir, 1956) y *Las raíces del cielo* (J. Huston, 1958).

GREEN, Liz. Astróloga estadounidense (Chicago, 1935). En la actualidad es una de las figuras más populares y más consultadas de EE. UU. Según ella, la carta astral es una de las herramientas más fiables para predecir el futuro de las personas, argumentando, además, que la astrología posee una base científica absolutamente comprobable. Green afirma que la humanidad se dirige hacia una nueva era de Acuario, en la que la búsqueda del conocimiento interior será el objetivo fundamental.

GREER, Germaine. Teórica literaria feminista australiana (Melbourne, 1939). Doctorada en Literatura por la Universidad de Cambridge, en Inglaterra, fue profesora de la Universidad de Warwick (1968-1973) y de la Universidad de Tulsa (1979-1982), en EE. UU. Entre sus libros feministas destacan: *La mujer eunuco* (1979), que causó gran revuelo por sus polémicas declaraciones y especialmente por su defensa del amor libre; *La carrera de obstáculos* (1979), *Sexo y destino: la política de fertilidad humana* (1984), *El capricho de la fortuna* (1987) y la obra semiautobiográfica *Papá, apenas te conocíamos* (1989).

GREVER, María (María Joaquina de la Portilla Torres, llamada). Compositora mexicana (Lagos de Moreno, 1884-Nueva York, 1951). Realizó estudios de música en París con Debussy y posteriormente con Lehar. En 1916 se traslada a EE. UU., donde trabaja para la Paramount preparando el fondo musical de varias películas. En 1941 hizo el arreglo para el musical *Viva O'Brien*, representado en Broadway. Fue directora de orquesta y trabajó en programas radiofónicos. Sus composiciones musicales han ganado renombre internacional, sobre todo los boleros: *Muñequita linda, Bésame mucho, Si yo encontrara un alma* y *Lamento gitano*.

GREY, Jeanne. V. **JUANA GREY.**

GRIFFITH, Aline. V. **ROMANONES, condesa de.**

GRIFFITH-JOYNER, Florence. Atleta estadounidense (Los Ángeles, 1959). Tras cursar estudios de ciencias empresariales, se dedicó profesionalmente al atletismo. En 1984 ganó la medalla de plata en la prueba de 200 metros en los Juegos Olímpicos de Los Ángeles, trofeo que consiguió también en los campeonatos del mundo de Roma. En 1988, en la Olimpiada de Seúl, ganó la medalla de oro y destacó, sobre todo, por las extraordinarias marcas que realizó en los 100, 200 y 4 × 100 m, batiendo los récords mundiales de 100 m (10"49) y 200 m (21"34). Ha sido la primera mujer que ha conseguido cuatro medallas de atletismo en una misma olimpiada.

GRISI, Carlotta. Bailarina italiana (Visinada, Istria, 1819-Saint-Jean, cerca de Ginebra, 1899). Prima de Giulia y Giuditta a los 10 años ya era primera bailarina del cuerpo de baile infantil de la Scala de Milán. De familia de cantantes y bailarines, fue la creadora del ballet romántico *Giselle*, cuyo argumento había inspirado a Gautier (1841). Fue primera bailarina en los principales ballets de su época y participó en el *Paso a cuatro*, de Jules Perrot, que interpretó en Londres. De 1850 a 1853 estuvo en Rusia, y en 1854 se retiró de la escena.

GRISI, Giuditta. Mezzosoprano italiana (Milán, 1805-Robecco d'Oglio, 1840). Hermana de Giulia y prima de Carlotta. Estudió en el Conservatorio de Milán. Debutó en Viena, pero cantó, sobre todo, en Italia, donde hizo triunfar las óperas de Bellini, quien escribió para ella el papel de Romeo en su ópera *Romeo y Julieta*, obra en la que su hermana interpretaba el papel de Julieta, y el de *Norma*. Se retiró de la escena tras su matrimonio con un noble.

GRISI, Giulia. Soprano italiana (Milán, 1811-Berlín, 1869). Hermana de la también cantante Giuditta y prima de Carlotta, obtuvo en París, durante 15 años, notables éxitos; después hizo un recorrido triunfal por los principales teatros de Inglaterra, Italia y América, y a su regreso a Francia abandonó la escena.

GUBAR, Susan. Teórica literaria estadounidense (n. 1944). La mayor parte de sus textos críticos han sido escritos en colaboración con S. Gilbert, entre los que destacan: *La loca en el desván* (1979), centrado en la literatura femenina del siglo XIX, y la trilogía *Tierra no de hombres* (1988-1989). Ha sido, además, la coeditora de *The Norton Anthology of Literature by Women* (1985). Su metodología crítica se ha basado en la relación entre escritura femenina y creatividad.

GUEILER, Lidia. Política boliviana (Cochabamba, 1921). Participó en la revolución de 1952 y militó en el Movimiento Nacional Revolucionario. En 1964 fundó el Partido Revolucionario de la Izquierda Nacional, y en

María Guerrero, por Anselmo Miguel Nieto

1979 fue elegida presidenta interina de la República, cargo que ocupó hasta ser derrocada por el golpe de Estado de 1980, lo que la obligó a exiliarse.

GUERRERO, María. Actriz española (Madrid, 1868-íd., 1928). Fue discípula de Teodora Lamadrid y trabajó con los grandes artistas españoles Emilio Mario y Ricardo Calvo y con los franceses Coquelin y Sarah Bernhardt. En 1896 se casó con el actor Fernando Díaz de Mendoza, con el que formó compañía. No sólo actuaron en España, sino que recorrieron los escenarios de las principales ciudades hispanoamericanas, y en 1898 realizaron una excursión artística por Francia e Italia. Guerrero contribuyó extraordinariamente al esplendor del teatro español: estrenó numerosas obras, dio a estas una interpretación acabada y las puso en escena con lujo y propiedad. Se distinguió especialmente en la tragedia, para la que reunía excepcionales condiciones. Estrenó cerca de 150 obras. A su iniciativa se debe la construcción del teatro Cervantes, de la ciudad de Buenos Aires. El Gobierno argentino pensaba crear en él una escuela de declamación, regida por María Guerrero, pero la muerte de esta vino a frustrar tan generoso proyecto.

GUEVARA, Nacha (Clotilde Guevara, llamada). Cantante y actriz de teatro argentina (Mar del Plata, 1940). Cursó estudios en la Escuela Nacional de Danza y posteriormente teatro. Después de trabajar como modelo (1962), debutó en 1965 en el Teatro Municipal General San Martín. En 1974 abandonó Argentina, amenazada de muerte por organizaciones paramilitares próximas al Gobierno. Regresó al año siguiente, pero la explosión de una bomba en el teatro durante el estreno de un espectáculo suyo provocó su definitivo abandono del país. Residió en España hasta que en Argentina se restituyó la democracia. Ha trabajado en comedia musical y teatro de vanguardia, y es considerada una de las más originales *showwoman* de la escena contemporánea.

GUGGENHEIM, Peggy. Empresaria y promotora de arte estadounidense (Nueva York, 1898-Padua, 1979). De una rica familia judía, heredó su gran fortuna a la muerte de sus abuelos, sobre todo del paterno, Salomón Guggenheim, ya que su padre murió en el naufragio del *Titanic* (1911). Después de vivir en Londres, París y Nueva York y de trabar amistad con algunos de los principales exponentes del arte contemporáneo, Guggenheim se convirtió en propietaria de una de las mejores colecciones de arte, instalada en la Peggy Guggenheim Collection de Nueva York y en el palacio Venier dei Leoni de Venecia. Entre su colección se encuentran piezas de De Chirico, Picasso, Arp, Miró, Dalí, Giacometti, Ernst (con quien estuvo casada), Pollock y los abstractos estadounidenses. En 1946 publicó sus memorias, *Fuera de este siglo,* documento valioso para el conocimiento de los movimientos artísticos y literarios de mediados de siglo, ya que durante toda su vida su mayor preocupación fue el mundo cultural y el mecenazgo.

GUICCIOLI, Teresa. Dama italiana (Rávena, 1800-Florencia, 1873). Casada con el sexagenario Guiccioli, Lord Byron la conoció en Venecia cuando contaba 19 años y ella cedió rápidamente al poeta, todavía lastimado por su divorcio. Teresa Guiccioli ejerció sobre Byron una influencia ennoblecedora: le apartó de la vida mundana, despertó su interés por la causa de la libertad en Italia y le inspiró el vibrante poema «La profecía de Dante» (1819). Byron la siguió a Rávena, a Bolonia, y posteriormente permanecieron algún tiempo en Pisa, en compañía de Shelley, hasta que Byron marchó a Grecia para reunirse con los insurgentes. Musset cantó a la condesa en *Mardoche* y en *Carta a M. Lamartine* (1836). Viuda, se casó en 1851 con el marqués de Boissy, par de Francia. Publicó sobre Byron dos interesantes libros de memorias: *Lord Byron juzgado por los testigos de su vida* (1868) y *Mis recuerdos de Lord Byron* (1869).

GUIDO, Beatriz. Escritora argentina (Rosario, 1925-Madrid, 1988). Fue miembro de la generación de los «parricidas» surgida en los años cincuenta, que rechazaba el pasado inmediato. Su obra narrativa se centró en la nostalgia por la niñez *(La caída,* 1956; *Fin de fiesta,* 1958), en el retrato de la realidad nacional *(El incendio y las vísperas,* 1964) y en la preocupación por la condición de la mujer *(La invitación,* 1979, y *La encerrada).* Varios de sus libros y guiones fueron llevados al cine por su marido, el cineasta Leopoldo Torre-Nilsson.

GUILLERMINA. Reina de los Países Bajos (La Haya, 1880-palacio de Apeldoorn, 1962). A los tres meses de edad sucedió a su padre, bajo la autoridad materna, y en 1898, al cumplir los 18 años, se celebró su coronación. Contrajo matrimonio en 1901 con el príncipe Enrique de Mecklemburgo-Schwering. De ese matrimonio tuvo sólo una hija, la princesa Juliana. En 1948 abdicó en su hija. La reina Guillermina conquistó el cariño de su pueblo por la vida austera, laboriosa y patriótica con que dio siempre ejemplo. Supo enfrentarse con las grandes potencias para defender las causas justas. En 1959 publicó sus memorias con el título de *Solitaria, pero no sola.*

GUILLOT, Olga. Cantante mexicana, de origen cubano (Santiago de Cuba, 1923). Comenzó como solista en 1945 y, desde esa fecha, ha grabado numerosos discos, de los que 17 se han convertido en discos de oro. Considerada como una de las mejores intérpretes de boleros de América Latina, Guillot ha sido llamada «la reina del bolero». Tras exiliarse de Cuba en 1961, fijó su residencia en México. Entre sus canciones más conocidas destacan: *Miénteme, Tú me acostumbraste* y *Campanitas de cristal.*

GULLER, Maritxu (María Erlanz, llamada). Bruja española (Navarra, 1912-San Sebastián, 1993). Representa la última manifestación del mundo de las *sorginak* (brujas) que pueblan la tradición vasca. Desde niña mostró una capacidad sensitiva y premonitoria que le granjeó la admiración y asombro de un sinnúmero de personas a lo largo de su vida. Estudió parapsicología en París, y se convirtió en un personaje de referencia para todos aquellos que se le acercaron buscando respuestas a su situación particular.

GUSTAVO, Soledad. Anarquista española, cuyo verdadero nombre era Teresa Mañé (Vilanova i la Geltrú, 1866-Perpiñán, 1939). Maestra de escuela y colaboradora de la publicación libertaria *Las dominicanas del libre pensamiento,* en 1899 fundó, junto con su marido, Juan Montseny, *La Revista Blanca,* en donde colaboraron reconocidos intelectuales y anarquistas, y posteriormente el periódico *Tierra y Libertad* como suplemento de la revista. Entre sus ensayos destacan: *De la enseñanza* (1904) y *Hablemos de la mujer* (1923). Fue madre de Federica Montseny.

GUTIÉRREZ CABA, Irene. Actriz española (Madrid, 1929-íd., 1995). Hija de Irene Caba Alba y hermana de Julia y de Emilio. Inició su trabajo en el teatro en 1944 y en él ha cosechado grandes triunfos, especialmente en la interpretación de *Maribel y la extraña familia.* Intervino también en numerosas películas, recibiendo grandes elogios por su interpretación en la versión cinematográfica de *La casa de Bernarda Alba* (1987). En 1994 obtuvo la medalla de oro al Mérito en las Bellas Artes.

Irene Gutiérrez Caba

GUTIÉRREZ CABA, Julia. Actriz española (Madrid, 1932). Hija de la también actriz Irene Caba Alba, y hermana de Irene y Emilio. Julia debutó en la escena teatral, en 1951, con la compañía de Catalina Bárcena. En 1960 comenzó su actividad cinematográfica, en la que destacan particularmente los filmes: *A las cinco de la tarde* (1960) y *Nunca pasa nada* (1963), ambos dirigidos por J. A. Bardem. En 1970 funda, junto con su marido, el actor y director teatral Manuel Collado Álvarez, su propia compañía. Su larga trayectoria en el teatro cuenta con piezas como *Las entretenidas, Flor de cactus, Luz de gas* y *Leyendas,* en la que actuó junto a su hermana Irene.

GUTIÉRREZ LARRAYA, Aurora. Decoradora española (Santander, 1851-Madrid, 1920). Introdujo en España el *batik* o decoración de telas a la cera, dando al mismo tiempo impulso al arte de repujar y cincelar en cuero y los trabajos en asta. Fue maestra en el bordado y el encaje.

GUY-BLACHÉ, Alice. Directora francesa de cine (París, 1873-Mahwah, Nueva Jersey, 1968). Su primera película, *La fée aux choux* (1896), está considerada la primera obra fantástica de la historia del cine. Guy-Blanche trabajó en Francia y en EE. UU., donde creó, con su esposo, la compañía de cine Solax. En 1953 le fue concedida la legión de honor del Gobierno fràncés. Entre su filmografía destacan: *La danse des saisons* (1903), *Fanfan la tulipe* (1907), *Fra Diavolo* (1912), *The Monster and the Girl* (1914) y *Vampire* (1920).

GUYON DU CHESNOY, madame (Jeanne-Marie Bouvier de La Motte). Escritora mística francesa (Montargis, 1648-Blois, 1717). Desde muy niña manifestó grandes deseos por la vida religiosa, pero sus padres se opusieron y la casaron con Jacques Guyon du Chesnoy, del que enviudó en 1676. Se dedicó a la literatura y la meditación. En 1685 publicó su primera obra, *Medio corto y muy fácil para la oración.* En 1688 conoció a Fénelon, preceptor de los hijos del rey, sobre el que influyó grandemente. En 1695 fue acusada de quietismo, aunque Fénelon se negó a condenarla. Fue encarcelada en la Bastilla (1698-1703) y desterrada a Dizier y a Blois (1706) en casa de su hijo mayor, donde pasó retirada el resto de su vida, dedicada a la contemplación y a la práctica de la caridad. La interpretación de sus obras ha sido muy debatida, lo que ha motivado el oscurecimiento de su figura.

GUZMÁN, Leonor de. V. **LEONOR de Guzmán.**

H

HACHETTE, Jeanne. V. **LAISNÉ, Jeanne.**

HAFSA. Mujer árabe (s. VII). Esposa de Mahoma, fue repudiada por su marido, de quien se mostraba celosa. Según la tradición, recibió el primer ejemplar del Corán, que sirvió de base para las posteriores ediciones.

HAMILTON, lady (Emma Lyon). Dama británica (Great Neston, 1761-Calais, 1815). De origen muy humilde, utilizó todos los medios a su alcance para ascender socialmente. Fue amante de varios nobles ingleses, modelo de cuadros vivientes en los que posaba desnuda y, en algunos momentos, rozó la prostitución. Logró contraer matrimonio con lord Hamilton, embajador de Inglaterra en Nápoles, y consiguió, gracias a su inteligencia y extraordinaria belleza, tener una gran influencia en la corte de los Borbones napolitanos. Fue confidente de la reina Carolina de Nápoles, en 1798 acompañó a la familia real en su fuga a Palermo e intervino muy activamente en todas las intrigas italianas. En Nápoles conoció al almirante Nelson, que se enamoró perdidamente de ella. Después de una vida fastuosa y galante y de gozar de una gran influencia, murió en Francia en la más completa miseria. Había sido retratada por los más importantes pintores del momento.

HAN SUYIN (Isabel Comber, llamada). Escritora británica (Sinyang, China, 1917). Su madre era belga y su padre chino. Ella se ha sentido más inclinada hacia Asia que hacia Europa, aunque decidió aprender el inglés para no renunciar a sus orígenes europeos. Primero se inclinó por los estudios de medicina que inició en China y continuó en Bruselas. Hubo de interrumpirlos cuando Japón invadió China. Regresó a este país en 1938 y, a partir de entonces, se dedicó a ayudar como enfermera y comenzó a escribir novelas en las que reflejaba las penalidades de los campesinos chinos y después sus impresiones sobre los distintos países asiáticos en los que residió. Se inclinó por el comunismo y defendió el régimen chino por todo el mundo a través de sus escritos y conferencias. Sus novelas han tenido notable éxito y, aunque acabó la carrera de medicina en Londres (1948), su dedicación prioritaria ha sido la literatura y la política, que la ha llevado a relacionarse con las más importantes personalidades de Asia.

HARLOW, Jean (Jean Harlean Carpenter, llamada). Actriz estadounidense (Kansas City, 1911-Los Ángeles, 1937). Aunque no destacó por sus dotes interpretativas, su aspecto físico y agitada vida privada le ayudaron a encarnar un tipo de vampiresa ingenua que tuvo gran éxito en los años treinta. Su temprana muerte constituyó una manifestación de sentimiento popular. Películas más importantes: *El desfile del amor* (Lubitsch, 1929), *La jaula de oro* (Capra, 1931), *Tierra de pasión* (Fleming, 1932) y *Saratoga* (Conway, 1937).

HART, Doris. Tenista estadounidense (St. Louis, Missouri, 1925). Hart, considerada la más extraordinaria tenista femenina de su época, fue campeona de dobles en Wimbledon (1947, 1951, 1952 y 1953), y de individuales en Australia (1949) y Roland Garros (1950, 1954 y 1955). Ganó, además, la copa de EE. UU. en dobles (1951-1954) y, en mixtos, en el torneo de Wimbledon (1951-1955). En 1955 fue primera en la clasificación mundial del tenis femenino.

HATSEPSUT. Reina y faraón de Egipto (m. 1484 a. C.). Perteneciente a la XVIII dinastía, era hija de Tutmosis I y esposa de Tutmosis II, su hermanastro, los dos sólo reyes honorarios, al ser ilegítimos. A la muerte de su marido, en el año 1505 a. C., se impuso como faraona legítima, relegando a un segundo término a su hijastro Tutmosis III, de quien se declaró regente, ganándose el apoyo de la importante casta funcionarial. Mantuvo el poder hasta su muerte y, entre sus acciones de gobierno, destaca la famosa expedición marítima al país de Punt (Somalia). Sus representaciones iconográficas son abundantes, apareciendo siempre como hombre e investida de los símbolos del poder. Entre las obras que mandó construir destaca el templo de Dayi al-Baharí, consagrado a Amón. Tras su muerte, Tutmosis III proscribió su memoria e hizo que la borraran de las listas de faraones.

HAVILLAND, Olivia de. Actriz de cine estadounidense (Tokio, 1916). Hermana de Joan Fontaine. Durante los años treinta hizo pareja habitual con Errol Flynn, destacando entre sus películas de esta época: *El capitán Blood* (Curtiz, 1935), *La carga de la Brigada Ligera* (Curtiz, 1936) y *Robín de los Bosques* (Curtiz y Keighley, 1938). Fue galardonada con el Oscar de la Academia de Hollywood en 1946 (por su interpretación en *A cada uno lo suyo*) y 1949 (por *La heredera*). Otras de sus películas son: *Sueño de una noche de verano* (Dieterle y Reinhardt, 1935), *Lo que el viento se llevó* (Fleming, 1939), *Nido de víboras* (Litvak, 1948), *La hija del embajador* (Krasna, 1956), *La noche es mi enemiga* (Asquith, 1959), *Luz en la ciudad* (Green, 1962), *Canción de cuna para un cadáver* (Aldrich, 1965), etc. Posteriormente ha trabajado en películas o series de televisión de gran reparto. En 1960 publicó sus memorias.

HAYWARD, Susan (Edith Marrener, llamada). Actriz de cine estadounidense (Nueva York, 1919-Los Ángeles, 1975). Interpretó diferentes papeles como actriz dramática y temperamental. Intervino en las películas: *Me casé con una bruja* (Clair, 1942), *Pasión salvaje* (Santell, 1944), *David y Betsabé* (King, 1951), *Las nieves del Kilimanjaro* (King, 1952), *Mañana lloraré* (Mann, 1955), premio de interpretación del Festival de Cannes en 1956, *Intriga femenina* (Potter, 1957), *¡Quiero vivir!* (Wise, 1958), Oscar de Hollywood en 1959, *El desfiladero de la muerte* (Rouse, 1959), *El tercer hombre era mujer* (Mann, 1961), *Mujeres en Venecia* (Mankiewicz, 1967) y *El valle de las muñecas* (Robson, 1967), entre otras.

Susan Hayward

HAYWORTH, Rita (Margarita Carmen Cansino, llamada). Actriz cinematográfica estadounidense (Nueva York, 1918-íd., 1987). Hija del bailarín español Eduardo Cansino, pronto comenzó a trabajar como bailarina junto a él. Establecida en Hollywood, llegaría a ser la personificación de la belleza en el cine y uno de sus más adorados mitos. Estuvo casada con Orson Welles y Alí Khan, entre otros. Su consagración definitiva como mito erótico fue durante la guerra con Japón: una foto suya presidía la cabina del avión que lanzó la primera bomba atómica sobre el atolón de las islas Bikini. Entre las películas en que ha intervenido figuran: *Sólo los ángeles tienen alas* (Hawks, 1939), *Gilda* (Vidor, 1946), *La dama de Shanghai* (Welles, 1948), *La dama de Trinidad* (Sherman, 1952), *Salomé* (Dieterle, 1953), *La bella del Pacífico* (Bernhardt, 1953), *Fuego escondido* (Parrish, 1957), *Sangre en primera página* (Odets, 1960), *La trampa del dinero* (Kennedy, 1966), *El aventurero* (Young, 1967) y *La ira de Dios* (Nelson, 1972). Murió a causa de la enfermedad de Alzheimer. Su hija Yashmina Khan publicó su biografía en 1990 y creó una fundación con su nombre para la lucha contra el mal que le quitó la vida.

H. D. v. **DOOLITTLE, Hilda.**

HEAD, Bessie. Escritora surafricana (Pietermaritzburg, 1937-Botswana, 1986). Tras colaborar en varios periódicos de Johannesburgo, se trasladó a Botswana, donde vivió hasta su muerte. Head, considerada una de las figuras centrales de las letras africanas contemporáneas, ha contribuido con su obra a la creación de una voz genuinamente africana. En su novela *A Question of Power* (1973) criticó el *apartheid* y la discriminación sexual en las comunidades africanas. Entre sus libros posteriores destacan su colección de relatos *The Collector of Treasure* (1977), con una técnica que se aproxima a la narrativa oral, su novela *A Bewitched Crossroad* (1984) y sus artículos autobiográficos *A Woman Alone*, publicados póstumamente en 1990.

HEARST, Patricia. Mujer estadounidense (Los Ángeles, 1954). Hearst, heredera de una gran fortuna, acaparó, en 1974, todas las primeras planas de los periódicos mundiales al ser secuestrada por un grupo revolucionario denominado Ejército de Liberación Simbionés. Meses más tarde apareció en un vídeo que fue filmado durante el asalto al Hibernia Bank de San Francisco, portando un arma y haciéndose llamar *Tania*, su supuesto nombre revolucionario. El «proceso Hearst» conmovió al pueblo estadounidense, sobre todo cuando durante su juicio, P. Hearst declaró que, coartada por los extremistas simbioneses, se había visto obligada a participar en actos delictivos para salvar su vida. Fue condenada a siete años de cárcel, pero su pena fue conmutada, por el presidente Carter, en 1979.

HEDWIGE o **EDUVIGIS de Anjou.** Reina de Polonia (Cracovia, 1370-íd., 1399). Era la tercera hija de Luis III de Hungría y Polonia y se casó, dentro de la política matrimonial de su padre, con Ladislao II Jagellón, gran duque de Lituania. Esta boda llevaba consigo la conversión de su marido al catolicismo y la cristianización de su territorio. Ladislao y Hedwige fueron proclamados conjuntamente reyes de Polonia, a la que quedaría unida Lituania hasta 1795.

HELENA. Poeta de la antigua Grecia a quien se le atribuye la autoría del poema épico *La guerra de Troya*, en el que posteriormente se inspiraría Homero para la redacción de la *Ilíada*. El poema de Helena aparece citado en los textos de su coetáneo Tolomeo Hefacio, recogidos después por Focio, escritor bizantino.

HELENA o **ELENA de Troya.** Princesa mítica griega (aproximadamente, s. VIII a. C.). Según la leyenda era hija de Zeus y de Leda y hermana melliza de Clitemnestra. Siendo la mujer más bella de Grecia y pretendida por todos los príncipes, fue dada en matrimonio a Menelao de Esparta, al que el resto de los pretendientes prestaron su amistad. Ofrecida como regalo a Paris por Afrodita, en recompensa de su famoso juicio, fue raptada por este, siendo causa directa de la guerra de Troya.

HELLER, Agnes. Filósofa y socióloga húngara (Budapest, 1929). Discípula y asistente de G. Lukácks, se la considera una de las figuras clave de la escuela de Budapest. En 1978 fue obligada a salir del país, radicándose, primero, en Australia y, luego, en EE. UU. Sus ideas giran en torno a la necesidad de transformar los represivos patrones que configuran la vida cotidiana, intentando, a su vez, superar la interpretación economicista de la filosofía marxista. Entre sus publicaciones destacan: *Historia y vida cotidiana* (1970) y *Teoría de la historia* (1982).

HELLMAN, Lillian. Escritora estadounidense (Nueva Orleans, 1905-Boston, 1984). En sus obras criticó agriamente la injusticia, la explotación y el egoísmo. Vinculada al novelista D. Hammett, fue acusada de doctrinaria y perseguida por el Comité de Actividades Antiamericanas en «la caza de brujas» propiciada por el senador McCarthy. Escribió las obras de teatro: *The Little Foxes* (1939), llevada al cine por W. Wyler; *The Searching Wind* (1944), *Another Part of the Forest* (1946), *Toys in the Attic* (1960), y los libros de memorias: *Una mujer inacabada* (1969) y *Pentimento* (1973), de carácter autobiográfico. Destinó una parte considerable de su herencia a escritores marxistas que defendieran causas justas en Estados Unidos.

HELVÉTIUS, Anne-Catherine. Pensadora francesa (Ligniville, 1719-Auteuil, 1800). Miembro de una de las familias más antiguas de Lorena, su nombre de soltera fue Ligniville d'Autricourt. Adoptada y educada cuidadosamente por su tía madame Graffigny, en 1751 se casó con el filósofo Claude A. Helvétius. En París abrió un salón en su palacio de la calle Sainte-Anne de gran altura intelectual, al que acudían gran número de enciclopedistas (Rousseau, Voltaire o Condorcet). Viuda en 1771, siguió recibiendo a sus amigos en su casa de Auteuil, entre ellos, Turgot y Franklin. Fue más radical en pensamiento que los filósofos de su época y una de las inspiradoras de la Revolución.

HENIE, Sonja. Patinadora noruega (Oslo, 1912-en un avión entre París y Oslo, 1969). Henie, patinadora artística sobre hielo, fue tres veces campeona olímpica (1928, 1932 y 1936) y ganó diez campeonatos del mundo (1927-1936). En 1937 debutó en el cine con la película *One in a Million*. Murió de leucemia.

Audrey Hepburn

HEPBURN, Audrey (Hedda van Heemstra Hepburn-Ruston, llamada). Actriz de cine y teatro estadounidense (Bruselas, 1929-Lausana, Suiza, 1993). Durante su infancia en Bélgica sufrió toda serie de penalidades debido a la ocupación alemana. Obtuvo el Oscar de Hollywood a la mejor actriz (1953) por su interpretación en *Vacaciones en Roma*, de W. Wyler. Otras películas en las que participó: *Sabrina* (Wilder, 1954), *Guerra y paz* (Vidor, 1956), *Una cara con ángel* (Donen, 1957), *Historia de una monja* (Zinnemann, 1959), *Desayuno con diamantes* (Edwards, 1961), *My Fair Lady* (Cukor, 1964), etc. Posteriormente, además de apariciones en películas de gran reparto, protagonizó *Robin y Marian* (Lester, 1976), junto a Sean Connery. Los últimos años de su vida estuvo dedicada a obras en atención a la infancia, como embajadora extraordinaria de Unicef.

HEPBURN, Katharine. Actriz estadounidense (Hartford, Connecticut, 1909). Debutó en el cine en 1932 bajo la dirección de George Cukor. En 1934 obtuvo un Oscar de la Academia de Hollywood por la película *Gloria de un día* (Sherman, 1933), y el máximo galardón en la Bienal de Venecia del mismo año. Consiguió un nuevo Oscar por su interpretación en *Adivina quién viene esta noche* (Kramer, 1967) y en *El león en invierno* (Harvey, 1968), compartido este con Barbra Streisand. Por estas dos últimas películas, la Academia Británica de Cine le otorgó el premio como la mejor actriz de 1968. Otras películas: *La fiera de mi niña* (Hawks, 1938), *Historias de Filadelfia* (Cukor, 1940), *La costilla de Adán* (Cukor, 1949), *La reina de África* (Huston, 1951), *De repente... el último verano*

(Mankiewicz, 1959), *La loca de Chaillot* (Forbes, 1969), *Las troyanas* (Cacoyannis, 1971), *El rifle y la biblia* (Millar, 1975), *En el estanque dorado* (Rydell, 1981), por la que volvió a conseguir el Oscar de interpretación y *Un asunto de amor* (Gordon Caron, 1994). Formó pareja con Spencer Tracy y, eventualmente, con Cary Grant en varios filmes, alternando su actividad cinematográfica con el teatro y con series para la televisión.

HEPWORTH, Barbara. Escultora británica (Wakefield, Yorkshire, 1903-Saint Ives, Cornualles, 1975). Cursó estudios en la Leeds School of Art y en el Art Royal College de Londres y, a partir de 1934, su obra se tornó hacia la abstracción, centrándose, especialmente, en las formas geométricas puras: *Héli-coïds* (1938-1945), *Gosden Head* (1949), *Images* (1952). Utilizaba mármol, madera, piedra y bronce en sus esculturas. En 1950 expuso en la Bienal de Venecia, en 1953 obtuvo el segundo premio del Concurso Internacional de Escultura, en 1959 recibió el primer premio de la Bienal de São Paulo y en 1963 ganó el primer premio del Ministerio de Asuntos Exteriores japonés. Su célebre escultura en bronce *Single Form,* que se encuentra en las Naciones Unidas en Nueva York, es una de sus obras maestras.

HERODÍAS. Princesa judía (Jerusalén, 7 a. C.-íd., 39 d. C.). Nieta de Herodes el Grande, Herodías abandonó a su esposo Herodes Filipo y se casó con Herodes Antipas, a quien acompañó voluntariamente al exilio. Esta unión, que escandalizó al pueblo judío, fue condenada por san Juan Bautista, quien la acusó de adúltera e incestuosa. Como recompensa por una danza, Herodías indujo a su hija Salomé a solicitar la cabeza de san Juan Bautista, que le trajeron sobre una bandeja.

HERRERA, Carolina. Diseñadora y empresaria venezolana (Caracas, 1930). Llamada Pacamí de soltera, es hija del que fue gobernador de Caracas bajo la dictadura de Pérez Jiménez. Tras casarse con el multimillonario Reinaldo Herrera, se trasladó a Nueva York, donde fijó su residencia. Desde 1972 encabezó la lista de mujeres mejor vestidas del mundo durante diez años. Ya como diseñadora fue galardonada, en 1987, con el premio de la Moda Americana, entre otros. Su actividad en moda abarca tres tipos de colecciones: las de *prêt-à-porter,* las de alta costura y las de moda nupcial, junto a su línea cosmética y de perfumes. Es admirada en el mundo del diseño por su capacidad creativa a partir de la sencillez de líneas, clave de su elegancia: «la moda no es una frivolidad, sino la expresión de la propia personalidad».

HERSCHEL, Lucretia Caroline. Astrónoma británica de origen alemán (Hannover, 1750-íd., 1848). Hermana de Friedrich Wilhelm Herschel, con quien fue a vivir en 1772 y a quien ayudó en sus trabajos que tuvieron como resultado el descubrimiento del planeta Urano y de dos de sus satélites. Descubrió ocho cometas y varias nebulosas y se destacó en la revisión del catálogo de estrellas de Flamsteed. Recibió la medalla de oro de la Sociedad Astronómica de Londres y fue la primera mujer en ser miembro honorario de dicha sociedad.

HESSE, Eva. Artista estadounidense de origen alemán (Hamburgo, 1940-Nueva York, 1970). Hesse, con su ingenioso, radical e iconoclástico uso de los medios, realizó piezas accesorias y táctiles, con soga, látex, estopa engomada, arcilla, metal y alambre. Entre sus obras destacan: *Colgante* (1966) y las piezas de temática erótica *Aro en torno a Rosie* (1965) y *Acrecentamiento* (1967), formadas por membranas esponjosas e interiores erizados de suaves proyecciones.

HEVELIUS, Elisabeth. Astrónoma alemana (Gdansk, 1647-íd., 1693). Hija de un mercader llamado Koopmaan, se casó con el astrónomo Jean Hevelius, del que fue colaboradora. Participó con él en la redacción de *Annus climatericus, Cosmographia* y *La máquina celeste.* A la muerte de su marido, concluyó la edición de *Promodus astronomiae.*

HIGHSMITH, Patricia. Escritora estadounidense (Fort Worth, Texas, 1921-Locarno, Suiza, 1995). Adquirió fama con su novela *Extraños en un tren* (1950), llevada al cine por A. Hitchcock, y posteriormente se consagró como una de las figuras clave de la narrativa policiaca y de la llamada «psicología del horror». Creadora del personaje *Tom Ripley,* Highsmith solía ambientar sus obras en un entorno cotidiano pero amenazante: *A pleno sol* (1955), *El amigo americano* (1974), *El diario de Edith* (1977), *Gente que llama a la puerta* (1983), *Small g: un idilio de verano* (1995). Los últimos años se retiró a vivir a un pueblecito suizo, en donde llevó una vida retirada y solitaria. Murió víctima de la leucemia.

HILDEGARDA de Bingen, santa. Religiosa, escritora mística y compositora alemana (Böckelheim, 1098-Rupertsberg, 1179). Fundadora y abadesa del monasterio de San Ruperto, se hizo muy famosa en su época por sus visiones y éxtasis. Escribió varias obras en alemán y en latín: *Scivias* (tratado dogmático), *Causae et curae* (tratado de medicina) y un importante epistolario. Como compositora, se le atribuyen unas 155 melodías, entre las que destacan la *Sinfonía de las viudas* y un *Ordo Virtutum.*

HIPATIA. Filósofa griega (Alejandría, 350-íd., 415). Era hija del célebre matemático Teón, comentarista de Euclides y Tolomeo. Dotada de singular belleza y de gran talento, consiguió levantar el espíritu decaído de aquella época. Se dedicó a la enseñanza de matemáticas, astronomía, filosofía y medicina en Alejandría. Defendía el racionalismo científico frente al cristianismo; esto le concitó la enemistad de los partidarios del patriarca san Cirilo y del prefecto Orestes que la asesinaron y trocearon su cuerpo, que esparcieron por Alejandría. Escribió un comentario al *Canon astronómico* de Tolomeo, otro a las *Secciones cónicas* de Apolonio de Pérgamo y otro sobre Diofanto. De su escuela salió Sinesio de Cirene, obispo de Tolemaida, quien le pedía consejo antes de publicar sus obras. Su muerte supone el fin del platonismo en el Imperio romano. Su vida ha dado lugar a una copiosa producción histórica y novelesca, en la que destaca la obra *Hipatia,* de Ch. Kingsley. No se conserva ninguna obra suya.

HO XUAN HUONG. Poeta vietnamita (fin del s. XVIII). Es una de las principales representantes de la literatura de Dai Viet en su época y su obra está compuesta por gran cantidad de breves poemas, caracterizados por una nota irónica y una profunda amargura, apareciendo en sus versos una sensualidad profunda, llena de erotismo.

HODGKIN, Dorothy Crowfoot. Bioquímica británica (El Cairo, 1910-Warwickshire, 1994). En 1960 fue nombrada catedrática de investigación de la Sociedad Real en la Universidad de Oxford, y en 1964 obtuvo el premio Nobel de Química por sus medidas, realizadas con métodos de rayos X, sobre la estructura de importantes sustancias bioquímicas y, más concretamente, por la explicación de la estructura de la vitamina B_{12}. Sus investigaciones sobre esta vitamina han puesto de relieve la importancia que tiene para combatir y prevenir la anemia perniciosa. En 1969 descubrió la estructura cristalina de la insulina.

HODINOVA-SPURNA, Agnès. Política checa (Praga, 1895-íd., 1963). Fue miembro durante 25 años del consejo municipal de Praga, y en 1929 se unió al Partido Comunista. Fue diputada en la Asamblea Nacional, desde donde luchó por los derechos de las mujeres y de la infancia desposeída, y presidenta del comité de mujeres checas, además de ser miembro del Comité Central del partido comunista y vicepresidenta de la Asamblea Nacional (1945-1960).

HOLIDAY, Billie (Eleonora Holiday, llamada). Cantante de *blues* y *jazz* estadounidense (Baltimore, 1915-Nueva York, 1959). Considerada uno de los mitos de los años treinta, en 1929 debutó en Nueva York y en 1933 grabó su primer disco. Holiday creó un estilo musical propio apoyado en su voz excepcional y en la belleza de sus composiciones. Aclamada como el «ángel de Harlem» y «Lady Day», cantó con los mejores músicos de aquel momento, entre ellos, Benny Goodman, Count Basie, Artie Shaw, Lester Young y Ben Webster. Murió víctima de las drogas y el alcohol. Entre sus discos desta-can *Billie's Blues* (1936), *Easy Living* (1937), *Strange Fruit* (1939), *God Bless the Child* (1941), *Don't Explain* (1945) y *All of Me* (1949). Escribió su autobiografía, *Lady Sings the Blues* (1956).

HOLT, Victoria. V. PLAIDY, Jean.

HORNE, Marilyn. Mezzosoprano estadounidense (Bradford, Pensilvania, 1934). Estudió canto en la Universidad del Sur de California, con William Vennard. En 1954 debutó en Los Ángeles con *La novia vendida,* de Smetana. Posteriormente fue contratada por la Ópera de Gelsenkirchen, donde canta especialmente a Puccini. Hizo pareja con Joan Sutherland, debutando, en Nueva York, en 1961, con *Beatrice de Tende,* de Bellini. En 1983 publicó su autobiografía, *Mi vida.*

HORNEY, Karen. Psiquiatra y psicoanalista estadounidense de origen alemán (Hamburgo, 1885-Nueva York, 1952). Perteneciente a la escuela culturalista, Horney se alejó de las ideas ortodoxas de Freud combatiendo sus

Marilyn Horne

ideas sobre la sexualidad femenina y, en especial, su noción respecto a la envidia del pene. Destacó los efectos de la cultura en los problemas psíquicos frente al innatismo y genetismo freudianos. Entre sus libros destacan: *La personalidad neurótica de nuestro tiempo* (1937), *El nuevo psicoanálisis* (1939), *Nuevos conflictos interiores* (1945) y *Neurosis y madurez* (1950).

HORTA, Maria Teresa. Periodista y escritora portuguesa (Lisboa, 1937). Se inició en el movimiento literario «Poesía 61», opuesto al neorrealismo, y, posteriormente, fue coautora, con M. I. Barreno y M. V. da Costa, de las polémicas *Novas cartas portuguesas* (1975). Horta, miembro del partido comunista desde 1974, ha dedicado gran parte de su vida al activismo político. Durante varios años fue editora de la revista *Mulheres,* órgano principal de la organización feminista Movimiento Democrático de Mujeres. Entre sus publicaciones destacan los poemas recogidos en *Mi madre, mi amor* (1985) y *Rosa sangrienta* (1987).

HORTENSIA de Beauharnais. Reina consorte de Holanda (París, 1783-castillo de Arenemberg, 1837). Cuando era muy niña su padre fue condenado al cadalso. Su madre, Josefina, se casó al poco tiempo con Napoleón, con lo que la suerte de Eugenia cambió. En la corte se rumoreaba que llegó a mantener relaciones con su padrastro, el emperador, pero este, para acabar con estos rumores, la casó con su hermano Luis Bonaparte. El matrimonio fue siempre desgraciado y cuando hubieron de abandonar el trono de Holanda, que les había confiado Napoleón, se separaron. Desde entonces se dedicó a la literatura, escribiendo novelas sentimentales. Se rodeó de artistas y literatos, teniendo en París uno de los salones más frecuentados. Tras la caída de Napoleón se le prohibió la residencia en Francia; se retiró entonces al castillo de su propiedad de Arenemberg, donde murió. Tuvo tres hijos, uno de ellos, Carlos Luis Napoleón, fue más tarde el emperador Napoleón III.

HOYOS, Cristina. Bailarina y coreógrafa española (Sevilla, 1946). Estudió con Enrique *el Cojo* y Manuela Vargas y debutó a los 16 años. Durante 20 años perteneció a la compañía de Antonio Gades, trabajando como solista o pareja del bailarín, y protagonizando, entre otras: *Bodas de sangre* (1981), *Carmen* (1983) y *El amor brujo* (1985), llevadas a la pantalla por Saura. Su baile se caracteriza por un gran dramatismo y fuerza temperamental. En 1989 formó compañía propia, protagonizando y dirigiendo la coreografía de *Montoyas y Tarantos* (Escrivá, 1989). En 1990 se le concedió el premio Nacional de Danza. En 1992 participó en la coreografía de la inauguración de las Olimpiadas de Barcelona.

HROTHSWITHA. V. ROSWITHA.

HUMPHREY, Doris. Bailarina estadounidense (Oak Park, Illinois, 1895-Nueva York, 1958). Es una de las pioneras del ballet moderno americano junto a Martha Graham. Además de una excelente bailarina, fue creadora de numerosas coreogra-fías; entre ellas puede destacarse *Llanto por Ignacio Sánchez Mejías,* sobre el texto de García Lorca. Esta última coreografía la creó tras su retirada del ballet después de 1944 a causa de la artritis, lo cual no le impidió seguir trabajando hasta su muerte. Así mismo dio clases de ballet en los centros escolares más importantes de EE. UU.

HUNTINGTON, Anna Hyatt Vaughn. Escultora estadounidense (Cambridge, Massachusetts, 1876-Redding, Connecticut, 1973). Estudió en Boston y Nueva York y pronto se dedicó a la escultura, sobre todo de carácter monumental y realista. Son famosas sus esculturas del Cid, de Juana de Arco y *La entrega del testigo,* en la Ciudad Universitaria madrileña.

HUTTON, Barbara. Millonaria estadounidense (Los Ángeles, 1912-Nueva York, 1979). Nieta del fundador del imperio Woolworth, a los 20 años heredó una inmensa fortuna y la importante cadena de almacenes comerciales de su abuelo. Se casó siete veces: tres príncipes, un barón tenista, un conde, un diplomático, un *play boy* y un actor (Cary Grant). En 1972 su único hijo murió en un accidente de avión y ella, desconsolada, se acusó de haber sido una mala madre. A los 60 años había perdido todos los dientes y a los 70 se le había roto el cuello del fémur, lo que le impedía desplazarse sin ayuda, viviendo rodeada de enfermeras. Drogada de anfetaminas y tranquilizantes, enflaqueció, llegando a pesar 40 kilos. Hutton se arruinó; a su muerte sólo tenía 3.500 dólares en el banco, y sus bienes fueron liquidados y subastados. Sólo diez personas asistieron a su entierro en el Bronx.

HYDE, Anne. Política británica (Windsor, 1637-Westminster, 1671). Era hija de Eduardo I, conde de Clarendon, y fue dama de honor de la princesa de Orange. En 1660 se casó en secreto con Jacobo Estuardo, duque de York, futuro Jacobo II de Inglaterra. De él tuvo ocho hijos, de los que sólo sobrevivieron María y Ana Estuardo. Las educó en el anglicanismo y reinaron tras la revolución de 1688. En 1670 se convirtió al catolicismo.

I

IBÁÑEZ, María Ignacia. Actriz española (Carabanchel, Madrid, 1745-íd., 1771). Sus primeros éxitos los obtuvo en Cádiz, donde había grandes estrenos teatrales. Hizo su presentación en el teatro de la Cruz de Madrid y comenzó a relacionarse con el mundo ilustrado madrileño. Mantuvo un apasionado romance con José Cadalso, del que estrenó la obra *Sánchez García,* y amistad con Moratín, padre, del que estrenó la tragedia *Hortensia*. Cuando la actriz murió, por incompetencia y desatención de los médicos, Cadalso pretendió apoderarse del cadáver, lo que le ocasionó el destierro.

IBÁÑEZ, Sara de. Poeta uruguaya (Paso de los Toros, 1909-Montevideo, 1971). De soltera Sara Iglesias Casadel, adoptó para su actividad literaria el apellido de su marido, el poeta Roberto Ibáñez. Pablo Neruda escribió de ella en el prólogo a su primer libro, *Canto* (1940), «grande, excepcional y cruel poeta». Entre sus obras más conocidas: *Canto a Montevideo* (1941), *Canto póstumo* (1973) y *Diario de la muerte* (1973).

IBARBOUROU, Juana de. Poeta uruguaya (Melo, 1895-Montevideo, 1980), cuyo nombre de soltera era Juana Fernández de Morales. Utilizó ocasionalmente el seudónimo de Jeanette d'Ibar y fue conocida también por el nombre de Juana de América. Sus poemas, de tono melancólico y grave, se centraron en la realidad cotidiana y rechazaron el alambicamiento de los versos modernistas. A Ibarbourou se la considera una de las figuras clave de la poesía hispanoamericana contemporánea. Entre sus títulos destacan: *Las seis lenguas de diamante* (1918), *La rosa de los vientos* (1930), *Romances del destino* (1944), *Oro y tormenta* (1956) y *La pasajera* (1968). Fue, además, autora de varias obras en prosa, como *El cántaro fresco* (1920) y *Chico Carlo* (1944). En 1950 fue nombrada presidenta de la Sociedad Uruguaya de Escritores, y fue la primera persona en recibir la condecoración José Artigas, máximo galardón uruguayo.

IBÁRRURI, Dolores. Política española más conocida como *Pasionaria* (Gallarta, 1895-Madrid, 1989). De familia minera, fue destacada líder sindicalista, secretaria general y presidenta del Partido Comunista Español. Se convirtió en una de las personalidades más carismáticas del bando republicano durante la guerra civil. En 1934 organizó el Socorro Rojo y al año siguiente participó en el VII y último

Dolores Ibárruri

congreso de la Internacional Comunista en Moscú. En 1936 fue elegida diputada a Cortes. Tras la derrota de los republicanos en la guerra civil, se exilió en Moscú, desde donde dirigió las actividades de su partido. Retornó a España en 1977, y, aunque presidió la primera sesión de las Cortes democráticas, su actividad po-lítica fue ya hasta su muerte casi testimonial. Su autobiografía se titula *El único camino*. Su entierro constituyó una de las mayores manifestaciones de duelo; su cadáver fue enterrado junto a la tumba de Pablo Iglesias, en el cementerio civil de Madrid.

ICAZA, Carmen de. Novelista española (Madrid, 1904-íd., 1979). Buena conocedora de los ambientes de la alta sociedad, se dio a conocer con *Cristina de Guzmán, profesora de idiomas* (1935), que apareció en el folletín de la revista *Blanco y Negro* y que se convertiría en uno de los seriales radiofónicos de mayor éxito de la posguerra española. En el campo de la «novela rosa» fue autora así mismo de *Vestida de tul, Soñar la vida, La fuente enterrada, Las horas contadas* y *El tiempo vuelve*.

IGLESIAS, Cristina. Escultora española (San Sebastián, 1956). Estudió en la Chelsea School of Art de Londres y, posteriormente, ha adquirido un progresivo reconocimiento internacional. Sus piezas, de marcado carácter arquitectónico, compuestas de diferentes texturas y materiales, mantienen una estrecha relación con la pared y el suelo. La obra escultórica de Iglesias combina los aspectos tradicionales de la escultura ibérica, del arte conceptual de los años setenta y de la vanguardia histórica. Hace uso de materiales como el cinc, el hierro, el cristal, el cemento, y, recientemente, ha incorporado fotografías de paisajes o serigrafías sobre el metal. En 1993 representó a España, junto a A. Tàpies, en la XLV Bienal de Venecia.

IGLESIAS, María del Carmen. Historiadora española (n. en Madrid). En 1978 obtuvo su doctorado en Ciencias Políticas y Sociología por la Universidad Complutense de Madrid y, en 1983, la oposición a cátedra de Historia de las Ideas y de las Formas Políticas de dicha universidad. En 1989 fue elegida, por unanimidad, miembro de número de la Academia de la Historia. Desde 1990 es vicepresidenta ejecutiva de la Fundación Ideas e Investigaciones Históricas y, desde 1993, miembro del comité nacional de United Word Colleges. Entre sus obras destacan: *Paradigma de la naturaleza: Montesquieu, Rousseau, Comte* (1983), *El pensamiento de Montesquieu: Política y Ciencia Natural* (1984), premio internacional Montesquieu de 1985, concedido por la Academia Montesquieu francesa, y *Los cuerpos intermedios y la libertad en la sociedad* (1986).

IMÁN (Imán Muhammad Abdul Mahid, llamada). Actriz y *top model* somalí (Mogadiscio, Somalia, 1955). Hija de un diplomático somalí, fue presentada en el mundo de la moda como una princesa somalí encontrada en las montañas cuidando cabras. Llegó a ser la modelo más cotizada (10.000 dólares por desfile) y la reina de la moda neoyorquina, pero lo abandonó todo para dedicarse en exclusiva al cine. En 1991, ya con una hija, contrajo matrimonio con David Bowie.

IMPERIO, Pastora (Pastora Rojas Monje, llamada). Bailaora y cantaora española (Sevilla, 1889-Madrid, 1979). Estuvo casada con el torero Rafael Gómez, *el Gallo,* y, en sus años de juventud, fue la máxima figura del arte flamenco. En 1917 estrenó en el teatro Lara madrileño *El amor brujo,* que Falla había compuesto para ella. Intervino en filmes como *María de la O* (1936) y *Canelita en rama* (1943).

Pastora Imperio

INÉS de Castro. Dama castellana (¿?, h. 1320-Coimbra, 1355). Marchó a Portugal acompañando a doña Constanza, hija de don Juan Manuel, cuando esta fue a casarse con el infante don Pedro, luego Pedro I, hijo de Alfonso IV el Bravo de Portugal. Don Pedro se enamoró de doña Inés y, muerta su esposa (1345), sostuvieron relaciones amorosas y llegaron a contraer matrimonio secreto. Por consejo de algunos nobles, no quiso Alfonso IV aprobar el casamiento de este con Inés, a pesar de que habían tenido ya algunos hijos, y, tras algunas vacilaciones, la hizo asesinar. Don Pedro tomó cumplida venganza del hecho, pues se levantó contra su padre y, cuando llegó a ser rey, hizo sentar en el trono el cadáver de doña Inés y obligó a los nobles a rendirle homenaje y a besar su mano. También logró del rey de Castilla que le fueran entregados los asesinos y, a los dos que se logró detener, les hizo arrancar el corazón. La figura de Inés de Castro ha dado motivo a creaciones literarias y artísticas notables, entre las que sobresalen las estrofas de Camoens en *Os lusíadas* y el drama de Vélez de Guevara *Reinar después de morir*.

INÉS de Poitiers. Reina de Aragón (m. 1137). Era sobrina de Alfonso Jordán, conde de Tolosa, y hermana de Guillermo de Poitiers. Se casó en 1135 con Ramiro II de Aragón, del que tuvo a Petronila. Murió al poco tiempo de dar a luz.

INGUNDA. Princesa visigoda española, de origen franco (m. Sicilia, 585). Era hija de Sigeberto de Austrasia y de Brunequilda y se casó en el 579 con Hermenegildo, hijo de Leovigildo. Pronto entró en malas relaciones con la reina Goswintha y Leovigildo trasladó a los recién casados a Sevilla (580). Allí, con la ayuda de san Leandro, consiguió la conversión al catolicismo de su marido, Hermenegildo, al que apoyó durante la rebelión contra su padre. Tras la muerte de Hermenegildo (Pascua de 585) huyó hacia Oriente con su hijo y murió en el camino, probablemente en Sicilia.

IRENE. Emperatriz bizantina (Atenas, 752-Lesbos, 803). Pertenecía a una modesta familia de Atenas; debido a su hermosura contrajo matrimonio con León, hijo de Constantino V, quien luego ocupó el trono con el nombre de León IV. Ejerció la regencia a la muerte de su esposo sobre su hijo Constantino VI. Su gobierno fue autoritario, atendiendo, sobre todo, a la cuestión religiosa derivada del problema iconoclasta, pues ella era una ferviente partidaria del culto a las imágenes (iconódula), y reunió el II Concilio de Nicea (787), donde se condena la iconoclastia. Cuando su hijo llegó a la mayoría de edad, tuvo que abandonar el poder debido a un levantamiento militar (790), pero Constantino VI la volvió a llamar, y ella respondió acusándole de bigamia, destronándole y finalmente dejándole ciego (797). Irene tomó entonces el título de *basileus*, iniciando su gobierno nominal. En política exterior fue un fracaso, consintiendo en pagar tributo al califa musulmán Harum al-Rashid (798). Su situación en el trono fue el pretexto para la legitimación de la restauración imperial en Occidente con la coronación de Carlomagno (800). Tras esto, intentó una reunificación del Imperio, por medio de un matrimonio con Carlomagno. Fue destronada por Nicéforo, muriendo desterrada en la isla de Lesbos. Cuando regresó su cuerpo a Constantinopla, fue recibido como reliquia, y su persona canonizada por la Iglesia ortodoxa.

IRENE, santa. Dama hispano-goda (m. h. 653). La leyenda cuenta cómo fue mandada asesinar por un noble que quería casarse con ella, obligándola a abandonar el voto de virginidad que había realizado. Su cuerpo fue arrojado al río que llega a la ciudad de Santarem, a la que dio su nombre. Era hermana del papa san Dámaso.

IRENE de Montferrato. Emperatriz bizantina (Constantinopla, 1271-Salónica, 1315). Era hija de Guillermo V de Montferrato y se casó con Andrónico II Paleólogo (1283). A la muerte de Juan I de Montferrato (1305) transmitió los derechos del ducado a su segundo hijo, Teodoro. Tras sus fracasos para ligar a sus hijos al trono, en detrimento del heredero bizantino, Miguel III, se retiró a Salónica, donde comenzó una serie de intrigas asociada al rey de Serbia Esteban VI (Urosh II).

IRENE Dukas. Emperatriz bizantina (Constantinopla, 1066-íd., 1118) por su casamiento con Alejo Comneno I, sobre el que ejerció poderosa influencia. Era hija de Andrónico Dukas y a la muerte de su marido intentó dar el trono a su yerno Nicéforo Brienio, en detrimento de su hijo Juan II. Murió encerrada en un convento.

IRIGARAY, Luce. Psicoanalista, teórica feminista y filósofa francesa, de origen belga (Bruselas, 1930). Seguidora de las ideas de J. Derrida, Irigaray es considerada una de las más prestigiosas teóricas del feminismo de la diferencia. Directora de investigación filosófica en el Centro Nacional de Investigaciones Científicas de París, su primer libro, *Le langage des déments* (1973), es un estudio de los modelos de desintegración lingüística en la demencia senil. En 1974 su tesis doctoral *Spéculum de l'autre femme* dio lugar a su inmediata expulsión de la École Freudienne de J. Lacan y, por tanto, de la enseñanza universitaria. Las críticas de Irigaray a la teoría de la feminidad de Freud y a las ideas sobre la diferenciación sexual femenina promulgadas por Lacan se han convertido en referencia obligada dentro del mundo teórico feminista. En 1985 publicó *Ese sexo que no es uno*, donde expone sus ideas sobre «escritura femenina». Entre sus libros destacan, además, *Amante Marine de Friedrich Nietzsche* (1980), *Éthique de la différence sexuelle* (1984), *Sexes et parentés* (1987) y *Yo, tú y nosotras* (1992). En sus obras analiza la organización social vigente, basada en un determinado orden sexual, que es el impuesto por el patriarcado.

ISABEL, santa. Mujer de la Biblia (s. I). Esposa de san Zacarías, madre de san Juan Bautista y sobrina de santa Ana, madre de la Virgen María. Según la tradición, Isabel salvó milagrosamente a su hijo cuando la degollación de los inocentes y después se retiró a un desierto, en donde terminó sus días. Aparece en el episodio bíblico de la Visitación, cuando María va a atenderla del hijo que espera. En él la Virgen recita el *Magníficat*.

ISABEL I de Castilla, la Católica. Reina de Castilla (Madrigal de las Altas Torres, 1451-Medina del Campo, 1504). Fue hija de Juan II y de su segunda esposa, Isabel de Portugal, y hermana de Enrique IV, rey de Castilla. Durante las guerras entre la oposición nobiliaria y Enrique IV, después de la muerte del infante Alfonso, hermano menor del rey y pretendiente al trono (1468), los partidarios de este ofrecieron la corona a doña Isabel, que fue proclamada en algunas ciudades, en contra de los derechos de la hija del rey, Juana, pretextando que esta era ilegítima; pero la infanta se negó a la pretensión mientras viviera el rey, a pesar de que se consideraba su legítima heredera. Enrique IV, cediendo a las presiones nobiliarias, cada vez mayores, por el tratado de Guisando (1468) reconoció a la infanta Isabel como princesa de Asturias. Pero la decisión de Isabel de contraer matrimonio con don Fernando de Aragón, hijo de don Juan II y heredero de aquel reino (1469), en contra de lo pactado en Guisando, llevó a Enrique IV a revocar su decisión y volvió a nombrar princesa de Asturias a su hija doña Juana. La reconciliación de Enrique e Isabel no vino sino después del nombramiento del cardenal Mendoza, la presión pro isabelina de las ciudades y el fin de la guerra de Cataluña (1472). Entonces el rey castellano se entrevistó con Isabel en Segovia (1474), pero los planes de concordia quedaron rotos a la muerte del rey, pues Isabel se proclamó reina rápidamente, contrariando hasta a su marido Fernando, que era el pariente varón más próximo de Enrique. Se inició la guerra civil en Castilla entre los partidarios de Isabel y de Juana. Isabel y Fernando llegaron a la Concordia de Segovia (1475) y fueron proclamados reyes de Castilla, pactando una división del poder, que reguló la participación de cada uno en el gobierno del reino del otro. Entre

1474 y 1478 se produjo la guerra, que terminó con la expulsión de los portugueses, partidarios de Juana, y con la pacificación de la nobleza andaluza y extremeña (tratados de Alcáçovas, 1479). El final de la guerra coincide con la muerte de Juan II de Aragón y con el paso de Isabel a ser reina consorte de esta corona. En esta situación, junto a su marido Fernando, comienza la organización del estado moderno español: reordenación legislativa en las Cortes de Toledo de 1480, promulgación de las Ordenanzas Reales de Castilla, reforma de la Hermandad General en Castilla (1476), reforma de las finanzas de la hacienda regia y el ejército, asimilación de la levantisca nobleza por medio de un sistema de servicios a la Corona, absorción de los maestrazgos de las órdenes militares, generalización del mayorazgo y el establecimiento de la Inquisición y del Patronato Regio (1478). Todo esto conducía a la centralización del poder en manos de los reyes y a la burocratización del poder. Esta situación de paz interior y estabilidad internacional permitió el inicio de la guerra de Granada (1481-1492), que termina con el último reducto musulmán en la Península (1492). En este mismo año ocurren otros dos hechos cruciales con implicación directa de Isabel: por una parte, el descubrimiento de América por Cristóbal Colón, empresa bajo bandera castellana realizada con el apoyo explícito de la reina, y la expulsión de los judíos, según pragmática del mes de marzo, cumbre de la política de unificación político-religiosa. En política interior, además de su marido, Isabel tuvo dos excelentes colaboradores, Hernando de Talavera y Ximénez de Cisneros, que le ayudaron en la aplicación del Patronato Regio, la reforma de la Iglesia española y la unificación religiosa. En política exterior, en compensación a la ayuda aragonesa en Granada, abandona la tradicional francofilia castellana, apoyando a su marido Fernando en las guerras de los condados pirenaicos e Italia. Las empresas africanas, tras la conquista de Melilla (1497), fueron casi abandonadas por acuerdo con Portugal. En cuanto al Nuevo Mundo, una vez concertados los tratados de Tordesillas, el interés principal de la reina se centró en que se cristianizase a los indígenas y no se los esclavizara, estableciendo las normas jurídicas necesarias, con la declaración de los habitantes americanos como súbditos castellanos libres. En cuanto al arte y las letras, su período de gobierno supuso la incorporación plena del Renacimiento italiano, siendo su corte, aunque austera, una de las más interesantes de su tiempo. Fue madre de cinco hijos, con los que siguió la política de los Trastámara de alianzas matrimoniales: Isabel, Juana, Juan, el heredero muerto antes de tiempo, Catalina y María.

ISABEL I Tudor. Reina de Inglaterra (palacio de Greenwich, 1533-Richmond, 1603). Hija de Enrique VIII y de Ana Bolena, fue educada en el cisma anglicano. Después de ilegitimizaciones y legitimizaciones sucesivas durante el reinado de su padre y su hermana María I, subió al trono a la muerte de esta última (1558), siendo uno de sus primeros hechos el de restablecer la Iglesia anglicana. Irritada contra la reina de Escocia, María Estuardo, que había tomado el título de reina de Inglaterra, la llamó a Londres y allí la retuvo presa y la hizo decapitar en 1587. A su muerte nombró como sucesor a Jacobo, rey de Escocia e hijo de María Estuardo. Nunca se casó, pero tuvo varios favoritos, como el ministro Cecil. En política interior fue una gobernante clarividente y muy enérgica, capaz de montar las bases de la moderna Inglaterra que nacería tras las diversas revoluciones tecnológicas. En política exterior se situó en el campo protestante, durante las guerras de religión, y mantuvo un constante enfrentamiento con España que concluyó con el fracaso de la Armada Invencible (1588). En América, sin tener en cuenta los tratados de Tordesillas, fundó la colo-nia de Virginia, además de fomentar el corsarismo de sus marinos, como Drake o Hawkins. Culturalmente, su reinado fue muy rico, iniciándose el siglo de oro de Shakespeare y de Dowland.

ISABEL II de España. Reina de España (Madrid, 1830-París, 1904). Hija de Fernando VII y de María Cristina de Nápoles. Pocos meses antes de su nacimiento se había publicado la Pragmática Sanción de 1789, con lo que se anulaba la Ley Sálica borbónica que impedía el reinado de mujeres y se volvía al derecho tradicional castellano; de esta manera, fue jurada heredera en junio de 1833 y, cuando murió Fernando VII, subió al trono bajo la regencia de su madre. El primer período de su reinado está dominado por el estallido de la primera guerra carlista, promovida por el tío de la reina, Carlos María Isidro de Borbón, pretendiente al trono, guerra que fue llamada de los Siete Años (1833-1840), y por el funcionamiento sucesivo del Estatuto Real, hasta el motín de La Granja (1836) y la Constitución de 1837. La regente se hizo pronto impopular y una revolución la obligó a renunciar al gobierno y a ausentarse de España (1842), quedando la regencia en manos del general Espartero y la tutela de Isabel en las de Argüelles y la condesa de Espoz y Mina. La oposición contra el regente fue creciendo y una sublevación militar le forzó a abandonar el poder y a expatriarse. Las Cortes, deseando prevenir los riesgos de una nueva regencia, declararon a la reina mayor de edad cuando contaba 13 años, el 8 de noviembre de 1843. Los moderados, cuyo más destacado jefe fue el general Narváez, gobernaron entre 1844 y 1854, y en su tiempo se promulgó la Constitución de 1845 y se celebró el matrimonio de la reina, cuestión conflictiva en la que las cortes de Austria, Inglaterra, Francia y Dos Sicilias aspiraron a que el rey consorte fuera de su estirpe. Don Francisco de Asís de Borbón, primo de la reina, fue el elegido, aunque la presión de Francia condicionó este matrimonio al de la infanta Luisa Fernanda, hermana de la reina, con don Antonio de Orleans, duque de Montpensier, quinto hijo del rey de Francia Luis Felipe (1846). La incompatibilidad de caracteres entre los reyes se puso pronto de manifiesto y acabó con la separación amistosa después de 1868. A raíz del matrimonio de la reina estalló en Cataluña la segunda guerra carlista, promovida por el conde de Montemolín, que duró desde 1846 hasta 1848. Años después se firmó un concordato con la Santa Sede. Prosiguieron las luchas entre progresistas y moderados y la intromisión de los militares en la vida pública. La Unión Liberal estuvo en el poder desde 1858 hasta 1863, y su personaje más destacado fue el general O'Donnell; en este tiempo tuvo lugar la victoriosa guerra de África (1859-1860) contra Marruecos, y la fracasada intentona carlista del conde de Montemolín, en San Carlos de la Rápita (1860). La inestabilidad política era barrunto de mayores males; se produjeron nuevas sublevaciones militares, murieron O'Donnell y Narváez y quedaron como generales destacados Serrano y Prim. El 18 de septiembre de 1868 se inició la revolución con la sublevación de la escuadra. El general Serrano derrotó al general Pavía, marqués de Novaliches, en el puente de Alcolea, cerca de Córdoba, y la reina, que se hallaba en San Sebastián, se internó en Francia y fijó su residencia en París, donde vivió hasta su muerte. Poco después de su destronamiento, el 5 de junio de 1870, abdicó de la Corona en favor de su hijo Alfonso XII.

Isabel II de España, por Federico de Madrazo

ISABEL II Windsor. Reina del Reino Unido y de los países de la Commonwealth (Londres, 1926). Contrajo matrimonio con Felipe Mountbatten, duque de Edimburgo, el 20 de noviembre de 1947, y su primer hijo, el príncipe Carlos, nació el 15 de noviembre del siguiente año. Subió al trono al fallecer su padre, Jorge VI (1952), y fue coronada con extraordinario boato el 2 de junio de 1953. Por propia decisión, su hijo, que sería el primer soberano de la dinastía de Mountbatten, seguirá perteneciendo a la de los Windsor. Por la inestabilidad de su familia, divorcios o separaciones de su hermana y tres hijos mayores, y otros escándalos, diversos sectores políticos se han replanteado el papel de la monarquía en la sociedad británica de finales del siglo XX.

ISABEL de Aragón o de Portugal, santa. Reina de Portugal (¿?, 1271-Estremoz, 1336). Era hija de Pedro III de Aragón, y fue desposada a los 12 años con don Dionís, rey de

Portugal. Pareció haber nacido para pacificadora de reyes y discordias civiles, siendo fundamental su excelente mediación en el conflicto surgido entre su marido y su hijo, Alfonso *el Bravo*. Viuda en 1325, hizo una peregrinación a Compostela, vistió el hábito de la Orden Tercera de San Francisco y luego se retiró a un convento de Coimbra, por ella fundado, de donde sólo salió para evitar la guerra entre su hijo Alfonso *el Bravo* de Portugal y su nieto Alfonso XI de Castilla. Fue llamada en vida la Santa Reina y canonizada en 1625.

ISABEL de Austria. Reina de Dinamarca y Suecia (Bruselas, 1501-Gante, 1525). Hija de Felipe I y Juana I, archiduques de Austria y reyes de Castilla. Se casó con Cristián II, rey de Dinamarca, Suecia y Noruega, el cual la abandonó obligándola a refugiarse al lado de su hermano Carlos I.

ISABEL de Baviera. Reina de Francia (Munich, 1371-París, 1435). Hija del duque de Baviera. Se casó con Carlos VI de Francia, y cuando este perdió la razón, en el año 1392, se puso al frente de un consejo de regencia. Su gobierno fue pródigo en violencias e iniquidades, teniendo una desacertada intervención en la guerra de los Cien Años.

ISABEL de Borbón. Reina de España (Fontainebleau, 1603-Madrid, 1644). Hija de Enrique IV de Francia, se casó con Felipe IV de España. Es célebre por haber sido la que valientemente se manifestó contraria al valido conde-duque de Olivares, siendo el agente principal de su caída.

ISABEL de Bosnia. Reina de Polonia y Hungría (¿?, 1339-Novigrad, Croacia, 1387). En 1363 se casó con Luis *el Grande*. A la muerte de su esposo (1382) quedó de regente de Hungría por su hija María, pero fue hecha prisionera y asesinada por Juan de Horwadt.

ISABEL de Braganza y Borbón. Reina de España, hija de los reyes de Portugal Juan VI y doña Carlota (Lisboa, 1797-Aranjuez, 1818). En 1816 se casó con Fernando VII y murió a los 21 años. Fue la inspiradora de la creación del Museo del Prado y de la abolición de la esclavitud de los negros en América, y apoyó la enseñanza de las Bellas Artes.

Isabel de Borbón, por F. Pourbus

ISABEL de Brasil. Princesa brasileña (Río de Janeiro, 1846-Lisboa, 1921). Hija del emperador Pedro II y regente durante sus ausencias, Isabel pasó a la historia por haber aprobado en 1888 la ley áurea que terminó con la esclavitud en su país.

ISABEL de Farnesio. Reina de España (Parma, 1692-Aranjuez, 1776). Sobrina y heredera del duque de Parma, Antonio, que merced a las habilísimas gestiones del abate Alberoni, agente diplomático del duque en Madrid, se casó con Felipe V en 1714. Bella, instruida y de gran entereza, aunque Alberoni la había pintado como una joven dócil e inexperta, su primera decisión fue hacer detener y desterrar a la famosa princesa de los Ursinos, camarera de la anterior reina. Tomó parte activa en el gobierno, manejó al rey a su antojo y lanzó a España a varias guerras para conseguir territorios donde pudieran reinar sus hijos. Fue desterrada a La Granja por su hijastro Fernando VI y vuelta a llamar a la muerte de este y la entronización de su hijo Carlos III.

ISABEL de Francia. Reina de Navarra (París, 1241-Provenza, 1270). Hija de san Luis, rey de Francia, y esposa de Teobaldo II, conde de Champaña y rey de Navarra. Ambos esposos murieron con una diferencia de tres meses a consecuencia de la peste que contrajeron en Túnez, adonde fueron acompañando a san Luis en la última cruzada.

ISABEL de Francia. Reina de Inglaterra (París, 1292-Hertford, 1358). Hija de Felipe el Hermoso de Francia, se casó en 1309 con Eduardo II de Inglaterra, pero conspiró contra su marido, haciéndole destituir por el Parlamento y asesinar después, valiéndose de su favorito Mortimer. Proclamado rey su hijo Eduardo III y regente ella, cometió tales excesos que al llegar este a su mayoridad la encerró en un castillo e hizo decapitar a su favorito y amante.

ISABEL de Hainaut. Reina de Francia (Lila, 1170-¿?, 1190). Hija de Balduino V, conde de Hainaut. En 1180 se casó con el rey de Francia Felipe II Augusto, con quien tuvo un hijo, que reinó después con el nombre de Luis VIII.

ISABEL de Hungría, santa. Princesa de Hungría (Presburgo, 1207-Marburgo, 1231). Hija de Andrés II, rey de Hungría. Casada con Luis IV, landgrave de Turingia, a la muerte de este, en 1227, repartió la mayor parte de sus bienes entre los pobres, retirándose a un monasterio.

ISABEL Petrovna. Emperatriz rusa (Moscú, 1709-San Petersburgo, 1762). Hija del zar Pedro *el Grande* y Catalina I, el reinado de Isabel Petrovna se caracterizó por una política antialemana y por la puesta en marcha de varias reformas institucionales, entre ellas el establecimiento del Senado (1743), la creación de un consejo político supremo (1743), la abolición de las aduanas interiores (1754) y el desarrollo de la industria. Durante su reinado ganó la guerra con Suecia, que terminó con la firma del tratado de paz de Abo (1743), además de vencer en la guerra de Sucesión de Austria (1746) y en la guerra de los Siete Años con Prusia (1759). Fue aliada de Austria y Francia en contra del rey prusiano Federico II. En 1755 fundó la Universidad de Moscú, y en 1758, la Academia de Bellas Artes de San Petersburgo.

ISABEL de Polonia. Reina de Hungría (¿?, 1300-castillo de Buda, 1380). Era hija de Ladislao *el Breve* de Polonia y se casó en 1319 con el rey Carlos Alberto de Anjou, rey de Hungría. Después de la muerte de su marido, gobernó en nombre de su hijo como regente.

ISABEL de Portugal. Reina de Portugal (m. 1455). Era hija de Pedro, duque de Coimbra, y se casó en 1447 con su primo el rey Alfonso V. Se supone que murió envenenada.

ISABEL de Portugal. Emperatriz de Alemania y reina de España (Lisboa, 1503-Toledo, 1539). Hija de los reyes de Portugal don Manuel y doña María de Castilla, se casó con su primo Carlos I (1526) y fue madre de Felipe II, de doña María, que llegó a ser emperatriz de Alemania, y de doña Juana, reina de Portugal y madre del rey don Sebastián. Su matrimonio obedecía a la política de unión entre Castilla y Portugal. Familiarizada con su nuevo reino, colaboró incansablemente en tareas de gobierno. Nombrada lugarteniente de Castilla y luego de Aragón, actuó como regente (1529-1532 y 1535-1539), gobernando con acierto y prudencia. En política exterior intervino para solucionar el contencioso de las Molucas entre Castilla y Portugal (1529) y defendió la paz con Francia. Al morir, en plena juventud, su cadáver fue conducido a Granada para ser sepultado allí, y cuando el duque de Gandía, luego san Francisco de Borja, a quien se había encomendado esa misión, descubrió el féretro y apreció los estragos producidos por la muerte, se formó el propósito de renunciar al mundo; es lo que corrientemente se llama conversión del duque de Gandía.

Isabel de Portugal (emperatriz de Alemania), por Tiziano

ISABEL de Trastámara. Reina de Portugal (Palencia, 1470-Arévalo, 1497). Hija de los Reyes Católicos, don Fernando y doña Isabel, se casó, en primeras nupcias, con el príncipe Alfonso de Portugal, con el que había sido educada. Tras las sucesivas muertes de su marido (1491) y su hijo, regresó a Castilla jurando no volver a casarse. Pero, obedeciendo a la política matrimonial de sus padres, se casó, en segundas nupcias, cuatro años después, con Manuel *el Grande,* elevado al trono de Portugal a la muerte de Juan II. Murió de sobreparto al año de su casamiento.

ISABEL de Valois. Reina de España (París, 1546-Aranjuez, 1568). Hija del rey de Francia Enrique II y de Catalina de Médicis. Era la prometida del príncipe don Carlos, hijo de Felipe II, y al estar este viudo de doña María de Inglaterra, como condición de la paz firmada con Francia, se casó con el Rey Prudente, por lo que se la llama con el sobrenombre de Isabel de la Paz, celebrándose la boda en Guadalajara. De este matrimonio nacieron las infantas Isabel Clara Eugenia, gobernadora de los Países Bajos, y Catalina Micaela, hijas predilectas del rey. El carácter alegre de la reina cambió radicalmente las costumbres en la corte toledana, que, siendo insoportable para Isabel, fue trasladada a Madrid. Fue muy aficionada al lujo, las letras y las artes, teniendo como profesora de pintura a la célebre Sofonisba Anguissola.

ISABEL de Wittelsbach. Emperatriz de Austria (Possenhofen, Baviera, 1837-Ginebra, 1898). Esposa de Francisco José, era hija del duque Maximiliano José de Baviera y conocida con el apelativo cariñoso de *Sisí.* De su matrimonio no nació más que un hijo varón, Rodolfo, que se suicidó en 1889. Desde su casamiento, convirtió la corte de Viena en la

Isabel de Valois, copia de Sánchez Coello, por Pantoja de la Cruz

más brillante de Europa, pero los disgustos conyugales y las desgracias familiares la tuvieron alejada casi siempre de la vida pública a partir de 1860, recorriendo aquellos lugares que eran más de su agrado. Fue asesinada en Ginebra por el anarquista italiano Luigi Luccheni.

ISABEL ANA Bayley Seton, santa. Religiosa estadounidense (Nueva York, 1774-Maryland, 1821). Cooperó en la fundación de una sociedad para ayuda de las viudas pobres con hijos menores, en Nueva York (1797). En 1803 se trasladó a Italia, donde, a la muerte de su marido, se convirtió al catolicismo (1805). De regreso a EE. UU., fundó la Orden de las Hermanas de la Caridad de San José, en Emmitsburg (1809), de la cual fue primera superiora hasta su muerte. Fue canonizada por Pablo VI el 14 de septiembre de 1975, convirtiéndose en la primera santa estadounidense.

ISABEL CLARA EUGENIA. Infanta de España y gobernadora de los Países Bajos (Valsaín, 1566-Bruselas, 1633). Hija predilecta de Felipe II y de Isabel de Valois (1566-1633), intentaron hacerla reina titular de Francia, en lugar de Enrique IV de Navarra. Fue nombrada gobernadora de los Países Bajos junto con su marido, el archiduque Alberto, hijo del emperador Maximiliano II. Su matrimonio, preparado por su padre, no tuvo lugar hasta el 18 de abril de 1599, ya muerto aquel, al mismo tiempo que el de su medio hermano Felipe III con Margarita de Austria. Mujer de altas dotes y claro talento, desempeñó el cargo gobernando con prudencia. Muerto su esposo, y no habiendo hijos del matrimonio, el dominio de Flandes revirtió a España, que intervino en el país, aunque la infanta conservó sus atribuciones hasta que falleció.

ISABEL CRISTINA de Brunswick. Emperatriz de Alemania (Brunswick, 1691-Buda, Hungría, 1750). Se casó por poderes, en 1708, con el archiduque Carlos, que disputaba la Corona de España a Felipe V, acompañándole a la guerra de Sucesión. Luego, su marido fue llamado al trono de Alemania debido a la muerte de su hermano José, tomando el nombre de Carlos VI. Isabel fue proclamada reina de Hungría en 1714, adonde se trasladaría en 1740, luchando por los derechos a Austria de su hija María Teresa.

J

Glenda Jackson

JACKSON, Glenda. Actriz de cine y teatro británica (Birkenhead, 1936). Entre sus mejores filmes se encuentran: *Marat-Sade* (Brook, 1967), *Mujeres enamoradas* (Russell, 1969), por el que fue premiada con el Oscar a la mejor actriz, *María, reina de Escocia* (Jarrott, 1971), *Un toque de distinción* (Frank, 1971), por el que, en 1973, obtuvo nuevamente el Oscar a la mejor actriz, *Un toque con más clase* (Frank, 1979), *El retorno del soldado* (Bridges, 1982), *Diario de la tortuga* (Irvin, 1986), *Tres en un diván* (Altman, 1986), *Salomé* (Russell, 1988), *El arco iris* (Russell, 1990), *Doombeach* (Finbow, 1990), *King of the Wind* (Duffell, 1990), etc. En 1986 interpretó, en Londres, para el teatro, *La casa de Bernarda Alba,* de García Lorca, bajo la dirección de Nuria Espert.

JADIYA. Esposa de Mahoma (m. en La Meca, 619). Era una viuda con bastantes recursos de la tribu quraisí; Mahoma estaba sirviendo en su casa y contrajo matrimonio con él. Le ayudó con su fortuna e influencia en la propagación de la nueva doctrina. Del matrimonio de Jadiya y Mahoma nacieron tres hijos y cuatro hijas, entre ellas Fátima. El Corán presenta este matrimonio como la suprema dicha, ejemplo para todos los musulmanes.

JAKUBOSKA, Wanda. Directora de cine polaca (Varsovia, 1907-íd., 1995). Comenzó haciendo documentales como *The Awakening* (1934) y, tras la Segunda Guerra Mundial, se convirtió en una de las principales directoras polacas. La mayoría de sus películas se han centrado en sus experiencias en el campo de concentración que estuvo confinada por los nazis: *The Last Stage* (1948), considerada su mejor película, *Bialy Mazur* (1973) y *Ludwik Warynski* (1978).

JAMES, Naomi. Navegante australiana (Nueva Zelanda, 1950). Es la primera mujer que ha dado la vuelta al mundo, en solitario, en un barco de vela, pasando por el cabo de Hornos. Muy joven vino a Europa, pues deseaba ser exploradora. Conoció entonces al marino Rob James, con el que se casó y quien la enseñó a navegar. Decidió acometer la vuelta el mundo y salió de Dortmund en 1977, regresando al mismo puerto en 1978; había tardado cerca de año y medio.

JANÉS, Clara. Escritora española (Barcelona, 1940). Ha publicado libros de ensayo y novelas: *El hombre de Adén* (1991). No obstante, su principal actividad la desarrolla en el campo de la poesía, donde trata sobre todo temas amorosos: *Antología personal (1959-1979)* (1980) y *Vivir* (1983).

JANOWITZ, Gundula. Soprano alemana (Berlín, 1937). Comenzó sus actuaciones en la Ópera de Viena bajo la dirección de Von Karajan. Ha cantado en los más importantes teatros del mundo e intervenido en los festivales de Salzburgo y de Bayreuth. Su repertorio ha sido muy amplio. Desde 1970 se dedica a los recitales y a cantar *lieder.*

JANTIPA. Mujer ateniense (s. IV a. C.). Esposa de Sócrates y cuyo nombre se ha hecho proverbial como de mujer irritable. Platón, sin embargo, da fe de su desesperación aquel día en que Sócrates había de suicidarse bebiendo cicuta. Tuvo de él dos hijos.

JARUCO, María de las Mercedes. V. **MERLÍN, condesa de.**

JEANMARIE, Zizi (Renée Marcelle, llamada). Bailarina francesa (París, 1924). Bailó con la Ópera de París, el Ballet de Montecarlo y los Ballets de París. Su interpretación de *Carmen* logró consagrarla como una de las principales figuras de la danza clásica. Dirigió, con su marido, la compañía de Roland Petit y la revista musical del Casino de París.

JESÚS, Carolina Maria de. Escritora brasileña (São Paulo, 1916-íd., 1977). Mientras trabajaba como trapera de papeles viejos, se dedicó a recopilar en un diario las miserias que se vio obligada a padecer a lo largo de su vida como habitante de una *favela.* Sus escritos fueron descubiertos por un periodista y publicados bajo el título *Quarto do despejo,* considerado hoy como uno de los testimonios más conmovedores de la realidad social brasileña.

JESÚS, Santa Teresa de. V. **TERESA, de Jesús o de Ávila.**

JESÚS, sor Ana de. Religiosa carmelita española (Medina del Campo, 1545-¿?, 1621). Habiendo ingresado como novicia en Plasencia (1560), se convirtió en la discípula favorita de Teresa de Ávila, con la que realizaría sus votos perpetuos en la Orden de las Carmelitas Descalzas (1571). Fue un componente fundamental en la amistad entre santa Teresa y san Juan de la Cruz y fue protagonista, junto a los reformadores, de las dificultades de la orden en los primeros momentos. Sor Ana fundó el monasterio de Beas y el de Granada por encargo de san Juan de la Cruz. Luego siguió la obra teresiana con fundaciones en Madrid, Málaga y Segovia. En 1603 abandonó España y comenzó la fundación de monasterios carmelitas en Europa: París, Lovaina, Mons, Amberes y Bruselas. Como escritora, destacan sus obras de disputa con los reformadores de la orden, entre ellas: *Cartas de la Vida de San Juan de la Cruz, Cartas al padre Francisco Salcedo, Cosas misteriosas que acontecieron en la última enfermedad de la madre Catalina de Jesús,* y, sobre todo, su *Declaración de la madre Ana de Jesús en las informaciones de Salamanca sobre la vida de santa Teresa de Jesús.*

JEZABEL. Reina de Israel (m. s. IX a. C.). Esposa de Acab, cuando el rebelde Jehú se apoderó del trono, fue arrojada por una ventana de su palacio, y su cadáver pisoteado por los caballos y devorado por los perros, según había profetizado Isaías. Jezabel había introducido el culto de Baal y de Astarté y había perseguido el yahvismo; además, mandó matar a los profetas Elías y Nabot para apoderarse de sus bienes.

JIANG QING o **CHIANG CHING.** Política china (Shandong, 1914-Pekín, 1991). Fue actriz de cine hasta que, en 1939, se casó con Mao Zedong, a cuyo lado trabajó activamente durante la revolución cultural. Fue primera ayudante de la comisión de la revolución cultural, consejera del ejército para asuntos culturales y miembro del politburó del Comité Central del Partido Comunista. En 1976, después de la muerte de Mao Zedong, fue detenida y acusada de haber «desnaturalizado» las ideas de él y de haber intentado matarlo. En 1980, durante el proceso de la «Banda de los Cuatro», la facción de izquierda del politburó, negó su culpabilidad, pero en 1981, acusada de crímenes contra su país, fue condenada a muerte, pena que le fue conmutada por la de cadena perpetua.

JIMENA, doña. V. DÍAZ, Jimena.

JIMENA FERNÁNDEZ. Reina de Pamplona y Aragón por su matrimonio con García Sánchez II el Trémulo o Temblón, que reinaría entre los años 994 y 1005. Jimena, hija del ricohombre leonés Fernando Vermúdez, y de Elvira, sobrevivió a su marido, formando parte por ello de la regencia que actuó durante los primeros años del reinado de su hijo Sancho III Garcés el Mayor, rey de Pamplona.

JOHN, Gwen. Pintora británica (Londres, 1876-íd., 1939). Estudió arte en la Slade School de Londres, y en 1903 se radicó en Francia, donde comenzó trabajando como modelo para varios artistas, entre ellos A. Rodin, con quien posteriormente mantuvo relaciones íntimas. La obra de G. John, de texturas áridas, colorido opaco y esmeradas pinceladas, guarda una mayor vinculación con el grupo londinense de Camdem Town que con los modernistas franceses. Pintó sobre todo interiores sencillos bañados de luz suave *(Un rincón de la habitación de la artista,* 1907-1909), y figuras femeninas sobre fondos de fuerte textura *(Joven con gato negro en el regazo,* 1914-1915).

JOHNSON, Betsy. Diseñadora de moda estadounidense (Nueva York, 1942). Johnson descubrió, trabajando con el *neon nylon* y otros materiales novedosos, la posibilidad de combinar el algodón con la *lycra spandex.* A finales de los años sesenta, sus famosos modelos de ropa ajustada y a precios asequibles la convirtieron en «la M. Quant estadounidense». En 1969 abrió, en Nueva York, su tienda Betsy, Bunky and Nini, en donde vende los patrones de sus diseños, además de dedicarse a la venta por catálogo.

JOLIOT-CURIE, Irène. Física francesa (París, 1897-íd., 1956). Hija de Pierre y Marie Curie y esposa de Jean-Frédéric Joliot. Se formó en el laboratorio de su madre, en el que trabajó hasta su matrimonio (1926). A partir de este momento se dedicó a la investigación sobre la radiactividad del polonio y el torio, junto a su esposo, consiguiendo, en 1935, el premio Nobel de Física. En 1932 fue nombrada directora del Instituto del Radium, en París. En 1936 fue subsecretaria de Estado en el Departamento de Investigaciones y premio Lenin de las Ciencias. Publicó más de 50 ensayos científicos.

JOLLEY, Elizabeth. Escritora australiana de origen británico (Sussex, 1923). Desde 1959 vive en Australia, donde se dedica a cultivar un pequeño huerto, mientras dirige seminarios de literatura en centros penitenciarios. Jolley es considerada una de las figuras clave de las letras australianas contemporáneas, y su narrativa, enmarcada en la corriente experimentalista, recrea un mundo grotesco y excéntrico: *Mr. Scobie's Riddle* (1982; premio Age Book of the Year), *The Well* (1986) y *Cabin Fever* (1990).

JONCOUX, Marguerite de. Pensadora jansenista francesa (1668-1715). Fue una ferviente adepta al jansenismo. Marguerite defendió con gran valentía su causa, perseguida por la Iglesia y las autoridades. Después de la partida de las últimas religiosas de la abadía de Port-Royal (1709), en que ella profesaba, entró en posesión de la mayor parte de libros y manuscritos de la abadía, conservados actualmente en la biblioteca de Saint-Germain-des-Prés.

JONES, Jennifer (Phyllis Isley, llamada). Actriz de cine estadounidense (Tulsa, Oklahoma, 1919). Estuvo casada con el carismático productor cinematográfico David O. Selznick, lo que le ayudó mucho en el desarrollo de su carrera, sumándose a sus excelentes dotes interpretativas y a una rara belleza, que la hacía capaz de interpretar papeles de mujeres de distintas razas (india, euroasiática, etc.). Películas: *La canción de Bernadette* (King, 1943), que le valió el Oscar a la mejor interpretación femenina; *El pecado de Cluny Brown* (Lubitsch, 1946), *Duelo al sol* (Vidor, 1947), *Madame Bovary* (Minnelli, 1949), *Corazón salvaje* (Powell y Pressburger, 1950), *Carrie* (Wyler, 1952), *Estación Termini* (De Sica, 1953) y *El coloso en llamas* (Guillermin, 1974).

JONG, Erica. Escritora estadounidense (Nueva York, 1942). En los años setenta y ochenta, las novelas de Jong se convirtieron en auténticos *best-sellers,* sobre todo a partir de la publicación de *Miedo a volar* (1974). Su narrativa, que algunos han llegado a calificar como «porno-cómica», se ha basado en la novelización de sus experiencias personales desde una perspectiva feminista: *Fanny* (1980), reinterpretación de las aventuras dieciochescas de Fanny Hill, *Paracaídas y besos* (1984) y *Canción triste de cualquier mujer* (1991). Su obra *Miedo a los cincuenta* (1995) ha tenido un gran éxito.

JOPLIN, Janis. Cantante de *rock* estadounidense (Port Arthur, Texas, 1943-Los Ángeles, 1970). Dotada de una extraordinaria voz, con un timbre que podía cambiar desde frenéticos gritos y alaridos hasta gemidos, lamentos o susurros, Joplin ha sido una de las pocas mujeres blancas que ha logrado conjugar la angustia del *blues,* la suavidad de las baladas y el furor del rock. Gracias a ello, se ha consagrado como uno de los mitos del rock de los años sesenta. Su gran éxito internacional, junto con la actitud contestataria de creación y destrucción que corrían en esos años, la llevaron a convertirse en víctima de las drogas y el alcohol, llegó a beberse una botella de *bourbon* en cada actuación. Entre sus grandes éxitos cabe citar: *Summertime* (1966) y *Me and Bobby McGee* (1970). Murió de una sobredosis de heroína.

JORGE, Lídia. Novelista portuguesa (Boliqueme, 1946). Considerada una de las principales figuras literarias de la generación posrevolucionaria portuguesa, la narrativa de Jorge explora el impacto de la modernización cultural sobre las tradiciones populares: *O dia dos prodígios* (1980), *Notícia da cidade silvestre* (1984; premio Lisboa) y *A costa dos murmúrios* (1988), basada en la colonización africana.

JOSEFINA Bonaparte (Marie Josèphe Tascher de La Pagerie). Emperatriz francesa (Trois-Îlets, Martinica, 1763-Malmaison, París, 1814). Fue la primera esposa de Napoleón I. Hija del conde Tascher de La Pagerie, se casó primero con el conde de Beauharnais, que murió en la guillotina, y después, en segundas nupcias, con el entonces general Bonaparte, en 1796. Fue coronada como emperatriz en 1804 y repudiada por estéril en 1809. De su primer matrimonio tuvo a Eugenio y a Hortensia de Beauharnais. Llevó una vida disipada y de amoríos. Durante su matrimonio con Napoleón tenía sus salones en el palacio de Luxemburgo y, más tarde, en las Tullerías, donde reunía a la sociedad parisina. Estas reuniones se convirtieron en centros de lujo y derroche que provocaron el enfrentamiento con las hermanas de Napoleón. Tras ser repudiada recibió la Malmaison y otros castillos, aunque residió preferentemente en la primera, donde vivió conforme a su rango imperial y donde recibía al emperador y a las personalidades del momento.

Josefina Bonaparte, por Pierre Paul Prud'hon

JUANA. Papisa legendaria (s. IX). Heroína de una leyenda según la cual una joven francesa, disfrazada de hombre y con el nombre de Juan el Inglés, fue elegida Papa y ocupó la silla apostólica cerca de dos años y medio, entre los pontificados de san León V y Benedicto III, a mediados del s. IX, o bien a la muerte de León IV (855). Las investigaciones posteriores han demostrado la imposibilidad de tal evento, aunque la leyenda, divulgada en el s. XIII, fue luego recogida por Dante, Petrarca, Boccaccio y la propaganda protestante, e incluso admitida por la Iglesia católica.

JUANA I de Anjou. Reina de Nápoles (Nápoles, 1326-Aversa, 1382). Era hija de Carlos, duque de Calabria, y nieta y sucesora, en 1343, de su abuelo, Roberto el Bueno. Después de un reinado muy accidentado y de haberse casado cuatro veces, la tercera con Jaime de Aragón, infante de Mallorca, fue despojada del trono por uno de sus sobrinos y ahogada después entre dos colchones.

JUANA I de Castilla, mal llamada *la Loca.* Reina de Castilla (1505), de Aragón (1516) y de todos los dominios hispanos (Toledo, 1479-Tordesillas, 1555). Hija segunda de los Reyes Católicos, se casó en 1496 con el archiduque Felipe de Austria, hijo de Maximiliano I, emperador de Alemania, y de María de

Doña Juana, esposa de Felipe el Hermoso, llamada la Loca, dibujo de Valentín Carderera

Borgoña, y presunto heredero de estos territorios. La muerte sucesiva de sus hermanos don Juan y doña Isabel hizo recaer en ella el derecho a las coronas de Castilla y Aragón. De su matrimonio nacieron cuatro hijas y dos hijos, Carlos I de España y V de Alemania, y Fernando II, emperador de Alemania. Los malos tratos de su marido, sus ausencias e infidelidades influyeron en su comportamiento. Sus estancias en Flandes, tras los primeros años de matrimonio, eran una sucesión de disgustos a causa de los celos. Comenzó a considerársela loca, coincidiendo esto con sus posibilidades a la herencia hispana tras las muertes de sus hermanos. Algunos señalan que su enfermedad mental era crónica, y que se trataba de una esquizofrenia, lo que explicaría la alternancia de sus momentos de absoluta lucidez con otros de pérdida del control. Al morir Isabel la Católica fue proclamada reina de Castilla (1504), encargándose su padre de la regencia por disposición de la reina, pues se temía que el amor de Juana por Felipe permitiera que este gobernara a su antojo. Personado el matrimonio en España, surgieron diferencias entre suegro y yerno por el poder, y Fernando el Católico entregó la regencia a don Felipe y se trasladó a Aragón; pero al poco tiempo falleció Felipe I (1506). Doña Juana vio acentuarse entonces los extremos de su locura y se negó a separarse de los restos de su esposo, que paseó por España en cortejo fúnebre. En 1509 su padre la llevó a Tordesillas y, por fin, fue depositado el féretro en el monasterio de Santa Clara, de forma que la reina pudiese verlo desde una ventana de su palacio. Desde entonces vivió retirada, e intervino ligeramente en los asuntos de gobierno, entregada a su dolor por la muerte de su esposo. Su hijo Carlos I se encargó del gobierno, si bien es cierto que el nombre de Juana aparecía en todos los documentos públicos y, en algunos momentos difíciles, como la guerra de las Comunidades, se pidió su intervención, que siempre fue acertada. Murió asistida por san Francisco de Borja, con plena lucidez, el mismo año que su hijo abdicó en Bruselas, en el príncipe Felipe, la soberanía de los Países Bajos.

JUANA I de Navarra. Reina de Navarra y de Francia (Bar-sur-Seine, 1270-Vincennes, 1305). Ocupó el trono bajo la tutela de su madre en 1274 y, a causa de una revuelta, el rey de Francia se incautó del reino, hasta que, casada en 1284 con Felipe IV *el Hermoso,* hijo de Felipe *el Atrevido,* se reintegró en el trono, recuperando los territorios que le habían arrebatado aragoneses y castellanos. Fundó el Colegio de Navarra en la Universidad de París.

JUANA II de Évreux. Reina de Navarra (h. 1311-Conflans, 1349). Hija de Luis Hutín I de Navarra y X de Francia, fue desposeída del trono, a la muerte de su padre, por su tío Felipe II de Navarra y V de Francia. Cuando falleció Carlos IV de Francia y I de Navarra, hermano del anterior, los navarros eligieron por soberana a doña Juana, casada con el conde de Évreux, conocido por Felipe III de Navarra, con quien comienza la dinastía de Évreux. Fueron coronados en Pamplona en 1329; sostuvieron guerra con Castilla por cuestión de límites y auxiliaron a los franceses contra los ingleses en la guerra de los Cien Años.

JUANA II de Nápoles. Reina de Nápoles (Nápoles, 1371-íd., 1435). Sucedió a su hermano Ladislao en 1414. Su conducta fue escandalosa y, como no tuviera descendencia, a pesar de haberse casado y enviudado dos veces, fueron disputados sus estados entre Alfonso, rey de Aragón, y Renato de Anjou.

JUANA III d'Albret. Reina de Navarra (Saint-Germain-en-Laye, 1528-París, 1572). Era nieta de Juan de Albret y Catalina de Foix, últimos reyes de la Navarra española, e hija de Enrique II de Albret, soberano de la Navarra francesa, y de Margarita de Angulema, hermana de Francisco I, rey de Francia. En 1541 se casó con el duque de Cléveris y, por segunda vez, con Antonio de Borbón en 1548. Sucedió a su padre en 1550, y, a la muerte de su esposo, reinó sola y abrazó la doctrina protestante, por lo que fue excomulgada por el papa Pío IV en 1565. Fue madre del rey Enrique IV de Francia. Junto con su hijo, rechazó una invasión católica de sus estados (1570).

JUANA de Arco, santa. Heroína francesa, llamada *la Doncella de Orleans* (Domrémy-la-Pucelle, 1412-Ruán, 1431). Cuando Francia estaba en la fase más deprimida de la guerra con los ingleses, guerra de los Cien Años, con la mayor parte del territorio ocupado y amenazada de caer en poder de ellos, se dice que Juana oyó una voz que le decía que estaba destinada a salvar a su patria. Después de vencer muchos obstáculos dentro del bando francés, que no querían confiar en una mujer, consiguió tener un ejército a sus órdenes y obligó a que los ingleses levantaran el sitio de Orleans. Este triunfo permitió que el delfín se coronara como Carlos VII en Reims, quien la autorizó para que siguiera al frente del ejército (1429). A partir de entonces la animosa joven no se dio punto de descanso y alcanzó grandes triunfos sobre los ingleses, pero al final cayó en poder de sus enemigos, que tras un proceso en el que se la acusaba de visionaria y de vestir de soldado y de vivir como uno de ellos, la condenaron a morir si no se arrepentía de sus actos; como ella no lo hizo, pues estaba convencida de que había cumplido un mandato divino, acabaron quemándola viva ante la pasividad del rey de Francia al que ella tanto había ayudado. Fue beatificada en 1908 y canonizada en 1920.

JUANA de Austria. Infanta de España (Madrid, 1535-El Escorial, 1573). Hija de Carlos I y de Isabel de Portugal, se casó con su primo el príncipe Juan Manuel de Portugal y fue la madre del rey Sebastián. Tras la prematura muerte de su hijo, se trasladó a Madrid, donde fundó el monasterio de las Descalzas Reales, ejerciendo la regencia de España en ausencia de su padre y de su hermano Felipe II. Tuvo estrechas relaciones con san Francisco de Borja y una gran vinculación con la Compañía de Jesús, llegando a profesar en secreto en ella.

JUANA de Castilla, mal llamada *la Beltraneja.* Princesa de Castilla (Madrid, 1462-Lisboa, 1530). Hija de Enrique IV de Castilla y de su segunda esposa, Juana de Portugal. Sus adversarios políticos propalaron el rumor de que no era hija legítima del rey, sino de Beltrán de la Cueva, de donde procede su apodo. Proclamada heredera de la Corona por su padre en un primer momento, en el transcurso de los conflictos por la sucesión fue excluida debido a la debilidad de carácter del rey y de las presiones del bando de la futura Isabel la Católica, hermana de Enrique. A la muerte del rey luchó por defender sus derechos al trono de Castilla apoyada por Portugal, mas derrotadas sus huestes por Fernando de Aragón, marido de Isabel, en la batalla de Toro (1476), hubo de desistir de sus derechos. Doña Juana, acreditando su discreción, se retiró a un convento de Coimbra, en Portugal, titulándose reina de Castilla hasta su fallecimiento.

JUANA de Penthièvre. Duquesa de Bretaña (1319-1384). Hija de Guy de Bretaña, se casó con Carlos de Blois. Su tío Juan III de Bretaña la nombra heredera del ducado en 1341, en detrimento de Juan de Montfort, que, por las armas, se apodera de la mayor parte del territorio. Con la intervención a favor de Juana del rey Felipe VI se provoca la llamada «guerra de las dos Juanas», que se encuadra dentro de la guerra de los Cien Años. En ausencia de sus maridos, Juana de Penthièvre y Juana de Flandes, esposa de Juan de Montfort, continuaron las hostilidades. Al final, tras la batalla de Auray (1364) y el tratado de Guérande (1365), cede los derechos de Bretaña a Juan IV, hijo de Juan de Montfort, conservando Penthièvre y Limoges.

JUANA de Portugal. Reina de Castilla (Almada, 1438-Madrid, 1475). Fue esposa de Enrique IV, con quien se casó siguiendo la política de uniones dinásticas entre los reinos hispanos. Residió largas temporadas con su marido en Madrid, en su lujosa corte de ambiente islamizante, y aquí nació su hija Juana (1462), que fue reconocida como princesa de Asturias. Durante las luchas civiles castellanas se atribuyó la paternidad de esta a don Beltrán de la Cueva; al ser desheredada su hija, huyó de palacio, reuniéndose nuevamente con su esposo al revocar este el tratado de los Toros de Guisando y volver a reconocer a su hija por heredera. Tras la muerte del rey y derrota de su hija Juana en la guerra civil castellana, fue recluida y acabó sus días unida a don Pedro de Castilla, de quien tuvo dos hijos.

JUANA Enríquez. Reina de Aragón (¿?, 1425-Barcelona, 1468). Hija del almirante de Castilla Fadrique Enríquez, se casó con el rey Juan I de Navarra y después II de Aragón. Ejerció gran dominio sobre su esposo, y para favorecer a sus hijos frente a los del primer matrimonio de Juan con la reina Blanca de Navarra, promovió la prisión de su hijastro Carlos, príncipe de Viana, fomentó la guerra civil entre los navarros, la insurrección de Cataluña y la guerra de los Remensas, a cuyo frente se puso en Gerona contra el ejército de la Generalidad de Barcelona, partidario de Carlos. Tras ser derrotados, firmó en nombre de su esposo con los remensas la Concordia de Villafranca del Penedés (1461), acuerdo por el que se concedió al príncipe de Viana el gobierno efectivo de Cataluña. Muerto Carlos de Viana, fue nombrada tutora y lugarteniente de Cataluña en nombre de su hijo Fernando. Mujer de gran talento y ambiciosa, empeoró el clima político catalán, aunque logró asentar la corona en las sienes de su hijo, Fernando el Católico.

JUANA FRANCISCA Frémyot de Chantal, santa. Religiosa francesa (Dijon, 1572-París, 1641). Casada con el barón de Chantal en 1592, al enviudar (1600) se puso bajo la protección de san Francisco de Sales, a la sazón obispo de Ginebra. Junto a él fue la fundadora de la Orden de la Visitación de Nuestra Señora (Salesas), y se distinguió por sus muchas virtudes.

JUANA Grey. Reina de Inglaterra (Bradgate, h. 1537-Londres, 1554). Bisnieta de Enrique VII, rey de Inglaterra, fue proclamada reina a la muerte de Eduardo VI, en perjuicio de María Tudor. A los nueve días de reinado cayó en poder de su rival, que entró en Londres con un numeroso ejército. María Tudor ocupó el trono e hizo ejecutar a su prisionera, a su marido, el duque de Guilddort, y a su padre.

JUANA Manuel. Reina de Castilla y de León (¿?, 1333-Salamanca, 1384). Hija del infante Juan Manuel, se casó con el bastardo don Enrique de Trastámara, ocupando el trono después de la tragedia de Montiel. Participó activamente en la política de su esposo, sitio de Toledo, toma de Zamora, etc., y cedió los derechos colaterales del señorío de Vizcaya a su hijo Juan I.

JUANA Seymour. Reina de Inglaterra, tercera esposa de Enrique VIII (Wolf Hall, 1509-Hampton Court, 1537). Se unió en matrimonio con Enrique VIII al día siguiente de la ejecución de Ana Bolena (1536), de la que había sido dama de honor, pero murió a los 17 meses de casada, poco después del nacimiento de su hijo, que más tarde reinaría con el nombre de Eduardo VI.

Juana Seymour, por Hans Holbein

JUDIT. Heroína judía (s. VII a. C.). Cuando las tropas de Nabucodonosor, que acaudillaba Holofernes, sitiaban la ciudad de Betulia, Judit fue a la tienda del caudillo y, después de cautivarle con su hermosura, se aprovechó de su embriaguez para cortarle la cabeza, salvando así a su país en el 658 a. C., ya que los asirios, privados de su jefe, se dispersaron. Su historia la narra la Biblia en el *Libro de Judit.*

JUDIT de Baviera. Emperatriz de los francos (¿?, 800-Tours, 843). Segunda esposa del emperador Ludovico Pío, fue madre de Carlos el Calvo y se hizo célebre por su hermosura y por el papel que desempeñó en las discordias civiles de aquella época.

JUGAN, Jeanne. Religiosa francesa (Cancale, 1793-Saint-Servant, 1879). Trabajando de sirvienta, fundó, en Cancale, la Congregación de las Hermanitas de los Pobres. Fue separada de su propia fundación, pasando su vida como una religiosa más, sólo reconociéndole sus méritos al final de su vida. Está en proceso su beatificación.

JULIA Domna (Pía Félix Augusta). Emperatriz romana (Emesa, 158-Antioquía, 217). Era hija de un sacerdote del Sol, y se cuenta que Septimio Severo se casó con ella porque un oráculo había anunciado que sería esposa de un emperador. Fue madre de Caracalla y de Geta. Ejerció gran ascendiente sobre su marido y ella fue la que le incitó a que tomase las armas y se declarara emperador. Se dejó morir de hambre después de la muerte del último de sus hijos.

JULIA Livilla. Dama romana (Roma, 18-íd., 43). Hija de Agripina y de Germánico y hermana de Calígula, con quien mantuvo relaciones incestuosas. Claudio, inducido por Mesalina, la hizo dar muerte, culpable de adulterio. Séneca, que pasaba por su amante, fue desterrado a Córcega.

JULIA Mammea. Princesa romana (Roma, 162-Brittanicus, 235). Hija de Julia Maesa, fue madre del emperador Alejandro Severo. Cuando la caída de Heliogábalo elevó a su hijo al trono, y Julia ejerció la regencia, rodeándose de sabios y prudentes consejeros, pero después se hizo odiosa por su soberbia y fue muerta, con su hijo, por la soldadesca rebelde.

JULIANA (Luisa Emma María Guillermina). Reina de los Países Bajos (La Haya, 1909). Hija de Guillermina y de Enrique de Mecklemburgo-Schwering. Contrajo matrimonio en 1937 con el príncipe Bernardo de Lippes-Biesterfeld, de cuya unión han nacido tres hijas: Beatriz (1938), Irene (1939) y Margarita (1943). Regente del reino por enfermedad de su madre, a partir del 14 de octubre de 1947, ocupó el trono al abdicar esta el 4 de septiembre de 1948. En 1980 abdicó en favor de su hija Beatriz.

JULIANA, santa. Mártir hispano-cristiana (s. III). Sufrió el martirio durante la persecución de Diocleciano en San Cugat del Vallés. Es copatrona de Mataró. Junto con santa Semproniana fue convertida al cristianismo por la predicación de san Cucufate, apóstol de la Layetania. Las reliquias de las santas se conservan en el altar mayor de la iglesia de Santa María de Mataró.

JULIANA de Norwich. Escritora mística inglesa (Norwich, 1343-íd., 1416). En 1373, estando a punto de morir, fue sorprendida por varias visiones y experiencias místicas. Habiendo sobrevivido, se dice que pasó más de 20 años teniendo este tipo de experiencias, las cuales relató en una obra titulada *Sixteen Revelations of Divine Love.* En una fecha sin determinar, probablemente después de sus experiencias, se retiró del mundo y vivió como ermitaña, creciendo grandemente su fama. Es una de las escritoras religiosas más famosas de la Edad Media.

JUSTA Y RUFINA, santas. Doncellas cristianas (s. III), a las que el pretor de Sevilla, Diogeniano, condenó a terrible martirio y muerte en la cárcel en el 287. Son veneradas ambas, en Sevilla, como patronas de la ciudad.

JUSTINA Augusta. Emperatriz romana (Sicilia, 316-Tesalónica, 388). De origen siciliano, se casó sucesivamente con los emperadores Magencio y Valentiniano I (370). A la muerte de su segundo marido (375) ejerció la regencia sobre su hijo Valentiniano II, fijando su residencia en Milán y favoreciendo a los arrianos. Tras la usurpación de Máximo, apeló a Teodosio I y le ofreció en matrimonio a su hija Gala.

K

KAEL, Pauline. Crítica de cine estadounidense (Petaluma, California, 1919). Estudió filosofía en Berkeley, y en la actualidad está considerada la crítica de cine estadounidense que mayor influencia ha ejercido en los últimos 50 años. De 1967 a 1991 fue colaboradora de la famosa revista *The New Yorker,* en la que, combinando sus propias emociones con las de la opinión pública estadounidense, logró crear un estilo muy personal que le ha merecido un amplio reconocimiento nacional e internacional. Las críticas de Kael se han centrado fundamentalmente en el rechazo de los filmes que la mayoría suele calificar como «cine de calidad», llegando incluso a mostrarse mucho más partidaria de películas que han conseguido ser auténticos éxitos de taquilla, como *Bonnie y Clyde* (Penn, 1967), que de filmes catalogados como «cine de arte y ensayo» o «intelectuales» como *Blow-Up* (Antonioni, 1966). Ha publicado varios libros sobre cine, entre ellos: *5001 noches en el cine* y *El libro de Ciudadano Kane*.

KAHINA, Didya al-. Reina de la tribu beréber de los yasrwa, que habitaban el Aurés (m. Aurés, Argelia, h. 702). Según la tradición, se enfrentó a los invasores musulmanes infligiéndoles una gran derrota en Tebassa, estableciendo su poder en todo el territorio.

KAHLO, Frida. Pintora mexicana (Coyoacán, 1907-Ciudad de México, 1954). Comenzó estudios de medicina, que tuvo que abandonar tras un accidente que la dejó inválida (1925). Kahlo, admirada por Picasso, Breton y Trotski, entre otros, utilizó la pintura como un medio de explorar la realidad de su propio cuerpo mutilado y su mundo interior. Su pintura se caracterizó por elementos expresionistas y surrealistas con una temática folclórica, popular y autobiográfica. La violencia erótica, predominante en la obra de los artistas surrealistas, es un elemento recurrente en sus cuadros sobre alumbramiento y maternidad: *El hospital Henry Ford* (1932). En *La columna truncada* (1944) hizo uso del espejo para afirmar la dualidad vital de ser una misma observada y observadora. Kahlo, que mantuvo una relación tormentosa con su marido, el pintor Diego Rivera, con el que se casó dos veces, ha sido redescubierta en los últimos años y convertida en un mito contemporáneo, no sólo por su producción artística, de gran originalidad, sino también por poseer una personalidad altamente carismática y por haber sido víctima de una serie de circunstancias morbosas que marcaron su vida. Hospedó en su casa al agente estalinista Ramón Mercader sin sospechar que traía la misión de asesinar a su íntimo amigo Trotski. Entre sus obras destacan *Las dos Fridas* (1939) y *Autorretrato* (1945).

Autorretrato con mono, por Frida Kahlo

KALSUM, Om. Cantante egipcia (Daqahliyya, 1898-El Cairo, 1974). Kalsum, considerada la mejor cantante del mundo musulmán, debutó en 1922 en El Cairo, y a partir de 1926 su fama se extendió por todos los países islámicos. Para el «ruiseñor del Nilo», como fue llamada, varios poetas compusieron canciones que alcanzaron gran popularidad. Desde 1936 trabajó en la radio estatal de El Cairo.

KEATON, Diane (Diane Hall, llamada). Actriz cinematográfica estadounidense (Los Ángeles, 1946). Comenzó trabajando en teatro universitario y debutó en la gran escena con comedias musicales. En 1972 realiza uno de los principales papeles de *El Padrino,* de Coppola. Fue compañera sentimental de Woody Allen, con el que protagonizó siete filmes, hasta su separación: por uno de ellos, *Annie Hall* (1977), obtuvo el Oscar a la mejor interpretación femenina. Entre sus restantes trabajos cabe destacar: *Buscando al Sr. Goodbar* (Brooks, 1977), *Manhattan* (Allen, 1979), *Días de radio* (Allen, 1987), *El Padrino III* (Coppola, 1990) y *Misterioso asesinato en Manhattan* (Allen, 1993).

KELLER, Helen Adams. Escritora estadounidense (Tuscumbia, Alabama, 1880-Easton, Connecticut, 1968). Ciega y sordomuda desde los 19 meses, fue educada bajo la dirección de Anne Sullivan Macy, del Perkins Institute de Boston, quien le enseñó el lenguaje de los sordomudos, el sistema de escritura inventado por L. Braille, el empleo de la máquina de escribir y la pronunciación del alfabeto. Su caso adquirió gran resonancia en el mundo, convirtiéndose en uno de los ídolos de EE. UU. Keller conoció a la perfección varias lenguas clásicas y modernas, y en 1907 se graduó con la máxima calificación en la Universidad de Radcliffe. Entre sus publicaciones destacan: *Historia de mi vida* (1902), que se convirtió en un auténtico *best-seller, Luz en mi oscuridad* (1913), *Maestra* (1955) y *La puerta abierta* (1957).

KELLY, Grace. V. **GRACIA de Mónaco.**

KELLY, Petra. Activista alemana (Günzburg, Baviera, 1947-Bonn, 1992). Estudió en la American University de Washington y posteriormente en la Universidad de Amsterdam. Desde 1971 trabajó como funcionaria en Alemania y en la Comunidad Europea. Feminista, pacifista y ecologista, tras varios años de militancia en el Partido Socialdemócrata Alemán,

Helen Adams Keller

fundó en 1979 el partido de los Verdes. De 1980 a 1982 fue portavoz de dicho grupo y, desde 1983 a 1990, diputada del Bundestag. En 1992 fue hallada muerta, junto a su compañero sentimental, J. Bastian, en circunstancias no aclaradas.

KENNEDY, Jacqueline. Ex primera dama estadounidense (Southampton, 1929-Nueva York, 1994). Estudió en Vassar, y posteriormente trabajó como periodista del *Times Herald,* de Washington, donde entrevistaba a personalidades políticas. En 1953 se casó con J. F. Kennedy, convirtiéndose, en 1960, en la primera dama de EE. UU. Durante el mandato de su esposo adquirió gran popularidad y fue una de las mujeres más fotografiadas del mundo. Después del asesinato de J. F. Kennedy (1963) contrajo matrimonio con el magnate griego A. Onassis (1968), causando un gran escándalo en la sociedad estadounidense. Viuda nuevamente, desde 1975 trabajó para la editorial Doubleday. Fue enterrada en el cementerio de Arlington, junto a su primer marido, pues siempre se mantuvo unida al clan Kennedy.

KENNEDY, Margaret. Novelista británica (Londres, 1896-Addersbury, Oxfordshire, 1967). Tras licenciarse en Historia en la Universidad de Oxford, en 1934 publicó su primer trabajo, *A Century of Revolution: 1789-1920,* de contenido histórico. Posteriormente se dedicó de lleno al cultivo de la novela histórica, adquiriendo una gran popularidad por sus sagas femeninas: *La ninfa constante* (1926), estudio psicológico de la familia Sanger, con la que alcanzó fama internacional, y *El tonto de la familia* (1930), continuación de la obra anterior. Ha sido, además, autora de *Return, I Dare Not* (1931), *Pronto* (1953), y de la pieza teatral *El cielo rojo por la mañana* (1928), escrita en colaboración con Basil Dean.

KENNY, Elisabeth. Enfermera australiana (Springvale, 1886-íd., 1952). De familia de emigrantes irlandeses. A los 25 años curó, sin haber estudiado la carrera de medicina, a un enfermo de poliomielitis, a base de masajes y vendajes que ella inventó. A pesar de las críticas de los médicos, ella siguió con su sistema curando a niños poliomielíticos con éxito. En 1937 presentó sus trabajos en el Queen Mary's Hospital de Londres y, en 1940, fue llamada a Estados Unidos, donde pronunció una serie de conferencias sobre sus métodos.

KENT, Victoria. Política española (Málaga, 1898-Nueva York, 1987). Estudió derecho en 1924; se convirtió en la primera mujer en ingresar en el Colegio de Abogados de Madrid y en 1931 en la primera en el mundo que ejercía como abogada en un tribunal militar. Afiliada al Partido Radical Socialista, consiguió un acta de diputada por Madrid en el primer Parlamento republicano y fue directora general de Prisiones, donde llevó a cabo una de las más importantes reformas penitenciarias. Kent se opuso al derecho electoral de las mujeres por considerar que estas no votarían a favor de la República, puesto que iban a estar mediatizadas, en su voto, por la influencia de la Iglesia, postura que fue rechazada por C. Campoamor. Se inició una enérgica polémica ampliamente difundida en los periódicos madrileños de la época sobre el voto femenino, que la derecha apoyaba y la izquierda rechazaba. En 1937 se trasladó a París como primera secretaria de la Embajada española y allí la sorprendió el estallido de la Segunda Guerra Mundial, viéndose obligada a permanecer oculta para no ser detenida por la Gestapo y entregada a las autoridades franquistas. Posteriormente se trasladó a México y luego fijó su residencia en Nueva York, donde fundó y dirigió la revista *Ibérica.* Entre sus publicaciones destaca *Cuatro años en París* (1948).

KERR, Deborah (Deborah Jane Kerr-Trimmer, llamada). Actriz cinematográfica británica (Helensburgh, Escocia, 1921). Educada en el teatro junto a la gran actriz británica Phyllis Smale, estudió arte dramático en Bristol y Londres. Su primera intervención cinematográfica fue en la película *Major Barbara* (Pascal, 1940). Del resto de su importante producción destacan los filmes: *Las minas del rey Salomón* (Marton y Bennett, 1950), *Quo Vadis?* (Le Roy, 1951), *Julio César* (Mankiewicz, 1953), *De aquí a la eternidad* (Zinnemann, 1953), *Vivir un gran amor* (Dmytryk, 1955), *Los héroes también lloran* (Seaton, 1956), *El rey y yo* (Lang, 1956), *Té y simpatía* (Minnelli, 1956), *Rojo atardecer* (Litvak, 1959), *Días sin vida* (King, 1959), *Tres vidas errantes* (Zinnemann, 1960), *La noche de la iguana* (Huston, 1964), *Mujer sin pasado* (Neame, 1964), *Matrimonio a la americana* (Donohue, 1965), *Casino Royal* (Huston, 1967), *Prudencia... Prudencia* (Cook y Neame, 1967) y *El compromiso* (Kazan, 1969). Desde 1953 ha actuado en el teatro, con giras por diversos países.

Deborah Kerr

KHALED, Leila. Activista palestina (n. 1946). Khaled, conferenciante de éxito entre los palestinos refugiados en Jordania, en 1969 secuestró un Boeing de TWA con destino a Siria, convirtiéndose en una de las heroínas de los campos de refugiados. Posteriormente intentó secuestrar otro avión, pero fue arrestada e ingresada en una cárcel del Reino Unido. El Frente Popular de Liberación Palestina amenazó con hacer explotar dos aviones secuestrados si Khaled no era liberada; el primer ministro inglés, Edward Heath, decidió deportarla a El Cairo.

KHALIFA, Sahar. Novelista palestina (Nablus, 1941). Su obra narrativa, centrada en la descripción de las experiencias de la población palestina residente en Jerusalén, critica a los dirigentes nacionalistas por su falta de solidaridad hacia la causa femenina: *Cactus* (1976), considerado el libro clave de la nueva literatura palestina, *Girasoles* (1980) y *Bab al-Saha* (1990), crónica basada en la valiosa participación que han tenido las mujeres en la *intifada.*

KIKI (Alice Prin, llamada). Modelo francesa (Borgoña, 1901-París, 1953). Tras pasar una infancia precaria, comenzó a posar a los 16 años y a relacionarse con el ambiente social de Montparnasse. En 1921 conoció al célebre fotógrafo Man Ray, y se convirtió en su modelo exclusiva. Kiki, que frecuentaba el círculo de poetas surrealistas —Tzara, Soupault, Denos, Rigaut—, fue, además, cantante y *vedette* de cabaret en el *Jungle* y en el *Jockey,* primer cabaret de Montparnasse, y posteriormente regentó su propio club nocturno.

KINCAID, Jamaica. Seudónimo de la escritora caribeña Elaine Potter Richardson (Saint John's, Antigua y Barbuda, 1949). En 1966 se trasladó a Estados Unidos, donde trabaja, desde 1976, para la revista *The New Yorker.* Entre sus obras, centradas en la realidad social del Caribe inglés, destacan su volumen de relatos *Al fondo del río,* y sus novelas *Annie John* (1985) y *Lucy* (1991).

KING, Billie-Jean. Tenista estadounidense (Long Beach, 1943). Campeona de la copa de Australia (1968), del torneo Roland Garros (1972), del de Wimbledon (1966, 1967, 1968, 1972, 1973 y 1975) y el de Forest Hill, en EE. UU. (1967, 1971 y 1972). Es una de las fundadoras de la Asociación de Mujeres Tenistas (WTA), y está considerada como la principal promotora de la igualdad de derechos de hombres y mujeres en el tenis mundial.

KING, Mary-Claire. Genetista estadounidense de renombre internacional (n. 1946). Trabaja en la Universidad de California, en Berkeley, y logró su fama colaborando en Argentina con un grupo de derechos humanos y con las «Abuelas de Plaza de Mayo» en el análisis de material genético para la identificación de los niños y niñas que fueron secuestrados a sus verdaderas familias por la junta militar argentina y entregados a otras. Este mismo método lo ha empleado en El Salvador para identificar los cadáveres de campesinos asesinados por soldados del ejército salvadoreño. Se ha dedicado también a investigar el gen que produce el cáncer de mama.

KIRCH, Marie-Marguerite. Astrónoma y matemática alemana (Panitz, 1660-Berlín, 1720). Iniciada en los estudios de matemáticas y astronomía, se casó con Gottfried Kirch, astrónomo famoso, y se convirtió en su colaboradora. Al enviudar prosiguió sus estudios, descubriendo un cometa, en 1702, y publicando almanaques. Fue autora, además, de *Sobre las conjunciones del Sol, Saturno y Venus* (1709) y *Sobre la posición de Júpiter y Saturno* (1712).

KLEIN, Melanie. Psicoanalista británica, de origen austriaco (Viena, 1882-Londres, 1960). Klein, discípula de S. Ferenczi y K. Abraham, es considerada una de las precursoras del psicoanálisis infantil. Elaboró una concepción original sobre psicología infantil opuesta a la de Anna Freud. Sus innovaciones en la teoría y en la técnica psicoanalítica clásica freudiana influyeron en el campo del psicoanálisis infantil e introdujeron nuevos métodos de tratamiento y de cuidados a los niños, y la técnica del juego como proceso para el análisis de las fantasías, ansiedades y los mecanismos de defensa precoces. Entre sus publicaciones destacan: *Psicoanálisis infantil* (1923), *Contribución al psicoanálisis* (1948), *Desarrollos en psicoanálisis* (1952) y *Envidia y gratitud* (1957).

KOLLONTAI, Alexandra Mijáilivna. Revolucionaria y feminista rusa (San Petersburgo, 1872-Moscú, 1952). Kollontai, considerada una de las principales figuras del feminismo socialista, fue una de las teóricas de la «mujer nueva». En 1899 se adhiere al movimiento socialdemócrata, en 1906 a la fracción menchevique, y en 1917 a los bolcheviques, dirigidos por Lenin. Formó parte del primer gobierno bolchevique, convirtiéndose en comisaria del pueblo para la Asistencia pública (1917-1918), y ocupó las embajadas de Noruega, México y Suecia (1923-1945). Concibió la emancipación de la mujer como indisociable de la revolución política y reivindicó una revolución sexual que rompiera los moldes de una sexualidad represiva, promulgando el amor libre, lo que la alejó de las posiciones socialistas tradicionales de la época. Entre sus publicaciones destacan: *Los fundamentos sociales de la cuestión femenina* (1909), *La nueva moral y la clase obrera* (1919), *La sociedad y la maternidad* (1921) y *Autobiografía de una mujer sexualmente emancipada* (1926).

KOLLWITZ, Käthe. Pintora, grabadora y escultora alemana (Königsberg, 1867-Dresde, 1945). Sus primeras pinturas, de estilo expresionista, fueron escenas de alto contenido social, en las que reflejaba la profunda miseria de los barrios portuarios, de los obreros en las grandes ciudades y del campo: *Huelga de los tejedores* (1897), *Guerra de los campesinos* (1903-1908), *La obrera* (1906). Posteriormente realizó esculturas centradas en la problemática de la maternidad y fue autora de una serie de carteles y láminas humanitarias de temas pacifistas, por los cuales fue perseguida por los nazis. Kollwitz, fundadora de la Unión Artística Femenina (1913), fue la primera mujer elegida miembro de la Academia Prusiana de las Artes (1919) y la más eminente artista gráfica alemana de la primera mitad del siglo XX.

KOPLOWITZ, Esther y **Alicia.** Empresarias españolas (Madrid, 1950 y 1952, respectivamente). Hijas del empresario Ernesto Koplowitz, de origen judeo-alemán, sus vidas son bastante paralelas. A la muerte de su padre quedaron bajo la protección del empresario español Ramón Areces, siendo herederas de una gran fortuna, con empresas en diversas áreas: construcción, medio ambiente, agua y entorno urbano, cementeras, inmobiliarias, etc. Se casaron, respectivamente, con Alberto Alcocer y Alberto Cortina, manteniendo una vida privada sin ningún eco periodístico. Comenzaron a aparecer en la prensa «del corazón» por los amoríos de sus maridos que les llevaron a la separación. Han intervenido desde entonces activamente en los negocios familiares, ocupando en 1993 los cargos de vicepresidentas del grupo empresarial Fomento de Construcciones y Contratas, S. A. (FCC). Se encuentran en la lista de las mayores fortunas personales del mundo.

KORBUT, Olga. Gimnasta soviética (Bielorrusia, 1959). A la edad de 17 años ganó la medalla de oro en los Juegos Olímpicos de Munich (1972). Su brillante actuación gimnástica y su gran elasticidad la convirtieron en la «reinventora» de este milenario deporte y en el símbolo de millones de jóvenes que quisieron imitar sus proezas deportivas. En los Juegos Olímpicos de Montreal (1976), Korbut fue desplazada por la rumana N. Comaneci, de 14 años, quien demostró poseer una mayor fuerza y elasticidad. Ese mismo año Korbut decidió retirarse de la competición y desde entonces ha trabajado como entrenadora de varios equipos de la antigua Unión Soviética y de la actual Bielorrusia.

KOVALIÉVSKAIA, Sofía o **Sonia Vasilievna.** Matemática rusa (Moscú, 1850-Estocolmo, 1891). A los 14 años pudo vencer la oposición de su padre, que no era partidario de que las mujeres estudiaran, y, como revelaba un gran talento para las matemáticas, logró estudiar en la Academia Naval de San Petersburgo. Los conocimientos que aquí le aportaban le parecían insuficientes, por lo que ella, su hermana y una compañera decidieron pedir a un compañero, Vladimir Kovalevski, que se casara con una de ellas para poder ir todas al extranjero a seguir estudiando. La elegida fue Sonia. En 1869 se trasladaron a Heidelberg y ella consiguió una dispensa especial para asistir a las clases de matemáticas y de física. Al año siguiente marcharon a Berlín, pero le prohibieron asistir a clase en la universidad. Su talento hizo que Weierstrass la guiase en sus trabajos. Este profesor consiguió que la Universidad de Gotinga aceptase que presentase una tesis doctoral *Sobre la teoría de ecuaciones diferenciales en derivadas parciales*. Tras obtener la máxima calificación, intentó conseguir, sin éxito, un puesto como profesora de matemáticas. En 1874 la familia regresó a Rusia, donde tampoco pudo acceder a la universidad, pues le estaba vedada a las mujeres. En 1884 fue invitada a la Universidad de Estocolmo, donde el primer año los alumnos pagaron sus clases, y al siguiente año fue aceptada como profesora. A Kovaliévskaia se le deben importantes aportaciones a la teoría de las ecuaciones diferenciales. En 1888 publicó la obra *Sobre el problema de la rotación de un cuerpo rígido alrededor de un punto fijo*, galardonada por la Academia de Ciencias de París y la de Suecia. En 1890 fue nombrada miembro de la Academia de Ciencias de San Petersburgo. Además tuvo una gran preocupación por la defensa de los derechos de las mujeres y por los problemas sociales de su época. Su obra *Recuerdos de infancia*, de carácter autobiográfico, tuvo un gran éxito.

KRISTEVA, Julia. Lingüista y teórica literaria francesa, de origen búlgaro (Sofía, 1941). Asidua colaboradora de la famosa revista *Tel Quel*, Kristeva es considerada una de las figuras clave en la revitalización de los estudios semióticos. Entre sus contribuciones teóricas fundamentales destacan los conceptos de «semanálisis», «práctica significante» y «sujeto en proceso». Sus trabajos sobre lenguaje e identidad sexual han influido notablemente en ciertas áreas de la teoría feminista. Entre sus publicaciones figuran: *Semiótica* (1969), *La revolución del lenguaje poético* (1974), *El texto de la novela* (1976), su artículo *Tiempo de mujeres*, y *El lenguaje, ese desconocido* (1981). *Los samuráis* (1990) constituyó su primera incursión en el campo de la novela.

KRISTIANSEN, Ingrid. Atleta noruega (Oslo, 1958). Plusmarquista mundial en las pruebas de maratón (2 horas, 21 minutos y 6 segundos; 1985), 10.000 m (30 minutos y 13,74 segundos; 1986) y 5.000 m (14 minutos y 37,33 segundos; 1986).

KRÜDENER, baronesa de (Barbara Juliane Krüdener). Aristócrata rusa, de origen báltico (Riga, 1764-Karasubazar, 1824). Ejerció una gran influencia sobre el zar Alejandro II y de su inspiración nació la Santa Alianza.

KRÜGER, Barbara. Fotógrafa estadounidense (n. 1945). Comenzó como directora de arte en varios periódicos feministas de los años setenta y, posteriormente, se ha dedicado a la realización de una serie de fotografías y vídeos artísticos en los que complementa la imagen con breves fragmentos textuales. Su obra, considerada una de las manifestaciones más representativas del arte fotográfico estadounidense actual, examina la manipulación social ejercida por la publicidad, criticando con agudeza las falsas imágenes sobre poder, trabajo, sexualidad y riqueza. Entre sus obras destacan: *Sin título (Tu mirada choca con el lado de mi cara)* (1981) y *Yo compro, luego soy*.

KRÚPSKAIA, Nadiezhda Konstantínovna. Política y pedagoga rusa (San Petersburgo, 1869-Moscú, 1939). Estudió en San Petersburgo y posteriormente ejerció como profesora de una escuela nocturna para analfabetos. En 1890 se adhirió a las ideas revolucionarias, y en 1894 conoció a Lenin, con quien se casó, en 1897, durante el exilio de ambos en Siberia por sus ideas políticas. Al ser liberados se instalaron en Suiza, donde ella colaboró en todas las empresas intelectuales del grupo. Regresaron definitivamente a Rusia tras el éxito de la revolución de 1917. Intervino activamente en la creación de la Unión Soviética desde su puesto en el Comité Central del Partido Bolchevique y alcanzó los puestos más altos en el Ministerio de Instrucción Pública de la Unión Soviética. Es considerada la fundadora de la pedagogía bolchevique y una de las figuras más populares de su época. En 1929 fue nombrada miembro del Soviet Supremo, y en 1933 publicó sus memorias bajo el título de *Mi vida con Lenin*.

KUNCEWICZOWA, María. Escritora polaca (Samara, 1899-Lublín, 1989). Se dio a conocer con el libro de relatos *Entretenimientos con el niño* (1927), consagrándose posteriormente con su novela *La extranjera* (1936), en la que narra la historia de una mujer que intenta abrirse un espacio en la sociedad. Su obra, de estilo sobrio y realista, manifiesta un mundo en continuo cambio. Es autora de otras novelas, un diario de guerra y una antología de literatura polaca.

KURTZ, Carmen. Seudónimo de la escritora española Carmen de Rafael i Marés (Barcelona, 1911). Tras su estancia en Francia (1935-1943), comenzó a publicar relatos para niños, entre los que destacan *Color de fuego* (1964) y la serie sobre el personaje *Óscar*, cosmonauta, espía atómico, espeleólogo, etc. Paralelamente, ha desarrollado una obra narrativa de carácter realista y crítico, en la que describe conflictos humanos: *Duermen bajo las aguas* (1954), relato de sus vivencias en la Segunda Guerra Mundial, *La vieja ley* (1956), sobre la prostitución de la juventud en la Barcelona de posguerra, *El desconocido* (1956; premio Planeta), *Detrás de la piedra* (1958), *Al lado del hombre* (1961), *En la punta de los dedos* (1968), *Entre dos oscuridades* (1970), alegato contra la pena de muerte, *Al otro lado del mar* (1973), *Cándidas palomas* (1975), y *El regreso* (1976).

L

LABÉ, Louise. Poeta francesa (Lyon, 1525-Parcieux-en-Dombes, 1566). Hija de un rico cordelero, recibió una refinada educación, influida por las modas italianas. Se casó en 1540 con E. Perrin, también cordelero, por lo que fue llamada «la Bella Cordelera». Conocedora del latín, el italiano y la música, reunió en su casa lo más selecto de la sociedad artística de su época (Maurice Scève, Pernette du Guillet, etc.). Su amor por el poeta Oliver de Magny le inspiró la mayor parte de su obra, influida por la poesía petrarquista. Su poesía se caracteriza por la autenticidad y apasionamiento del sentimiento amoroso y por un acentuado sensualismo, que la convierten en una eminente representante del erotismo poético, lo que hizo que fuera llamada la «Safo lionesa». Su obra fue publicada en Lyon, a partir de 1555, con el título de *Obras,* y comprende un *Debate entre locura y amor,* en prosa y de asunto alegórico, con personajes mitológicos, y un *Cancionero,* que fue aumentando progresivamente, y en el que destacan sus *Elegías* y *Sonetos.*

LACACI, María Elvira. Poeta española (El Ferrol, La Coruña, 1929-Madrid,1997). Su poesía se caracteriza por el predominio de los temas sociales. Ha obtenido el premio Adonais y el premio de la Crítica. Sus libros más importantes son las colecciones de poemas *Humana voz* y *Al este de la ciudad.*

LACHAPELLE, Marie-Louise Dugès de. Comadrona francesa (París, 1769-íd., 1821). Nombrada (1795) comadrona adjunta del Hôtel-Dieu, organizó y dirigió posteriormente el hospicio de la maternidad. Escribió el libro *Práctica de los partos* (1821) e introdujo en obstetricia la maniobra que lleva su nombre.

LACOMBE, Claire. Actriz y revolucionaria francesa (Pamiers, 1765-¿?, 1796). Trabajó como actriz, y a partir de 1792 luchó a favor de la Revolución vestida de hombre y portando un sable. Fue presidenta de los republicanos revolucionarios y una de las dirigentes de los llamados *enragés* o extremistas sociales. En 1794 se la acusó de ser colaboradora de la monarquía y fue encarcelada, siendo liberada posteriormente.

LADRÓN DE GUEVARA, María Fernanda. Actriz española (Madrid, 1896-íd., 1974). Desde su actuación en *La malquerida* (1913), de Benavente, recorrió numerosos teatros de España y América. Formó compañía con su marido y también actor Rafael Rivelles, con el que participó en la película *El proceso de Mary Dugan* (1931). Tras la separación del matrimonio formó su propia compañía.

LADY DI o **LADY DIANA.** V. **DIANA de Gales.**

LAFAYETTE o LA FAYETTE, condesa de (Marie-Madeleine Pioche de La Vergne). Novelista francesa (París, 1634-íd., 1693). Casada con el conde de Lafayette (François Motier), organizó en París uno de los principales salones literarios, frecuentado por la marquesa de Sévigné, Segrais y La Rochefoucauld, con quienes mantuvo una gran amistad. *La princesa de Clèves* (1678) es una de las obras maestras de la novela psicológica. Escribió, además, *Zaïde* (1670), de asunto español, en colaboración con Segrais; *La condesa de Tende* (1724) y unas *Memorias de la Corte de Francia* (1731), entre otras muchas obras, la mayoría publicadas póstumamente. La actitud moral de la condesa en sus escritos evidencia la influencia de Jean Racine y del jansenismo.

LAFFÓN, Carmen. Pintora española (Sevilla, 1934). Estudió en la Escuela de Bellas Artes de Sevilla y en la Academia de San Fernando de Madrid. En 1959 obtuvo una beca del Ministerio de Educación para estudiar en Italia y, posteriormente, formó parte del grupo reunido alrededor de la galería La Pasarela de Sevilla. Perteneciente a la escuela realista sevillana e interesada por los efectos cromáticos y por el impresionismo, sus temas son cotidianos y de un gran intimismo. Laffón, dedicada sobre todo al paisaje, ha ejercido una profunda influencia en la pintura andaluza y en pintores como F. Cortijo, C. Aguilar y C. Díaz. En 1982 recibió el premio Nacional de Artes Plásticas, en 1992 se realizó una exposición retrospectiva de su obra en el Museo Nacional Centro de Arte Reina Sofía, y en 1996 fue elegida académica de la de Bellas Artes de San Fernando. Entre sus pinturas destacan: *Paisaje* (1978) y *Figura de mujer* (1979).

LAFORET, Carmen. Novelista española (Barcelona, 1921). Se dio a conocer con su novela *Nada* (1944; premio Nadal), que se convirtió en un auténtico éxito literario y que figura entre las obras clave del «tremendismo» literario y del realismo existencial que dominó el panorama narrativo europeo de los años cuarenta. Esta obra se considera además como uno de los más fieles testimonios del desmoronamiento de la pequeña burguesía durante los primeros años de la posguerra española. Entre sus publicaciones posteriores destacan: *La isla de los demonios* (1952), *La insolación* (1963) y *La niña y otros relatos* (1970).

Carmen Laforet

LAGERLÖF, Selma. Escritora sueca (Marbacka, Värmland, 1858-íd., 1940). Vivió su infancia y juventud en su tierra natal, después marchó a Estocolmo y cursó los estudios de magisterio y más tarde se dedicó a la enseñanza. Se dio a conocer con *La saga de Gösta Berling* (1891), inspirada en leyendas y canciones populares, y considerada su mejor novela. De formación naturalista, Lagerlöf intentó buscar en el paisaje y las tradiciones suecas la armonía entre realidad y fantasía. En 1909 se le concedió el premio Nobel de Literatura, y en 1914 se convirtió en la primera mujer en ser admitida a la Academia sueca. Otras novelas suyas son: *Los milagros del Anticristo* (1897), *El carretero de la muerte* (1912), llevada al cine por V. Sjöström, *El proscrito* (1920) y *Ana Svärd* (1927). Destacan, además, el libro infantil *El maravilloso viaje de Nils Holgersson a través de Suecia* (1906-1907), pensado originalmente como libro de texto de geografía, y los relatos recogidos en *El mundo de los trolls* (1915-1921).

LAGOS, Concha. Poeta española (Córdoba, 1913). Suele encuadrársele en la poesía española propia de los años cincuenta. Su primera influencia es de Bécquer y Juan Ramón

Jiménez, por lo que expone sentimientos intimistas. Su obra posterior evoluciona hacia una poesía testimonial y social. Sus obras más importantes son: *Tema fundamental* (1961), *Golpeando el silencio* (1961) y *Más allá de la soledad* (1984). Ha desarrollado una gran labor editorial con la fundación de la revista *Cuadernos de Ágora* y la famosa colección de poesía Ágora.

LAISNÉ, Jeanne. Heroína francesa más conocida por Jeanne Hachette o Jeanne Fourquet (h. 1454-m. en Beauvais). Durante la guerra entre Luis XI y Carlos el Temerario, habiendo tomado las tropas de este la ciudad de Beauvais, dio muerte al jefe de las fuerzas invasoras, con lo que, enardecidos los defensores, consiguieron expulsar a los de Carlos y salvar a la población. En 1851 se le erigió una estatua en Beauvais.

LAKE, Veronica (Constance Ockleman, llamada). Actriz estadounidense (Nueva York, 1919-Burlington, Vermont 1973). Abandonó los estudios de medicina para iniciar su trabajo en el teatro, pasando posteriormente al cine. Se hizo popular por su rubia melena, con la que se tapaba el ojo derecho. Sus películas más famosas han sido: *Me casé con una bruja* (Clair, 1942), *La mujer de fuego* (1947) y *Furia del trópico* (1949), estas dos últimas bajo la dirección de su marido André de Toth. Acabó su vida arruinada. Escribió su autobiografía titulada *Verónica* (1969).

LALLA DAVIA (Marthe Franceschini). Sultana marroquí de origen corso (Corbara, h. 1750-Marrakech, 1799). Fue raptada con su familia por los piratas tunecinos y vendida como esclava. Cuando estaban al servicio del bey de Túnez, el padre de Marthe lo salvó de un complot, por lo que la familia fue liberada. Capturados de nuevo, fueron vendidos al sultán de Marruecos, Muhammad III, quien la hizo entrar en su harén, donde tomó el nombre de Lalla Davia (La Brillante). El sultán la hizo su favorita y tuvo de ella un hijo que reinó con el nombre de Muley Sliman (1792-1823). Tuvo gran influencia política sobre su marido, que la admitió en su consejo privado. Después de la muerte de Muhammad III (1790), se retiró a su palacio, donde murió de peste.

LAMADRID, Bárbara Herbella. Actriz española (Sevilla, 1812-Madrid, 1893). Adoptó el apellido de Lamadrid, como su hermana Teodora Lamadrid, al dedicarse al teatro, aunque su verdadero apellido era Herbella. Desde niña empezó su trabajo en Andalucía. En 1833 se presentó en el teatro del Príncipe de Madrid. Representó obras de García Gutiérrez, de Zorrilla y de otros autores de la época. En sus últimos años se quedó ciega y paralítica. Por sus cualidades artísticas ha sido considerada como una de las primeras actrices españolas.

LAMADRID, Teodora Herbella. Actriz española (Zaragoza, 1821-Madrid, 1896). Hermana de Bárbara Lamadrid. A los ocho años debutó en el teatro y pronto pasó a representar papeles de dama joven. Ocupó uno de los primeros puestos en el teatro del Príncipe de Madrid. En su repertorio estaban obras de Tamayo y Baus y Larra, entre otros famosos. Al retirarse de la escena, pasó a desempeñar la cátedra de Declamación del Conservatorio de Madrid. A pesar de sus grandes éxitos nunca llegó a alcanzar la fama de su hermana.

LAMARQUE, Libertad. Actriz y cantante argentina (Rosario, 1909). Lamarque, una de las figuras más relevantes del cine latinoamericano, se especializó en el género del melodrama musical, cuyas canciones eran interpretadas por ella misma. Protagonizó un sinnúmero de películas, entre ellas: *Tango* (Moglia Bart, 1933), *El alma del bandoneón* (Soffici, 1935), *Gran Casino* (Buñuel, 1947), *Soledad* (Gras y Caveri, 1959), *La mujer X* (Rich, 1954), *Perdóname, mamá* (1966) y *La mamá de la novia* (1978), con la que retornó a la pantalla tras un paréntesis de inactividad como actriz y cantante.

LAMARR, Hedy (Hedwig Eva Maria Kiesler, llamada). Actriz de cine estadounidense, de origen austriaco (Viena, 1913). Empezó su carrera artística en Checoslovaquia, con su verdadero nombre, en las películas *Las maletas del señor O. F.* (Granowsky, 1931) y *Éxtasis* (Machaty, 1933). Desde 1938 reside en EE. UU., donde se ha nacionalizado. Otras películas: *Argel* (Cromwell, 1938), *Lady of the Tropics* (Conway, 1939), *Fruto dorado* (Conway, 1940), *Camarada X* (Vidor, 1940), *Ziegfeld Girl* (Leonard, 1941), *No puedo vivir sin ti* (Brown, 1941), *Cenizas de amor* (Vidor, 1941), *Crossroads* (Conway, 1942), *Noche en el alma* (Tourneur, 1944), *Sansón y Dalila* (De Mille, 1949) y *La caravana de la ilusión* (Allégret, 1953).

LAMAS DE RODRÍGUEZ ALCALÁ, Teresa. Escritora paraguaya (Asunción, 1887-íd., 1976). Su novela *Tradiciones del hogar* (1925) fue la primera obra publicada en Paraguay por una mujer. Sus temas preferidos son los costumbristas. Ha ganado numerosos premios.

LAMBERT, marquesa de (Anne-Thérèse de Marguenat de Courcelles). Escritora francesa (París, 1647-íd., 1733). Organizó uno de los grandes salones literarios de su época, en el que se trataban especialmente temas de política. Escribió para sus hijos dos tratados sobre moral, *Consejos de una madre a su hija y a su hijo* (1728). Sus *Obras completas* (1748) contienen, entre otras: *Reflexiones sobre las mujeres, Tratado de la amistad, La ermitaña* (novela), etc.

LANGE, Dorothea. Fotógrafa estadounidense (Hoboken, Nueva Jersey, 1895-San Francisco, 1965). Considerada una de las pioneras del llamado documentalismo social, Lange adquirió gran renombre por sus fotografías realistas del mundo miserable de los desposeídos. Posteriormente trabajó para la Administración estadounidense durante la recesión económica de los años treinta, haciendo reportajes fotográficos que reflejaban los problemas de los agricultores sin trabajo y de los inmigrantes. La naturalidad de su obra se ve realzada por una fuerte luz solar. Desde 1945 realizó informes gráficos para la revista *Life* y reportajes sobre sus viajes a Asia, Latinoamérica y Oriente Próximo. Entre sus publicaciones destaca: *An American Exodus: A Record of Human Erosion* (1939), en colaboración con P. S. Taylor.

LANGE, Helene. Feminista alemana (Oldenburg, 1848-Berlín, 1930). Famosa dirigente del movimiento feminista alemán, defendió especialmente la educación de las jóvenes, para quienes reclamaba una formación técnica. En 1893 fundó y editó la revista mensual *Die Frau*, que utilizó para difundir sus ideas y para poner la cultura al alcance de las mujeres. Desde 1894 formó parte del comité central de la Unión de Mujeres Alemanas, organismo a favor del sufragio femenino. Fue autora de varias obras pedagógicas y sociales, entre ellas, *Manual del movimiento feminista* (1893), que escribió junto con G. Baümer.

LANVIN, Jeanne. Diseñadora de moda francesa (París, 1867-íd., 1946). Considerada una de las principales creadoras de la moda parisiense, en 1889 fundó su casa de alta costura en París y, en los años veinte y treinta, se consagró como modista de fama internacional. La empresa Lanvin, con sucursales en Biarritz, Cannes, Le Touquet y Deauville, comprendía ocho talleres, más de 800 empleados y 15 modelos. Fue mundialmente conocida por sus bañadores, abrigos de pieles, sombreros, bordados, festones, plisados y por el uso de los colores malva, marfil y negro. Lanvin fue la primera en comercializar un línea completa de productos de belleza, y en 1927 creó el perfume *Arpège*.

LARROCHA, Alicia de. Pianista española (Barcelona, 1923). Muy joven aún, actuó como solista con la Banda Municipal de Barcelona y, a la edad de 13 años, se presentó en Madrid con la Orquesta Sinfónica de esta ciudad. Discípula predilecta de Frank Marshall, colaborador y heredero de Granados, es especialista en la interpretación de Albéniz y Granados. En 1985 se le concedió el premio Nacional de Música, y en 1994, el premio Príncipe de Asturias. Ha obtenido numerosos premios internacionales. Ha sido nombrada «músico» del año por el *Musical America Magazine* y ganó dos Grammy. Posee la Orden del Mérito Civil y la de Isabel la Católica, entre otras condecoraciones.

LAUDER, Estée (Joséphine Esther Mentzer, llamada). Empresaria estadounidense (Nueva York, 1908). En los años treinta funda una empresa de cosméticos, cuyo producto principal era la crema *All Purpose Cream* («crema para todo»), promocionada, a partir de 1946, por los grandes almacenes Sacks, instalados en la Quinta Avenida de Nueva York. En 1960 la empresa de Lauder obtuvo ganancias por un millón de dólares, y en 1975 logró alcanzar más de mil millones de dólares en beneficios. Lauder, conocida como la *Blue Lady*, ha sido, además, la creadora de las prestigiosas líneas *Clinique* y *Aramis*, de fama internacional.

LAURA de Noves. Dama provenzal inmortalizada por Petrarca en su *Cancionero* (Aviñón, 1308-probablemente en Aviñón, 1348). Su vida nos es casi desconocida. Quizá fuera hija de Audivert, señor de Noves, y se casara en 1325 con Hugo de Sade. Petrarca la conoció, en 1327, en Aviñón, pero el amor que el poeta le declaró no fue correspondido. Laura murió víctima de la peste (1348) el día de su aniversario, siendo sepultada en la iglesia de San Francisco de Aviñón.

LAURENCIN, Marie. Pintora francesa (París, 1885-íd., 1956). Estudió en el Lycée Lamartine y se formó artísticamente en la Académie Humbert, donde conoció al pintor cubista Georges Braque y tuvo un largo y borrascoso lance de amor con Apollinaire, quien la situó en el grupo de artistas que rodearon a Picasso. Conocida como la *Colette de la pintura*, realizó acuarelas, litografías y aguafuertes en tonos pasteles con un estilo muy personal e idiosincrásico que no encontró hueco en la vanguardia, siendo considerada su brillante originalidad como un mero producto de su condición femenina. Diseñó también figurines y decorados para la Comédie Française y los ballets rusos. Sus pinturas *Groupe d'artistes* (1908), *Femme à la colombe* (1909), *Portrait de la baronne Gourgaud* (1923) y *Portrait de la femme en rouge* (1941) forman parte de la colección del Museo Nacional de Arte Moderno de París.

LAZAREFF, Hélène. Periodista francesa (Rostov-sur-le-Don, 1909-Le Lavandou, 1988). Pertenecía a una rica familia judía rusa que huyó a París cuando la revolución bolchevique. Estudió letras y etnología, por lo que estuvo un tiempo en el Congo. Allí se inició como periodista y comenzó a escribir en *Paris-Soir*. Con motivo de la Segunda Guerra Mundial se trasladó a Nueva York y colaboró en *New York Times* y en *Harper's Bazaar*. Pensó en la creación de una revista femenina y, por ello, a su regreso a París, fundó *Elle* (1945). En ella pretendía crear un tipo de mujer moderna, alegre, emprendedora y práctica. La revista tuvo gran éxito y llegó al millón de ejemplares y a extenderse por todo el mundo.

LE BOUSIER DU CORDAY, Angélique Marie. Comadrona francesa (Clermont-Ferrand, 1712-íd., 1789). Advertida de los pocos conocimientos de las comadronas de su tiempo, escribió, en francés, una obra titulada *Abrégé de l'art des accouchements* (1759), que iba acompañada de láminas anatómicas en colores. En 1767 el rey le encargó que divulgara sus conocimientos por todo el reino, para lo que confeccionó un maniquí con dos piezas móviles representando el cuerpo de la mujer y recorrió con sus enseñanzas toda Francia, siendo la primera mujer en enseñar, mediante artificios, los mecanismos del parto.

LE GUIN, Ursula. Escritora estadounidense (Berkeley, California, 1929). Cultivadora del género de ciencia-ficción, la obra de Le Guin se ha caracterizado por la originalidad con la que describe los ambientes utópicos que sirven de trasfondo a sus historias: *Los desposeídos* (1974) y la trilogía *Los libros de Terramar* (1968-1973).

LE PASTOUR, Marguerite. Mujer verdugo francesa (n. Cancale, 1720). Disfrazada de hombre, se enroló en el ejército de María Teresa de Austria, pero desengañada de la guerra se retiró a Estrasburgo con el verdugo, al que ayudaba en su trabajo. Más tarde pasó a Lyon, donde fue contratada en 1756 como verdugo, sin que nadie se percatase de que era una mujer. Descubierto su sexo por un sirviente, fue encarcelada (1759). Después de diez meses, salió de la cárcel y se casó con Noël Roche.

LEAKEY, Mary Douglas. Paleontóloga y antropóloga británica (Londres, 1913-Nairobi, 1996). Colaboró activamente con su marido, Louis Seymour Bazett Leakey, en las excavaciones de África oriental para buscar los orígenes de los seres humanos en este continente y, junto a él, realizó el descubrimiento de los huesos fósiles de un homínido precursor del *Homo habilis*. A partir de 1960 dirigió las excavaciones de la garganta de Olduvai (Tanzania). Fue miembro de numerosos organismos internacionales y recibió prestigiosos premios. Además de las obras en colaboración con su marido, publicó, entre otras: *La garganta de Olduvai III* (1971), *Revelar el pasado*, su autobiografía (1984), y *Laetoli: un yacimiento plioceno al norte de Tanzania* (1988). Sus aportaciones a la hipótesis del evolucionismo humano han sido fundamentales para los estudios antropológicos.

LEAVITT, Henrietta. Astrónoma estadounidense (Lancaster, Massachusetts, 1868-Cambridge, 1921). Estudió en el Radcliffe College, especializándose en fotografía estelar. En 1912 descubrió la ley que relaciona la magnitud y el período de las estrellas, que permitió calcular distancias estelares hasta entonces inevaluables. Sus investigaciones se conservan recopiladas en el *Harvard Observatory Circular* y en los *Annals of the Astronomical Observatory of Harvard College*.

LEE, Ann. Religiosa británica (Manchester, 1736-Watervliet, 1784). Se trasladó a las colonias del Reino Unido en América, donde fundó una secta, a cuyos seguidores se les denominó «los visionarios». Fue perseguida por la justicia por sus predicaciones sobre el segundo advenimiento y por hacer milagros; a causa de ello fue detenida varias veces. Se trasladó a Nueva York, donde la sorprendió la guerra de la Independencia. Su postura contraria a la guerra y sus predicaciones en contra de que sus seguidores tomaran las armas fueron la causa de su encarcelamiento.

LEE, Sophia y **Harriet.** Escritoras británicas (Londres, 1750-Clifton, 1824, y Londres, 1757-Clifton, 1851, respectivamente). Escribieron conjuntamente la famosa obra *Cuentos de Canterbury* (1797-1805), en cinco volúmenes, tres de Sophia y dos de Harriet. El cuento *Kruitzner* proporcionó a Byron el tema de *Werner* y fue objeto de una dramatización escrita por Harriet, titulada *Los tres extranjeros* (1825). De la producción de Sophia destacan, además, la tragedia, en verso, *Almeida, reina de Granada* (1796) y la exitosa novela romántica *El receso* (1785).

LEE, Vernon (Violet Pa-get, llamada). Escritora británica (Boulogne, 1856-Florencia, 1935). Es autora de varios estudios sobre estética *(Euphorion*, 1884) y sobre el panorama musical y literario italiano, dando a conocer al público británico autores como Goldoni. Escribió, además, varios ensayos en defensa del pacifismo y de los derechos de las mujeres *(Satán el devastador*, 1920), y colecciones de relatos fantásticos.

LÉGER, Nadia (Nadine Jodosevich, llamada). Pintora francesa de origen ruso (Vitebsk, 1904-Grasse, 1982). Trabajó en Rusia con K. Malevich, quien la inició en la pintura moderna, y en 1924 se estableció en París, donde entró a formar parte del taller de Fernand Léger, con quien luego se casaría. Sus obras de los años veinte, *L'institutrice* (1922), *Vase et livres* (1925), *Le pot* (1926), estuvieron marcadas por un rigor y una desnudez muy cercanas al estilo de J. Arp, pero su producción posterior se distanció de la pintura abstracta y tendió más hacia el realismo popular ruso, regresando, en su última etapa, hacia la estética aprendida con Malevitch. Alrededor del matrimonio Léger se movió un grupo de renombrados pintores, historiadores y poetas, entre ellos, J. Prévert y L. Mazenod. Tras la muerte de su marido (1955), N. Léger se dedicó a la creación del museo Fernand Léger.

LEHMANN, Lotte. Soprano estadounidense, de origen alemán (Perleberg, 1888-Santa Bárbara, 1976). En 1916 ingresó en la Ópera Imperial y Real de Viena, en la que adquirió resonancia internacional. Tras el advenimiento del nazismo, la cantante hubo de escapar de Austria en 1938. En 1939 se estableció en Santa Bárbara. Actuó en *El oro del Rhin*, y Richard Strauss compuso, especialmente para ella, su ópera *Arabella*. Durante diez años, en Salzburgo, fue la intérprete de la mariscala en *El caballero de la rosa*. Prosiguió su carrera en el Metropolitan Opera House de Nueva York, hasta que se retiró en 1962.

LEIBOVITZ, Annie. Fotógrafa estadounidense (Nueva York, 1950). Considerada una de las figuras más relevantes del mundo de la fotografía contemporánea, Leibovitz fue jefa de fotografía de la revista *Rolling Stone*, y posteriormente de *Vanity Fair*. Sus originales fotografías de personajes famosos como J. Lennon, Y. Ono, M. Jagger, D. Keaton, Philip Glass, J. Foster, etc., la han dado a conocer internacionalmente.

LEIGH, Vivien (Vivian Mary Hartley, llamada). Actriz británica, de origen indio (Dar-

Vivien Leigh

jeeling, 1913-Londres, 1967). En 1935 se divorció de su primer marido, Herbert Leigh Holmann, cuyo apellido conservó, para casarse después con el también actor Lawrence Olivier, con quien formó la mejor pareja de actores que ha tenido la escena británica. Encarnó los principales papeles shakespearianos y se le deben las siguientes películas: *Lo que el viento se llevó* (Fleming, 1939), cuya interpretación de Escarlata O'Hara fue premiada con un Oscar a la mejor actriz de ese año; *El puente de Waterloo* (LeRoy, 1940), *Lady Hamilton* (Korda, 1941), *César y Cleopatra* (Pascal, 1945), *Ana Karenina* (Duvivier, 1948) y *Un tranvía llamado Deseo* (Kazan, 1951). En 1955 formó su propia compañía teatral, y con ella recorrió con gran éxito los escenarios de todo el mundo. Fue distinguida por la corona británica con el título de *lady*.

LEJÁRRAGA GARCÍA, María de la O. Escritora española (San Millán de la Cogolla, 1874-Buenos Aires, 1974). Conocida por María Martínez Sierra, apellidos de su marido, actualmente se la considera como una de las principales dramaturgas españolas de su época, al haberse descubierto que ella era la autora de las obras teatrales de gran éxito y de los demás escritos que se publicaban a nombre de su marido, como *La torre de marfil* (1908), *Canción de cuna* (1911) o el libreto de *La vida breve*, de Falla, en los que este prácticamente no colaboró. María, que había estudiado y trabajaba de maestra, y a quien desde joven le gustaba escribir, en 1900 se casó con Gregorio Martínez Sierra, bastante más joven que ella, al que también le gustaba escribir. En el noviazgo ya habían colaborado en algunos escritos que se publicaron con el nombre de él. Lejárraga encontró en su matrimonio un camino para liberarse de la tutela paterna y poder dedicarse a escribir. Su primera obra, *Cuentos breves* (1899), publicada de soltera, había sido rechazada, pues no era bien visto que una mujer escribiera. Con su nombre publicó *Cartas a las mujeres de España* (1916) y dos obras de carácter autobiográfico, entre otros escritos: *Una mujer por los caminos de España* (1934) y *Gregorio y yo* (1952). Fiel defensora del feminismo y del socialismo, fue una de las primeras mujeres diputadas en la Segunda República. Tuvo que exiliarse tras la guerra civil, primero a Francia, donde tuvo problemas con los nazis, y luego a América, pasando graves problemas económicos, pues no se le reconocían los derechos de autor de su marido.

LEMPICKA, Tamara de. Pintora polaca (Varsovia, 1898-París, 1980). En 1912 se exilió en París, donde estudió con M. Denis y A. Lhote. En 1927 ganó el premio de honor, en Burdeos, por su obra *Niño en el balcón*, trasladándose posteriormente a EE. UU. Su pintura se centra en los retratos y los desnudos, caracterizados por la estatuariedad, la elegancia de la pose, el contraste de colores brillantes y la sensualidad.

LENGLEN, Suzanne. Tenista francesa (París, 1899-íd., 1938). Lenglen, considerada la «reina del tenis» y la «campeona de campeonas», fue, a los 15 años, campeona del mundo en tierra batida, y posteriormente su lista de premios fue excepcional. Ganó el torneo de Roland Garros en individuales y dobles de 1920 a 1926; en Wimbledon, individuales y dobles, en 1919, 1920, 1922, 1923 y 1925; en mixtos, 1920, 1922 y 1925. Fue campeona del mundo en tierra batida en individuales, en 1914, 1921, 1922 y 1923; en dobles, en 1914, 1921 y 1922, y en mixtos, en 1921, 1922 y 1923. Creó el vestuario moderno del tenis femenino y masculino, instituyendo, entre otras prendas, la célebre banda blanca para sostener el cabello. Fundó una escuela de tenis y enseñó durante varios años en Roland Garros. Murió de leucemia a los 40 años.

LEOCADIA, santa. Mártir hispana (m. Toledo, 304). Padeció martirio en tiempos de Diocleciano por orden del prefecto de Toletum, Daciano. Los toledanos recogieron su cuerpo y levantaron una basílica en su honor. Durante la Edad Media su cuerpo fue trasladado a Oviedo y de allí a Flandes, monasterio de Saint-Ghislain. En tiempos de Felipe II fue devuelta a su ciudad, de la que es patrona.

LEÓN, María Teresa. Escritora española (Logroño, 1904-Madrid, 1988). Codirigió con su marido, el también escritor Rafael Alberti, la revista *Octubre* (1933-1934), y durante la guerra civil desempeñó una intensa actividad a favor de la República, destacando especialmente sus montajes para Guerrillas de Teatro. En 1939 se exilió y regresó a España en 1977. En sus primeros libros mostró una tendencia hacia el relato onírico y legendario (*La bella del mal amor*, 1930; *Juego limpio*, 1942), evolucionando luego hacia la denuncia social y política (*Cuentos de la España actual*, 1935; *Contra viento y marea*, 1941). Es autora, además, de la obra teatral *Huelga en el puerto* (1933) y de varias biografías noveladas. En 1970 recopiló sus interesantes vivencias en *Memoria de la melancolía*.

María Teresa León

LEONOR de Alburquerque, la Ricahembra. Reina de Aragón (m. Medina del Campo, 1455). Hija de don Sancho, hermano de Enrique II de Castilla, siendo heredera de grandes posesiones en Extremadura, La Rioja y Castilla, de ahí su sobrenombre. Se casó en 1393, en Madrid, con su sobrino Fernando de Antequera, matrimonio concertado en las Cortes de Guadalajara (1390). Tras la elección de su marido como rey de Aragón (1412) y gracias a su apoyo económico, fueron coronados ambos reyes de Aragón en 1414. Nacieron del matrimonio los conocidos como infantes de Aragón: los reyes Alfonso V y Juan II, los infantes Enrique, Sancho y Pedro y las infantas, María, esposa de Juan II de Castilla, y Leonor, esposa de Duarte de Portugal. Una vez muerto su esposo, intentó mediar en el conflicto civil castellano entre Juan II y sus hijos los infantes de Aragón, pero en 1430 fue encerrada en el convento de las clarisas de Medina del Campo, que ella misma había fundado, siendo la mayor parte de sus tierras entregadas a Álvaro de Luna.

LEONOR de Aquitania. Duquesa de Aquitania y de Gascuña, condesa de Poitou, reina de Francia y después de Inglaterra (castillo de Velin, 1122-abadía de Fontevrault, 1204). Hija primogénita de Guillermo X, duque de Aquitania, se casó en 1137 con Luis VII el Joven, rey de Francia, a quien acompañó a la segunda cruzada, y, divorciada de este en 1152, contrajo segundas nupcias en 1155 con Enrique II Plantagenet, rey de Inglaterra. Intervino en todos los conflictos familiares y acabó enfrentándose con su marido en 1173, por lo que el rey la encerró durante más de 15 años. Muerto Enrique II, apoyó a su hijo Ricardo I contra las aspiraciones de su otro hijo Juan sin Tierra, y muerto Ricardo, defendió a Juan frente a las pretensiones al trono inglés de Felipe Augusto de Francia. Siguiendo el ejemplo de su familia, protegió y ayudó a la difusión de la poesía trovadoresca, tanto en la Francia de Oïl como en Inglaterra y sus dominios. Fue una de las mujeres más poderosas de su época y es una de las grandes personalidades del siglo XII, interviniendo activamente en el desarrollo cultural.

LEONOR de Aragón. Reina de Castilla (¿?, 1358-Cuéllar, 1382). Fue hija de Pedro IV de Aragón y de Leonor de Sicilia y se casó con el rey Juan I, siendo coronados ambos en Burgos en 1379. Fue madre de Enrique III y de Fernando de Antequera, que llegó a rey de Aragón gracias a que ella le transmitió los derechos sucesorios al vacante trono de Aragón.

LEONOR de Aragón. Reina de Portugal (¿?, 1405-Toledo, 1445). Hija de Fernando I de Aragón y de Leonor de Alburquerque, se casó en 1428 con el príncipe Duarte de Portugal, que subió al trono en 1433. Mujer de brillantes cualidades, ejerció la regencia en la minoridad de su hijo Alfonso el Africano, desde 1438, en que falleció su marido, hasta 1440, en que las Cortes nombraron a don Pedro y fue expulsada de Portugal. Se refugió en Castilla, donde murió.

LEONOR de Austria. Reina de Portugal y después de Francia (Lovaina, 1498-Talaveruela, Badajoz, 1568). Hermana de Carlos I, se casó en 1519 con el rey Manuel de Portugal y, muerto este en 1521, contrajo nuevo matrimonio con Francisco I de Francia. Viuda por segunda vez, en 1547, regresó a España, en donde pasó el resto de sus días.

LEONOR de Castilla. Reina de Aragón (m. en el monasterio de Las Huelgas, Burgos, 1276). Hija de Alfonso VIII, rey de Castilla y de Leonor de Inglaterra, se casó en Ágreda en 1221 con Jaime I de Aragón, que anuló el matrimonio en 1229 aduciendo razones de parentesco. El Concilio de Tarragona, o de Lérida, falló el divorcio, pero consideró legítimo heredero a su hijo Alfonso. Hasta su muerte vivió retirada al lado de su hermana, doña Berenguela, en el monasterio de Las Huelgas, de Burgos.

LEONOR de Castilla. Infanta castellana, condesa de Pontieu y de Montreuil, reina de Inglaterra (m. Harby, Nottinghamshire, 1290). Fue hija de Fernando III el Santo y bisnieta de Leonor de Inglaterra. Se casó en el año 1254 con Eduardo I de Inglaterra, de cuyo matrimonio nacieron el heredero, Eduardo II, y cuatro hijas más. Acompañó a su esposo a Palestina con motivo de la octava cruzada. Es recordada en Inglaterra por su carácter dulce y por la armoniosidad de su matrimonio, así como por la buena relación que tuvo con sus súbditos. Muchas cruces inglesas están puestas en su memoria, como The Charing Cross en Londres.

LEONOR de Castilla. Reina de Aragón (¿?, 1307-Castrojeriz, 1359). Fue hija de Fernando IV *el Emplazado* y de Constanza de Portugal. Se casó, en 1319, con el infante don Jaime de Aragón, quien, al terminar la ceremonia, se fugó para ingresar en la Orden de San Juan de Jerusalén. Se casó nuevamente, en 1329, con Alfonso IV *el Benigno* y, a la muerte de este, por defender sus derechos, provocó una guerra civil. Posteriormente se retiró a Castilla y favoreció la causa de Enrique de Trastámara. Pedro el Cruel la encerró en el castillo de Castrojeriz y mandó darle muerte.

LEONOR de Castilla o de Trastámara. Reina de Navarra (¿?, 1350-Olite, 1415). Hija de Enrique II de Trastámara, rey de Castilla. Se casó en 1375 con el heredero de Navarra, proclamado rey con el nombre de Carlos III *el Noble*, pero, pretextando enfermedad, Leonor se retiró a Castilla. En la corte castellana fue personaje importante en las intrigas de la minoridad de Enrique III, enfrentándose abiertamente al consejo de regencia. Cuando Enrique III llegó a la mayoría de edad, la devolvió a la corte navarra (1395), estableciendo entonces buenas relaciones con su marido. La reina fue coronada en 1403 y gobernó el reino en ausencia de su marido, manteniendo trato cordial con Enrique III de Castilla.

LEONOR de Guzmán. Dama castellana (¿?, 1310-Talavera de la Reina, 1351). Era la favorita de Alfonso XI *el Justiciero*, con quien compartió una larga e intensa pasión que sólo se vio interrumpida por la muerte del monarca. Al morir el rey, fue perseguida, encarcelada y muerta por orden de la reina María de Portugal, viuda de Alfonso XI. Uno de sus hijos reinó en Castilla con el nombre de Enrique II, siendo el origen de la dinastía Trastámara.

LEONOR de Inglaterra o Plantagenet. Reina de Castilla (Domfront, 1156-¿?, 1214). Fue hija de Enrique II de Inglaterra y de Leonor de Aquitania. Se casó con Alfonso VIII de Castilla en 1170, con quien tuvo los siguientes hijos: Berenguela, Fernando, Enrique I de Castilla, doña Urraca, reina de Portugal, Constanza, Sancho, Blanca de Castilla y Leonor de Castilla. Bajo su patrocinio se edificó el célebre monasterio de Las Huelgas, de Burgos. La influencia sobre su marido hizo que este casara a su hija Berenguela con Alfonso IX de León, procurando la posterior unión de Castilla y León en el hijo de ambos el rey Fernando III. Intervino a favor de que se hiciera efectivo el dominio sobre el ducado de Gascuña (1203), que constituía su dote y que no había sido entregada por su padre. Su corte, siguiendo el ejemplo de su madre, se llenó de trovadores, poetas y músicos.

LEONOR de Portugal. Reina de Aragón (¿?, 1328-Jérica, Castellón, 1348). Fue hija del rey Alfonso IV el Bravo, rey de Portugal, y de Beatriz de Castilla. Fue la segunda esposa de Pedro IV *el Ceremonioso*, con quien se casó en Barcelona en 1347.

LEONOR de Portugal. Emperatriz de Alemania (Torres Novas, 1434-¿?, 1467). Fue hija del rey Duarte de Portugal y de Leonor de Aragón y se casó en 1452 con Federico III, duque de Austria y después emperador de Alemania. Fue madre de Maximiliano I.

LEONOR de Provenza, santa. Reina de Inglaterra (¿?, 1223-Amesbury, 1291). Hija del conde Ramón Berenguer IV de Provenza y de Beatriz de Saboya, se casó en 1236 con Enrique III de Inglaterra. Ejerció considerable influencia en la política del país. Huyó a Francia tras la derrota y prisión del rey en Lewes (1264) frente al partido de los Barones. Desde allí negoció con el rey de Francia su apoyo a la causa de su marido. Concertó el Tratado de París (1259) y regresó a Inglaterra en 1265. A la muerte de su marido se retiró al monasterio de Amesbury, en 1286. Se la considera autora de poesías de estilo heroico provenzal. Aunque no ha sido canonizada ni tiene culto oficial, se celebra su fiesta el 1 de febrero.

LEONOR Téllez de Meneses. Reina de Portugal (Trás-os-Montes, ¿?-Tordesillas, 1405). Anulado su primer matrimonio con João Lourenço da Cunha, se casó en 1372 con Fernando I, que la había raptado. Ya reina, hizo matar a los dos hijos de Inés de Castro y provocó la guerra entre Castilla y Portugal, terminando las hostilidades con el matrimonio de Juan I de Castilla con su hija Beatriz. Regente después de la muerte del rey, intentó dar el trono a su hija, pero la nobleza portuguesa le enfrentó a Juan de Aviz, hermano natural de Fernando I. Ella llamó a su yerno Juan I de Castilla, iniciándose otra vez la guerra, que acabó con la derrota de los castellanos en Aljubarrota (1385). Tras la paz, fue encerrada por su yerno en un monasterio de Tordesillas, donde murió.

LEONTION. Filósofa ateniense (s. III a. C.). Fue discípula predilecta de Epicuro y esposa de su amigo Metrodoro. Abrió una escuela filosófica y escribió un tratado para refutar las ideas planteadas por Teofrasto.

LEPAUTE, Nicole Reine. Relojera y astrónoma francesa (Mogues, 1723-Saint-Cloud, 1788). Junto con su hermano, Jean André, inventó el péndulo de precisión completa, adoptado por todos los observatorios astronómicos de Europa. Publicó, juntamente con él, una *Historia de la relojería* y *Suplemento al tratado de la relojería*, en el cual colaboró el astrónomo Lalande. También realizó unos cálculos bastante exactos del movimiento de la Tierra.

LEPRINCE DE BEAUMONT, Jeanne-Marie. Escritora francesa (Rouen, 1711-Annecy, 1780). Después de separarse de su marido (1743), se marchó a Inglaterra, donde trabajó de institutriz. Allí escribió su primera obra, *El triunfo de la verdad*, dándose a conocer y siendo contratada por un periódico londinense para escribir cuentos para jóvenes. Estos fueron reunidos en las obras tituladas *Magacín de los niños* (4 vols., 1760) —uno de los cuales es *La bella y la bestia*—, *Magacín de los adolescentes* (4 vols., 1760) y *Magacín de los pobres* (2 vols., 1768). De vuelta a Francia, fijó su residencia cerca de Annecy y siguió escribiendo, contando a su muerte con 62 obras publicadas.

LERMONTOVA, Iekaterina Vladimirovna. Paleontóloga rusa (San Petersburgo, 1889-Leningrado, 1942). Realizó estudios en la Facultad de Ciencias Naturales de su ciudad natal. Tras una primera dedicación al estudio de los invertebrados, acabó dedicándose, con notable éxito, a la paleontología. Estudió sobre todo los residuos del período Cámbrico en Siberia, gracias a lo cual pudo elaborar su importante obra *Atlas de fósiles cambrienses* (1940).

LESSING, Doris. Escritora británica de origen iraní (Kermansah, Irán, 1919). Tras realizar estudios en Zimbabwe, entonces Rhodesia, vivió varios años en Sudáfrica, y, desde 1949, está radicada en Londres. Defensora de los derechos humanos, en particular, los de la comunidad negra, la obra de Lessing se ha centrado fundamentalmente en el examen de la problemática sociopolítica africana, en la crítica de la vida tradicional británica y en la reflexión sobre la subjetividad femenina. Su escritura se ha movido entre los márgenes del realismo social y la ciencia-ficción: *El cuaderno dorado* (1962), *Cuentos africanos* (1964), la serie *Canopus en Argos* (1979-1982), *Si la vejez pudiera* (1984), publicado bajo el seudónimo de Janet Sommers, *La buena terrorista* (1985) y *El viento se lleva nuestras palabras* (1987), crónica basada en los campos de refugiados paquistaníes en Afganistán. En 1983 visitó España por primera vez, ya que se había negado a visitar este país mientras gobernase el general Franco. Otras obras suyas son: el libro de relatos *London Observed* (1992) y *African Laughter: Four Visits to Zimbabwe* (1992).

LEVI-MONTALCINI, Rita. Neurobióloga de doble nacionalidad, estadounidense e italiana (Turín, 1909). Doctora en Medicina, en 1947 se trasladó a la Universidad de Washington para investigar, con el bioquímico Victor

Hamburger, los factores de crecimiento del tejido nervioso. Fundó, en Roma, un centro de investigación neurológica en 1960, conocido con el nombre de Laboratorio Celular. En 1986 fue galardonada, junto con el bioquímico S. Cohen, con el premio Nobel de Medicina. Sus hallazgos han sido fundamentales para la comprensión de los mecanismos de control que regulan el crecimiento de células y tejidos, permitiendo, a su vez, un mayor entendimiento de las causas de ciertos procesos patógenos como los defectos hereditarios, mutaciones degenerativas, etc. Levi-Montalcini es la cuarta mujer en obtener el premio Nobel de Medicina. En 1988 publicó su autobiografía, titulada *Elogio de la imperfección*. En 1990 recibió la medalla de oro del Consejo Superior de Investigaciones Científicas de España.

LEWIS, Edmonia. Escultora estadounidense (1845-1890). Era hija de un esclavo negro africano y de una india y quedó huérfana a los 12 años, siendo adoptada por una familia abolicionista. Estudió escultura en Ohio gracias a una beca; más tarde marchó a Roma para seguir su formación y allí se relacionó con un grupo de mujeres escultoras a las que preocupaba el tema femenino. Lewis se decantó por esculturas de mujeres en actitudes heroicas. Fue la primera mujer negra que consiguió ser reconocida como escultora.

LI CHIN-CHAO o **LI QINGZHAO.** Poeta china (Jinan, ss. XI-XII). Considerada una de las mejores poetas chinas de todos los tiempos, Li Chin-Chao escribió desde muy joven, llegando a componer más de seis volúmenes de versos, enmarcados en el género del *ci*, poemas musicales, de los que sólo han sobrevivido 30, y algunos ensayos críticos sobre escritores coetáneos. En su obra se refleja una gran tristeza, en parte motivada por la separación de su marido y luego por la muerte de este.

LIDA de Malkiel, María Rosa. Filóloga argentina (Buenos Aires, 1910-Berkeley, EE. UU., 1962). Destacó por su gran labor como crítica literaria. Se formó en el Instituto de Filología de Buenos Aires. Sus estudios están orientados hacia el prerrenacimiento castellano. Desde 1947 desarrolló casi toda su actividad en distintas universidades estadounidenses. Publicó estudios fundamentales en la investigación sobre la literatura española, como *La originalidad artística de «La Celestina»*, *Dos obras maestras españolas: «El Libro de Buen Amor» y «La Celestina»*, *Estudios de literatura española*, etc. También editó diversas obras clásicas.

LIDDELL, Alice. Dama británica (1852-¿?). Era hija de un pastor anglicano y siendo niña iba, junto con sus hermanas, a que un vecino suyo, el joven matemático Charles L. Dodgson, les contara cuentos. El 4 de julio de 1862 Alice le rogó que escribiera la historia que acababa de relatarles. Esta se publicó como *Alicia en el país de las maravillas*, bajo el seudónimo de Lewis Carroll. Su éxito fue fulminante.

LISIEUX, Teresa de. V. **TERESA del Niño Jesús** o **de Lisieux, santa.**

LISPECTOR, Clarice. Escritora brasileña de origen ucraniano (Chechélnik, 1925-Río de Janeiro, 1978). Se dio a conocer con su novela *Cerca del corazón salvaje* (1944), adscrita a la corriente existencialista y con claras influencias de V. Woolf y J. Joyce. Su continua experimentación con los modos del discurso narrativo convirtieron a Lispector en una de las renovadoras del panorama literario brasileño. Entre sus obras destacan, además, las novelas *La pasión según G. H.* (1964), *Agua viva* (1973) y *Un soplo de vida* (1978), y su libro de relatos *Lazos de familia* (1960), centrado en el mundo interior de los personajes femeninos.

LIVIA DRUSILA Augusta. Emperatriz romana (55 a. C.-31 d. C.). Nacida en la gens Claudia, fue adoptada por la gens Julia. Se casó en primeras nupcias con Tiberio Claudio Nerón, de quien tuvo al general Druso y al futuro emperador Tiberio. Cuando Livia volvió a Roma, Octavio se enamoró de ella y la obligó a divorciarse y a casarse con él (38 a. C.). Livia soportó las infidelidades de Augusto, pero ejerció una gran influencia sobre él, interviniendo, en segundo plano, pero muy activamente, en asuntos de estado. Fue acusada de haber utilizado todos los medios, incluso el asesinato, para lograr el poder para Tiberio. Durante el imperio de su hijo fue separada del gobierno, pero mantuvo el título de Julia Augusta y fue divinizada a su muerte.

LIVILA. Princesa romana (s. I). Hija de Druso, el hermano de Tiberio, y esposa del hijo de Tiberio, llamado también Druso, pero apodado Cástor, estuvo implicada, junto con Seyano, prefecto de la guardia y privado del emperador, en el asesinato de su marido, con el fin, por parte de Seyano, de usurpar el poder. Fue delatada por su madre, Antonia la Menor, y su tío, el futuro emperador Claudio. Antonia la dejó morir de hambre.

LLOPART, Mercedes. Soprano española (Barcelona, 1895-Milán, 1970). De una calidad vocal extraordinaria, cantó, dirigida por Toscanini, en la Scala de Milán. Posteriormente frecuentó todos los escenarios europeos, cosechando grandes éxitos con un amplísimo repertorio. Retirada de la escena, fue profesora en la Escuela Superior de Canto de Madrid, dando origen a una de las escuelas operísticas españolas.

LLORCA VILLAPLANA, Carmen. Historiadora española (Alicante, 1921). Doctora en Historia, fue la primera mujer en llegar a presidir el Ateneo de Madrid. Por su obra histórica ha sido condecorada con la Orden de las Artes y las Letras de Francia y la de Alfonso X el Sabio. Entre sus ensayos figuran: *¿Europa en la decadencia?* (1949), *La mujer en la historia* (1976), *Las mujeres de los dictadores* (1978) y *Del aperturismo al cambio: Mi testimonio* (1986). Ha intervenido en política en partidos conservadores.

LOCUSTA. Dama romana (m. 68). Fueron famosas sus actividades en la corte imperial julio-claudia, como colaboradora de excepción de la emperatriz Agripina. Se le atribuye el envenenamiento de Claudio, y después el de Británico, por orden de Nerón. Fue condenada a muerte y ejecutada en el reinado de Galba.

LOLLOBRIGIDA, Gina (Luigina Lollobrigida, llamada). Actriz de cine y fotógrafa italiana, conocida al principio de su vida artística por Diana Loris (Subiaco, 1927). Ha desarrollado una importante carrera en el cine italiano y estadounidense, gracias a su belleza más que a sus condiciones de actriz. Entre sus interpretaciones pueden destacarse las de *Fanfán el Invencible* (Jaque, 1951), *Mujeres soñadas* (Clair, 1952), *Pan, amor y fantasía* (Comencini, 1953), *La ley* (Dassin, 1958), *Cerveza para todos* (Tashlin, 1967), *El salto del tigre* (Skolimowski, 1972), *Las cien y una noches* (Varda, 1995), etc. Prácticamente retirada de la interpretación, salvo algunas intervenciones estelares, se ha dedicado en los últimos años a labores de fotógrafa profesional.

Carole Lombard

LOMBARD, Carole (Jane Alice Peters, llamada). Actriz de cine estadounidense (Fort Wayne, Indiana, 1908-Las Vegas, 1942). Tras un trabajo de excelente secundaria, ascendió al estrellato con su interpretación en *La comedia de la vida* (Hawks, 1934), convirtiéndose en uno de los ídolos favoritos del público. Otras películas suyas son: *El lazo sagrado* (Cromwell, 1939) y *Ser o no ser* (Lubitsch, 1942), su última película. Murió en accidente de aviación.

LONZI, Carla. Crítica de arte y feminista italiana (Florencia, 1931-Milán, 1982). Licenciada en Historia del Arte y autora de *La soledad del crítico* (1963) y *Autoretrato* (1969), en 1970 abandonó la profesión de crítica de arte para dedicarse de lleno al movimiento feminista, trabajando con el grupo «Rivolta Femminile». Escribió *Escupamos sobre Hegel*, *La donna clitoridea e la donna vaginale*, *Taci, anzi parla* (1978), *Diario di una femminista* y *Vai pure, dialogo con Pietro Consagra* (1980).

LOOS, Anita. Escritora estadounidense (Sisson, California, 1893-Nueva York, 1981). Autora de numerosas piezas teatrales y guiones cinematográficos, se dio a conocer sobre todo con su obra de tono satírico *Los caballeros las prefieren rubias* (1925), que se escenificó exitosamente como comedia musical en 1949, y que posteriormente el realizador H. Hawks inmortalizó en un filme protagonizado por Marilyn Monroe. A manera de continuación, escribió, en 1928, *Pero se casan con las morenas,* que también fue adaptada al cine. Sus memorias, *Adiós a Hollywood con un beso,* son una nostálgica y divertida evocación del mundo cinematográfico.

LOOTZ, Eva. Artista austriaca (Viena, 1940). Cursó estudios de filosofía, bellas artes, musicología y cinematografía. Posteriormente se radicó en España, donde comenzó a exponer con regularidad a partir de 1973. Destaca principalmente por su labor escultórica y por la utilización de materiales como el mercurio, el carbón, la arena, entre otros. Entre sus instalaciones figuran *Arenas* (1986), *Noche, decían* (1987) y *Arriba y abajo* (1989).

LÓPEZ, Charo (María del Rosario López Piñuelas, llamada). Actriz española (Salamanca, 1943). Tras cursar estudios de filosofía y letras y cinematografía, rueda su primera película, *Ditirambo,* con Gonzalo Suárez en 1967, e interviene después en *La Regenta* (Suárez, 1974), *La colmena* (1982), *Epílogo* (Suárez, 1984), *Crimen en familia* (San Miguel, 1985), *Los paraísos perdidos* (Martín Patino, 1985), *La vieja música* (Camus, 1985), *Lo más natural* (Molina, 1991), *Don Juan en los infiernos* (Suárez, 1992), y las series de televisión *Los gozos y las sombras* y *Los pazos de Ulloa,* de Moreno Alba. En teatro ha interpretado: *El condenado por desconfiado, La marquesa Rosalinda* (ambas en 1968), *Los japoneses no esperan* y *Hay que deshacer la casa.*

LÓPEZ, Pilar. Bailarina y coreógrafa española (San Sebastián, 1912). Comenzó bailando con su hermana Encarna, más conocida como *La Argentinita,* quien marcó la línea artística que posteriormente seguiría. Pilar, que viajó por Europa y América, está considerada una de las protagonistas del baile español y la primera en unir las palabras ballet y español. En su compañía, el Ballet Español de Pilar López, se formaron destacados artistas, entre ellos, José Greco, Manolo Vargas, Rafael Ortega, Elvira Real, Dorita Ruiz, Alicia Díaz y Antonio Gades. Entre sus coreografías sobresalen: *El sombrero de tres picos* (1948), *El amor brujo* y *El concierto de Aranjuez.* En 1956 recibió el lazo de Isabel la Católica, y en 1981, la medalla de oro en Bellas Artes.

LÓPEZ DE CÓRDOBA, Leonor. Noble española (Calatayud, h. 1362-¿?, h. 1412). Descendiente del rey Fernando III, sufrió de manera extraordinaria el cambio dinástico en tiempos de Pedro I, a cuyo bando pertenecían tanto su familia como su marido. Al ser derrotado y muerto el rey, todos sufrieron prisión. Pero durante la regencia de Catalina de Lancaster, de la que fue favorita, volvió a recuperar su lugar en la corte castellana. Su aportación fundamental son sus *Memorias* (terminadas en 1402), que constituyen un acta notarial con fines jurídicos, dictado por ella, con el que pretende la restitución de su fama y patrimonio. Aun así, destaca por la fuerza de la narración y su estilo preciosista, tratándose del primer ejercicio autobiográfico en lengua española.

LORDE, Audrey. Escritora afroamericana (Nueva York, 1934-íd., 1993). De ascendencia caribeña, sus primeros textos aparecieron publicados en revistas literarias y en antologías de literatura afroamericana. Entre sus títulos destacan: *From a Land Where Other People Live* (1973), *The Black Unicorn* (1978), su novela autobiográfica *Zami* (1986) y su colección de ensayos *A Burst of Light* (1988), centrados en la relación existente entre poesía, política y erotismo.

LOREN, Sophia (Sofia Scicolone, llamada). Actriz italiana (Roma, 1934). Entró en el cine gracias a un concurso de belleza (1949), pero fue catapultada a la fama por el productor Carlo Ponti, con el que se casó. Entre sus películas destacan: *El oro de Nápoles* (De Sica, 1954), *Pan, amor y...* (Risi, 1955), *Dos mujeres* (De Sica, 1960), por la que consiguió el Oscar de ese año; *La condesa de Hong-Kong* (Chaplin, 1966), *El viaje* (De Sica, 1973), *Una jornada particular* (Scola, 1977), *Prêt-à-Porter* (Altman, 1994) y *Discordias a la carta* (Deutch, 1995). Últimamente está bastante alejada del cine, aunque realiza algunos papeles para cine y televisión muy seleccionados y de gran contenido dramático. En 1979 publicó sus memorias bajo el título *Sofía, vivir y amar.*

LORENGAR, Pilar (Pilar Lorenza y García, llamada). Soprano española (Zaragoza, 1928-Berlín, 1996). En 1951 hizo su presentación con *El canastillo de fresas,* que le valió la concesión del premio Ofelia Nieto para intérpretes líricos. Representó *El retablo de Navidad* (1952) y *El giravolt de Maig* (1953). El Círculo de Bellas Artes le ha concedido la medalla de oro. En 1955 alcanzó un gran éxito en Londres con *La Traviata,* y en 1957 obtuvo el premio Enriqueta Cohen por sus actuaciones en los festivales de Glyndebourne, Inglaterra. Desde 1961 actuó como primera figura en la Ópera de Berlín, habiéndose especializado su repertorio en las partituras de mayor dificultad, tanto de Wagner como de Verdi, en cuyo *Réquiem* hace una interpretación inigualable. En 1965 le fue concedido el lazo de Dama de Isabel la Católica, y en 1991, el premio Príncipe de Asturias de las Artes.

LOY, Myrna (Myrna Adele Williams, llamada). Actriz de cine y política estadounidense (Raiderburg, Montana, 1905-Nueva York, 1993). Debutó en el cine de la mano de Cecil B. de Mille, que le da un pequeño papel en su primera versión de *Los diez mandamientos* (1923). Tras intervenir en numerosas películas como secundaria, entra en su época dorada, durante la década de los treinta, con películas como: *Topaze* (D'Arrast, 1933), *Mademoiselle Doctor* (Wood, 1934), *El gran Ziegfeld* (Leonard, 1936), *Los mejores años de nuestra vida* (Wyler, 1946), *Los Blandings ya tienen casa* (Potter, 1948) y *Un grito en la niebla* (Miller, 1960). En los años cincuenta se retiró del cine, salvo alguna colaboración aislada. A partir de 1949 fue representante de EE. UU. en la Unesco.

LOYNAZ, Dulce María. Poeta cubana (La Habana, 1903-íd., 1997). Su obra poética, enmarcada en la corriente posmodernista, se significó por un profundo carácter introspectivo mediante el cual intentaba dar expresión al sujeto femenino, y por la creación de un mundo simbólico altamente sugerente: *Versos 1920-1938* (1938), *Poemas sin nombre* (1953), considerada su obra cumbre, y *La novia de Lázaro* (1991). Era directora emérita y vitalicia de la Academia Cubana de la Lengua. En 1986 le fue otorgado, en Cuba, el premio Nacional de Literatura, y en 1993 recibió, en España, el premio Miguel de Cervantes.

LOZANO CASTRO, María. Pedagoga y filóloga española (Lanjarón, Granada, 1924). Estudió magisterio en Valencia, comenzando su labor profesional en la localidad levantina de Chirivella, y posteriormente realizó los estudios de pedagogía y filología española en la Universidad Complutense (Madrid). Fue directora de la Escuela Normal de Teruel (1968-1972) y concejala de este ayuntamiento. Trasladada a Madrid, fue catedrática de Lengua y Literatura Españolas en la Escuela Normal María Díaz Jiménez, de la Universidad Complutense. Se le concedió la medalla de plata de dicha universidad.

LUCÍA, santa. Virgen y mártir cristiana (281-304). Según la tradición y las actas del martirio, pertenecía a una familia pagana y abrazó el cristianismo a espaldas de sus padres. Denunciada a Pascasio, gobernador de Siracusa, este la hizo degollar. Se la considera abogada de la vista.

LUCY. Nombre dado a los restos del primer prehomínido descubierto (3.000.000 a. C., aproximadamente). Los restos de Lucy, una hembra de *Australopithecus afarensis,* fueron descubiertos en 1974 en la garganta de Afar (Etiopía) por una expedición arqueológica francoamericana dirigida por Coppens, Johanson y Taieb. Se trata de unas 50 piezas de un esqueleto; parece que tenía 20 años de edad y medía 1,20 m, piernas cortas, estando aún sin erguir.

LUISA de Mecklemburgo-Strelitz. Reina de Prusia (Hannover, 1776-Hohenzieritz, 1810). Esposa del rey Federico Guillermo III. Sus brillantes cualidades y su patriotismo la convirtieron en una de las mujeres más populares de su tiempo.

LUISA de Saboya. Reina y regente de Francia (Pont-d'Ain, 1476-Grez-sur-Loing, 1531). Fue madre del rey Francisco I. Cuando su hijo partió para Italia, en 1515, ella desempeñó la regencia, gobernando con celo e inteligencia. Al regreso de la expedición, se retiró por completo de los asuntos del reino, aunque conservando gran influencia sobre el soberano.

LUISA CARLOTA de Borbón. Infanta de España (Portici, 1804-Madrid, 1844). Era hermana de María Cristina de Nápoles, cuarta esposa de Fernando VII, y se casó con el infante Francisco de Paula, hermano del rey. Influyó en las decisiones testamentarias del monarca y fue ella la que abofeteó al ministro absolutista Calomarde («manos blancas no ofenden»), en una divulgada anécdota de dudosa autenticidad. De ideas progresistas, como su marido, participó activamente en la formación de algunos gabinetes. Entre sus numerosos hijos hay que destacar a Francisco de Asís, primo hermano y futuro esposo de Isabel II.

LUISA FRANCISCA de Guzmán. Reina y regente de Portugal (Sanlúcar de Barrameda, 1613-Xabregas, 1666). Hija del duque de Medina-Sidonia, se casó en 1633 con el duque de Braganza, más tarde rey de Portugal con el nombre de Juan IV. Muerto su esposo, ejerció la regencia durante la minoridad de su hijo, retirándose después a un convento.

LUISA ISABEL de Orleans. Reina de España (Versalles, 1709-París, 1742). Se casó con Luis I, hijo de Felipe V, en 1721, quien, por sus ligerezas, mandó encerrarla en una cámara de palacio.

LUISA MARÍA de Gonzaga. Reina de Polonia (París, 1612-Varsovia, 1667). De brillantes cualidades, se casó en 1645 con el rey de Polonia Ladislao IV, y luego con el hermano de este, su sucesor Juan Casimiro. Murió sin dejar hijos.

LUISA ULRICA. Reina de Suecia (Berlín, 1720-Svartejo, 1782). Esposa de Adolfo Federico. Atractiva y ambiciosa, Luisa Ulrica dominó a su débil esposo y llevó una existencia brillante, ocupada en arte y en literatura. A la muerte de su esposo fue arrojada de la corte y terminó sus días en el retiro.

LUPE, La (Yolanda Guadalupe Victoria Raimon, llamada). Cantante cubana (Santiago de Cuba, 1936-Nueva York, 1992). Considerada la «reina del *latin sound*» y una de las cantantes más carismáticas de América Latina, La Lupe debutó en La Habana en 1959 y adquirió fama en el programa televisivo «Álbum musical», presentado por Olga Guillot. Tras el éxito obtenido, en Nueva York, con su canción *Qué te pedí* (1965), acompañada de la orquesta de Tito Puente, se consagró como una de las mejores voces latinoamericanas. Se la recuerda como la intérprete de *La vida es puro teatro* y *Cada cual en este mundo cuenta el cuento a su manera*.

LUPINO, Ida. Directora y actriz de cine británica (Londres, 1918-Los Ángeles, 1995). Pertenecía a una familia de actores. En 1930 ingresó en la Royal Academy of Dramatic Art de Londres; dos años después debutó como actriz cinematográfica, y en 1934, contratada por la Paramount, se trasladó a Hollywood, donde actuó en filmes como *Sueño de amor eterno* (Hathaway, 1935). Posteriormente, ya con la Warner, protagonizó: *Pasión ciega* (Walsh, 1940), *El último refugio* (Walsh, 1941), *El lobo de mar* (Curtiz, 1941), *La casa de las sombras* (Ray, 1952), *Mientras Nueva York duerme* (Lang, 1956), *Junior Bonner* (Peckinpah, 1972) y *El aliento de los dioses* (Gordon, 1976). En 1948 se casa y funda, con su marido, la productora Filmakers, iniciando su carrera como productora y directora de cine con la película *Not Wanted* (1949). Lupino, realizadora de un gran número de películas de temática feminista, está considerada la única mujer directora de los años cincuenta en Hollywood. Sus películas no obtuvieron gran éxito comercial, por lo que tuvo que cerrar su productora y dedicarse a la televisión. Además, fue cantante y compositora.

LUTYENS, Elisabeth. Compositora británica (Londres, 1906-íd., 1983). Estudió viola y composición en el Royal College of Music londinense y se perfeccionó, en París, con Caussade. Desde 1936 adoptó el sistema dodecafónico, realizando una importante producción de música vocal e instrumental, en la que destacan *Concierto de cámara n.º 1* (1936), *Tres preludios sinfónicos* (1942, de inspiración neorromántica), *Catena* (1960, cantata), *The valley of Hatsuse* (1965, sobre poemas japoneses), *The pit* (1947, ópera) e *Isis and Osiris* (1970, ópera).

LUXEMBURGO, Rosa. Revolucionaria alemana de origen polaco (Zamosc, 1870-Berlín, 1919). Estudió economía y leyes en Zurich, y fue, junto con K. Liebknecht y C. Zetkin, periodista y fundadora del *Sprawa Robotnicza* y del movimiento revolucionario espartaquista, que tenía como meta principal la lucha contra la guerra imperialista. Tras colaborar en la revolución de 1905, en Varsovia, dedicó el resto de su vida a la defensa de una participación democrática de las masas en la actividad revolucionaria, optando por un socialismo internacional pacifista opuesto a la orientación chauvinista de la Internacional Socialista. Fue una de las fundadoras del Partido Comunista alemán (1918); contribuyó, además, a la reformulación de las teorías económicas de la época y, tras ser asesinada por la policía en 1919, se convirtió en una de las figuras emblemáticas del siglo XX. Entre sus libros destacan: *¿Reforma social o revolución?* (1899), *La acumulación del capital* (1913), análisis del capitalismo en su fase imperialista, y *La revolución rusa* (1922) e *Introducción a la economía política* (1925), póstumos.

LYNCH, Marta. Escritora argentina (Buenos Aires, 1930-íd., 1985). Se dio a conocer con la novela *La alfombra roja* (1962), centrada en el período peronista y en la que introduce la problemática sociopolítica que caracterizará toda su obra. Es autora, entre otros títulos, de *La señora Ordóñez* (1968), *Un árbol lleno de manzanas* (1976) y *No te duermas, no me dejes* (1985).

LYON, Emma. V. HAMILTON, lady.

LYRA, Carmen. Seudónimo de la escritora costarricense María Isabel Carvajal (San José de Costa Rica, 1888-México, 1949). Perteneció a la cúpula intelectual del Partido Comunista y, tras la revolución de 1948, se exilió en México. Lyra, formada en la corriente modernista, ganó fama nacional con una obra de marcado carácter realista y popular, de la que destacan títulos como *Las fantasías de Juan Silvestre* (1916) y *Cuentos de mi tía Panchita* (1920).

M

MACBETH, lady Grouch. Reina de Escocia (s. XI). Hija menor de Kenneth III, se casó con Macbeth, conde de Moray. Mujer ambiciosa, pretendió el trono escocés para su esposo. Después de ganarse el favor popular, hizo que su marido asesinara a Duncan I, rey legítimo, y se proclamara rey en 1040. Su reinado duró diez años, en los cuales dio rienda libre a sus instintos sanguinarios. Entre sus víctimas se halla su propio compañero Radcliff, que le había ayudado a asesinar a Duncan. La historia de lady Macbeth inspiró a Shakespeare su célebre tragedia *Macbeth*.

MACBRIDE, Maud. Política irlandesa (Aldershot, 1866-Dublín, 1953). Aunque inició su carrera de actriz, la abandonó tras la ejecución de su marido por los ingleses como consecuencia del levantamiento de 1916. Se dedicó a la causa de la independencia de Irlanda para lo que dio multitud de conferencias, en las que utilizaba sus dotes de actriz para lograr un mayor énfasis en su causa. Fue una de las fundadoras del Sinn Fein, movimiento nacionalista que logró triunfar en las elecciones de 1918 y propició la independencia de la mayoría de la tierra irlandesa (1919-1921) y la proclamación de la República de Irlanda en 1937.

MACCIOCCHI, Maria Antonietta. Política y escritora italiana (Roma, 1924). Considerada una de las personalidades más relevantes del mundo político y cultural europeo, Macciocchi tomó parte en la Resistencia italiana. Estuvo afiliada al partido comunista hasta 1972, en que fue expulsada; dirigió importantes publicaciones políticas como *Noi Donne* y *Vie Nuove*. Fue diputada del primer Parlamento europeo, en el que realizó una valiosa labor sobre la condición de las mujeres europeas, y en 1986 fue designada por el Gobierno de su país representante en la Fundación Europea. Es autora, además, de *Por Gramsci* (1974), *Las mujeres y los patronos* (1979), *Dos mil años de felicidad* (1984) y *La mujer de la maleta* (1987).

MACDONALD, Jeanette. Cantante y actriz estadounidense (Filadelfia, 1907-Houston, 1965). Intervino en numerosas operetas en Brodway, pero sus mayores éxitos los obtuvo interpretando películas musicales como *La viuda alegre* (Lubitsch, 1934) y, sobre todo, *Rose Mary* (Van Dyke, 1936), con su marido Nelson Eddy.

MACLAINE, Shirley. (Shirley Beatty, llamada). Actriz estadounidense (Richmond, 1934). Se dio a conocer en el teatro con las obras *Me and Juliet* (1953) y *Pijama Game* (1954), y, en el cine, ha participado en numerosos filmes de éxito que han logrado consagrarla como una de las actrices más renombradas de las últimas décadas: *¿Pero... quién mató a Harry?* (Hitchcock, 1955), *La vuelta al mundo en 80 días* (Anderson, 1956), *Como un torrente* (Minnelli, 1959), *El apartamento* (Wilder, 1960), *Cualquier día en cualquier esquina* (Wise, 1962), *Irma la Dulce* (Wilder, 1963), *El Rolls-Royce amarillo* (Asquith, 1964), *Ladrona por amor* (Neame, 1966), *Los pecados de la señora Blossom* (McGrath, 1969), *Noches en la ciudad* (Fosse, 1969), *Paso decisivo* (Ross, 1977), *La fuerza del cariño* (Brooks, 1983), con la que obtuvo el Oscar a la mejor actriz, *Magnolias de acero* (Ross, 1989), *Postales desde el filo* (Nichols, 1990), *Romance otoñal* (Kidron, 1992) y *Tess y su guardaespaldas* (Wilson, 1994). Formó pareja artística con el actor Jack Lemmon, con el que interpretó varios de sus mejores filmes.

MACY, Anne Sullivan. Pedagoga estadounidense (Feeding Hills, Massachusetts, 1866-Forest Hills, 1936). Macy, ciega en su juventud, logró recuperar la visión tras una serie de operaciones. Profesora del Perkins Institute de Boston, en 1887 conoció a H. A. Keller, joven ciega y sordomuda, a quien enseñó a leer y escribir a través de diversos métodos.

MADONNA (Louise Veronica Ciccone, llamada). Cantante estadounidense (Detroit, 1958). Madonna, considerada uno de los mitos musicales de los años ochenta y una de las mayores *sex symbol* que ha tenido el mundo del *rock* estadounidense, ha sabido conjugar magistralmente sus dotes físicas y su visión contestataria y escandalosa con una programación inteligente, construyendo una de las más potentes imágenes contemporáneas. En 1984 se consagró en el mundo del espectáculo con el disco *Like a Virgin,* del que vendió nueve millones de copias en un año, y posteriormente *Who's That Girl* (1987), *Like a Prayer* (1989) y *Erótica* (1992), que se comercializó junto al libro de fotografías *Sex,* la convirtieron en una de las figuras más controvertidas y admiradas internacionalmente. Ha participado, además, en varios filmes, entre ellos: *Buscando a Susan desesperadamente* (Seidelman, 1985), *Dick Tracy* (Beatty, 1990) y *Evita* (Parker, 1996).

MAEZTU Y WHITNEY, María. Pedagoga española (Vitoria, 1882-Mar del Plata, Argentina, 1948). Fue maestra de escuela y profesora de la Escuela Normal. Fundó la primera residencia de estudiantes para señoritas (1915) y el Lyceum Club, exclusivamente para mujeres. Dirigió, a partir de 1918, el Instituto Escuela y fue profesora en la Facultad de Filosofía y Letras de la Universidad de Madrid. Al estallar la guerra civil se exilió en Argentina, donde impartió didáctica de la educación en la Universidad de Buenos Aires y fue agregada cultural en la Embajada de España. Como publicista y conferenciante sobre temas educativos, gozó de gran prestigio nacional e internacional. Entre sus obras figuran: *El problema de la ética y la enseñanza de la moral, El trabajo de la mujer. Nuevas perspectivas* (1933) y *Antología del siglo XX, prosistas españoles, semblanzas y comentarios* (1943).

MAGNANI, Anna. Actriz cinematográfica italiana de origen egipcio (Alejandría, 1908-Roma, 1973). Estudió en la academia de Silvio d'Amico, con el que comenzó su carrera artística. Entre sus interpretaciones destacan las realizadas en: *Roma, ciudad abierta* (1945), de Rossellini, en la que se consagró como estrella internacional; *L'amore* (Rossellini, 1948), *Bellísima* (Visconti, 1951), *La carroza de oro* (Renoir, 1952), *La rosa tatuada* (Mann, 1955), premiada con el Oscar de Hollywood, *Viento salvaje* (Cukor, 1957), *Infierno en la ciudad* (Castellani, 1958), *Mamma Roma* (Pasolini, 1962), *El secreto de Santa Vittoria* (Kramer, 1969) y *Roma* (Fellini, 1972). Se la

Anna Magnani

consideró la encarnación del temperamento trágico en el cine italiano.

MAHLER, Alma Maria. Compositora y musicóloga austriaca cuyo nombre de soltera era Alma Maria Schindler (Viena, 1879-Nueva York, 1964). Estudió composición con J. Labor y fue la autora de dos cuadernos de canciones y de un libro basado en la vida de su primer marido, el compositor G. Mahler. Estudios recientes han demostrado que la brillante producción musical de este compositor se hizo posible, en su mayoría, gracias a la valiosa colaboración de A. Mahler. Posteriormente se casó con el arquitecto Walter Gropius y con el escritor Franz Werfel, y fue amante del artista de vanguardia Oskar Kokoschka. Pasó los últimos años de su vida en Nueva York, rodeada por algunos de los más importantes directores de orquesta e intérpretes de la época.

MAILLART, Ella. Viajera suiza (Ginebra, 1903). Durante los años treinta llevó a cabo numerosos viajes por Asia, considerados poco indicados para mujeres en aquella época. Fue muy buena deportista (practicó la vela y el esquí, por ejemplo), lo que favoreció este tipo de vida. Además escribió artículos para los periódicos, donde narraba sus aventuras, y varias novelas del mismo carácter, como *La vagabunda de los mares* (1991).

MAINTENON, madame de o **marquesa de** (Françoise d'Aubigné). Dama francesa (Niort, 1635-Saint-Cyr, 1719). Huérfana y sin recursos, a los 17 años contrajo matrimonio con el poeta Scarron, contertulio de su madre. Viuda ocho años más tarde y con una reputación sin mácula, se encargó de la educación de los hijos que madame de Montespan había tenido del rey Luis XIV. Bella y virtuosa, resistió las solicitudes del soberano, hasta que, muerta la reina, este se casó con ella secretamente. Ejerció gran influencia en el ánimo del rey y dio a la vida de la corte una inesperada austeridad.

MAJEROVÁ, Marie (Marie Bartosova, llamada). Novelista checa (Úvaly, 1882-Praga, 1967). La primera etapa narrativa de Majerová estuvo influida por los cánones del naturalismo francés (*Virginidad*, 1907), pero se dio a conocer, sobre todo, por sus novelas enmarcadas en el realismo social: *El más bello de los mundos* (1923) y *Sirena* (1935), en la que describe los ambientes mineros del Kladno de finales del siglo XIX. Ha sido, además, autora de numerosos relatos infantiles como *La pequeña Robinson* (1940), de novelas de temática femenina como *Hijas de mi patria* (1910) y de la obra autobiográfica *Páginas íntimas* (1966).

MAKÁROVA, Natalia Románovna. Bailarina estadounidense de origen soviético (Leningrado, 1940). Estudió en la escuela de danza del Kirov y posteriormente fue una de sus más célebres bailarinas. En 1970, durante una gira del Kirov, en Londres, se exilió en Occidente. Trabajó en el Royal Ballet y más tarde ingresó en el American Ballet Theatre, en EE. UU., convirtiéndose en una de sus principales protagonistas. La mejor intérprete de *Giselle* de los años setenta, creó, entre otras, *Epílogo* (1975). Ha bailado *El lago de los cisnes, Don Quijote, El pájaro de fuego, Onegin* y *Mephisto Valse*. En 1979 publicó *Dance Autobiography*, y en 1980 fundó su propia compañía.

MAKEBA, Miriam. Cantante sudafricana (Johannesburgo, 1932). Tras ofrecer varios conciertos en África central, en 1957 se trasladó a Nueva York, donde introdujo el patrimonio folclórico de la cultura zulú, convirtiéndose más adelante en una de las grandes cantantes de EE. UU. y en una de las figuras clave del panorama musical internacional, contando entre sus éxitos la canción *Pata, Pata*. Su vestuario de colores brillantes y sus canciones de ritmos africanos crean una atmósfera muy particular en sus actuaciones en vivo. Activa militante de la lucha *antiapartheid*, a Makeba se le prohibió la residencia en su país natal.

MAKEDA. V. **SABA, reina de.**

MAKIN, Bathsua. Educadora británica (s. XVII). Fue la primera mujer en introducir métodos personales en la enseñanza. Carlos I le encargó la educación de sus hijos, pero a Makin se la recuerda, sobre todo, por haber sido una de las primeras defensoras de la educación de la mujer británica y por haber fundado una escuela, en Tottenham High Cross, orientada hacia estos fines. Su labor ha sido comparada a la de Mary Wollstonecraft Godwin, Sarah Fielding y Hannah More. Escribió, además, la obra *Ensayo a favor de revivir la antigua educación de las mujeres* (1673), y fue la autora de numerosos poemas en griego, hebreo, francés y español.

MALASAÑA, Manuela. Heroína española (Madrid, 1791-íd., 1808). Bordadora de oficio, Manuela Malasaña luchó en la guerra de la Independencia escondiendo en su falda el repuesto de cartuchos para los que peleaban contra los franceses, entre los cuales estaba su propio padre. Murió en medio de uno de los combates al ser alcanzada por un disparo de los oponentes. Su figura ha pasado a ser el símbolo de la resistencia del pueblo madrileño contra la dominación napoleónica durante el levantamiento del 2 de mayo.

MALIBRÁN, La (María Felicidad García, llamada). Cantante española (París, 1808-Manchester, 1836). Era hija del tenor español Manuel del Popolo Vicente García y hermana de Paulina García Viardot y de Manuel Vicente García. Recorrió triunfalmente los principales teatros de Europa y se la considera la cantante más notable del siglo XIX, incluso la mejor de la historia. Era mezzosoprano, pero cantaba también de soprano; artista de gran espontaneidad, inspiración y expresividad poética, Alfred de Musset se inspiró en ella para algunos de sus poemas. Se casó con el banquero francés Malibrán, y contrajo segundas nupcias con el célebre violinista belga Bériot. Falleció a los 28 años a consecuencia de una caída de caballo.

La Malibrán

MALINCHE. India azteca, amante de Hernán Cortés, cuyo nombre en nahua era Malinal o Malintzin (Paynala, h. 1500-¿?, h. 1530). Hija de un cacique azteca, fue vendida como esclava a la muerte de su padre y regalada por el cacique de Tabasco a Hernán Cortés, a quien prestó grandes servicios como intérprete y como consejera. Convertida al cristianismo, tomó el nombre de Marina, y dio al conquistador español un hijo que se llamó Martín. Posteriormente se casó con el caballero Juan de Jaramillo, que la llevó a vivir a España.

MALLO, Maruja (Ana María González Mallo, llamada). Pintora española (Vivero, 1909-Madrid, 1994). En 1928 expuso por primera vez en Madrid en una muestra, organizada por Ortega y Gasset, en los salones de la Revista de Occidente. En 1932 viajó a París, pensionada por la Junta de Ampliación de Estudios, y desde 1934 se dedicó a la enseñanza en Arévalo y Madrid. El nuevo salón de los Amigos de las Artes Nuevas le dedicó la segunda (1936) de sus exposiciones; la primera fue a Picasso. Ha efectuado diversas muestras en Europa y América, y en 1949 se editaron, en Madrid, sus *Arquitecturas*, cuyos dibujos fueron prologados por J. Cassou. Su pintura ha estado sometida a importantes variaciones formales y conceptuales. A la naturaleza festiva y ornamental de sus primeras obras, *Verbenas, Espantajos, Basuras, Cardos, Fósiles* y *Campanarios*, sucedió una mayor severidad formal, donde las relaciones geométricas, tan vivas siempre en su pintura, están vinculadas a la corriente surrealista: *Arquitecturas minerales, Canto de las espigas, Retratos bidimensionales*.

MANDELA, Winnie. Política sudafricana (Bizana, Transkei, 1934). Considerada un símbolo de la lucha contra el *apartheid* en Sudáfrica, W. Mandela perteneció a la Liga de Mujeres del Congreso Nacional Africano, y, tras el encarcelamiento en 1963 de su marido y activista político Nelson Mandela, fue obligada a abandonar Johannesburgo. Confinada dentro de su casa, le fue prohibido, además, reunirse con más de una persona, y que su nombre o fotografía aparecieran en algún medio de comunicación. En 1991 fue acusada de promover el secuestro y la tortura de unos jóvenes negros, lo que provocó su marginación por parte del Congreso Nacional Africano y, posteriormente, la separación de su marido.

MANGANO, Silvana. Actriz italiana de cine (Roma, 1930-Madrid, 1989). Elegida Miss Italia en 1946, intervino, poco después, en una película en un papel insignificante; hizo luego el segundo papel femenino en *Arroz amargo* (De Santis, 1949) y, ya consagrada, filmó *El lobo de la Sila* (Coletti, 1949), *El bandido calabrés* (Camerini, 1950), *Ana* (Lattuada, 1951), etc. Entre sus últimas interpretaciones, revelando su gran carácter, destacan: *El oro de Nápoles* (De Sica, 1954), *Muerte en Venecia* (Visconti, 1971), *El Decamerón* (Pasolini, 1971), *Luis II de Baviera* (Visconti, 1972) y *Ojos negros* (Mikhalkov, 1987).

MANGESHKAR, Lata. Cantante india (n. 1928). Mangeshkar, que empezó a cantar para mantener a su familia, es posiblemente la persona que más canciones ha grabado en el mundo. Desde 1960 ha realizado para la industria de cine de Bombay casi todos los *playback* de los innumerables filmes musicales que allí se producen, logrando, en 1980, el récord de 25.000 grabaciones. Es una de las figuras más populares del mundo asiático, y su fama la ha llevado incluso a conquistar con éxito varios escenarios del mundo occidental.

MANSFIELD, Jayne. Actriz estadounidense (Bryn-Mawn, Pensilvania, 1932-Nueva Orleans, 1967). Estudió para ser actriz, pero fue su triunfo en un concurso de belleza lo que le abrió el camino a Hollywood. Estaba dotada de un físico espectacular y su carrera cinematográfica se centró en destacar su carácter de *sex symbol;* su vida particular también contribuyó a ello. Intervino en una serie de películas mediocres y fue progresivamente deteriorándose y refugiándose en el alcohol. Murió en un accidente de coche.

MANSFIELD, Katherine. Escritora británica, de origen neozelandés, cuyo nombre real era Kathleen Mansfield Beauchamp (Wellington, 1888-Fontainebleau, 1923). Considerada una de las figuras más relevantes de la narrativa británica de principios de siglo, la fama de Mansfield se debe, principalmente, a los relatos de estilo impresionista, animados por intensos personajes femeninos. Se le atribuye, además, haber creado un nuevo estilo de novela corta con profundidad psicológica y escasa acción, que ha sido comparado a la narrativa de A. Chejov. Entre sus obras destacan: *En un balneario alemán* (1911), *Felicidad* (1920), *El nido de la paloma* (1923), y sus *Cartas,* recopiladas y publicadas póstumamente por su segundo marido, J. M. Murry.

MARCH, Susana. Escritora española (Barcelona, 1915-íd., 1991). Ha publicado libros de poesía y narrativa. Los primeros, *Rutas, Esta mujer que soy* y *Poemas de la Plaza Real,* son poemas apasionados e intimistas. Las novelas exaltan unas historias trágicas y llenas de pasión; en *Algo muere cada día* relata en primera persona la vida de una mujer desde la infancia hasta la resignación de la madurez. Con su marido, el escritor Ricardo Fernández de la Reguera, publicó *Episodios nacionales contemporáneos.*

MARCOS, Imelda. Política filipina, de origen hawaiano (Hawai, 1929). Desempeñó cargos públicos de gran relevancia, entre ellos ministra de Asentamiento y Ecología y la jefatura del departamento para el Desarrollo del Sur de Filipinas. Tras 20 años como primera dama de Filipinas (1965-1986), se exilió en EE. UU. como consecuencia de la revuelta que destituyó a su marido, Ferdinand Marcos, de la presidencia de aquel país. Imelda se ha enfrentado a decenas de cargos de corrupción en los tribunales de su país acusada de haber saqueado la economía filipina durante la dictadura de su marido. En las elecciones de 1992 presentó, sin éxito, su candidatura a la presidencia filipina. En septiembre de 1993 fue condenada por dos delitos de corrupción a nueve y doce años de prisión.

MARGARITA I. Reina de Dinamarca, Noruega y Suecia (Soeborg, 1353-Flensburg, 1412). Hija menor de Valdemar IV, rey de Dinamarca, en 1363 se casó con Haakon VI, rey de Noruega, con quien tuvo un hijo, Olaf V, que en 1375 sucedió a su abuelo en Dinamarca y en 1380 a su padre en Noruega. En 1388, a la muerte de su hijo, se hizo reconocer reina, gobernando en Dinamarca y Noruega desde ese año hasta 1396, y en Suecia desde 1389 hasta 1396. En 1397 cedió la corona a su sobrino, Erik de Pomerania, e impuso la unificación de los tres reinos bajo el nombre de Unión de Kalmar (1397).

MARGARITA II. Reina de Dinamarca (Copenhague, 1940). Hija del rey Federico IX y de la princesa Ingrid de Suecia, fue proclamada heredera del trono en 1958, al cumplir los 18 años de edad. En 1967 contrajo matrimonio con el diplomático francés Henri de Monpezat. En 1972 fue coronada reina, por fallecimiento de Federico IX.

MARGARITA II de Constantinopla. Condesa de Flandes y de Henao (Valenciennes, 1202-Lille, 1280). Era hija de Balduino IX, conde de Flandes y de Henao y emperador de Constantinopla, y se casó en 1212 con Bucardo de Avesnes, y en 1223 con Guillermo II de Dampierre. En 1244 heredó el condado de Flandes y Henao. Reinó durante 35 años, distinguiéndose por su actividad y cualidades políticas.

MARGARITA de Angulema o **de Navarra.** Reina de Navarra (Angulema, 1492-Odos, 1549). Era hija de Carlos de Orleans, conde de Angulema, y de Luisa de Saboya. Casada en primeras nupcias con Carlos III, duque de Alenzón, se convirtió en el centro de la corte francesa a la subida al trono de su hermano Francisco I, entrando en las negociaciones entre su hermano y el emperador Carlos V en España. Se casó en segundas nupcias con el rey de Navarra, Enrique de Albret, quien la trató desconsideradamente. Muy inteligente y culta, fue decidida protectora de los humanistas protestantes, procurando la difusión de las ideas evangélicas y del neoplatonismo. También fue muy aficionada a las letras, escribiendo numerosas poesías y una colección de cuentos. Entre sus obras destacan: *Las margaritas de la Margarita de las princesas* (1547), obra publicada dos años antes de su muerte; *Últimas poesías,* de inspiración religiosa; *Espejo del alma pecadora* (1531); la colección de cuentos el *Heptamerón* (1558-1559), y un misterio de la *Natividad* y varias comedias de tema profano.

MARGARITA de Anjou. Reina de Inglaterra (Pont-à-Mousson, 1430-castillo de Dampierre, 1482). Hija de Renato, conde de Anjou y de Provenza, se casó con el rey de Inglaterra Enrique VI, pero cuando su esposo perdió la razón, en 1453, no pudo obtener del Parlamento la regencia y el reconocimiento de su hijo el príncipe de Gales. Este es uno de los conflictos que dan lugar a la guerra civil, llamada guerra de las Dos Rosas. Restablecido Enrique de su enfermedad, pretendió recuperar el trono, siendo derrotado; consecuencia de ello fue la muerte del príncipe de Gales y de Enrique VI y el destierro de Margarita, que murió casi en la miseria.

MARGARITA de Austria. Duquesa de Saboya y gobernadora de los Países Bajos (Bruselas, 1480-Malinas, 1530). Fue hija del emperador Maximiliano I y de María de Borgoña, esposa del príncipe Juan, hijo de los Reyes Católicos, y posteriormente del duque Filiberto de Saboya. A la muerte de este último no quiso contraer nuevo enlace y fue encargada por su padre de la regencia de los Países Bajos (1507-1515), cargo en el que la confirmó después su sobrino el emperador Carlos V (1518-1530). Fue la tutora de Carlos y, junto a este, hizo labores de excelente diplomática: presidió el acuerdo para la liga de Cambrai (1508), favoreció la elección imperial de Carlos (1519), concertó el frustrado matrimonio de este con María de Inglaterra (1521) y lo representó como mediadora en la paz de las Damas (1529).

MARGARITA de Austria. Reina de España (Gratz, 1584-El Escorial, 1611). Hija del archiduque Carlos de Estiria y de María de Baviera, se casó en 1599 con el rey Felipe III, en Valencia, cuando apenas contaba 14 años. Para asegurar su posición, el duque de Lerma, valido del rey, hizo despedir a su servidumbre alemana y la rodeó de personas de su confianza. En esta situación la reina se dedicó a labores piadosas y a la protección de los pobres. En 1606 se enfrentó ya directamente a Lerma, a quien logró que se procesara por varios delitos. Luego, con el apoyo de fray Luis de Aliaga, confesor del rey, intentó procesar también a Rodrigo Calderón, duque de Uceda, pero no logró sus propósitos. Murió de sobreparto en su octavo embarazo sin haber recibido los cuidados médicos necesarios, de lo que se acusó a Calderón.

MARGARITA de Borbón. Reina de Navarra (m. 1256). Era hija del duque Ascembaldo de Borgoña y se casó con Teobaldo I de Champaña y Navarra en 1232. Fue mujer de gran talento político, que demostró al lograr defender el trono de su hijo, Teobaldo II, aliándose, durante su regencia, con Jaime I de Aragón y su heredero en contra de las pretensiones de Alfonso X de Castilla, que quería la asimilación del reino pirenaico.

MARGARITA de Borbón y Borbón-Parma. Reina pretendiente a España y princesa de Parma (Luca, 1847-Viareggio, 1893). Contrajo matrimonio en 1867 con don Carlos María de los Dolores de Borbón y Austria-Este, pretendiente carlista al trono español, y en 1874 pasó a España, fijando su corte en Estella. Fundó las ambulancias de la Caridad y el hospital de Irache, en el que asistía personalmente a los heridos de ambos bandos contendientes, mereciendo de todos el título de

«Ángel de la Caridad». Terminada la guerra carlista se retiró a Venecia y luego a Viareggio.

MARGARITA de Borgoña. Reina de Navarra (Château-Gaillard, 1290-íd., 1315). Se casó en 1305 con Luis X Hutín, que había heredado el título de rey de Navarra; pero, acusada de adulterio, fue encerrada en una prisión y ahogada más tarde entre dos colchones por orden de su esposo.

MARGARITA de Escocia, santa. Reina de Escocia (Hungría, 1045-Edimburgo, 1093). Sobrina de Eduardo el Confesor, rey de los anglosajones, en 1070 contrajo matrimonio con el rey de Escocia Malcolm III. Fue ejemplo de virtudes cristianas y modelo de madre y de reina. Sus reliquias se guardan en El Escorial, donde Felipe II hizo construir una capilla.

MARGARITA de Francia. Reina de Inglaterra y después de Hungría (¿?, 1158-Acre, 1198). Hija de Luis VII y de Constanza de Castilla. Se casó con Enrique Court-Mentel, a quien su padre, Enrique II de Inglaterra, asoció a la corona en 1172. Muerto su marido en 1183, Margarita se casó, dos años después, con el rey de Hungría Bela III, a quien acompañó en la tercera cruzada, donde falleció.

MARGARITA de Parma. Duquesa de Parma y gobernadora de los Países Bajos (Oudenarde, 1522-Ortona, 1586). Era hija natural de Carlos I y de Margarita van der Gheist. Se casó con Alejandro de Médicis en 1536, y en segundas nupcias con Octavio Farnesio en 1538. Fue gobernadora de los Países Bajos (1559-1567), cargo en el que cesó al estallar la rebelión y ser nombrado el duque de Alba. Fue además la madre del célebre general español Alejandro Farnesio.

MARGARITA de Prades. Reina de Aragón (h. 1388-1422). Educada en la corte de la reina María de Luna, se casó en 1409 con Martín I el Humano en Bellesguart (Barcelona), siendo bendecida su unión por el papa aviñonés Benedicto XIII. Quedó viuda de este al año siguiente y Margarita intervino en la querella sucesoria por la corona de Aragón, en contra de Jaime de Urgel y a favor de Luis de Anjou. Era admirada por sus brillantes cualidades y pasaba por ser la mujer más hermosa de su tiempo. Viuda de su segundo matrimonio, profesó como religiosa.

MARGARITA de Provenza. Reina de Francia (¿?, 1221-Saint-Marcel, 1295). Fue hija del conde de Provenza, Ramón Berenguer. Casada con Luis IX en 1234, ejerció después de la muerte de Blanca de Castilla cierta influencia sobre su esposo, al que acompañó a Egipto en la cruzada y rescató cuando cayó prisionero. Durante el reinado de su hijo Felipe III, apoyó los intereses de su cuñado Enrique III de Inglaterra, intentando destruir a Carlos de Anjou.

MARGARITA de Saboya. Reina de Italia (Turín, 1851-Bordighera, 1926). Era hija del duque de Génova, Fernando de Saboya, y de Isabel de Sajonia, y sobrina de Víctor Manuel II. Se casó en 1868 con su primo el entonces príncipe heredero y luego rey Humberto I. Después del asesinato de su esposo y del nacimiento de su hijo Víctor Manuel, más tarde Víctor Manuel III, siguió residiendo en Roma e interesándose por todas las manifestaciones de la cultura italiana.

MARGARITA de Valois (llamada la Reina Margot). Reina de Navarra (Saint-Germain-en-Laye, 1553-París, 1615). Hija menor del rey de Francia Enrique II y de Catalina de Médicis. Por razones de Estado se casó, en 1572, con Enrique de Navarra, pero vivió en completa independencia conyugal y tuvo numerosos amantes. Finalmente accedió a conceder el divorcio a su marido, el rey de Francia Enrique IV, mas conservó el título de reina y se hizo asignar una cuantiosa pensión.

MARGARITA MARÍA de Alacoque, santa. Religiosa salesa francesa (Verosvres, Charolais, 1647-Paray-le-Monial, 1690). Dijo haber tenido tres visiones de Cristo en las que le encomendó extender la devoción al Sagrado Corazón, labor que realizó auxiliada por su director espiritual el jesuita beato Claudio de la Colombière. Su mensaje se oponía al pensamiento jansenista del s. XVIII, pero adquirió gran fuerza en los siglos XIX y XX, logrando una gran extensión de la adoración al Sagrado Corazón y la instauración de una fiesta dedicada a ella. Fue canonizada en 1920.

MARÍA o VIRGEN MARÍA. Madre de Jesucristo (Nazaret o Jerusalén, 19 a. C.-Éfeso, después del 33 d. C.). Según la tradición cristiana, contenida en los evangelios canónicos, en los apócrifos, sobre todo el Protoevangelio de Santiago, y otros textos, pertenecía a la tribu de Leví y era hija de Joaquín y de Ana. Al llegar a la edad de casamiento, se desposó con el carpintero José, de la tribu de Judá y estirpe de David, con quien se estableció en Nazaret. Allí ocurrieron los episodios de la Encarnación y sus desposorios. Se trasladó con su marido a Belén, embarazada de Jesús, a cumplir el empadronamiento mandado por Augusto, y allí dio a luz. Después del nacimiento de Jesús, huyó con su esposo y su hijo a Egipto para librar al niño de la persecución de Herodes. En los Evangelios es protagonista de los siguientes episodios: la Anunciación y Encarnación, la Visitación, el Nacimiento de Cristo, la Epifanía y la Huida a Egipto; durante la vida de Jesús aparece mencionada en los siguientes episodios: en Jerusalén, donde encuentra a su hijo entre los doctores; en Caná, donde obtuvo de él su primer milagro; en Galilea, durante el curso de sus predicaciones, y, por último, en el Calvario, al pie de la cruz. Después de la muerte de Cristo siguió a Éfeso al apóstol san Juan y murió a edad muy avanzada. La Iglesia católica le dedica el culto especial de hiperdulía y la invoca en sus oraciones como intercesora para con su hijo. Desde el punto de vista de la fe católica, la figura de María tiene un valor muy singular, como se refleja en el *Nuevo Testamento:* en el Evangelio de San Marcos, al llamar a Jesús «hijo de María» y no de José, única formulación semítica posible, nos transmite en clave religiosa que la filiación de Jesucristo forma parte de su misterio; de la misma manera, el Evangelio de San Juan nos presenta la idea de una asociación de María a la obra de Jesucristo, episodio de las bodas de Caná y María al pie de la cruz, como lo hace san Lucas por medio de las palabras del profeta Simeón (Lc. 2, 35). Dogmáticamente, la Iglesia ha ido definiendo sus características: la maternidad divina en el Concilio de Éfeso (431); su perpetua virginidad en el I Concilio de Letrán (649) y en la *Epístola del papa Agatón* (680); su exención completa de pecado en el Concilio de Trento (1547); su Inmaculada Concepción, definida por Pío IX en 1854, y su Asunción en cuerpo y alma al cielo, definida por Pío XII en 1950. Entre las fiestas que le están consagradas, las principales son: la Concepción, el 8 de diciembre; la Natividad, el 8 de septiembre; la Asunción, el 15 de agosto, y la de su Realeza universal, proclamada por Pío XII en 1954, el 22 de agosto. Es ejemplo de virtudes para todos los cristianos; madre de Dios y de los hombres para los anglicanos, católicos y ortodoxos, y una mujer excepcional para los musulmanes, que le dedican un gran respeto. La mariología es la rama de la teología cristiana dedicada a su estudio.

MARÍA I de Braganza. Reina de Portugal (Lisboa, 1734-Río de Janeiro, 1816). Hija de José I, elevada al trono en 1777, se casó con su tío don Pedro, con quien compartió el trono. Despidió al ministro Pombal e intentó algunas reformas de corte ilustrado, creando la Academia de Ciencias de Lisboa (1779). Después de la muerte de su marido, Pedro III (1786), y de su hijo primogénito (1788), se volvió loca y dejó el poder en manos de su hijo, el príncipe de Brasil, en 1792, regentándolo este, hasta que lo ocupó por derecho propio como Juan VI. Este la llevó con él a Brasil durante la invasión francesa (1807), donde murió.

MARÍA I Estuardo. Reina de Escocia y Francia (Linlithgow, 1542-Fotheringay, 1587). Era hija de Jacobo V y de María de Guisa. Soberana de Escocia bajo la tutela de su madre, María de Lorena, se casó en Francia con el rey Francisco II en 1558 y, muerto este al poco tiempo, volvió a su país y se encargó de su gobierno. Se casó en segundas nupcias con el conde Darnley en 1565 y, asesinado este, se casó, por tercera vez, con Bothwell, a quien se acusaba del asesinato de Darnley. Por tal motivo la nobleza se sublevó y María tuvo que buscar refugio en Inglaterra, donde fue apresada por orden de la reina Isabel I. Con ella estableció unos pactos, pero después fue encerrada en una prisión durante 19 años. Desde allí mantuvo relación epistolar con príncipes católicos, sobre todo con Felipe II de España y con don Juan de Austria, con quien proyectaba casarse. Descubierto el caso, fue condenada a muerte y ejecutada por supuesta complicidad en un atentado contra la soberana británica. En los tratados con Isabel I, previos a su prisión, estableció que su hijo Jacobo heredaría su reino y el de Inglaterra, posibilitando así la unión en un solo gobierno de las Islas Británicas.

MARÍA I Tudor. Reina de Inglaterra y de Irlanda (Greenwich, 1516-Londres, 1558). Era hija de Enrique VIII y de Catalina de Aragón. Tras la separación de sus padres, fue humillada en numerosas ocasiones, llegando a ser deslegitimada en favor de sus hermanastros menores. Esto la hizo unirse profundamente a la memoria de su madre y a la práctica de un catolicismo a ultranza. Sólo durante la última enfermedad de Enrique VIII volvió a ser llamada a la corte. Durante el reinado de su hermanastro Eduardo VI (1547-1553) fue perseguida por católica y sólo se salvó gracias a la ayuda de Carlos V, confiando en que la única ayuda fiable era la española. Al llegar al trono, hizo ejecutar a Northumberland, quien había intentado usurpar sus derechos en favor de Juana Grey, y a esta misma, y desató una represión antiprotestante, ordenando la prisión de los obispos anglicanos, aboliendo las leyes de Eduardo VI y dominando la insurrección que estas medidas provocaron, con la ejecución de más de 300 personas. Esto le valió el sobrenombre de la Sanguinaria. Aliada con el papa Pablo IV, guerreó contra Francia y perdió Calais. En un intento para fortalecer las relaciones anglo-hispanas, se casó con el futuro Felipe II, quien se ausentó de Inglaterra, en 1555, para ocupar el trono de España. Murió a los 42 años de edad, amargada y sufriendo el rencor de gran parte de su pueblo.

MARÍA II de Braganza. Reina de Portugal (Río de Janeiro, 1819-Lisboa, 1853). Tenía siete años cuando su padre, Pedro I, emperador de Brasil, renunció, en su favor, al trono de Portugal (1826) y la desposó con su tío Miguel, al que nombró regente. Miguel se hizo proclamar rey en 1828 y María tuvo que huir a Brasil. Poco después Pedro I renunció a la corona de Brasil, volvió a Europa, venció a su hermano (1833) y devolvió el trono a su hija. María se casó en 1835 con el príncipe Eugenio de Lèuchtenberg, y después con el duque de Sajonia-Coburgo, el futuro Fernando II, de cuya unión nació Pedro V. Se la denomina corrientemente por su nombre completo de pila, María da Gloria.

MARÍA da Gloria. V. **MARÍA II de Braganza.**

MARÍA de Aragón. Reina de Sicilia (Catane, 1361-Lentini, 1399). Sucedió a su padre, Fadrique III, en 1377, pero su abuelo, el rey de Aragón Pedro IV, la retuvo prisionera. Casada en 1390 con Martín el Joven, nieto de Pedro IV, y a quien correspondía el trono de Sicilia como heredero de su padre Martín, rey de Sicilia, recobró la corona.

MARÍA de Aragón. Reina de Castilla (m. Villacastín, Segovia, 1445). Era hija de Fernando I de Aragón y de Leonor de Alburquerque y se casó con su primo carnal Juan II de Castilla en 1420. Participó activamente en las disputas internas castellanas, apoyando a los infantes de Aragón, sus hermanos, contra la privanza de Álvaro de Luna. Firmó con su hermano, Juan de Navarra, un pacto de confederación contra el privado real (1440), que, con el apoyo de la nobleza, logró su retiro. En 1444, cuando los castellanos abandonaron a su hermano Juan, logró liberar a su marido del encierro al que se le sometía en Rámaga (1443). De su matrimonio con el rey nació el futuro Enrique IV.

MARÍA de Austria. Reina de Hungría y de Bohemia (Bruselas, 1505-Cigales, 1558). Era hija de Felipe el Hermoso y de Juana la Loca. Se casó con Luis II de Hungría y Bohemia (1522) y enviudó sin haber tenido hijos (1526). En 1531 fue encargada por su hermano, Carlos V, del gobierno de los Países Bajos hasta 1555. Junto con su hermana Leonor de Austria intervino en la firma del armisticio de 1538 que terminaba con la tercera guerra entre Francisco I de Francia y el emperador Carlos, que llevaría a las paces de Bosny, Monzón y Niza. Junto a su hermano, sometió el motín de Gante (1539-1540). Inteligente y enérgica, secundó los proyectos de Carlos V, y al retirarse este, ella renunció a la regencia de los Países Bajos y volvió a España. Fue una gran protectora de los artistas y reunió una rica colección de manuscritos.

María de Austria (reina de Hungría y de Bohemia), por Antonio Moro

MARÍA de Austria. Emperatriz de Alemania y reina de Bohemia y Hungría (Madrid, 1528-íd., 1603). Era hija de Carlos V y de Isabel de Portugal y se casó con el emperador Maximiliano II de Alemania y rey de Bohemia y Hungría. Partió para Alemania en 1551 y regresó, ya viuda, a España en 1581, entrando como terciaria franciscana en el convento de las Descalzas Reales. De los 16 hijos de la reina, sólo sobrevivieron ocho; los más destacados fueron: Ana, futura reina de España; Rodolfo II, emperador de Alemania; Isabel, reina de Francia, y Matías, emperador de Alemania.

MARÍA de Austria. Emperatriz de Alemania y reina de Hungría (El Escorial, 1606-Linz, 1646). Era hija de Felipe III de España y de Margarita de Austria. Se casó con Fernando III en 1531.

MARÍA de Borgoña. Duquesa de Borgoña (Bruselas, 1457-Brujas, 1482). Era hija de Carlos *el Temerario* y de Isabel de Borbón, y esposa de Maximiliano de Austria. A la muerte de su padre en 1477, Luis XI, su padrino, trató de apoderarse de sus estados. Estos se resistieron con el apoyo de su madrastra, la duquesa Margarita, y María, necesitada de apoyo, se casó con Maximiliano de Austria, teniendo entonces principio la guerra de sucesión de Borgoña. Fue abuela de Carlos V.

MARÍA de Castilla. Reina de Aragón (Segovia, 1401-Valencia, 1458). Era la primogénita de Enrique III de Castilla y de Catalina de Lancaster. Fue heredera de Castilla hasta el nacimiento de su hermano Juan (1403). Se casó con el futuro Alfonso el Magnánimo de Aragón (1415), con el que nunca mantuvo buenas relaciones. En 1420 fue nombrada lugarteniente general de Aragón, gobernando en las largas ausencias peninsulares de su marido. Intervino como mediadora en los conflictos castellano-aragoneses, pero Alfonso V la retiró de las negociaciones (1433). En 1435 convocó las Cortes de Monzón para lograr el rescate del rey, prisionero tras la batalla de Ponza (1435). Al año siguiente fue desposeída de la lugartenencia, pero mantuvo la de Cataluña, donde hizo posible la política italiana de su marido. En los conflictos catalanes apoyó a los remensas y a la Biga, en el gobierno barcelonés desde 1453. En este último año abandonó también la lugartenencia de Cataluña y regresó a Castilla, logrando la paz de Valladolid (1453) entre Juan II de Aragón y Carlos de Viana. Murió en Valencia sin haber tenido hijos, poco después de su marido.

MARÍA de Cervelló, santa. Religiosa mercedaria española (Barcelona, 1230-íd., 1290). Vivió retirada de sus padres desde 1248, tomando el hábito de mercedaria. A la muerte de estos, fundó (1265) el beaterio de monjas mercedarias, origen de la segunda orden de Nuestra Señora de la Merced. Es patrona de los marineros y muy venerada en Barcelona, en cuyo templo de la Merced se conservan sus restos.

MARÍA de Cleofás, santa. Prima de la Virgen María (s. I). Según la tradición cristiana, casada con Cleofás, tuvo cuatro hijos, que siguieron las doctrinas de Cristo y fueron santos: Simeón, Judas, José y Santiago, llamado el Menor. Es una de las tres Marías y fue una de las santas mujeres que acompañaban a Jesús y asistió a su suplicio.

MARÍA de Francia. Poeta francesa (s. XII). Vivió en Inglaterra, en la corte de Enrique II, que Leonor de Aquitania había convertido en el centro de la cultura trovadoresca, tanto en lengua de oïl como de oc. De ella se conservan 103 *Faiblaux,* traducción al francés de un texto latino titulado *Romulus*. Pero lo más famoso son sus *Lais,* dedicados a Enrique II, que son narraciones en verso, inspiradas en motivos bretones, inscritas de lleno en el amor cortés, y en las que lo maravilloso desempeña un importante papel.

MARÍA de Lorena. Reina de Escocia (Bar, 1515-Edimburgo, 1560). Hija de Claudio, primer duque de Guisa, se casó en primeras nupcias con el duque de Longueville, y en segundas con Jacobo V, rey de Escocia. En 1542 fue madre de una niña, María Estuardo, y muerto su esposo poco tiempo después ejerció la regencia en nombre de su hija. De carácter enérgico, logró mantener el catolicismo gracias a la ayuda francesa, pero cuando murió, y debido a la intromisión británica, su pueblo se hallaba en plena anarquía, fanatizado por Knox.

MARÍA de Médicis. Reina de Francia (Florencia, 1573-Colonia, 1642). Hija del gran duque de Toscana, se casó en 1600 con Enrique IV, con el cual, a causa de sus veleidades amorosas, no vivió en buena armonía. Regente del reino a la muerte de su esposo en 1610, siguió una política contraria a la que este llevó, buscando la alianza con España. Una vez que alcanzó la mayoría de edad su hijo Luis XIII, e impulsado por Luynes, hizo asesinar a Concini, consejero de la reina, y en 1617 María de Médicis fue desterrada al castillo de Blois, del que se evadió para trasladarse a los Países Bajos, donde continuó conspirando y se levantó en armas contra su hijo (1620). Gracias a Richelieu se reconcilió con su hijo y volvió a formar parte del Consejo, pero pronto se enemistó con el cardenal. En 1638 pasó a Inglaterra y, en 1641, a Alemania, muriendo en Colonia. Gran protectora de las artes, embelleció la capital con magníficas construcciones, comenzó el palacio de Luxemburgo e hizo pintar a Rubens la colección que se conserva hoy en el Louvre.

MARÍA de Módena. Reina de Inglaterra (Módena, 1658-Saint-Germain-en-Laye, 1718). Era hija de Alfonso IV d'Este, duque de Módena. Casada en 1673 con el duque de York, más tarde Jacobo II (1685), ejerció gran influencia sobre su marido y le impulsó a la reacción ultracatólica que le costó el trono en 1688.

MARÍA de Molina. Reina de Castilla (¿?, 1265-Valladolid, 1321). Era hija del infante Alfonso de Molina, hijo de Alfonso IX de León. En 1281, sin tener la dispensa papal oportuna, se casó con su primo carnal, el futuro Sancho IV. A este le apoyó en la lucha contra su padre, Alfonso X, y los dos fueron coronados en 1284. Opuesta al partido aragonés, logró que las Cortes de Toro (1288) aceptaran la alianza franco-castellana, con el fin de lograr la dispensa matrimonial. En 1295 murió Sancho IV, comenzando la regencia de María de Molina sobre su hijo Fernando IV. Esta circunstancia fue aprovechada por Jaime II de Aragón, que invadió el reino de Murcia, apoyado por la nobleza, que adoptó una posición levantisca, y por Dionís de Portugal, quien declaró la guerra a Castilla. A don Dionís terminó por imponerle la paz de Alcañices (1296), favorable a Castilla; en 1300 logró de las Cortes de Valladolid el dinero necesario para la legitimización de Fernando IV. Otro problema surgió con la conjura urdida por los corregentes, los infantes don Enrique y don Juan, a quienes sólo Jaime II de Aragón logró detener. Pero el mayor peligro se hallaba en que el rey aragonés y el emir de Granada se unieran para apoyar la rebelión de los infantes de la Cerda. Esto obligó a María a pactar con Jaime II. Finalmente, en 1301 consiguió del papa Bonifacio VIII la legitimación de su matrimonio y de Fernando IV. Pero el rey, al ser declarado mayor de edad, se dejó llevar por las instigaciones de los infantes Juan, Enrique y Juan Núñez de Lara, alejándose de la influencia materna, y esta sólo se mantuvo gracias al apoyo del estamento popular de las Cortes. La energía de María de Molina en las Cortes, en el Consejo y ante Jaime II logró salvar la situación, a lo que se sumó la muerte de don Enrique. Hasta 1312 hubo una relativa paz, pero en este año muere Fernando IV y en 1313 su esposa, quedando un rey de apenas dos años, Alfonso XI, por lo que doña María de Molina fue llamada de nuevo al Consejo de Regencia, junto a los infantes don Juan y don Pedro. Estos murieron en 1320, durante la campaña de la vega de Granada, y se formó un nuevo Consejo, con don Juan Manuel, el infante Felipe y María de Molina, lo que acentuó la guerra civil entre las facciones castellanas. La reina enfermó en 1321 y murió sin ver a Castilla en paz.

MARÍA de Montpellier. Condesa de Comenge y reina de Aragón (m. en Roma, 1218). Hija de Guillermo VII de Montpellier y de Eudoxia Comneno, se casó primero con Barral de Marsella y, al quedar viuda (1197), con el conde de Comenge, Bernardo, que la repudió por parentesco (1204). Heredera de Montpellier (1203), se casó con Pedro II de Aragón en 1204, pero a los dos años el aragonés pidió el divorcio para contraer matrimonio con María de Montferrato, heredera de Jerusalén. El papa Inocencio III, por petición de la reina María, no se lo concedió. En 1208, fruto de una momentánea y novelesca unión con su marido, nació el futuro Jaime I, que estuvo con su madre hasta 1211, año en que Pedro II se lo arrebató. María fue a buscar la ayuda del papa Inocencio III y se dirigió a Roma, donde murió. En su testamento declaró heredero de Montpellier a Jaime I y lo puso bajo protección pontificia.

MARÍA de Navarra. Infanta de Navarra y reina de Aragón (m. en Valencia, 1347). Hija de Felipe de Évreux y de Juana II, se casó en 1338, en Zaragoza, con Pedro IV *el Ceremonioso*, siendo su primera esposa. Fue la madre de las infantas Constanza, Juana y María de Aragón.

MARÍA de Portugal. Reina de Castilla (¿?, 1313-Évora, 1357). Era hija de Alfonso IV *el Bravo* y de Beatriz de Castilla. Se casó en 1328 con Alfonso XI, pero nunca mantuvieron buenas relaciones al tener el rey una relación estable con Leonor de Guzmán. Esto llevó a María a retirarse a un monasterio de Sevilla. La reina creó una corte particular, separada de la de su marido, siendo adicta al partido francófilo castellano, acaudillado por Gil de Albornoz. Favoreció la carrera de algunos nobles de este partido, como Juan Alonso de Alburquerque, y promovió el matrimonio de su hijo Pedro con Blanca de Borbón. Muerto Alfonso XI, regresó a la corte de su hijo, el rey Pedro I, e intervino en política. Parece que mandó asesinar a Leonor de Guzmán. Contribuyó a la formación de una liga contra su hijo, pero este tomó por asalto Toro en 1356, en donde se hallaba refugiada, y llevó a cabo una dura represión sobre los que habían participado en ella. María tuvo que retirarse a Portugal hasta su muerte.

MARÍA de Saboya-Nemours. Reina de Portugal (París, 1646-Palhavá, 1683). Hija del duque de Nemours, se casó en 1666 con el rey de Portugal Alfonso VI, y aquel mismo año hizo que se declarase nulo el matrimonio por impotencia de su esposo. Alfonso fue depuesto y María se casó en 1668 con su cuñado Pedro, que había tomado el título de regente y luego el de rey con el nombre de Pedro II.

MARÍA de Sajonia-Coburgo-Gotha. Reina de Rumania (Eastwell Park, 1875-Sinaia, 1938). Era hija de Alfredo, duque de Edimburgo, hijo segundo de la reina Victoria, y la gran duquesa María de Rusia. Se casó en 1892 con el futuro rey Fernando de Rumania. Subió al trono al lado de su esposo en 1914, y se identificó con el pueblo rumano. Favoreció las letras y escribió varias obras, entre ellas la titulada *Mi país,* en la que describe sugestivamente a Rumania.

MARÍA Egipcíaca, santa. Penitente egipcia (Egipto, h. 345-Palestina, 421). A la edad de 12 años abandonó la casa paterna y se trasladó a Alejandría, donde llevó una vida desordenada. Convertida al cristianismo después de una visión ante el Santo Sepulcro, se retiró al desierto, en el que vivió en penitencia durante 47 años.

MARÍA Feodorovna. Zarina de Rusia (Copenhague, 1847-íd., 1928). Era hija de Cristián IX de Dinamarca. Al morir el primogénito del zar Alejandro II, Nicolás, con quien estaba comprometida, se casó en 1866 con Alejandro, hermano de él, quien accedió al trono en 1881. Es la madre del zar Nicolás II. Tras la revolución rusa de 1917 se refugió en Crimea; pasó, posteriormente, a Gran Bretaña, para terminar sus días en su país de nacimiento.

MARÍA Goretti, santa. Joven italiana (Corinaldo, 1890-Nettuno, 1902). Desde muy pequeña tuvo que trabajar ayudando a su padre, que debía sacar adelante a una numerosa familia. Murió asesinada por un joven campesino que quería abusar de ella. Fue beatificada en 1947 y canonizada en 1950. Es una de las santas modernas que más popularidad ha tenido. El realizador italiano Augusto Genina contó el episodio de su martirio en la película *Cielo sobre el pantano.*

MARÍA la Judía. Filósofa griega (ss. III-IV). Contemporánea de Zósimo el Panopolitano, fue iniciada en los misterios del hermetismo, en el templo de Menfis, por Ostanes, junto a otros filósofos, entre ellos, Demócrito de Abdera y Parmeno. La Biblioteca Nacional francesa conserva un manuscrito suyo titulado *Discursos de la sapientísima María sobre la piedra filosofal.*

MARÍA Leszczynska. Reina de Francia (Breslau, 1703-Versalles, 1768). Era hija del rey de Polonia Estanislao Leszczynski, y se casó con el rey de Francia Luis XV. En 1725 tuvo que tolerar las insolencias de las favoritas de su esposo, viviendo retraída y entregada a la caridad y a las prácticas religiosas. Tuvo diez hijos: dos varones y ocho mujeres, de los que sólo sobrevivió el delfín Luis. Aunque no se inmiscuyó en asuntos políticos, se formó un partido de adeptos alrededor de ella y su hijo.

MARÍA Rodríguez. Condesa de Barcelona (m. h. 1106). Hija del Cid y de Jimena Díaz. Se casó con Ramón Berenguer III, conde de Barcelona, al que transmitió los derechos sobre el reino de Valencia, que había pertenecido a su padre. De él tuvo dos hijas, María, casada con Bernardo III de Besalú, y Jimena, casada con Roger III de Foix.

MARÍA AMALIA de Sajonia. Reina de Nápoles y de España (Dresde, 1724-Madrid,

1760). Hija de Augusto III, rey de Polonia y duque de Sajonia, se casó con el rey de Nápoles Carlos VII, luego rey de España con el nombre de Carlos III. En Nápoles apoyó las medidas reformistas de Tanucci, con quien mantuvo un importante epistolario. Ya en España, continuó en la misma línea, sosteniendo al ministro Ricardo Wall, con miras pacifistas. Sus relaciones con la reina madre, Isabel de Farnesio, fueron muy tensas. Tuvo con Carlos III 13 hijos, de los que Carlos Antonio fue proclamado príncipe de Asturias, y Fernando, rey de Nápoles.

MARÍA ANTONIETA de Austria. Reina de Francia (Viena, 1755-París, 1793). Era hija del emperador Francisco I de Alemania y de la emperatriz María Teresa. Se casó en 1770 con el delfín de Francia, el futuro Luis XVI. Reina después de la muerte de Luis XV, en 1774 tuvo una influencia política como ninguna otra consorte francesa. La sospecha de servir a intereses austriacos, la oposición a ministros reformistas y su carácter ligero hicieron posible que sus enemigos iniciaran una campaña calumniosa en folletos y libelos que la desacreditaron y la hicieron odiosa al pueblo, sobre todo a partir de 1785, con el famoso «asunto del Collar». Desde 1789 impulsó a su marido a oponerse a la causa revolucionaria, ganándose la simpatía de los realistas, pero su rechazo a pactar con los revolucionarios moderados agravó el caos en Francia. A partir de agosto de 1792 fue encerrada con su familia en El Temple; de ella partieron los planes de huida y la petición de ayuda a Austria. Tras la ejecución de Luis XVI, en enero de 1793, fue separada de sus hijos y trasladada a la Conserjería; compareció ante el tribunal revolucionario y fue condenada a pena de muerte y guillotinada el 16 de octubre de ese mismo año.

MARÍA CAROLINA de Austria. Reina de Nápoles y de las Dos Sicilias (Viena, 1752-Schönbrunn, 1814). Era hija del emperador Francisco I y de la emperatriz María Teresa. Ejerció el poder en nombre del débil Fernando IV, con quien se casó en 1768, dejándose gobernar por Acton, y a instigaciones suyas se debió el que Fernando tomara parte en la coalición contra Francia. Destronada por Napoleón, se refugió en Sicilia, bajo la protección británica. En 1812 sus protectores la obligaron a abandonar la isla y María Carolina se refugió en Viena, donde moriría dos años más tarde.

MARÍA CRISTINA de Borbón-Dos Sicilias. Reina y regente de España (Palermo, 1806-Sainte Adresse, 1878). Hija de Francisco I, rey de las Dos Sicilias. Se casó en 1829 con Fernando VII, siendo su cuarta esposa, al que dio sus dos únicas hijas. La necesidad de defender los derechos de su primogénita al trono hicieron que se aproximara a los liberales moderados, contra los absolutistas que apoyaban la candidatura de su cuñado Carlos María Isidro. Su intervención fue decisiva para la resolución favorable a su hija de los sucesos de La Granja (1832). A la muerte del rey (1833), se hizo cargo de la regencia en nombre de su hija, Isabel II. En el mismo año contrajo matrimonio morganático con Fernando Muñoz, guardia de Corps, que mantuvo en secreto para no perder la regencia. En medio de enconadas luchas políticas, promulgó el Estatuto Real o Carta Constitucional (1834), y dos años después, a consecuencia del motín de La Granja, se vio obligada a aceptar la Constitución de 1812. Convocadas Cortes extraordinarias, se elaboró la Constitución de 1837, de tipo conciliador. Al mismo tiempo se desarrollaba la primera guerra carlista, llamada de los Siete Años (1833-1840), cuyo héroe, el general Espartero, convertido en político, se enfrentó con la reina gobernadora. Esta enemistad, unida a la oposición de la reina a los avances liberales, llevaron a un estallido del descontento (1840) que culminó con la renuncia de María Cristina a la regencia, de la que se hizo cargo el general. La reina marchó a Francia acompañada de su esposo (1840), teniendo que dejar a sus hijas Isabel II y Luisa Fernanda, aún niñas. Desde su destierro conspiró contra Espartero, golpe frustrado de 1845, y después del fracaso de Espartero y de la mayoría de edad de Isabel II, regresó a España (1844) y gozó de gran influencia política. Su descrédito aumentó al meterse en negocios sucios, mas la revolución de 1854 la obligó a expatriarse nuevamente y se volvió a establecer en Francia, donde residió hasta su muerte, volviendo sólo ocasionalmente a España.

MARÍA CRISTINA de Habsburgo-Lorena. Archiduquesa de Austria y reina de España (Gross-Seelowitz, Moravia, 1858-Madrid, 1929). Era abadesa de las Damas Nobles de Santa Teresa, en Praga, cuando fue elegida para segunda esposa de Alfonso XII, a causa de sus virtudes, inteligencia y esmerada educación. La boda se celebró en 1879 y, a la muerte del rey, en 1885, fue nombrada regente, y como se hallaba encinta, se aplazó el nombramiento de sucesor hasta el alumbramiento, por ser mujeres las dos hijas primeras. Alfonso XIII fue, por tanto, rey desde su nacimiento, y hasta su mayoría, el 17 de mayo de 1902, ejerció la regencia su madre. Este período se caracterizó, en política, por el turno de los partidos liberal y conservador, fruto del pacto de

La reina María Cristina (María Cristina de Habsburgo-Lorena), por R. de Madrazo

María de las Mercedes de Orleans

El Pardo, aunque su inclinación por Sagasta hizo que los liberales gobernaran largos períodos, fructíferos en reformas: sufragio universal, ley de asociaciones, etc. Esto hizo posible el fortalecimiento del régimen de la Restauración, cuya Constitución (1876) respetó en todo momento. Tuvo que hacer frente a una nueva sublevación en Cuba y en Filipinas que motivó la intervención de EE. UU. a favor de los sublevados. Las derrotas de la escuadra española por la americana en Santiago de Cuba y en Manila tuvieron como consecuencia la pérdida de Cuba, Puerto Rico y Filipinas (Tratado de París, 1898), provocando la llamada «crisis del 98». Durante la regencia de María Cristina se siguió una política vacilante en los asuntos de Marruecos, con motivo de la primera guerra de Melilla (1893), y, de acuerdo con Francia, se fijaron los límites de la Guinea continental española (1900). María Cristina se distinguió, en su regencia, por su gran discreción y tacto, y, desde la mayoría de edad de su hijo, se consagró exclusivamente a la vida familiar y a las obras de beneficencia, mereciendo el respeto de todos.

MARÍA DE LAS MERCEDES de Orleans. Reina de España (Madrid, 1860-íd., 1878). Se casó con Alfonso XII en 1878, y murió ese mismo año, después de conquistar el afecto de los españoles por su bondad y brillantes cualidades.

MARÍA LEONOR de Brandeburgo. Reina de Suecia (Koenigsberg, 1599-Estocolmo, 1655). Era hija del elector Juan Segismundo de Brandeburgo y se casó en 1620 con el rey Gustavo II Adolfo. Los suecos le quitaron la tutela de su hija Cristina (1640) y hubo de refugiarse en Brandeburgo hasta la mayoría de edad de esta, en que volvió a Suecia.

MARÍA LUISA GABRIELA de Saboya. Reina y regente de España (Turín, 1688-Madrid, 1714). Era hija del duque de Saboya Víctor Amadeo II y se casó a los 13 años con Felipe V. Llegó a España en 1701 acompañada por la princesa de los Ursinos y el cardenal Portocarrero, bajo cuya influencia se mantuvo. Fue nombrada en 1702 regente y lugarteniente del Reino, al marcharse Felipe V a Italia, dando pruebas de una energía impropia de sus años. Por su bondad y sentimientos caritativos atrajo el cariño de sus súbditos, muriendo antes de ver solucionada del todo la sucesión española.

MARÍA LUISA de Habsburgo-Lorena. Emperatriz de Francia y duquesa de Parma, Piacenza y Guastalla (Viena, 1791-Parma, 1847). Hija del emperador de Austria Francisco I, tenía 18 años de edad cuando Napoleón, divorciado de Josefina, exigió de manera imperiosa su mano. Casada con el emperador, fue nombrada regente cada vez que Napoleón se ausentó, revelando en estas funciones una incapacidad absoluta. Después de la abdicación de su esposo fue nombrada regente en 1813 y separada de su hijo, el rey de Roma. Pronto se trasladó a sus estados de Parma, en 1814, donde se casó secretamente, primero con el general Neipperg y, muerto este, con el conde Bombelles. De su matrimonio con Neipperg tuvo tres hijos.

MARÍA LUISA de Orleans. Reina de España (París, 1662-El Escorial, 1689). Hija de Felipe, hermano del rey de Francia Luis XIV, se casó con Carlos II de España en 1679. Odiada por su suegra, Mariana de Austria, algunos atribuyeron su muerte al envenenamiento por ingestión del «agua de la vida», inventada por el curandero Luis Alderete; pero, según las investigaciones hechas, su fallecimiento se debió a una peritonitis apendicular.

MARÍA LUISA de Parma. Reina de España (Parma, 1751-Roma, 1819). Era hija de Felipe, duque de Parma, y se casó con Carlos, príncipe de Asturias y futuro Carlos IV, en 1765. Se la consideró caprichosa, frívola y poco culta, y es recordada como una reina intrigante y de conducta liviana. Desde el primer momento dominó a su marido y le sometió, como ella misma, a la voluntad de Godoy, su amante. La entrada de Napoleón dio lugar a que fuera expatriada junto con el resto de la familia real, siguiendo a Carlos IV a Francia y luego a Roma, donde murió un mes antes que su marido.

MARÍA LUISA JOSEFINA de Borbón. Reina de Etruria (Madrid, 1782-Roma, 1824). Era hija de Carlos IV de España y se casó con Luis de Borbón, rey de Etruria, en 1798. Viuda ocho años después, ejerció la tutela de su hijo Luis II, siendo su corte una de las más brillantes de Europa. Destronada por Napoleón en 1807, se refugió en España y después en Roma. El Congreso de Viena de 1815 le otorgó el ducado de Lucques.

MARÍA MAGDALENA o de Magdala, santa. Mujer judía, una de las primeras discípulas de Jesucristo (s. I). Los Evangelios citan a tres mujeres identificables con ella: la pecadora pública (Lc. 7, 36-40), María de Betania, hermana de Lázaro (Lc. 10, 38-42, y Jn. 11, 1-44), y María de Magdala (Lc. 8, 2; Mt. 27, 56, y Jn. 20, 1-18). La tradición occidental las identifica en una sola persona. María, convertida por la predicación, se uniría a las Santas Mujeres, estando en momentos clave de la vida de Jesús, Pasión y Muerte, y es la primera a la que este se aparecería tras la Resurrección. Sobre su vida, después de Pentecostés, no se sabe nada, aunque hay una tradición que la sitúa en el desierto haciendo penitencia hasta su muerte.

MARÍA MANUELA de Portugal. Princesa de Asturias (Coimbra, 1527-Valladolid, 1545). Hija del rey de Portugal Juan III y de Catalina, hermana de Carlos V. En 1543 contrajo matrimonio en Salamanca con el futuro Felipe II y murió de parto al dar a luz a su hijo, el desdichado Carlos.

MARÍA TERESA de Austria. Reina de Francia (Madrid, 1638-Versalles, 1683). Hija del rey de España Felipe IV, se casó en 1660 con su primo hermano Luis XIV de Francia a instancia francesa, según lo acordado en la Paz de los Pirineos. La inconstancia del rey le impuso a María Teresa una vida de aislamiento y de tristeza que soportó con admirable resignación. Conmovido Luis XIV por sus virtudes, volvió de nuevo a ella, cuando una enfermedad la llevó rápidamente al sepulcro. Sólo tuvo un hijo, llamado el Gran Delfín. Aunque en las capitulaciones matrimoniales tuvo que renunciar a sus posibles derechos a la sucesión española, su marido Luis XIV se apoyó en ellos para imponer como rey de España a su descendiente Felipe de Anjou.

MARÍA TERESA de Habsburgo. Emperatriz de Alemania y reina de Hungría y de Bohemia (Viena, 1717-íd., 1780). Hija del emperador Carlos VI y de Isabel de Brunswick-Wlofenbüttel. Fue educada dentro de los cánones de la primera Ilustración y acudió a los consejos de ministros desde la edad de 15 años. Carlos VI la hizo reconocer heredera por las potencias, proclamando la Pragmática Sanción, que evitaba el fraccionamiento de los estados Habsburgo. Se casó en 1736 con Francisco Esteban, duque de Lorena, y después de la muerte de su padre, en 1740, combatió contra el rey de Prusia y los electores de Baviera y de Sajonia, que le disputaron la sucesión. Intervino en la guerra de los Siete Años (1756-1763) y, firmada la paz en 1763, cedió definitivamente Silesia a Prusia. Sólo gracias al apoyo inglés y a la fidelidad de sus súbditos húngaros pudo salvaguardar la Corona. Conseguida la paz, se consagró a la administración de sus estados, evitando nuevas amputaciones territoriales. Aunque de talante conservador, figura entre los más grandes soberanos ilustrados. Hizo concesiones de autogobierno a Hungría (1741) y reformó la administración y gobierno del resto de sus estados; con la ayuda de los ministros Haugwitz y Kaunitz, simplificó los organismos del estado central y disminuyó los poderes locales, realizó un catastro y reorganizó el ejército. En el tema religioso persiguió a judíos y protestantes, tendiendo también a disminuir la autonomía del clero y la autoridad de Roma. Intervino en el poder durante el reinado de su hijo José II, debido a las pocas capacidades que en él detectó. A José le dejó amplios poderes en ejército y diplomacia, intervención en los repartos de Polonia (1772) e intento de anexión de Baviera (1778-1779), pero le impidió su actuación en asuntos internos.

MARÍA VICTORIA. Duquesa de Aosta y reina de España (París, 1847-San Remo, 1876). Se casó con don Amadeo, llamado a ocupar el trono español en 1871, y se distinguió por sus virtudes. Tuvo tres hijos: Manuel, duque de Aosta; Víctor, conde de Turín, y Luis, duque de los Abruzzos. Animó a su marido a abandonar el trono de España, acompañándole en su vuelta a Italia, donde murió de tuberculosis.

MARIANA de Austria. Reina de España (Viena, 1634-Madrid, 1696). Era hija del emperador Fernando III y de la emperatriz María de Austria y se casó con su tío Felipe IV en 1649, a la muerte de la primera esposa de este, Isabel de Borbón. Del matrimonio nació el futuro Carlos II. Durante la regencia de la reina, tras la muerte del rey en 1665, actuó en el gobierno el padre Nithard, encontró la oposición de Juan José de Austria y asistió a la guerra de Devolución (1667-1668) con Luis XIV y a la firma del tratado de paz de Aquisgrán en 1668. Fernando Valenzuela consiguió el favor de la reina en 1673. En 1675 cesó en la regencia por la mayoría de Carlos II, pero influyó significativamente en su débil hijo hasta 1677, en que Juan José de Austria se hizo con el poder y la confinó en Toledo hasta 1679, en que murió este.

MARIANA de Neoburgo. Reina de España (Düsseldorf, 1667-Guadalajara, 1740). Era hija del duque de Baviera-Neoburgo, Felipe Guillermo, y fue elegida como segunda esposa de Carlos II debido a la fama de prolífica que tenía su familia. Ávida de dinero, llegó a la corte madrileña con la intención de enriquecerse, dejándose aconsejar por su camarilla, Enrique Wiser, fray Gabriel de la Chiusa, etc., enfrentándose con la reina madre, Mariana de Austria, y logrando la desaprobación de todos los españoles. Fue aliada del archiduque Carlos, como sucesor a la corona. Sin embargo, el dictamen del cardenal Portocarrero favoreció al príncipe de Baviera, José Fernando, pero, muerto este en 1699, se hizo necesaria una nueva designación. Nuevamente Portocarrero logró imponer su parecer sobre el rey moribundo, que nombró heredero a Felipe de Anjou. La reina salió de Madrid, vivió en Toledo (1701-1705) y en Bayona (1706-1738), volviendo a la corte tras la boda del rey con Isabel de Farnesio, sobrina de la reina, enferma ya mortalmente de gangrena seca.

MARIEMMA (Guillermina Martínez Cabrejas, llamada). Bailarina española (Valladolid, 1912). Sus padres, residentes en París, la llevaron a la edad de nueve años a la Escuela de Danza del Teatro de Chatelet. El maestro Francisco Miralles la inició en la enseñanza de la Escuela Bolera Española, y con el guitarrista Amalio Cuenca se introdujo en el baile flamenco. Completó su formación y conocimiento en la escuela de Isadora Duncan y de Martha Graham. En 1936 creó su primera coreografía, *El amor brujo,* de Manuel de Falla, presentada en el Teatro de la Ópera de Ruán y en la Ópera de Burdeos. En 1943 hizo su presentación profesional con un recital de baile español en el Teatro Español (Madrid), continuando sus recitales por España, Portugal y Marruecos, y en 1955 creó su propia compañía con el nombre de Mariemma Ballet de España. Tras crear su propia escuela de danza en 1960, fue nombrada, por el Ministerio de Información y Turismo, miembro del Consejo Superior del Teatro. En 1983 estrenó en el Teatro de la Zarzuela la obra *Ibérica,* aportando conceptos coreográficos innovadores. En 1969 entró a dirigir la sección de danza española en la Real Escuela Superior de Arte Dramático y Danza de Madrid, y en 1980 se convirtió en directora de dicha escuela. Un año más tarde, el rey Juan Carlos le impuso la medalla de oro de Bellas Artes. En septiembre de 1987 se le rindió un homenaje internacional en Pisa, siendo Mariemma una de las siete bailarinas elegidas mundialmente con el título de «divinas». A lo largo de su trayectoria artística también ha protagonizado y montado, entre otras, las obras: *El sombrero de tres picos* (1952), *Capricho español* (1952), *Voyage vers l'amour* (1958), *Carmen* (1966), *La vida breve* (1966), *El tricornio* (1973), *El amor brujo* (1976), *Bolero de Aranjuez,* sobre música de Ravel (1976); *Ballet vasco*, sobre música de Guridi (1979); *Fandango* (1979) y *Danza y tronío* (1981).

MARINA, doña. V. **MALINCHE.**

MARISCAL, Ana (Ana María Rodríguez Arroyo, llamada). Actriz y directora de cine española (Madrid, 1923-íd., 1995). Fue primera actriz del teatro nacional María Guerrero, donde triunfó con el drama *Dulcinea,* convirtiéndose luego en una de las grandes de la escena de la posguerra, y actuando principalmente en España y Argentina. Debutó en la pantalla con *El último húsar* (Marquina, 1940) y luego fue protagonista en *La florista de la reina* (Fernández Ardavín, 1941), a la que siguieron películas como *Raza* (Sáenz de Heredia, 1941), *Vidas cruzadas* (Marquina, 1942), *Pacto de silencio* (Román, 1949), *La princesa de los Ursinos* (Lucia, 1947), *La fuente enterrada* (Román, 1951), *Jeromín* (Buñuel, 1953), *Morena Clara* (Lucia, 1954), *El cinematógrafo 1900* (1979) y *El polizón de Ulises* (1987). En 1959 fundó una productora de cine y dirigió varios filmes, entre los que destacan: *Con la vida hicieron fuego* (1957), *La quiniela* (1959), *El camino* (1963) y *El paseíllo* (1968). Es autora, además, de los guiones de sus películas, de una extensa obra ensayística y de varias colecciones de poesías y novelas *(Hombres).*

MARISCAL DE GANTE Y MIRÓN, Margarita. Política y juez española (Madrid, 1954). Debutó en la magistratura de Aguilar de la Frontera, Córdoba, pasando después al distrito judicial de Aranjuez y posteriormente a Madrid. En 1990 fue elegida vocal del Consejo General del Poder Judicial, donde procuró mantener una imagen discreta, formando parte del sector de los magistrados más conservadores. En mayo de 1996, en el primer Gobierno formado por José María Aznar, tras la victoria relativa conseguida por el Partido Popular en marzo, fue designada para ocupar la titularidad del Ministerio de Justicia.

MARISOL. V. **FLORES, Josefa** o **Pepa.**

MARKOVA, Alicia (Alicia Marks, llamada). Bailarina británica (Londres, 1910). Formó parte del ballet ruso de S. Diághilev (1925-1929) y del Rambert Ballet Club (1930) y participó en la creación de los primeros ballets de F. Ashton y en el Vic Wells Ballet (1931-1935). Junto con A. Dolin fundó la compañía Markova-Dolin (1935-1939), y en EE. UU. actuó con el ballet ruso de Montecarlo (1938-1941) y con el Ballet Theater (1941-1946). En 1950 fundó una nueva compañía, junto con Dolin, el Festival Ballet, de la que fue primera bailarina hasta 1952. En 1963 dejó de bailar y se convirtió en directora del Metropolitan Ballet Opera de Nueva York, dedicándose posteriormente a la enseñanza.

MARRON, Marie Anne Carrelet de. Dramaturga y pintora francesa (Dijon, 1725-íd., 1778). Pintora de gran talento, algunas de sus obras se encuentran en Notre-Dame de Dijon. También diseñó y decoró porcelana, pero su actividad más famosa fue la literaria. A los 22 años comenzó a escribir obras en verso, que suman un total de ocho tragedias y dos comedias, de las que sólo se publicó *La condesa de Fayel* (1770), una tragedia de sociedad, que fue recibida con grandes críticas.

MARTA, santa. Personaje bíblico (s. I). Hermana de Lázaro y de María de Betania (v. María Magdalena). Acompañó a Jesús hasta el Calvario, y su actitud representa la fe religiosa activa, en contraposición a la contemplativa, simbolizada por su hermana María.

MARTÍN GAITE, Carmen. Escritora española (Salamanca, 1925). Se dio a conocer con *El balneario* (1955; premio Café Gijón), consolidándose posteriormente con *Entre visillos* (1958; premio Nadal), en la que describe las experiencias de unas jóvenes provincianas de clase media durante la España franquista. Martín Gaite, considerada una de las máximas exponentes de la narrativa española contemporánea, examina en sus obras la soledad humana y reivindica el lenguaje como el único instrumento que posibilita la integración del individuo en la colectividad social: *Retahílas* (1974), *Fragmentos de interior* (1978) y *El cuarto de atrás* (1978; premio Nacional de Literatura), su novela más conocida. La reflexión metanarrativa y autobiográfica dominan el discurso de *El cuento de nunca acabar* (1983) y *Desde la ventana* (1987), libros que se mueven continuamente entre la ficción y el ensayo. Completan su obra los textos de investigación histórica: *Usos amorosos del siglo XVIII español* (1972) y *Usos amorosos de la posguerra española* (1987), centrados en las costumbres sexuales de épocas pasadas; su drama *A palo seco* (1988); sus novelas *Caperucita en Manhattan* (1988), en la que explora la relación existente entre los motivos de los cuentos infantiles y la simbología hollywoodiense, que se vale de las claves de la literatura folletinesca, *Nubosidad variable* (1992), *La reina de las nieves* (1994) y *Lo raro es vivir* (1996); el ensayo *Agua pasada* (1993); y el volumen antológico *Al hilo de la cometa* (1995). El libro *Esperando el porvenir. Homenaje a Ignacio Aldecoa* (1994) recopila las cuatro conferencias dictadas por la autora en la Universidad de Salamanca sobre la vida y obra del escritor. En 1988 le fue concedido el premio Príncipe de Asturias de las Letras españolas y en 1994 el premio Nacional de las Letras.

MARTINEAU, Harriet. Economista, abolicionista y escritora británica (Norwich, 1802-Westmoreland, 1876). Martineau, considerada una de las primeras economistas políticas, sociólogas y periodistas británicas, se dio a conocer con *Rebelión* (1826), texto en el que defendió el liberalismo, las doctrinas económicas de T. Malthus, J. Mill y D. Ricardo, y a las clases trabajadoras. En 1830 ganó los primeros tres premios en un certamen de ensayos otorgado por The Central Unitarian Association. De 1832 a 1834 escribió *Aclaraciones sobre la economía política* y, en 1850, publicó *Historia de Gran Bretaña durante la paz de treinta años*. Abogó por la actividad de las mujeres en la industria, denunció la educación diferenciada según el sexo y luchó por la abolición de la esclavitud. Martineau fue una de las personalidades más consultadas en su época sobre materias sociales, económicas y políticas, y fue además autora de varias novelas y libros de relatos infantiles. Su *Autobiografía* fue publicada póstumamente en 1877.

MARTÍNEZ DE PERÓN, Isabel o **María Estela.** V. **PERÓN, María Estela Martínez de.**

MARTÍNEZ SIERRA, María. V. **LEJÁRRAGA GARCÍA, María de la O.**

MARTINS, María. Escultora, ceramista y grabadora brasileña (Campanha, 1900-Río de Janeiro, 1973). Cursó sus estudios en Río de Janeiro y, después de haber iniciado la carrera de piano, empezó a esculpir sobre madera en 1926. De 1936 a 1939 realiza en Japón sus primeras terracotas y cerámicas; habiéndose desplazado después a Bruselas, tiene ocasión de establecer contacto con el escultor Oscar Jespers. Su tema preferido es el cuerpo femenino, y formalmente sus obras tienen mucho que ver con la vegetación tropical de su país de origen. En 1942 expuso en Washington; en ese mismo año y los dos siguientes exhibe su obra en Nueva York, culminando esta rápida difusión con la muestra del Museum of Modern Art neoyorquino. En 1957 obtuvo el primer premio de escultura de la Bienal de São Paulo.

MARUOKA HIDEKO. Ensayista y activista política japonesa (Nagano, 1903-¿?, 1990). Su ensayo *Problemas de las mujeres agricultoras de Japón* (1937) es considerado como el primer estudio sistemático sobre la explotación de las mujeres campesinas japonesas. M. Hideko dirigió el movimiento de madres japonesas de la posguerra y fue la coeditora de los diez volúmenes publicados bajo el título de *Asuntos de la mujer japonesa contemporánea* (1976-1980).

MASINA, Giulietta. Actriz de cine italiana (Bolonia, 1920-Roma, 1994). Comenzó en el teatro y, tras participar en varios programas de televisión, debutó en el cine en 1946. Se consagró internacionalmente con la interpretación de su personaje de Gelsomina en *La strada* (1954), filme dirigido por su marido, F. Fellini, y con el que obtuvo el premio a la mejor interpretación femenina en el Festival de Cannes. Masina, actriz de extraordinaria sensibilidad y talento, protagonizó, además, *Il bidone* (1955), *Las noches de Cabiria* (1957; Oscar a la mejor interpretación femenina),

Julieta de los espíritus (1965) y *Ginger y Fred* (1986), todas de Fellini, y *La loca de Chaillot* (Forbes, 1970), entre muchas otras.

MASSANÉS I DALMAU, María Josefa. Poeta española (Tarragona, 1811-Barcelona, 1887). Formó parte del grupo de poetas que colaboró en la revista *La Violeta* y fue inspiradora de la Renaixença catalana. Escribió en castellano y catalán. Sus poemas están llenos de romanticismo, pero fueron evolucionando hacia el realismo: *Poesías* (1841), *Flores marchitas* (1850). Famoso y conocido es su poema *El beso maternal* (1837).

MASTRETA, Ángeles. Periodista mexicana (Puebla, 1949). Desde joven se dedicó al periodismo. Ha publicado poemas en revistas y periódicos. Su novela *Arráncame la vida* (1985) trata el tema de la revolución mexicana desde el punto de vista de una mujer conservadora. En su libro *Mujeres de ojos grandes* (1990) analiza la vida de las mujeres que esperan con ansiedad al hombre de su vida.

MATA-HARI (Margaretha Geertruida Zelle, llamada). Bailarina y espía holandesa (Leeuwarden, 1876-Vincennes, 1917). Considerada una de las figuras más enigmáticas del siglo XX, ha causado fascinación por el misterio que rodeó su vida. En 1906 se consagró como bailarina de danzas orientales en el Music Hall, el Olympia y el Casino de París, así como en otras capitales europeas. Trabó amistad con altas personalidades políticas de diversos países y, además, tuvo un sinnúmero de amantes célebres. Durante la Primera Guerra Mundial fue acusada de pertenecer al espionaje alemán, por lo que fue juzgada, condenada a muerte y fusilada a la edad de 41 años.

MATHIS, Edith. Soprano suiza (Lucerna, 1938). Estudió en el Conservatorio de Lucerna y pronto comenzó a intervenir en pequeños papeles en diversas óperas. Su primer éxito lo consiguió en el papel de Querubín en *Las bodas de Fígaro* (1962). A partir de entonces cantó en los principales teatros europeos las ópera de Mozart, de R. Strauss y de autores contemporáneos. En 1970 debutó con éxito en el Metropolitan de Nueva York. Además del repertorio operístico canta oratorios, cantatas y *lieder.* Es considerada una de las principales intérpretes de Mozart.

Mata-Hari

MATILDE o MAHAULT. Emperatriz de Alemania y reina de Inglaterra (Londres, 1102-Ruán, 1167). Hija del rey de Inglaterra Enrique I, se casó con el emperador de Alemania Enrique V. Viuda en 1125, volvió al lado de su padre, a quien sucedió en el trono de Inglaterra. Posteriormente contrajo matrimonio con Godofredo de Anjou, de quien tuvo al futuro rey de Inglaterra Enrique II. Fue Matilde la que defendió los derechos de su hijo a la corona británica.

MATILDE de Toscana. Duquesa de Toscana y de una parte de Lombardía (Canosa, h. 1046-Bondeno, 1115). Hija de Bonifacio II el Piadoso, apoyó al papa Gregorio VII contra Enrique IV de Alemania, y a su muerte legó al pontífice romano todos sus estados.

MATTO DE TURNER, Clorinda. Escritora peruana que utilizó ocasionalmente el seudónimo de Carlota Dumont (Cuzco, 1854-Lima, 1909). En 1887 regentó en Lima el salón literario más importante del s. XIX peruano, cuyas tertulias estuvieron siempre dirigidas por mujeres. Considerada una de las pioneras de la novelística peruana, M. de Turner cultivó además el relato, la crónica y el drama. Entre sus obras destacan: *Tradiciones cuzqueñas* (1884-1886) y *Aves sin nido* (1889), primera novela indigenista hispanoamericana publicada en la era contemporánea.

MATUTE, Ana María. Novelista española (Barcelona, 1926). La obra de Matute, considerada una de las aportaciones más significativas de la narrativa de posguerra, ha oscilado entre el retrato de la realidad histórica, la recreación imaginativa y la profundización en varios temas recurrentes: la injusticia, el paso de la infancia a la adolescencia, la denuncia social, etc. Entre sus novelas destacan: *Los Abel* (1948), *Pequeño teatro* (1954; premio Planeta), *Los hijos muertos* (1958; premio Nacional de Literatura), la trilogía *Los mercaderes,* considerada su mejor obra *(Primera memoria,* 1960; *Los soldados lloran de noche,* 1964; *La trampa,* 1969), y *Olvidado rey Gudú* (1996). En 1959 recibió el premio Nadal por *Primera memoria.* Es autora, además, de varios libros de cuentos para niños, entre los que destaca *Sólo un pie descalzo* (1983), por el que obtuvo el premio Nacional de Literatura Infantil y Juvenil. En 1996 recibió la medalla de oro a las Bellas Artes y fue elegida miembro de la Real Academia Española de la Lengua.

MAURA, Carmen. Actriz española (Madrid, 1945). Descendiente del político conservador Antonio Maura y Montaner, inició su carrera artística en el mundo del café-teatro y en giras europeas para emigrantes antes de acceder a un nivel superior, primero como intérprete de *Las manos sucias* y después en los montajes del Centro Dramático Nacional: *Abre el ojo, Noche de guerra en el museo del Prado, Tartufo* y *El proceso.* También ha actuado en televisión, tanto en series dramáticas como en el programa *Esta noche,* que la hizo muy popular entre el público. En cine fue la musa de Fernando Colomo en *Tigres de papel* (1977), *¿Qué hace una chica como tú en un sitio como este?* (1978) y *La mano negra* (1980), y de Pedro Almodóvar, desde su ópera prima, *Pepi, Luci, Bom y otras chicas del montón* (1980), y sucesivamente en sus filmes *Entre tinieblas* (1983), *¿Qué he hecho yo para merecer esto?* (1984), *La ley del deseo* (1987) y *Mujeres al borde de un ataque de nervios* (1988), por el que fue elegida mejor actriz del año en los premios del Cine Europeo y recibió el premio Nacional de Cinematografía en 1988. Especializada en el género de la comedia, también ha intervenido en filmes de José Luis García Sánchez *(El love feroz,* 1972), de Fernando Trueba *(Sé infiel y no mires con quién,* 1985) y de José Luis Borau *(Tata mía,* 1986), sin desdeñar algunas incursiones en filmes pertenecientes a otros géneros, como *Extramuros* (Picazo, 1985), *Bâton Rouge* (Moleón, 1988), *¡Ay, Carmela!* (1990), de Carlos Saura, por el que volvió a ganar el premio Nacional de Cinematografía (Goya), *Cómo ser mujer y no morir en el intento* (1991), de Ana Belén, *Le saut périlleux* (1992) y *Sombras en una batalla* (1993), de M. Camus; *El rey del río* (1994), de Manuel Gutiérrez Aragón, *El palomo cojo* (1995), de Jaime de Armiñán, *Le bonheur est dans le pré* (1995), de Etienne Chatiliez; *Amores que matan* (1995), de Chumilla Carbajosa, etc.

MAURIER, Daphne du. Novelista británica (Londres, 1907-condado de Cornwall, 1989). En 1931 publicó su primera novela, *Loving Spirit.* Escribió también novelas históricas, obras teatrales y una guía de Cornualles *(Vanishing Cornwall,* 1967). Su obra más importante es *Rebeca* (1938), llevada a la pantalla por A. Hitchcock con el mismo título en 1940 y con un gran éxito. Dentro de su producción novelística merecen citarse también: *Gerald, a Portrait* (1934), *Jamaica Inn* (1936), *The King's General* (1946), *The Parasites* (1949) y *The Scapegoat* (1957). En su teatro destacan: *The Years Between* (1945) y *September Tide* (1948). En sus obras los personajes están dotados de fuertes caracteres.

MAURY, Antonia. Astrónoma americana (Cold Spring on Hudson, Nueva York, 1866-Dobbs Ferry, Nueva York, 1952). De familia de científicos, su abuelo era el astrónomo Draper; recibió una educación orientada sobre todo al mundo de las ciencias. Sus estudios fueron en el Vassar College y tras ellos pasó a trabajar en el observatorio de la Universidad de Harvard, dedicándose allí a la investigación, centrada en el estudio de las estrellas, de las que llevó a cabo un catálogo.

MAYER, Maria Goeppert. Física estadounidense de origen alemán (Katowitz, 1906-San Diego, California, 1972). Estudió en la Universidad de Gotinga, y en 1930 se trasladó a Estados Unidos, donde trabajó en las universidades Johns Hopkins, Chicago, Columbia y California. En 1963, en unión de los profesores H. D. Jensen y E. P. Wigner, recibió el premio Nobel de Física por sus estudios sobre la estructura nuclear. Es autora de *Mecánica estadística* (1940) y *Teoría elemental de la estructura nuclear en capas.*

MAYOR o MUNIA. Condesa de Castilla y reina de Navarra (m. h. 1052). Primogénita del conde Sancho Garcés de Castilla y casada con Sancho III de Navarra, a la muerte de su hermano, García Sánchez, heredó Castilla (1028), cediendo el gobierno a su marido. Tras enviudar en 1032, siguió viviendo en Navarra y luego pasó a Castilla (1045), con su hijo Fernando I, donde murió.

MCCARTHY, Mary. Escritora estadounidense (Seattle, Washington, 1912-Nueva York, 1989). La agudeza de sus crónicas y ensayos literarios hicieron de esta escritora una de las primeras figuras de la vida intelectual estadounidense. Su primera novela, *The Company She Leeps* (1942), insinuaba ya el universo imaginario de su narrativa posterior, pero no fue hasta la publicación de *The Groves of Academe* (1952), relato satírico sobre un colegio de mujeres, cuando logró darse a conocer. La celebridad internacional, alcanzada en 1963 con la novela *The Group*, vino a confirmarse en la excelente versión cinematográfica de la misma. Las desventuras de ocho alumnas del Vassar College, en plenos años treinta, permiten a la autora hacer uso de un refinado sentido del humor, a la vez que presentar, con cierta irónica crueldad, los pormenores del rito de una graduación. La toma de conciencia de la intelectualidad estadounidense frente al drama del pueblo vietnamita fue el móvil principal de dos de sus libros más comprometidos, *Vietnam* (1967) y *Hanoi* (1968), reportajes periodísticos en los que denunciaba las atrocidades derivadas de esta guerra. Fue autora, además, de *A Charmed Life* (1955), *Sights and Spectacles* (1957), recopilación de artículos de 1937 a 1956, *On the Contrary* (1961), *The Writing of the Wall* (1970), *Ideas and the Novel* (1980), *Occasional Prose* (1985) y su autobiografía *How I Grew* (1987).

MCCLINTOCK, Barbara. Bióloga estadounidense (Hartford, Connecticut, 1902-Huntington, Nueva York, 1992). Fue premio Nobel de Fisiología y Medicina en 1983. Recibió este premio 30 años después de que publicara los resultados de sus estudios sobre los elementos genéticos móviles del maíz, contribuyendo al avance de la biología molecular. B. McClintock fue la tercera mujer en recibir un premio Nobel de Medicina y la primera que lo ganó a título individual.

MCLEOOD BETHUNE, Mary. Educadora estadounidense (Mayesville, 1875-Daytona Beach, 1955). Luchó por los derechos civiles de la raza negra y de otras minorías. En 1904 fundó el Instituto Industrial para el Entrenamiento de Jóvenes Negras de Daytona, y en 1935 el Consejo Nacional de Mujeres Negras. De 1936 a 1944 fue directora de la Administración Nacional de Jóvenes y consejera especial del presidente Franklin D. Roosevelt en temas afroamericanos.

MEAD, Margaret. Antropóloga estadounidense (Filadelfia, 1901-Nueva York, 1978). Estudió psicología y antropología en la Universidad de Columbia, por la que se doctoró en 1929, y donde, posteriormente, fue profesora de Etnología. Colaboró en el Departamento de Psiquiatría de la Universidad de Cincinnati y fue conservadora de Etnología del Museo de Historia Natural de Nueva York. En 1928 su primera obra, *Coming of Age in Samoa*, se convirtió en un auténtico *best-seller*, y ella en una celebridad internacional. Mead realizó un gran número de trabajos de campo en Oceanía, sobre todo en Nueva Guinea, Samoa y Bali, para investigar los comportamientos en las sociedades primitivas, en particular el temperamento y el sexo, y también estudió los hábitos sociales en la moderna sociedad estadounidense. Fue galardonada en 1971 con el premio Kalinga por sus aportaciones al campo de la etnología. Entre sus publicaciones destacan, además, *Keep Your Power Dry* (1943), *Male and Female* (1949), *New Lives for Old* (1956) y *Family* (1965).

MEDIO, Dolores. Escritora y periodista española (Oviedo, 1912-íd., 1996). Trabajó como maestra, y después de trasladarse a Madrid (1953) se dedicó al periodismo y la literatura. Obtuvo fama nacional con su novela *Nosotros, los Rivero* (1953; premio Nadal), retrato de la burguesía asturiana, y con los relatos recopilados en *Andrés* (1963; premio Sésamo). Su obra se ha caracterizado por un marcado componente testimonial y por la abundancia de personajes melancólicos y frustrados. Es autora, además, de *Diario de una maestra* (1961), *El urogallo* (1982) y de varias biografías.

MEINHOF, Ulrike. Revolucionaria alemana (Oldenburg, 1934-Stuttgart, 1976). Destacó como activista en los movimientos de protesta de 1968, colaborando además en importantes publicaciones de extrema izquierda. En 1968 conoció a A. Baader, con quien crearía la Rote Armee Fraktion (Fracción del Ejército Rojo), más conocida por banda Baader-Meinhof, organización que propugnaba la lucha armada como única vía para destruir la sociedad neocapitalista. En 1970 dirigió en Berlín la operación que consiguió la liberación de Baader, acusado de colocar bombas en varios almacenes, y tras participar en varios atentados terroristas, fue detenida y encarcelada en 1972. En 1976 apareció ahorcada en su celda, en circunstancias no aclaradas.

MEIR, Golda. Política israelí de origen ucraniano (Kiev, 1898-Jerusalén, 1978). Su nombre verdadero era Golda Mabovitz. De familia judía, Meir fue educada en EE. UU., donde llegó a la edad de ocho años. Se adhirió al movimiento sionista desde muy temprana edad, y en 1921 se trasladó a Palestina, donde posteriormente cambiaría su apellido por Meir. Fue embajadora en Moscú (1948-1949), ministra de Trabajo y de Asuntos Sociales (1949-1956) y ministra de Asuntos Exteriores (1956-1966). En 1969 fue elegida primera ministra de Israel y, tras el enfrentamiento árabe-israelí de 1973 y el descalabro militar con que se cerraba la conflagración, se convirtió en blanco de todas las críticas de la oposición, por lo que presentó la dimisión y se retiró de la política activa en 1974.

Golda Meir

MEITNER, Lise. Física sueca, de origen austriaco (Viena, 1878-Cambridge, 1968). Estudió en Alemania y en Austria y fue directora de la sección de física del instituto Kaiser Wilhelm y profesora de Física de la Universidad de Berlín, además de ayudante de investigación de M. Planck, M. Siegbah y O. Hahn. Siendo una de las figuras más importante de la física moderna, le fue injustamente negado el premio Nobel de Química de 1944, otorgado al químico alemán O. Hahn, a pesar de sus largos años de colaboración con este en el descubrimiento de la fisión nuclear. Recibió cinco doctorados *honoris causa* y varias condecoraciones, como la medalla de oro Max Planck (1949), el premio Otto Hahn de Física y Química (1955) y el premio Enrico Fermi (1966). Abogó toda su vida por la utilización pacífica de la energía atómica.

MELLER, Raquel (Francisca Marqués López, llamada). Cantante española (Zaragoza, 1888-Barcelona, 1962). Recorrió triunfalmente los principales escenarios de Europa y América, llevando el calor y la emoción de la canción genuinamente española. Consiguió grandes éxitos en París a partir de 1930 y se convirtió en una de las estrellas del Palace. Actuó también en el cine en las películas *Violetas imperiales, Carmen* y otras.

MEMBRIVES, Lola (Dolores Membrives, llamada). Actriz argentina (Buenos Aires, 1888-íd., 1969). Fue una de las máximas figuras del teatro hispánico que representó en los principales escenarios de Europa y América, obteniendo grandes éxitos, especialmente como intérprete de obras españolas, y, con mayor asiduidad, las de Jacinto Benavente *(La malquerida, Señora ama*, etc.). Junto con Margarita Xirgu, está considerada una de las más destacadas intérpretes del teatro de García Lorca. En 1956 le fue concedida una medalla especial del Círculo de Bellas Artes de Madrid, como intérprete del teatro benaventino, y en 1961 la medalla del Mérito al Trabajo, en España. En 1962 fue elegida miembro del Instituto de Cultura Hispánica. En 1964 se le rindió un homenaje en Madrid con motivo de su despedida de la escena española, y fue nombrada presidenta de honor de la cátedra Tirso de Molina. Poseyó también las condecoraciones españolas de Isabel la Católica y Alfonso X el Sabio.

MENCHÚ TUM, Rigoberta. Líder indigenista guatemalteca (Chimel, San Miguel

Rigoberta Menchú

de Uspantán, 1959). Esta mujer maya-quiché constituye el símbolo de resistencia de todos los grupos indígenas de Guatemala. Hija de un campesino, fue testigo del asesinato de su hermano de 16 años, víctima de terratenientes que querían despojar a los indígenas de sus terrenos. Este crimen, junto con la actuación social de su padre, Vicente Menchú, y de numerosos vecinos del barrio, constituyeron el primer motivo de concienciación social por parte de Rigoberta. En 1980 su padre murió carbonizado en la Embajada de España en Guatemala durante el asalto policial lanzado contra esta sede diplomática. Es entonces cuando Rigoberta se compromete de lleno en la lucha, denuncia y reivindicación de los derechos humanos de la población guatemalteca y en especial de los pueblos indígenas, decisión que le costó numerosas amenazas y persecuciones, y finalmente el exilio en 1981. En 1982 se convirtió en la primera indígena en participar en la formación del Grupo de Trabajo sobre Poblaciones Indígenas en la ONU, y, en 1983, publicó su libro autobiográfico *Me llamo Rigoberta Menchú y así nació mi conciencia.* En 1992 le fue concedido el premio Nobel de la Paz por su trabajo en favor de la justicia social y la reconciliación entre los diferentes grupos étnicos de Guatemala.

MÉNDEZ, Concha. Poeta española (Madrid, 1898-México, D. F., 1986). Mantuvo amistad con el grupo de poetas del 27. Su primera obra, *Inquietudes* (1926), se inscribe en una clara influencia juanramoniana. Viajó a Londres e Hispanoamérica, donde conoció a Alfonsina Storni. Participó activamente, a su regreso a Madrid, en el Lyceum Club Femenino. Se casó con el poeta Manuel Altolaguirre, con quien colaboró en las actividades editoriales en la Imprenta Sur, donde se publicaron revistas y obras de autores de la generación del 27. Sus obras más importantes son: *Surtidor* (1928), *Canciones de mar y tierra* (1930) y *Vida a vida* (1932). Publicó obras teatrales: *El personaje presentido* y *El ángel cartero* (1931). Después de la guerra civil se exilió en París y más tarde en Cuba y México.

MENDIETA, Ana. Artista cubana (1948-1985). Utilizó por primera vez la sangre en un espectáculo de *performance* en el que protestaba contra la violación de las mujeres. Con posterioridad comenzó a plasmar las huellas de su cuerpo de poco más de metro y medio en la tierra de los alrededores de Ohio City, de México y de otros lugares, silueteándolas con pólvora encendida, guijarros, flores, fuegos artificiales, o bien envolviéndose en tiras de tela y haciéndose enterrar en barro y piedra. Su obra dio lugar a vigorosas identificaciones entre la mujer y la tierra: *Sin título* (serie de siluetas, 1977).

MENDOZA DE LA CERDA, Ana. V. **ÉBOLI, princesa de.**

MENDOZA DE VIVES, María. Escritora española (Ardales, Málaga, 1819-íd., 1894). Colaboró en revistas tan importantes como *El Guadalhorce* y *La Alhambra*, de Málaga. Se marchó a Barcelona y siguió colaborando en la prensa de esta ciudad. Participó junto con otras mujeres en el inicio del movimiento literario feminista. Publicó, entre otras obras, *Un velatorio* y *Recuerdos de Andalucía*, que obtuvo el premio de la Asociación Literaria de Barcelona. Fue académica de las Buenas Letras de Barcelona y socia de mérito de la Filomática. Algunas de sus obras son: *Quien mal anda mal acaba, La pubilla* y *Ferrero;* obras poéticas: *Flores de otoño, Las serpientes del rey* y *Una Inés por otra Inés.*

MENÉNDEZ PIDAL, Jimena. Profesora española (Madrid, 1901-íd., 1990). Fue hija del filólogo e historiador Ramón Menéndez Pidal. Vinculada desde su niñez al Instituto-Escuela de la Institución Libre de Enseñanza, estuvo casada con el físico Miguel Catalán y fue a lo largo de su vida la colaboradora más cercana de su padre; este le dedicó la hermosa *Flor nueva de romances viejos* (1928), atendiéndole sobre todo a raíz de la muerte de su madre, María Goyri (1954), y de su propia viudez (1957). Fundadora y directora hasta su muerte del colegio Estudio, heredero del Instituto-Escuela, en el que impartió una enseñanza de corte profundamente liberal, es autora de *Auto de Navidad* (1965).

MENESES, Juana Josefa de. Escritora española (Lisboa, 1651-Madrid, 1709). Fue la tercera condesa de la Ericera y publicó obras en prosa y en verso. Entre ellas destacan: *Octavas castellanas, Despertador del alma al sueño de la vida* (1695), las tragedias *Dividido imperio de amor* y *El duelo de las finezas,* y dos autos sacramentales. También realizó traducciones del francés y tiene una importante obra poética manuscrita.

MENKEN, Adah Isaacs (Dolores Adiós Fuertes, llamada). Actriz y amazona estadounidense (Nueva Orleans, 1835-París, 1868). Menken, que poseía una excelente educación y conocía varios idiomas, debutó en 1855 como bailarina en el French Opera House de Nueva Orleans, y posteriormente como actriz teatral en Nueva York con *La dama de los leones, Fazio* y *La hija del soldado.* Años más tarde se convirtió en amazona, alcanzando gran renombre en EE. UU. y en Europa con su número ecuestre que ejecutaba sobre un caballo blanco y vestida con una malla semitransparente.

MERCÉ, Antonia. V. **ARGENTINA, La.**

MERCEDES de Orleans. V. **MARÍA DE LAS MERCEDES de Orleans.**

MERCOURI, Melina (Maria Amalia Mercouri, llamada). Actriz y política griega (Atenas, 1923-Nueva York, 1994). Excelente actriz dramática, se reveló en *Stella* (1955), de M. Cacoyannis, y posteriormente se convirtió en la intérprete preferida de J. Dassin, con el que se casó en 1966: *El que debe morir* (1956), *La ley* (1958), *Nunca en domingo* (1960), *Fedra* (1962), *Topkapi* (1964), *Las diez y media de una noche de verano* (1966), *Promesa al amanecer* (1970) y *Gritos de pasión* (1978). En 1967 fue privada de la nacionalidad griega por sus actividades políticas fuera del país contra la dictadura y la recobró al subir Karamanlis al poder. Miembro del Partido Socialista griego, fue elegida diputada por el Pireo en 1977 y nombrada ministra de Cultura (1981-1989). Ha escrito *Nací griega* (1972).

MERIAN, María Sybilla. Pintora y entomóloga alemana (Frankfurt, 1647-Amsterdam, 1717). De familia de pintores, se casó con el también pintor André Graff en 1665. Pero le abandona y se traslada primero a Frankfurt y luego a Amsterdam. En 1698 entró a formar parte de los gabinetes de Historia Natural de la ciudad y marchó a Surinam acompañando a sus hijos, donde dibujó gran cantidad de especies animales y vegetales. Publicó las siguientes obras: *Der Raupen wunderbare Verwandlung* (Historia de los insectos de Europa, 1679-1683), *Florum Fasciculi III ad vivum depicti* (1690) y *Metamorphosis insectorum Surinamensium* (1706).

MERNISSI, Fátima. Ensayista y activista feminista marroquí (Fez, 1941). Considerada una de las figuras más relevantes del movimiento feminista islámico actual, Mernissi defiende la tesis de que el sometimiento de la mujer musulmana no se deriva del Corán, sino de la lectura malintencionada que de este se ha hecho. Ha realizado numerosos estudios sobre la condición de la mujer marroquí basados en testimonios orales y en la cultura popular de su país. Entre sus publicaciones destacan: *El harén político* (1987), *Sexo, ideología e islam* (1983) y *Marruecos a través de sus mujeres* (1990).

MÉRODE, Cléo de (Cléopâtre Diane, llamada). Bailarina francesa, de origen belga (Bruselas, 1875-París, 1966). Ingresó en el Conservatorio de Danza de la Ópera de París a los 13 años. Su precoz personalidad llamó la atención de reputados coreógrafos, que crearon para su exclusivo lucimiento numerosos ballets. Alcanzó gran popularidad, contando entre sus más fervientes admiradores al rey Leopoldo II de Bélgica, con el que se le atribuye un idilio, y realizó numerosas giras artísticas por Europa y América. Impuso la moda del peinado con raya central y dos bandas que cubrían las orejas, que recibió su nombre. Publicó su autobiografía con el título *El ballet de mi vida* (1955).

MESALINA, Statilia. Emperatriz romana (n. 35). Fue la tercera esposa de Nerón (66), el cual mató a su primer marido, Ático Vestino, para casarse con ella. Repudiada por Nerón, fue, tras su muerte, amante del emperador Otón.

MESALINA, Valeria. Emperatriz romana (15-48). Era hija de Valerio Mesala y fue la tercera esposa del emperador Claudio I. Después de ser madre de Británico y de Octavia llevó una vida de vicio y desenfreno que fue el escándalo de Roma. Intervino activamente en las tareas de gobierno, siendo pieza fundamental en la elaboración de los censos del estamento senatorial y en el establecimiento de la administración de los libertos. Cuando el emperador se hallaba fuera de Roma, en la supervisión de las obras del puerto de Ostia, Mesalina aprovechó para casarse con Cayo Silio, en medio de una gran orgía, sin haber redactado repudio o haberse realizado un divorcio previo, celebrándose la ceremonia y festejo en los famosos jardines de Valerio Asiático. Claudio, avisado por Calpurnia, confió su venganza a los pretorianos y Mesalina fue degollada por un soldado. Su persona ha llegado a nuestros días como ejemplo de la ninfomanía y la infidelidad conyugal.

METTERNICH-WINNEBURG, Paulina. Dama húngara (Viena, 1836-íd., 1921). Su nombre era Sandoz de Slavnicza, que cambió al casarse con el príncipe Ricardo de Metternich. Este fue nombrado embajador en París (1858), donde ella tuvo gran influencia, pues mantuvo una estrecha amistad con la emperatriz Eugenia. A su importante salón de París acudían artistas y políticos y en él desarrolló un destacado papel de mecenazgo. Entre sus protegidos estuvieron Wagner, Gounod y Liszt. De regreso a Viena, en 1870, continuó con sus relaciones con el mundo de las letras y las artes. Escribió unas memorias: *Recuerdos de infancia y de juventud* (1924) y *Ráfagas del pasado, 1859-1870* (1922).

METZGER, Elena. Científica francesa (Chatou, 1889-camino de Auschwitz, 1944). Su nombre era Bruhl. Pertenecía a una familia judía muy culta que le dio una buena educación. Consiguió un diploma en estudios superiores de física en la Sorbona (1912). Viuda del historiador Metzger (1914), se dedicó por entero a la investigación de la historia de las ciencias y leyó su tesis en 1918. Después comenzó sus trabajos sobre epistemología y filosofía de las ciencias. Sus trabajos estaban orientados a demostrar que en cada época hay una gran relación entre los diversos campos del saber, la cultura y la política. Abandonó París a la entrada de los nazis y se instaló en Lyon, pero fue arrestada y conducida a Auschwitz, muriendo en el camino. Su hermano publicó sus últimos trabajos: *La ciencia, la llamada de la religión y la voluntad humana* (1954).

MICHAELIS, Carina. Escritora danesa (Randers, 1872-Copenhague, 1952). Abandonó los estudios de música para dedicarse a la literatura. Sus obras están llenas de colorido e ingenuidad. Consiguió un notable éxito con la publicación de la novela *La edad peligrosa*, que mereció una elogiosa crítica. Las protagonistas de sus novelas nos muestran el perfil humano y real de las mujeres de los países nórdicos: *Pobres de espíritu*, *El hijo* y *Gida*, entre otras.

MICHAËLIS DE VASCONCELOS, Carolina. Ensayista y filóloga alemana (Berlín, 1851-Oporto, 1925). Desde su juventud se dedicó al estudio de las lenguas y literaturas románicas, clásicas, eslavas y semíticas. Entró en relación, después de trabajar como intérprete, con literatos portugueses, y contrajo matrimonio con Joaquim de Vasconcelos (1876), a quien había conocido a través de una correspondencia científica. Se trasladó a vivir a Oporto y, desde entonces, se dedicó al estudio e investigación sobre todo lo relacionado con la literatura y costumbres portuguesas. Enseñó, desde 1911, en la Universidad de Lisboa y después en la de Coimbra, cosa excepcional en aquella época por ser mujer. Colaboró con numerosas fundaciones e instituciones. Fue hecha doctora *honoris causa* por las universidades de Friburgo, de Coimbra y de Hamburgo. El gobierno portugués, para premiar sus valiosos méritos, le concedió la medalla de Santiago (1901). Ha recibido premios y reconocimiento internacional. Sus obras más importantes se centran en la literatura española y portuguesa: *Romancero del Cid*, *Tres flores del teatro antiguo español*. Editó el famoso *Cancionero de Ajuda*, conjunto de poesías de la literatura portuguesa.

MICHEL, Clemence Louise. Anarquista francesa (Vroucourt-la-Côte, 1830-Marsella, 1905). En 1870 se afilió a la Internacional y participó activamente en la Comuna de París como miembro del comité de Montmartre. Acusada de querer matar a Thiers, fue deportada a Nueva Caledonia (1871). En 1880 le concedieron la amnistía y regresó a Francia, donde se convirtió en una importante dirigente y teórica del anarquismo revolucionario francés, lo que le valió nuevamente algunos encarcelamientos (1883, 1886). Creó la Liga internacional de mujeres revolucionarias contra la guerra. Entre sus publicaciones destacan: *Mémoires* (1886) y *La Commune, histoire et souvenirs* (1898).

MIGENES-JOHNSON, Julia. Soprano estadounidense de ascendencia greco-puertorriqueña (Nueva York, 1948). Debutó de niña en *shows* televisivos, formando pareja con su hermana con el nombre de Migenes Kids. Más tarde estudió canto en Nueva York, representando papeles en comedias musicales y en la ópera. Paralelamente, trabajaba en la Ópera de San Francisco y en Houston, debutando en el Metropolitan de Nueva York en 1981 con *Lulú*, de Berg, haciéndose mundialmente famosa por su interpretación de la *Salomé*, de Strauss, en Ginebra. Protagonizó el filme sobre la ópera *Carmen*, de Bizet (Francesco Rossi, 1984).

MILADINOVA, Alexieva Tsarevna. Feminista y pedagoga búlgara (Struga, Macedonia, 1856-¿?, 1934). Estudió en Rusia. De regreso a su país se dedicó a la enseñanza y fundó el primer colegio para niñas. Se dedicó a la defensa del feminismo, siendo su principal introductora en Bulgaria.

MILLER, Agatha. V. **CHRISTIE, Agatha.**

MILLET, Kate. Feminista y crítica literaria estadounidense (Minnesota, 1934). En los años setenta, su libro *Política sexual* se convirtió en el eje teórico del movimiento feminista estadounidense. En él Millet denunció el sexismo existente en la literatura y estableció una estrecha relación entre los conceptos de sexo, poder político e ideología patriarcal. Es autora, además, de las novelas *Sita* (1977) y *The Loony Bin Trip* (1991).

MINNELLI, Liza. Actriz y cantante estadounidense (Hollywood, 1946). Hija del director cinematográfico Vincente Minnelli y de la también actriz Judy Garland. Comenzó su carrera como actriz infantil, pero pronto se convertiría en la intérprete preferida de muchos realizadores. Entre sus películas destacan: *Charlie Bubbles* (Finney, 1968), *El cuco estéril* (Pakula, 1969) y *Cabaret* (Fosse, 1972), por la que obtuvo el Oscar a la mejor actriz. Ha protagonizado otras películas, pero sus mayores éxitos los ha obtenido en el mundo de la canción.

MIRABAI. Poeta y princesa hindú (ss. XV-XVI). De familia aristocrática, se casó con el rey de Udaïpur, pero no tardó en dejar a su marido, preocupada por asuntos religiosos. Con su gurú, es expulsada de la corte y se refugia en las colinas de Vrindâvan, donde murió a edad avanzada. Escribió un gran número de *pada* o *pads*, poemas cortos destinados a recitar con música, escritos en lengua hindi, dialecto brâj o bharajaní. Sus cantos en honor de Krishna son muy apreciados entre sus devotos.

MIRANDA, Carmen (Maria do Carmo Miranda da Cunha, llamada). Bailarina, cantante y actriz de cine brasileña de origen portugués (Oporto, 1909-Los Ángeles, 1955). Su familia se trasladó a Brasil y allí desde muy joven se dedicó a la canción. Alcanzó fama internacional interpretando películas musicales donde bailaba samba y mambo. Miranda aparecía en público bajo una auténtica coraza de collares, inmensos pendientes y la cabeza coronada por un extravagante tocado compuesto principalmente de flores y plátanos. En los años cuarenta trabaja al mismo tiempo en Broadway, en un cabaret y rodaba películas. Esta vida frenética la llevó a las crisis nerviosas y a una prematura muerte. Fue enterrada de forma multitudinaria en Río de Janeiro. Su éxito fue orquestado por el gobierno estadounidense al que interesaba atraerse a los países de América del Sur. Entre su filmografía destacan: *Aquella noche en Río* (Cummings, 1941), *A La Habana me voy* (Lang, 1942), *Something for the Boys* (Seiler, 1944), *Copacabana* (Green, 1947) y *Una herencia de miedo* (Marshall, 1953).

MIRANDA, Lucía. Heroína española en América (n. Écija, s. XVI). En 1531 se hallaba en territorio de La Plata con su marido Sebastián Hurtado y despertó el amor de los caciques timbúes Mangoré y Siripo. Mangoré atacó a los españoles para raptarla y murió en el ataque. Quedó Miranda en poder de Siripo, que se casó con ella. Hurtado, que se hallaba ausente cuando el ataque, se constituyó prisionero de los indios, para estar cerca de Lucía. Aunque prometieron no tratarse, Siripo los sorprendió juntos y los hizo ejecutar. Se ha discutido la verdad de estos hechos, contados por primera vez en *La Argentina,* de Ruy Díaz de Guzmán. De todos modos, han dado origen a novelas y dramas.

MIRIAM. Mujer israelita de la tribu de Leví, hermana mayor de Moisés y Aarón. Según el relato del *Éxodo,* contaría unos diez años de edad cuando salvó a Moisés. Se las ingenió para que su propia madre fuese escogida como nodriza para el niño por la hija del faraón. Después del paso del mar Rojo, contando más de 90 años de edad, fue animada del espíritu profético y compuso el cántico que lleva su nombre. Murió, y fue sepultada, en Cadés, al sur del lago Asfaltites.

MIRÓ, Pilar. Directora de cine española (Madrid, 1940-íd., 1997). Tras cursar estudios de derecho y periodismo, se licenció, en 1968, en la Escuela Oficial de Cinematografía, en la especialidad de guión. Comienza trabajando como guionista para Televisión Española, convirtiéndose, en 1983, en la primera directora general de Cinematografía y, de 1986 a 1989, en directora general de Radiotelevisión Española. En su filmografía como realizadora destacan los siguientes títulos: *La petición* (1976), *El crimen de Cuenca* (1979), *Gary Cooper que estás en los cielos* (1981), *Hablemos esta noche* (1982), *Werther* (1986), *Beltenebros* (1991), *El pájaro de la felicidad* (1993), *Tu nombre envenena mis sueños* (1996) y *El perro del hortelano* (1996), con la que obtuvo siete premios Goya. También ha dirigido algunas obras de teatro *(El anzuelo de Fenisa,* 1997) y representaciones de ópera *(Lucía de Lammermoor,* 1994).

MISTINGUETT (Jeanne Bourgeois, llamada). Actriz francesa de *music-hall,* teatro y cine (La Pointe-Raguet, Montmorency, 1875-Bougival, 1956). Mistinguett obtuvo rotundos éxitos en el Moulin Rouge, club del que fue propietaria durante algún tiempo, el Folies-Bergère y el Casino Royal. Formó pareja con prestigiosos artistas, especialmente con Maurice Chevalier, con quien creó varias revistas musicales de gran importancia. Las canciones *C'est mon homme* (1920), *J'en ai marre* (1921) y *En douce* (1922) le otorgaron una inmensa popularidad. En 1949 se despidió de la escena y en 1954 publicó sus memorias bajo el título de *Toda mi vida.*

MISTRAL, Gabriela. Seudónimo de la escritora chilena Lucila Godoy Alcayaga (Vicuña, 1889-Nueva York, 1957) con el que reflejó su admiración por los poetas Gabriele d'Annunzio y Frédéric Mistral. Considerada una de las más importantes poetas hispanoamericanas, G. Mistral ha sido elogiada además como una de las figuras más relevantes de las letras mundiales. Sus primeros versos, que aparecieron recogidos bajo el título de *Desolación* (1922), tuvieron por tema un trágico y frustrado amor que, una vez sublimado, se transformó en una honda y patética ternura hacia los más débiles y desprotegidos. Su siguiente libro, *Tala* (1938), tradujo poéticamente su profundo amor por las

Gabriela Mistral

tierras chilenas. Aprovechó además las premisas del posmodernismo poético para manifestar la problemática de las mujeres y poetizar la vida popular y cotidiana. Concorde con sus ideas fue su enérgica actividad pedagógica, desde su modesto comienzo como maestra rural hasta la brillante labor desplegada en Santiago de Chile, EE. UU. y México, donde, junto con Vasconcelos, reorganizó la enseñanza pública. Desempeñó varios cargos consulares en Madrid, Lisboa, Petrópolis (Brasil), Los Ángeles y Rapallo (Italia). Entre sus poemas posteriores destacan *Ternuras* (1924), recopilación de canciones para niños, y *Recados contando a Chile,* publicados póstumamente en 1966. Su prosa, aunque menos conocida, tiene momentos de brillantez insuperables, como bien lo demuestran sus artículos periodísticos y la *Oración de la maestra.* En 1945 fue galardonada con el premio Nobel de Literatura.

MITCHEL, Juliet. Feminista y teórica política británica (n. 1940). Influida por las teorías de L. Althuser, los escritos de F. Fanon y las investigaciones feministas, Mitchel escribió *Women: the Longest Revolution* (1966), que abrió el camino para los posteriores estudios sobre la opresión de las mujeres y que se ha convertido en uno de los textos fundamentales del movimiento feminista. Militante de la Nueva Izquierda, desde los años setenta está estrechamente vinculada al psicoanálisis y, al igual que M. Montrelay, L. Irigaray y H. Cixous, defiende las ideas poslacanianas sobre la necesidad de desarrollar políticas radicales que tomen en cuenta las teorías del deseo y del inconsciente.

MITCHELL, Joan. Pintora estadounidense (Chicago, 1926). Mitchell, como todos los artistas implicados en el expresionismo abstracto, se identificó en el proceso de generar imágenes de la naturaleza, siendo las referencias atmosféricas y de paisajes las notas más sobresalientes de su obra. Realizó un sinnúmero de exposiciones particulares y colectivas, tanto en EE. UU. como internacionalmente, y sus pinturas figuran en el Museo de Arte Moderno de Nueva York, el Whitney Museum de Nueva York, el Art Institute de Chicago y la Phillips Gallery of Art de Washington. Entre sus obras destacan: *Sin título* (1950), *Sección transversal de un puente* (1951) y *Field Series* (1971-1972).

MITCHELL, Margaret. Escritora estadounidense (Georgia, 1900-íd., 1949). Alcanzó un éxito sensacional con su única novela, *Lo que el viento se llevó,* publicada en 1936 y llevada posteriormente a la pantalla. Obra voluminosa que describe los campos del sur de EE. UU., la guerra de Secesión, la vida de los negros, etc. Se tradujo a varios idiomas, se le otorgaron varios premios e hizo rica y famosa a su autora, pues, sólo en 1943, se vendieron en EE. UU. cuatro millones de ejemplares.

MITCHELL, Maria. Astrónoma estadounidense (Nantucket, Massachusetts, 1818-íd., 1889). Desde muy joven mostró grandes dotes para el estudio de las ciencias. Fue nombrada a los 17 años bibliotecaria del Athenaeum de su ciudad. En 1817 descubrió un cometa y, al poco tiempo, fue nombrada catedrática de Astronomía del Vassar College y se le confió la dirección del Observatorio de Pughkepsie. Publicó numerosos trabajos sobre las nebulosas, las manchas del Sol y los satélites de Júpiter. Recibió, en el año 1847, la medalla de oro del Reino de Dinamarca.

MIYAMOTO, Yuriko. Novelista japonesa (Tokio, 1899-íd., 1951). Su verdadero nombre era Chujo Yuri. Recibió una sólida educación en la que se incluyó el aprendizaje del ruso; esto le permitió poder leer a Tolstoi, que influyó en su obra. Hizo un viaje a Europa y permaneció en Rusia varios años. Su estancia contribuyó a que se vinculara al comunismo y cuando regresó a Japón (1930) se integró en el partido comunista japonés, lo mismo que su segundo marido, el crítico Miyamoto Kenji, que pronto fue encarcelado por sus ideas. Ella sufrió graves dificultades. En sus novelas hay una fuerte carga biográfica y se percibe el impacto del bombardeo atómico: *La colina de Banshu* (1947), *Hierbas locas* (1947), etc.

MNOUCHKINE, Ariane. Directora francesa de teatro (Boulogne-sur-Seine, 1939). En 1959 fundó la Asociación teatral de estudiantes de París, y en 1964 el Théâtre du Soleil, compañía que funciona como una cooperativa de creación colectiva e improvisación. Mnouchkine está considerada una de las mayores representantes del teatro popular, al cual ha dotado de una importante dimensión política. Entre sus principales obras destacan: *La cocina* (1967), *Los payasos* (1968), *1798* (1974), adaptada por ella misma al cine, y dos piezas de Hélène Cixous: *La terrible e inacabada historia del príncipe Norodom Sihanouk* (1985) y *La indiada* (1986). En 1985 su compañía fue galardonada con el premio Europa de teatro.

MODEL, Lisette (Elise Seybert, llamada). Fotógrafa estadounidense, de origen austriaco (Viena, 1906-Nueva York, 1983). En 1940 se trasladó a EE. UU., donde trabajó en la revista *Harper's Bazaar.* Model desmitificó «el sueño americano» retratando los defectos físicos de la población estadounidense, y su brillante trabajo ha ejercido una gran influencia sobre la obra de fotógrafos posteriores, entre ellos, D. Arbus.

MODERSOHN-BECKER, Paula. Pintora alemana (Dresde, 1876-Worpswede, 1907). Sus primeras obras estuvieron influidas por el realismo de la comunidad de artistas de Worpswede, en el norte de Alemania, evolucionando posteriormente hacia el expresionismo, del cual es considerada precursora. Modersohn-Becker es una de las primeras artistas que trabajó a fondo el desnudo femenino, y sus cuadros no sólo se atrevieron con esas configuraciones, sino que las desafiaron. Sus autorretratos desnudos son posiblemente los primeros óleos de ese tipo realizados por una mujer. Los temas predominantes de sus obras son la infancia, la maternidad y la vejez. Sus últimas pinturas se inspiraron en la obra de Gauguin: *Autorretrato con collar de ámbar* (1906) y *Madre y bebé tumbados y desnudos* (1907).

MODJESKA, Elena. Actriz polaca (Cracovia, 1844-Hay City, California, 1909). Perteneció a una familia de músicos y actores, lo que le facilitó su carrera como actriz. Obtuvo grandes éxitos en Varsovia, donde estaba considerada como la primera actriz trágica del país. Se casó por segunda vez con el conde Carlos de Bozenta-Chiapowaski, al que siguió en su destierro a EE. UU. Volvió a la escena y alcanzó fama en los teatros estadounidenses. Sus mejores éxitos los obtuvo representando teatro clásico inglés. Fundó una compañía propia en el año 1878. Sus *Memorias* se publicaron después de su muerte (1910).

MOI, Toril. Teórica feminista noruega (n. 1953). Ha sido directora del Centro de Investigaciones Feministas de Bergen (Noruega) y profesora de Literatura Comparada en la Universidad de Duke (EE. UU.). Su libro *Teoría literaria feminista* (1985) se ha convertido en uno de los textos más representativos de la crítica literaria feminista actual. Las investigaciones de Moi se han centrado fundamentalmente en las aportaciones de las teóricas francesas, y especialmente en los trabajos de J. Kristeva.

MOIX, Ana María. Escritora española (Barcelona, 1947). Su primera novela, *Julia* (1970), se centró en el retrato de la burguesía catalana de la posguerra, tema que se repite en sus libros de relatos *Call Me Stone* (1969), de tono existencialista, y *Las virtudes peligrosas* (1985). Sus poemas aparecen recopilados en *No Time For Flowers* (1970) y *A imagen y semejanza* (1983).

MOLINA, Ángela. Actriz y cantante española (Madrid, 1955). Hija del cantante Antonio Molina, está dotada de una gran sensibilidad e intuición para los papeles dramáticos, en los que ha alcanzado gran popularidad: *No matarás* (Ardavín, 1974), *Ese oscuro objeto del deseo* (Buñuel, 1977), que la consagró internacionalmente, *El corazón del bosque* (Gutiérrez Aragón, 1978), *La sabina* (Borau, 1979), *Demonios en el jardín* (Gutiérrez Aragón, 1982), *Los ojos, la boca* (Bellocchio, 1982), *Fuego eterno* (Rebolledo, 1984), *La mitad del cielo* (Gutiérrez Aragón, 1986), *Mal de amores* (Balagué, 1993), *Gimlet* (Acosta, 1995) y *Carne trémula* (Almodóvar, 1997), entre otros.

MOLINA, Josefina. Directora de cine española (Córdoba, 1936). Diplomada en dirección cinematográfica, Molina fue asistente de producción de Claudio Guerín y Pilar Miro en TVE y directora de los documentales *Aquí España* y *Fiesta* para TVE. Ha adaptado y producido más de 50 programas para TVE y ha sido crítica de cine en Radio Popular de Madrid. En su filmografía se destacan: *Vera... un cuento cruel* (1973), *Cuentos eróticos* (1979), *Función de noche* (1981), *Esquilache* (1988), *Lo más natural* (1990) y *La Lola se va a los puertos* (1993). En 1979 debuta como directora de teatro con *Cinco horas con Mario*, y en 1984 dirige *Santa Teresa de Jesús* para TVE.

MOLINA, Silvia. Escritora mexicana (México, D. F., 1946). Ha desarrollado una gran actividad en el mundo editorial. En su novela *La mañana debe seguir gris* (1977) recuerda con emoción la ausencia del poeta mexicano José Carlos Becerra, muerto trágicamente. Los relatos breves tratan de la infancia femenina y la condición social de las mujeres. *La familia vino del Norte* (1987) rememora la revolución mexicana.

MOLINER, María. Lexicógrafa española (Paniza, 1900-Madrid, 1981). Formada en la Institución Libre de Enseñanza, fue bibliotecaria de varias instituciones y perteneció al cuerpo facultativo de Archivos, Bibliotecas y Museos. En 1966 publicó su *Diccionario de uso del español*, considerado actualmente como una de las mejores aportaciones hechas al campo de la lexicografía española contemporánea. Por su obra le fue concedido el premio Lorenzo Nieto López, otorgado por la Real Academia Española.

MÓNICA, santa. Mujer afro-romana (Tagaste, 332-Ostia, 388). Madre de san Agustín, es celebérrima como modelo de madres cristianas. Se había casado con Patricio, gentil, al que convirtió al cristianismo. Posteriormente, su dedicación se volcó sobre su hijo Agustín, a quien, con la ayuda del obispo de Milán, san Ambrosio, terminó también convirtiendo.

MONJA ALFÉREZ. V. **ERAUSO, Catalina de.**

MONJA DE LAS LLAGAS. V. **QUIROGA, María de los Dolores Rafaela.**

MONNIER, Sophie, marquesa de (Marie-Thérèse Richard de Ruffey). Dama francesa (Pontarlier, 1754-Gien, 1789). Casada a los 17 años con el marqués de Monnier, que tenía 60, fue famosa por sus asuntos amorosos, especialmente con Mirabeau. Harto de su vida escandalosa, su marido la intentó encerrar, pero ella huyó a Holanda, mientras Mirabeau era encerrado en Vincennes. Su separación (1777-1781) produjo una importante correspondencia, publicada con el título de *Cartas de Sophie* (1780). Posteriormente se hizo amante del capitán Pothrat; muerto este de tuberculosis, ella se suicidó.

MONROE, Marilyn (Norma Jean Mortenson, llamada). Actriz cinematográfica estadounidense (Los Ángeles, 1926-íd., 1962). Comenzó a darse a conocer como modelo fotográfica. Después destacó como actriz de comedias, convirtiéndose en el mito erótico de los

Marilyn Monroe

años cincuenta. Entre sus películas figuran: *Niágara* (Hathaway, 1953), *Los caballeros las prefieren rubias* (Hawks, 1953), *Cómo casarse con un millonario* (Negulesco, 1953), *Río sin retorno* (Preminger, 1954), *La tentación vive arriba* (Wilder, 1955), *Bus Stop* (Logan, 1956), *El príncipe y la corista* (Olivier, 1957), *Con faldas y a lo loco* (Wilder, 1959) y *Vidas rebeldes* (Huston, 1961), su última película. Su vida privada estuvo llena de problemas sentimentales, con tres matrimonios, ninguno de ellos feliz. Parece ser que estuvo relacionada sentimentalmente con el presidente J. F. Kennedy. Su muerte, no del todo aclarada, se ha imputado a una sobredosis de somníferos. Se ha convertido en uno de los grandes mitos del siglo XX.

MONSERDÀ, Dolors. Escritora española en lengua catalana (Barcelona, 1845-íd., 1919). Participó en el movimiento feminista catalán y en organizaciones filantrópicas, época a la que pertenecen sus libros *Estudi feminista* y *Labores sociales* (1916). Cultivó varios géneros literarios, pero su fama se debió fundamentalmente a su obra novelística: *La fabricanta* (1904), *La Quitèria* (1906) y *Teresa o un jorn de prova*.

MONTAGU, lady Mary Wortley. Escritora británica (Nottingham, 1689-Londres, 1792). Conocida por las cartas que desde Turquía enviaba a intelectuales de la sociedad británica y en las que retrató minuciosamente la cultura oriental de esa época, *Embassy to Constantinople*. Resulta memorable, además de las polémicas literarias sostenidas con A. Pope, su introducción en Inglaterra de la vacuna antivariólica que había conocido en Turquía.

MONTERO, Rosa. Periodista y novelista española (Madrid, 1951). Desde 1969 trabaja en los medios de comunicación y en 1976 comenzó a colaborar con el periódico *El País*, cuyo suplemento dominical dirigió de 1980 a 1981. Su valiosa labor como periodista la ha hecho merecedora de varios premios, entre ellos el Nacional de Periodismo (1981). Es considerada además como una de las representantes más significativas de la nueva narrativa femenina española: *Crónica del desamor* (1977), *Te trataré como a una reina* (1983), retrato de los ambientes decadentes madrileños; *Amado amo* (1988), centrada en las relaciones de poder; *Temblor* (1990), *Bella y oscura* (1993) y *La hija del caníbal* (1997), ganadora del premio Primavera de novela. En 1995 publicó el libro de ensayos biográficos *Historias de mujeres* (1995).

MONTES, Conchita (María de la Concepción Carro Alcaraz, llamada). Actriz española de teatro y cine (Madrid, 1915-íd., 1994). Relevante figura de la alta comedia, en sus numerosos trabajos de actuación ha destacado por su naturalidad y la identificación con los personajes que interpretaba. Uno de sus mejores triunfos lo consiguió en *El baile*, de Neville, con quien estaba unida sentimentalmente. Ha traducido algunas obras teatrales, como *El árbol del amor*, de Lawrence Roman (1962).

MONTES o **MONTEZ, Lola.** (María Dolores Eliza Gilbert, llamada). Bailarina irlandesa (Limerick, 1818-Nueva York, 1861). Usó, además de los citados, los nombres de María Porris y Montes y Elisa Gilbert, y estuvo casada tres veces. Existe una gran incertidumbre sobre todos estos extremos, pues también se dice que nació en Sevilla, hija de una criolla y de un capitán escocés, y que su progenitor la llevó a Inglaterra a los 14 años y, tres años después, se fue a la India con un capitán amigo de su padre. En 1843 hizo su presentación en Londres, como bailarina española, pero no triunfó. Posteriormente consiguió un gran éxito en París, desde donde pasó a Alemania, Polonia y finalmente a Rusia. En 1847 se instaló en Munich, donde gozó del favor del rey Luis I de Baviera, quien la nombró baronesa de Rosenthal y condesa de Landsfeld, pero, a causa de sus intrigas políticas, acabó siendo desterrada poco antes de la abdicación del soberano (1848). De nuevo en Inglaterra, contrajo matrimonio, que fue anulado judicialmente, y, procesada, desapareció del país. Estuvo en EE. UU. (1852) y en Australia (1855-1856), y con ocasión del terremoto de San Francisco (California), donde se encontraba, perdió a su tercer marido, a raíz de lo cual se estableció en Nueva York.

MONTESPAN, marquesa de (Françoise Athénaïs de Rochechouart de Mortemart). Dama francesa (Lussac-les-Châteaux, 1640-Bourbon l'Archambault, 1707). Era hija del duque de Mortemart y esposa del marqués de Montespan. Con la ayuda de madame de Montansier se convirtió en la favorita de Luis XIV, quien, prendado de su belleza, la separó de su marido, durando su unión unos ocho años. Dio al rey diez hijos, ocho de los cuales fueron reconocidos por el monarca. Sustituida en el favor real por madame de Maintenon, al morir la reina (1684) se la relegó y abandonó en Versalles en 1691, para retirarse al convento de Saint-Joseph, que ella había fundado en París.

MONTESSORI, Maria. Pedagoga italiana (Chiaravalle, Ancona, 1879-Noordwijk aan Zee, Países Bajos, 1952). Fue la primera mujer italiana en obtener el título de doctora en Medicina (1894); en 1907 fundó la primera Casa dei Bambini, escuela para niños de tres a seis años, en la que puso en práctica su célebre método de enseñanza basado en fundamentos psicopedagógicos: respeto a la espontaneidad del niño, al patrón de desarrollo individual, libertad, autoactividad, disposición adecuada del ambiente, y en materiales orientados a la educación de los sentidos y de la inteligencia por medio de ejercicios y juegos. Entre sus publicaciones destacan: *Trattato sull'Antropologia pedagogica* (1907), *Il metodo della pedagogia scientifica applicata all'educazione infantile* (1909) y *Manuale de Pedagogia scientifica* (1935).

MÓNTEZ, María (María África Vidal San Silas y Gracia, llamada). Actriz de cine estadounidense de origen hispano (Barahona, República Dominicana, 1920-París, 1951). Hija de un diplomático español, pasó de las pasarelas de la moda neoyorquina a los platós californianos, debutando en *Aquella noche en Río* (Cummings, 1941), junto a Carmen Miranda. Pronto se convirtió en el símbolo del escapismo orientalista y el exotismo del Hollywood de los años cuarenta. Entre sus películas destacan: *Moonlight in Hawaii* (Lamont, 1941), *Las mil y una noches* (Rawlins, 1942), *La salvaje blanca* (Lubin, 1943), *Alí Babá y los cuarenta ladrones* (Lubin, 1944), *Alma zíngara* (Neill, 1944), *La reina de Cobra* (Siodmak, 1944) y *La Atlántida* (Tallas, 1948). Alejada de Hollywood, realizó algunas películas de escaso renombre en Europa y, finalmente, fue hallada muerta en su bañera el 7 de septiembre de 1951. Su entierro parisino, presidido por su marido, Jean-Pierre Aumont, fue multitudinario.

MONTIEL, Sara (María Antonia Abad Fernández, llamada). Actriz de cine española (Campo de Criptana, Ciudad Real, 1928). Debutó en el cine en 1944, destacando por su actuación en *Locura de amor* (Orduña, 1948). Posteriormente se convirtió en una actriz de fama internacional, trabajando en México y EE. UU.: *Veracruz* (Aldrich, 1954). A su vuelta a España obtuvo gran éxito con *El último cuplé* (Orduña, 1957), seguida de una serie de películas musicales de contenido melodramático: *La violetera* (Amadori, 1958), *La reina del Chantecler* (Gil, 1962), *Varietés* (Bardem, 1970), etc. Realizó una gran contribución a la revalorización de la música popular de los años veinte. Mantuvo relaciones con muchos grandes de la pantalla —estuvo casada con Anthony Man— y de la literatura. En los últimos años ha presentado algunos programas de variedades en televisión *(Ven al Paralelo)*.

MONTMORENCY, Charlotte Marguerite. Dama francesa, princesa de Condé (Chantilly, 1594-Châtillon-sur-Loing, 1650). Hija de Enrique I de Montmorency, fue presentada en la corte parisiense a los 15 años. El rey Enrique IV se sintió apasionadamente atraído por ella e intentó lograr la anulación del matrimonio de esta con Enrique II de Condé. El matrimonio, huyendo de las presiones del rey, abandonó la corte en 1609 y fijó su residencia en Bruselas. Muerto Enrique IV, volvieron a París, donde la princesa se enfrentó a Richelieu. Quedó viuda en 1646, habiendo tenido tres hijos.

MONTPENSIER, duquesa de (Ana María Luisa de Orleans). Política francesa, llamada *la Grande Mademoiselle* (París, 1627-íd., 1693). Heredera de una gran fortuna, intentó casarse con Luis XIV, pero el proyecto fue abortado por la oposición de Mazarino. Durante la Fronda (1651), apoyó a los rebeldes, y en 1652 entró en Orleans y convenció a Condé para que diera el combate en Bléneau. Luis XIV se opuso a su proyecto de matrimonio con el marqués de Puyguillem, futuro duque de Lauzun, quien fue encarcelado (1671). Después de ceder al duque de Maine el principado de Dombes y el condado de Eu, pudo casarse al fin con Lauzun (1681). Escribió sus *Memorias* (1729 y 1735), llenas de espiritualidad y muy interesantes para conocer su época.

MONTSENY MAÑÉ, Federica. Anarquista española (Madrid, 1905-Toulouse, 1994). De 1923 a 1936 escribió sobre filosofía, literatura y feminismo en la *Revista Blanca* que dirigían su padre, Juan Montseny, y su madre, Teresa Mañé (Soledad Gustavo). Desde 1936 formó parte del comité regional de Cataluña de la CNT y durante la guerra civil fue ministra de Sanidad y Asistencia Social en el gobierno de L. Caballero (1936-1937), convirtiéndose en la primera mujer española en dirigir un ministerio. Al terminar la guerra civil se exilió en Francia, instalándose en Toulouse, donde contribuyó a la fundación del semanario *L'Espoir* y se dedicó a escribir. En 1977 regresó a España y participó en la reconstrucción de la CNT. Entre sus publicaciones destacan: *La mujer, problema del hombre* (1932), *Cien días en la vida de una mujer* (1949), *Crónicas de la CNT* (1974), *El anarquismo* (1976) y *Mis primeros cuarenta años* (1987). El final de su vida fue triste, pues perdió a su hija y quedó ciega.

MORA Y ARAGÓN, Fabiola. V. **FABIOLA de Mora y Aragón.**

MORANDI-MANZOLINI, Ana. Escultora y anatomista italiana (Bolonia, 1716-íd., 1774). Formada como pintora y escultora, se casó, en 1740, con el profesor de Medicina Juan Manzolini, con el que descubrió la anatomía, disciplina de la que fue una apasionada. Se dedicó a la disección de numerosos cadáveres, realizando importantes descubrimientos, inserciones de los músculos del ojo, etc., y esculpía en cera numerosas reproducciones para las clases de su marido. Enfermo su esposo, lo reemplazó en la universidad y, a su muerte, se la confirmó en el puesto (1757).

MORANTE, Elsa. Escritora italiana (Roma, 1912-íd., 1985). En 1941 se casó con el escritor A. Moravia, de quien se separó en 1962. Tras trabajar varios años como cronista cultural de diversas revistas, publicó, en 1941, su primer libro de relatos, *El juego secreto*, consolidándose posteriormente con *Mentira y sortilegio* (1948), novela ambientada en el sur de Italia y en la que Morante describe con imágenes fantasmagóricas la soledad y las frustraciones de tres generaciones de mujeres. La soledad fue también el eje de su novela *La isla de Arturo* (1957), que describe el paso a la madurez de un adolescente. *El mundo salvado por los niños* (1968) marca un giro en la poética de la escritora, manejando un lenguaje que recuerda al experimentalismo de la neovanguardia con el que recrea un universo utópico, aspectos que se reflejarán más tarde en *La historia* (1974), su libro más polémico, y en el que retrata con brillantez y dureza los horrores de la Segunda Guerra Mundial. Su poder narrativo se hace aún más intenso en *Aracoeli* (1983), donde el protagonista se empeña en reconstruir la amada figura materna, ya perdida e inalcanzable. Morante es considerada una de las figuras más relevantes de la narrativa italiana contemporánea.

MORDÓ, Juana. Galerista española de origen griego (Salónica, 1899-Madrid, 1984). En 1943 se estableció en Madrid, colaborando para la emisión francesa de Radio Nacional bajo el seudónimo de Carmen Soler. Posteriormente su casa se convirtió en punto de encuentro de un sinnúmero de intelectuales, escritores y artistas como Fernández del Amo, Carlos y Antonio Saura, José Luis L. de Aranguren, entre otros. En 1958, desde la Galería Biosca, promocionó el arte contemporáneo y se relacionó con los artistas del grupo El Paso. En 1964 abrió su propia galería, la cual llevaba su nombre, y en donde expusieron sus obras los artistas más importantes e interesantes de las últimas tres décadas. Mordó recibió numerosos premios por su labor en la creación artística, entre ellos la medalla de plata del Ministerio de Cultura (1981) y la medalla de oro a las Bellas Artes (1993). Legó su importante colección privada al Círculo de Bellas Artes de Madrid.

MOREAU, Jeanne. Actriz teatral y cinematográfica francesa (París, 1928). Comenzó su carrera actuando en la Comédie Française y en el Teatro Nacional Popular. En el cine debutó en 1948, interviniendo posteriormente en *Los amantes* (Malle, 1958), *Moderato cantabile* (Brook, 1960), por la que obtuvo el premio de Cannes de ese año, *Diálogo de carmelitas* (Agostini y Bruckberger, 1960), *Jules y Jim* (Truffaut, 1961), *La noche* (Antonioni, 1961), *Eva* (Losey, 1962), *Diario de una camarera* (Buñuel, 1964), *Campanadas a medianoche* (Welles, 1966), *Una historia inmortal* (Welles, 1968), *Nathalie Granger* (Marguerite Duras, 1972) y otras muchas. Como directora se estrenó con *Lumière* (1975) y *La adolescente* (1978).

Jeanne Moreau

MOREJÓN, Nancy. Poeta cubana (La Habana, 1944). Es una de las más destacadas poetas cubanas de la segunda mitad del siglo XX. Sus estudios críticos se han centrado en la obra del poeta Nicolás Guillén. Tiene una amplia producción de poemas, que ha recogido en: *Amor, ciudad atribuida* (1964), *Parajes de una época* (1979), *Cuaderno de Granada* (1984) y *Piedra pulida* (1986). Su temática refleja una profunda preocupación por la condición de la mujer y por los problemas raciales en la sociedad cubana contemporánea. Su estilo cuidado y su expresividad son rasgos característicos de su poesía.

MORENO, María. Pintora española (Madrid, 1933). Estudia entre 1955 y 1960 en la Academia de Bellas Artes de San Fernando de Madrid, donde se vinculará al grupo de artistas que serán conocidos como «realistas madrileños»: Amelia Avia, Isabel Quintanilla y Antonio López, quien posteriormente se convertirá en su esposo. De 1969 a 1979 fue profesora en la Escuela de Oficios de Alcalá de Henares. Moreno realiza una pintura intimista, donde resaltan escenas cotidianas, platos de comida, dormitorios, paisajes urbanos, etc., temas que comparte con el resto del grupo, y donde predominan la soledad y el silencio, la casi ausencia de figuras, de movimiento y de gestos. Destacan, además, en sus pinturas jardines florecidos, plantas igualmente florecidas en sus macetas, árboles en los jardines de las casas, etc. Aunque no ha desarrollado una intensa labor expositiva, ha participado en prestigiosas muestras internacionales.

MORENO, Rita (Rosita Dolores Averio, llamada). Actriz, cantante y bailarina puertorriqueña (Humacao, 1931). Debutó en Hollywood en 1945, donde destacó en *El jardín del diablo* (Hathaway, 1954), *Cantando bajo la lluvia* (Kelly y Donen, 1955), y fue aclamada por su actuación en el musical *West Side Story* (Wise, 1961), que la convirtió en la primera actriz en recibir el mismo año un Oscar, un Tony y un Emmy. Entre sus películas figuran *Samar* (1962), *Marlowe* (1969), *Popi* (1969), *The Four Seasons* (1981) y *Life in the Food Chain* (1991).

MORGAN, Lina (María de los Ángeles López Segovia, llamada). Actriz y empresaria teatral española (Madrid, 1938). Comenzó su carrera a los 13 años en la compañía de Los Chavalillos de España, trabajando posteriormente como chica de conjunto hasta llegar a ser *vedette* cómica, como pareja de Juanito Navarro. Actúa en el cine desde 1961; su primer gran papel es en *La tonta del bote* (Orduña, 1969), pasando a protagonizar una serie de películas hasta 1975: *La graduada* (Ozores, 1971), *La llamaban la Madrina* (Ozores, 1972), *Los pecados de una chica casi decente* (Ozores, 1975), etc. Abandona el cine para dedicarse íntegramente a la revista, forma su propia compañía y adquiere el teatro madrileño de La Latina, logrando un inmenso éxito popular con todas sus representaciones. También ha intervenido con gran éxito en series de televisión protagonizadas por ella *(Hostal Royal Manzanares)*.

MORI HANAE. Diseñadora de moda y empresaria japonesa (Shimade, 1926). Considerada una de las mujeres más célebres del Japón actual, Hanae estudió literatura y diseño y debutó creando vestuario para el cine. Posteriormente exportó a EE. UU. vestidos de muselina estampada que obtuvieron gran éxito, y en 1977 abrió una casa de alta costura en París. En Tokio, sede de sus negocios, su actividad no se limita al mundo de la moda, sino que ha creado, además, un imperio comercial que cuenta con antigüedades, seguros, inmobiliaria, vídeo, restauración, y es propietaria de un grupo editorial que publica las versiones japonesas de revistas como *Women's Wear* e *Interview*.

MORISOT, Berthe. Pintora francesa (Bourges, 1841-París, 1895). Pintora impresionista que estableció unas relaciones de cierta paridad con colegas varones como E. Manet, por quien fue pintada en *Le balcon* (1868), A. Renoir, C. Monet, E. Degas y C. Pisarro. Sus pinturas se centraban en asuntos de la vida doméstica, jardines privados, veraneos a la orilla del mar, etc. Su estilo evolucionó hacia la utilización más luminosa de los colores y unos trazos más amplios. En 1941, centenario de su nacimiento, se organizó una retrospectiva de su obra en el Musée de l'Orangerie. Entre sus pinturas destacan: *Psique* (1876), que gira en torno a la contemplación de su propia imagen, *La madre y la hermana de la artista* (1870) y *La Cueillette des cerises*, la más célebre de todas.

MORRISON, Toni. Novelista estadounidense (Lorain, Ohio, 1931). Tras haber trabajado como actriz y bailarina, se dedicó a la literatura, y hoy es considerada una de las figuras más relevantes de la narrativa afroamericana. Su novelística, caracterizada por un agudo componente metafórico, se centra en los problemas de las comunidades negras estadounidenses. Entre sus publicaciones destacan: *Sula* (1973), basada en la compleja situación de las mujeres afroamericanas, *La canción de Salomón* (1981), *Beloved* (1988; premio Pulitzer), cuyo argumento explora la relación entre historia, poder e identidad, y *Jazz* (1992). En 1993 fue galardonada con el premio Nobel de Literatura.

MOSER-PROELLM, Anne Marie. Esquiadora austriaca (n. 1953). Considerada una de las mejores campeonas en descenso; obtuvo la Copa del Mundo en 1971, 1975 y 1979, y en 1980 una medalla de oro en Lake Placid.

MOSS, Patt. Corredora de coches británica (1934). Desde su juventud se dedicó a los deportes, primero a la hípica, donde cosechó algunos triunfos, y después, siguiendo a su hermano el corredor de coches Stirling Moss, a las carreras y a los rallys. En los años sesenta cosechó la mayoría de los premios femeninos y, por ello, la Copa de Europa de Rallies. Está casada, desde 1963, con el corredor de coches y campeón sueco Erik Carlsson. Ha corrido con Saab y después en Lancia.

MOTT, Lucrecia Coffin. Abolicionista y feminista estadounidense (Nantucket, Massachusetts, 1793-cerca de Abington, Pensilvania, 1880). Estudió en la escuela cuáquera de Nueva York, y en 1917 fundó su propia escuela. En 1833 se unió a la American Anti-Slavery Society, creando posteriormente la Female Anti-Slavery Society, de la cual fue presidenta toda su vida. Mott, activa defensora de los derechos de la mujer, organizó, en 1848, junto a E. C. Stanton, el primer congreso en defensa de los derechos de la mujer, celebrado en Seneca Falls, y en 1870 fue nombrada presidenta de la Pennsylvania Peace Society. Sus discursos sobre los derechos de la mujer fueron publicados por Stanton en el primer volumen de su *Historia del sufragio femenino* (1881-1922).

MOURA GURGEL, Beatriz de. Editora brasileña radicada en España (Río de Janeiro, 1939). Se licenció en Ginebra en traducción literaria e historia, además de haber cursado estudios de intérprete y de ciencias sociales y políticas. En 1961 se estableció definitivamente en España, trabajando en las editoriales Gustavo Gili y Salvat (1961-1964). De 1964 a 1968 trabajó en la editorial Lumen, y en 1969 fundó la editorial Tusquets, convirtiéndose en su directora literaria. Es autora de la novela *Suma* (1974).

MOUSKOURI, Nana. Cantante griega (n. 1934). Su madre la educó para ser cantante, por lo que pronto comenzó su carrera, que tuvo éxito primero en su país y luego en todo el mundo. Ha cantado en diversas lenguas un repertorio ligero y, en algunos casos, folclórico. A pesar de haber llegado a ser una de las principales figuras actuales de la canción, sigue manteniendo su aspecto inicial de mujer austera. Abandonó Grecia tras el golpe de Estado de los coroneles y ya no ha vuelto a residir allí.

MOZART, Constanza. Soprano alemana (Zell, Wiesenthal, 1762-Salzburgo, 1842). Hija de Fridolin Weber, poseía gran talento musical. Se casó con Mozart en 1782, cantando en Salzburgo la *Misa en do menor* (1783). Después de la muerte de su marido (1791) queda con una pequeña pensión y organiza las representaciones de las óperas de Mozart *La clemenza di Tito* e *Idomeneo*. En 1801 se vio obligada a vender los manuscritos de su marido al editor André. En 1809 se vuelve a casar con el diplomático danés Georg Nissen, volviendo a Salzburgo con él, pues quería escribir una biografía de Mozart. Muerto su segundo marido en 1826, ella se encargó de completar el trabajo de Mozart y darle difusión.

MOZART, Maria Anna. Clavecinista austriaca (Salzburgo, 1751-íd., 1829). De familia de músicos, era hija de Leopoldo y hermana de Wolfgang Amadeus. Su padre le enseñó desde muy pequeña música junto con su hermano y dedicó a los dos niños a dar conciertos por toda Europa con gran éxito. Ella continuó de mayor su carrera como clavecinista hasta que contrajo matrimonio con el barón Sonnenberg. Se dedicó a la enseñanza de la música en su ciudad a pesar de que acabó quedándose ciega.

MUMTÂT-I MAHAL. Princesa mogola de la India (1592-1631). Hija de Âsaf Khan III, se casó en 1612 con el futuro Shâh Jahân, con quien tuvo 14 hijos, muriendo en el parto del último. Su marido, sintiendo un gran dolor, mandó construir para ella el gran mausoleo del Tâj Mahal, regalo para la posteridad.

MUNIA. V. MAYOR.

MURASAKI SHIKIBU. Novelista japonesa (Kyoto, h. 978-íd., 1014). Debe su celebridad a una novela titulada *La historia de Genji*, comparada por los especialistas en literatura japonesa con obras como *El Quijote* y el *Decamerón*. En dicha obra, que recuerda sorprendentemente *A la busca del tiempo perdido*, de Proust, es evocado el esplendor cortesano del Japón del siglo X, empleando una primorosa técnica, una sutil ironía y una melancólica emoción, y atendiendo más al afán artístico que al designio moral.

MURDOCH, Iris (Jean O. Bayley, llamada). Escritora británica (Dublín, 1919). Ha sido profesora de Filosofía en el Saint Anne's College de Oxford y, en los años cincuenta, decidió dedicarse de lleno a la literatura. Su obra, marcada por un componente filosófico-simbólico, se centra en el amor y en el análisis de la culpabilidad, la soledad, la responsabilidad y las pasiones humanas: *Bajo la red* (1954), *El unicornio* (1963), *El mar, el mar* (1978), *El buen aprendiz* (1985), *Mensaje al planeta* (1989) y *Metaphysics as a Guide to Morals* (1992), recopilación de ensayos sobre temas de religión, arte y filosofía.

Alva Myrdal

MYRDAL, Alva. Política sueca (Uppsala, 1904-Ersta, cerca de Estocolmo, 1986). Feminista y socialista, defendió los derechos de las mujeres y de los desposeídos, y participó activamente en la lucha contra el armamentismo y por la paz. Fue directora de la Comisión de Asuntos Sociales de la Unesco (1949), ministra para el Desarme (1966-1972), para Asuntos Eclesiásticos (1969-1972) y sin cartera (1972-1973). En 1970 recibió, junto con su esposo, Karl Gunnar, el premio A. Einstein para la Paz, y en 1982 compartió el Nobel de la Paz con A. García. Entre sus publicaciones destacan: *Desarme: realidad y utopía* (1965), *El juego del desarme y guerra, armamentismo y violencia cotidiana* (1972) y *Dinámica del desarme nuclear europeo* (1981).

N

NAIR, Mira. Directora de cine india (Orissa, 1957). En 1985 ganó el premio de la American Film Festival al mejor documental con *India Cabaret,* sobre bailarinas que se desnudan en un club nocturno de Bombay. Con su primera película, *Salaam Bombay* (1988), fue aclamada internacionalmente, recibiendo la Camera d'Or por su *opera prima* y el Premio del Público en el Festival de Cannes. Entre su filmografía destacan, además, *Children of a Desired Sex* (1987) y *Mississippi Masala* (1991).

NAPIR-ASU. Reina de Elam (s. XIII a. C.). Soberana por su casamiento con Untash-Gal, rey de Elam, que gobernó durante un período especialmente brillante para este pueblo. De ella se conserva una gran estela que representa sus bodas con Untash y una estatua de bronce, conservada en el museo del Louvre.

NARANJO, Carmen. Escritora costarricense (Cartago, 1931). En sus novelas analiza de forma irónica la crisis socioeconómica de Centroamérica: *Memorias de un hombre de palabra* (1968), *Responso por el niño Juan Manuel* (1971) y *Sobrepunto* (1985). En *Diario de una multitud* (1974), considerada su mejor novela, intenta buscar soluciones para una sociedad injusta y cruel. Entre sus colecciones de poema destacan: *Homenaje a don Nadie* (1981) y *Mi guerrilla* (1984).

NAVALES, Ana María. Escritora española (Zaragoza, 1935). El año 1972 obtuvo el premio de narrativa internacional Silarus con su obra *Una máquina gris y verso.* Ha escrito novelas y cuentos: *Dos muchachos metidos en un sobre azul* (1976) y *Cuentos de Bloomsbury* (1991); y los poemas recogidos en *Junto a la última piel* (1973) y *Los espejos de la palabra (Antología personal)* (1991). Es autora, además, del ensayo *Cuatro novelistas españoles: Delibes, Aldecoa, Sueiro y Umbral* (1974).

NAVRATILOVA, Martina. Tenista estadounidense, de origen checo (Praga, 1956). Considerada una de las mejores tenistas del mundo por su fuerza y vitalidad en su juego de saque y volea, Navratilova ha pasado a la historia por haber sido la única tenista que ha logrado ganar el torneo de Wimbledon nueve veces (1978, 1979, 1982-1987 y 1990). Ha conseguido también el campeonato de Australia (1981, 1983 y 1985), el Open de EE. UU. (1983-1984 y 1986-1987), el Roland Garros (1982 y 1984) y ha conquistado el Masters (1980-1982, 1984-1985, las dos ediciones de 1986 y finalista en 1992), y el Flushing Meadow (1983-1984 y 1986-1987). Navratilova es una de las pocas figuras públicas que se ha atrevido a declarar sus relaciones sentimentales con mujeres. Retirada del tenis en 1994, tras perder el trofeo de Wimbledon contra la tenista española Conchita Martínez, se ha dedicado a los negocios, al tenis *amateur* y a diversas obras filantrópicas.

NECKER, Germaine. V. **STAËL, madame de.**

NECKER, Louise Suzanne Curchod de. Escritora suiza en lengua francesa (Crassier, Vaud, 1739-Beaulieu, Lausana, 1794). Era hija de un pastor protestante y esposa del político francés Jacques Necker. Se dedicó a la beneficencia, escribiendo varias obras en relación con esta actividad: *Memoria sobre la fundación de hospicios* (1786), *Consideraciones sobre el divorcio* (1794), etcétera.

NEFERTARI. Reina de Egipto (1304 a. C.-1223 a. C.). Esposa favorita del gran faraón Ramsés II, muy famosa por su belleza y sus buenos consejos. El faraón le hizo construir un templo, junto al suyo, en Abu Simbel y una estatua monumental en el templo de Karnak. Su tumba, en el Valle de los Reyes, en Tebas, es una de las más decoradas y mejor conservadas del período.

NEFERTITI, NEFRETETE o **NOFRETETE.** Reina de Egipto (s. XIV a. C.). Esposa del faraón Akenatón, Amenofis o Amenhotep IV, el cual reinó entre 1375 y 1358 a. C. Colaboró con su marido activamente en la reforma religiosa que supuso la revolución de Tell el-Amarna y la instauración del culto al disco solar Atón. Junto con su marido, fueron los modelos de un nuevo estilo de vida y de gobierno en el antiguo Egipto. Los últimos historiadores han establecido que la separación de los esposos se debió a razones de índole religiosa: Amenhotep quiso reinstaurar el culto a Amón por razones políticas, y ella, fiel atonista, se retiró a su palacio del norte de Tell el-Amarna, muriendo en él, ya en el reinado de su hijo político, Tutankamón, el restaurador de la antigua religión.

NEGRI, Ada. Escritora italiana (Lodi, 1870-Milán, 1945). De familia humilde, comenzó su carrera profesional ejerciendo como maestra en Lombardía. Fue colaboradora de numerosas revistas y periódicos, y en 1892 publicó su primer libro de poemas, *Fatalidad,* en el que denunció las míseras condiciones de vida de las clases pobres italianas.

Pola Negri

Sus poemas posteriores se centraron fundamentalmente en la temática de la mujer y en los problemas existenciales, en especial la soledad humana: *Tempestades* (1984), *Maternidad* (1904) y *Exilio* (1914). En su última etapa poética reflejó una concepción cristiana de la vida, suavizando la violencia y el tono desgarrado de sus primeros versos con sentimientos de resignación y serenidad *(Vespertina,* 1930; *El don,* 1936). Negri logró adquirir gran notoriedad en los ambientes literarios, y en 1940 se convirtió en la primera mujer en ser elegida miembro de la Academia de Italia. Fue autora además de varias obras en prosa, entre las que destacan *Las solitarias* (1917) y su novela autobiográfica *Estrella matutina* (1921), en la que rememora sus dolorosos años de infancia.

NEGRI, Pola (Bárbara Apolonia Chalupiec, llamada). Actriz alemana de origen polaco (Janowa, 1894-San Antonio, Texas, 1987). Tras cursar sus estudios en la Escuela Dramática de Varsovia llegó a ser la primera figura del Ballet Imperial Ruso, puesto que tuvo que dejar por enfermedad. La lectura de la poesía de Ada Negri le influyó mucho y adoptó su apellido. Más tarde se dedicó al cine, en la época de los filmes mudos, primero en Berlín y después en Hollywood (1923). Se casó con el príncipe Serge Mdivani. Entre sus interpretaciones merecen citarse: *Carmen* (Lubitsch, 1918), *Madame Du Barry* (Lubitsch, 1919), *Summurum* (Lubitsch, 1920), *La frivolidad de una dama* (Lubitsch, 1924) y *Hotel Imperial* (Stiller, 1927). El *crack* de 1929 la arruinó y decidió volver a Berlín, donde hizo algunas películas, pero la guerra mundial la obligó a regresar a Estados Unidos. Fue una de las grandes figuras del cine mudo, declinando su fama con la llegada del sonoro. En 1973 publicó sus memorias con el título de *Memorias de una estrella.*

NELKEN Y MAUSBERGER, Margarita. Política y escritora mexicana de origen español (Madrid, 1896-Ciudad de México, 1968). Cursó estudios de pintura con E. Chicharro y M. Blanchard, dedicándose durante un tiempo a la pintura, y posteriormente a la crítica de arte, colaborando con *Le Mercure*, de Francia, y con *The Studio*, de Londres. Interesada por los problemas de las mujeres, en 1919 publicó *La condición social de la mujer española,* donde reivindicaba los derechos de estas. Afiliada al PSOE, militó en el ala izquierda de dicho partido y fue diputada en las Cortes por Badajoz en tres legislaturas republicanas (1931-1936), y en 1937 ingresó en el partido comunista. En 1939 se exilió en México, donde ejerció como crítica de arte en el *Excelsior* y desempeñó un puesto burocrático en el Ministerio de Educación.

NELL, Alice. Pintora estadounidense (1900-1984). Participó en la realización de murales para varios edificios públicos, retratando en ellos las miserables condiciones de vida durante la depresión de los años treinta en EE. UU. Se dedicó más adelante al arte figurativo, destacando especialmente sus cuadros sobre mujeres embarazadas *(María, encinta,* 1964), pero no fue hasta los últimos años de su vida cuando Nell logró ser reconocida como una de las mejores pintoras estadounidenses contemporáneas. En 1974 el Museo de Arte Moderno de Nueva York organizó una retrospectiva de toda su obra.

NEMCOVA, Bozena (Bárbara Pankl, llamada). Escritora checa (Viena, 1820-Praga, 1887). Casi todas sus obras tienen como tema principal las costumbres populares de su país natal. Son famosas sus *Leyendas y cuentos nacionales* (1845) y *Leyendas y cuentos eslavos* (1858).

NEUMANN, Teresa. Religiosa alemana (Konnersreuth, Baviera, 1898-íd., 1962). Pertenecía a una numerosa familia campesina. Muy joven quedó paralítica y, poco después, ciega, sorda y muda, taras de las que curó, al parecer, súbitamente el día de la beatificación de santa Teresa de Lisieux (1923). En la Cuaresma de 1926 le aparecieron los estigmas de las llagas de la Pasión de Cristo y desde entonces todos los viernes entraba en éxtasis y de sus llagas manaba sangre. La Iglesia le pidió que se dejara efectuar un detenido examen médico, pero ella nunca accedió a ello.

NEVELSON, Louise. Escultora estadounidense de origen ucraniano (Kiev, 1899-Nueva York, 1988). Comenzó en la pintura y, a partir de los años cuarenta, se dedicó exclusivamente a la escultura. Sus composiciones denotan influencia del arte precolombino y sus obras escapan a cualquier definición, pues funde armoniosamente el cubismo con el constructivismo, y los patrones prefabricados dadaístas con el sueño-objeto surrealista, como bien demuestra su *Juegos y lugares de la antigüedad* (1955), primer conjunto ambiental por el que fue aclamada. Nevelson compuso murales ensamblando diferentes materiales, aluminio, bronce, plexiglás, con canastas, cajas, fragmentos arquitectónicos, piezas de pianos, barandillas de escaleras, barrotes, sillas y otros objetos de desecho. El negro mate de los elementos, pintados antes de conjugarlos, unificaba la forma y las superficies. Entre sus obras figuran *El jardín de la luna* (1958), *Totem II* (1959) y *Open Zag* (1974).

NIETO IGLESIAS, Ofelia. Soprano lírica española (Santiago de Compostela, 1899-Madrid, 1931). Junto a su hermana Ángeles Otein, fue discípula de Simonetti. Debutó con la zarzuela *Maruxa* en 1914. Estrenó en varios teatros *Amaya, Bohemios* y *Parsifal*. Sus óperas favoritas eran *Manon, La Gioconda, Aida* y *Madame Butterfly*. Fue la cantante preferida del público español en el período de entreguerras.

NIGHTINGALE, Florence. Enfermera británica (Florencia, 1820-Londres, 1910). Realizó algunas prácticas en los hospitales de Londres, Edimburgo y Kaiserswerth (Alemania) y, en 1853, trabajó en el Hospital for Invalid Gentlewomen de Londres. En 1854 ofreció sus servicios en la guerra de Crimea y con un grupo de enfermeras voluntarias se presentó en los campos de batalla, siendo la primera vez que se permitía la entrada de personal femenino en el ejército británico. La brillante labor de Nightingale consiguió bajar la mortalidad en los hospitales militares de un 42 a un 2 %. En 1856 enfermó de cólera en el campo de batalla y tuvo que regresar a Londres, donde fue recibida con grandes honores. Se la considera la fundadora de las escuelas de enfermeras profesionales; fue además la primera mujer en recibir la British Order of Merit (1907).

Florence Nightingale

NIJINSKA, Bronislava. Coreógrafa, bailarina y maestra de danza polaca (Varsovia, 1891-Pacific Palisades, 1972), hermana de Vaslav Fomich Nijinski. Inspirada al principio en el medievalismo, evolucionó después hacia lo abstracto, mezclando también elementos del folclore ruso. Entre sus más célebres creaciones figuran: *La bella durmiente del bosque, La siesta de un fauno* y *Las bodas*.

NILSSON, Cristina. Cantante sueca (Sjoabel, Vexio, 1843-Estocolmo, 1921). De origen humilde, después de oírla cantar una dama de la aristocracia la tomó bajo su protección y la llevó a Estocolmo a estudiar canto. Su primera actuación tuvo lugar en el Teatro Lírico de París con la ópera de Verdi *La Traviata*. Destacó por su voz y por su belleza. Pasó al Teatro de la Ópera y más tarde a Londres, donde alcanzó grandes éxitos. En 1883 inauguró el Metropolitan de Nueva York con el *Fausto*, de Gounod. En 1887 se casó, en segundas nupcias, con el español conde de Casa Miranda. Desde el principio de la Primera Guerra Mundial fijó su residencia en Madrid. Se la considera la gran rival de Adelina Patti.

NIN, Anaïs. Escritora estadounidense (París, 1903-Los Ángeles, 1977). Hija del compositor español Joaquín Nin y de una bailarina franco-danesa. Cuando su padre abandonó a la familia ella se trasladó a Nueva York (1914). Su extenso *Diario: 1931-1977,* publicado entre 1966 y 1980, en siete volúmenes, suele tomarse como el punto de partida de su creatividad literaria. En él desarrolla los temas que caracterizarán el resto de su obra: pérdida del padre, desarraigo, afirmación de la expresión femenina, erotismo e identidad sexual. Su escritura, entretejida en el lenguaje de los sueños y de los símbolos, está influida por el movimiento surrealista, que conoció en París, por la experiencia psicoanalítica guiada por Otto Rank, y por su estrecha amistad con Henry Miller y su esposa June. Entre sus títulos destacan: *La casa del incesto* (1936), *Invierno del artificio* (1939), centrado en la figura de la escritora D. Barnes, *Una espía en la casa del amor* (1954) y su libro de relatos eróticos *Delta de Venus* (1977).

NIÑA DE LA PUEBLA, La (Dolores Jiménez Alcántara, llamada). Cantaora española (Sevilla, 1908). Ciega de nacimiento, comenzó a cantar a los diez años e hizo del cante su vida profesional. Su éxito más popular lo consiguió con una canción, *En los pueblos de mi Andalucía,* conocida como «Los campanilleros», y destacó en la interpretación de tonadillas, fandangos y malagueñas. Actuó formando parte de las más importantes compañías de espectáculos flamencos. Casada con otro notable cantaor, Luquitas de Marchena, ha residido durante los últimos años en Málaga.

NIÑA DE LOS PEINES, La (Pastora Pavón, llamada). Cantaora española (Sevilla, 1890-íd., 1969). De familia gitana, fue una de las más geniales intérpretes del cante flamenco. Enriqueció la mayoría de los cantes flamencos, desde las primitivas siguiriyas y soleares, hasta las derivaciones, como tangos, tientos, peteneras, etc. Realizó numerosas interpretaciones de creación personal, dotando a algunos cantes secundarios de la más pura personalidad flamenca. Se casó con el cantaor Pepe Pinto.

NOETHER, Emmy. Matemática alemana (Erlangen, 1882-Bryn Mawr, Pensilvania, 1935). Estudió idiomas, pero tenía una gran vocación por las matemáticas; consiguió ser aceptada, en 1898, para estudiarlas en la Universidad de Erlangen, donde su padre era profesor, aunque no se le autorizó, por ser mujer, a examinarse hasta 1903. Cuatro años después presentó su doctorado sobre *Sistemas completos de invariantes para formas ternarias bicuadráticas,* que fue publicada. En los años siguientes consigue poder trabajar como ayudante de su padre, pero sin cobrar salario. Tampoco podía hacer oposiciones porque estaba prohibido a las mujeres. Por fin, en 1919 consiguió una plaza de profesora, pero sin derecho a sueldo, en la Universidad de Gotinga. En los años veinte se dedicó a publicar sobre álgebra y a la formación de alumnos, que fueron matemáticos importantes y propagaron sus ideas. En 1932 acabó su obra *Álgebras no comunicativas;* también tuvo una importante participación en el Congreso Internacional de Matemáticas de Zurich. La llegada del nazismo hizo que se le prohibiera enseñar por ser judía y tuvo que emigrar a EE. UU. (1932).

NOFRET. Princesa egipcia (h. 2700 a. C.). Noble egipcia casada con el príncipe real Rahotep y, posiblemente, una de las favoritas del faraón Senefru. Los dos esposos han pasado a la historia gracias a las estatuas que de ellos se descubrieron, en perfecto estado de conservación. Se trata de una de las obras maestras de la IV dinastía y se muestran en el museo de El Cairo.

NORDENFLYCHT, Hedvig Charlotta. Escritora y poeta sueca (Estocolmo, 1718-Lugnet, cerca de Skokloster, 1763). Fundó el primer salón literario sueco y bajo el nombre de Urania fue inspiradora de «La orden de los constructores del pensamiento» (1753) y alma del círculo literario de Gyllenborg y Creutz (1755-1763). Entre sus obras destacan: *La tórtola desolada* (1743), *Juegos del pensamiento de una mujer, por una pastora del Norte* (1744-1750), *Svea salvada* (1746), poema épico; *Cánticos poético-religiosos* (1758), *La defensa de la mujer* (1763), refutación de las ideas de Rousseau. Sus obras preconizan la era académica del reinado de Gustavo III.

NORMAN, Jessye. Soprano estadounidense (Augusta, Georgia, 1945). Tras estudiar en diversas universidades norteamericanas, en 1968 ganó el primer premio en un concurso internacional de las radios alemanas, debutando al año siguiente en la Ópera de Berlín con *Tannhäuser,* de Wagner. A partir de este momento actúa en las mejores salas internacionales, realiza tanto actuaciones operísticas como recitales, conciertos y grabaciones. Su repertorio es ecléctico, desde el espiritual negro, *blues* o *gospel,* pasando por los románticos, hasta Schönberg. Tiene una voz de excelente calidad y timbre, apreciada especialmente para papeles trágicos y oratorios.

Jessye Norman

NORTH, Marianne. Naturalista y pintora británica (Hastings, 1830-Gloucestershire, 1890). Su pintura se centra básicamente en el mundo de las flores, llegando a ser una de las mejores artistas que han existido en este tema. Sus cuadros han sido utilizados para el estudio de la botánica. Algunas especies botánicas llevan su nombre. A lo largo de su vida realizó numerosos viajes que le sirvieron para reunir una gran colección de plantas que donó al jardín botánico de Kew, de Londres. Estos viajes despertaron una gran admiración en su país. Escribió: *Recuerdos de una vida feliz* y *Más recuerdos de una vida feliz.*

NOVAK, Kim (Marilyn Novak, llamada). Actriz de cine estadounidense (Chicago, 1933). En sus mejores realizaciones ha encarnado papeles de mujer enigmática y distante. Comenzó su carrera cinematográfica con *La casa número 322* (Quine, 1954). Posteriormente ha trabajado en las películas: *El hombre del brazo de oro* (Preminger, 1955), *Picnic* (Logan, 1955), *Eddy Duchin* (Sidney, 1956), *De entre los muertos* (Hitchcock, 1958), *Me enamoré de una bruja* (Quine, 1958), *En mitad de la noche* (Mann, 1959), *Un extraño en mi vida* (Quine, 1960), *La misteriosa dama de negro* (Quine, 1962), *Bésame, tonto* (Wilder, 1964), *Moll Flanders* (Young, 1964), *La leyenda de Lylah Clare* (Aldrich, 1968), *El desafío del búfalo blanco* (Thompson, 1976), *El espejo roto* (Hamilton, 1980), *Pasiones prohibidas* (Figgis, 1991), etc., y en la serie de televisión *Falcon Crest.*

NOVARO, María. Directora de cine mexicana (México, D. F., 1951). Estudió sociología en la Universidad Autónoma de México y posteriormente cine. Novaro ha realizado varios cortos y dos largometrajes centrados fundamentalmente en la experiencia femenina. Sus películas han recibido numerosos premios nacionales e internacionales: *Una isla rodeada de agua* (1985), *Azul celeste* (1987), *Lola* (1989), *Danzón* (1991) y *El jardín del Edén* (1994).

NOZIÈRE, Violette. Parricida francesa (París, 1915-íd., 1966). En 1933 envenenó a su padre y a su madre, aunque esta última salvó la vida. Su juicio tuvo un enorme eco dentro de la sociedad, y Nozière se convirtió en un monstruo para algunos, y para otros, en una heroína que se había rebelado contra la opresión familiar. P. Picasso le dedicó una pintura, Colette la defendió, los surrealistas reunieron una colección de poemas y dibujos tomándola como tema central, y C. Chabrol la consagró en su película *Violette Nozière* (1978). Condenada a muerte, su pena fue conmutada por la de cadena perpetua, quedando posteriormente reducida a 12 años de cárcel.

NÜSSLEIN-VOLHARD, Christiane. Bióloga alemana (Magdeburgo, 1942). Desde 1985 dirige el departamento de genética del Instituto Max Planck de Biología del Desarrollo en Tübingen (Alemania). En 1995 recibió el premio Nobel de Medicina, compartido con E. Wieschaus y E. Lewis, por sus importantes descubrimientos acerca de los llamados «genes hox», secuencia de genes dispuestos en los cromosomas en un orden prefijado y que es el mismo en todos los organismos, desde una mosca hasta el ser humano. Estos desempeñan un papel clave en la determinación del plan de organización del cuerpo y sus segmentos en todos los seres vivos.

O

OAKLEY, Annie. Campeona estadounidense de tiro (Darke County, Ohio, 1860-Greenville, Ohio, 1926). Considerada una de las leyendas del Oeste americano, ha pasado a la historia como una de las mejores tiradoras al blanco de todos los tiempos. Acertaba el 100 % del tiro al plato, y a 20 m de distancia era capaz de disparar a un cigarrillo o de partir un naipe en dos pedazos. Fue una de las grandes atracciones en los espectáculos de Buffalo Bill.

OATES, Joyce Carol. Escritora estadounidense (Nueva York, 1938). Su obra conjuga el realismo social con la narrativa neogótica y retrata con crudeza la violencia y el deterioro de la sociedad norteamericana contemporánea. Entre sus títulos destacan: *El jardín de las delicias* (1967), desmitificación del «sueño americano»; *Ellos* (1969), sobre la doble discriminación, racial y sexual, que padecen las mujeres en los barrios marginados; *Belle-fleur* (1980), *Apetitos americanos* (1989) y *Aguas negras* (1992).

OBERON, Merle (Estelle Merle O'Brien Thompson, llamada). Actriz cinematográfica británica (Tasmania, Australia, 1911-Los Ángeles, 1979). Era hija de un militar inglés y de una mujer hindú. Comenzó su carrera como maniquí y pronto pasó al teatro, donde conoció al director Alexander Korda, con el que acabó casándose y que la hizo protagonista de sus películas. Consiguió el éxito con *La vida privada de Enri-que VIII* (Korda, 1933), y su papel en *La Pimpinela escarlata* (Young, 1934) le abrió las puertas de Hollywood, donde trabajó con los mejores directores: *Cumbres borrascosas* (Wyler, 1939), *Viaje sin retorno* (Goulding, 1940), *Canción inolvidable* (Vidor, 1945), en la que encarnaba a George Sand, etc.

OCAMPO, Silvina. Escritora argentina (Buenos Aires, 1909-íd., 1993). Hermana menor de Victoria Ocampo, se unió tempranamente al grupo de escritores vinculados a la revista *Sur*. Sus relatos, llenos de misterio y suspense, crean un universo de elegante crueldad en el que alternan el realismo costumbrista con la escritura fantástica: *Autobiografía de Irene* (1948), *Las invitadas* (1961) e *Y así sucesivamente* (1987). Autora, además, de una importante obra poética, S. Ocampo es considerada una de las figuras principales de la literatura argentina contemporánea. Publicó, en 1940, junto a J. L. Borges y a su marido, A. Bioy Casares, una *Antología de la literatura fantástica* (1940).

OCAMPO, Victoria. Escritora argentina (Buenos Aires, 1891-San Isidro, 1979). Hermana mayor de Silvina Ocampo. Cosmopolita y viajera, V. Ocampo es una de las figuras que más ha contribuido al desarrollo cultural de su país. Fue fundadora de la revista *Sur* y de la editorial del mismo nombre, responsables ambas durante varias décadas de difundir en el ámbito nacional la obra de autores argentinos y extranjeros. Sus reflexiones sobre la realidad social, política y cultural fueron recopiladas en diez volúmenes agrupados bajo el título de *Testimonios*, y publicados entre 1939 y 1977. Fue autora, además, de estudios sobre importantes personalidades de aquel momento como las hermanas Brontë, V. Woolf, L. de Arabia, y de varias traducciones de A. Camus, W. Faulkner y Colette, entre otros.

OCHOA, Elena Fernández López de. Psicopatóloga española (Orense, 1958). Realizó estudios posdoctorales en la Universidad de California, especializándose en psicología clínica y psicopatología. Es profesora titular de Psicopatología en la Universidad Complutense de Madrid y colaboradora habitual en los periódicos *El Mundo* y *El País*. Ejerció como asesora, guionista y presentadora del programa de Televisión Española *Hablemos de sexo* (premio Ondas 1990). Además de numerosos artículos en revistas y obras especializadas, es autora de los libros *Psiquiatría, psicología médica y psicopatología* (1990), donde aparecen recogidos sus trabajos sobre anorexia, ansiedad y obsesiones, *Doscientas preguntas sobre sexo* (1991) y *El libro de la sexualidad* (1991).

OCTAVIA. Emperatriz romana (Roma, 42-íd., 62). Hija del emperador Tiberio Claudio I y de Valeria Mesalina, fue desposada con su hermanastro, el emperador Nerón. A instigación de Popea Sabina, su marido la repudió y la desterró a la isla Pandataria, donde fue asesinada a la edad de 20 años.

O'HARA, Maureen (Maureen Fitzsimmons, llamada). Actriz teatral y cinematográfica estadounidense, de origen irlandés (Dublín, 1920). A la edad de 14 años comenzó su carrera en el teatro con la Academia del Abbey Theatre de Dublín, donde se forjó una merecida fama. Inicia su carrera cinematográfica, en Londres, junto a Charles Laughton, en *Posada Jamaica* (Hitchcock, 1939). De allí marchó a Hollywood, donde debutó en el papel de Esmeralda en *Esmeralda, la zíngara* (Dieterle, 1940), también junto a Laughton. Entre su amplísima filmografía podemos destacar, además, *Aventuras de Buffalo Bill* (Wellman, 1944), *Débil es la carne* (Stahl, 1947), *Simbad el marino* (Wallace, 1947), *Niñera moderna* (Lang, 1948), *La isla de los corsarios* (Sherman, 1952), *Nuestro hombre en La Habana* (Reed, 1959), *Tú a Boston y yo a California* (Swift, 1961), *Un optimista en vacaciones* (Koster, 1962), *El gran McLintock* (McLaglen, 1963) y *Una dama entre vaqueros* (McLaglen, 1966). Fue la actriz favorita de John Ford, que la eligió numerosas veces para interpretar heroínas de gran carácter, destacando sus maravillosas caracterizaciones en *¡Qué verde era mi valle!* (1941), *Cuna de héroes* (1955), *Escrito bajo el sol* (1957) o *El hombre tranquilo* (1952), de ambiente irlandés y en la que forma pareja con John Wayne.

Maureen O'Hara

OLGA Constantinovna. Reina de Grecia (Pávlovsk, Rusia, 1851-Roma, 1926). Era sobrina del zar Nicolás I y se casó con el rey de Grecia Jorge I (1867). Tras la revolución que hizo caer a Venizelos, procuró la entronización de su hijo Constantino I (1920). Tras la revolución de 1922 se exilió en Italia, donde moriría.

OLIMPIA. Reina de Macedonia (m. 316 a. C.). Se casó en el año 357 a. C. con el rey Filipo II, del cual tuvo a Alejandro Magno. Tras ser repudiada por Filipo, se retiró al Epiro, guardando un gran rencor a Cleopatra, la nueva reina de Macedonia. Desde allí tomó parte en la conspiración que acabó con la vida de su marido y de Cleopatra y su hija. Dotada de una rara belleza, pero ambiciosa, durante las campañas de Alejandro disputó el poder al regente Antípatro, y, en el período inmediatamente después de la muerte de su hijo, intervino directamente en las luchas por el poder que se establecieron entre los capitanes helenos. Se alió con Poliperconte, sucesor de Antípatro, y llegó a ser regente de Macedonia, pero Casandro, hijo de Antípatro, se rebeló contra su tiranía, tomó Pidna, donde ella se había refugiado, la apresó y la ejecutó. Durante su vida hizo asesinar a los miembros de la familia real macedónica.

OLIVER LABRA, Carilda. Poeta cubana (Matanzas, 1924). Su poesía amorosa está impregnada de cierto erotismo que la hizo famosa en los años cincuenta. En 1950 obtuvo el premio Nacional de Literatura por su libro *Al sur de mi garganta*. Ha publicado dos antologías de su obra poética: *Versos de amor* (1963) y *Calzada de Tirry 81* (1987). Es autora, además, de ensayos en los que trata temas sociales y filosóficos: *Las sílabas y el tiempo* y *Desaparece el polvo* (1984).

OLIVIER, Fernande. Musa francesa (¿?, 1881-Cognac, 1966). Fue la inspiradora del período rosa de Picasso, con el que mantuvo una turbulenta relación que duró desde 1905 hasta 1911. Fue modelo de varios pintores de renombre, y trabó una estrecha amistad con Apollinaire, M. Laurencin, G. Stein, M. Jacob, H. Matisse, J. Braque, A. Derain, entre otros. Al final de su vida, Olivier quedó en la más absoluta miseria y Picasso la mantuvo económicamente hasta que murió.

ONO, Yoko. Artista de *performance* y empresaria estadounidense, de origen japonés (n. 1930). Posiblemente la viuda más famosa del mundo, Ono era ya una artista de éxito cuando conoció y se unió a J. Lennon, miembro de Los Beatles. Sus primeras obras estuvieron relacionadas con los llamados *happenings*, danzas y acontecimientos teatrales de carácter experimental y con el arte conceptual y minimal. Realizó, además, *Smile*, una película de 51 minutos sobre tres minutos de sonrisas de John Lennon; *'bed-ins'*, Lennon y Ono en la cama desnudos, y la campaña para la paz y la no violencia *War is Over if You Want*, junto a Lennon. A comienzos de los setenta publicó varios discos individuales y, posteriormente, con J. Lennon. Ono fue acusada injustamente de haber sido la responsable de la separación de Los Beatles.

ONO NO KOMACHI. Poeta japonesa (834-880). Gran dama de la corte, fue famosa por sus leyendas y obras de teatro. En el 922 el emperador Daigo recogió miles de poemas japoneses de los siglos IX y X, figurando Ono No Komachi como uno de los seis genios de la poesía japonesa.

ORLEANS Y ORLEANS-BORBÓN, Luisa Francisca. Infanta de España (Cannes, 1882-Sevilla, 1958). Era nieta de don Antonio de Orleans, duque de Montpensier, y de doña Luisa Fernanda de Borbón, hermana de Isabel II; hija de Luis Felipe de Orleans, conde de París, y hermana de la reina Amelia de Portugal. En 1907 contrajo matrimonio con el infante español don Carlos de Borbón, hijo del conde de Caserta, y enraizada en Sevilla, donde su esposo desempeñó el cargo de capitán general de Andalucía, fue muy estimada por su caridad, especialmente como dama de la Cruz Roja. Una de sus hijas, Mercedes, estuvo casada con don Juan de Borbón y Battenberg, conde de Barcelona.

ORMEROD, Leonor Ana. Entomóloga británica (Sebury Park, 1828-St. Albans, 1901). Consejera del Colegio Real de Agricultura de Cirencester. Publicó un famoso trabajo titulado *Manual de insectos nocivos y métodos de prevención*, que se puede considerar como el inicio de los anuarios que posteriormente se publicaron sobre los insectos nocivos.

OROZCO, Olga. Escritora argentina (Toay, La Pampa, 1920). Su obra principal son sus libros de poemas en los que aparece un mundo imaginario: *Desde lejos* (1946), *Los juegos peligrosos* (1962), *Mutaciones de la realidad* (1979), *En el revés del cielo* (1987), son algunas de sus obras más conocidas. En sus poemas aparece una cierta influencia de la poesía francesa y de los poetas surrealistas. Publicó un libro autobiográfico de un gran lirismo titulado *La oscuridad es el otro sol* (1967).

ORTEGA, Simone. Gastrónoma española (Barcelona, 1919). Es autora de numerosos libros gastronómicos, entre los que destaca *1.080 recetas de cocina* (1972), que desde su publicación se convirtió en el libro de cocina más popular entre las nuevas generaciones españolas. Otras obras son: *Nuevas recetas de cocina* (1984), *Quesos españoles. Descripción y recetas* (1987), *El libro de los potajes, las sopas, las cremas y los gazpachos* (1988) y *Nuestra cocina. 1.200 recetas* (1997), escritos en colaboración con su hija Inés Ortega.

ORTEGA PARDO, Encarnación. Dirigente española del Opus Dei (Puente Calderas, Galicia, 1920). En 1941 conoce a Jose María Escrivá de Balaguer, fundador del Opus Dei, con quien trató durante 35 años; es una de las tres primeras mujeres de la Obra. En 1946 se traslada a Italia para iniciar tareas apostólicas en Roma, y entre 1953 y 1961 fue la secretaria central del Opus Dei. Declaró como testigo en el proceso de canonización de su fundador. Desde los años ochenta reside en España, dedicada a tareas de orientación familiar e iniciativas en el mundo de la moda.

ORTIZ, Lourdes. Novelista española (Madrid, 1943). En la actualidad está dedicada a la docencia en la Escuela de Arte Dramático de Madrid. Ha escrito varias novelas: *Luz de la memoria* (1976), *Picadura mortal* (1979), con una mujer detective como protagonista. *Urraca* (1982) es una biografía ficticia de la reina en la que da una peculiar visión de la Edad Media. En sus últimas novelas aborda temas sobre la realidad española actual: *Arcángeles* (1986), *Los motivos de Circe* (1988) y *Antes de la batalla* (1992). Ha publicado algunos ensayos: *Escritos poéticos de Larra* y *Conocer a Rimbaud y su obra* (1979); y un poema escénico: *Murallas de Jericó* (1980). Quedó finalista, en 1995, en el premio Planeta con su novela *La fuente de la vida*.

ORTIZ DE DOMÍNGUEZ, Josefa. Patriota mexicana, conocida como *la Corregidora de Querétaro* (Morelia, 1764-Ciudad de México, 1829). Actuó como enlace entre los caudillos de la independencia mexicana y fue la responsable de mandar el aviso a Hidalgo para que adelantara la fecha de la proclamación de la independencia, por lo que fue detenida (1810) y recluida durante tres años en el convento de dominicas de Santa Catalina de Siena.

ORZESZKOVA, Eliza. Escritora polaca (Milkovscizna, 1841-Grodno, 1910). Su narrativa, enmarcada en el realismo naturalista y social, se centró fundamentalmente en los acontecimientos de mediados del siglo XIX en Polonia, abolición de la servidumbre, revolución polaca y en la nueva situación política, económica y social. De formación autodidacta, llegó a adquirir una profunda cultura que puso al servicio de la actuación social en favor de los oprimidos y desamparados. Sus primeras novelas denunciaron la frivolidad de las clases nobles y defendieron la educación de las mujeres: *Cuadros de los años de hambre* (1866), *El señor Graba* (1869) y *Marta* (1873). La temática judía sirvió de inspiración a *Meir Ezofowicz* (1878) y *Mirtala* (1886) y, en su última etapa, se volcó en la naturaleza y en los problemas sociales de las clases campesinas y obreras (*Los bajos fondos*, 1883; *En una tarde de invierno*, 1887, y *En el Niemen*, 1888).

O'SHEA ARTIÑANO, Paloma. Mecenas española (Bilbao, 1937). Casada con Emilio Botín, presidente del Banco de Santander, fundó en 1972 el Concurso de Piano de Santander, certamen que adquirió rango internacional gracias a su labor. Desde 1981 dirige la sección musical del Ateneo de Santander. Ha recibido el premio internacional Montblanc de la Cultura, siendo la primera mujer española en conseguirlo.

OSORIO, Ana de Castro. Feminista y escritora portuguesa (Mangualde, 1872-¿?, 1935). Considerada una de las pioneras del movimiento feminista portugués, Osorio fue además cofundadora de la Liga Republicana de Mujeres Portuguesas. Luchó por crear una legislación que beneficiara a la mujer trabajadora, y ocupó durante varios años el cargo de subinspectora de trabajo femenino. Publicó ensayos sobre temas educativos, *O Bem da Pátria*, y varias colecciones de relatos infantiles.

OTERO, La Bella. V. BELLA OTERO, La.

OTTO-PETERS, Louise. Feminista alemana (Meissen, 1819-Leipzig, 1895). Es considerada una de las más destacadas defensoras de la igualdad de las mujeres y fundadora del movimiento feminista alemán; luchó por mejorar las condiciones de trabajo de las obreras, proponiendo al gobierno un plan para la organización del trabajo femenino y una reforma en el ámbito educativo. Dirigió el movimiento feminista alemán durante 30 años y fue la fundadora de la Liga de Mujeres de Leipzig (1865). Entre sus obras destaca *Kanthinka* (1844), en la que abogó por la emancipación de las mujeres.

OUKA LELE (Bárbara Allende, llamada). Fotógrafa española (Madrid, 1959). Su obra, caracterizada por el coloreado de fotos en blanco y negro y por un tratamiento surrealista de la realidad cotidiana, ha sido expuesta en el Museo Español de Arte Contemporáneo de Madrid (1987), en la Bienal Internacional de Arte Contemporáneo de São Paulo (1987), en la Fondation Cartier de París (1988), en la Shibuya Seibu de Tokio (1989) y en la Spanish Fine Arts Photography de Londres (1990).

P

PACHECO, María. Comunera castellana (m. Oporto, 1531). Era hija del conde de Tendilla y se casó con el caballero toledano Juan de Padilla. Tras la derrota de Villalar (1521) y el ajusticiamiento de su marido, en abril de ese mismo año, sostuvo, junto al obispo Acuña, la rebelión comunera en Toledo. En octubre firmó una concordia con el prior de San Juan, pero poco después prosiguió las hostilidades. En febrero de 1522 una traición permitió que el ejército real entrara en Toledo, y María tuvo que huir, refugiándose en Portugal, bajo la protección del arzobispo de Braga. Por su enconada resistencia fue excluida de las amnistías otorgadas por Carlos I a los comuneros. Su valor y sus hazañas la hicieron grandemente famosa entre el pueblo castellano, que la llamó «la Leona de Castilla».

PADILLA, María de. Dama castellana (Burgos, h. 1337-Sevilla, 1361). Fue amante del rey Pedro I de Castilla, con el que posteriormente se casó en secreto. No obstante, el rey contrajo nupcias, por razón de Estado, con Blanca de Borbón, a la que abandonó a los tres días de la boda. Muerta doña María en 1361, declaró solemnemente Pedro I en las Cortes, reunidas en Sevilla, que había sido su legítima esposa y pidió y obtuvo que se le diera el título de reina y se reconocieran como legítimos los cuatro hijos habidos de esta unión. De ellos, Alfonso murió al poco tiempo, Beatriz ingresó en un convento y Constanza e Isabel se casaron, respectivamente, con los duques de Lancaster y de York, hijos de Eduardo III de Inglaterra, quienes, por esa razón, sobre todo el primero, fueron pretendientes al trono de Castilla. La Padilla no quiso intervenir en los asuntos del gobierno, y si alguna vez lo hizo fue llevada de sus sentimientos para templar los rigores del soberano; en cambio, sus parientes supieron beneficiarse de su ventajosa situación.

PAGE, Ruth. Coreógrafa y directora estadounidense de ballet (Indianápolis, 1899-Chicago, 1991). Estudió con los mejores maestros y realizó su debut con Anna Pavlova. Bailó con las mejores compañías por toda América. Fue la primera bailarina y directora de la Ópera de Chicago de 1929 a 1933, y comenzó a crear sus propias coreografías a partir de 1937: *Revanche* (1951), *Vilia* (1953) y *Die Fledermaus* (1958). De espíritu incansable, se dice que desde los 15 hasta los 87 años de edad hizo a diario una clase de ballet. Actuó por todo el mundo con gran éxito, creando escuela con sus coreografías.

PAGET, Violet. V. **LEE, Vernon.**

PALACIO VALLE-LERCHUNDI, Loyola de. Política española (Madrid, 1956). Inició los estudios de ciencias de la telecomunicación, que abandonó por los de derecho, realizados en la Universidad Complutense de Madrid. Su carrera política se desarrolló bajo el influjo directo de Manuel Fraga, llegando a ser secretaria general de Nuevas Generaciones, brazo juvenil de Alianza Popular. En 1983 fue nombrada secretaria general técnica del Grupo Parlamentario Popular, cargo que ocupó hasta 1986. En las elecciones legislativas de ese año obtuvo un acta de senadora por la provincia de Segovia y, en los comicios sucesivos de 1989, 1993 y 1996, obtuvo sendas actas de diputada para el Congreso, siempre por la demarcación adoptiva segoviana. Desde 1990 ha formado parte del comité ejecutivo del Partido Popular. Cuando José María Aznar formó Gobierno en mayo de 1996, tras haber obtenido su partido la mayoría relativa en las elecciones legislativas de marzo, decidió nombrarla ministra de Agricultura.

PALAO, Paloma. Escritora española (Madrid, 1944-Palma de Mallorca, 1986). A pesar de su corta vida tiene una amplia obra poética en la que muestra una gran preocupación en unir un compromiso íntimo con la forma. Realizó, aparte de su trabajo literario, una actividad en el campo de la abogacía y en la carrera diplomática. Sus obras más importantes son: *El gato junto al agua* (1970), *Resurrección de la memoria* (1978) y *Contemplación del destierro* (1982).

PALATINA, princesa (Carlota Isabel de Baviera, duquesa de Orleans). Cortesana y escritora francesa, de origen alemán (Heidelberg, 1659-Saint-Cloud, 1722). Era hija de Carlos Luis, elector palatino del Rhin, y se casó en 1671 con Felipe de Orleans, hermano de Luis XIV. Su presencia en la corte no era muy bien aceptada, por sus críticas a la misma y, especialmente, a madame de Maintenon. Sus relaciones con Luis XIV y el delfín, sin embargo, fueron excelentes. Sus *Cartas* dan una pintoresca y clara visión de la corte del Rey Sol.

PALLADINO, Eusapia. Médium italiana (Minervo-Murges, 1854-Nápoles, 1918). Tenía aptitudes telequinésicas y la capacidad de descargar los electroscopios a distancia, produciendo centelleos. Estos fenómenos no pudieron ser explicados científicamente, siendo estudiado su caso por grandes especialistas como Richet, los Curie, Gramont, etc. Fue centro de vivas polémicas.

PÀMIES, Teresa. Escritora española en lengua catalana (Balaguer, Lérida, 1919). Hija del dirigente marxista Tomàs Pàmies, estuvo exiliada en Francia, República Dominicana, Cuba y México. Retornó a Europa en 1947 y vivió durante 12 años en Checoslovaquia, donde fue redactora de las emisiones en castellano y catalán de Radio Praga. En París colaboró con el periodismo militante en el exilio. Participó activamente en el PSUC, junto con su marido, Gregorio López Raimundo, dirigente del partido. A su vuelta a Cataluña (1971) inició su carrera literaria, publicando novelas, dietarios, reportajes, etc., casi siempre con un fondo autobiográfico y testimonial. Entre su producción hay que destacar, en el género narrativo: *Testament a Praga* (1971), *Quam érem capitans* (1974), *La dona de pres* (1975), *Si vas a París, papá...* (1975), *Aquel vellet gentil i pulcre* (1978), *Va pleure tot el dia* (1981); en la poesía: *Cróniques de náufragi* (1977), *La chivata* y *Sagrest amb Filipina* (1986); en el ensayo: *Una española llamada Dolores Ibárruri* (1976), *Memoria de los muertos* (1981), *Cartes al fil recluta* (1984), *Gente del meu exili* (1975); y en el teatro: *Opinió de dona* (1983).

PAMFILI, Olimpia. Dama italiana (Viterbo, 1594-Roma, 1657). Era cuñada del cardenal Pamfili, nuncio de Roma en España. Influyó para que fuera elegido papa, y así lo fue con el nombre de Inocencio X. Ella, ya viuda, residía en Roma y ejerció un gran poder sobre su cuñado, llegando a controlar las finanzas papales, de tal manera que se la llamó la papisa Olimpia.

PANKHURST, Emmeline Goulden. Sufragista británica (Manchester, 1858-Londres, 1928). Pankhurst, considerada una de las pioneras del feminismo británico, militó en el Partido Liberal y, desde 1894, en el Partido Laborista. En 1903 fundó la Unión Femenina Social y Política, junto a sus tres hijas, que luchó a favor del derecho al sufragio femenino. Fue encarcelada repetidas veces y condenada a raíz de los atentados feministas de 1913. Durante la Primera Guerra Mundial se exilió en EE. UU., donde hizo propaganda a favor de los aliados. Entre sus publicaciones destacan: *The Powers and Duties of Poor Law Guardians in Times of Exceptional Distress* (1895) y su autobiografía *Mi propia historia* (1914).

PANKL, Bárbara. V. **NEMCOVA, Bozena.**

PANKRATOVA, Anna Mikalovna. Historiadora rusa (Odessa, 1897-Moscú, 1957). Estudió en la universidad de su ciudad, donde consiguió diplomarse en 1917. Participó activamente en la revolución de octubre y se adhirió al Partido Comunista (1919). Enseñó historia en las principales universidades rusas y accedió al instituto de historia de la Academia de Ciencias (1939). Se especializó en historia del movimiento obrero. Perteneció al Soviet Supremo y formó parte del Presidium.

PAPAS, Irene. Actriz griega (Chilimodion, 1926). Comenzó su carrera en el cine griego, debutando en Hollywood en 1955 con *La ley de la horca* (Wise, 1956). Su categoría de gran actriz se afianzó tras su interpretación en *Zorba el griego* (Cacoyannis, 1964). Su carácter fuerte y su energía la han convertido en la gran trágica del cine mundial. En su filmografía podemos destacar: *Electra* (Cacoyannis, 1961), *Los cañones de Navarone* (Thompson, 1961), *Z* (Costa-Gavras, 1969), *Las troyanas* (Cacoyannis, 1969), *El león del desierto* (Akkad, 1979) y *Crónica de una muerte anunciada* (Rosi, 1987).

PAPPENHEIM, Bertha. V. **ANNA O.**

PARADIS, Marie. (Siglos XVIII-XIX.) Fue la primera mujer que subió al Montblanc (1808). Era sirvienta en un albergue de montaña y no tenía conocimientos de alpinismo. Los guías la convencieron de que subiera con ellos. Se vistió de hombre y comenzó la ascensión hasta que llegó a la cima junto con sus compañeros.

PARDO BAZÁN, Emilia. Escritora española (La Coruña, 1852-Madrid, 1921). Considerada una de las figuras más relevantes del s. XIX español, el prestigio de P. Bazán no se debe sólo a su extraordinaria actividad literaria, sino también a su significativa participación en los movimientos sociales y culturales y a su defensa de los derechos de las mujeres. De familia acomodada, a su padre le fue concedido el título pontificio de conde, que su hija heredó en 1890. En 1867 se trasladó a Madrid con su marido y, tras viajar por varios países europeos, en 1876 se dio a conocer como escritora con un estudio sobre Feijoo. La influencia del realismo galdosiano y la lectura de varios novelistas franceses coetáneos, en especial de E. Zola, serán decisivas en el desarrollo de sus planteamientos narrativos. Su adhesión al naturalismo se hace evidente en el prólogo de su novela *Un viaje de novios* (1881), pero fue su colección de artículos *La cuestión palpitante* (1882-1883) la que convirtió a P. Bazán en la más activa promotora de las premisas de Zola en España. Esta toma de postura se ve reflejada en sus siguientes novelas: *La tribuna* (1883), sobre la vida de las empleadas de una fábrica de tabaco en La Coruña; *Los pazos de Ulloa* (1886), su obra cumbre, y *La madre naturaleza* (1887). Estas dos últimas, junto con *Morriña* (1889), retratan con dureza las miserias del mundo rural gallego y de unos personajes cuya trayectoria vital los conducía inevitablemente a la desolación. Aparte de sus logros como escritora, participó intensamente en numerosas actividades sociales y culturales: colaboró con el proyecto «La España Moderna» de Lázaro Galdiano; se enfrentó a la Real Academia por negar el ingreso a las mujeres, y en 1892 fundó la Biblioteca de la Mujer; publicó durante varios años su revista personal *Nuevo Teatro Crítico;* presidió la sección literaria del Ateneo de Madrid desde 1906, y, en 1916, fue nombrada profesora de Literatura de la Universidad de Madrid. Su vida íntima fue calificada de escandalosa, siendo conocidas sus relaciones con Galdós y Galdiano. Sus novelas posteriores se acercan más a la estética modernista de finales de siglo: *Insolación* (1889), *Una cristiana* (1890), *Doña Milagros* (1894) y *Memorias de un solterón* (1896). P. Bazán perteneció a un grupo de mujeres escritoras que con su esfuerzo consiguieron superar las limitaciones impuestas a las mujeres españolas de aquella época. Entre ellas se encuentran C. Böhl de Faber, G. Gómez de Avellaneda, R. de Castro y C. Arenal.

Irene Papas

PARÉS, Nuria. Escritora española (Barcelona, 1925). Forma parte del grupo de escritores españoles que tuvieron que exiliarse a causa de la guerra civil. Estuvo primero en Francia para establecerse más tarde en México. Es traductora y crítica de arte. Su obra más importante es poética. Con un estilo coloquial ha publicado un libro de poemas dedicados al exilio, *Canto llano* (1959), en donde la autora actúa como testigo de todos los niños españoles educados en México que no se identificaron ni con su país natal ni con el país donde se establecieron. También escribió *Colofón de luz* (1987).

PARISATIS. Reina de Persia (n. 450 a. C.). Hija de Artajerjes I y esposa de Darío II Oco. Fue madre de Artajerjes II y Ciro el Joven. Logró para Ciro el mando del ejército de Asia Menor, siendo proclamado rey Artajerjes II en su ausencia. A su regreso, Ciro urdió una conspiración para asesinar a su hermano, la cual fue abortada. Ciro fue salvado gracias a la intervención de Parisatis, que le ayudó en la preparación de una campaña que terminó con la batalla de Cunaxa (401), donde Ciro murió. Desaparecido su hijo preferido, Parisatis tomó venganza, infligiendo horrorosos tormentos a cuantos creyó culpables de su muerte. Posteriormente envenenó a su nuera Statiria, por lo que fue desterrada a Babilonia.

PARRA, Violeta. Cantautora, poeta y pintora chilena (San Carlos, Ñuble, 1917-Santiago de Chile, 1966). En 1930 comenzó cantando canciones folclóricas, corridos y tonados, en barrios de clase trabajadora, y a partir de 1950 ejerció una gran influencia artística a través de su programa de radio *Chile ríe y canta.* El trabajo poético de Parra ha sido comparado al de Gabriela Mistral y sus pinturas llegaron a ser expuestas en el museo del Louvre. La última canción que compuso se tituló *Gracias a la vida,* y a los pocos días se suicidó en el centro alternativo de música La Carpa de la Reina, que ella había creado.

PASIONARIA. V. **IBÁRRURI, Dolores.**

PASTA, Giuditta (Giuditta Negri, llamada). Cantante de ópera italiana (Saronno, 1789-Brevio, Como, 1865). Estudió en el Conservatorio de Milán y posteriormente con el maestro Giuseppe Scappa, y en 1822 era ya una de las cantantes más célebres de Europa. Cantó principalmente en París y Londres. Dotada de una poderosa y bien timbrada voz, se distinguió especialmente por su temperamento dramático y por la elegancia y distinción de sus gestos. Los grandes compositores de su tiempo escribieron para ella, como Bellini, con *Norma* y *La sonámbula;* Puccini, con *Niobe;* Donizetti, con *Ana Bolena,* y sobresalió también en las obras de Rossini.

PASTOR DE TOGNERI, Reyna. Historiadora hispano-argentina (Buenos Aires, 1928). Doctora por la Universidad de Córdoba y profesora de Historia Moderna e Historia de España en Rosario. Está especializada en la Alta Edad Media española, particularmente en las relaciones económicas, sociales y culturales entre las comunidades cristiana y musulmana. Metodológicamente, ha recibido una gran herencia de la escuela francesa de «Annales» y, sobre todo, del marxismo, desarrollando sus propias ideas. Entre sus obras destacan: *Poblamiento, frontera y estructura agraria en Castilla la Nueva (1085-1231),* publicada en 1968; *Problemas de asimilación de una minoría: los mozárabes de Toledo (de 1085 a fines del siglo XIII)* (1970), *Conflictos sociales y estancamiento económico en la España medieval* (1973) y *Del islam al cristianismo* (1975).

PATROCINIO, sor. V. **QUIROGA, María de los Dolores Rafaela.**

PATTERSON, Alice. Periodista estadounidense (Chicago, 1906-Nueva York, 1963). Su entorno familiar la vinculó desde muy temprana edad al mundo del periodismo y, especialmente, a los famosos diarios *Chicago Tribune* y *Daily News.* Para este trabajó como reportera y crítica literaria, y ocupó uno de los puestos directivos durante varios años. En 1940 Patterson fundó, en Long Island, el diario *Newsday,* que la hizo merecedora del premio Pulitzer en 1954.

PATTI, Adelina. Cantante italiana (Madrid, 1843-Craig-y-Nos Castle, cerca de Brecknock, Gales, 1919). De padres italianos, hija de un tenor y profesor de música y de una *prima donna,* estudió canto en Nueva York y dio su primer concierto siendo una niña, cantando la ópera *Norma.* Debutó en 1859 con *Lucía de Lammermoor,* cuyo éxito le hizo recorrer las principales ciudades de EE. UU., y continuó su carrera en el Covent Garden, de Londres, donde interpretó el papel de Amida en *La sonámbula* (1861). Triunfó durante más de 50 años en los principales escenarios de Europa y América como soprano ligera, interpretando un repertorio adecuado a su voz *(Elisir d'amore, Rigoletto, La Traviata, Linda, El barbero de Sevilla, Aida,* etc.). En 1906 se despidió del público con un concierto en el Albert Hall, de Londres.

PAUKER, Ana. Política rumana (Codaesti, 1893-Bucarest, 1960). Desde 1922 fue miembro del comité central del Partido Comunista, y tras la ilegalización de este se refugió en Suiza y posteriormente en la URSS. Regresó a Rumania con las tropas rusas ejerciendo los cargos de secretaria general del Partido Comunista (1944) y ministra de Asuntos Exteriores (1947), hasta que, en la purga de 1952, fue destituida de todos sus cargos.

PAULA, Inima de. Pintora brasileña (Minas Gerais, 1918). Considerada la principal representante del arte no figurativo de su país, en 1955 obtuvo una beca de estudios que le permitió estar dos años en Europa y mantener contacto con un círculo de reconocidos pintores. Su obra se caracteriza por una gran originalidad plástica y un sorprendente colorido. Ha participado en numerosas exposiciones colectivas y en la primera Bienal de São Paulo.

PAULINA, Pompeya. Dama romana de origen hispano (m. h. 65). Segunda mujer de Séneca, comprometida en la conjura de Pisón. Nerón ordenó a Séneca que se suicidara, y Paulina quiso morir con él, pero el emperador ordenó que la salvaran. Paulina vivió algunos años más, siempre fiel al recuerdo de su marido.

PAVLOVA, Anna Matveievna. Bailarina rusa (San Petersburgo, 1885-La Haya, 1931). En 1891 ingresó como alumna de ballet en la Escuela Imperial, y en 1906 se convirtió en *prima ballerina,* interpretando todos los grandes roles del repertorio clásico. En 1907 emprendió su primer viaje al extranjero con su pareja de baile, A. Bolm, y en 1909 recorrió toda Europa con los Ballets Rusos de S. Diághilev, debutando en 1910 en EE. UU. En 1913 abandonó Rusia y se instaló en Inglaterra, donde montó su propia compañía de baile que posteriormente trasladaría a EE. UU. y con la que se dio a conocer internacionalmente. Pavlova se convirtió en una leyenda viviente con el solo *La muerte del cisne,* coreografiado para ella por Fokine con música de C. Saint-Saëns. Su aportación al ballet no se basa en innovaciones técnicas o estilísticas, sino en sus grandes dotes interpretativas y su lirismo, que dieron un nuevo aire a las viejas *suites* de repertorio. Está considerada la inspiradora de toda una generación de bailarines clásicos.

PAVLOVA, Karolina Karlovna. Escritora y traductora rusa (Jaroslav, 1810-Dresde, 1894). Considerada una de las figuras más relevantes de la literatura rusa decimonónica, Pavlova logró transformar en fino lenguaje poético sus amargas experiencias amorosas. Rechazó abiertamente el sometimiento y pasividad de las mujeres rusas en una sociedad guiada por leyes hechas por y para los hombres. Su valiosa producción literaria quedó en el olvido y ha sido recuperada por la crítica literaria feminista de los últimos años. Tradujo al alemán varias obras de Tolstoi, y al francés, las de Schiller.

PAZ PASAMAR, Pilar. Poeta española (Jerez de la Frontera, 1933). Ha publicado numerosos cuentos en distintas revistas; colabora y forma parte del grupo que publica en Cádiz la revista *Platero.* La realidad cotidiana es su fuente temática principal, que traduce en un lenguaje poético de gran exquisitez. Sus obras más importantes son: *Mora* (1951), *Los buenos días* (1954), *La soledad, contigo* (1961) y *La alacena* (1987).

PEETERS, Catharina. Pintora flamenca (Amberes, 1615-íd., h. 1676). Hermana de los también pintores Gillis, Bonaventura y Jan, los cuatro eran expertos paisajistas, conservándose sus obras en los principales museos de Bélgica y Holanda.

PEETERS, Clara. Pintora flamenca (Amberes, 1594-h. 1660). Fue muy famosa pintora de conjuntos florales y naturalezas muertas, en las que se aprecia una técnica muy depurada y una gran capacidad de observación del detalle. En el Museo del Prado se conservan sus mejores obras, destacando entre ellas: *Flores y golosinas* (1611), *Caza y marisco,* etc.

PELÁEZ, Amelia. Pintora, ceramista y muralista cubana (Yaguajay, 1897-La Habana, 1968). Discípula de A. Exter, Peláez es considerada una de las artistas más representativas de la pintura caribeña. Su arte pictórico conjuga el criollismo, la luz del trópico y el elemento cubista europeo. En 1942 expuso en el Museo de Arte Moderno de Nueva York, y a partir de 1950 comenzó a trabajar la cerámica. Realizó numerosos murales para edificios públicos como el expuesto en el Museo de Arte Moderno de Nueva York. Entre sus pinturas destacan: *Muchacha rubia* (1931), *Juego de cartas* (1936) e *Interior con columnas* (1951).

PÉREZ, María. Heroína castellana (s. XII). Guerreó constantemente con sus hermanos contra los musulmanes y, tomando partido en favor de su reina, Urraca de Castilla, luchó contra los aragoneses, y retó a desafío y desarmó al rey de Aragón, Alfonso I el Batallador, en los campos de Barahona. Cuando se conoció su verdadero sexo, fue designada con el apodo de *la Varona,* y, ennoblecida más tarde por doña Urraca, se casó con el infante don Vela, renunciando a sus empresas guerreras.

PÉREZ DE ZAMBRANA, Luisa. Escritora cubana (El Cobre, 1835-La Habana, 1922). Publicó sus primeros poemas, *Amor materno,* a la edad de 14 años. Colaboró en revistas literarias y en periódicos de la isla, como *El Orden* y *El Redactor.* La muerte prematura de su marido, el poeta Ramón Zambrana, y la de sus hijos dejó en ella una profunda tristeza que se manifiesta en sus obras: *Poesías de la señorita Luisa Pérez y Montes de Oca* y *Poesías de la señora Luisa Pérez de Zambrana* (1860). Algunas de sus poesías se han traducido al francés y al italiano. También ha publicado algunas novelas: *Angélica y Estrella* (1864) y *Los Gracos* (1865).

PERI ROSSI, Cristina. Escritora uruguaya (Montevideo, 1941). Ejerció la docencia y el periodismo y, en 1972, se exilió en España. Su obra se caracteriza por un discurso metafórico cargado de simbolismo y por una temática centrada en la experiencia del exilio, el mundo infantil y el rechazo al orden establecido y a la moral convencional. Entre sus poemarios, de gran intensidad erótica, destacan: *Descripción de un naufragio* (1975), *Diáspora* (1976) y *Babel Bárbara* (1991). Es autora, además, de las novelas *La nave de los locos* (1984), *La última noche de Dostoievski* (1992), y del libro de relatos *La rebelión de los niños* (1980).

PERKINS, France. Política estadounidense (Boston, 1880-New Castle, 1965). Destacó por la defensa de reformas sociales, siendo posteriormente nombrada miembro de la comisión de investigaciones sobre las condiciones de trabajo en las fábricas, y en 1919 presidió el Comité de Industria de Nueva York. En 1933, bajo la Administración Roosevelt, se convirtió en la primera mujer en EE. UU. en obtener la cartera ministerial de Trabajo, cargo que desempeño hasta 1945. De 1946 a 1956 fue miembro de la comisión administrativa de EE. UU. Es autora de varias obras, entre ellas, *The Roosevelt I Knew* (1946).

PERÓN, María Estela Martínez de. Política argentina (La Rioja, Argentina, 1931). Profesora de música y baile clásico, contrajo matrimonio con Perón en 1961. Colaboró con su marido por el triunfo justicialista, ocupando la vicepresidencia de la República de Argentina el 12 de octubre de 1973, con el retorno de Perón a la presidencia. Invitada por los gobiernos de España e Italia, y por la OIT, realizó una gira oficial en junio de 1974. El 29 del mismo mes tomó los poderes presidenciales, cedidos por su marido, al encontrarse enfermo. Muerto Perón, continuó ejerciendo el cargo de presidenta, en virtud de la Constitución, hasta su derrocamiento por una junta militar en marzo de 1976. Posteriormente fue procesada por irregularidades en los fondos públicos y condenada a ocho años de cárcel en marzo de 1981, pero, en julio del mismo año, fue puesta en libertad y se trasladó a España, desde donde intentó representar al Partido Justicialista. En 1984, a fin de entablar un diálogo con el Gobierno presidido por Alfonsín, regresó a Argentina. En 1985 renunció a la presidencia de su partido.

PERÓN, María Eva Duarte de. Política argentina (Los Toldos, Buenos Aires, 1919-Buenos Aires, 1952). Actriz y cantante, se casó en octubre de 1945 con Juan Domingo Perón, convirtiéndose en su principal colaboradora política y organizadora de la campaña electoral del Partido Justicialista (1946). Con la victoria de Perón en estas elecciones ella pasó a ocupar el puesto de primera dama de Argentina y organizó (1951) el Partido Peronista Femenino. Creó una Ciudad Infantil y

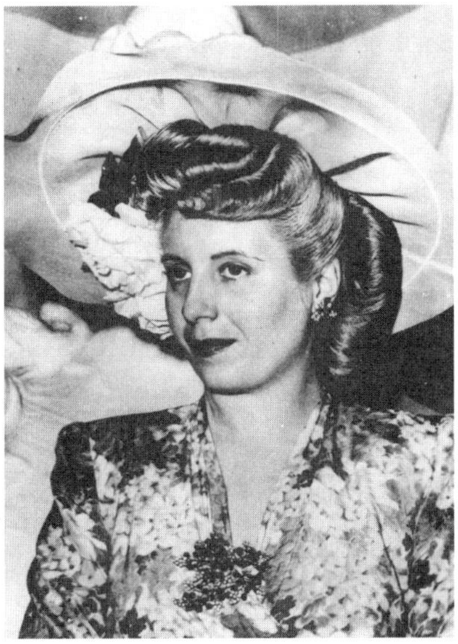

María Eva Duarte de Perón

una Fundación Social a la que dio su nombre y fue nombrada ministra de Asuntos Sociales. En 1947 hizo un viaje oficial por Europa y fue recibida por el papa Pío XII y por varios jefes de Estado. Trabajó por la obtención del voto para las mujeres. Fue propuesta por la Confederación General de Trabajadores para el cargo de vicepresidenta de Argentina en 1951. Ella no aceptó el cargo, cayendo al poco tiempo gravemente enferma. Es autora de una obra titulada *La razón de mi vida*. Su cadáver, que tras el óbito había sido embalsamado por el médico español Pedro Ara, fue trasladado a Argentina, desde Madrid, el 16 de noviembre de 1974.

PEROVSKAIA, Sofía Luovna. Revolucionaria rusa (San Petersburgo, 1853-íd., 1881). Era hija del gobernador de San Petersburgo y desde muy joven se preocupó de las desigualdades sociales, que tendía a remediar. Participó en los movimientos Tierra y Libertad (1878) y Libertad del Pueblo (1879-1881). Fue haciéndose cada vez más radical en sus principios. Preparó un atentado contra el tren imperial (1879) y participó en varios intentos de atentados contra el zar Nicolás II (1880 y 1881). Fue encarcelada y ejecutada, siendo la primera mujer que sufrió la muerte por motivos políticos en Rusia.

PERPETUA, santa. Mártir africana (m. en Cartago, 203). De familia aristocrática, su nombre completo era Vibia Perpetua. Estaba casada y era una simple catecúmena, cuando fue encarcelada junto al hijo que aún amamantaba. Resistió a las exhortaciones de su padre y su marido y se hizo bautizar, padeciendo al poco tiempo el martirio. Las *Actas* de su martirio son especialmente valiosas, ya que, en parte, fueron redactadas por ella misma. Fue compañera de martirio de santa Felicidad.

PERRIAND, Charlotte. Arquitecta francesa (n. 1903). Estudió en la Escuela de Artes Decorativas. Pronto inició el diseño de muebles en los que utilizaba materiales nuevos como el acero. Consiguió ser admitida en el estudio de Le Corbusier, con el que trabajó largo tiempo. A partir de 1939 comienza a viajar por Asia, donde monta diversas exposiones dando a conocer sus muebles y los trabajos de Le Corbusier. Sus actuaciones en Francia son cada vez más importantes. En sus construcciones hay una gran preocupación por integrarlas en la naturaleza que las rodea. En 1985 se organizó una gran exposición sobre toda su obra en el museo de Artes Decorativas de París.

PERRICHOLI, La (Micaela Villegas, llamada). Actriz peruana (Lima, 1748-íd., 1819). Fue amante del virrey de Perú Manuel Amat y Junyent, amores que han dado lugar a numerosas leyendas, novelas y piezas teatrales.

PETACCI, Clara. (Roma, 1912-fusilada en Dongo, cerca del lago de Garda, 1945.) Era hija de un médico del Vaticano. A partir del primer encuentro con Mussolini en 1932 se desató en ella una admiración romántica por el Duce, por otra parte casado y padre de cinco niños. La relación entre ellos fue a veces tempestuosa por los continuos devaneos amorosos de Mussolini. Tras la derrota del ejército de Hitler en Italia, Pettacci y Mussolini trataron de pasar a Suiza, camuflados entre un grupo de soldados alemanes en retirada, pero fueron reconocidos y detenidos. Después del fusilamiento, los cuerpos de los dos amantes, suspendidos de los pies, fueron expuestos a los milaneses. Los restos de Clara se encuentran actualmente en Roma.

PETERS, Maria Liberia. Política de las Antillas Neerlandesas. Líder del Partido Popular Nacional, de orientación conservadora, Peters ocupó el cargo de primera ministra de 1984 a 1993.

PETRONILA, santa. Dama romana (m. 357). Algunos creen que fue hija de san Pedro. Sin embargo, lo más probable es que sólo fuera hija espiritual. Según la leyenda, esta virgen rogó a su futuro marido que retrasara la boda tres días, para pasarlos en oración y ayuno. Pasados los tres días, recibió la comunión y murió. Fue enterrada en las catacumbas de Domitila y sus reliquias están en la iglesia de San Pedro.

PETRONILA DE ARAGÓN. Reina titular de Aragón y condesa de Barcelona (Barcelona, 1135-íd., 1173). Hija de Ramiro II el Monje y de Inés de Poitiers, al poco tiempo de nacer, su padre, deseando dejar el trono para volver a la vida monástica, la entregó a Alfonso VII de Castilla, que la intentó casar con su hijo Sancho. Pero la nobleza aragonesa y Guillermo Ramón de Montcada, senescal de Cataluña, aconsejaron el matrimonio de Petronila con Ramón Berenguer IV, conde de Barcelona. Se aseguraba así la independencia de Aragón y se solventaba el pleito con la Santa Sede, planteado por el incumplimiento del testamento de Alfonso I de Aragón, que dejaba sus reinos a las órdenes militares, ya que el catalán era templario. Los esponsales se celebraron en Barbastro (1137) y Ramiro dejó el gobierno de Aragón en manos de su yerno, con el título de príncipe de Aragón. La boda se efectuó en 1150 en Lérida, cuando doña Petronila contaba 15 años, y don Ramón, 35; de este modo tuvo lugar la unión de Aragón y Cataluña, y prevaleció aquel nombre por la mayor categoría del reino sobre el condado. Quedó así establecida la corona de Aragón. Doña Petronila se consagró exclusivamente a la educación de sus hijos hasta la muerte de su esposo, en 1162, y en 1163 renunció a sus estados de Aragón en favor de su hijo primogénito, Ramón, que entonces tomó el nombre de Alfonso II, y en 1164 abdicó en él, acto que la aristocracia aragonesa aprovechó para presentarla como verdadera poseedora del trono.

PFEIFFER, Ida. Viajera austriaca (Viena, 1797-íd., 1858). De familia acomodada, cuando sus hijos llegaron a la mayoría de edad realizó un viaje a Tierra Santa (1843) y descubrió su gran interés por los viajes. Emprendió la vuelta al mundo, atravesando grandes calamidades. Cuando regresó a Viena fue premiada por sus exploraciones y se hizo famosa en toda Europa. A partir de aquí se dedicó a viajar por todo el mundo, escribiendo un diario que se ha publicado como *Viajes de una mujer alrededor del mundo*.

PHLIPON, Jeanne-Marie o **Manon.** V. **ROLAND DE LA PLATIÈRE, madame.**

PIAF, Édith (Édith Giovanna Gassion, llamada). Cantante francesa (París, 1915-íd., 1963). Era hija de un acróbata ambulante y nació de madrugada en una calle de París. Comenzó a trabajar a los 15 años en una fábrica parisina que abandonó para dedicarse a cantar por los cafés de París, y no fue hasta muchos años después cuando logró cantar en un cabaret. A partir de entonces su fama progresó vertiginosamente, y desde 1939 actuó en los principales escenarios del mundo, cosechando triunfos sin precedentes y grabando numerosos discos. Piaf fue considerada la más pura expresión del París callejero y popular, y entre sus canciones destacan: *La vie en rose, Padam-padam, Mon légionnaire, Un monsieur m'a suivie dans la rue, Je m'en fous* y *Non, je ne regrette rien.*

PICASSO, Jacqueline. Inspiradora de gran parte de la obra de P. Picasso (¿?, 1926-Mougins, 1986). En 1952 conoció al pintor P. Picasso, y de 1954 a 1963 fue su modelo exclusiva, apareciendo retratada en más de 160 cuadros. En 1961 se casaron y ella se convirtió en la traductora, conductora y cocinera del célebre pintor. Tras la muerte de este, fue la organizadora de numerosas exposiciones sobre el valioso legado picassiano. En el año 1986 se suicidó, cediendo su colección privada al museo Picasso de París.

PICASSO, Paloma (Paloma Ruiz Gilot, llamada). Diseñadora francesa de joyas y perfumes (n. 1949). Hija de los pintores P. Picasso y F. Gilot, comenzó trabajando como decoradora de teatro, pero ha sido con la creación de joyas y perfumes con lo que se ha ganado renombre internacional. Establecida en Nueva York desde 1982, cuenta con la colección privada de obras de Picasso más famosa del mundo.

PICKFORD, Mary (Gladys Mary Smith, llamada). Actriz cinematográfica estadounidense, de origen canadiense (Toronto, 1893-Santa Mónica, California, 1979). Comenzó a los cinco años como actriz de teatro y debutó en el cine en 1908 a las órdenes de D. W. Griffith, con quien actuaría en repetidas ocasiones. Creó un arquetipo cinematográfico de muchacha ingenua de ojos claros y pelo rubio con tirabuzones, siendo apodada por el público como *Our Mary* (nuestra Mary) o «la novia de América». Fue la primera actriz que se disputaron encarnizadamente los productores y su fama aumentó gracias a su matrimonio con el también actor Douglas Fairbanks. En 1919 fundó con su marido, Chaplin y Griffith la productora United Artists. Durante la época del cine mudo realizó más de doscientas películas, decayendo su popularidad a principios del sonoro. Entre sus más grandes éxitos figuran: *Cenicienta* (Kirkwood, 1914), *Madame Butterfly* (Olcott, 1915), *Pollyana* (Powell, 1920), *El pequeño lord Fauntleroy* (Green y Pickford, 1921), *Rosita* (Lubitsch, 1923), *La pequeña Anita* (Beaudine, 1925), *Gorriones* (Beaudine, 1926), *Coqueta* (Taylor, 1929), *La fierecilla domada* (Taylor, 1929), etc.

PIMENTEL, Eleonora de. V. **FONSECA, marquesa de.**

PIMENTEL, Juana. Dama castellana (s. XV). Fue hija de Rodrigo Alonso Pimentel, segundo conde de Benavente, y se casó con don Álvaro de Luna, condestable de Castilla (1431). Acompañó a su marido en todas sus venturas y desventuras, participando activamente en los entresijos de la política castellana de tiempos de Juan II. Después de la ejecución del condestable (3 de abril de 1453), se retiró a sus dominios, oponiéndose a la política de los antiguos enemigos de su marido. Está enterrada, junto a don Álvaro, en la capilla de Santiago de la catedral de Toledo.

PINAL, Silvia. Actriz de teatro, cine y televisión mexicana (Ciudad de México, 1932). Comenzó su carrera en el teatro, y en 1948 filmó su primera película, *Bamba,* trabajando posteriormente con el cómico Mario Moreno *Cantinflas* en varios filmes. En 1954 obtuvo gran éxito con *Un extraño en la escalera,* consagrándose como actriz, y en 1957 obtuvo un Ariel por *Locura pasional,* y otro en 1958 por *La dulce enemiga*. Sus películas más conocidas son: *El ángel exterminador* (1962), *Viridiana* (1963) y *Simón del desierto* (1970), todas dirigidas por L. Buñuel.

PINAR, Florencia. Poeta española (h. 1470-1530). Coetánea de T. de Cartagena, los datos sobre su vida no han podido ser esclarecidos. Entre sus poemas, recopilados por Hernando del Castillo en el *Cancionero General* (1511), destaca *Destas aves su nación,* cuyo erotismo resultó escandaloso para su época.

PINEDA, Mariana. Heroína española (Granada, 1804-íd., 1831). Viuda de un terrateniente, fue detenida por bordar en una bandera la leyenda «Ley, Libertad, Igualdad», suponiéndose destinada a alguna conspiración liberal. Uno de los miembros de la Audiencia de Granada, Pedrosa, intentó que delatara a sus cómplices, ya que estaba enamorado de ella. Al no conseguirlo fue llevada, primero, a la cárcel de mujeres de Granada y, después, a la de casa y corte, recibiendo la sentencia de muerte. Fue agarrotada en el Campo del Triunfo, mientras se quemaba ante sus ojos la bandera causante de su detención. El rechazo del pueblo a esta ejecución fue grande, y ha quedado su memoria como heroína de la causa liberal.

PINITO DEL ORO (María Cristina del Pino Segura, llamada). Trapecista española (Las Palmas de Gran Canaria, 1925). Se dio a conocer en 1950 en Nueva York, donde actuó con el circo Ringling, y desde entonces sus acrobacias en el trapecio la han hecho mundialmente famosa. Reina del Festival Mundial del Circo (1956), en 1960 abandonó la vida circense, reapareciendo nuevamente en 1968, para abandonarla definitivamente en 1970. Intervino en el filme *El mayor espectáculo del mundo* (1951), de C. B. de Mille, y escribió algunos cuentos y la obra *Trapecio* (1968). En 1990 se le concedió el premio Nacional de Circo.

PINO, Rosario. Actriz española (Málaga, 1870-Madrid, 1933). De talento versátil, que le permitía adaptarse a todos los géneros, sobresalió, no obstante, en el repertorio moderno y, dentro de él, en las obras de Benavente y los hermanos Álvarez Quintero. Primero trabajó en la compañía de María Tubau, pasando al teatro Lara de Madrid, y en 1896 al teatro de la Comedia, datando de estos años su rivalidad con María Guerrero. Fue durante muchos años la primera figura de la alta comedia moderna. Hizo brillantes temporadas en América, especialmente en Buenos Aires. Terminó formando su propia compañía junto a Enrique Borrás y luego con Emilio Thuillier. Su maravillosa interpretación destaca en: *El marido de la Téllez, Rosas de otoño, Malvaloca, El nido ajeno, La ley de los hijos,* etc.

PIOCHE DE LA VERGNE, Marie-Madeleine. V. **LAFAYETTE, condesa de.**

PIQUER, Concha (Concepción Piquer, llamada). Cantante y actriz española (Valencia, 1908-Madrid, 1990). En América empezó su actividad teatral y de regreso en España se consagró a la canción y obtuvo en ella grandes éxitos. También ha sido intérprete de varias películas, entre ellas: *El negro que tenía el alma blanca* (1927), *La Dolores* (1939) y *Filigrana* (1949). Casada con el torero José Márquez, se retiró en el año 1957, abandonando toda actividad artística. Es madre de la también cantante Conchita Márquez Piquer.

Concha Piquer

PISAN, Christine de. V. **CHRISTINE DE PISAN.**

PITA, María. Heroína española (s. XVI). Luchó, junto con otras mujeres del pueblo, contra los ataques de una escuadra británica al mando del almirante Norris y del corsario Drake por la defensa de La Coruña (1589). Posteriormente fue nombrada alférez por Felipe II.

PLA, Josefina. Escritora española (Fuerteventura, Canarias, 1909). Casi toda su vida ha transcurrido en Paraguay, donde reside desde 1927. Su país de adopción le ha tributado numerosos homenajes: Mujer del Año (1977) y doctora *honoris causa* por la Universidad Nacional de Asunción. En España se le ha otorgado el título de Dama de la Orden de Isabel la Católica (1977) y miembro correspondiente de la Real Academia Española. Ha tenido éxito en todos los géneros literarios y ha colaborado asiduamente en varias publicaciones. En poesía hay que destacar: *El precio de los sueños* (1934) y *Tiempo y tiniebla* (1982). Ha escrito alguna obra de teatro como *Aquí no ha pasado nada* (1942), que obtuvo el premio del Ateneo uruguayo. De su obra crítica y de ensayo hay que destacar: *Voces femeninas en la poesía paraguaya* (1985) y *En la piel de la mujer* (1987).

PLAIDY, Jean. Seudónimo de la novelista británica Eleanor Alice Burford Hibbert (Londres, 1906-íd., 1993), quien además ha publicado bajo los seudónimos de Victoria Holt, Ellalice Tate, Elbur Ford y Kathleen Kellow. Plaidy es considerada como la figura más representativa de la narrativa popular histórico-romántica británica. Ha publicado más de 80 novelas, entre las que se incluyen una docena de sagas familiares. El seudónimo de V. Holt lo ha reservado sólo para los romances de carácter gótico.

PLATER, Emilia. Heroína polaca (Wilza, 1806-Augustow, Prusia, 1831). Fue educada con una gran severidad dentro de una familia noble. Desde muy pequeña mostró aficiones que no eran propias de su género, como el manejo de las armas de fuego. Se dedicó al estudio de las matemáticas. Cuando estalló la revolución polaca (1831), tomó el mando de un grupo de soldados y atacó la fortaleza de Dunsburgo, que no consiguió conquistar. Cuando se organizó el ejército revolucionario, fue nombrada comandante del regimiento de Lituania, al frente del cual sostuvo encarnizadas batallas contra los rusos. Una vez terminada la guerra logró escapar a Prusia, donde murió. El poeta Mickiewicz le dedicó un poema que cuenta sus hazañas.

PLATH, Sylvia. Escritora estadounidense (Boston, 1932-Londres, 1963). Tras cursar estudios en el Smith College, se trasladó a Inglaterra, donde conoció al poeta T. Hughes, con quien se casó en 1956. La vida y obra de Plath, eje de numerosos debates feministas actuales, revelaron el estrecho vínculo entre la mujer escritora, la locura y la historia. La esclavitud de la condición femenina y la pasión de la inspiración poética fueron temas recurrentes en su escritura. Antes de su temprana muerte había publicado ya un libro de poesías, *El coloso* (1960), y una novela autobiográfica, *La campana de cristal* (1963), ambientada en el Nueva York de los años cincuenta. Entre sus libros póstumos destacan *Ariel* (1965) y *Árboles invernales* (1971), que la consolidan como una de las figuras más relevantes del panorama literario estadounidense. A su fama mundial contribuyeron, además, el eco de su suicidio a los 30 años y su condición de mujer emblemática. En 1981 se le concedió póstumamente el premio Pulitzer por *The Collected Poems*.

PLISETSKAYA, Maya Mijailovna. Bailarina soviética (Moscú, 1923). Estudió en la escuela coreográfica de Moscú, y en 1943 ingresó en la compañía del Bolshoi, convirtiéndose en 1945 en su primera bailarina. Plisetskaya, considerada una de las más destacadas representantes de la escuela rusa de ballet y una de las mejores intérpretes del solo de *La muerte del cisne*, ganó en 1949 el primer premio del concurso internacional de danza de Budapest. En 1964 le fue concedido el premio Lenin por su labor durante 20 años con el Bolshoi, siendo también artista de honor del pueblo de la Unión Soviética (1959). En 1972 participó en París en los ballets de Marsella, fuera del marco del Bolshoi, con *La rose malade*, de R. Petit, y ese mismo año debutó como coreógrafa con *Anna Karenina*, inspirada en la obra de Tolstoi. Ha bailado con Béjart *Bolero de Ravel* (1975), *Isadora* (1977) y *Leda* (1979), y fue directora del Ballet del Teatro Lírico Nacional español (1987-1989).

PLOTINA Pompeya. Emperatriz romana (Nîmes, 70-129). Casada con el general Trajano, antes de su elevación al imperio (98). Modesta e inteligente, adscrita a las doctrinas epicúreas, su fuerza fue un gran apoyo para el emperador. Desempeñó un importante papel en la adopción de Adriano por parte de Trajano. Cuando Adriano accedió al poder (117), siguió manteniendo el rango de emperatriz y a su muerte fue divinizada.

POISSON, Jeanne-Antoinette. V. **POMPADOUR, marquesa de.**

POITIERS, Diane de. V. **DIANA de Poitiers.**

POLETTI, Syria. Escritora argentina de origen italiano (n. 1921). Pasó su infancia y adolescencia en Italia, y en 1945 se estableció en Buenos Aires, donde comenzó a colaborar en importantes periódicos y revistas. Sus escritos se han centrado en la experiencia de los inmigrantes italianos residentes en Argentina: *Gente conmigo* (1962; premio Losada) y *Extraño oficio* (1971), su novela más conocida. Es autora además de una extensa obra dedicada al público infantil: *Inambú busca novio* (1966) y *El rey que prohibió los globos* (1987).

POMAR, duquesa de (María Manotegui). Escritora española (Londres, 1830-París, 1895). Hija de padres españoles. Después de quedar viuda dos veces se dedicó a viajar hasta establecerse en París. Poseedora de una gran fortuna, fue nombrada presidenta de la Sociedad Teosófica de París. Muy aficionada a las ciencias ocultas, decía recibir consejos y visitas de la reina María Estuardo. Fundó y dirigió varias revistas, *La Aurora* y *El Mensajero de la Paz*. Escribió *Teosofía cristiana* (1889) y *El espiritualismo en la Biblia* (1894).

Jeanne-Antoinette Poisson, marquesa de Pompadour, por F. Boucher

POMPADOUR, marquesa de (Jeanne-Antoinette Poisson). Dama francesa (París, 1721-Versalles, 1764). Era de familia burguesa, hija de un financiero. Se casó con el asentista general Le Normant d'Étioles (1741) y entró a ser persona habitual de los salones literarios de París, donde conoció a Luis XV. En 1745 se convirtió en amante de este monarca, y desde entonces, con su talento y su gran ambición, gozó de extraordinaria influencia política. En 1750 dejó de ser la amante real, pero conservó su «reinado» hasta su muerte, logrando abortar la conjura urdida contra ella tras el atentado de Damiens (1757). La alianza de Francia con Austria se debió al odio que la Pompadour tenía a Federico II. Reunió una considerable fortuna. En el año 1752 fue elevada a la categoría de marquesa y, en 1756, nombrada dama de honor de la reina. La Pompadour fue gran protectora de los artistas y escritores, y ella misma poseía conocimientos de música, pintura y grabado. Fue importante cliente de los talleres de artistas para la decoración de su palacio de Évreux, el Elíseo de París y sus otras posesiones en Crécy La Celle, Bellevue, Champs y Ménars. Aconsejó a Luis XV que impulsara la fábrica de porcelana de Sèvres e introdujo a su hermano Abel en la dirección de Edificios. También organizó espectáculos de aficionados en la corte y protegió a numerosos escritores, incluidos los enciclopedistas.

POMPEYA. Dama romana (s. I a. C.). Esposa de Julio César e hija de Quinto Pompeyo. Su esposo la repudió por sospechas de que estaba en relaciones con Clodio, pronunciando aquella célebre frase de que «a la mujer de César no le basta con ser honrada, sino que tiene que parecerlo».

PONIATOWSKA, Elena. Periodista y escritora mexicana, de origen francés (París, 1933). Su ficción narrativa, fuertemente influenciada por el nuevo periodismo estadounidense, se nutre de noticias, reportajes, entrevistas, declaraciones, etc.: *La noche de Tlatelolco* (1970) y *Nada, nadie* (1987), centrada en el terremoto que asoló la capital mexicana en 1985. Es autora, además, de otras obras que se alejan de su labor periodística, entre las cuales destacan: *Querido Diego, te abraza Quiela* (1978), *La casa en la tierra* (1980), *La flor de lis* (1988).

POPEA AUGUSTA, Sabina. Emperatriz romana (m. 65). Célebre por su belleza y crueldad. Se casó primero con el prefecto del pretorio, Rufio Crispino, y luego con Salvio Otón, compañero del emperador Nerón. Llegando a los oídos del emperador los encantos de Popea, la mandó llamar a la corte (58) y envió a su marido a Lusitania. Sus intrigas en la corte comenzaron con el despido de la amante de Nerón, la liberta Acté, y, acusando falsamente de adulterio a la emperatriz Octavia, hizo que el emperador la repudiara y se casara con ella (62). Su influencia sobre él fue inmensa. Murió de un puntapié en el vientre que, estando encinta, le dio el propio emperador. Rodeada continuamente de rabinos, parece que en secreto se había convertido al judaísmo.

POPOVA, Liubov. Pintora rusa (Ivanovskoie, 1889-Moscú, 1924). Estudió pintura en Moscú, y en París trabajó con La Fauconnier y Metzinger (1912-1913) y conoció a N. Udaltsova, con quien posteriormente colaboró combinando principios cubistas con el arte popular ruso. Popova, que participó en todas las manifestaciones de la vanguardia de su país, estuvo influida en un principio por el cubofuturismo, desarrollando más adelante la abstracción que denominó «arquitectura pictórica», centrada en la utilización del color y la textura. Entre sus publicaciones destaca *El vestido de hoy es el vestido industrial* (1923), en la que defendió el vestido como función y no como objeto. *Arquitectónica pictórica* (1918) es una de sus obras más conocidas.

PORÈTE, Marguerite. Mística y escritora francesa (m. París, 1310). Escribió el libro *Le miroir des simples âmes* (El espejo de las almas sencillas), obra de carácter esotérico, en la que describe el proceso de liberación del alma hasta llegar a la felicidad del paraíso, pensamiento relacionado con el libre espíritu. La obra fue acogida con reservas por la Iglesia y la autora la presentó al obispo de Châlons para su examen. Pero el inquisidor de Lorena la condenó. Huyó a París y fue condenada a muerte por relapsa y quemada viva.

PORTER, Katherine Anne. Escritora estadounidense (Indian Creek, Texas, 1890-Silver Spring, Maryland, 1980). Tras trabajar como periodista en Chicago y Denver, se trasladó a México (1918-1921) para colaborar con el movimiento revolucionario, y luego residió en París y Alemania. En los relatos recogidos en *El árbol de Judas* (1930), *Pálido caballo, pálido jinete* (1939) y *La torre inclinada* (1944), las experiencias mexicana y europea son el punto de partida argumental que permite a Porter incursionar en una serie de técnicas narrativas, desde la narración objetiva e impersonal hasta el fluir de conciencia, pasando por el discurso onírico. El «ciclo de Miranda», presente en los tres libros, revela con brillantez el punto de vista femenino e irónico de la autora, a la vez que explora el pasado legendario del sur y el presente oscuro y decadente. Su única novela, *La nave de los locos* (1962), narra, en clave satírica, un viaje transatlántico desde México hasta la Alemania nazi. En 1966 se le concedió el premio Pulitzer por *Collected Stories*.

PORTINARI, Beatrice o **Beatriz.** Dama florentina (Florencia, h. 1264-¿?, 1290). Siendo los Portinari vecinos de los Alighieri, en una reunión de familia, según describe Boccaccio, Dante, que contaba sólo diez años, se enamoró de Beatriz. Esta se casó, en 1287, con Simón de Bardi, falleciendo dos años después y dejando sumido en el mayor desconsuelo a Dante, quien publicó al año siguiente su *Vita nuova;* pero donde la dejó inmortalizada fue en su *Divina comedia*. Ha quedado como prototipo del más puro amor.

POTTER, Beatrix. Escritora e ilustradora británica (Kensington, Londres, 1866-Sawrey, Lancastershire, 1943). Su amplia producción, orientada exclusivamente al público infantil, revela a Potter como una minuciosa observadora de la naturaleza y como la creadora de un universo en miniatura poblado de curiosos habitantes, entre los que destacan el conejo Peter Rabbit y el pato Jemima Puddle-Duck.

POUGY, Liane de. Seudónimo de la novelista francesa Anne-Marie Cassagne (La Flèche, 1869-Lausana, Suiza 1953). De familia burguesa, Pougy fue una de las mujeres de moda de la *belle époque* parisiense. Tras un breve matrimonio con un oficial de caballería, se convirtió en una asidua asistente del Folies-Bergère, donde conoció al príncipe de Gales, quien encabezó su larga lista de amantes. Además mantuvo relaciones sentimentales con varias mujeres, entre ellas la escritora N. Barney, relación que dio origen a la novela *Idylle Saphique* (1901), en la que Pougy defiende el lesbianismo como la forma más elevada del amor. Su enorme popularidad la llevó a rivalizar con renombradas figuras femeninas, entre ellas la Bella Otero. Pasó sus últimos años recluida en un convento de Suiza.

PRADERA, María Dolores (María Dolores Fernández Pradera, llamada). Cantante y actriz española (Madrid, 1924). Comienza su carrera tras la guerra civil, tanto en cine como en teatro. Entre sus actuaciones cinematográficas destacan: *Mi vida en tus manos* (Obregón, 1943), *Inés de Castro* (Barros, 1944), *Los habitantes de la casa deshabitada* (Delgrás, 1947), *Fuego en la sangre* (Iquino, 1953), etc., a las que hay que añadir sus grandes interpretaciones teatrales, como la inolvidable *Mariana Pineda*, de García Lorca. A partir de 1954 se reveló como excelente cantante melódica, faceta por la que es más conocida. Su producción discográfica es numerosísima, destacando canciones como *Amarraditos, La flor de la canela, El rosario de mi madre*, etc. Estuvo casada con el actor Fernando Fernán-Gómez. En 1985 volvió al teatro con *Cándida*, de G. B. Shaw.

PRIMO DE RIVERA Y SÁENZ DE HEREDIA, María del Pilar. Política española (Madrid, 1910-íd., 1991). Fue hermana y colaboradora de José Antonio, fundador de la Falange; fue jefa de la Sección Femenina de la Falange desde 1933. Durante la guerra civil se encargó de organizar los servicios femeninos, más de medio millón de afiliadas, en hospitales, talleres y centros de asistencia social. Finalizada la guerra, siguió al frente de la Delegación de la Sección Femenina hasta su cese en mayo de 1977. Fue, además, presidenta de la junta central coordinadora de los círculos culturales femeninos de Hispanoamérica y Filipinas, miembro del Consejo Nacional del Movimiento, de la Junta Política, procuradora en las Cortes, vocal del Consejo Nacional de Educación y del Instituto de Cultura Hispánica. Suprimido el Movimiento, se unió al partido político de la Falange. En 1983 publicó sus memorias *Recuerdos de una vida*.

PRISCILA o **PRISCA, santa.** Dama romana (s. I). Hospedó a san Pedro en Roma y se convirtió al cristianismo, seguramente por la acción de este santo. Es muy probable que fuera quien donó el cementerio de la vía Salaria que lleva su nombre. Una leyenda asegura que fue madre del senador Prudencio.

PRÓCULA, Claudia. Dama romana (s. I). Perteneciente a la gens Claudia, era la esposa de Poncio Pilato, procurador de Judea cuando se celebró el juicio contra Jesucristo. En la Biblia protagoniza la escena en que advierte a su marido de la conveniencia de dejar a Jesús en libertad, ya que había sufrido en sueños por Él (Mt. 28, 19). La tradición oriental la presenta convertida posteriormente al cristianismo y muerta mártir.

PROU, Suzanne. Escritora francesa (Grimaud, 1921-París, 1996). Fue profesora en la Provenza, región en la que había nacido y cuyos colores inspiraron toda su obra. Recibió varios premios literarios, entre ellos el Remaudot (1973). Fue infatigable luchadora en favor de los derechos humanos y de una forma especial durante la guerra de Argelia. También participó activamente en las campañas para la prevención del sida. Su última novela fue *Álbum de familia* (1995).

PUÉRTOLAS, Soledad. Escritora española (Zaragoza, 1947). Considerada una de las figuras más relevantes dentro del panorama de las letras españolas contemporáneas, Puértolas ha sabido retratar con fina precisión la falsedad que rige la sociedad moderna. El objetivismo narrativo, la riqueza de sus personajes, las historias de familia y la búsqueda de una armonía vital caracterizan la mayoría de sus novelas: *El bandido doblemente armado* (1980; premio Sésamo), *Burdeos* (1986), *Todos mienten* (1988), *Queda la noche* (1989; premio Planeta) y *Si al atardecer llegara el mensajero* (1995). Es además la autora de las colecciones de relatos *Una enfermedad moral* (1983) y *La corriente del golfo* (1993). En 1993 se le concedió el premio Anagrama de ensayo por *La vida oculta*, reflexiones sobre literatura y vida cotidiana.

PULQUERIA, santa. Emperatriz de Oriente (Constantinopla, 399-¿?, 453). Era la primogénita del emperador Arcadio y gobernó como regente (414-416) de su hermano Teodosio II, al que casó con Eudoxia, que terminó siendo su rival, disputándole la influencia sobre el emperador. Cuando Teodosio II murió (450), Pulqueria compartió el gobierno con un viejo senador, Marciano, con el que se casó y que tomó el título de emperador. Llevó una vida ascética y luchó por la defensa de la ortodoxia ante el influjo de las herejías cristológicas.

PURROY, baronesa de (Luisa Dara). Heroína española (Tortosa, 1808-íd., 1888). Organizó la defensa de la plaza de Gandesa, sitiada por el general Cabrera durante la guerra carlista, convirtiéndose en el alma de los sitiados. Acompañaba a estos en sus salidas al campo enemigo, siempre montada a caballo y vestida de amazona.

PURVIANCE, Edna. Actriz estadounidense (Lovelock, Nevada, 1894-Hollywood, 1958). Protagonizó la mayoría de las películas mudas de Chaplin. En el sonoro interpretó un pequeño papel en *Luces de la ciudad* (1952), también del mismo autor.

PUTIFAR, mujer de. Mujer de la Biblia. Según el relato del *Génesis* (c. 39), era la esposa de Putifar (Petefré, en egipcio), a cuyo servicio entró José a su llegada al país del Nilo. Esta intentó seducir al israelita, pero fue rechazada. Despechada, le acusó de violación y José fue encarcelado.

PUTNAM JACOBI, Mary. Médica estadounidense (Londres, 1842-¿?, 1906). Estudió medicina en el Colegio médico femenino de Pensilvania (1863). Después fue a París a seguir sus estudios y fue la primera mujer que logró su doctorado en la Escuela de Medicina (1871). Regresó a EE. UU., donde ejerció la medicina y publicó numerosos trabajos. Presidió el departamento de neurología de la Academia de Medicina de Nueva York, y consiguió el premio Boylston de la Universidad de Harvard por su estudio *El reposo de las mujeres durante la menstruación* (1876), que había presentado anónimamente.

Q

QUANT, Mary. Diseñadora británica (Londres, 1934). Revolucionó el mundo de la moda con la creación de la minifalda, que, combinada con botas altas, se convirtió en uno de los símbolos de los años sesenta, proclamando un nuevo concepto de libertad sexual.

QUIMBY, Harriet. Aviadora estadounidense (California, 1881-Nueva York, 1912). En 1911 se convirtió en la primera mujer piloto de EE. UU. y fue también la primera en atravesar el canal de la Mancha (1912). En 1912, tratando de batir el récord de velocidad en la bahía de Nueva York, su avión cayó en picado y murió ahogada.

QUINTANILLA, Isabel. Pintora española (Madrid, 1938). Entre 1954 y 1959 estudió en la Escuela de Bellas Artes de San Fernando, en Madrid. Vinculada al grupo de artistas conocidos como «realistas madrileños», su pintura se mueve en paisajes interiores en los que la luz eléctrica establece claros contrastes. Becaria de la Academia de Bellas Artes en Roma entre 1961 y 1964, Quintanilla ha realizado numerosas exposiciones individuales y colectivas tanto a nivel nacional como internacional. Entre su obra destaca *Interior de la casa* (1974).

QUIROGA, Elena. Novelista española (Santander, 1919-La Coruña, 1995). Su obra narrativa se ha movido entre el realismo de la posguerra y la tendencia psicologista y formalista de la novelística contemporánea. *Viento del Norte* (1951; premio Nadal), su primera novela, utiliza como escenario las tierras gallegas, donde Quiroga pasó parte de su vida. Tras *La sangre* (1952), narrada por un árbol, sus siguientes novelas se han centrado en ambientes urbanos, en personajes más complejos y en temas de actualidad: *Algo pasa en la calle* (1954), *La última corrida* (1958) y *Escribo tu nombre* (1965). Desde 1984 fue miembro de la Real Academia Española.

QUIROGA, María de los Dolores Rafaela. Religiosa española (Pinar de San Clemente, Cuenca, 1809-Guadalajara, 1891). También conocida con el nombre de sor Patrocinio o por el de la «Monja de las llagas». Fue muy popular en España durante el reinado de Isabel II, a causa de algunos pretendidos milagros, entre otros, la impresión en su costado y en sus manos de las llagas de Jesús. Como consecuencia de un sumario que se le abrió para averiguar estos extremos, se dispuso su alejamiento de la capital (1836), siendo desterrada a Talavera de la Reina. Vuelta años después a la corte, se captó el afecto de la reina Isabel y de su esposo Francisco, sobre los que llegó a tener ascendiente y a gozar de gran influencia, llegando al punto de derribar el gobierno de Narváez y conseguir la formación del llamado «ministerio relámpago». Al encargarse del gobierno Bravo Murillo (1851), consiguió su traslado a Roma, en donde el Papa le dispensó grandes atenciones, aumentando, si cabe, su gran prestigio. De vuelta a Madrid, se hizo construir dos conventos, uno en La Granja y otro en Aranjuez. Su influencia siguió siendo inmensa, doblegando al propio O'Donnell, pero con la revolución de 1868 se vio obligada a salir de España, adonde regresó en 1875, cuando ya estaba en el trono Alfonso XII.

R

RABUTIN-CHANTAL, Marie. V. **SÉVIGNÉ, marquesa de.**

RACHILDE (Marguerite Eymery, llamada). Novelista francesa (Chaîteau-l'Évêque, 1860-París, 1953). Alumna de los Goncourt y de Huysman, su primera novela, *Monsieur Vénus* (1884), centrada en la inversión de roles sexuales, fue calificada de pornográfica y censurada en Bélgica, donde se publicó originalmente. El resto de su obra, enmarcada dentro de la narrativa francesa de «fin de siglo», exploró la psicología humana y expresó una fascinación por aquellas formas de erotismo consideradas «perversas» como la androginia, el incesto, la sexualidad «antinatura», etc.: *L'heure nature* (1897), *La haine amoureuse* (1925) y *Mon étrange plaisir* (1934). Rachilde fue una de las figuras más célebres de su época, no sólo por su valiosa producción literaria, sino también por su personalidad excéntrica: se vistió siempre de hombre y se hizo llamar «escritor». En su ensayo autobiográfico *Pourquoi je ne suis pas féministe* (1928) explica en cierto modo las razones de esta automasculinización.

RADCLIFFE, Ann. Novelista británica (Londres, 1764-íd., 1823). Las novelas de Radcliffe, que alcanzaron gran éxito en su época, la convirtieron en una de las máximas representantes de la narrativa gótica. *Los misterios de Udolfo* (1794), su obra más conocida, demostró su fuerza imaginativa y su habilidad en el desarrollo de asuntos sobrenaturales y terroríficos. Destacan, además, *Los castillos de Athlin y Dunbayne* (1789), *Novela siciliana* (1790) y *El italiano* (1797). Sus escenarios tempestuosos y sus personajes «malditos» tuvieron una notable influencia en la novelística inglesa del siglo XX.

RÁFOLS, Bruna María. Religiosa y heroína española (Vilafranca del Penedés, 1781-Zaragoza, 1853). A edad temprana profesó en el convento de Damas de Santa María y San Juan de Barcelona. En el año 1804 tomó la dirección del hospital de Nuestra Señora de Gracia en Zaragoza. En la guerra de la Independencia, durante el asedio de esta ciudad, se destacó por su abnegación y heroísmo, acudiendo a los lugares más peligrosos y difíciles para ejercer su ayuda sanitaria. Acompañada de otras religiosas, Ráfols atravesó las líneas enemigas y se entrevistó con el general francés que sitiaba la ciudad y le pidió ayuda para los enfermos y heridos. Logró un gran prestigio sobre el francés y consiguió sus peticiones y el perdón para algunos prisioneros. Fundó, en Zaragoza, la Congregación de Hermanas de la Caridad de Santa Ana (1804). Escribió cartas y documentos de carácter espiritual. Fue beatificada por Juan Pablo II en 1994.

RAMART, Pauline. Química francesa (1880-1953). Tuvo que costearse sus estudios en la Sorbona trabajando. Obtuvo el doctorado en Ciencias (1913) y fue profesora titular de Química Orgánica en dicha universidad. Sus estudios se centraron sobre los alcoholes. Escribió numerosos trabajos. Recibió la Legión de Honor francesa.

RAMBERT, Marie (Cyvia Rambam, llamada). Bailarina y maestra de ballet británica de origen polaco (Varsovia, 1888-Londres, 1982). Comenzó a trabajar con Émile Jaques-Dalcroze y, posteriormente, en los Ballets Rusos de S. Diághilev, donde colaboró en la coreografía de *La consagración de la primavera* (Nijinski, 1913). En 1920 abrió una escuela en Londres, donde se formaron los mejores bailarines y coreógrafos británicos, como P. Argyle, M. Fonteyn, F. Ashton, etc. En 1930 fundó el Ballet Club, que más tarde se convirtió en el Ballet Rambert (1935) y donde la estrella indiscutible de la compañía fue A. Markova. En 1966 se disolvió la compañía y se reconstituyó en 1967 con el nombre de New Ballet Rambert. Rambert ha sido, sin duda, una de las figuras clave del ballet moderno británico.

RANAVALONA I. Reina de Madagascar (¿?, 1790-Antananarivo, 1861). Siendo niña se casó con Radama, rey de los hovas. Fue acusada de envenenar a su marido de acuerdo con amigos ingleses. Con ayuda de los misioneros protestantes consiguió que la reconocieran soberana y fue proclamada reina (1828). Mandó asesinar a casi todos sus parientes e hizo expulsar a los extranjeros; también se preocupó por someter a las tribus de la costa y del interior. Mantuvo una fuerte opresión sobre su pueblo que hizo que muriera odiada.

RANAVALONA II. Reina de Madagascar (m. Antananarivo, 1883). Sucedió en el trono a Rasoherina, viuda del anterior rey. Contrajo matrimonio con su primer ministro. Admitió el cristianismo como religión oficial y recibió el bautismo junto con la nobleza. Los ingleses gozaron de gran influencia durante su reinado. En cambio, no fueron tan buenas las relaciones con los franceses, que hicieron algunas conquistas a su costa.

RANAVALONA III. Reina de Madagascar (Antananarivo, 1862-Argel, 1917). Prima de Ranavalona II, era viuda del príncipe Ratrima y se casó con el primer ministro Rainilaiarivony, viudo de las dos reinas anteriores, Rasoherina y Ranavalona II. Terminado el bloqueo francés sobre la isla, firmó el tratado de Tamatave (1885) por el que cedía a Francia la rada de Diego Suárez y la dirección diplomática. Prosiguiendo su política colonialista, Francia estableció el protectorado (1895) y la colonia (1896), siendo la reina destronada (1897) y deportada, primero a las islas de la Reunión y luego a Argel.

RAQUEL. Personaje bíblico. Según el relato del *Génesis*, era una de las hijas de Labán y esposa principal de Jacob. Este, sobrino de Labán, iba en busca de su tío cuando encontró a Raquel, que lo acompañó hasta su presencia, quedando prendado de su prima. Jacob concertó con su tío la boda con Raquel, pero Labán le dio a su otra hija, Lía. Después de servir siete años a Labán, este le entregó a Raquel, de la cual tuvo a José y Benjamín, pero Raquel murió en el alumbramiento de este último. Jacob la enterró cerca de Belén.

RAQUEL. Judía toledana (s. XI). Según la leyenda recogida por Alfonso X en la *Grande e general estoria* y por Sancho IV en el *Libro de los castigos*, fue amante del rey Alfonso VIII. En la actualidad se discute su veracidad.

REA SILVIA. Princesa latina (s. VIII a. C. ?). Según la leyenda transmitida por los historiadores romanos y Virgilio, era hija de Numitor, rey de Alba Longa, aunque también es considerada hija de Eneas y Labinia. Su tío, el rey Amulio, la obligó a entrar al servicio del templo de Vesta, pero, según la tradición mitológica, Marte la poseyó, de cuya unión nacieron Rómulo y Remo, fundadores de Roma.

READ, Mary. Aventurera británica (s. XVIII). Fue educada como un muchacho y se enroló en un barco de guerra que luego abandonó para alistarse como soldado en un regimiento de infantería en Flandes. Después pasó a la caballería, para más tarde abandonar el ejército, cuando se casó. Abrió una taberna en Breda. Viuda, volvió a vestirse de hombre y se enroló en la infantería holandesa, embarcando hacia América, pero el barco fue apresado por John Rackam y Mary se hizo pirata. Finalmente, se enamoró de un marinero y se casó, pero en 1720 fue apresada por los ingleses y condenada a muerte en Jamaica. Como era anciana, no se la ejecutó y murió en prisión.

REBECA. Personaje bíblico. Era hija de Betuel, sobrino de Abraham, y fue la esposa del patriarca Isaac. El relato del *Génesis* cuenta cómo Abraham fue a Mesopotamia en busca de una mujer digna de Isaac, la encontró junto a un pozo, se la llevó a Canaán y se casó con su hijo. De Isaac tuvo a Jacob y a Esaú (Gn. 24). Cuando ya Isaac era viejo y ciego, ayudó a Jacob a recibir la bendición paterna en lugar de Esaú (Gn. 27). Fue enterrada en la cueva de Makpelá, en Hebrón (Gn. 49, 31).

RÉCAMIER, madame (Julie Bernard). Dama francesa (Lyon, 1777-París, 1849). Hija de un banquero de Lyon, establecido en París desde 1784, se casó muy joven con el banquero Récamier, de mucha más edad que ella. Durante la época del Consulado su salón se convirtió en el centro de reuniones de las personalidades más destacadas de París y atrajo a su alrededor un grupo cada vez más numeroso de admiradores: Adrien y Mathieu de Montmorency, Luciano Bonaparte, Moreau, Bernadotte, etc. Debido a su amistad con madame de Staël fue desterrada de París en 1811, regresando tres años después. Entre 1814 y 1815 se fijan sus relaciones íntimas con Benjamin Constant. Con la pérdida de los bienes por parte de su marido, en 1818, se retiró a la Abbaye-aux-Bois, monasterio donde iniciaría su unión amorosa con Chateaubriand, que mantendría prácticamente hasta la muerte de este en 1848.

REDGRAVE, Vanessa. Actriz de cine y teatro británica (Londres, 1937). Hija de sir Michael Redgrave, con quien se presentó en Londres interpretando magistralmente a Shakespeare en *Otelo, El sueño de una noche de verano*, etc.; pero donde se reveló internacionalmente fue en *Morgan, un caso clínico* (Reisz, 1966). Otras películas son: *Blow-Up* (Antonioni, 1967), por la que obtuvo el premio a la mejor actriz en el Festival de Cannes, *Isadora* (Reisz, 1968), *María, reina de Escocia* (Jarrott, 1971), *Asesinato en el Oriente Exprés* (Lumet, 1974), *Julia* (Zinnemann, 1977), *Agatha* (Apted, 1979), *Wagner* (Palmer, 1983), *Wetherby* (Hare, 1985), *Ábrete de orejas* (Frears, 1987), *Regreso a Howards End* (Ivory, 1992) y *Misión imposible* (De Palma, 1996). En los años sesenta se unió al partido revolucionario de los trabajadores de Gran Bretaña y se convirtió en una ferviente defensora de los derechos de las mujeres. Ha ejercido el activismo político dentro de la IV Internacional.

Vanessa Redgrave

REDONDO PÉREZ, Aurora. Actriz española (Barcelona, 1905-El Escorial, 1996). Actuó por primera vez en 1920 en el teatro El Dorado, de Barcelona. Estuvo casada y formó compañía con el actor Valeriano León. En reconocimiento a sus méritos le fue otorgado el premio Nacional de Interpretación Dramática (1961-1962). Fue una de las más completas actrices españolas y una de las que gozaron de mayor popularidad entre el público por su gracia y su talento, manifestados especialmente en la comedia, el sainete y el juguete cómico. Estuvo en activo hasta poco antes de su muerte.

REINA, Juana. Cantante, bailarina y actriz cinematográfica española (Sevilla, 1925). Intérprete de tonadillas populares, con las que ha conseguido celebridad, lo mismo que con sus películas: *La blanca paloma* (De la Torre, 1942), *Canelita en rama* (Maroto, 1943), *Serenata española* (Orduña, 1947), *La Lola se va a los puertos* (Orduña, 1947), *Vendaval* (Orduña, 1949), *Gloria Mairena* (Lucia, 1952), *Lola la Piconera* (Lucia, 1952) y *Aeropuerto* (Lucia, 1953). Se la considera una de las grandes de la canción española, en la que creó una verdadera escuela.

REITSCH, Hanna. Aviadora alemana (Hirschberg, Silesia, 1912-Frankfurt, 1979). Era muy popular como aviadora y tenía una escuela de planeadores. En 1935 batió el récord femenino de distancia al volar 160 km en línea recta en su planeador. Pilotaba los nuevos modelos que iban apareciendo y tuvo un grave accidente en 1942. Del lado de los fascistas, fue de las últimas personas que vieron con vida a Hitler. Los aliados la detuvieron en Austria y estuvo encarcelada 15 meses. Al ser liberada se asentó en Ghana, de donde fue expulsada.

RÉMUSAT, condesa de (Claire-Élizabeth Gravier de Vergennes). Escritora francesa, dama de honor de la emperatriz Josefina (París, 1780-íd., 1821). Escribió largas y numerosas cartas que fueron publicadas por su nieto en 1881, con el título de *Cartas de madame de Rémusat*. También escribió algunas novelas, entre las que figuran *Cartas españolas, o el ministro* y *Carlos y Clara, o la flauta*. Su *Ensayo sobre la educación de las mujeres* fue publicado por su hijo en 1824. Por último, también su nieto publicó sus libros de *Memorias* (1879-1880), que constituyen un testimonio de primera mano de la vida durante el Consulado y el principio del Imperio (h. 1808).

RENAULT, Aimée Cécile. Dama francesa (París, 1774-íd., 1794). Era de familia burguesa y manifestaba opiniones realistas en la época de la Revolución. Fue detenida cuando pretendía saludar a Robespierre; la registraron y encontraron que llevaba dos cuchillos. En el interrogatorio ella sólo admitió que quería conocer a Robespierre; no obstante, fue guillotinada.

REXACH, Silvia. Compositora puertorriqueña (Santurce,1922-íd., 1961). Rexach, considerada una de las compositoras de música popular más importantes de América Latina, obtuvo su primer gran éxito con el bolero *Idilio*. Sus composiciones están centradas en el amor desgarrado. Entre ellas destacan: *Y entonces, Alma adentro, Anochecer, Olas y arena*, etc. Murió víctima del cáncer.

RHYS, Jean. Seudónimo de la escritora caribeña Ellen Gwendolen Rees (Dominica, 1894-Exeter, 1979). Considerada una de las figuras centrales de la literatura caribeña contemporánea en lengua inglesa, Rhys se trasladó a Inglaterra en 1907, donde comenzó trabajando como actriz en una compañía de repertorio, y, posteriormente, vivió en París y Viena. A esta época pertenece *The Left Bank and Other Stories* (1927), donde aparece ya el personaje arquetípico de sus narraciones: una mujer solitaria y soñadora que deambula por la vida sin rumbo fijo. La adaptación de su *Good Morning Midnight* (1939), realizada por la BBC, la dio a conocer internacionalmente. Sus raíces culturales y su experiencia de mujer criolla blanca constituyen los componentes fundamentales de su obra. En Cornualles escribió su obra maestra, *Wide Sargasso Sea* (1966), basada en uno de los personajes de *Jane Eyre*, de Charlotte Brontë.

RICH, Adrienne. Poeta estadounidense (Baltimore,1929). Activa participante en el movimiento feminista y defensora de los derechos humanos, está considerada, junto con A. Lorde y A. Walker, como una de las figuras más relevantes de las letras femeninas estadounidenses. Influida por E. Dickinson y H. Doolittle, los poemas de Rich se caracterizan por una continua experimentación formal y por una temática centrada en la condición femenina. Entre sus poemarios se cuentan: *Explorando las ruinas* (1973), premiado con el National Book Award, *Tu tierra natal* (1986) y *Un atlas del mundo difícil* (1991). Es autora, además de las colecciones de ensayos *Nacida de mujer* (1976), *Sobre mentiras, secretos, silencios* (1979) y *Sangre, pan y poesía* (1986), en la que defiende las posturas del lesbianismo radical.

RICHARDSON, Dorothy. Novelista británica (Abingdon, Berkshire, 1873-Beckenham, Kent, 1957). Tras trabajar como maestra y periodista, trabó amistad con varios intelectuales de renombre, entre ellos H. G. Wells, cuyos valores marcadamente masculinos, que Richardson rechazaba, la impulsaron a crear una estética femenina basada en su concepción de las mujeres como sujeto distinto. Fue la primera en utilizar la técnica del fluir de conciencia, que posteriormente adoptaron V. Woolf y J. Joyce, y fue una de las figuras centrales del modernismo narrativo inglés. Entre sus obras destacan: *Pilgrimage* (1915-1938), considerada su obra cumbre, *The Tunnel* (1919) y *Revolving Lights* (1923). Fue autora, además, del brillante ensayo sobre escritura femenina *Women in the Arts* (1925).

RICHIER, Germaine. Escultora francesa (Grans, 1904-Montpellier, 1959). Estudió en la Escuela de Bellas Artes de Montpellier, y en 1952 obtuvo el premio de Escultura en la Bienal de São Paulo (Brasil). Una de sus obras más famosas, el *Cristo* (1950) que realizó en la iglesia de Assy, provocó un gran escándalo en su época y levantó una polémica sobre los límites del artista en el terreno del arte religioso. Sus esculturas, fundamentalmente esquemáticas, muestran un expresionismo violento de corte surrealista y una vigorosa expresión y fuerza: *La tempestad* (1948), *Figura con garras* (1952), *Hombres-pájaros* (1953-1955) y *La montagne* (1956), obra maestra que logró consagrarla internacionalmente.

RICO, Paquita (Francisca Rico Martínez, llamada). Actriz, cantante y bailarina española (Sevilla, 1930). Debutó en el cine con la película *Brindis a Manolete* (Rey, 1948), a la que siguieron *Olé, torero* (Perojo, 1949), *Rumbo* (Torrado, 1950), *Debla, la virgen gitana* (Torrado, 1951), *María Morena* (Forqué y Lazaga, 1952), *La alegre caravana* (Torrado, 1953), *La moza del cántaro* (Rey, 1953), *El relicario* (Gil, 1954), *Viva lo imposible* (Gil, 1957), *La tirana* (Orduña, 1958), *¿Dónde vas, Alfonso XII?* (Amadori, 1958), *La viudita naviera* (Marquina, 1961), *El balcón de la luna* (Saslavsky, 1963), etc. En 1962 protagonizó en Madrid la representación teatral de *Bodas de sangre*, de García Lorca. También se ha consagrado como una de las tonadilleras más sobresalientes del mundo artístico español.

RICO GODOY, Carmen. Periodista y escritora española (París, 1936). Estudió ciencias políticas en Washington, y desde 1970 colabora con la revista *Cambio 16*, consagrándose con sus artículos políticos teñidos de ironía. En 1990 publicó su primer libro, *Cómo ser mujer y no morir en el intento*, que se convirtió en un auténtico *best-seller*, y que posteriormente dio lugar a un filme dirigido por Ana Belén. Es colaboradora habitual de varios periódicos y revistas. En 1991 publicó su segundo libro, *Cómo ser infeliz y disfrutarlo*.

RIEFENSTAHL, Leni (Helene Berthe Amalie, llamada). Actriz y directora alemana de cine (Berlín, 1902). Estudió pintura y ballet, y en 1926 debutó como actriz de cine con la película *Der heilige Berg*, dirigida por Arnold Franck, y con quien luego haría varias películas centradas en el tema del alpinismo, como *La montaña sagrada* (1926) y *Tempestad sobre el Mont Blanc* (1930). En 1932 debutó como realizadora con la película *Luz azul*, obteniendo un gran éxito. Riefenstahl, considerada la cineasta y productora oficial del régimen nazi, realizó monumentales películas de carácter documental exaltando los ideales estéticos de dicho régimen; entre ellas destacan: *El triunfo de la voluntad* (1936) y *Olimpiada* (1936), sobre los Juegos de Berlín. Marginada tras la Segunda Guerra Mundial, se dedicó a la fotografía y al cine etnológico, principalmente en África. En 1987 publicó sus *Memorias*.

RIERA, Carme. Escritora española en lengua catalana (Palma de Mallorca, 1948). Profesora de Literatura Castellana en la Universidad Autónoma de Barcelona, es una de las máximas representantes de la novelística catalana actual. Con un lenguaje en el que se entremezclan el léxico valenciano y mallorquín con la normativa catalana, la narrativa de Riera explora las pasiones que quedan inermes ante los designios del destino humano: *Te deix, amor, la mar com a penyora* (1975), *Epitelis tendríssims* (1981). El alma femenina se convierte en protagonista de narraciones de seducción e impostura como *Qüestió d'amor propi* (1987) y *Joc de miralls* (1989; premio Ramón Llull). En 1995 obtuvo el premio Nacional de Narrativa por su obra *Dins el darrer blau*.

RÍMINI, Francesca da. Dama italiana (s. XIII). Hija de Guido de Polenta, señor de Ravena. Se casó con Lanciotto de Rímini, quien, enterado más tarde de que le era infiel con su hermano Paolo, sorprendió a los dos amantes y les dio muerte. Este hecho forma un episodio del *Infierno* en la *Divina comedia*, de Dante, y a él alude también Petrarca.

RINCÓN DE GAUTIER, Felisa. Política puertorriqueña (Ceiba, 1897-San Juan, 1994). Fue cofundadora del Partido Popular Democrático y la primera y única mujer en ocupar el cargo de alcaldesa de la capital de Puerto Rico por espacio de 23 años (1946-1969).

RÍO, Dolores del (Dolores Asúnsolo López Negrete, llamada). Actriz de cine y teatro mexicana (Durango, 1905-Los Ángeles, 1983). En 1925 inició su carrera con *Joanna*, película de cine mudo hollywoodiense de E. Carewe. *El precio de la gloria* (Walsh, 1926), *Resurrección* (Carewe, 1927) y *Ramona* (Carewe, 1928) la consagraron internacionalmente. Su primer filme sonoro fue *El malo* (Fitzmaurice, 1930). Debutó en teatro con *Historia de una mujer mala* (1948). Recibió en varias ocasiones el premio Ariel: *Las abandonadas* (Fernández, 1944), *Doña Perfecta* (Zacarías, 1950) y *El niño y la niebla* (Gavaldón, 1953). Fue llamada *la diosa azteca* en sus primeros años en Hollywood.

RÍOS, Blanca de los. Escritora española (Sevilla, 1862-Madrid, 1956). Pertenecía a una familia de la que formaban parte literatos y artistas. Empezó escribiendo libros de poemas, *Esperanzas y recuerdos* (1881), *¿Vida o sueño?* (1914), y novelas, *La niña de Sanabria* (1901), *La sangre española* (1907), *Madrid goyesco* (1908), pero su principal actividad se centró en el estudio de los grandes escritores españoles del Siglo de Oro, como Calderón de la Barca, Cervantes, y especialmente de la obra y vida de Tirso de Molina, *Las mujeres de Tirso* (1910), *El enigma biográfico de Tirso de Molina* (1928). Es autora también de trabajos sobre la mística, el romanticismo y Menéndez Pelayo, del que fue discípula. Fundó en 1919 la revista *Raza Española*, que dirigió y sostuvo durante 11 años, y colaboró además en diferentes publicaciones.

RIVAS CHERIF, María Dolores de. Política española (¿?, 1904-México, 1993). Ha sido una de las figuras republicanas que mayor tiempo ha pasado en el exilio. Por sus ideas republicanas tuvo que salir de España cuando se instauró la dictadura de Franco, instalándose en México por espacio de 50 años. Desde 1978, cuando retorna nuevamente la democracia, se le asigna un subsidio de viudez por haber sido la esposa de Manual Azaña, el último presidente de la República española.

RIVELLES, Amparo. Actriz española (Madrid, 1925). De familia de actores, hija de Rafael Rivelles y María Fernanda Ladrón de Guevara. Ha interpretado, entre otras, las películas *Eugenia de Montijo* (López Rubio, 1944), *La fe* (Gil, 1947), *Fuenteovejuna* (Román, 1947), *La calle sin sol* (Gil, 1948), *La duquesa de Benamejí* (Lucia, 1949), *Alba de América* (Orduña, 1951), *La herida luminosa* (Demicheli, 1956) y *El batallón de las sombras* (Mur Oti, 1956). En 1958 fijó su residencia en México, donde intervino en el cine, el teatro y la televisión. Posteriormente se ha trasladado a España y ha actuado en *Los gozos y las sombras* (1981), serie televisiva sobre la obra del mismo nombre de G. Torrente Ballester, y *Hay que deshacer la casa* (García Sánchez, 1986); en el teatro ha protagonizado *La Celestina*. Fue durante los años cuarenta y cincuenta una de las actrices preferidas del público español, interpretando papeles en los que no faltaban ciertas dificultades. Actualmente es una de las grandes damas del teatro español.

RIVERA ENRÍQUEZ, Francisca de. V. **CHINCHÓN, condesa de.**

RIVES, Amelia. Escritora estadounidense (Richmond, 1863-Charlottesville, 1945). Autora de numerosas obras, siendo la más famosa *The Quick or the Dead* (1888). Estuvo casada con el príncipe Trubetzkoy.

ROBINSON, Mary. Política y abogada irlandesa (Ballina, 1944). Profesora de Derecho en el Trinity College de Dublín, en 1990 fue presentada como candidata a la presidencia por los laboristas y el Partido de los Trabajadores. Bajo el lema «Tú tienes voz. Yo haré que se oiga» consiguió el voto femenino. Tras vencer en los comicios, se convirtió en la primera mujer irlandesa en acceder a la jefatura del Estado.

ROBINSON, Julie Bowman. Matemática estadounidense (1919-1985). Sus estudios se centran en la estadística. Destacan sus trabajos sobre las ecuaciones difánticas.

Mary Robinson

ROCHECHOUART DE MORTEMART, Françoise Athénaïs de. V. **MONTESPAN, marquesa de.**

RODOREDA, Mercè. Escritora española en lengua catalana (Barcelona, 1909-Gerona, 1983). Tras la guerra civil, se exilió primero en Burdeos y luego en Ginebra, regresando a Cataluña en los años setenta. Con *Aloma* (1938) inicia una serie de retratos femeninos que perdurarán a lo largo de toda su obra, y en los que muestra, en clave psicológica, el doloroso paso de la adolescencia a la madurez en una sociedad que ofrece muy pocas alternativas a las mujeres. Sus extraordinarias dotes de observación y su expresividad lúcida y precisa la convirtieron en una de las figuras más relevantes de la literatura catalana contemporánea: *Vint-i-dos contes* (1958), *La plaça del Diamant* (1962), considerada su obra maestra; *Jardí vora la mar* (1967), *Mirall trencat* (1974), en la que explora un mundo mítico de herencia simbolista, y *Quanta, quanta guerra...* (1981). En 1980 recibió el Premi d'Honor de les Lletres Catalanes.

RODRIGUES, Amalia. Cantante portuguesa (Lisboa, 1920). Comenzó su carrera en 1939 y posteriormente se consagró como una de las mejores cantantes de fados, adquiriendo fama internacional. En 1990 se retiró.

RODRÍGUEZ, Aurora. Dama española (El Ferrol, 1880-Ciempozuelos, 1955). De familia acomodada, tuvo una educación muy libre, pero su afán por la lectura le hizo conocer los textos del socialismo utópico, que le causaron un gran impacto. Ensayó un método pedagógico con su sobrino al que convirtió en niño prodigio; era pianista, pero dejó de serlo en cuanto le apartaron de su lado. Pensó crear un falansterio en Alcalá de Henares, pero decidió que era mejor tener una hija que educaría con sus métodos y sería un ser excepcional que redimiría al mundo. Cuando heredó la fortuna familiar, buscó un hombre para quedarse embarazada y se marchó a Madrid, aunque despreciaba la situación de las mujeres y consideraba que la función que los hombres desempeñaban en la sociedad era superior porque tenían acceso a la cultura y al saber. En 1914 Rodríguez tuvo a su hija (Hildegarda) y la convirtió en una niña «prodigio», pero en 1933 la mató. Tras ser procesada fue declarada loca y encerrada en el manicomio. (V. Hildegarda Rodríguez.)

RODRÍGUEZ, Hildegarda. Escritora y conferenciante española (Madrid, 1914-íd., 1933). Hija de Aurora Rodríguez, quien ejerció siempre sobre ella un dominio posesivo. Su madre la educó desde el nacimiento intensamente: a los ocho años ya sabía cuatro idiomas. A los 14 años ingresó en las juventudes socialistas, de las que pronto fue elegida vicepresidenta y comenzó a escribir en *El Socialista*. Cada vez se hizo más popular, escribía, daba mítines, conferencias, etc. La actuación del gobierno republicano la hizo apartarse del socialismo. Escribió un libro, *¿Se equivocó Marx?*, donde hizo una feroz crítica al socialismo. Ingresó en el partido federal y siguió con sus polémicos artículos, donde cuestionaba todo. Comenzó a ser famosa en toda Europa y mantenía correspondencia con intelectuales famosos como H. G. Wells. Decidió escapar de su madre, para lo que aceptó la invitación de Wells de ir a Londres. La madre no resistió que su hija se independizara y la mató.

RODRÍGUEZ DE ALDECOA, Josefina. V. **ALDECOA, Josefina R.**

RODRÍGUEZ DE ARAGÓN, Dolores. Soprano española (Cádiz, 1915-Pamplona, 1984). Especialista en la canción española, antes de 1936 inició sus conciertos, cantando las más famosas obras, desde Falla y Turina a Joaquín Rodrigo y sus contemporáneos. Entre sus discípulas están Celia Langa, Teresa Berganza e Isabel Penagos. Sus mejores creaciones en ópera han sido en *El retablo de maese Pedro*, de Falla, y en *Las bodas de Fígaro*, de Mozart. Profesora de canto del Conservatorio Superior de Música de Madrid, fue la creadora y directora del Coro de la Escuela Superior de Canto, convertido después en Coro Nacional de España, cargo del que dimitió en 1979.

RODRÍGUEZ DE TIÓ, Dolores. Poeta puertorriqueña (San Germán, 1843-La Habana, 1924). Pertenece a la poesía romántica y neoclásica y su obra más popular fue la letra original del himno de su país. Tomó parte activa en la independencia de Puerto Rico, hasta el extremo de tener que exiliarse en EE. UU. y, después, en Cuba. En la actualidad su fama proviene más de su actuación política que de su obra literaria. Sus poemas aparecen recogidos en: *Mis cantares* (1876), *Claros y nieblas* (1885) y *Mi libro de Cuba* (1893).

ROGERS, Ginger (Virginia Katherine McMath, llamada). Bailarina y actriz de cine estadounidense (Independence, Missouri, 1911-Los Ángeles, California, 1995). Comenzó su carrera artística como bailarina, formando pareja con Fred Astaire, y luego actuó individualmente como actriz, circunscribiéndose en general a papeles melodramáticos o cómicos. Recibió el Oscar en 1940 por *Espejismo de amor*, de S. Wood. Ha interpretado, además: *La alegre divorciada* (Sandrich, 1934), *Sombrero de copa* (Sandrich, 1935), *Ritmo loco* (Sandrich, 1936) y *Vuelve a mí* (Walters, 1949), en su etapa con Fred Astaire; *Damas del teatro* (La Cava, 1937), *La historia de Irene Castle* (Potter, 1939), *Una mujer en la penumbra* (Leisen, 1944), *Fin de semana* (Leonard, 1945), *Tenías que ser tú* (Maté, 1947) y *Mujer para siempre* (Rapper, 1954), entre otras. También ha participado en espectáculos musicales de Broadway, alejándose del cine (*Mame*, 1969).

ROIG, Montserrat. Novelista española en lengua catalana (Barcelona, 1946-íd., 1991). Trabajó como periodista y comentarista televisiva, y en 1971 se inició en la literatura con el libro de relatos *Molta roba i poc sabó, i tan neta que la volen*, que fue premio Víctor Català. Sus novelas posteriores, de carácter testimonial y periodístico, se centraron en el retrato de la pequeña burguesía catalana y, especialmente, en el examen de la problemática femenina: *Ramona, adéu* (1972), *El temps de les cireres* (1977), *L'òpera quotidiana* (1982) y *La veu melodiosa* (1987).

ROLAND, Pauline. Feminista francesa (Falaise, Calvados, 1805-Lyon, 1852). De ideas avanzadas para su tiempo, llevó una vida de acuerdo con sus principios socialistas. Colaboró activamente en la *Nueva Enciclopedia*. Participó en la fundación de una asociación de profesores socialistas que se llamó Asociación Fraterna (1848) y formó parte de la Unión de Asociaciones Obreras (1850), por cuya causa estuvo encarcelada junto a Jeanne-François Dereoin, con quien había fundado el Club de Emancipación de las Mujeres. Se opuso al golpe de Estado de Luis Napoleón Bonaparte y fue deportada a Argelia. Liberada por ser madre de familia, murió a su regreso a Francia. Escribió, sobre todo, obras de carácter escolar.

ROLAND DE LA PLATIÈRE, madame (Jeanne-Marie o Manon Phlipon). Política francesa (París, 1754-íd., 1793). Casada con Jean-Marie Roland, ejerció sobre su esposo una influencia absoluta, asegurando su ascenso político dentro del partido girondino. Llegado su marido al gobierno, ella dirigió de hecho el Ministerio del Interior. Comprendida en la proscripción del 31 de mayo de 1793 contra los girondinos, se negó a huir con su marido, y, condenada a muerte, subió a la guillotina con extraordinaria serenidad. En prisión escribió unas *Memorias* y un trabajo dedicado a su hijo, titulado *Mis últimos pensamientos*.

ROLDANA, La (Luisa Ignacia Roldán, llamada). Escultora española (Sevilla, 1656-Madrid, 1704). Era hija de Pedro Roldán, de quien fue discípula, y al que ayudó en sus trabajos, práctica que la llevó a la completa perfección en la escultura. Se distinguió especialmente en las estatuas de barro de pequeño tamaño. Como su progenitor, estuvo influida por el barroquismo italiano. En El Escorial, Madrid, Sevilla, Cádiz, etc., hay obras suyas.

ROMANONES, condesa de (Aline Griffith). Espía y escritora estadounidense (Nueva York, 1923). Mientras trabajaba como modelo en Nueva York, Griffith fue reclutada y entrenada como agente secreto por la Oficina de Servicios Estratégicos de la Agencia Central de Inteligencia (CIA), y fue destinada a España durante la Segunda Guerra Mundial. A pesar de haber trabajado para los aliados, se convirtió en una acérrima defensora del general Franco. Realizando sus trabajos de espionaje conoció a su marido, el conde de Quintanilla, que posteriormente se convertiría en el conde de Romanones, del que se ha separado. Griffith ha pasado a ser una de las figuras más representativas de la crónica social contemporánea, tanto española como internacional. Su interés se centra en el dinero y el brillo social. Sus libros *La espía vestida de rojo*, *La espía ha salido de fiesta* y *La espía vestida de seda* rememoran sus experiencias como espía.

ROOSEVELT, Anna Eleanor. Escritora y política estadounidense (Nueva York, 1884-íd., 1962). Esposa de Franklin Delano Roosevelt y primera dama de EE. UU., desarrolló una intensa actividad política, sobre todo al enviudar, en el Partido Demócrata. Presidió la Comisión de Derechos Humanos de las Naciones Unidas (1947-1951) y fue delegada en la Asamblea General de la misma (1946-1952). Feminista, antisegregacionista y pacifista, escribió: *It's up to the Women* (1933),

Anna Eleanor Roosevelt

This Is My Story (1937), *My Days* (1938), *This I Remember* (1949) y *On My Own* (1958).

ROSA de Lima, santa. Doncella peruana, de origen español (Lima, 1586-íd., 1617). Era llamada Isabel Flores de Oliva y el nombre de Rosa se lo puso santo Toribio de Mogrovejo, en sustitución del suyo propio, al administrarle la confirmación. De familia distinguida, se sometió voluntariamente, desde la infancia, a una serie de privaciones y mortificaciones. Su madre se empeñó en darle una instrucción muy superior a la corriente entre las mujeres de su tiempo; además, le proporcionó maestros de canto y arpa, cítara y vihuela. Sabiendo que una de las cosas que más la hermoseaban era su espléndida cabellera, se la cortó casi de raíz. Llevó una vida de piedad, por lo que es una de las grandes extáticas que figuran en la historia de la Iglesia. En 1606 ingresó en la orden dominica, tomando el nombre de Rosa de Santa María. El papa Clemente IX firmó su beatificación el 12 de febrero de 1668 y la declaró, al año siguiente, patrona de Lima y del Perú. Clemente X la proclamó, en 1670, patrona principal de América, Filipinas y las Indias Occidentales, y la canonizó en 1672.

ROSS, Diana. Cantante estadounidense (Detroit, 1945). Tras darse a conocer internacionalmente con el grupo The Supremes, continuó su carrera artística en solitario, obteniendo grandes éxitos en EE. UU. y en Europa. En 1974 interpretó a B. Holiday en la película *Lady Sings the Blues,* por la cual fue proclamada candidata al Oscar de interpretación femenina.

ROSSANDA, Rossana. Política y periodista italiana (n. 1923). Considerada una de las protagonistas de la izquierda italiana contemporánea, Rossanda fue miembro del comité central del PCI, jefa de la sección de cultura y diputada en el Parlamento en varias ocasiones. Ha sido directora y cofundadora del periódico *Il Manifesto,* el órgano más importante de la nueva izquierda italiana. Entre sus publicaciones destacan: *Un viaje inútil* (1981) y *Las otras* (1982), centrada en el feminismo italiano.

ROSSETI, Ana. Poeta española (San Fernando, 1950). Aunque ha mostrado interés por el teatro, su obra se centra en la poesía. Sus poemas surgen en las letras españolas con gran fuerza. Su poesía es desenfadada y vivaz, de gran frescura, nacida de la experiencia; es una obra atrevida en la que el erotismo y el recuerdo están presentes. Su primer libro, *Los devaneos de Erato* (1980), obtuvo el premio Gules de poesía. Por su libro *Devocionario* (1986) obtuvo el premio Rey Juan Carlos I de Poesía del Ayuntamiento de Marbella. Así mismo ha escrito el libreto de la ópera *El secreto enamorado* (1993) basada en cartas de Oscar Wilde y estrenada en Madrid con música de Manuel Balboa. En 1995 la Junta de Andalucía le concedió la medalla de plata.

ROSSI, Properzia de. Escultora italiana (Bolonia, 1491-íd., 1530). De su vida es muy poco lo que se conoce, salvo que fue discípula de Marco Antonio Raimondo. Vasari alaba su *José y Putifar* (1520), conservada en el Museo de San Petronio (Bolonia). También colaboró en la realización del grupo escultórico de la portada de San Petronio de Bolonia y de otras esculturas conservadas en el Museo Municipal de su ciudad natal.

ROSWITHA o HROTHSWITHA. Poeta y religiosa benedictina alemana (h. 932-después de 975). Profesó en el monasterio de Gandersheim, en Sajonia, y dejó tres obras: *Dramas, Poemas históricos* y *Leyendas.* La primera, en prosa, integrada por los dramas *Calímaco, Abraham, Pafnucio, Dulcidio, Sapiencia* y *Galiano,* así denominados después por el nombre del personaje principal de cada uno, está consagrada a exaltar la fe y la castidad y constituye la muestra más antigua de teatro apologético del cristianismo. De sus poemas destacan los titulados: *Gestas del emperador Otón I,* de alta significación épica, y *Orígenes del monasterio de Gandersheim.* Fue la primera mujer que escribió teatro. Tuvo una gran preocupación por defender a las mujeres en sus escritos.

ROUGH, Louise. Tenista estadounidense (Oklahoma City, 1923). Rough ha sido una de las figuras más relevantes del tenis femenino: cuatro veces campeona del torneo de Wimbledon (1948-1950 y 1955), Forest Hills (1947), Open de Australia (1950). En dobles femeninos obtuvo 21 victorias en EE. UU., Francia, Reino Unido y Australia.

ROWLANDSON, Mary. Dama angloamericana (¿?, h. 1635-Massachusetts, h. 1678). Casada con un pastor de la iglesia congregacionista, residía en Massachusetts. En un ataque indio fue hecha prisionera y estuvo un tiempo en cautividad. Fue rescatada por dinero. Cuando recobró la libertad, publicó *La benevolencia y bondad de Dios, cuyas promesas se han cumplido en la liberación de Mary Rowlandson, capturada por los indios,* obra que alcanzó y sigue teniendo un gran éxito. Cuenta la dura vida de los colonos y los peligros a los que estaban expuestos; también refiere los sufrimientos de su cautiverio. Es uno de los escritos más populares de la literatura estadounidense del siglo XVII.

ROXELANA o ROJELANA. Sultana turca (¿?, 1505-Estambul, 1561). Fue la esposa favorita de Solimán II el Magnífico y madre del príncipe Selim, más tarde Selim II. Para asegurar el sultanato a su hijo, en detrimento de Mustafá, primogénito de Solimán II, hizo condenar a muerte a dos grandes visires, Ibrahim Bajá y Ahmet Bajá. En 1544 hizo nombrar gran visir a su yerno Rostam Bajá y acusó a Mustafá de estar en tratos con el sah de Persia. Solimán hizo matar a su hijo mayor.

ROY, Esperanza (Esperanza Fuentes Roy, llamada). Actriz española (Madrid, 1935). Comenzó trabajando como corista en espectáculos musicales, llegando a ser primera *vedette.* En 1968 comienza su carrera en el cine con *Si volvemos a vernos* (premio Sant Jordi), película que inicia su trayectoria cinematográfica, en la que alternan papeles frívolos con proyectos más comprometidos. A principios de los setenta actúa en las obras teatrales *Una mujer para todos* y *Así que pasen cinco años.* A mediados de los ochenta volvió a la revista musical con la antología *Por la calle de Alcalá,* y en 1989 obtuvo el premio Fotogramas de Plata por *Vida perra.*

ROYAL, madame. V. **ANGULEMA, duquesa de.**

RUBINSTEIN, Helena. Esteticista y empresaria estadounidense de origen polaco (Cracovia, 1870-Nueva York, 1965). Realizó algunos estudios de medicina en Suiza y luego partió hacia Austria, donde comenzó a comercializar una receta de crema de belleza legada por su abuela y la cual bautizó con el nombre «Crème Valaze». En 1902 regresó a Europa y amplió sus conocimientos de química cosmetológica con un dermatólogo, inclinándose hacia la cirugía estética. En 1908 abrió un instituto de belleza en Londres, en 1912 otro en París, y en 1915 se instaló en Nueva York. Rubinstein, pionera de los polvos de color para la cara y de la base del maquillaje, creó un imperio de institutos de belleza que la hicieron célebre en todo el mundo y le proporcionaron una inmensa fortuna. Reunió una valiosísima colección de arte, y en 1965 escribió sus memorias.

RUBINSTEIN, Ida. Bailarina rusa (San Petersburgo, 1885-Vence, 1960). Se dio a conocer por el escándalo que provocó en la corte imperial rusa bailar *Salomé* casi desnuda. Tuvo que trasladarse a París, donde bailó con los mejores ballets. Llegó a crear su propia compañía y buscó para ella la colaboración de los mejores escritores, pintores, músicos, etc. Su técnica no era demasiado buena, pero la ocultaba con su gran elegancia. Se retiró en 1935 y siguió frecuentando los círculos intelectuales en los que se movía.

RUBINSTEIN, Susana. Filósofa alemana (Czernowitz, 1847-Wurzburgo, 1914). Cursó sus estudios de filosofía en Praga, Leipzig y Berna, donde obtuvo el doctorado en Filosofía en 1874. Realizó un estudio sobre el pesimismo y otro sobre Schiller. Fue discípula de la escuela herbertiana. Atribuye a la mano el conocimiento de la tercera dimensión. Sus aportaciones a la literatura se centran en el estudio psicológico de la emoción trágica y en los aspectos estético y metafísico del pesimismo.

RUDOLPH, Wilma. Atleta estadounidense (Clarksville, Tennessee, 1940-Brentwood, Tennessee, 1994). A pesar de haber sufrido poliomielitis en su infancia, en 1960 fue campeona olímpica en Roma de los 100 m, 200 m y 4 × 100 m, y ostentó el récord femenino del mundo en estas tres pruebas. Todavía consiguió algunos triunfos importantes, pero pronto desapareció de la competición y llevó una vida apartada hasta su muerte.

RUIZ MORAGAS, Carmen. Actriz española (¿?, 1898-Madrid, 1936). Inició su carrera en el teatro en la compañía de María Guerrero. Su matrimonio con el torero mexicano Rodolfo Gaona fue un fracaso. Sus mayores éxitos los alcanzó con obras clásicas, como *El desdén con el desdén*. Es autora de una obra titulada *Vacaciones de una actriz*.

RUSS, Joanna. Escritora estadounidense (Nueva York, 1937). Estudió en las universidades de Cornell y Yale, y desde los años setenta se dedica al cultivo de la literatura de ciencia-ficción. Para ella es este el único género que permite crear un mundo utópico en el que los personajes femeninos pueden atentar contra el chauvinismo masculino: *Alyx* (1976) y *El hombre hembra* (1975), su obra más conocida. Es autora, además, del ensayo crítico *Cómo reprimir la escritura femenina* (1983).

RUTH. Personaje bíblico. Era de origen moabita y su historia se narra en el *Libro de Rut*. Era viuda de un israelita que se había expatriado huyendo del hambre. Cuando Noemí, su suegra, regresó a Canaán, ella la siguió. En Belén, Rut enamoró al rico Booz, el cual se casó con ella y del que tuvo un hijo, Obed, abuelo de David. Se la cuenta en la genealogía de Jesucristo, según el Evangelio de San Lucas.

RUZICKOVÁ, Zuzana. Clavecinista checa (Pizen, 1927). Sus primeros maestros fueron Friederich Rauch y O. Krebda, en el Conservatorio de Praga (1947-1951). En 1956 comienza su carrera internacional, premiada en Munich, estudiando en París y fundando el Ensemble de solistas de Praga. Su repertorio incluye fundamentalmente obras de Purcell, Couperin y Bach, completado con otros autores barrocos y contemporáneos, como Bartok, Martinu, Poulenc, etc. Desde 1951 es catedrática de clave en Praga y Bratislava, dando cursos en Zurich.

RYAN, Elisa. Tenista estadounidense (Los Ángeles, 1892-Nueva York, 1970). La mayoría de sus victorias las alcanzó en dobles, pues una deficiencia técnica, la forma de la raqueta, le planteaba problemas con las bolas que descendían, y que en dobles prácticamente no se dan. Fue campeona en Wimbledon (1914, 1919-1923, 1925-1927, 1930 y 1933-1934), en dobles de damas y en mixtos (1919, 1921, 1923, 1927-1928, 1930 y 1932); en Roland Garros, en dobles de damas (1930 y 1932-1934); campeona del mundo en dobles de damas y mixtos y de EE. UU.

RYKIEL, Sonya. Diseñadora francesa (París, 1930). Debutó como diseñadora en 1962, y a finales de los años sesenta abrió su primera tienda en París. Rykiel revolucionó la moda con la creación de prendas de punto intercambiables. Sus conjuntos de punto *prêt-à-porter* de lujo se hicieron famosos en todo el mundo, siendo rebautizada en EE. UU. como la «Reina del punto». Es autora de varios libros, entre ellos, *La colección* (1989) y *Colette y la moda* (1991).

S

SABA, reina de. Personaje bíblico. Según el relato del *I Libro de los Reyes* (h. 10), la reina del país de Saba fue atraída por la sabiduría de Salomón, por lo que se trasladó a Israel para comprobarlo, y, después de una entrevista con el rey y un intercambio de regalos, volvió a sus tierras. El Corán le da el nombre de Balkis o Bilqis. Los abisinios dieron otra versión de la historia: la reina se llamaba Makeda y procedía de Abisinia; volvió a su país embarazada de Salomón, naciendo Menelik, que fue educado junto a Salomón, y volvió a Abisinia, instaurando el judaísmo como religión.

SABATINI, Gabriela. Tenista argentina (Buenos Aires, 1970). Considerada una de las mejores tenistas de los últimos años, ganó el Masters de 1988 y 1994, y el Open de EE. UU. en 1990. En 1988 obtuvo, además, la medalla de plata en las Olimpiadas de Seúl. Se retiró de la competición en 1996.

SABIN, Florence Rena. Anatomista e inmunóloga estadounidense (Colorado, 1871-íd., 1953). En 1896 se convirtió en una de las primeras mujeres en acceder a la John Hopkins Medical School, y en 1901 publicó *An Atlas of Medulla and Midbrain,* donde construía un modelo tridimensional del cerebro medio e inferior, considerada una de las obras fundamentales en el campo de la medicina. Fue la primera mujer auxiliar de Anatomía en la Universidad Johns Hopkins (1902), catedrática de Histología (1917) y presidenta de la American Association of Anatomists (1924-1925). Sabin fue también miembro de la Academia de Ciencias y del Rockefeller Institute. Sus trabajos de investigación arrojaron nueva luz sobre los canales linfáticos, de los que se sabía muy poco, y sobre el origen de las células sanguíneas. De 1947 a 1951 presidió el Interim Board of the Health and Hospital de Denver.

SABINA, Julia. Emperatriz romana de origen hispano (m. 138). Fue la esposa de Adriano y acompañó al emperador en sus viajes. En el 128 le fue concedido el título de Augusta. Adriano, cuando se sintió a punto de morir, la obligó a darse muerte para que no le sobreviviese.

SABRAN, Garsende de. Condesa de Provenza (h. 1170-d. 1240). Casada con Alfonso II de Arles, conde de Provenza, quedó viuda en 1193. Gobernó con gran prudencia durante la minoría de su hijo, Ramón Berenguer V. Fue protectora de trovadores, que cantaban al amor cortés. Su favorito, Elías de Barjols, escribió para ella una quincena de poemas. La condesa compuso también baladas, de las cuales sólo se conserva una. En 1240 se retiró a un convento.

SABUCO DE BARRERA, Oliva. V. **SABUCO DE NANTES, Oliva.**

SABUCO DE NANTES, Oliva. Filósofa y médica española (Alcaraz, Albacete, 1562-Madrid, 1622) también conocida como Oliva Sabuco de Barrera. Hija de Miguel Sabuco, que ejercía la profesión de boticario y fue elegido procurador síndico y nombrado letrado. Se ha demostrado que fue autora de la *Nueva filosofía de la naturaleza del hombre,* publicada en Madrid en 1587 y reimpresa en 1588, y de la cual se hicieron ediciones, recogidas algunas y otras expurgadas por la Inquisición. Se ha dicho que esta obra fue escrita por su padre, pues no se quería reconocer la autoría femenina. Las ideas expuestas en ella sobre medicina, higiene y filosofía demuestran una suma de conocimientos poco comunes, especialmente la teoría sobre la manera de atajar las epidemias, las observaciones sobre la circulación de la sangre, la localización del alma en el cerebro, la distinta acción de la sangre y de la sustancia nerviosa y su original estudio de las pasiones, todo con total independencia de criterio y posición lógica.

SACHS, Nelly (Leonie Sachs, llamada). Poeta y dramaturga sueca, de origen alemán (Berlín, 1891-Estocolmo, 1970). De familia judía, fue ayudada por su amiga S. Lagerlöf a escapar de la persecución nazi, refugiándose en Suecia (1940), donde permaneció hasta su muerte. Sus poesías, de gran riqueza metafórica, tuvieron como fuente de inspiración fundamental la tradición literaria judía: *En las moradas de la muerte* (1947), *Fuga y metamorfosis* (1959) y *Señas en la arena* (1962). Fue autora, además, de la pieza dramática *Eli, misterio sobre los sufrimientos de Israel* (1950). En 1966 recibió el premio Nobel de Literatura, compartido con el israelí S. J. Agnon.

SACKVILLE-WEST, Victoria. Escritora británica, más conocida como Vita (Kent, 1892-íd., 1962). Vinculada al círculo literario de Bloomsbury, sus viajes por Oriente fueron el punto de partida de algunas de sus obras más célebres, entre ellas, *Poesías de Occidente y Oriente* (1917) y *Pasajero a Teherán* (1917). Sus novelas, animadas por sutiles tensiones psicológicas y ricas en elementos autobiográficos, retrataron los ambientes aristocráticos ingleses: *The Edwardians* (1930) y *All Passion Spent* (1931). Mantuvo una estrecha relación con V. Trefusis y una larga amistad con V. Woolf, quien se inspiró en ella para la creación de la protagonista de su novela *Orlando* (1928).

SADAWI, Nawal. Feminista y escritora egipcia (n. 1930). Sus estudios, centrados en el análisis de la problemática de la mujer musulmana, constituyen hoy, junto con los de la marroquí F. Mernissi, una de las más valiosas aportaciones al feminismo islámico: *Mujer y sexo* (1972), *La cara oculta de Eva* (1980) y *Memorias de mujeres encarceladas* (1987). Entre sus novelas, de escaso valor literario, figuran: *Dos mujeres en una* (1975) y *Ella no cabe en el Paraíso* (1991).

SÁENZ, Manuela. Patriota ecuatoriana (Quito, 1797-Paita, Perú, 1856). A comienzos de la guerra de la Independencia, su madre la metió en un convento para alejarla de la política. Posteriormente se escapó del convento y se casó con el doctor J. Thorne y en 1822 conoció a S. Bolívar, convirtiéndose en su amante y en colaboradora de todas sus campañas de liberación. En 1828 le salvó la vida, lo que le valió el apelativo de «la Libertadora del Libertador». A la muerte de Bolívar (1830), Sáenz fue desterrada a Perú. En muchas cartas de Bolívar ha quedado reflejada la relación que mantuvieron. Sáenz se ha convertido en un personaje de leyenda en América del Sur.

SÁEZ DE MELGAR, Faustina. Novelista española (Villamanrique, 1834-Madrid, 1895). Su obra es de ideología conservadora y va dirigida a las mujeres. Fundó las revistas *La Canastilla de la Infancia, La Violeta* y *París Charmont.* Escribió gran número de novelas: *La marquesa de Pinares* (1861) y *Los miserables de España o secretos de la Corte* (1862). También publicó un libro de poemas y un drama.

SAFO de Lesbos. Poeta griega (Lesbos, 620 ó 628-¿?, 563 ó 568 a. C.). A causa de las vicisitudes políticas de su tiempo, tuvo que emigrar a Sicilia, regresando luego a Lesbos. Alrededor del 580, y gracias al indulto del gobernante Pitaco, se estableció en Mitilene, agrupando a su alrededor, en el culto a Afrodita y a las musas, a diversas discípulas. Fue la más grande lírica de la Antigüedad, que Alceo veneró y ensalzó en sus poesías. Platón la celebró como la décima musa y Horacio aceptó para algunas de sus composiciones la medida sáfica creada por ella. En el período alejandrino proliferaron las ediciones y estudios de sus obras, siendo ejemplo para Cátulo, Horacio y Ovidio. Manifestó los más apasionados sentimientos de modo retenido, aunque no disimulado, y con uno de los más intensos lenguajes poéticos. Las más importantes obras de su producción son la oda *A Afrodita*, el canto *Al amado*, y diversos poemas que dedicó a sus alumnas y a su hermano. De sus nueve libros de poesía sólo se conservan unos 650 versos, escritos todos en el dialecto griego de su isla.

SAGAN, Françoise (Françoise Quoirez, llamada). Escritora francesa (Cajarc, Lot, 1935). En su primera novela, *Buenos días, tristeza* (1954), que obtuvo un éxito fulgurante, aparecen ya reflejados los temas que caracterizarán el resto de su obra: la conducta amorosa de las clases acomodadas y las banalidades de la vida cotidiana. Con un lenguaje sencillo y ameno, y una clara intencionalidad satírica, Sagan es autora de más de 40 títulos, calificados como literatura «frívola» por gran parte de la crítica francesa. Su personalidad extravagante y su fascinación por las drogas, el juego y los coches descapotables la han convertido en una leyenda viva. Entre sus obras posteriores destacan: *¿Le gusta Brahms?* (1959), llevada al cine por A. Litvak; *La cama deshecha* (1977), *La mujer pintarrajeada* (1981) y su volumen de memorias *Con toda mi simpatía* (1993).

SAINT-DENIS, Ruth (Ruth Dennis, llamada). Bailarina y coreógrafa estadounidense (Nueva Jersey, 1880-Hollywood, 1968). Saint-Denis, considerada una de las mejores bailarinas estadounidenses y una de las pioneras de la danza moderna, creó un estilo de «danza libre» muy personal que contribuyó a liberar el ballet de las convenciones clásicas. Fundó, junto a su marido y pareja de baile, Ted Shawn, la escuela de baile Denishawn (1915-1931), que se convirtió en el centro de la danza moderna del país y que formó a grandes bailarinas como M. Graham y D. Humphrey. Posteriormente se dedicó a la composición de danzas de inspiración religiosa y fundó con La Meri, bailarina y etnóloga, la escuela de Natya (1940-1942). Entre sus coreografías destacan *Radha* (1906) y *Ritual of the Mask of Marie* (1934).

SAINT-MARTIN PERMONT, Laura. V. **ABRANTÈS, duquesa de.**

SAINT-PHALLE, Nikki de (Marie Agnès de Saint-Phalle, llamada). Escultora francesa (Neuilly-sur-Seine, 1930). En la década de los sesenta fue miembro de los Nouveaux Réalistes, grupo neodadá de artistas europeos, y en 1970 se convirtió en precursora del arte feminista. Ofreció imágenes de la mujer que contradecían la estética formalista del *pop art*. Creó monstruosas figuras de mujer de gran tamaño que fueron seguidas por piezas de estatuaria, figuritas, juguetes, muñecas y otros objetos de desecho que mediante montaje y *collage* conjuntaba para formar caóticos cuadros. Son famosas sus «Nanas», enormes figuras de estructura metálica recubiertas por telas e hilos de alegres colores. En 1966 produjo *Hon* (Ella), monumento temporal para el Modern Musset de Estocolmo, que consistió en una escultura femenina de 24 m de largo tumbada de espaldas en el suelo, con las rodillas en alto y las plantas pegadas al suelo. Los espectadores penetraban en la figura por la vagina y se encontraban con un cuerpo de mujer que funcionaba a la vez como campo de juego, parque de atracciones y refugio.

SAINT-SAUVEUR, Lally de. Golfista francesa (n. 1921). A los 16 años fue campeona junior de Gran Bretaña y, posteriormente, consiguió los títulos más prestigiosos con los que podía soñar una golfista: campeona nacional de Francia (1939, 1943-1944, 1946, 1949 y 1950-1951); campeona internacional de Francia (1948 y 1950-1952); campeona de Suiza (1949), Luxemburgo (1949), Italia (1949 y 1951), Gran Bretaña (1950), España (1951), y de Benelux tres años consecutivos. En 1964 organizó los primeros campeonatos mundiales de golf femenino. Fue presidenta de la Federación Francesa de Golf y capitana de los equipos femeninos de Francia.

SAKUNTALA. Reina de la India. Fue recogida y educada por el anacoreta Kanva. Se casó con el rey Dusmanta y fue madre de Bharata, legendario rey que dio a la India el nombre de Bharatavarsa.

SALISACHS, Mercedes. Escritora española (Barcelona, 1918). Tras graduarse como perito mercantil, desempeñó varios cargos en radio y televisión, principalmente de crítica artística y literaria. Usó los seudónimos de A. Dan y María Ecín para las novelas *Foehn* (1948) y *Primera mañana, última mañana* (1955), respectivamente, con las que se dio a conocer en el ámbito nacional, consolidándose con *Una mujer llega al pueblo* (1956; premio Ciudad de Barcelona). Su obra narrativa, de corte fundamentalmente realista, analiza la problemática existencial de personajes de la burguesía catalana: *Carretera intermedia* (1956), *La estación de las hojas amarillas* (1963), *La gangrena* (1975; premio Planeta), repaso histórico de la Barcelona contemporánea, y *La danza de los salmones* (1985).

SALOMÉ. Personaje bíblico y princesa judía (s. I). Según los Evangelios, era la hija de Herodías y del tetrarca Filipo, que, por instigación de su madre, después de danzar en presencia de Herodes Antipas, pidió, y obtuvo de este, la cabeza del Bautista. Ha inspirado un drama de Oscar Wilde y una ópera de Strauss.

SALOMÉ, santa. Personaje bíblico (s. I). Según la tradición fue la esposa de Zebedeo y madre de Santiago el Mayor y de san Juan Evangelista. Según otra tradición sería madre de Santiago el Menor y pariente de la Virgen María, hermana o prima-hermana. Su nombre proviene del hebreo *shalom*, que significa paz. Es una de las Tres Marías, y también es conocida por María Salomé.

SANCHA de León. Reina de Castilla y de León (1016-1071). Esposa de Fernando I de Castilla y heredera del trono de León a la muerte de su hermano Vermudo III. Descolló por su prudencia, piedad y justicia, retirándose, al quedar viuda, al monasterio de San Isidoro de León hasta su muerte.

SÁNCHEZ SAORNIL, Lucía. Poeta española (Madrid, 1901). Publicó sus poemas bajo el seudónimo de Luciano de San-Saor y formó parte de los movimientos ultraístas de Madrid. Se marchó a vivir a Valencia, donde participó en el recital poético de la I Manifestación Valenciana de Arte Joven. Fue militante de la CNT y redactora de la revista *Solidaridad Obrera*, donde apareció su artículo *La cuestión femenina en nuestros medios*. Fundó la revista *Mujeres Libres* y durante la guerra dirigió *Umbral*. Entre sus obras, aparte de sus poemas de juventud, cabe destacar *Romance a Durruti* y un himno de las mujeres anarquistas. Estuvo en Francia durante el exilio y posteriormente regresó a España.

SÁNCHEZ VICARIO, Arantxa. Tenista española (Barcelona, 1971). Campeona de España en 1985, 1987, 1989 y 1990 y la primera tenista española en ganar el torneo de Roland Garros (1989 y 1994). En 1994 obtuvo el Open de EE. UU. Su juego, caracterizado por la combatividad y la fortaleza mental, la ha situado en la elite del tenis mundial.

SAND, George (Aurore Dupin, llamada). Escritora francesa (París, 1804-Nohant, 1876). Fue educada por su abuela, que tenía una mentalidad muy abierta. En 1822 se casó con el barón Dudevant, pero, tras considerar la vida conyugal tremendamente opresiva, le abandonó, y se unió al poeta Jules Sandeau, con quien escribió la novela *Rose et blanche* (1831). Su habitual atuendo masculino, sus numerosas relaciones amorosas —fue amante de P. Mérimée, A. de Musset, F. Chopin, F. Liszt, entre otros—, su continuo desafío a las normas morales y sociales, y su abierto compromiso político con el socialismo, convirtieron a Sand en un escándalo viviente. Mantuvo amistad con Flaubert, Dumas, Gautier y con los Goncourt. En 1848 se retiró al campo, dedicándose por entero a la literatura. Sand es la más insigne escritora francesa del s. XIX; su vastísima obra sobrepasa los 200 títulos, de los cuales 143 son novelas. Sus primeras obras, centradas en la defensa de la pasión amorosa frente a los convencionalismos morales, alcanzaron un gran éxito: *Indiana* (1831), *Valentine*

George Sand

(1832), *Lélia* (1833) y *Mauprat* (1837); pero lo mejor de su producción novelística está en las narraciones «campestres», en donde revela su brillante talento para la captación de la realidad circundante: *El pantano del diablo* (1846), considerada su obra cumbre, y *Los maestros campaneros* (1853). Destacan entre sus obras, además: *Historia de mi vida* (1855), libro de recuerdos, *Un invierno en Mallorca* y *Ella y él* (1859), autobiografía novelada sobre los años en que convivió con el poeta A. de Musset. Sand ha pasado a la historia no sólo por su valiosa producción literaria, sino, más aún, por haber sido una de las primeras mujeres modernas en rebelarse abiertamente contra los prejuicios sociales que condenaban a la mujer a una vida austera y subyugada.

SANGER, Margaret. Pionera del control de la natalidad estadounidense (Corning, Nueva York, 1883-Tucson, Arizona, 1966). Estudió en el Smith College, y en 1916 fundó, en Brooklyn, el primer centro de planificación familiar de EE. UU. y posteriormente dirigió la *Birth Control Review* (1917-1929). Sanger, que trabajó en áreas marginales de Nueva York, luchó incansablemente para que los anticonceptivos formaran parte de los derechos de las mujeres. En 1931 fue premiada por sus servicios y en 1948 organizó el Cheltenham Congress on World Population and World Resources in Relation to the Family. Entre sus publicaciones destacan: *Lo que toda niña debe saber* (1916), *El asunto del control de la natalidad* (1917), *Lo que toda madre debe saber* (1917) y *La mujer y la nueva raza* (1920).

SANTPERE, Mary. Actriz teatral y cinematográfica española (Barcelona, 1917-en viaje por avión Barcelona-Madrid, 1992). Hija de la actriz R. Hernández y del actor J. Santpere, uno de los mitos del teatro popular de los años veinte y treinta, dio sus primeros pasos en el mundo del espectáculo, en 1938, en la compañía de su padre. En los años de la posguerra trabajó en películas como *Los cuatro robinsones* (G. Maroto, 1939), *El pobre rico* (Iquino, 1942) o *Un ladrón de guante blanco* (Gascón, 1945). Santpere desarrolló paralelamente al cine una intensa actividad teatral. Trabajó con las compañías de P. Martínez Soria o J. Gasa, donde permaneció 20 años. Su elevada estatura y sus dotes para la comedia la convirtieron en una de las grandes figuras cómicas de finales de los años cincuenta. En la década de los sesenta triunfó con M. Gila en el programa televisivo *La gran parada* y en el espectáculo *Luces de Madrid,* donde actuaba caracterizada de payaso. Entre sus innumerables películas destacan *Miss Cuplé* (Lazaga, 1959) y *Detective con faldas* (Núñez, 1961), en las que fue protagonista. En 1988 recibió el Premi d'Honor de la Generalitat de Catalunya, entre otras numerosas condecoraciones. Su última película, *Makinavaja, el último choriso,* de Carlos Suárez, la realizó el mismo año de su muerte.

SARA. Personaje bíblico de origen acadio (s. XXII a. C.). Esposa de Abraham. Según el relato del *Génesis,* viéndose estéril, indujo a su esposo a que se uniese con su esclava Agar, la cual le dio un hijo que se llamó Ismael. Sara, sin embargo, tuvo un hijo, Isaac, a la edad de 90 años, por lo que consiguió que Abraham arrojase a Agar de su casa junto con Ismael.

SARRAUTE, Nathalie. Escritora francesa, de origen ruso (Ivanovo, 1902). Creció en Francia, donde ha permanecido la mayor parte de su vida. Su primera obra, *Tropismos* (1938), pasó prácticamente inadvertida, y no fue hasta la publicación de *Retrato de un desconocido* (1948) cuando el nombre de Sarraute logró penetrar definitivamente en el panorama de las letras francesas e internacionales. Con *La era de la sospecha* (1956), recopilación de ensayos sobre técnica narrativa, se convirtió en líder de la École du regard, a la que pertenecían A. Robbe-Grillet, M. Butor, C. Simon y C. Mauriac. Sarraute es considerada una de las figuras más representativas del *nouveau roman* francés, concepción en la que el autor y los personajes se convierten en entidades marginales al hecho narrativo: *El planetario* (1959), *Los frutos de oro* (1963), cuyos personajes intentan trascender las banalidades de la vida cotidiana mediante una comunicación no-verbal; *Entre la vida y la muerte* (1968), *... dicen los imbéciles* (1976) y *Tu ne t'aimes pas* (1989). Es autora, además, de la pieza teatral *El silencio* (1967) y del texto autobiográfico *Infancia* (1983).

SARRAZIN, Albertine. Novelista francesa (Argel, 1937-Montpellier, 1967). Pasó sus primeros años de infancia con unos padres adoptivos elegidos por la asistencia pública, quienes la internan en una institución educativa en Marsella. En 1953 Sarrazin se escapa y huye a París, donde trabaja, primero, como prostituta y, luego, con una pandilla de ladrones. En 1955 es arrestada y condenada a siete años de prisión, y a los dos años, intentando escapar, se fractura un tobillo y es reingresada en la cárcel. Muere a los 30 años, aún en prisión, como consecuencia de una operación de tobillo de la que no pudo despertar de la anestesia. Su turbulenta vida quedó reflejada en las novelas que escribió en la cárcel: *El astrágalo* (1965) y *La fuga* (1966; premio Quatre Jurys), convertida en filme por el realizador G. Casaril. Póstumamente han sido publicados sus *Poemas* (1969), las *Cartas a Julien* (1971), escritas a su marido, Julien Sarrazin, y las *Cartas sobre la vida literaria* (1974).

SAVIO, Olimpia. Dama italiana (Turín, 1815-íd., 1889). Luchó con gran entusiasmo por la independencia de Lombardía y la unidad italiana. Sus hijos murieron en las guerras contra Austria. En su salón, en Turín, se reunieron las grandes personalidades del «Risorgimento». Escribió unas *Memorias* (1911) que son una fuente magnífica para conocer aquella época. También escribió *Cantos del pueblo* (1855), de gran éxito.

SCHAPIRO, Miriam. Pintora estadounidense, de origen canadiense (Toronto, 1923). Estudió artes plásticas en Iowa y en Nueva York, y desde 1955 se dedica a la pintura. Influida por A. Gorky, evolucionó hacia la abstracción lírica, empleando para sus composiciones materiales diversos, como telas, botones, papeles de colores vivos y trozos de pañuelos bordados. Su tema central son los cuerpos femeninos muy estilizados y en movimiento, que se destacan en un fondo de formas abstractas y figurativas. Comprometida con el feminismo, fundó en 1970, junto con Judy Chicago, el Instituto Californiano de las Artes, para mujeres artistas, y, en 1972, la Womanhouse, museo dedicado a obras pictóricas realizadas exclusivamente por mujeres. Su pintura más representativa es *High Steppin' Strutter* (1985).

SCHIAPARELLI, Elsa. Diseñadora de moda italiana (Roma, 1891-París, 1974). Se dio a conocer con los *pullovers* ceñidos y las faldas estrechas. Schiaparelli fue la creadora de la talla marcada, de las hombreras y del pantalón de vestir para mujeres. Son famosos sus vestidos sastre negros con el reverso dorado, sus colores azul plomo y rosa *shocking* y sus tejidos estampados. Creó un perfume.

SCHIFFER, Claudia. *Top model* alemana (Rheimberg, 1970). De una acomodada familia alemana, entró en contacto con el mundo de la moda por casualidad. Escogida por una importante firma de modelos americana, se ha convertido en los últimos años en la verdadera reina de la pasarela y la modelo mejor pagada. En 1989 firmó un contrato millonario con Revlon, junto a Cindy Crawford, y en 1990 sustituyó a Inés de la Fresange como modelo exclusiva de la casa Chanel.

SCHINDLER, Alma María. V. **MAHLER, Alma María.**

SCHLEGEL-SCHELLING, Caroline. Escritora y figura romántica alemana (Gotinga, 1763-Maulbron, 1809). Hija de J. D. Michaelis, se casó con el Dr. Böhmer en 1784, que murió cuatro años después. En 1791 conoció a G. Foster, que la convence de las ideas revolucionarias, y con quien comienza su lucha a favor de una República del Rhin (1793). De vuelta a Gotinga, se casó con A. W. Schlegel (1796), a quien ayudó en sus traducciones de Shakespeare, y publicó un escandaloso artículo bajo el título «Romeo y Julieta». Convirtió su casa en el cenáculo de los primeros románticos: Fichte, Schelling, Tiecke, etc. Separada de su segundo marido en 1803, se casó en terceras nupcias con el filósofo Schelling. Aunque colaboró intensamente en las obras de su marido, no llegó a publicar nada a su nombre. Su correspondencia posee un gran interés y se publicó en 1871 bajo el título de *Cartas del primer romanticismo.*

SCHNEIDER, Romy (Rosemarie Albach, llamada). Actriz cinematográfica y teatral austriaca (Viena, 1938-París, 1982). Entre sus numerosos filmes destacan: *Los jóvenes años de una reina* (Marichka, 1954), *Sissi* (Marichka, 1955), *La panadera y el emperador* (Marichka, 1955), *Sissi, emperatriz* (Marichka, 1956), *Kitty* (Weidenmann, 1956), etc. Su gran lanzamiento internacional, fuera de los papeles de Sissi, lo hace con su interpretación en *Boccaccio 70* (Visconti, 1961) y *El proceso* (Welles, 1962). Con *Lo importante es amar,* de Zulawski, en 1974 conseguiría el Oscar a la mejor actriz femenina, repitiendo en 1980 con *La muerte en directo,* de Tavernier. Se suicidó a los 44 años de edad, víctima de una complicada vida sentimental, y amargada por la muerte accidental de su hijo y el acoso de una grave enfermedad.

SCHUMANN, Clara. Pianista y compositora alemana (Leipzig, 1819-Frankfurt, 1896), cuyo nombre de soltera fue Clara Wieck, antes de contraer matrimonio con Robert Schumann. Interpretando a Beethoven con gran virtuosismo, recorrió varios países. Fue profesora del Conservatorio de Frankfurt, y compuso además algunos *lieder,* preludios, fugas y un concierto para piano.

SCHWARZKOPF, Elisabeth. Soprano británica de origen alemán (Jarocin, 1915). Debutó en Berlín en 1938 y dio su primer recital en 1942. A partir de 1947 recorrió los principales escenarios del mundo: Londres, Salzburgo, Scala de Milán y Metropolitan de Nueva York (1964). Su repertorio ha sido muy amplio, desde las interpretaciones de música de cámara al escenario operístico, comprendiendo compositores del s. XVII, Mozart, posrománticos y modernos como Stravinsky o Strauss. En 1971 se retiró de la ópera y se especializó en el *lied* alemán. Su voz, junto a la de María Callas, se impuso mundialmente, llena de musicalidad aristocrática y refinamiento expresivo.

SCHYGULLA, Hanna. Actriz alemana, de origen polaco (Katowice, 1943). Schygulla, considerada la mejor actriz de la posguerra alemana, ha traspasado las fronteras de su país, alcanzando fama internacional. Ha sido la protagonista por excelencia de los polémicos filmes dirigidos por R. W. Fassbinder, con quien rodó más de 30 películas de 1968 a 1981: *Las amargas lágrimas de Petra von Kant* (1972), *El matrimonio de María Braun* (1978) y *Lili Marleen* (1980). Ha trabajado también en *La noche de Varennes* (Scola, 1982), *Passion* (Godard, 1982), *Antonieta* (Saura, 1983), *Historia de Piera* (Ferreri, 1983; premio de interpretación en Cannes), *Heller Wahn* (M. von Trotta, 1983) y *Abraham Gold* (Graser, 1990).

SCOTTO, Renata. Soprano italiana (Savona, 1933). Cantante de coros desde los 15 años, estudió en Milán con Gherardini. A los 19 años ganó el primer premio del conservatorio e interpretó *La Traviata,* de Verdi, en el Teatro Nuovo, que le valió un contrato con la Scala (1957). A partir de 1960 triunfó en todos los escenarios del mundo, con un variado repertorio: Bellini, Puccini, Verdi, Gounod, etc. Está considerada como una de las mejores sopranos del momento, tanto por su lirismo como por la variedad de su fraseo e interpretación, apta para lo lírico y lo ligero.

SEBERG, Jean. Actriz estadounidense (Marshalltown, Iowa, 1938-París, 1979). En 1957 fue elegida por Otto Preminger para protagonizar la película *Santa Juana,* adaptación de una pieza teatral de George Bernard Shaw, y en 1958 alcanzó popularidad internacional por su interpretación en *Buenos días, tristeza,* basada en la novela de Françoise Sagan, y dirigida también por Preminger. Con su trabajo en la película *Al final de la escapada* (Godard, 1959) logró consagrarse como una de las actrices mejor cotizadas de su época. Tras varios ataques de depresión, se suicidó a los 41 años de edad.

SEGHERS, Ana. Seudónimo de la escritora alemana Netty Radványi (Maguncia, 1900-Berlín Este, 1983). Militante del partido comunista alemán desde 1927, en 1933 se exilió en Francia, y posteriormente en España y México. Se inició en la literatura con su novela documental *La rebelión de los pescadores de Santa Bárbara* (1928), dándose a conocer internacionalmente con *La séptima cruz* (1942), relato basado en los campos de concentración de la Alemania nazi. En 1947 regresó a Alemania, Berlín Oriental, y dedicó el resto de su vida al desarrollo del nuevo Estado socialista. Su obra narrativa posterior se ciñó al estricto canon del realismo socialista: *Tránsito* (1948) y *Los muertos no envejecen* (1949).

SEI SHONAGUN. Escritora japonesa (h. 965-h. 1020). Lo único que se sabe de su vida es que fue una de las mujeres más célebres de la corte de la emperatriz Fujiwara Sadako, y que es la autora del *Makura-no-soshi* o *El libro de la almohada,* diario que consta de 157 capítulos, escrito a finales del s. X y considerado una de las obras maestras de la literatura japonesa. En él se refleja el profundo conocimiento de la cultura clásica oriental que tiene Shonagun y su gran capacidad expresiva y psicológica.

SELES, Mónica. Tenista serbia (Novi Sad, 1973). Campeona infantil de Europa en 1984, en 1989 debutó en el circuito profesional. Caracterizada por un singular revés a dos manos, causó sensación al convertirse a los 16 años en la ganadora más joven del Roland Garros, desbancando a Arantxa Sánchez Vicario (1990). Ese mismo año ganó el Masters y, además, los torneos de Cayo Vizcaíno, Roma y Berlín, donde venció a Steffi Graf. En 1991 y 1992 ganó el Roland Garros, el Masters y el Open de Australia, y en 1992 quedó finalista en Wimbledon. En 1993, siendo líder del tenis femenino mundial, recibió una cuchillada de un fanático de Steffi Graf mientras disputaba un partido en Alemania, y se vio obligada a retirarse provisionalmente de la competición, a la que se reintegró en 1996.

SEMÍRAMIS. Reina de Asiria y Babilonia (m. 824 a. C.). Se casó con el rey Ninos, a quien hizo asesinar, y quedó dueña del poder. Entre otras ciudades fundó la de Babilonia y conquistó Egipto y Etiopía. Después de un reinado de 42 años dejó la corona a su hijo Ninias.

SENSAT I VILÀ, Rosa. Educadora española (Barcelona, 1873-íd., 1961). Comenzó a ejercer como maestra en El Masnou (1889), y en 1892, mientras estudiaba en Madrid, conoció la Institución Libre de Enseñanza y a los profesores Giner de los Ríos y Cossío. En 1900 ejerció como profesora numeraria de Ciencias Naturales de la Escuela Normal Superior de Alicante y en 1914, por su gran prestigio como educadora, el ayuntamiento de Barcelona la nombró organizadora y directora de L'Escola de Bosc en Montjuïc, primera en su clase en toda España y posteriormente famosa en todo el mundo, siendo visitada por ilustres personalidades como Jean Piaget. Sensat participó en cursos sobre educación femenina (1916), representó al ayuntamiento de Barcelona en el Congreso de Enseñanza en París (1922), en 1931 fue nombrada directora del grupo escolar Milà i Fontanals, uno de los puntales del patronato escolar de aquella época; en 1932 fue delegada de la Generalitat de Catalunya en el congreso de la Nueva Educación celebrado en Niza y en 1939 se jubiló de sus tareas como pedagoga. Sus ideas pedagógicas, centradas en el acercamiento de la escuela al medio y en el desarrollo de actitudes participativas, han servido de base a la Asociación Rosa Sensat de Barcelona, orientada especialmente hacia la formación del profesorado y la organización de escuelas de verano. Entre su obra escrita destacan: *Del vestit i de la seva conservació, Cómo se enseña la economía doméstica* (1927) y *Hacia la nueva escuela* (1934).

SERRADOR, Pepita. Actriz argentina (Buenos Aires, 1913-Madrid, 1964). Hija de padres españoles, se casó en 1934 con el actor español Narciso Ibáñez Menta. En 1931 debutó como primera actriz sucediendo a su hermana Nora. En España empezó a trabajar en 1948 y debutó en Barcelona, en el teatro Urquinaona, en 1950, con la comedia *Esta noche me suicido,* de Darthes y Damel. Obtuvo grandes triunfos en varias ciudades de España y de América, sobre todo en Madrid y en Buenos Aires.

SERRANO, Eugenia. Escritora española (Madrid, 1921-íd., 1991). Después de estudiar filosofía y letras se dedicó al periodismo y fue redactora del periódico de Madrid *El Alcázar.* Su obra huye de todo realismo y tiende al idealismo. En varios artículos atacó con dureza la novela realista de los años cuarenta. También colaboró en *Pueblo,* donde publicó su obra *Chamberí Club* como folletón. Además de sus novelas, *Perdimos la primavera* (1952), *Pista de baile* (1963), etc., publicó una biografía novelada de mujeres célebres: *El libro de las siete damas* (1943).

SERREAU, Coline. Directora de cine francesa (n. 1948). Comenzó su carrera profesional en la televisión, introduciéndose posteriormente en la escena teatral. Fue guionista y actriz del filme *On c'est trompé d'histoire d'amour* (1974) y, tras dirigir *Pourquoi pas?* (1978), se consagró en el cine con su célebre película *Tres hombres y un biberón* (1985), de la que posteriormente se realizó una versión hollywoodiense titulada *Tres solteros y un biberón.*

SÉVIGNÉ, madame de o marquesa de (Marie de Rabutin-Chantal). Escritora francesa (París, 1626-castillo de Grignan, 1696). A la muerte de su marido, el marqués de Sévigné, en cuya unión no fue nada feliz, se consagró a la educación de sus hijos. Casada su hija con el conde de Grignan en 1669, y nombrado este teniente general en el gobierno de Provenza, la marquesa de Sévigné, para consolarse de su ausencia, escribió las famosas *Cartas,* que la han inmortalizado. Esta correspondencia, que abarca un período de 25 años, está dirigida a su esposo y personas de su intimidad y es de valor desigual, aunque siempre interesante.

SEVILLA, Carmen (María del Carmen García Galisteo, llamada). Tonadillera y actriz española (Sevilla, 1930). Estrella del cine español de los años cincuenta. Su carrera se relanzó en los setenta, durante el auge de la comedia erótica. Tras su retirada, volvió en el año 1991 a la televisión, esta vez como presentadora del programa «Telecupón». Entre sus películas destacan: *Jalisco canta en Sevilla* (Fuentes, 1948), *Cuentos de la Alhambra* (Rey, 1950), *La hermana San Sulpicio* (Lucia, 1952), *Violetas imperiales* (Pottier, 1952), *La pícara molinera* (Klimovsky, 1954), *La fierecilla domada* (Román, 1955), *El balcón de la luna* (Saslavsky, 1962), *Crucero de verano* (Lucia, 1963), *Enseñar a un sinvergüenza* (Navarro, 1969), etc.

SFORZA, Catalina. Noble italiana (¿?, 1463-Florencia, 1509). Hija natural de Galeazzo Maria Sforza, se casó con Girolamo Riaro (1477), señor de Ímola y Forlí. Después del asesinato de su esposo (1488), sostuvo un duro asedio en el castillo de Ravaldino, hasta que se le reconocieron sus derechos sobre el señorío de Forlí, que Catalina gobernó como regente de su hijo Ottaviano. En 1496 se casó con Giovanni de Médicis y en 1499 fue desposeída de sus estados por Alejandro VI, retirándose, después de intentar defenderse, a Toscana, donde murió.

SHELLEY, Mary Wollstonecraft. Escritora británica (Londres, 1797-íd., 1851). Hija de la feminista M. Wollstonecraft Godwin y del filósofo racionalista W. Godwin, en 1816 se casó con el poeta P. B. Shelley. Autora de varias novelas, M. Shelley es recordada sobre todo por su primer libro, *Frankenstein o el moderno Prometeo* (1818), escrito durante una estancia estival en Ginebra, en la que Byron, uno de los invitados, incitó a que cada cual escribiera un cuento de terror. La famosa novela de Shelley, inspirada en el mito del hombre creador, es considerada uno de los clásicos de la literatura universal y ha servido de base a varios filmes. Fue autora, además, del libro de viajes *Historia de una gira de seis semanas* (1817), escrito con su marido, y de las novelas *El último hombre* (1826) y *Falkner* (1837).

SHERMAN, Cindy. Fotógrafa estadounidense (Nueva York, 1954). Sherman, una de las fotógrafas estadounidenses contemporáneas de mayor prestigio y originalidad, lleva realizando desde 1978, una extensa serie de autorretratos, con los que ha intentado reconstruir la falsedad de los planteamientos psicoanalíticos con respecto a la feminidad: *Sin título* (1979). El contenido de sus fotografías muestra además un claro rechazo a la idea promulgada por los medios de comunicación masiva de que la mujer tiene una sensibilidad «femenina» innata. Sus últimas obras, maniquíes femeninos o muñecas articuladas, presentan todo tipo de posiciones de un encuentro sexual destinado a provocar reacciones de asco o de extrañeza.

Mary Wollstonecraft Shelley

SHOWALTER, Elaine. Crítica literaria y teórica feminista estadounidense (n. 1941). Profesora en varias universidades de EE. UU., Showalter es considerada una de las máximas contribuyentes a la creación de una historia literaria centrada en la mujer escritora. Su libro *Una literatura propia: novelistas británicas desde Brontë hasta Lessing* (1977) ha ejercido gran influencia sobre las diferentes vertientes de la crítica literaria feminista actual. En 1979 acuñó el término «ginocrítica» para definir las teorías críticas centradas en la experiencia de la mujer escritora/ lectora. Entre sus publicaciones posteriores destacan: *La nueva crítica feminista* (1986), *Hablar de género* (1989) y *Anarquía sexual* (1991), en el que introduce la teoría del «finalismo» para explicar la crisis sociosexual del fin de siglo.

SIBILA. Reina de Jerusalén (1150-1190). Hija de Amalrico I y hermana de Balduino IV. Viuda de Guillermo de Montferrato, se casó en segundas nupcias con Guido de Lusignan. A la muerte de su hermano Balduino IV, intentó subir al trono a expensas de su propio hijo Balduino, que acabó siendo rey con el nombre de Balduino V. Muerto este al año siguiente (1186), Sibila ocupó el trono junto con su esposo, pero tras la derrota de Hattin y la pérdida de Jerusalén fue despojada del poder.

SIBILA o SIBILLA de Fortiá. Reina de Aragón (Fortiá, ¿?-Barcelona, 1406). Se casó con Pedro IV *el Ceremonioso,* convirtiéndose en su cuarta esposa, en 1377, siendo coronada solemnemente en Zaragoza. Fue mujer muy inteligente y gran auxiliar de su esposo en todas las empresas. Al morir el rey, por la enemistad de sus hijastros, tuvo que refugiarse en el castillo de San Martín Sarroca, en donde la tuvieron presa. Conducida al castillo de Moncada, le dieron después albergue al lado de su palacio en Barcelona, asignándole rentas. Más tarde se retiró al convento de monjas de San Francisco, en donde profesó.

SIGNORET, Simone (Simone Kaminker, llamada). Actriz de cine francesa de origen alemán (Wiesbaden, 1921-Autheil-Authoillet, Normandía, 1985). Comenzó su carrera en París durante la ocupación alemana (1940-1944), y al terminar la Segunda Guerra Mundial empezó a tener un gran reconocimiento, trabajando a menudo con sus sucesivos maridos, Yves Allégret e Yves Montand. Entre sus películas destacan: *Le couple idéal* (Bernard-Roland, 1945), *Dédée d'Anvers* (Allégret, 1947), *La ronda* (Ophüls, 1950), *París, bajos fondos* (Becker, 1952), *Teresa Raquin* (Carné, 1953), *Las diabólicas* (Clouzot, 1955), *Un lugar en la cumbre* (Clayton, 1958), por la que obtuvo el premio a la mejor actriz en el Festival de Cannes y el Oscar de Hollywood (1959); *La confesión* (Costa-Gavras, 1970), *Madame Rosa* (Mizrahi, 1977), *El adolescente* (Moreau, 1979). Publicó en 1976 su autobiografía, *La nostalgia ya no es lo que era,* y la novela *Adiós, Volodia* (1985).

SILJA, Anja (Anga Silja Regina Langwagen, llamada). Soprano alemana (Berlín, 1940). De familia de artistas y cantantes, su padre descubrió su voz a los ocho años y empezó su educación. Dio su primer concierto con gran éxito dos años después y debutó en la ópera en 1956, como Rosina, en *El barbero de Sevilla,* de Rossini. En 1959 cantó por primera vez en el festival de Bayreuth y desde entonces ha sido cantante asidua de él, pues domina perfectamente el repertorio wagneriano. En 1964 debutó en el teatro de la Ópera de París y, desde entonces, ha cantado con gran éxito por todo el mundo los más importantes papeles de soprano dramática.

SILVA, Beatriz de. V. **BEATRIZ de Silva, beata.**

SILVA, Mariana de. Pintora y literata española (Madrid, 1740-íd., 1784). Escribía perfectamente con ambas manos, componía versos excelentes y tradujo varias tragedias y otras obras francesas. Se distinguió también como pintora, mereciendo que la Academia de Bellas Artes de San Fernando y la Imperial de Artes de San Petersburgo la nombrasen socia honoraria.

SILVA Y ÁLVAREZ DE TOLEDO, María Pilar Teresa Cayetana. V. **ALBA, XIII duquesa de.**

SIMMONS, Jean. Actriz de cine británica (Londres, 1929). Después de pequeños papeles en la pantalla, se consagró con la interpretación de Ofelia en la película *Hamlet* (1948). Desde 1950 reside en EE. UU., donde ha interpretado *Androcles y el león* (Erskine, 1952), *La túnica sagrada* (Koster, 1953), *Désirée* (Koster, 1954), *Ellos y ellas* (Mankiewicz, 1955), *Horizontes de grandeza* (Wyler, 1958), *El fuego y la palabra* (Brooks, 1960), *Espartaco* (Kubrick, 1960), *La mujer sin rostro* (Mann, 1966) y *El joven y la cuarentona* (Rakoff, 1970). Entre los galardones que ha conseguido destacan los premios a la mejor interpretación,

Jean Simmons

por *Hamlet* (Olivier, 1948), en el Festival de Venecia y la nominación al Oscar por su labor en *Con los ojos cerrados* (Brooks, 1969).

SIMONE, Nina (Eunice Waymon, llamada). Pianista y cantante estadounidense (Tryon, Carolina del Norte, 1933). Comenzó a tocar el piano a la edad de cuatro años y debutó, en 1954, en el club Atlantic City. Posteriormente comenzó a cantar, conjugando en su repertorio el *blues*, el *jazz* y el folclore, y obtuvo un enorme éxito con *Ne me quitte pas*, de J. Brel. Ha luchado desde los años sesenta contra la segregación racial. De su discografía destacan: *I Love You Porgy* (1957) y *My Man's Gone Now* (1967).

SINCLAIR, May. Escritora británica (Cheshire, 1863-¿?, 1946). Considerada una de las figuras centrales del modernismo literario y heredera de la tradición literaria iniciada por las hermanas Brontë, Sinclair se dio a conocer con su novela *El fuego divino* (1904). Fue pionera en la utilización de material psicoanálitico como recurso literario, como bien lo demuestra su novela *Tres hermanas* (1914), centrada en la lucha interna de la mujer victoriana, que se debatía entre las represiones sociales y el deseo sexual. Fue autora además de un famoso comentario a la obra *Pilgrimage*, de D. Richardson, y de las novelas *El juicio de Eva* (1907) y *Vida y muerte de Harriet Frean* (1919).

SINUÉS, María del Pilar. Escritora española (Zaragoza, 1835-Madrid, 1893). Inspirada en la corriente romántica, escribió más de cien libros de poesía y novela. Su obra, llena de sensiblería y de desbordamiento de pasiones, la hizo muy popular entre la clase media. Dirigió la revista *El Ángel del Hogar* y colaboró en numerosos periódicos. Entre sus obras destacan: *Rosa* (1854), *La diadema de las perlas* (1857), *La senda de la gloria* (1863), *Una hija del siglo* (1873) y *Los mártires del honor* (1879). Al final de su vida había dilapidado la fortuna que consiguiera con sus éxitos literarios.

SISÍ. V. ISABEL de Wittelsbach.

SITWELL, Edith. Escritora británica (Scarborough, Yorkshire, 1887-Londres, 1964). De familia aristocrática, sus primeras colecciones de poemas (*La madre*, 1915; *Fachada*, 1921) manifestaron una búsqueda formal que la acercaban al movimiento simbolista, en especial a la poesía de A. Rimbaud. Más adelante se centró en temas de denuncia social, que quedan reflejados en los poemas de *Gold Coast Customs* (1929), en los que critica con dureza la mecanización del mundo y la pérdida de sensibilidad humana. La Segunda Guerra Mundial fue el eje de su última etapa poética, cuya intensidad, universalismo y depurada técnica lograron consagrar a Sitwell como una de las principales figuras de las letras británicas de mediados de siglo. Destacan en esta última etapa *Street Songs* (1942) y *Song of the Cold* (1945). El trío literario que formó junto a sus dos hermanos, Osbert y Sacheverell, fue uno de los más famosos círculos literarios del Reino Unido de aquella época. Fue autora, además, de varios libros de ensayo, de la novela *I Live Under a Black Sun* (1937) y de la obra autobiográfica *Taken Care Of*, publicada póstumamente en 1965. En 1954 fue nombrada Dama del Imperio Británico.

SKRAM, Bertha Amalie. Escritora noruega (Bergen, 1847-Copenhague, 1905). Procedía de una familia de notables comerciantes que se arruinaron. Por su matrimonio a los 16 años, con un capitán de navío, del que se divorciaría pronto, realizó numerosos viajes. En su primera obra, *Las gentes de Felsenmoor*, describe con un gran realismo la vida de los pescadores de Noruega. En *La señora Inés* (1891) y *Traicionado* (1892) nos presenta un tipo de mujer frío y antipático que con el paso del tiempo fue haciendo más verdadero, profundo y seductor: *El profesor Jerónimo*. Su novela está dentro del naturalismo noruego, del que la podemos considerar como su autora más representativa. Sus novelas muestran una clara influencia de Zola y de Flaubert.

SMITH, Bessie. Cantante estadounidense de *blues* (Chattanooga, Tennessee, 1894-Clarksdale, Misisipí, 1937). Debutó junto a Ma Rainey, y en 1923 grabó en Nueva York su primer disco, *Down Hearted Blues*, que se convirtió en un éxito nacional. Smith, con una intensa voz de contralto, una perfecta dicción, un *swing* lento y medido, no sólo fue una de las más grandes cantantes de *blues*, sino que marcó la transición entre el arte rural y folclórico de los años veinte y las cantantes de los treinta, E. Fitzgerald, M. Bailey, M. Sullivan y B. Holiday. «La Emperatriz del *Blues*», como fue llamada Smith, trabajó con las mejores orquestas y los mejores músicos de la época. De su discografía destacan los temas *Saint Louis Blues* (1925), acompañada por L. Armstrong, y *Baby Won't You Please Come Home*, con C. Williams, J. Smith y F. Henderson. Tras sufrir un accidente de coche, le fue denegada la asistencia médica urgente en un hospital de blancos, por lo que murió poco después.

SMITH, Patty. Cantante y poeta estadounidense (n. 1946). Smith, influida por Rimbaud y Baudelaire, a partir de 1972 publica sus colecciones de poemas, y posteriormente pone música a sus textos. Su disco *Horses* (1975), cuya portada realizó el famoso fotógrafo Mapplethorpe, se convirtió en un auténtico éxito, sobre todo gracias a la versión que en él realizaba de la canción *Gloria*, de V. Morrison. Se retiró durante diez años del ambiente musical y cuando regresó no tuvo la misma acogida que en la década anterior. Entre su discografía destaca también *Easter* (1978).

SOFÍA Alexeievna. Princesa rusa (Moscú, 1657-íd., 1704). A la muerte del zar Fedor III se apoderó de la regencia y gobernó despóticamente en nombre de su hermano Pedro el Grande, menor de edad. Proclamado zar Pedro a la edad de 17 años, se sacudió de la tutela de su hermana y, como ella se resistiese, la hizo encerrar en un convento.

SOFÍA de Grecia. Reina de España (Psixicó, Grecia, 1938). Hija primogénita del rey Pablo I de Grecia y de la reina Federica, el 14 de mayo de 1962 contrajo matrimonio con Juan Carlos de Borbón y Borbón, más tarde rey de España con el nombre de Juan Carlos I, con quien ha tenido tres hijos, Elena, Cristina y Felipe. Realiza sus funciones con cuidado y corrección, sin intervenir en ningún asunto político, y dedicada especialmente a actividades de carácter filantrópico y cultural.

SOFÍA CARLOTA. Reina de Prusia (Iburg, 1668-Hannover, 1705). Se casó con Federico de Brandeburgo en 1684, luego rey de Prusia con el nombre de Federico III. Protegió a Leibniz y contribuyó a la fundación de la Universidad de Berlín.

SOFÍA CARLOTA de Mecklemburgo. Reina de Inglaterra (¿?, 1744-Londres, 1818). Era hija de Carlos Luis de Mecklemburgo y se casó en 1761 con Jorge III de Inglaterra. Con el apoyo de Pitt el Joven, consiguió que su marido, a pesar de sus esporádicos ataques de locura, conservara la corona. En 1811 Jorge III fue apartado finalmente del gobierno y Sofía Carlota formó parte del consejo de regencia.

SOFÍA DOROTEA de Hannover. Reina de Inglaterra (Celle, ¿?-Ahlden, 1630). Fue esposa de Jorge I de Inglaterra, quien por supuestas infidelidades la encerró en un castillo, del que no volvió a salir. Fue madre de Jorge II, rey también de Inglaterra, y de Sofía Dorotea, reina de Prusia.

SOFONISBA o SOPHONISBE. Dama cartaginesa, reina de Numidia (s. III a. C.). Hija de Asdrúbal, miembro de la familia Barca. Se casó con el rey Sifax, de Numidia, y después con Masinisa, el cual, para salvarla del furor de los romanos, mandados por Escipión, la ordenó que se envenenara. Su historia ha dado pie a varias producciones dramáticas.

SOLANAS, Valerie. Feminista estadounidense (1936-1988). Solanas está considerada por muchos como el emblema del fracaso de la actual sociedad estadounidense y una víctima del hombre a quien ella intentó matar en 1968, el célebre A. Warhol. Solanas se inventó el rango de superestrella con su única película, *I'm a Man*. Formó, además, la sociedad Cutting Up Men (SCUM), de la cual ella era el único miembro, y sacó a la luz un manifiesto ultrarradical feminista lleno de furia. Murió de bronconeumonía un año después de que lo hiciera Warhol.

SOLANO, Susana. Escultora española (Barcelona, 1946). Desde 1981 es profesora de Escultura en la Escuela de Bellas Artes de Barcelona. Su primera exposición individual fue en la Fundación Joan Miró de Barcelona en 1980. Ha realizado exposiciones tanto dentro como fuera de España y ha recibido el premio de Escultura de Cáceres (1983) y el Henry Moore National Prize for Plastic Arts (1988). Entre sus piezas, realizadas en madera, hierro y bronce, destacan: *Envolvente* (1980), *Cabeza* (1982), *Intus* (1982), *La mandorla* (1986), *Arcángel san Gabriel* (1989) y *Aquí yace la paradoja* (1991).

SOLÍS, Isabel de. V. ZORAYA.

SOMERVILLE, Mary. Científica escocesa (Jedburgh, 1780-Nápoles, 1872). Llamada Mary Fairfax de soltera, pertenecía a una familia acomodada. Se casó dos veces, una, en 1804 con el capitán Samuel Graig y, otra, en 1812 con su primo William Somerville, reuniendo con este último en su salón londinense a la elite científica de la época. De su primer marido aprendió matemáticas. Tuvo una estrecha relación científica con Laplace, Humboldt, Gay-Lussac y otros. Publicó una obra sobre la fuerza magnética de los rayos solares en 1826 e hizo una versión de la *Mecánica celeste,* de Laplace (1831), y un tratado sintético de las ciencias físicas (1834). A partir de 1832 se trasladó a Italia, donde publicó una *Geografía física,* un *Estudio sobre la forma de equilibrio terrestre* y un *Compendio de trabajos físicos recientes.* Sus trabajos sirvieron para el descubrimiento de Neptuno.

SONTAG, Susan. Escritora y directora cinematográfica estadounidense (Nueva York, 1933). De ascendencia judía y vinculada a los círculos intelectuales progresistas, Sontag es considerada una de las más agudas observadoras de la cultura estadounidense actual. En su recopilación de ensayos *Contra la interpretación* (1966) se opone a toda lectura interpretativa que intente reducir el objeto artístico a su contenido, y en *Viaje a Hanoi* (1968) y *Estilos radicales* (1969) su crítica cultural adquiere un marcado carácter político. Sus novelas revelan una clara influencia de D. Barnes y A. Nin, y los relatos reunidos en *Yo, etcétera* (1978) retratan el mundo *pop* americano de los años setenta. La música aleatoria, el cine *underground,* la fotografía *(Sobre la fotografía,* 1977) y la pornografía han sido el punto de partida de varios de sus escritos. Entre sus obras posteriores destacan los ensayos: *La enfermedad y sus metáforas* (1978), *Bajo el signo de Saturno* (1981) y *El sida y sus metáforas* (1989), y los filmes *Dueto para caníbales* (1969), *Tierras prometidas* (1974) y *Gira turística sin guía* (1984). En 1995 publicó la novela *El amante del volcán.*

SORAYA Esfandiari. Dama iraní (Ispahan, 1932). Entre 1951 y 1958 fue emperatriz de Irán por su matrimonio con el sah Muhammad Reza Pahlevi. En marzo de 1958, ante la imposibilidad de dar al país un sucesor que asegurara la continuidad de la monarquía, Soraya aceptó el divorcio por razones de Estado y salió de Irán.

SORIANO, Elena. Escritora española (Fuentidueña de Tajo, 1917-Madrid, 1996). Comenzó los estudios de magisterio y filosofía y letras, que tuvo que interrumpir debido a la guerra civil. En 1951 publicó su primera novela, *Caza menor,* que obtuvo un notable éxito en el ámbito nacional, seguida de la trilogía novelesca *Mujer y hombre* (1955). A pesar del ostracismo al que la condenó la dictadura, siguió cultivando, en diversos periódicos y revistas, la novela corta, el cuento y el ensayo breve. En 1969 fundó en Madrid la importante revista literaria *El Urogallo,* que editó y dirigió personalmente hasta 1976. Publicó además el texto autobiográfico *Testimonio materno* (1986) y el libro de relatos *La vida pequeña* (1989).

SOSA, Mercedes. Cantante argentina (San Miguel de Tucumán, 1935). Su primer éxito lo obtuvo con *Palomita del valle* y, en 1967, se consagró como cantante popular en el festival de Cosquín. Su repertorio está compuesto por temas de Atahualpa Yupanqui, Víctor Jara, Violeta Parra y Pablo Neruda. En su música combina ritmos como chacareras, sambas y guajiras, creando un estilo de raíz folclórica. Entre sus interpretaciones destacan: *Gracias a la vida* (1976), *Serenata para la tierra de uno* (1979) y *Como un pájaro libre* (1983).

SPARK, Muriel. Escritora escocesa (Edimburgo, 1918). De familia judía, en 1954 se convirtió al catolicismo. Spark vivió varios años en Rhodesia, ahora Zimbabwe, y en 1944 regresó a su país, donde colaboró activamente en el movimiento antinazi. Estas experiencias han influido notablemente en su obra literaria. Tras publicar un libro de poemas y varios artículos de crítica literaria, se dedicó de lleno al cultivo de la narrativa, mostrando un estilo muy cercano al utilizado por I. Murdoch, en el que se combinan perfectamente el realismo y la fábula: *The Prime of Miss Jane Brodie* (1961), considerada su obra maestra, *The Abess of Crewe* (1974) y *Loitering with Intent* (1981).

SPENCER, lady Diana. V. **DIANA de Gales.**

SPENDER, Dale. Feminista, crítica literaria e historiadora australiana (n. 1943). Fundadora de la revista *Women's Studies International Forum* y cofundadora de *Pandora Press,* en los años ochenta emergió como pionera de la exploración del sexismo en el lenguaje. A diferencia de G. Greer, decidió tener un protagonismo muy discreto. Su trabajo, rigurosamente académico, intenta presentar un reto político y sólido ante el patriarcado. En su libro más importante, *Man Made Language* (1980), investiga la existencia de simbolismos sexistas dentro de la religión, la política, la literatura y la vida cotidiana, y propone la creación de un conjunto de símbolos alternativos. Ha publicado, además, *Women of Ideas and What Men Have Done to Them* (1982), *There's Always Been a Woman's Movement* (1985) y *Two Century of Australian Women Writers* (1988).

SPERO, Nancy. Pintora estadounidense contemporánea. Formada en el Art Institute de Chicago, prefirió el arte figurativo en la abstracta década de los sesenta, y para mostrar su rebeldía ante los convencionalismos artísticos eligió el papel, en lugar del lienzo, como material de trabajo. Su pintura exploró en un principio temas políticos como la bomba atómica, la guerra, etc., evolucionando después hacia un discurso fundamentalmente femenino apoyado en los escritos de H. Cixous. Entre sus obras destacan: *Código Artaud* (1970-1971), sobre los extremos y limitaciones del lenguaje, y *Tortura de las mujeres en Chile* (1974), donde yuxtapone fragmentos textuales sobre la represión y la tortura políticas a imágenes plásticas relacionadas con el mundo laboral femenino.

SPIVAK, Gayatri Chakravorty. Crítica literaria y traductora india (Calcuta, 1941). Se doctoró en la Universidad de Cornell (1967) y ha sido profesora en varias universidades de EE. UU. En 1976 tradujo al inglés la obra *Sobre la gramatología* (1976), del filósofo francés J. Derrida, considerado el texto clave de la teoría de la deconstrucción. Su libro *In Other Worlds: Essays in Cultural Politics* (1987) invita a las feministas del «primer» mundo a escuchar la problemática de las mujeres del «tercer» mundo.

Madame de Staël

STAËL, madame de (Germaine Necker, baronesa de Staël-Holstein, llamada). Escritora francesa (París, 1766-íd., 1817). Era hija de Jacques Necker y se casó con el barón de Staël, de quien años después se separó. Brilló primero en la corte de Luis XVI, y posteriormente, bajo el Directorio, gozó de gran influencia. En sus salones se reunieron todas las personalidades políticas y literarias de su época. Entre las obras que le han dado mayor celebridad se cuentan: *Influencia de las pasiones en la felicidad de los individuos y de las naciones* (1796), *Delfina* (1802), *Ensayo sobre las facciones* y *Corina o Italia* (1807). Viajó por gran parte de Europa, conociendo a Goethe, Schiller y otros intelectuales. Su actitud y su producción literaria son fundamentales para el desarrollo del romanticismo francés.

STANHOPE, lady Esther. Viajera británica (Londres, 1776-Djounié, Líbano, 1839). Dotada de aguda inteligencia y espíritu crítico, recibió una educación deficiente. Después de viajar por Grecia y Turquía, decidió quedarse a residir en Líbano, cerca de Sidón. Vivía en un convento griego y los musulmanes la empezaron a llamar la reina de Tadmor, hechicera de Dchihum y sibila del Líbano. Cuando se produjo la invasión egipcia levantó a los drusos y creó tal fuerza de resistencia que el invasor tuvo que pedirla que permaneciera neutral. Adoptó las costumbres de los drusos y animó a los musulmanes a levantarse contra la autoridad británica. Dotada de una gran generosidad, murió en la miseria y llena de deudas.

STANTON, Elizabeth Cady. Abolicionista, feminista y escritora estadounidense (Nueva York, 1817-íd., 1902). Considerada una de las pioneras del feminismo estadounidense, en 1848 organizó en Seneca Falls, en compañía de L. C. Mott, el primer congreso en defensa de los derechos de la mujer. Fue presidenta de la National Women Suffrage Association, de la American Women Suffrage (1868) y de la Conferencia Internacional Femenina de Washington, además de cofundadora de la revista semanal *Revolution* (1888).

Entre sus publicaciones destacan: *History of Woman's Suffrage* (1881), en colaboración con Susan B. Anthony, *The Woman Bible* (1895-1898) y su autobiografía *Eighty Years and More* (1898).

STANWYCK, Barbara (Ruby Stevens, llamada). Actriz estadounidense (Brooklyn, 1907-Santa Mónica, California, 1990). Empezó a trabajar en los teatros de Broadway, pero pronto pasó a Hollywood, donde intervino en pequeños papeles. En 1937 empezó su etapa de protagonista con *Stella Dallas* (Vidor), seguida de otros filmes memorables, como *Unión Pacífico* (De Mille, 1939), *Las tres caras de Eva* (Sturges, 1941), *Bola de fuego* (Hawks, 1942), *Perdición* (Wilder, 1944), *Voces de muerte* (Litvak, 1948), *La reina de Montana* (Dwan, 1954) y *La gata negra* (Dmytryk, 1962). Sus últimos trabajos fueron para la televisión en series como *Los intocables, Valle de pasiones* y *Los Colby*.

STARK, Freya. Exploradora y escritora británica (París, 1907-Asolo, Italia, 1993). Estudió en Londres y en la Escuela de Estudios Orientales y Africanos. Stark trabajó durante la Primera Guerra Mundial como enfermera voluntaria de la Cruz Roja y durante la Segunda Guerra Mundial en el Ministerio de Información británico. Fundó en El Cairo la Hermandad de la Libertad, un movimiento antifascista. Obtuvo la Cruz del Imperio Británico (1953) y el título de Dama (1972). Hablaba correctamente nueve idiomas y escribió 24 libros de viajes. A los 81 años escaló y atravesó algunos pasos del Himalaya, a 5.000 m de altura.

STEIN, Edith. Filósofa alemana, de origen judío (Breslau, 1891-campo de concentración de Auschwitz, 1942). Estudió en la Universidad de Göttinger y en Friburgo de Brisgovia fue alumna y asistente de Husserl (1916-1923). En 1922 se convirtió al catolicismo, y en 1934 entró en un convento de carmelitas, donde escribió su obra capital, *Ser finito, ser infinito,* en la que intentó hacer una síntesis entre el tomismo y la fenomenología de Husserl. En 1938, a causa de la persecución nazi, se trasladó a un convento en Holanda, donde escribió *Ciencia de la Cruz,* interpretación moderna de la mística de san Juan de la Cruz, y en 1942 es detenida por la Gestapo y deportada a Auschwitz, donde murió.

STEIN, Gertrude. Escritora estadounidense (Allegheny, Pensilvania, 1874-Neuilly-sur-Seine, París, 1946). De familia judeoalemana, estudió psicología y medicina en la Universidad John Hopkins, y en 1903 fijó su residencia en París. Su casa parisiense se convirtió en lugar de encuentros de renombrados escritores estadounidenses, como E. Hemingway, S. Fitzgerald, representantes de una generación a la que Stein definió como «perdida», y europeos, como Apollinaire y Cocteau, y de artistas pertenecientes a la vanguardia europea, como Braque, Matisse, Gris y Picasso. De este último fue una de las primeras coleccionistas y defensora. Él pintó su retrato en 1906 e ilustró su obra *Dix portraits*. Viajó por varias ciudades españolas y residió durante algún tiempo en Barcelona y Mallorca. Ella y su hermano Leo lograron reunir una importante colección de cuadros de artistas que, en aquel momento, eran desconocidos, como Rousseau, Cézanne o Renoir. La obra de Stein, caracterizada por un lenguaje rupturista que intenta acortar las distancias entre literatura y artes plásticas, se adscribe al experimentalismo de los movimientos de vanguardia: *Ser norteamericanos* (1925), *Cómo escribir* (1931), *Autobiografía de Alice B. Toklas* (1932), basada en la larga relación mantenida con su compañera sentimental Alice Toklas, e *Historia geográfica de América* (1936), monólogo surrealista en forma de tratado filosófico-histórico. Entre sus libros posteriores destacan: *París, Francia* (1940), *Las guerras que he visto* (1945) y *Las cosas como son,* publicado póstumamente en 1950.

STEINEM, Gloria. Feminista y editora estadounidense (Toledo, Ohio, 1934). Se dio a conocer como periodista en 1963 con el artículo *I was a Playboy Bunny,* basado en las dos semanas que estuvo trabajando clandestinamente como «conejita» en un club nocturno, y por sus campañas a favor de los derechos humanos. En 1971 creó la asociación Women's Action Alliance, y en 1972 fundó y dirigió la famosa revista *Ms,* en la que ha defendido sus principales ideales feministas: defensa del aborto, incorporación de las mujeres a la acción política, oposición al matrimonio y la concepción del acto sexual como una simple vía de comunicación. Entre sus publicaciones destacan: *Outrageous Acts and Everybody Rebellions* y *Revolution From Within* (1992).

STERN, Daniel. v. FLAVIGNY, Marie de (condesa de Agoult).

STONE, Lucia. Feminista estadounidense (Brookfield, 1818-Dorchester, 1893). Reformadora antiesclavista y defensora de los derechos de las mujeres. Estudió en el Oberlin College, siendo una de las primeras mujeres que fueron admitidas en este centro. Dotada de una gran elocuencia, se dedicó a propagar sus ideales por todo el país. Publicó en el periódico *Women's Journal,* ayudada por su marido, que era igualmente un acérrimo defensor de los derechos de las mujeres. En 1869 ocupó el puesto de presidenta de la American Woman Suffrage Association.

STOPES, Marie Carmichael. Paleontóloga británica y pionera del control de natalidad (Edimburgo, 1880-Dorking, Surrey, 1958). Doctora por las Universidades de Londres y Munich, en 1904 Stopes se convirtió en la primera mujer británica en ser miembro de una facultad de ciencias naturales, primero en Manchester y luego en Londres. En 1907 impartió clases en la Universidad de Tokio. En 1921 fundó una clínica de maternidad para la práctica del control de la natalidad. Entre sus publicaciones destacan: *Married Love* (1918), sobre el matrimonio y el sexo, y *Wise Parenthood* (1918), en la que describió varios métodos para el control de la natalidad.

STORNI, Alfonsina. Poeta argentina, de origen suizo (Sala Capriasca, Suiza, 1892-Mar del Plata, 1938). Fue trasladada a Argentina de niña con su familia, que se había arruinado. Tuvo que trabajar desde pequeña en la confección. Pronto comenzó a escribir y a estudiar sin dejar de trabajar. Ejerció el magisterio en Rosario y Buenos Aires, adonde se trasladó por ser madre soltera (1912), teniendo que trabajar primero en oficios variados. Colaboró en los principales periódicos y revistas, haciendo famoso el seudónimo de Tao-Lao. En 1916 publicó su primer libro de versos, *La inquietud del rosal,* que la reveló como uno de los máximos valores de la poesía hispanoamericana. Su condición de mujer se afirma con solidez y sensualidad melancólica en los poemas reunidos en *Languidez* (1920) y *Ocre* (1926), dedicado por entero al mar. En *Mundo de siete pozos* (1934) y *Mascarilla y trébol* (1938), su poesía, influida por las vanguardias europeas, se hace más hermética y menos espontánea. Enferma de cáncer, decidió poner fin a su vida ahogándose en las aguas de Mar del Plata. Su último poema, *Quiero dormir,* fue publicado en *La Nación* al día siguiente. En 1921 se había creado para ella una cátedra en el teatro infantil de Labarden. Al año siguiente se le otorgó el premio Municipal de Poesía y XX premio Nacional de Literatura.

Alfonsina Storni

STOWE, Harriet Beecher. Escritora estadounidense (Litchfield, Connecticut, 1811-Hartford, 1896). Hija de un ministro calvinista, se trasladó con su familia a Cincinnati en 1832, donde vivió de cerca el problema de la esclavitud. Sus impresiones de esos años sirvieron de trasfondo a *La cabaña del tío Tom,* novela que se publicó por entregas en 1851 y que obtuvo un gran éxito. Si bien el «tío Tom», negro esclavo que protagoniza esta novela, fue criticado por la comunidad afroamericana por ser un fiel ejemplo del negro «integrado», también es cierto que el libro de Stowe cumplió una importante función histórica y social al convertirse en un poderoso medio de propaganda abolicionista. Además se preocupó por la defensa de los derechos de las mujeres.

STRATON, Elizabeth. Alpinista británica (¿?, 1838-Chamonix, 1918). Hizo importantes ascensiones, algunas de las cuales fue la primera mujer en lograrlas, como la ascensión invernal al Mont Blanc. Llevó a cabo todas sus expediciones con el guía Jean Charlet, con el que acabó contrayendo matrimonio. Nunca abandonaron sus inclinaciones por la montaña, por lo que se instalaron en los Alpes.

STREEP, Meryl (Mary Louise Streep, llamada). Actriz estadounidense (Basking Ridge, Nueva Jersey, 1949). Después de realizar estudios de arte dramático, hace su debut en *Julia* (Zinnemann, 1976) y es nominada al Oscar por primera vez por la película *El cazador* (Cimino, 1978). Gana este galardón en 1979 por *Kramer contra Kramer* (Benton). Entre sus trabajos posteriores, destacan: *Manhattan* (Allen, 1979), *La mujer del teniente francés* (Reisz, 1981), *La decisión de Sophie* (Pakula, 1982), por la que logró su segundo Oscar; *Silkwood* (Nichols, 1983), *Enamorarse* (Grosbard, 1984), *Memorias de África* (Pollack, 1986), *Se acabó el pastel* (Nichols, 1986), *Un grito en la oscuridad* (Schepisi, 1988), *Vida y amores de una diablesa* (Seidelman, 1989), *Postales desde el filo* (Nichols, 1990), *El cielo próximamente* (Brooks, 1991), *Los puentes de Madison* (Eastwood, 1995) y *La habitación de Marvin* (Zaks, 1996).

STREISAND, Barbra (Barbara Joan Streisand, llamada). Cantante, actriz y directora de cine estadounidense (Brooklyn, 1942). Comenzó su carrera en el cabaret y como cantante, hasta su memorable interpretación de *Funny Girl* en Broadway, que la llevaría al estrellato. Volvió a interpretar esta obra en la pantalla, obteniendo el Oscar a la mejor actriz en 1968, compartido con Katharine Hepburn. Dentro de la comedia participó exitosamente en *Hello, Dolly!* (Kelly, 1969), *¿Qué me pasa, doctor?* (Bogdanovich, 1971), *Tal como éramos* (Pollack, 1972), *¿Qué diablos pasa aquí?* (Yates, 1973), *Funny Lady* (Ross, 1975). En 1969 fundó su propia productora, First Artist, de la que nacen sus filmes *Ha nacido una estrella* (Pierson, 1975) y *Combate de fondo* (Zieff, 1979). Su debut como directora lo hizo con *Yentl* (1982), en la que también era protagonista, coguionista y compositora. En 1987 interpretó *Loca* (M. Ritt), y en 1991 dirigió e interpretó *El príncipe de las mareas*.

SUBH o **AURORA.** Política andalusí (s. X). Era una esclava navarra, preferida del califa al-Hakam II, y fue madre del heredero, Hixem II. Tuvo gran influencia política en la corte de al-Hakam, donde consiguió el nombramiento de jefe del ejército para Almanzor. Fue regente, caso único en al-Andalus, durante la minoría de su hijo Hixem II.

SUN CHING-LING. V. **SUN YAT-SEN.**

SUN MAI-LING. Política china, llamada también Sun Mai-ling Chang Kai-chek (n. Wench'ang, prov. de Kwangtung, 1901). Fue la segunda esposa de Chang Kai-chek (1927), presidente de la China nacionalista, y su mejor colaboradora. Sun Mai-ling era hermana de Sun Yat-sen. Se educó en EE. UU. (1908-1917), convirtiéndose, a su regreso a China, en una firme propagandista de la cultura occidental. Desarrolló una intensa vida política como miembro de la Asamblea Legislativa; al mismo tiempo se destacó como una activa feminista, colaborando en numerosas organizaciones. En 1946 formó parte del Kuomintang. Durante la Segunda Guerra Mundial escribió numerosos artículos sobre China en EE. UU. Ha publicado *Esta es nuestra China* y *La victoria segura*, así como dos colecciones de discursos escogidos.

SUN YAT-SEN. Política china (Shanghai, 1890-Pekín, 1981) cuyo nombre de nacimiento fue Sun Ching-ling. Hermana mayor de Sun Mai-ling Chang Kai-chek, siguió tendencias opuestas a las de su hermana. En 1915 se casó con Sun Yat-sen, fundador del Kuomintang, movimiento revolucionario destinado a preparar el advenimiento de la rèpublica y la liberación de China, y trabajó activamente en esta opción revolucionaria junto a su marido. En 1926 fue miembro del comité central del Kuomintang, exiliándose posteriormente en la URSS, y en 1939, a su regreso a China, reemprendió la lucha junto a Mao Zedong. En 1949 fue elegida vicepresidenta de la República Popular de China, siendo reelegida en 1959. En 1950 recibió el premio Stalin de la Paz. Fue además la autora de numerosos escritos políticos.

SUSANA. Personaje bíblico (s. VII a. C.). Joven judía que habitaba con su marido en Judá cuando dos viejos jueces, que la sorprendieron un día en el baño, le hicieron proposiciones deshonestas. Susana los rechazó, y entonces ellos, en venganza, la acusaron de adulterio y la hicieron condenar a muerte. Marchaba ya la joven a la muerte, cuando el profeta Daniel pidió un segundo juicio, y, probando la falsedad de la acusación, logró que los jueces fueran condenados y que se proclamase la inocencia de Susana.

SUTHERLAND, Joan. Soprano australiana (Sydney, 1926). Educada en el Real Colegio de Música de Londres, Sutherland posee gran riqueza vocal, extraordinaria pureza de timbre en los tonos medios, gran seguridad en los sobreagudos y dominio de la técnica. Su inicial repertorio melodramático *(Lucía de Lammermoor,* de Donizetti; *Norma,* de Bellini), fue ampliándose hacia obras barrocas de Haendel, Mozart, etc.

SUTTNER, Berta von. Escritora y pacifista austriaca (Praga, 1843-Viena, 1914). A partir de 1887 luchó contra el gobierno autoritario, el militarismo y los abusos sociales, abogando por las reformas sociales y el arbitraje internacional. Es recordada principalmente por su obra *Abajo las armas* (1885), que le valió el premio Nobel de la Paz en 1905. Afiliada a la Asociación Internacional por la Paz, fundó, en 1891, el Comité Austriaco por la Paz. Entre sus obras destacan: *Inventario de un alma* (1883), *Solo y pobre* (1896) y *La edad antigua de la máquina* (1899).

SVETÁIEVA, Marina Inanovna. Poeta rusa (Moscú, 1894-Yelábuga, 1941). Se inició en la literatura en 1910 con *Álbum de noche,* pero no fue hasta la publicación de *Viorsti* (1922) cuando logró adquirir fama internacional. Frente a la poesía de A. Ajmátova, identificada con el sentir del pueblo ruso, la voz de Svetáieva aparece marcada por el experimentalismo y la androginia. Mantuvo una intensa relación con la poeta rusa Sofía Párnok, y en 1922 se exilió en Praga, y posteriormente en París, regresando a Rusia en 1939, donde se suicidó. Fue autora, además, del poemario *Después de Rusia* (1928).

SVÊTLA, Karolina. Seudónimo de la escritora checa Johanna Murzaková (Praga, 1830-íd., 1899). Figura clave del realismo literario checo del s. XIX, su obra, centrada en la problemática religiosa y moral, retrató con brillantez la vida del campesinado y de las clases burguesas de Praga: *La cruz en el arroyo* (1868) y *Una historia campesina* (1869), considerada su obra cumbre. Activa militante del movimiento feminista checo, en 1871 fundó el Club de la Mujer Trabajadora Checa.

SWANSON, Gloria. Actriz y productora de cine estadounidense (Chicago, 1898-Nueva York, 1983). Se reveló en las películas cómicas de Mack Sennett y fue una de las artistas más destacadas del cine de los años veinte, trabajando con los dos grandes directores del momento, Cecil B. de Mille y Erik von Stroheim. Con el primero rodó: *No cambie su marido, Abnegación, El admirable Crichton* (1919), etc. Con el segundo rodó su última producción muda, *La reina Kelly* (1928). Su fama declinó con la llegada del cine sonoro, interviniendo en *El crepúsculo de los dioses (Sunset Boulevard,* 1950), del director Billy Wilder, después de 25 años de alejamiento de las tareas cinematográficas y obteniendo un triunfo resonante. En 1980 publicó la obra de carácter autobiográfico *Swanson on Swanson.*

SYBILLA. Diseñadora de moda española (Nueva York, 1963). Hija de padre hispanoargentino y madre polaca, se afincó en Madrid tras una breve estancia parisiense. Presentó su primera colección en 1983 y fue considerada como la gran esperanza de la moda española. De inspiración *decó,* es muy original, innovadora y geométrica, introduciendo en sus diseños elementos técnicos inusuales. Su trabajo fuera de España y su proyección al exterior, especialmente Italia, hacen de ella la más internacional de las diseñadoras españolas. Actualmente desarrolla casi toda su actividad en el área de la moda milanesa.

SZYMBORSKA, Wislawa. Escritora polaca (Bnina, cerca de Kórnik, 1923). Está afincada desde 1931 en Cracovia, donde vive alejada de los círculos literarios. Ha publicado apenas nueve pequeños tomos de versos. Su primer escrito fue *Busco la palabra,* si bien su nombre no se dio a conocer hasta 1952, fecha de la edición de su primer libro de poesías, *Por eso vivimos.* Tanto ese volumen como el siguiente, *Preguntas planteadas a una misma* (1954), se inscriben en la corriente historicista. *Llamada a Yeti* viene a ser una especie de ajuste de cuentas con el dogmatismo del pasado reciente de su país. Las obras que siguen, *El fin y el comienzo* y *Sal* (1962), *Cien consuelos* (1967), *Por si acaso* (1972), *Un gran número* (1976) y *La gente en el puente* (1986), muestran una Szymborska que, sin abandonar la vertiente historicista, se inclina más hacia planteamientos existencialistas. En 1996 fue galardonada con el premio Nobel de Literatura, por la profunda reflexión moral de su poesía y el lirismo preciso y contenido que ha seducido a varias generaciones de polacos.

T

TABEI, Junko. Alpinista japonesa (n. 1939). Fue la primera mujer en subir al Everest. Tenía 36 años y una hija de tres. Cuando descendió de su expedición se encontraba en inmejorables condiciones físicas.

TAEUBER-ARP, Sophie. Pintora suiza (Davos, 1889-Zurich, 1943). Se especializó en tejidos en las Escuelas de Artes Aplicadas de Saint-Gallen y Hamburgo y fue profesora de diseño textil y técnicas en la Escuela de Artes Aplicadas de Zurich (1916-1929). Desde la fundación del Cabaret Voltaire (1916) participó activamente en el grupo dadá, y con Jean Arp, quien posteriormente se convirtió en su marido, produjo cuadros, *collages,* bordados y tejidos. Taeuber-Arp, con un estilo geométrico abstracto, exploró la relación del color con la forma, como bien lo demuestra su *Composición vertical-horizontal* (1916-1918). En 1990 el Museo de Arte Moderno de la Villa de París organizó una retrospectiva de su obra.

TAGLIONI, Maria. Bailarina sueca, de ascendencia italiana (Estocolmo, 1804-Marsella, 1884). Perteneciente a una familia de famosos bailarines y coreógrafos italianos, la forma de bailar de Taglioni se convirtió en el estilo emblemático de la danza romántica. En 1828 entró en la Ópera de París, donde creó *Roberto el Diablo* (1831) y *La sílfide* (1832), considerada esta última una de las obras clave del ballet romántico. Tras una larga carrera, se retiró de la escena en 1858, dedicándose por entero a la enseñanza.

TAIS o **THAIS.** Dama griega (Atenas, s. IV a. C.). Alejandro Magno, rey de Macedonia, prendado de su belleza, la llevó con él a sus campañas de Asia, comentándose que fue la que puso en sus manos la antorcha encendida con que este pegó fuego a Persépolis. Después de la muerte de Alejandro, se casó con Tolomeo, rey de Egipto. El poeta Menandro, que fue uno de sus amantes, dio el nombre de Tais a una de sus obras.

TALBOT, Elizabeth. Mujer de negocios británica (1518-1608). Representa, por todas sus actividades, el poder de la mujer en la aristocracia de la era Tudor. Concibió, diseñó y mandó construir las mansiones en las que vivió con sus dos maridos sucesivos; fue prestamista de plata, latifundista y comerciante en plomo, carbón y madera. Era poseedora de numerosos títulos y una inmensa fortuna, haciéndose llamar «condesa de Shrewsbury» o Bess de Hardwicke.

TALLCHIEF, Maria. Bailarina estadounidense (Fairfax, Oklahoma, 1925). Inició la carrera de danza con Bronislava Nijinska, y en 1944 fue solista del Ballet Ruso de Montecarlo, interpretando numerosas coreografías de G. Balanchine, con quien se casó en 1946. Considerada uno de los pilares de la danza clásica contemporánea, Tallchief ha trabajado en la Ópera de París, en el American Ballet Theatre y en el New York City Ballet, donde Balanchine creó para ella *El pájaro de fuego* y *El hijo pródigo.*

TALLIEN, madame de (Teresa Cabarrús Gelaber). Revolucionaria española (Carabanchel Alto, 1773-Chimay, 1835). Hija de Francisco de Cabarrús, fue célebre por su belleza, su talento y sus aventuras. Divorciada del marqués de Fontenay, con quien se había casado a la edad de 16 años, y detenida durante el Terror, fue salvada por Tallien, con quien se casó después, y gracias a la influencia que ejerció sobre él salvó a muchas víctimas de la guillotina. Fue llamada «Nuestra Señora de Termidor», por deberse a su iniciativa el golpe que acabó con Robespierre. Se casó, en terceras nupcias, con el conde de Caraman, que poco después de su matrimonio pasó a ser príncipe de Chimay.

TAMARA. Reina de Georgia (1160-1212). Sucedió a su padre, Jorge III, en 1184. Se casó con el príncipe ruso Jorge Bogoliubski y luego, divorciada de este, con el príncipe georgiano David Soslane. El reinado de Tamara fue próspero para Georgia.

TAYLOR, Elizabeth o **Liz.** Actriz cinematográfica estadounidense, de origen británico (Londres, 1932). Al inicio de la Segunda Guerra Mundial, se trasladó con sus padres a Estados Unidos. Debutó con diez años en *La cadena invisible* (Wilcox, 1942), siguiendo una carrera de actriz juvenil cuya popularidad aumentó con *Fuego de juventud* (Brown, 1944). Entre sus filmes destacan: *Un lugar en el sol* (Stevens, 1951), *Ivanhoe* (Thorpe, 1952), *Gigante* (Stevens, 1956), *El árbol de la vida* (Dmytryk, 1957), *La gata sobre el tejado de cinc* (Brooks, 1958), *De repente... el último verano* (Mankiewicz, 1959), *Una mujer marcada* (Mann, 1960), por la que obtuvo el Oscar a la mejor actriz; *Cleopatra* (Mankiewicz, 1963), *¿Quién teme a Virginia Woolf?* (Nichols, 1966), por la que volvió a ganar el Oscar a la mejor actriz (1967); *La mujer indomable* (Zeffirelli, 1967), *El pájaro azul* (Cukor, 1976), *Victoria en Entebbe* (Chomsky, 1976) y *El espejo roto* (Hamilton, 1980). Fue famosa su relación sentimental y artística con el actor Richard Burton. Actualmente dedica gran parte de sus actividades a promocionar la lucha contra el sida como presidenta de la American Foundation for Aids Research.

Elizabeth Taylor

TE KANAWA, Kiri. Soprano neozelandesa (Gisborne, 1944). De padre maorí y madre irlandesa, fue iniciada en el canto por una religiosa. En 1966 obtiene una beca para estudiar en el London Opera Center, tomando clases de Vera Rosza. Debutó en el Covent Garden con *Las bodas de Fígaro,* de Mozart, y con *Otelo,* de Verdi, en el Metropolitan Opera House de Nueva York. Ha sido muy alabada por la prensa especializada, por la belleza de su voz, su expresividad y saber hacer en el escenario. Su repertorio es amplísimo, teniendo especial debilidad por las obras de Mozart. Fue nombrada Comendadora del Imperio Británico en 1982.

TEBALDI, Renata. Soprano italiana (Pesaro, 1922). Actuó por primera vez como actriz profesional en Rovigo, interpretando el personaje de Elena, de la ópera *Mefistófeles,* y en la Scala de Milán cantó por primera vez con motivo de su reapertura después de la Segunda Guerra Mundial (1946). Posee un perfecto dominio vocal y son famosos sus *pianissimos*.

TECLA, santa. Virgen cristiana (s. I, m. en Iconio). Las actas legendarias de esta santa, muy famosas en la antigüedad, contaban que Tecla, a la edad de 18 años, hizo voto de castidad, tras oír las predicaciones de san Pablo. A partir de la reforma de 1968, santa Tecla fue excluida del santoral debido a los problemas históricos que presenta su biografía.

TELLADO, Corín (María del Socorro Tellado, llamada). Escritora española (Gijón, 1926). Trasladada con su familia a Bilbao y, más tarde, a Cádiz, desde muy joven se inició en la redacción de narraciones cortas que en seguida obtuvieron una gran aceptación. Dotada de una gran imaginación, sus miles de títulos, encuadrados generalmente en el campo de la novela rosa, gozan de una gran popularidad, tanto en el ámbito español como hispanoamericano. Es autora además de varias fotonovelas y de libros infantiles. Bajo el seudónimo de Ada Muller, ha escrito algunas novelas eróticas. Últimamente ha publicado *Lucha oculta,* obra que puede suponer un cambio en su trayectoria.

TELO NÚÑEZ, María. Abogada y feminista española (Cáceres, 1915). Fundadora de la Asociación de Mujeres Juristas de España, Telo Núñez ocupó el cargo de secretaria de la Asociación Internacional de Mujeres Juristas para los países de habla hispana. Entre sus publicaciones destacan: *La mujer en el Derecho civil* (1969), *Derechos que no tiene la mujer* (1973), *La evolución de la mujer española en el campo jurídico* (1982) y *La mujer en la gestación y vida del Código Civil* (1989).

TEMPLE, Shirley. Actriz estadounidense (Santa Mónica, 1928). Desde 1932 protagonizó un gran número de filmes, convirtiéndose en la niña prodigio del cine estadounidense. Es recordada por su precoz talento para la canción y el baile. Debutó con la película *Baby Burkes* (Lamont, 1932); de esta época hay que destacar sus intervenciones en *Seamos optimistas* (McFadden, 1934), *Dejada en prenda* (Hall, 1934), *Gracia y simpatía* (Lachman, 1934), *Ojos cariñosos* (Butler, 1934), *La pequeña coronela* (Butler, 1935) y *La pequeña princesa* (Lang, 1939). Desapareció de las pantallas durante los años de su adolescencia, volviendo a ellas cuando ya era una joven: *El solterón y la menor* (Reis, 1947), *Fort Apache* (Ford, 1948), etc., pero no tuvo éxito y pasó a la televisión (1957-1959), presentando allí el programa para niños *Shirley Temple Storybook.* Retirada definitivamente del mundo artístico, empezó a interesarse por la política, convirtiéndose en uno de los miembros más activos del Partido Republicano. Ha ocupado diversos cargos diplomáticos, entre ellos el de embajadora de Estados Unidos ante la ONU.

TENA, Lucero (María de la Luz Tena Álvarez, llamada). Bailarina y concertista de castañuelas española de origen mexicano (Ciudad de México, 1939). Interpreta magistralmente las más variadas manifestaciones de la danza clásica y del baile flamenco y está considerada como la primera solista de castañuelas. Estrenó el *Concierto para castañuela y orquesta,* de Joaquín Rodrigo.

TEODORA I. Emperatriz bizantina (Constantinopla, 501-íd., 548). Era hija de un guardián del hipódromo y fue bailarina en su juventud, casándose después con Justiniano, con quien subió al trono en el año 527. Salvó con su energía y su serenidad el trono de su marido, cuando la sedición de Nika (532), y gobernó luego como dueña absoluta hasta el 548. Con su política desplazó a los grandes del Imperio, Belisario, Juan de Capadocia, y mantuvo a personajes más manejables, Narsés, Virgilio, Barsimes. En la legislación justiniana influyó en gran medida en lo referente al ámbito femenino y familiar. Los papas Virgilio y Agapito la condenaron como hereje, ya que, a partir del 530, hizo importantes concesiones a los monofisitas. Su imagen está muy unida a la del emperador Justiniano, del que fue su más directa colaboradora.

TEODORA III. Emperatriz bizantina (¿?, h. 995-íd., 1056). Hija de Constantino VIII, a la muerte de este fue encerrada en un convento por su cuñado Romano III, marido de Zoé, la princesa heredera. Miguel V la sacó de su encierro, tras el golpe de Estado de 1042, en el que destronó a los macedonios, pasando a compartir el trono con Zoé y Miguel. Las relaciones entre las hermanas fueron imposibles y Teodora fue de nuevo extrañada tras el matrimonio de Zoé con Constantino IX Monómaco (junio de 1042). A la muerte de este último, volvió a ocupar el trono (1055), designando como heredero a Miguel VI. Con ella acabó la dinastía de Macedonia.

TERECHKOVA, Valentina Vladimirovna. Cosmonauta soviética (Jaroslav, 1937), la primera mujer cosmonauta de la historia. Tras trabajar como obrera en fábricas de neumáticos e hilados, se aficionó al paracaidismo (1959), pasando luego a la escuela de cosmonautas, en la que obtuvo el grado de teniente (1962). En 1963 fue lanzada al espacio en el *Vostok VI,* dando 48 vueltas a la Tierra durante 70 horas y 50 minutos de vuelo. Fue condecorada con la medalla de oro de la Orden de Lenin, la insignia de piloto cosmonauta y la estrella de oro, y recibió el título de Heroína de la Unión Soviética.

TERESA DE CALCUTA, madre (Agnes Gonxha Bojaxhiu, en religión). Religiosa macedonia (Skopje, 1910-Calcuta, 1997). Ingresó como novicia en las Hermanas de Nuestra Señora de Loreto en 1928. Al año siguiente fue enviada a la India para cumplir su noviciado en Darjeeling. Una vez emitidos los votos, habiendo seguido la carrera de Magisterio, ejerció la docencia en el St. Mary's High School de Calcuta. En 1946 decidió dedicarse por entero al servicio de los más desamparados, y dos años más tarde abrió su primera escuela al aire libre para niños necesitados de aprender higiene antes que el alfabeto. En octubre de 1950 fundó, en Calcuta, la Congregación de las Misioneras de la Caridad. Estas añaden a los tres votos tradicionales el de entregarse de por vida, y con carácter exclusivo, a los pobres más pobres sin por ello aceptar jamás ninguna recompensa. En 1979 recibió el premio Nobel de la Paz por su obra en favor de los enfermos y los pobres de los arrabales de Calcuta. Había recibido, además, de manos del papa Pablo VI, el premio Internacional de la Paz Juan XXIII, y el premio Buen Samaritano, en Boston, ambos en 1971.

Teresa de Calcuta

TERESA de Jesús o de Ávila, santa (Teresa de Cepeda y Ahumada, en religión). Religiosa y escritora española (Ávila, 1515-Alba de Tormes, 1582). Perteneció a una noble familia castellana. En su infancia fue muy aficionada a las lecturas, especialmente de los libros de caballería. A la edad de 19 años, impulsada por su vocación religiosa, entró en un convento de carmelitas, donde hizo una vida de ejemplar austeridad. Tuvo numerosos éxtasis durante su vida. En 1562 se propuso reformar su orden y, seguida de unas cuantas compañeras, fundó en Ávila el nuevo convento de San José, de monjas descalzas. Más tarde fundó otros, reformando la orden con la aprobación del Papa, no sin innumerables obstáculos, que tuvo que vencer con la constancia y el ardor de su fe. Eficaz colaborador en esta empresa fue san Juan de la Cruz. Como escritora mística, el maestro fray Luis de León dijo de ella: «En la alteza de las cosas que trata, y en la delicadeza y claridad con que las trata, excede a muchos ingenios, y en la forma del decir, y en pureza y facilidad del estilo, y en la gracia y buena compostura de las palabras, y en una elegancia desafeitada que deleita en extremo, dudo yo que haya en nuestra lengua escritura que con ellos se iguale.» Entre sus producciones figuran: *Camino de perfección* (1588), *Libro de las fundaciones* (1613) y *Las moradas* o *Castillo interior* (1588), su obra maestra, escrita en plena madurez espiritual y cuando parecía dueña de todos los secretos de la vida contemplativa. Esta obra señala la culminación de la mística cristiana. Dejó también una interesante autobiografía, el *Libro de su vida* (1588), poesías y una copiosa y magnífica correspondencia epistolar. Es una de las figuras de más fina espiritualidad y su alto magisterio está reconocido y acatado por la Iglesia universal. Su filosofía es la del buen sentido; es como el Séneca del pensamiento místico español. Fue beatificada por Pablo V en 1614, canonizada por Gregorio XV en 1622 y declarada Doctora de la Iglesia, en 1970, por Pablo VI, que la declaró también patrona de los escritores españoles en 1965.

TERESA del Niño Jesús o **de Lisieux, santa** (Thérèse Martin, en religión). Religiosa carmelita y escritora francesa (Alençon, 1873-Lisieux, 1897). Desde la infancia se distinguió por su dulzura de carácter y extraordinaria piedad, siendo ya en vida venerada como santa. Escribió *Historia de un alma* (1898) y *Novissima verba* (1926). Fue canonizada el 17 de mayo de 1925. Es patrona de las misiones.

TERESA de Portugal. Condesa de Portugal (¿?, h. 1078-Galicia, 1130). Era hija bastarda de Alfonso VI de Castilla y de Jimena Núñez. Se casó con Enrique de Borgoña (1095) y su padre entregó al matrimonio el territorio portugués con el título de condado. Ambos intervinieron en las luchas civiles leonesas a la muerte de Alfonso VI, entre Alfonso el Batallador y la reina doña Urraca. Al morir su marido (1114), Teresa ejerció la regencia en nombre de su hijo Alfonso Enríquez, de tres años. Prosiguió las luchas contra su medio hermana Urraca, pero en 1121 tuvo que reconocer la soberanía leonesa. Muerta Urraca, Alfonso VII el Emperador firmó con la portuguesa el tratado de Ricobayo (1126), dando cierta independencia a su gobierno. En 1128 su hijo Alfonso, apoyado por muchos nobles, se sublevó contra Teresa, que mantenía relaciones con el noble gallego Fernão Peres. Los amantes huyeron a Galicia, donde la condesa murió, siendo enterrada posteriormente en Braga.

TERESA de Portugal, santa. Reina de León (¿?, h. 1177-Lorbaño, Portugal, 1250). Hija del rey de Portugal Sancho I y de doña Dulce. Se casó con su primo Alfonso IX de León (1191) y tuvo tres hijos, pero al ser anulado su matrimonio por consanguinidad, se separó de su marido e ingresó en el convento cisterciense de Villabuena y más tarde se trasladó al de Lorbao, en Portugal. Mantuvo relaciones diplomáticas con la reina Berenguela de Castilla, cediendo los derechos de sus hijas, Sancha y Dulce, al trono de León a su medio hermano, Fernando III de Castilla, con lo que quedaron unidas de nuevo las coronas castellana y leonesa.

THADEN, Louise. Aviadora estadounidense (n. 1945). En 1936 estableció un récord al permanecer en vuelo 196 horas. Hizo además importantes travesías por el territorio de su país, consiguiendo una gran fama.

THARP, Twyla. Bailarina y coreógrafa estadounidense (Portland, Indiana, 1942). Fue alumna de M. Graham, M. Cunningham y P. Taylor. En 1963 ingresó en la compañía de P. Taylor, y en 1965 creó su propia compañía, la Twyla Tharp Dance Company. Tharp, una de las figuras más relevantes de la danza contemporánea, ha realizado obras de gran originalidad y solidez coreográfica, para las que ha utilizado música de Mozart, P. Glass y C. Berry. Es mundialmente conocida por su coreografía de la película *Hair* (1979) y por su pieza *Push Comes to Shove* (1976), interpretada por Baryshnikov en el American Ballet Theatre. Ha coreografiado para el cine *Ragtime* (1981) y *Amadeus* (1984), y en Broadway, *Singing in the Rain*. En 1981 obtuvo el Dance Magazine Award.

THATCHER, Margaret Hilda. Política británica (Grantham, Lincolnshire, 1925). Doctora en Ciencias Químicas por el Sommerville de Oxford, inicia su trayectoria política en 1950 al presentarse a las elecciones parlamentarias, y en 1959 fue elegida diputada y secretaria parlamentaria adjunta del Ministerio de Pensiones y Seguridad Social (1961). Tras ejercer como portavoz del Partido Conservador en cuestiones de enseñanza (1969-1970) y ministra de Educación (1970-1974), en 1975 fue elegida líder de los conservadores, y encabezando las listas de este partido ganó las elecciones generales de mayo de 1979, siendo reelegida en 1983 y en 1987. Thatcher, «la Dama de Hierro», adoptó una política neoliberal que propició la privatización de empresas estatales, como British Petroleum (1979) y British Aerospace (1981), así como las áreas de sanidad y de educación pública (1988). Rechazó además el diálogo con los sindicatos y cualquier tipo de compromiso con Irlanda del Norte. En el exterior mantuvo una postura intransigente y belicista que se reflejó principalmente en el conflicto de las Malvinas (1982). El resultado adverso de las elecciones municipales, celebradas en 1990, causado, fundamentalmente, por la implantación forzosa del impuesto denominado *poll-tax* y una votación parlamentaria negativa por parte de sus propios compañeros, los *tories*, le llevó a presentar su dimisión como primera ministra, siendo sustituida por John Major, de su misma línea política.

THEANO. Matemática griega (s. VI a. C.). Perteneció a la escuela pitagórigа y se dedicó, sobre todo, al estudio de la proporción áurea.

THÉROIGNE DE MÉRICOURT (Anne Josephe Terwagne, llamada). Revolucionaria francesa (Marcourt, Bélgica, 1762-París, 1817). Cantante en Londres hasta 1785, abrió en París un salón literario que frecuentaron Mirabeau, Danton, Camille, Brissot y otros cabecillas de la Revolución. La llamada «Amazona de la Libertad» se comprometió con la Revolución desde 1789 cuando tomó parte en el ataque a la Bastilla. En 1790 fundó el Club de las Amigas de la Ley, y en 1792 pronunció un discurso en la Sociedad Fraternal de los Mínimos. T. de Méricourt, que reivindicó el derecho de las mujeres a hacer la guerra, fue atacada y azotada públicamente por las republicanas revolucionarias a causa de su fidelidad a Brissot. Murió loca en la Salpetrière.

THULIN, Ingrid. Actriz sueca (Solleftea, 1929). Fue una de las actrices favoritas del realizador I. Bergman, alcanzando fama con *Fresas salvajes* (1957) y *El umbral de la vida* (1958; premio de interpretación en el Festival de Cannes). Con *El rostro* (1958), también de Bergman, se convirtió en una celebridad internacional. Thulin ha trabajado además con cineastas como Visconti, Minnelli y Renais, y desde 1960 pertenece a la compañía del Teatro Municipal de Estocolmo. De su filmografía destacan los filmes: *El silencio* (1963), *La hora del lobo* (1967), *El rito* (1968) y *Gritos y susurros* (1972), todos de Bergman.

THYSSEN-BORNEMISZA, baronesa von (Carmen Cervera). Dama española (Barcelona, 1943). Procedente de una familia de clase media, se dio a conocer al ganar el concurso Miss España 1961. Trabajó como actriz en España, EE. UU. y México, casándose sucesivamente con Lex Barker (del que enviudó) y Espartaco Santoni (matrimonio anulado por bigamia del marido). En agosto de 1985 contrajo matrimonio con el industrial y más grande coleccionista de arte privado, barón Heinrich Thyssen-Bornemisza. Contribuyó personalmente al traslado del grueso de la colección de pintura de su marido a España en régimen de alquiler —participando en el acondicionamiento del museo y la creación de la Fundación Thyssen— y ha sido pieza fundamental para que la familia Thyssen accediera a la venta de dicho legado al Estado español (protocolo firmado en junio de 1993).

TIERNEY, Gene (Gene Taylor Tierney, llamada). Actriz cinematográfica estadounidense (Brooklyn, Nueva York, 1920-Houston, Texas, 1991). Después de papeles mediocres, se reveló en la película *La ruta del tabaco* (Ford, 1941), que la situó entre las más cotizadas artistas de su país. A partir de este momento interpretó papeles de gran calidad, como en *Cuando muere el día* (Hathaway, 1941), *El hijo de la furia* (Cromwell, 1942), *Infierno en la Tierra* (Hathaway, 1942), *El diablo dijo no* (Lubitsch, 1943), *Laura* (Preminger, 1944), *La campana de la libertad* (King, 1945), *Que el cielo la juzgue* (Stahl, 1945), *El filo de la navaja* (Goulding, 1946), *El fantasma y la señora Muir* (Mankiewicz, 1947), *Al borde del peligro* (Preminger, 1950), *No me abandones* (Daves, 1953), *Sinuhé el egipcio* (Curtiz, 1955), *La mano izquierda de Dios* (Dmytryk, 1955), etc. En 1960 se casó con el millonario W. Howard Lee, regresando al cine para pequeñas colaboraciones.

TING LING (Chian Ping-shih, llamada). Escritora china (Hunan, 1904). Comenzó colaborando en revistas literarias, y en 1930 publicó su primera novela, *Wei Hu*, centrada en la problemática de la mujer china politizada. Se afilió al partido comunista en 1932 y, posteriormente, trabajó en la reforma agraria, período que rememora en su novela más conocida, *El sol brilla sobre el río Sankhan* (1948). En 1957, acusada de desviacionismo burgués, fue expulsada del partido. Entre sus obras destacan, además, *Inundación* (1932), sobre las deplorables condiciones de vida del campesinado chino, y *Mu-Chin* (1940).

TINNÉ, Alejandra. Exploradora holandesa (La Haya, 1839-cerca de Ghat, Libia, 1869). Acompañada de su madre y de su tía emprendió un viaje por el Alto Nilo. Esta zona fue el objeto de sus expediciones. En 1863 inició un nuevo viaje al río de las Gacelas, donde murieron varios miembros de la expedición, entre ellos su madre, por no poder soportar la crudeza del clima. En otra empresa que partió de Trípoli, con intención de llegar y explorar toda la zona del Alto Nilo, fue asesinada junto con otros compañeros por un tuareg que formaba parte de la expedición.

TIRANA, La (María del Rosario Fernández, llamada). Actriz española (Sevilla, 1775-Madrid, 1803). Su apodo se debe a que estaba casada con un actor que desempeñaba papeles de tirano en las tragedias. Empezó su brillante carrera en los Reales Sitios, donde representó obras de Calderón, Rojas, Zorrilla, Comella, Racine, Corneille y Molière, e interpretó, con igual acierto, la tragedia y la comedia, alcanzando gran fama y popularidad. Goya le hizo varios retratos, uno de cuerpo entero, que se conserva en la Real Academia de San Fernando (Madrid).

TOCINO, Isabel. Política y abogada española (Santander, 1949). Cursó los estudios de derecho en la Universidad de Santander y, entre 1971 y 1976, ejerció de asesora jurídica de la Junta de Energía Nuclear. Vinculada a Alianza Popular, en 1985 fue nombrada presidenta de la Asociación de Mujeres Conservadoras, ligada, como ella misma, al Opus Dei. Al hacerse cargo del Partido Popular José María Aznar, ella permaneció como diputada autonómica en Cantabria, donde sostuvo una dura dialéctica contra el presidente conservador Hormaechea. En 1991 se oficializó su presencia en el partido cuando fue elegida para figurar en el comité ejecutivo del mismo, y en 1993 fue elegida diputada al Congreso por Toledo. En mayo de 1996, tras haber vencido por mayoría relativa el Partido Popular en los comicios de marzo, el nuevo jefe de Gobierno, José María Aznar, la nombró ministra de Medio Ambiente.

TODA Aznar. Reina de Pamplona (m. d. 958). Fue esposa de Sancho Garcés I, y a la muerte de este (925) se encargó de la regencia durante la minoría de su hijo García Sánchez I, asistida por su cuñado Gimeno Garcés. Por su gran temple y energía, llevó las riendas del gobierno y, aun después de que García cumpliera la mayoría de edad, prolongó su intervención cuanto pudo en los asuntos públicos, dando pruebas de gran talento político.

TOMIRIS. Reina de los escitas (s. VI a. C.). Venció a Ciro, rey de los persas, que había dado muerte a uno de sus hijos, lo hizo degollar y metió su cabeza en un cubo lleno de sangre, para que saciase su sed de ella. En esta leyenda se inspiró Rubens para uno de sus cuadros.

TORRE, Amelia de la. Actriz de teatro y cine española (Guadalajara, 1905-Madrid, 1987). Torre, considerada una de las grandes figuras del teatro español, comenzó su carrera profesional en la compañía de Margarita Xirgu. En 1936, en una gira por América con esta compañía, recibió la noticia de la guerra civil española y decidió quedarse en Argentina, donde creó una compañía de teatro junto a su esposo, E. Diosdado. A principios de los años cincuenta regresó a España y formó una nueva compañía de teatro. Con un potente timbre vocal, Torre cosechó grandes éxitos en el teatro con obras como: *Dulce pájaro de juventud, Madre Coraje, La loca de Chaillot, Las amargas lágrimas de Petra von Kant,* y también realizó una importante labor cinematográfica con 14 títulos en su haber, entre los que destacan: *La Celestina* (Ardavín, 1968), *Plácido* (G. Berlanga, 1961), *Tormento* (Olea, 1974), premio del Sindicato Nacional del Espectáculo, y *Padre nuestro* (Regueiro, 1985).

TORRE, Josefina de la. Poeta y pianista española (Las Palmas de Gran Canaria, 1909). Pedro Salinas prologó su primer libro de poemas, *Versos y estampas* (1927), y Gerardo Diego la incluyó en su segunda antología, donde en su nota autobiográfica ella escribe: «Escribí un primer poema a los siete años y desde entonces he seguido escribiendo. He sido siempre aficionada a la música y desde muy pequeña he cantado... He cantado en muchos conciertos y veladas benéficas en mi tierra... He tenido en mi casa durante tres años un escenario de cámara, mi Teatro Mínimo, del que fue director mi hermano Claudio.» Fue presidenta del primer Club de Natación de Las Palmas. Como pianista dio algunos recitales, destacando el de la Residencia de Estudiantes de Madrid. Su último libro, *Marzo incompleto,* se publicó en 1968. Ha escrito una novela, *Memorias de una estrella* (1954), y un drama, *Una mujer entre los brazos* (1956).

TORRE GUTIÉRREZ, Matilde de la. Política española (Cabezón de la Sal, Santander, 1884-Cuernavaca, México, 1946). De formación autodidacta, Torre Gutiérrez llegó a adquirir una amplia cultura literaria, histórica y musical. Fue militante del PSOE y diputada en las Cortes por la región asturiana durante la Segunda República. Colaboró en varias publicaciones socialistas y en la revista *Mujeres,* y, tras la guerra civil, se exilió en México. Fue además la autora de la colección de ensayos *Don Quijote, rey de España* (1928), y de la novela *Banquete de Saturno* (1932).

TORRES, Maruja (María Dolores Torres Manzanera, llamada). Periodista y novelista española (Barcelona, 1943). Comenzó trabajando en Barcelona, donde compaginó el periodismo cinematográfico y de espectáculos con la prensa del corazón. En los años ochenta se traslada a Madrid, donde colabora en *Diario 16* y posteriormente en *El País*. En 1990 gana el premio de periodismo Cuco Cerecedo, instituido por la sección española de la Asociación de Periodistas Europeos. Torres, que ha viajado por numerosos países y recogido en sus escritos la miseria y la injusticia humanas, está considerada como una de las mejores periodistas de la prensa española. Entre su narrativa destacan: *¡Oh, es él!* (1986), *Ceguera de amor: Culebrón del V Centenario* (1991), *Amor América* (1993) y *Un calor tan cercano* (1997).

TOYEN, Maria (Maria Cerminova, llamada). Pintora checa (Praga, 1902-París, 1980). Comenzó con el cubismo para evolucionar hacia una pintura de extrema abstracción en *Vaisseau englouti* (1927) y *Maris* (1928) y posteriormente orientarse hacia el surrealismo (1930). Participó en todas las manifestaciones del grupo surrealista. Su obra está marcada por un clima extraño, fantástico, onírico y a veces con un matiz erótico. Toyen, durante y después de la Segunda Guerra Mundial, presentó la naturaleza como una poderosa metáfora de inhumanidad. Entre sus principales obras destacan: *A la table verte* (1945), *Au château La Coste* (1946) y *Mythe de la lumière* (1946). Realizó también dibujos y grabados.

TRABA, Marta. Crítica de arte y escritora argentina (Buenos Aires, 1930-Madrid, 1983). Estudió historia del arte en la Universidad de Buenos Aires, y pasó la mayor parte de su vida en Colombia, donde fundó la revista *Prisma,* y en 1965 el Museo de Arte Moderno de Bogotá. Inició su carrera literaria con el libro de poemas *Historia natural de la alegría* (1951), y en 1966 su novela *Las ceremonias del verano* obtuvo el premio Casa de las Américas. *Homérica Latina* (1979), su obra más conocida, denunció la represión ejercida por los gobiernos latinoamericanos, convirtiéndose Traba en una de las primeras mujeres latinoamericanas en criticar abiertamente las torturas a la que eran sometidos los prisioneros políticos. Dejó inconclusa una trilogía a la que pertenecen *Conversaciones al sur* (1981) y *En cualquier lugar,* publicada póstumamente en 1984. Fue autora, además, de numerosos artículos sobre el arte contemporáneo europeo, estadounidense y latinoamericano. Murió en un accidente de avión cerca de Madrid.

TRÉMOILLE, Marie Anne de La. V. **URSINOS, princesa de los.**

TRIOLET, Elsa. Escritora francesa, de origen ruso (Moscú, 1896-París, 1970). Triolet fue el apellido de su primer marido, pero, desde 1939, estuvo casada con el poeta francés Louis Aragon. Tras realizar estudios en arquitectura, consagró su vida a la literatura. Entre sus obras, enmarcadas dentro del realismo social y adscritas a la estética ortodoxa comunista, destacan *Bonsoir Thérèse* (1938), *Le premier accroc coûte deux cents francs* (1945; premio Goncourt), *Le rendez-vous des étrangers* (1956), y la trilogía *L'âge de nylon* (1959-1963). Es autora, además, de numerosas traducciones de autores rusos.

TRISTAN, Flora. Feminista y socialista revolucionaria francesa (París, 1803-Burdeos, 1844). A partir de 1835 participó en el socialismo y en los grupos feministas de París, y en 1838 escribió su primer libro, *Peregrinaciones de un paria,* donde defendió la emancipación de la mujer y criticó violentamente su esclavitud. En 1840 publicó *Paseos en Londres* y en 1843 *La unión obrera,* un colosal libro teórico que analizó las maneras de cómo debía organizarse la clase obrera para conseguir su emancipación. Tristan, considerada una de las «madres» del feminismo mundial, ligó la liberación de la mujer a la de todo el proletariado y abogó por su igualdad intelectual y profesional.

TROTTA, Margarethe von. Actriz, directora y guionista de cine alemana (Berlín, 1942). Von Trotta, considerada una de las directoras más conocidas del nuevo cine alemán, comenzó su carrera como actriz de teatro y, a finales de los años sesenta, apareció en las películas de R. W. Fassbinder y V. Schlöndorff, con quien se casó. Ha sido guionista de *The*

Sudden Wealth of the Poor People (Schlöndorff, 1971) y codirectora de *El honor perdido de Katherina Blum* (Schlöndorff, 1975), y en 1977 debutó como directora con *El segundo despertar de Christa Klages,* donde revela una aguda atención a los problemas femeninos. De su filmografía destacan, además, *Hermanas* o *El balance de la felicidad* (1979), *Rosa Luxemburgo* (1985) y *La mujer africana* (1990).

TRÓTULA o **TROTA.** Médica italiana (m. Salerno, 1085). Estudió medicina, especializándose en las enfermedades propias de las mujeres. Se le atribuye el descubrimiento de la perineografía y es autora de dos tratados: *De aegritudinum curatione* y *De passionibus mulierum.* Tuvo gran fama como cirujana, siendo una de las primeras en realizar la clasificación de las enfermedades en congénitas, contagiosas y otras.

TS'E-HI o **TZEU-HSI.** Emperatriz china (Pekín, 1834-íd., 1908). Fue concubina del emperador Hien-fong (1851), al que dio un hijo (1856) que fue declarado heredero con el nombre de T'ong-che (1861). A la muerte de Hien-fong, y de acuerdo con la emperatriz, se reservó la dirección del gobierno, que su hijo, mayor de edad desde 1870, abandonó en sus manos. A la muerte de este (1875), hizo proclamar emperador a Kuang-siu, de tres años, del que fue regente tras la muerte de la emperatriz (1881), envenenada. Sus colaboradores en el gobierno fueron Kong (1861-1884 y 1894-1898) y Li Hong-chang (1884-1894). Kuang-siu la apartó del poder (1898), pero ella se recuperó rápidamente y en el mismo año el emperador y sus colaboradores fueron encarcelados y ejecutados. Suspendió todas las reformas y favoreció las sociedades secretas que produjeron la revolución xenófoba de 1900. Después del tratado de Pekín (1901), comprendió la necesidad de reformas, llamó a los partidarios de la Nueva China y en 1908 anunció un programa reformador en nueve años que culminaría con la elección de una asamblea nacional.

TUDÓ, Pepita. Dama española, condesa de Castillo Fiel (m. 1869). Mantuvo relaciones con Manuel Godoy, de quien tuvo dos hijos. La relación no se interrumpió pese al matrimonio de Godoy con la condesa de Chinchón, de tal manera que llegó a hablarse de un matrimonio secreto anterior. Al enviudar Godoy, se casó con ella (1828), pero pronto se separaron.

TURNER, Lana (Julia Jean Turner, llamada). Actriz de cine estadounidense (Wallace, Idaho, 1921-Los Ángeles, California, 1995). Debutó en el cine en 1937, donde se impuso como una excelente mujer fatal, especialmente en papeles de corte melodramático. Fue uno de los grandes *sex symbols* de los años cuarenta. Entre sus películas destacan: *El extraño caso del doctor Jekyll* (Fleming, 1941), *El cartero siempre llama dos veces* (Garnett, 1946), *La viuda alegre* (Bernhardt, 1952), *Cautivos del mal* (Minnelli, 1952), *Las lluvias de Ranchipur* (Negulesco, 1955), *Soltero en el paraíso* (Arnold, 1961), etcétera.

TURNER, Tina (Annie Mae Bullock, llamada). Cantante estadounidense (Brownsville, 1938). En 1960 alcanzó gran éxito con la canción *soul River Deep, Mountain High,* junto con el grupo Kings of Rhythm, dirigido por su marido, Ike Turner. Tras su divorcio, inició una brillante carrera individual, avalada por su potente voz e imagen, que la convertirían en una de las principales estrellas del *rock* mundial. En su discografía destacan: *Private dancer* (1982), *What's Love Get to Do With It* (1984) y *Foreign Affair* (1989). Turner ha intervenido, además, en varias películas, tales como *Tommy* (1974), opereta *rock* dirigida por K. Russell, en la que interpretó a Acid Queen, y en *Mad Max III.*

Tina Turner

TUSQUETS, Esther. Editora y novelista española (Barcelona, 1936). Ha sido directora de la editorial Tusquets y, posteriormente, de la editorial Lumen. Entre sus publicaciones destacan: *El mismo mar de todos los veranos* (1978), *Varada tras el último naufragio* (1980), centrada en la problemática de la identidad sexual, *Para no volver* (1985) y *Con la miel en los labios* (1997), que narra la historia de amor entre dos mujeres. Es autora, además, de la colección de relatos *Siete miradas en un mismo paisaje* (1981).

U

UCEDA, Julia. Poeta española (Sevilla, 1926). Se ha dedicado a la enseñanza de literatura española en distintas universidades extranjeras. Su obra *Poesía* (1991), que reúne casi toda su producción, recoge temas sociales tratados con solidaridad hacia el género humano. En su libro *Poemas de Cherry Lane* (1968) aparece el tema de los sueños.

ULANOVA, Galina Serguéievna. Bailarina soviética (San Petersburgo, 1910). Hija de los bailarines del teatro Marinsky S. Ulánov y M. Románovna, estudió en el Instituto de Ballet de Leningrado (1928), y, tras ser solista del teatro Kirov, en 1944 pasó a ser miembro permanente del Bolshoi de Moscú. Bailó en numerosos países de Europa y en EE. UU., y en 1962 se dedicó a la enseñanza en la escuela de baile del Bolshoi. Está considerada una de las más destacadas representantes del ballet clásico ruso. Entre sus piezas destacan: *El jinete de bronce* (Zajárov, 1949), *La amapola roja* (Lavroski, 1949) y *La flor de piedra* (Lavroski, 1954).

ULIANOVA, Anna Iljinichna. Revolucionaria rusa (¿?, 1864-Moscú, 1937). Hermana de Lenin, ejerció como profesora en la Universidad femenina de San Petersburgo (1883). Detenida en 1887 por el atentado cometido por su otro hermano, A. I. Ulianov, contra el zar Alejandro III, se exilió de Rusia en 1900. A su regreso ocupó varios cargos directivos del partido comunista y en 1916 fue desterrada a Astrakán. Colaboró activamente en la revolución de octubre y posteriormente fue directora de la sección de protección infantil en el Comisariado de Instrucción Popular.

ULLMANN, Liv. Actriz noruega (Tokio, 1938). Comenzó trabajando en el teatro en Londres y en Oslo, convirtiéndose posteriormente en una de las actrices preferidas del director I. Bergman: *Persona* (1965), *La vergüenza* (1968), *Pasión* (1969), *Gritos y susurros* (1972), *Secretos de un matrimonio* (1973), *Cara a cara al desnudo* (1976), *El huevo de la serpiente* (1977) y *Sonata de otoño* (1978). Con otros directores ha participado en *Los emigrantes* (1971), *El nuevo mundo* (1972) y *La esposa comprada* (1974), de J. Troell; *Un puente lejano* (Attenborough, 1977), *Las cosas de Richard* (Harvey, 1980), *Gaby, una historia verdadera* (Mandoki, 1987) o *Mindwalk* (B. Capra, 1990). Son importantes también sus actuaciones teatrales y en televisión. Es, además, la autora de *Senderos* (1977), libro de memorias.

Liv Ullmann

UNDERHILL, Miriam. Alpinista estadounidense (Boston, 1899-¿?). Su padre era muy aficionado a los paseos por las montañas a las que llevaba a su familia. Ella decidió hacerse alpinista y pronto se trasladó a Europa y se dedicó a la escalada en los Alpes y en los Dolomitas. Fue la primera mujer en llegar a algunas cimas. Su sueño era hacer una cordada sólo de mujeres, lo que logró en algunos casos, llevando a cabo importantes expediciones. Su nombre de soltera era O'Brian, que cambió al casarse con otro alpinista. Se trasladaron a EE. UU. y se dedicó a escalar en las montañas Rocosas. Escribió sus memorias con el título de *Dadme las colinas* (1956).

UNDSET, Sigrid. Escritora noruega de origen danés (Kallundborg, 1882-Lillehammer, 1949). Sus primeras novelas se centraron en los problemas de las mujeres trabajadoras (*La señora Marta Ulia*, 1907; *Jenny*, 1911; *Las mujeres sabias*, 1914), pero su gran popularidad se debió sobre todo a las novelas históricas, muchas de ellas ambientadas en la Noruega medieval, en donde hombres y mujeres se debatían entre el amor carnal y el amor divino: *Kristin Lavransdatter* (1920-1922) y *Olaf Audunssön* (1925-1927). En 1928 le fue concedido el premio Nobel de Literatura, y en 1940 se exilió en EE. UU., donde colaboró activamente con el movimiento antinazi. Tras regresar a su país (1945), redactó la biografía de Catalina de Siena, publicada póstumamente en 1951.

URAIB. Poeta y cantante árabe (Bagdad, s. IX). Perteneciente a la clase de las jawari o jóvenes concubinas, se convirtió en una de las mujeres más célebres del reinado de los abasidas, gracias a una de sus composiciones musicales en la que Uraib aseguraba ser una de las descendientes directas del profeta Mahoma.

URBANO, Pilar. Periodista española (Valencia, 1940). Cursó estudios en la Escuela Oficial de Periodismo en Madrid. Ha trabajado en los periódicos *Nuevo Diario, Las Provincias, ABC* y *Arriba;* en las revistas *La Actualidad Española, Sábado Gráfico, Gaceta Ilustrada* y *Telva;* en las emisoras de radio RNE, SER y COPE. Desde 1975 escribe para el periódico *Ya* y, en el presente, trabaja para la revista *Época* y colabora con el periódico *El Mundo*.

UREÑA DE HENRÍQUEZ, Salomé. Poeta y pedagoga dominicana (Santo Domingo, 1850-íd.,1897). Estudió filosofía, historia, inglés y francés, y mostró una preocupación constante por la libertad y el progreso de su país. Considerada una de las figuras más relevantes de su época, Ureña de Henríquez luchó arduamente por elevar el nivel educativo de las mujeres de su país. Entre sus poesías destacan *La fe en el porvenir, La gloria del progreso, Ruinas, Mi ofrenda patria*, recogidas en *Lira de Quisqueya* (1874) y *Poesías* (1880), y *Sombras* (1881), en la que manifiesta su descontento ante la realidad política de su país.

URRACA de Castilla. Reina de Castilla y de León (¿?, 1080 ó 1081-Saldaña, 1126). Comenzó a reinar siendo viuda del conde Raimundo de Borgoña, en 1109, y contrajo segundas nupcias con el rey de Aragón Alfonso I el Batallador, lo que produjo general descontento en castellanos y leoneses. Poco después se arrepintió la reina de haber contraído este matrimonio, lo que motivó una larga serie de guerras, venciendo el rey aragonés en las célebres batallas de Camp de Espina y de Viadangos. En las Cortes de Castilla y de León se declaró nulo el matrimonio, pero siguieron las discordias, fomentadas las de Galicia por el obispo Diego Gelmírez, que defendía los derechos del hijo, Alfonso Raimúndez. Reinó junto con su hijo Alfonso VII, al llegar este a su mayoría de edad, hasta su muerte.

URRACA de Castilla. Reina de Navarra (m. 1189). Casada en 1144 con García Ramírez, era hija bastarda del rey de Castilla Alfonso VII. A la muerte de su esposo en 1150, su padre la nombró gobernadora de Asturias, hasta contraer segundas nupcias con el caballero palentino Álvaro Rodríguez. Fue enterrada en Palencia, conservándose su cuerpo incorrupto en la catedral.

URRACA Fernández de Castilla. Infanta castellana (¿?, 1033-¿?, 1101). Hija de Fernando I de Castilla y Sancha I de León. Urraca sentía gran predilección por su hermano Alfonso VI y le apoyó en las luchas civiles que le enfrentaron con sus hermanos Sancho II y García I de Castilla. Al parecer, también intervino en el asesinato de su hermano Sancho II. Al iniciar Alfonso VI su reinado, concedió a su hermana el gobierno de Zamora (1056) con el título de reina, y durante los primeros años de su reinado Urraca participó activamente en los asuntos de gobierno (1090-1095). Vivió los últimos años de su vida en un monasterio. Su figura ha sido recogida por la literatura española en varias y notables obras.

URRACA López. Reina de León (m. h. 1226). Hija del señor de Vizcaya Lope Díaz de Haro, mantuvo relaciones con el rey leonés Fernando II desde 1180. Estas relaciones se formalizaron en boda (1187), lo que favoreció la privanza de los Haro en el reino leonés. El nacimiento de su hijo Sancho la enemistó con su hijastro Alfonso IX. A la muerte de su marido (1188), trató de formar un partido que llevara a su hijo al trono, pero Alfonso IX lo impidió, pasando Urraca a refugiarse en Castilla. En 1202 Alfonso IX la despojó de las fortalezas que seguía manteniendo en León como cesión de su marido.

URSINOS, princesa de los (Marie-Anne de La Trémoille). Cortesana y política francesa (París, 1642-Roma, 1722). Hija de Louis de La Trémoille, estuvo casada, en primeras nupcias (1657) con el príncipe de Chalais, viviendo en España largas temporadas, y en segundas (1675) con el duque de Braciano, príncipe de Orsini, de donde derivaron los españoles la denominación de princesa de los Ursinos, con que es más conocida. Con este último estuvo en Roma, donde conoció al cardenal Portocarrero. Viuda en 1698, volvió a Francia y, gracias a madame de Maintenon, acompañó a España, como camarera mayor, a María Luisa Gabriela de Saboya, primera esposa de Felipe V. Ejerció sobre ambos esposos una gran influencia, hasta el punto que Luis XIV le ordenó volver a Francia (1704). Pero pronto regresó a la Península, convirtiendo a su amante, Orry, en uno de los grandes de la política española. Se enfrentó a Luis XIV (1708-1711) durante la guerra de Sucesión, aconsejando a Felipe V e interviniendo en la redacción de los tratados de Utrecht (1713) y Rastadt (1714). Sin embargo, su actuación política resultó beneficiosa para el país y contribuyó a la consolidación en el trono del nuevo rey. Viudo Felipe V y casado en segundas nupcias con Isabel de Farnesio, elegida por ella, la princesa fue expulsada bruscamente de España, de donde hubo de salir sin servidumbre y sin dinero en pleno invierno. Se retiró a Holanda, Génova y más tarde a Roma (1716).

ÚRSULA, santa. Mártir cristiana (m. Colonia, 383). Su vida está unida a las famosas Once Mil Vírgenes. Para reconstruir su historia no existe más que la inscripción de Clemacia y algunos datos en libros litúrgicos. Tenemos que llegar a los siglos IX y X para encontrar datos de esta santa. Según estos escritos, santa Úrsula y sus compañeras sufrieron persecución durante el reinado de Diocleciano y Maximiano. La leyenda la hace hija de un rey británico cristiano que la envió a Europa para contraer matrimonio con Holofernes, hijo de un rey pagano, pero al pasar por Colonia fue martirizada por los hunos. En Colonia hay una basílica dedicada a santa Úrsula y a las Once Mil Vírgenes que la acompañaron en el martirio.

UTTMANN, Barbara. Encajera e industrial alemana (Elterlein, 1514-Annaberg, 1575). Esposa de un rico industrial, Christian Uttmann, cuando quedó viuda se dedicó a enseñar el arte del encaje, haciendo venir a su palacio de Annaberg, en 1561, a obreros de Flandes. Mujer con un gran sentido para los negocios, hizo que esta industria textil diera prosperidad a las montañas de Hertz.

V

VACARESCO, Elena. Poeta rumana (Bucarest, 1866-París, 1947). Escribió en lengua francesa. Perteneció a una de las familias más ilustres de Transilvania, llegando a ser dama de honor de la reina. Realizó sus estudios en París y su primera obra poética, *Cantos de aurora,* fue premiada por la Academia Francesa. Estuvo prometida al príncipe heredero de su país, pero no llegaron a contraer matrimonio por cuestiones de Estado. Sus principales obras son *El alma serena, Resplandores y llamas* (1903) y *Jardín apasionado* (1908). La Academia Francesa le concedió un nuevo premio por la colección de baladas rumanas *La rapsoda de la Dambovitsa.*

VALADON, Suzanne (Marie-Clémentine Valadon, llamada). Pintora francesa (Bessines-sur-Gartempe, 1865-París, 1938). Hija natural de una lavandera, Valadon posó como modelo, a comienzos de la década de 1880, para Toulouse-Lautrec, Renoir y Degas, quienes descubrieron sus habilidades artísticas y la enseñaron a dibujar. Está considerada, junto a P. Modersohn-Becker, como la primera artista que trabajó a fondo el desnudo femenino. Sus desnudos de cuerpo entero, pesados y rollizos, y colocados con frecuencia en escenarios domésticos concretos, combinan la observación con un conocimiento del cuerpo femenino basado en su experiencia como modelo. Su dibujo es firme y los colores que usa, cálidos y puros. Pintó además paisajes y bodegones y participó en la bohemia de París de comienzos del siglo XX. Entre sus obras, expuestas en los mejores museos del mundo, figuran: *Abuela y muchacha entrando a la bañera* (h. 1908), *Marcela en su tocado* (1913), *La manta de rayas* (1922) y *El dormitorio azul* (1923).

VALCÁRCEL, Amelia Díaz. Filósofa y teórica feminista española (Madrid, 1950). Obtuvo su doctorado en Filosofía en la Universidad de Valencia y trabaja como profesora de Filosofía Moral y Política en la Universidad de Oviedo. Considerada una de las principales representantes españolas del feminismo «de la igualdad», Valcárcel es autora de varios artículos sobre las relaciones entre filosofía moral y política. Es colaboradora habitual del Consejo Superior de Investigaciones Científicas, de la Universidad Complutense de Madrid, y asesora de varias revistas y colecciones editoriales. Entre sus libros destacan: *Hegel y la Ética, sobre la superación de la «mera moral»* (1988; finalista del premio Nacional de Ensayo), y *Sexo y filosofía* (1991). Ha sido consejera de Cultura de la Comunidad Autónoma de Asturias (1993-1995).

VALDERRAMA, Pilar de. Poeta española (Madrid, 1892-íd., 1979), a quien Antonio Machado dedicó numerosos poemas con el nombre de «Guiomar». De ideas conservadoras, su poesía busca expresar soledad y melancolía. *Las piedras de Horeb* (1923), *Poemas en prosa y verso* (1930). Es autora de dos piezas teatrales y del libro autobiográfico *Sí, soy Guiomar. Memorias de mi vida* (1981), donde la autora relata extensamente la relación que mantuvo con Machado.

VALENZUELA, Luisa. Escritora argentina (Buenos Aires, 1938). Comenzó colaborando en varios periódicos y fue la editora de la revista *Crisis.* En 1976 se estableció en EE. UU., donde fue directora del Instituto para las Humanidades y Escritores Residentes de la Universidad de Columbia. Su literatura se ha centrado fundamentalmente en la denuncia de la represión y la violencia de los regímenes políticos y en el rechazo de las prejuiciadas estructuras sociales y morales que atentan contra la libertad de la mujer: *El gato eficaz* (1972), *Cola de lagartija* (1983) y *Novela negra con argentinos* (1990). Es autora, además, de los libros de relatos: *Los heréticos* (1967), *Aquí pasan cosas raras* (1975) y *Donde viven las águilas* (1983).

VALLIÈRE, duquesa de la (Louise de la Baume le Blanch). Dama francesa (Tours, 1644-París, 1710). Fue favorita de Luis XIV, con quien tuvo cuatro hijos, de los cuales sólo le vivieron dos, que fueron más tarde reconocidos por el monarca. Suplantada en el favor real por madame de Montespan se retiró a un convento con el nombre de sor Luisa de la Misericordia.

VANDERBILT, Gloria. Empresaria estadounidense (Nueva York, 1924). Vanderbilt está considerada una de las empresarias más activas de EE. UU. Ha actuado en obras de teatro *(El cisne),* publicado poesías *(Poemas de amor)* y novelas *(Había una vez),* además de dedicarse a la pintura, la decoración y el periodismo. Es célebre por su perfume *Vanderbilt,* uno de los más vendidos en EE. UU.

VARDA, Agnès. Directora de cine belga (Bruselas, 1928). Fue fotógrafa del Théâtre National Populaire y periodista gráfica internacional. En 1954, con su película *La pointe courte,* Varda se adelanta a las técnicas desarrolladas por la *nouvelle vague.* Casada con el también realizador Jacques Demy, su filmografía mezcla aspectos documentales y de ficción: *La felicidad* (1965), *Una canta, la otra no* (1977), *Sin techo ni ley* (1985), en la que reconstruye la vida de una joven vagabunda, *Jacquot de Nantes* (1991) y *Las cien y una noches* (1994). Sus mejores títulos son trabajos exclusivamente documentales: *Ô saisons, ô Châteaux* (1956), *Black Panthers* (1968), *Mur, murs* (1981), *Jane B. par Agnès V.* (1987) y *L'univers de Jacques Demy* (1994).

VARGAS, Chavela. Cantante mexicana (n. 1919). Es la intérprete de canciones como *La llorona, Volver, volver, Que te vaya bien. La macorina,* su canción insignia, escrita para ella por el español Alfonso Camín, ha recorrido todo el mundo y llegó a convertirse en el estandarte de la guerrilla latinoamericana. Por espacio de 15 años estuvo aislada en una finca en Cuernavaca a causa del alcohol. En 1993 revive con éxito su arte en Madrid, donde graba el disco *Volver, volver.*

VAUGHAN, Sarah. Cantante de *jazz* estadounidense (Newark, 1924-Los Ángeles, 1990). Estudió piano y órgano, y en 1943 fue contratada por E. Hines como cantante y pianista, trabajando además con B. Eckstine y G. Treadwell. En 1946 inició su carrera como solista, convirtiéndose en la cantante preferida de los músicos del estilo *be-bop* y colaborando con músicos de *jazz* de la talla de D. Gillespie, C. Basie, C. Parker y M. Davis. Entre su discografía destacan: *Interlude* (1944), *Lover Man* (1945), *Black Coffee* (1949), *How to High the Moon* (1955), *Sassy's Blues* (1963) y *Autumn Leaves* (1982). Se la denominó *la Divina.* En 1983 recibió un premio Grammy.

VAZ FERREIRA, María Eugenia. Poeta uruguaya (Montevideo, 1875-íd., 1924). Es la primera mujer que introduce en la literatura uruguaya el tema del amor. Forma, junto con Delmira Agustini y Juana de Ibarbourou, la gran tríada de las poetas uruguayas de principios del siglo XX. Sus primeros poemas datan de 1894 y son de influencia neorromántica, principalmente de Bécquer y Heine. Sus *Poesías completas* (publicadas póstumamente en 1986) recogen su primer libro, *Fuego y mármol* (1903), hasta entonces inédito. Escribió sus mejores versos al final de su vida: *La isla de los cánticos* (1924), considerada sus obra maestra, nos muestra una influencia modernista y una espontaneidad e intensidad lírica que hacen que su obra haya perdurado. Además fue compositora musical y concertista.

VEGA, Ana Lydia. Escritora puertorriqueña (San Juan, 1946). Estudió literatura en Puerto Rico y Francia, y fue fundadora de la revista *Reintegro*. Su primer libro de relatos, *Vírgenes y mártires* (1981), en colaboración con Carmen Lugo Filippi y centrado en la problemática social de la mujer caribeña, se convirtió en un auténtico éxito. El discurso narrativo de Vega emplea el lenguaje coloquial puertorriqueño como recurso literario primario y analiza la realidad social desde una perspectiva caribeña: *Encancaranublado* (1982; premio Casa de las Américas), *Pasión de historia* (1987), enmarcado dentro del género policiaco y de horror, y *Falsas crónicas del sur* (1991).

VEIL, Simone. Abogada y política francesa (Niza, 1927). Diplomada en Derecho por el Instituto de Estudios Políticos de París, ingresó en la magistratura en 1956 y ha sido secretaria del Consejo Superior de la Magistratura (1970-1974), ministra de Sanidad (1974-1977), de Sanidad y Seguridad Social (1977-1978) y de Sanidad y Asuntos Familiares (1978-1979). Durante su gestión promovió la ley del aborto. Miembro del Parlamento Europeo desde 1979, que presidió de 1979 a 1981, en las elecciones a esta Cámara, celebradas en 1984, mantuvo su escaño como cabeza de lista de la coalición francesa de oposición, y en 1989 fue reelegida como líder de la candidatura centrista. Tras las elecciones legislativas celebradas en marzo de 1993, Édouard Balladur le encomendó las carteras de Sanidad, Asuntos Sociales y Ciudad, con la categoría de ministra de Estado.

VELASCO, Concha (Concepción Velasco Varona, llamada). Actriz española (Valladolid, 1939). Debutó en la revista y la comedia musical *(Te espero en Eslava,* 1957), llegando al cine a finales de los cincuenta. Desde esa época se hizo actriz habitual en las pantallas con películas como *Las chicas de la Cruz Roja*

Simone Veil

(Salvia, 1958), *El día de los enamorados* (Palacios, 1958) e *Historias de la televisión* (Sáenz de Heredia, 1959). Posteriormente continuó su carrera teatral con obras como *Las que tienen que servir* (1962), *Llegada de los dioses* (1971), *Las arrecogías del beaterio de Santa María Egipcíaca* (1977), *Filomena Maturano* (1979) y *Buenas noches, madre* (1984). El mayor cambio en su carrera ocurrió a mediados de los setenta, pasando a interpretar en cine papeles más complejos: *Tormento* (Olea, 1974), *Las largas vacaciones del 36* (Camino, 1976), *La hora bruja* (Armiñán, 1985) y *Esquilache* (J. Molina, 1988); así como en la serie sobre *Santa Teresa* (J. Molina, 1984). Entre sus actuaciones en el teatro, hay que destacar su interpretación en *Carmen, Carmen* (1990), comedia musical con texto de A. Gala. Actualmente se dedica al espectáculo televisivo, especialmente en las cadenas privadas.

VÉLEZ, Lupe (Guadalupe Villalobos, llamada). Actriz mexicana (San Luis de Potosí, 1906-Beverly Hills, California, 1944). Estuvo casada sucesivamente con Gary Cooper y Johnny Weismuller. Sobresalió principalmente interpretando el tipo dinámico de aventurera, donde su fogoso temperamento artístico quedó patente. Entre sus numerosas películas destacan: *El gaucho* (Fairbanks, 1927), *Dinamita* (De Mille, 1930), *El prófugo* (De Mille, 1931), etc. Se despidió de la escena con la comedia musical *You Never Know* (1938), y en 1944 se suicidó en su casa de Beverly Hills. Se la relacionó sentimentalmente con el torero español Manolete.

VELLEDA. Profetisa y patriota germana (s. I). Tomó parte en la insurrección de los bátavos mandados por Civilis contra Roma el año 70. Después de la sumisión de Civilis continuó ella al frente de la insurrección, pero, vencida, fue conducida a Roma, donde figuró en el triunfo de Domiciano.

VERÓNICA, santa. Piadosa matrona romana que, según la tradición, enjugó el sudor del rostro de Jesús cuando, agobiado por el peso de la cruz, subía al monte Calvario. Entre los numerosos escritos que existen sobre este tema hay que remontarse a las *Acta Pilati*, donde aparece por primera vez su nombre. Otra fuente procede de Eusebio (m. 338), que dice que Verónica fue oriunda de Cesarea de Filipo y levantó un monumento junto a su casa para perpetuar el beneficio que recibió de Jesús.

VETSERA, Maria. Baronesa austriaca (Viena, 1871-pabellón de caza de Mayerling, Viena, 1889). Pertenecía a una familia rica pero de condición nobiliaria reciente, lo cual retrasaría, hasta 1886, su presentación ante la rígida corte de Viena. Un año después conoció al archiduque y príncipe heredero Rodolfo, casado desde 1881 con Stephanie, hija de Leopoldo II de Bélgica. El príncipe despertó inmediatamente en la romántica baronesa una pasión desesperada. Rodolfo estaba menos enamorado pero era infeliz en su matrimonio y, por otra parte, había visto frustrado su deseo de ser coronado rey de una Hungría independiente. El miedo a que la relación fuese descubierta y un creciente desequilibrio mental llevaron a Rodolfo a proponer a la baronesa un suicidio conjunto, que ella aceptó. Los intentos por parte del emperador Francisco José y de sus consejeros de ocultar el suceso desataron las peores especulaciones y una abundante literatura.

VIARDOT, La (Micaela Paulina García de Viardot, llamada). Mezzosoprano y compositora española (París, 1821-íd., 1910). Fue hija del tenor español Manuel del Popolo Vicente García y hermana de María Felicidad García (La Malibrán) y de Manuel Vicente García. Discípula de su padre, gozó de gran fama y recorrió los principales países de Europa, inaugurando su tipología vocal —mezzo— como protagonista. Contrajo matrimonio con su empresario, el escritor francés Louis Viardot (1841), y poco después de 1859 se retiró de la escena y se consagró a la enseñanza del canto. Compuso numerosas melodías vocales y tres operetas. Educó a sus tres hijos en la práctica de diversas disciplinas artísticas, llegando todos a ser grandes artistas: madame Chamerot, pintora; Paul Viardot, violinista y director de orquesta, y madame Duvernoy, pianista.

VICTORIA, santa. Mártir española (León, s. III-¿?). Los hagiógrafos no se ponen de acuerdo en la fecha de su nacimiento. Pudo ser alrededor del 205 o del 299. Fue hija de Marcelo y Nona, cristianos que sufrieron el martirio. Con su hermano Acisclo se trasladó a Córdoba huyendo de las persecuciones. Por orden del gobernador Dión ambos hermanos fueron terriblemente martirizados. Victoria, después de muchos suplicios, entre ellos cortarle los pechos, fue asaeteada hasta morir.

VICTORIA I. Reina de la Gran Bretaña e Irlanda y emperatriz de la India (Londres, 1819-isla de Wight, 1901). Era hija de Eduardo, duque de Kent, y de Luisa Victoria, princesa de Sajonia-Coburgo. Subió al trono en 1837, a la muerte de su tío Guillermo IV, y se casó con su primo-hermano el príncipe Alberto de Sajonia-Coburgo. El largo reinado de esta soberana, 63 años, fue sumamente próspero para su país. Victoria se atuvo estrictamente al régimen constitucional y siempre se hizo eco de los dictados de la opinión pública. Entre sus colaboradores se encontraron grandes políticos, como lord Melbourne, quien guió sus primeros años de reinado; lord Palmerston, con quien mantuvo difíciles relaciones, hasta la guerra de Crimea; Gladstone, Disraeli, jefe de los conservadores y el más fiel de sus ministros, que consiguió la adquisición de las acciones del canal de Suez y el nombramiento de emperatriz de la India para su soberana (1876). Tuvo nueve hijos, a través de quienes emparentó con las principales casas reinantes europeas: Alemania, Rusia, España, etc. Su tiempo se ha llamado «época victoriana».

VICTORIA de Sajonia-Coburgo. Emperatriz de Alemania y reina de Prusia (Buckingham Palace, 1840-Friedrichshof, 1901). Era hija de la reina Victoria de Inglaterra y del príncipe consorte Alberto de Sajonia-Coburgo. Contrajo matrimonio en 1858 con Federico Guillermo, príncipe heredero de Prusia, quien murió al día siguiente de su elevación al trono, en 1888. Las malas relaciones con su hijo Guillermo II obligaron a Victoria a terminar sus días alejada de la corte.

Victoria de los Ángeles

VICTORIA DE LOS ÁNGELES (Victoria de los Ángeles López García de Magriñá, llamada). Soprano española (Barcelona, 1924). Obtuvo el primer premio en el Concurso Internacional de Arte Lírico celebrado en Ginebra en 1947. En noviembre de 1950 actuó en Nueva York y causó la admiración de aquel público por la brillantez de su voz y lo refinado de su técnica. Desde 1951 ha cantado en los teatros de ópera y salas de concierto más importantes del mundo, siempre con éxito, e intervino en las primeras audiciones de *La Atlántida*, de Falla (1960). A partir de 1967 sufrió el veto del teatro Liceo de Barcelona. En 1979 se despidió de la ópera y se dedicó a dar recitales. En su repertorio destaca la perfección a la que llega en la interpretación de *lieder* románticos y obras de Fauré y Debussy. En 1987 recibió el título de doctor *honoris causa* de la Universidad de Barcelona, y en 1991 se le concedió el premio Príncipe de Asturias de las Artes.

VICTORIA EUGENIA de Battenberg. Reina de España (Balmoral, 1887-Lausana, 1969). Era hija del príncipe Enrique Mauricio de Battenberg y de la princesa Beatriz, hija menor de la reina Victoria de Inglaterra. Contrajo matrimonio en 1906 con Alfonso XIII. Durante su permanencia en España se distinguió por su gran altruismo, y fue la organizadora de la Fiesta de la Flor para obtener recursos con que combatir la tuberculosis. Al proclamarse la República el 14 de abril de 1931, marchó al extranjero. Retornó a España en 1967 para asistir al bautizo de su bisnieto Felipe. En abril de 1985 sus restos mortales, procedentes de Ginebra, fueron trasladados a España y enterrados en el Panteón de los Reyes del Monasterio de San Lorenzo de El Escorial.

VIEBIG, Clara. Escritora alemana (Tréveris, 1860-Berlín, 1952). De tendencia naturalista, Viebig describió y analizó la vida de los marginados sociales y dio especial atención al tema de la mujer trabajadora. Se la recuerda como una de las escritoras alemanas del período de entresiglos de mayor aceptación popular: *Hijos de Eifel* (1897), donde describe el ambiente social de esta región prusiana; *La aldea de las mujeres* (1900), considerada su mejor obra, y *La guardia del Rhin* (1902).

VIEIRA DA SILVA, Maria Elena. Pintora francesa de origen portugués (Lisboa, 1908-París, 1992). Estudió en la Escuela de Bellas Artes de Lisboa, y en 1928 se radicó en París, realizando su primera exposición en la galería Jeanne Bucher (1933). Durante la Segunda Guerra Mundial se estableció en Brasil (1940-1947), pero después volvió a París. El gobierno de Oliveira Salazar le denegó la nacionalidad portuguesa, por lo que durante diez años tuvo la condición de apátrida. Su obra se mueve entre la figuración y la abstracción, con un peculiar interés por el espacio de la composición, que le permitió replantear la perspectiva desde una dimensión cuasilaberíntica. En 1961 recibió el gran premio de la Bienal de São Paulo y, en 1966, el gran premio Nacional de las Artes. Entre sus obras destacan: *Solitude des Losanges* (1939), *La habitación gris* (1950), *Pont transbordeur* (1951), considerada su pintura más representativa, y *La imagen del viento* (1966).

VIGÉE-LEBRUN, Louise Élisabeth. Pintora francesa (París, 1755-íd., 1842). Retratista, adquirió casi toda su formación de manera independiente y fue la pintora favorita de la reina María Antonieta. Obtuvo un gran renombre entre la aristocracia parisina, sobre todo con el retrato que hizo de la reina en 1779. En 1782 hizo su primera exposición en el Salón de La Correspondance, y en 1783 fue nombrada miembro de la Académie Royale. A raíz de la Revolución francesa se vio obligada a exiliarse de Francia, viajando por numerosos países europeos, donde dejó testimonio de sus obras, entre ellas los retratos de siete soberanas. Destacan, además, sus retratos: *Príncipe de Gales, Lord Byron, Autorretratos* y *Madame de Staël*. Entre 1835 y 1837 publicó sus memorias bajo el título de *Recuerdos*.

VIGRI, Catalina. V. **CATALINA de Bolonia, santa.**

VILLAR, Isabel. Pintora española (Salamanca, 1943). Estudió en la Escuela de Bellas Artes de San Eloy de Salamanca (1948) y posteriormente en la de San Fernando, en Madrid. Su pintura se mueve entre el *pop*, el hiperrealismo, el realismo, el ingenuismo y el *naïf*, aunque no se la puede incluir en ninguna orientación estilística determinada. La obra de Villar plasma escenas de la realidad cotidiana y la imaginería popular: desde las corridas de toros hasta el paseo por el parque, paisajes, gitanos, familias, jardines y, recientemente, ángeles acompañados de animales salvajes que se sitúan en playas o jardines de refinados detalles naturalistas. Entre sus pinturas destaca *Las amigas de la novia* (1987). Su obra aparece expuesta en varios museos nacionales.

VILLEGAS, Micaela. V. **PERRICHOLI, La.**

VIOLANTE de Aragón. Reina de Castilla (m. h. 1300). Hija de Jaime I y de Violante de Hungría; se casó en Valladolid (1246) con Alfonso X el Sabio, rey de Castilla. Estuvo a punto de ser repudiada por esterilidad, por lo que se llamó a Cristina de Noruega, pero en 1254 dio a luz a Berenguela, su primogénita. Después tuvo diez hijos, entre ellos Fernando de la Cerda y Sancho IV. A la muerte de su marido, fue partidaria de los infantes de la Cerda, sus nietos, frente a Sancho IV, proclamado rey. Por ello se trasladó a Aragón, luchando incansablemente contra su hijo. No se sabe ciertamente que interviniera en asuntos de Estado, pero es la primera consorte que aparece habitualmente como consintiente en la documentación real castellana.

VIOLANTE de Bar. Reina de Aragón (¿?, 1363-Barcelona, 1431). Hija de Roberto de Bar, se casó con el futuro rey Juan I (1379) y se enfrentó a su suegro, Pedro IV, y a Sibila de Fortià. A la muerte de este (1787), emprendió duras persecuciones contra el partido de Sibila e intervino activamente en los asuntos de gobierno, acrecentando el gusto de Juan I por el refinamiento, lo que motivó que la corte aragonesa se convirtiera en una de las más florecientes de Europa y provocando la indignación de las Cortes (Monzón, 1383 y 1388) por el despilfarro realizado. A la muerte de su marido (1396), se opuso al nombramiento de su cuñado Martín el Humano, alegando estar encinta. Muerto también Martín (1410), presentó al trono aragonés la candidatura de su nieto Luis de Calabria.

VIOLANTE de Hungría. Reina de Aragón (m. Huesca, 1251). Hija de Andrés II de Hungría, fue la segunda esposa de Jaime I el Conquistador, de quien tuvo a Pedro *el Grande* y a Jaime de Mallorca. Doña Violante intervino activamente en asuntos de gobierno y fomentó las tareas de la conquista de Valencia (1236), con la intención de lograr un patrimonio para sus hijos, pues, de hecho, Jaime I les dona Baleares, Montpellier, las tierras conquistadas en Valencia y otros territorios. Esta política de Jaime I, avivada por la intervención de Violante, lo enemistó con su primogénito Alfonso, hijo de Leonor de Castilla.

VITTI, Monica (Maria Luisa Ceciarelli, llamada). Actriz de cine italiana (Roma, 1931). Comenzó a trabajar en el teatro (1952), donde mostró singulares dotes para la comedia. Hizo su aparición en el cine con *El abrigo de visón* (Pellegrini, 1956), destacando poco después como primera figura, a las órdenes de Antonioni, por su temperamento extraordinariamente sensible y una gran riqueza de matices y recursos expresivos (*La aventura*, 1959; *La noche*, 1961; *El eclipse*, 1962, y *El desierto rojo*, 1964). Posteriormente se ha dedicado sobre todo a la comedia: *El cinturón de castidad* (Festa Campanile, 1966), *Modesty Blaise* (Losey, 1966), *Teresa, la ladrona* (Di Palma, 1973) y otras muchas. También dirigió la película *Scandalo segreto* (1990).

VOISIN, La (Catherine Deshayes, llamada). Mujer francesa (París, h. 1640-íd., 1680). Era comadrona y practicaba el aborto, teniendo una gran clientela entre la aristocracia francesa. También era echadora de cartas y aprendió brujería por influencia del mago Lesage, interviniendo en las misas negras del abate Guibourg. Denunciada, fue detenida por varios crímenes de envenenamiento y quemada viva.

VON TROTTA, Margarethe. V. **TROTTA, Margarethe von.**

W

WAGNER, Cosima. Dama alemana (Como, 1837-Bayreuth, 1930). Hija de Franz Liszt, se casó con el virtuoso pianista Hans von Bülow en 1857. Algunos años más tarde conoció a Richard Wagner, naciendo entre ambos una gran pasión. Abandonó a su marido en 1865 y se trasladó a vivir con Wagner, al que nunca dejaría. Libres ya los dos, él viudo y ella divorciada, contrajeron matrimonio en 1869, cuando ya habían tenido tres hijos, Isolda, Eva y Sigfried. Siguió a Wagner en sus periplos y destierros, y fue la inspiración de la época más fecunda del compositor: *Tetralogía, Los maestros cantores*, etc. A la muerte de su marido (1883), se dedicó a la organización del festival de Bayreuth para la difusión de la obra wagneriana. Escribió: *Recuerdos sobre mi padre* (1911), y su *Diario* fue publicado en 1974.

WALDMANN, Maria. Cantante austriaca (Viena, 1844-Ferrara, 1920). Se dio a conocer en Italia, quedando consagrada como una de las mejores contraltos de la época. Verdi sintió una gran admiración por ella y la consideró como la mejor intérprete para sus óperas; por ello fue quien estrenó *Aida* en Viena y en París. Actuó con gran éxito en Amsterdam, Trieste y Moscú. Se retiró en 1886 al contraer matrimonio con el noble Galeazzo Massari.

WALEWSKA, condesa (Maria Laczynska). Noble francesa de origen polaco (¿?, 1739-París, 1817). Fue la esposa de Anastase Colonna, conde Walewski (1802), y en segundas nupcias (1816) del mariscal D'Ornano. En Varsovia conoció a Napoleón, con el que mantuvo relaciones, de las que nació un hijo llamado Alexandre Joseph Colonna, conde Walewski. Acompañó a Bonaparte en sus campañas y fue una de las pocas personas que lo visitaron en su retiro de Elba.

WALKER, Alice. Escritora afroamericana (Georgia, 1944). Pasó su infancia en un barrio de negros del sur de EE. UU., realizó estudios en Atlanta, y en 1964 emigró a África en busca de sus raíces espirituales y culturales. Tras regresar a su país, Walker publicó en 1973 el poemario *Petunias revolucionarias* y la novela *La tercera vida de Grange Copeland*. Su obra se ha centrado en la defensa de los derechos de los negros y en la denuncia de la represión sexual padecida por las mujeres afroamericanas: *Amores y afanes: historias de mujeres negras* (1973), libro de relatos, y *El color púrpura* (1981; premio Pulitzer), novela que ha sido considerada su obra cumbre y que fue llevada a la pantalla en 1985 por S. Spielberg. Es autora, además, de *The Temple of My Familiar* (1989) y *En posesión del secreto de la alegría* (1992). En sus obras las mujeres son los personajes más fuertes e interesantes y mantienen unos acentuados lazos de solidaridad y ayuda.

WALPURGIS o WALBURGA, santa. Religiosa benedictina inglesa (Sussex, h. 710-Heidenheim, 779). Fue abadesa del convento de Heidenheim, que había fundado su hermano Wunibaldo. Posteriormente fue llamada por san Bonifacio para ayudarle en la evangelización de Alemania. En el s. IX el cuerpo de Walpurgis fue trasladado a Elchstatt, coincidiendo con las fiestas paganas de primavera, lo que dio origen a la famosa leyenda de que en la noche de Walpurgis las brujas se paseaban por los campos y los campesinos se defendían con cruces.

WALSH, María Elena. Escritora argentina (Ramos Mejía, 1930). Estudió en la Escuela de Bellas Artes y es autora de *Otoño imperdonable* (1947), *Apenas viaje* (1948), *Baladas con ángel* (1951), *Casi milagro* (1958), *Hecho a mano* (1965) y *Cancionero contra el mal de ojo* (1976). En 1968 dirigió y actuó en su obra de teatro *Juguemos en el mundo*.

WARREN, Mercy Otis. Escritora y revolucionaria estadounidense (Barnstable, 1728-Plymouth, 1814). Hermana del famoso jurisconsulto y político James Otis, en 1745 se casó con James Warren, líder de la independencia. Simpatizante de las ideas revolucionarias, Mercy O. Warren fue colaboradora de Abigail, Samuel y John Adams y apoyó a Thomas Jefferson, escribiendo un relato en tres volúmenes sobre la revolución que publicó en 1805. Fue, además, una de las poetas más importantes de la época y autora de varias piezas teatrales, entre las que destacan: *El adulador* (1773) y *El grupo* (1775).

WARWICK, Dionne. Cantante de *jazz* estadounidense (Nueva Jersey, 1941). Comenzó cantando en la iglesia y fue lanzada a la fama por B. Bacharach. Sus primeras canciones, *Don't Make Me Over, Walk on By* y *Anyone Who Had a Heart*, la consagraron en el mundo del *jazz*. Warwick, de una belleza excepcional y con una voz soberbia, se ha dado a conocer internacionalmente con canciones como *That's What Friends Are You, Whispers in the Dark, Any all Time of Day* y *Put Yourself in my Place*.

WASER o WASSER, Anne. Pintora suiza (Zurich, 1678-íd., 1714). Alcanzó gran fama como miniaturista. Sus temas preferidos fueron los retratos y los asuntos pastoriles. Empezó a pintar muy joven de la mano del famoso pintor Joseph Werner. A los 13 años pintó su autorretrato, que se conserva en el museo de Zurich. La mayor parte de su obra se encuentra en colecciones particulares y gozaron de gran fama entre los aficionados a la pintura de diferentes países europeos.

WASHINGTON, Dinah (Ruth Lee Jones, llamada). Cantante de *blues* estadounidense (Alabama, 1924-Michigan, 1963). Considerada la rival de Ella Fitzgerald y Sarah Vaughan, Washington hizo una rápida y brillante carrera en EE. UU. La «Reina del *Blues*», que poseía un estilo enérgico, un *swing* vigoroso y un timbre de gran riqueza, cantó con la orquesta de L. Hampton durante cuatro años y grabó con figuras destacadas del *jazz* como H. Land, P. Quinichette, W. Kelly y C. Brown. Murió a la edad de 39 años víctima de una fuerte ingestión de somníferos y alcohol.

WEAVER, Sigourney. (Susan Alexandra Weaver, llamada). Actriz estadounidense (Nueva York, 1949). Habiendo interpretado algunos papeles secundarios, su gran lanzamiento se realizó al protagonizar el filme *Alien, el octavo pasajero* (Scott, 1979), confirmando sus dotes de actriz polifacética y de gran carácter en *El año que vivimos peligrosamente* (Weir, 1982) y *Gorilas en la niebla* (Apted, 1988), donde interpretó el papel de Diane Fossey. Otras películas: *Armas de mujer* (Nichols, 1982), *1492: La conquista del paraíso* (Scott, 1992), la saga *Alien (Aliens, el regreso* [Cameron, 1986] y *Alien 3* [Fincher, 1991]), *Dave, presidente por un día* (Reitman, 1993), *La muerte y la doncella* (Polanski, 1994) y *Copycat* (Amiel, 1995). Sus ideas políticas la llevaron a formar parte del comité de apoyo a Corazón Aquino. Pertenece a varias instituciones a favor de la defensa de los derechos humanos. Recibió un Globo de Oro, y en 1989 fue nominada para el Oscar.

WEBER, Helene. Política y feminista alemana (Elberfeld, 1881-Bonn, 1962). Estudió francés, historia y economía en Bonn y en Grenoble, y más adelante fue profesora en Grenoble, Bochum y Colonia. Militó a favor de los derechos de las mujeres (1905-1916), y desde 1917 dirigió la Escuela Social para la Mujer fundada por ella en Colonia, y más tarde en Aquisgrán. De 1918 a 1933 ejerció como inspectora de escuelas y consejera ministerial en

Berlín, en 1921 fue miembro de la Cámara de Prusia y en 1924 entró a formar parte del partido del centro en el Reichstag. En 1948 fue nombrada miembro del consejo parlamentario del nuevo gobierno de Bonn y, al año siguiente, del Congreso y del Consejo Alemán del Movimiento Europeo. Weber luchó toda su vida por lograr una mejor educación para las mujeres.

WEIL, Simone. Filósofa y escritora francesa (París, 1909-Ashford, Kent, 1943). Weil, considerada una de las figuras más relevantes de la esfera filosófico-política francesa de este siglo, estudió filosofía en la École Normale, donde posteriormente trabajó como profesora (1931). En 1934, interesada por los problemas políticos y sociales, abandonó la enseñanza y se convirtió en operaria de la fábrica Renault, experiencia que le sirvió de base para su libro *Diario de una fábrica,* en el que analizó la condición de la clase obrera a la luz del humanismo marxista. Fue, además, una ferviente activista política, y en 1936 participó en la guerra civil española en defensa de la causa republicana. Sus escritos, recopilados después de su muerte, anticiparon muchas de las ideas de los años cuarenta y cincuenta: *Gravedad y Gracia* (1952), *Esperando a Dios* (1951) y *Opresión y libertad* (1958).

WEISS, Louise. Feminista francesa (Arras, 1893-París, 1983). Ardiente defensora de los derechos políticos y sociales de las mujeres. Fue presidenta de la Asociación de la Nueva Mujer (1934-1939). Intervino como enfermera en la Primera Guerra Mundial y participó activamente en la Resistencia contra el nazismo. Se dedicó a recorrer el mundo luchando por los desasistidos. Ha escrito numerosos artículos y novelas y unas voluminosas memorias que reflejan perfectamente su época. Ha recibido la Legión de Honor y hay una fundación que lleva su nombre que otorga anualmente un premio a quienes defienden la paz y el acercamiento entre los pueblos.

WEISS, María del Rosario. Pintora española (Madrid, 1814-íd., 1843). Al quedar huérfana se marchó a vivir a la casa de Goya, del que fue alumna. Fue profesora de pintura de la reina Isabel II y de su hermana Luisa Fernanda. Debe su fama a la realización de retratos a lápiz de los personajes más célebres de la época. Acompañó a Goya al destierro y estuvo con él hasta su muerte. Debido a su mala situación económica llevó a cabo falsificaciones de pinturas antiguas. En 1840 ingresó en la Academia de Bellas Artes de San Fernando de Madrid.

WELCH, Raquel (Raquel Josefina Tejada, llamada). Actriz de cine estadounidense (Chicago, 1940). Apareció por primera vez en el cine en *Roustabout* (1964), creciendo después su popularidad en diversas películas: *Hace un millón de años* (Chaffey, 1965), *Raquel y sus bribones* (Annaquin, 1965), *Dispara fuerte, más fuerte... no lo entiendo* (De Filippo, 1966), *Viaje alucinante* (Fleischer, 1966), *Guapa, intrépida y espía* (Martinson, 1966), *Bedazzled* (Donen, 1967), *La mujer de cemento* (Douglas, 1968), *Myra Breckinridge* (Sarne, 1970), *L'animal* (Zidi, 1977) y *Walks for Women* (1981).

Raquel Welch

WERTMULLER, Lina (Arcangela Wertmuller, llamada). Directora de cine italiana (Roma, 1928). Estudió teatro y posteriormente trabajó en la producción de la película *8 1/2* (1962), de F. Fellini. Su *opera prima* fue *The Lizards* (1963), pero no fue hasta *La seducción de Mimi* (1972; premio a la mejor dirección en Cannes) cuando logró darse a conocer internacionalmente, sobre todo por el tratamiento grotesco y cómico de la vida política, social y sexual. Con *Amor y anarquía* (1973), protagonizada por Giancarlo Giannini, su actor insignia, Wertmuller consolidó su fama como directora. Ha sido muy criticada por el tratamiento peyorativo de los personajes femeninos. Entre su filmografía destacan, además, *Swept Away* (1974), *Seven Beauties* (1975) y *Summer Night* (1986).

WEST, Mae. Actriz cinematográfica, productora y guionista estadounidense (Brooklyn, Nueva York, 1892-Los Ángeles, 1980). Inició su carrera artística en revistas y, más tarde, pasó al teatro, donde obtuvo resonantes éxitos con *Sexo* y *Pecadora constante*. Sus películas más famosas son: *Night After Night* (1932), *Lady Lou* (Sherman, 1933), *Going to Town, Every Day's a Holiday* (Sutherland, 1937), *My Little Chickadee* (Cline, 1940), *Myra Breckinridge* (Sarne, 1970) y *Sextette* (Hughes, 1978), esta última un excelente documento sobre su vida e ideas.

WEST, Rebecca. Seudónimo de la escritora, periodista y activista británica Cecily Fairfield (County Kerry, 1892-Londres, 1983). Tuvo una activa participación en la lucha por el voto de la mujer y colaboró asiduamente en la prensa británica de izquierdas. Se dio a conocer con la novela *El retorno del soldado* (1918), centrada en la problemática de la mujer moderna, destacando posteriormente por sus obras de implicación política e histórica: *El significado de la traición* (1949, revisada en 1965) y *El tren del poder* (1955), sobre el juicio de Nuremberg.

WESTWOOD, Vivienne. Diseñadora de moda británica (n. 1941). Defensora de la moda *punk,* popularizó lo que podría denominarse la antiestética, la antimoda o el antidiseño, mediante el uso de la goma y yuxtaposiciones extravagantes de tartán y chifón, y sombreros estilo Sherlock Holmes. Sus diseños poseen además una gran carga sexual y ha sido una de las primeras en promover la ropa interior como ropa exterior.

WHARTON, Edith. Novelista estadounidense, cuyo nombre de soltera fue Edith Newbold Jones (Nueva York, 1862-Saint-Brice, 1937). Tras colaborar en importantes periódicos y revistas, en 1913 se radicó definitivamente en Francia, donde fue discípula de Henry James. La obra de Wharton retrató con gran ironía la sociedad americana de aquella época: *Ethan Frome* (1911) y *La edad de la inocencia* (1920; premio Pulitzer), que ha sido llevada al cine. Fue miembro de la Academia americana y del Instituto Nacional de Artes y Letras. El Gobierno francés le otorgó la cruz de la Legión de Honor, y el de EE. UU., la medalla de oro del Instituto Nacional de Artes y Letras, convirtiéndose en la primera mujer en alcanzar tal distinción. Fue autora, además, de *The Writing of Fiction* (1925), libro de ensayos centrado en la estética literaria.

WIGMAN, Mary. Coreógrafa y bailarina alemana (Hannover, 1886-Berlín, 1973). Discípula de Dalcroze y de Laban, se inició en la danza al concluir la Primera Guerra Mundial. Creó el nuevo tipo de la danza moderna con su interpretación simbólica de ideas. Fundó en Dresde una escuela de danza y desarrolló una interesante y personal labor coreográfica. Escribió *Die sieben Tänze des Lebens,* con música del maestro H. Pringsheim.

WILDING-DAVIDSON, Emily. Sufragista británica (1878-1913). Considerada una mártir de la causa feminista, durante la carrera de caballos conocida como el Derby de Epson, y con el fin de llamar la atención sobre la desigualdad de la mujer en la sociedad, se lanzó bajo las patas del caballo *Anmer*. Murió a consecuencia de las heridas recibidas y toda Inglaterra quedó consternada por este gesto heroico, siendo su entierro motivo de una manifestación masiva de numerosos partidos políticos.

Mary Wigman

WILLIAMS, Betty. Pacifista irlandesa (Belfast, 1943). Católica y pacifista, fundó, junto con M. Corrigan, el Women's Peace Movement de Irlanda del Norte, que intentó erradicar la violencia que existía entre católicos y protestantes. En 1976 fue galardonada con el premio Nobel de la Paz.

WILLIAMS, Esther. Nadadora y actriz estadounidense (Los Ángeles, 1923). Generalmente sus películas se han adaptado para exhibir sus grandes facultades de nadadora. Entre las más importantes citaremos: *Dos en el cielo* (Fleming, 1943), *Escuela de sirenas* (Sidney, 1944), *En una isla contigo* (Thorpe, 1948), *La hija de Neptuno* (Buzzell, 1949), *La primera sirena* (Le Roy, 1952), *El gran espectáculo* (B. Clark, 1961), *La fuente mágica* (Lamas, 1962), etc. Su labor artístico-deportiva ha ayudado al nacimiento de un nuevo deporte, la natación sincronizada.

WILLS, Helen. Tenista estadounidense (Berkeley, California, 1905). Posee el palmarés más brillante de la historia mundial del tenis, superior incluso al de Suzanne Lenglen. Ganó siete veces el Open de EE. UU. (1923-1925, 1927-1929 y 1931); ocho veces el torneo de Wimbledon (1927-1930, 1932, 1933, 1935 y 1938); cuatro veces el Roland Garros (1928, 1929, 1930 y 1932); fue campeona olímpica en 1924 y nueve veces campeona del mundo (1927-1932, 1933, 1935 y 1938). Después de retirarse se dedicó a la pintura.

WINTERS, Shelley (Shirley Schrift, llamada). Actriz de cine estadounidense (St. Louis, 1922). Obtuvo su primer éxito con *Oklahoma* en 1948, y posteriormente trabajó en numerosos filmes, entre los cuales destacan: *Winchester 73* (Mann, 1950), *Un lugar en el sol* (Stevens, 1952), *El diario de Ana Frank* (Stevens, 1958), por el que fue galardonada con el Oscar a la mejor interpretación secundaria; *Confidencias de mujer* (Cukor, 1962), *Lolita* (Kubrick, 1962), *Una casa no es un hogar* (Rouse, 1964), *Un retazo de azul* (Green, 1966), con la que de nuevo consiguió el Oscar a la mejor actriz secundaria; *Alfie* (Gilbert, 1966), *La aventura del Poseidón* (Neame, 1972) y *S. O. B.* (Edwards, 1981).

WOLF, Christa. Escritora alemana (Lansberg, 1929). Estudió en Jena y Leipzig, fue editora de la revista *Neue Deutsche Literatur,* órgano principal de la Unión de Escritores Alemanes, y miembro de la Academia de Artes de la antigua RDA. Se dio a conocer con la novela *El cielo dividido* (1963; premio Nacional), centrada en la problemática de una pareja separada por el Muro de Berlín. Su obra, influida por el estilo narrativo de K. Mansfield, y en un principio muy marcada por la realidad histórica de la Alemania nazi y por sus experiencias como mujer del Este, se caracteriza, en su madurez, por una búsqueda subjetiva a través de la memoria, generalmente de personajes femeninos, de la auténtica condición humana. Wolf es considerada una de las figuras clave de las letras alemanas contemporáneas: *Noticias sobre Christa T.* (1968), *Muestra de infancia* (1976) y *Kassandra* (1983). Además es autora de una conversación ficticia entre los poetas H. V. Kleist y Karoline von Günderode titulada *En ningún lugar. En parte alguna* (1982), de la polémica novela *Lo que queda* (1990) y de varios guiones cinematográficos.

WOLLSTONECRAFT, Mary. V. **GODWIN, Mary Wollstonecraft.**

WOOD, Natalie (Natasha Nicholas Gurdin, llamada). Actriz de cine estadounidense (San Francisco, 1938-cerca de la isla de Santa Catalina, 1981). Destacó como excelente actriz desde su infancia, siendo de las pocas profesionales que supieron adaptarse en su carrera al paso de los años. Entre sus actuaciones infantiles destacan *Mañana es vivir* (Pichel, 1945), *De ilusión también se vive* (Seaton, 1947) y *Chicken Every Sunday* (Seaton, 1949). Pero su entrada en el universo de estrellas hollywoodiense fue a través de heroínas juveniles de diverso talante, como las que interpreta en las legendarias *Rebelde sin causa* (Ray, 1955), *Centauros del desierto* (Ford, 1956), *West Side Story* (Wise y Robbins, 1962) y *Esplendor en la hierba* (Kazan, 1961), que le supuso una nominación al Oscar. Posteriormente realizó papeles con mayor madurez, como los desarrollados en *La reina del vodevil* (Le Roy, 1962), *La pícara soltera* (Quine, 1964) y *Bob y Carol y Ted y Alice* (Mazursky, 1969), entre las más destacadas. Retirada del cine, interpretó algunos papeles en televisión, volviendo a los platós de Hollywood con *Meteoro* (Neame, 1978) y *La última pareja* (Cates, 1979). En el momento de su misteriosa muerte (apareció ahogada en un lago) estaba rodando *Brainstorm* (Trumbull, 1983). Estuvo propuesta en tres ocasiones para el Oscar.

Virginia Woolf

WOOLF, Virginia. Novelista británica (Londres, 1882-Lewes, Sussex, 1941). Hija de un distinguido crítico e historiador, creció en un ambiente frecuentado por los literatos, artistas e intelectuales de la época. Tras la muerte de su padre (1904), se estableció junto a su hermana, Vanessa Bell, en el barrio de Bloomsbury, donde años más tarde su casa se convirtió en el centro del llamado Bloomsbury Set, compuesto por el grupo de intelectuales que dominó la vida cultural británica a lo largo de tres décadas, y del que V. Woolf fue uno de los miembros más destacados. En 1912 se casó con L. Woolf, con quien fundó en 1917 la célebre editorial Hogarth Press, que editó las obras de importantes escritores coetáneos, T. S. Eliot, K. Mansfield, E. M. Forster, y de ella misma. Sus primeras novelas, *Viaje de ida* (1915) y *Noche y día* (1919), pasaron prácticamente inadvertidas, y no fue hasta la publicación de *El cuarto de Jacob* (1922), *La señora Dalloway* (1925) y *Al faro* (1927) cuando su originalidad literaria comenzó a ser elogiada por la crítica. Sus novelas posteriores, *Orlando* (1928), *Las olas* (1931) y *Entre actos* (1941) la consagraron finalmente como una de las figuras más representativas de la novelística británica experimental y de la narrativa moderna mundial. En ellas la autora exhibe su excelente dominio de la técnica del «fluir de conciencia» y su preocupación por la temporalidad humana. Influida por M. Proust y comparada con J. Joyce, Woolf consiguió establecer un lenguaje narrativo en el que se equilibran perfectamente los universos humanos racional e irracional. En sus ensayos prevalece una temática centrada en la condición femenina, entre la cual destacan la opresión sexual, la construcción social de la identidad femenina y el rol de la mujer escritora: *Una habitación propia* (1929), libro emblemático de la crítica literaria feminista actual, y *Tres guineas* (1938). Mantuvo una estrecha relación con la escritora V. Sackville-West, a quien dedicó su novela *Orlando,* basada en su cuestionamiento sobre el sujeto andrógino y la diferenciación sociosexual. Tras sufrir varias crisis nerviosas, Woolf se suicidó en 1941.

WYMAN, Jane (Sarah Jane Folks, llamada). Actriz de cine estadounidense (Saint Joseph, Missouri, 1914). Su paso por Hollywood hizo de ella una actriz versátil y comodín para cualquier reparto, destacando en sus papeles dramáticos. En su extensa filmografía podemos destacar *Días sin huella* (Wilder, 1945), *Belinda* (Negulesco, 1948), donde se consagró definitivamente y por la que obtuvo el Oscar, *El despertar* (Brown, 1946), *Trigo y esmeralda* (Wise, 1952), *Obsesión* (Sirk, 1954), *Sólo el cielo lo sabe* (Sirk, 1956), *Orgullo contra orgullo* (Parrish, 1955) y *Los conflictos de papá* (Neilson, 1962). Decrecida su fama, se retiró poco a poco de los platós de Hollywood, volviendo a recuperarla en la serie televisiva *Falcon Crest,* descomunal éxito de masas desde su primer capítulo en 1983, hasta el último en 1991.

X

Margarita Xirgu

XIRGU, Margarita. Actriz española (Molins de Rei, 1888-Montevideo, 1969). Se dio a conocer en el teatro catalán y después se dedicó exclusivamente al español, en el que obtuvo grandes triunfos, sobre todo como intérprete de los autores contemporáneos. De un talento artístico polifacético, abarcó lo cómico y lo trágico, contándose como uno de sus más grandes éxitos la representación de *Medea* en el teatro romano de Mérida. En el año 1945 estrenó en Argentina la obra póstuma de García Lorca *La casa de Bernarda Alba*. En Montevideo dirigió la Compañía Nacional y creó la Escuela de Arte Dramático.

Y

YALOW, Rosalyn Sussman. Física nuclear estadounidense (Nueva York, 1921). Tras doctorarse en Física Nuclear, Yalow comenzó a trabajar con el departamento de radioisótopos del hospital de veteranos del Bronx, de cuyo servicio fue nombrada jefa en 1970. En 1977 le fue concedido el premio Nobel de Medicina por sus investigaciones relacionadas con las hormonas peptídicas y por sus avances en el diagnóstico y tratamiento de enfermedades del tiroides, diabetes, anomalías del crecimiento, tensión alta y esterilidad. Desarrolló la técnica de ensayo radioinmunológico en colaboración con el médico S. Berson, quien murió cinco años antes de la entrega del premio. Yalow es la tercera estadounidense en obtener un premio Nobel.

YOKO ONO. V. **ONO, Yoko.**

YOLANDA. V. **VIOLANTE de Hungría.**

YOSANO AKIKO. Poeta japonesa, también conocida como Ho-cho (Osaka, 1878-Tokio, 1942). Considerada como la más importante poeta moderna del Japón, su poesía está llena de pasión y sensualidad. Estuvo casada con el también poeta Yosano Tekkan. Residió en Francia y se sintió atraída por la poesía francesa.

YOURCENAR, Marguerite (Marguerite de Crayencour, llamada). Escritora francesa, de origen belga (Bruselas, 1903-Maine, EE. UU., 1987). Tras educarse en Francia y en el Reino Unido, viajó por varios países europeos y, en 1950, se radicó definitivamente en EE. UU. Considerada una de las figuras clave de las letras francesas contemporáneas, Yourcenar es recordada además por haber sido la primera mujer en ser elegida miembro de la Academia Francesa (1980). Su obra, ambientada fundamentalmente en la Roma clásica y el Renacimiento, se centró en una temática que con frecuencia resultó polémica: homosexualidad, androginia, la lucha entre la racionalidad e irracionalidad humanas, la mística oriental y la búsqueda de la verdad universal. Entre su vastísima producción destacan las novelas: *Alexis o el tratado del inútil combate* (1929), *Memorias de Adriano* (1951), considerada su obra cumbre, y *Opus Nigrum* (1968); los libros de relatos *Cuentos orientales* (1938) y *Tiro de gracia* (1939); los poemas recogidos en *Fuegos* (1936) y *Las Caridades de Alcipo* (1956); la trilogía autobiográfica *El laberinto del mundo* (1973-1988), y varias traducciones del griego y el latín. Pasó los últimos años de su vida en una isla de Maine, a la que Yourcenar rebautizó «Petite Plaisance», junto a su traductora y compañera sentimental G. Fricks.

YUN JING. Seudónimo de la escritora china Tham Yew Chin (n. 1950). Trabajó como profesora y, tras colaborar en varios periódicos de Shanghai, Singapur y Taiwan, se ha convertido en una de las escritoras más populares de la China contemporánea: *Tai Yang Bu Ken Hui Jai Qu, Mi Shi De Yu Ji, Vida exquisita* y *Vida y amores*. Sus escritos, fundamentalmente humorísticos, han permitido a los lectores chinos conocer la realidad exterior.

Z

ZAIDA. Reina de Castilla (ss. XI-XII). Era princesa musulmana, hija del rey de Sevilla Abenabeth, que al hacerse cristiana y tomando el nombre de Isabel se casó en 1097 con el rey de Castilla Alfonso VI, llevando en dote las plazas de Cuenca, Huete, Consuegra, Ocaña, Uclés, Alarcón y otros castillos. Murió de parto, dejando un hijo, el príncipe don Sancho, que pereció muy joven en la batalla de Uclés. Hay historiadores que niegan tal matrimonio y consideran a Zaida como favorita.

ZAMBRANO DE RODRÍGUEZ, María. Escritora y filósofa española (Vélez-Málaga, 1907-Madrid, 1991). Licenciada en Filosofía y Letras, fue profesora de la Universidad de Madrid. Poco antes de finalizar la guerra civil marchó al exilio, dedicándose a la docencia en las universidades de Morelia (México), La Habana y Puerto Rico. En 1964 se trasladó a Francia y posteriormente se instaló en Suiza, donde residió hasta su regreso a España en 1984. Discípula de Ortega y Zubiri, destacó en la relación entre vida filosófica y vida poética. Característica del último pensamiento de M. Zambrano es la contemplación de la filosofía como un acontecimiento trascendental de la vida humana: en la línea de G. Marcel, «misterio» y no «problemas». Fue colaboradora de las más importantes publicaciones españolas e hispanoamericanas y demostró su sensibilidad y su cultura en obras como: *Horizonte del liberalismo* (1930), *Pensamiento y poesía de la vida española* y *Filosofía y poesía* (1939), *El pensamiento vivo de Séneca* (1944), *La agonía de Europa* (1945), *Hacia un saber sobre el alma* (1950), *El hombre y lo divino* (1955), *Persona o democracia* (1957), *La España de Galdós* (1961), *El sueño creador* y *España, sueño y verdad* (1965), *La tumba de Antígona* (1967), *Los intelectuales en el drama de España* (1977), *Claros del bosque* (1978), *Dos escritos autobiográficos* (1981), *De la aurora* (1986), *Senderos* (1986) y *Delirio y destino* (1989). En 1981 le fue concedido el premio Príncipe de Asturias de Comunicación Social y en 1989 el premio Cervantes.

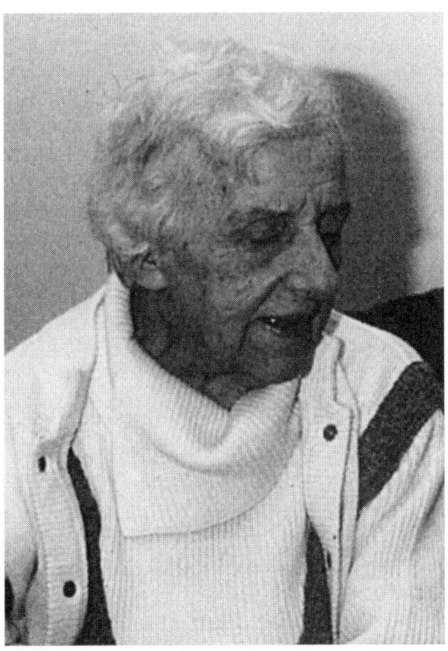

María Zambrano de Rodríguez

ZAMUDIO, Adela. Escritora boliviana (Cochabamba, 1854-íd., 1928). Considerada una de las pioneras de la escritura femenina boliviana, Zamudio es, además, una de las figuras clave de la literatura sudamericana decimonónica. Entre sus obras destacan *Ensayos poéticos* (1887), sobre la discrimación sociopolítica de la mujer boliviana, y sus novelas cortas recogidas en *Íntimas* (1913) y *Peregrinando,* publicada póstumamente en 1943.

ZAODITU, Judith. Emperatriz etíope (Addis-Abeba, 1876-íd., 1930). Destronado en 1916 su sobrino, el emperador Li-Yasu, fue coronada emperatriz en el año 1917. Le sucedió su sobrino, el ras Taffari, con el nombre de Haile Selassie I. Trabajó por la modernización del país.

ZARAGOZA Y DOMÉNECH, Agustina. Heroína española de la guerra de la Independencia, más conocida por Agustina de Aragón (Barcelona, 1786-Ceuta, h. 1857). Consta por los historiadores que durante los sitios de Zaragoza llevaba provisiones a los soldados y, al darse cuenta del desánimo de los defensores, cogió una mecha encendida, puso fuego al cañón y juró no abandonarlo si no era perdiendo la vida. Palafox la recompensó con un grado militar y una pensión vitalicia de 1.200 reales anuales. Después de los sitios de Zaragoza contrajo matrimonio con uno de los defensores de la ciudad, militar de profesión, y, al ser destinado este a Melilla, fue en esta ciudad donde se pierde su rastro.

ZARDOYA, Concha. Poeta española de origen chileno (Valparaíso, 1914). Hija de padres españoles, se vino a vivir a España muy joven. En sus libros de poemas está presente el tema de la muerte: *Pájaros del Nuevo Mundo* (1946), *Dominio del llanto* (1947). Ha dedicado parte de su vida a la enseñanza del español en varias universidades estadounidenses. Su estilo sencillo y de gran expresividad lírica la hacen ser una de las mujeres que cultiva la poesía con más éxito. Obtuvo el premio Boscán 1955 por su libro *Debajo de la luz.* Ha traducido a Walt Whitman y ha publicado gran número de ensayos sobre literatura española. Su obra más conocida es *Poesía española del siglo XX* (1974), en cuatro volúmenes.

ZAYAS Y SOTOMAYOR, María de. Escritora española (Madrid, 1590-íd., 1660). Hija de un noble al servicio del virrey de Nápoles, Zayas y Sotomayor, que vivió parte de su vida en Zaragoza, escribió poesías y una comedia titulada *La traición de la amistad,* pero su obra fue fundamentalmente narrativa y muy cercana a la estructura formal del *Decamerón,* de Boccaccio: *Novelas amorosas y exemplares* (1635), reunión en donde galanes y damas narran novelísticos sucesos para entretener a la enferma Lisis, y *Desengaños amorosos* (1647), donde se muestra una clara mediación del punto de vista, dependiendo del sexo del narrador. Su obra presenta un mundo de crueldad, lascivia, traición, odio, guerra y, sobre todo, desengaño, siendo el tema central de su narrativa el conflicto entre hombres y mujeres. Afirmó en sus relatos la igualdad de las mujeres y su capacidad intelectual, y una de sus aportaciones principales fue la introducción de personajes aristocráticos dentro del género de la picaresca. M. de Zayas es un fiel ejemplo de las dificultades con las que se enfrentaron las escritoras del Siglo de Oro para ser reconocidas como tales.

ZEB-UN-NISSAR. Mística y poeta sufí indo-persa (1639-1702). Era hija de Aurangzeb, último de los Grandes Mogoles de la India. Se separó de la ortodoxia islámica de su padre y fue hecha prisionera en Salimgarth durante 20 años. En su poesía, cargada de un intenso dolor, ella intenta unir elementos del islamismo, hinduismo y zoroastrismo. Su obra más importante es *El diván de Zeb-un-Nissar.*

ZENOBIA, Septimia. Reina de Palmira (m. Tibur, h. 274). Era esposa de Odenat, jefe de las tribus del desierto de Palmira. A la muerte de este (266), reinó en nombre de su hijo Vaballat. No aceptó la dominación romana y extendió su reino del Éufrates al Mediterráneo, interviniendo en Siria, Egipto y Asia Menor. Su corte fue un crisol de la simplicidad de costumbres árabes, la cultura griega y la ciencia militar romana, reuniendo a poetas y retóricos, entre ellos Longino, y a cristianos perseguidos. Durante su reinado Palmira se convirtió en la capital de Oriente. El emperador Aureliano, después de varias tentativas, venció a Zenobia cerca de Emesa (272) y sitió y tomó Palmira. La reina fue hecha prisionera e incluida en el desfile triunfal del emperador.

ZETKIN, Clara. Política y feminista alemana (Sajonia, 1857-Moscú, 1933). Ardiente militante de la clase obrera alemana, fue, al igual que R. Luxemburgo, fundadora del partido comunista alemán (1918) y representante de este en el Parlamento hasta 1932. Zetkin, considerada una de las principales ideólogas del feminismo socialista, fue jefa del sector femenino de la socialdemocracia alemana, editora y directora del periódico *La Igualdad,* órgano de las feministas socialistas alemanas, y fundadora del movimiento revolucionario espartaquista (1918-1919). En 1907 presentó un proyecto favorable al voto femenino en el Congreso de Stuttgart, y en 1915 se pronunció contra la guerra en la Conferencia Internacional de Mujeres, en Berna. Estuvo muy unida a R. Luxemburgo y a sus tesis políticas, y, tras asumir Hitler el poder, emigró a Rusia, donde fue presidenta de la Internacional de las Mujeres. Entre sus obras destaca *Lenin* (1929).

ZETTERLING, Mai. Directora de teatro y cine sueca (Vasteràs, 1925). Debuta en el teatro a los seis años, estudia arte dramático y durante la segunda mitad de los años cuarenta actúa en el Teatro Real de Estocolmo. Al mismo tiempo comienza una carrera en el cine que la lleva a trabajar con directores de la talla de Ingmar Bergman. A principios de los sesenta dirige cortometrajes y documentales para la televisión. En 1963 recibe el León de Oro en el Festival de Venecia por su documental *War Game*. Entre su filmografía se pueden destacar: *Loving Couples* (1964), *The Girls* (1968), *Love* (1982), *Amorosa* (1986). Zetterling también ha escrito varios libros.

ZHANG JIE. Escritora china (Pekín, 1937). Estudió economía, y tras la revolución cultural china (1966-1976) se dedicó de lleno a la literatura. Su novela *El arca* (1982), considerada la primera obra de narrativa feminista china, denunció la discriminación sexual en su país. Entre sus obras destacan, además, la novela *Esmeralda* (1984) y el libro de relatos *Si nada pasa, nada pasará* (1986).

ZIA, Khaleda. Política bangladesí (Bangla Desh, 1945). Desde 1991 ocupa el cargo de jefa del Gobierno de Bangla Desh. Curiosamente han sido ya varias las mujeres que han tratado de ocupar este mismo cargo en un país como este, donde el 86 % de la población practica el islamismo.

ZITA de Borbón-Parma. Última emperatriz de Austria (Pianore, cerca de Viareggio, 1892-Zizers, 1989). Era hija del duque Roberto de Borbón y de su segunda esposa, la duquesa María Antonia de Parma. En 1911 se casó con Carlos Francisco José, entonces príncipe imperial y archiduque de Austria, que, en 1916, sucedió a su tío-abuelo, el emperador Francisco José, con el nombre de Carlos I. Poco después de la muerte de su esposo (1922) se trasladó a Lequeitio, donde residió hasta el advenimiento de la República. En 1950 ingresó en un convento de clausura.

ZIYADAH, May. Escritora palestina (Líbano, 1886-El Cairo, 1941). Se radicó en El Cairo en 1908, donde posteriormente regentó uno de los salones literarios de mayor renombre, frecuentado por los principales políticos, periodistas y escritores del mundo árabe de aquella época, quienes consideraron a Zidayah su musa intelectual. Tras editar la famosa obra *Alas rotas* (1912), del poeta libanés K. Gibran, mantuvo con él una larga correspondencia amorosa que fue publicada póstumamente bajo el título de *La voz alada*. Su valiosa obra poética ha convertido a esta escritora en una de las pioneras de la escritura femenina en lengua árabe.

ZOÉ Porfirogéneta. Emperatriz bizantina (978-1050). Hija de Constantino VIII, a quien sucedió en el año 1024. Casada con Romano III Árgiro, heredaron conjuntamente el trono, pero el matrimonio se odiaba. Ella se hizo amante de Miguel IV Paflagónico, quien mató a Romano y se casó con Zoé, reinando con ella (h. 1041). Adoptó como heredero al trono al sobrino de Miguel, reconocido como Miguel V. Este intentó recluir a Zoé en un convento, pero la revuelta de Constantinopla de 1042 depuso a Miguel y reinstauró a Zoé y a su hermana Teodora conjuntamente. Al surgir problemas entre las hermanas, Zoé se casó con Constantino IX Monómaco y reinó con él hasta su muerte.

ZORAYA (Isabel de Solís, llamada). Mujer castellana (s. XV). Era hija del comendador Sancho Jiménez de Solís y fue hecha cautiva

Zita de Borbón-Parma

por los nazaríes granadinos en una algara por tierras cristianas. Se convirtió al islamismo con el nombre de Zoraya (Lucero del Alba), y fue esposa del rey Abul Hasán'Alí, llamado también Muley Hacén, lo que fue motivo de desavenencias dentro del harén, por su rivalidad con A'isha, madre de Boabdil. Estas discordias contribuyeron a la caída del reino de Granada. La torre de la Cautiva, en el recinto de la Alhambra, lleva este nombre en recuerdo de Isabel de Solís.

ZUBAYDA. Princesa abasí (¿?, 762-Bagdad, 831). Era nieta de Al-Mansur y se casó con Harum al-Rashid en el 781, dando a luz, en el 787, a Al-Amín. Fue célebre por su generosidad, principalmente con respecto al abastecimiento de agua de la capital califal. Es el personaje narrador de *Las mil y una noches*.

ZUBIAGA DE GAMARRA, Francisca. Dama peruana, también conocida por *la Mariscala* (Huacarcay, cerca de Cuzco, 1802-Valparaíso, 1835). Fue la esposa del general Agustín Gamarra, con el que colaboró activamente. Tomó la plaza de Paria en la campaña del Alto Perú y dirigió la retirada de las tropas leales a Bermúdez, frente a las del presidente Orbegozo. En Arequipa fue sorprendida por un motín, y disfrazada de hombre pudo embarcarse rumbo a Chile, donde falleció.